VESTIDA DE PRETO
e outros contos
de Mário de Andrade

stida de preto, O ladrão, Primeiro de Maio, Atrás da c
ederico Paciência, Caim, Caim e o resto, Piá não sofre? S
eto, O ladrão, Primeiro de Maio, Atrás da catedral de Ruão
im, Caim e o resto, Piá não sofre? Sofre., Nelson, Cor
meiro de Maio, Atrás da catedral de Ruão, O poço, O pe
resto, Piá não sofre? Sofre., Nelson, Conto de Natal, Ter
rás da catedral de Ruão, O poço, O peru de Natal, O bes
re? Sofre., Nelson, Conto de Natal, Tempo da camisolin
Ruão, O poço, O peru de Natal, O besouro e a Rosa,
lson, Conto de Natal, Tempo da camisolinha, Vestida d
ço, O peru de Natal, O besouro e a Rosa, Frederico Paciê
tal, Tempo da camisolinha, Vestida de preto, O ladrão,
tal, O besouro e a Rosa, Frederico Paciência, Caim, Cai
camisolinha, Vestida de preto, O ladrão, Primeiro de Ma
Rosa, Frederico Paciência, Caim, Caim e o resto, Piá n
stida de preto, O ladrão, Primeiro de Maio, Atrás da ca
ederico Paciência, Caim, Caim e o resto, Piá não sofre? S
eto, O ladrão, Primeiro de Maio, Atrás da catedral de Ruão
im, Caim e o resto, Piá não sofre? Sofre., Nelson, Cor
meiro de Maio, Atrás da catedral de Ruão, O poço, O pe
resto, Piá não sofre? Sofre., Nelson, Conto de Natal, Ter
rás da catedral de Ruão, O poço, O peru de Natal, O bes
re? Sofre., Nelson, Conto de Natal, Tempo da camisolin
Ruão, O poço, O peru de Natal, O besouro e a Rosa,
lson, Conto de Natal, Tempo da camisolinha, Vestida d
ço, O peru de Natal, O besouro e a Rosa, Frederico Pa
lson, Conto de Natal, Tempo da camisolinha, Vestida
tedral de Ruão, O poço, O peru de Natal, O besouro e a R
o sofre? Sofre., Nelson, Conto de Natal, Tempo da cam
tedral de Ruão, O poço, O peru de Natal, O besouro e a
fre., Nelson, Conto de Natal, Tempo da camisolinha, V
ão, O poço, O peru de Natal, O besouro e a Rosa, Fred

Vestida de preto

E OUTROS CONTOS
DE MÁRIO DE ANDRADE

BOA COMPANHIA

Copyright da organização © 2022 by Companhia das Letras

Grafia atualizada segundo o Acordo Ortográfico da Língua Portuguesa de 1990, que entrou em vigor no Brasil em 2009.

 Texto estabelecido no projeto que visa à edição fidedigna de obras de Mário de Andrade, desenvolvido no Instituto de Estudos Brasileiros da Universidade de São Paulo (ieb-usp), valendo-se de documentos no acervo do escritor, organizado na instituição. Responde pelo projeto a Comissão Editorial formada pelos Profs. Marcos Antonio de Moraes, Tatiana Longo Figueiredo e Telê Ancona Lopez.

Supervisão editorial Telê Ancona Lopez

Organização Pedro Schwarcz

Estabelecimento de texto Aline Nogueira Marques Nicolau

Projeto gráfico Retina 78

Capa Ale Kalko

Imagem Shutterstock

Revisão Huendel Viana, Isabel Cury e Angela das Neves

Dados Internacionais de Catalogação na Publicação (cip)
(Câmara Brasileira do Livro, sp, Brasil)

Andrade, Mário de, 1893-1945
Vestida de preto e outros contos / Mário de Andrade —
1ª ed. — São Paulo : Boa Companhia, 2022.

isbn 978-85-65771-17-7

1. Contos brasileiros i. Título.

21-56615   cdd-B869.8

Índice para catálogo sistemático:
1. Contos : Literatura brasileira   B869.8

Maria Alice Ferreira – Bibliotecária – crb-8/7964

[2022]
Todos os direitos desta edição reservados à
EDITORA SCHWARCZ S.A.
Rua Bandeira Paulista, 702, cj. 32
04532-002 — São Paulo — sp
Telefone: (11) 3707-3500
www.companhiadasletras.com.br
www.blogdacompanhia.com.br
facebook.com/companhiadasletras
instagram.com/companhiadasletras
twitter.com/cialetras

Sumário

7 ESTA SELETA
13 CONTOS PARA A SUA COMPANHIA

15 Vestida de preto
26 O ladrão
39 Primeiro de Maio
51 Atrás da catedral de Ruão
76 O poço
96 O peru de Natal
104 O besouro e a Rosa
116 Frederico Paciência
138 Caim, Caim e o resto
147 Piá não sofre? Sofre.
165 Nelson
182 Conto de Natal
186 Tempo da camisolinha

198 Sobre o autor

ESTA SELETA

Quem, no campo da literatura, edita autores que já se foram é importante fazer de conta que responde a esta pergunta de seu leitor: será que este romance, conto, poema; que estas crônicas estavam mesmo escritos dessa forma? Responder a esta exigência de fidelidade — de fato, o direito à fidelidade — significa buscar o projeto literário que subjaz ao texto e leva às propostas de cunho estético, ideológico e linguístico de seu criador, bem como à contextualização da obra. Supõe, portanto, conhecer o percurso da criação nos manuscritos e em tudo que a circunda — cartas, diários, reportagens, matéria vária que perfaz paralelamente os arquivos dessa criação —, do mesmo modo, nas publicações da obra realizadas durante a vida do autor. As edições fidedignas inclinam-se sobre todas as versões de texto produzidas durante a vida do escritor, localizadas pelos preparadores. Estes se valem igualmente das edições críticas e genéticas, cujo aparato registra e classifica todas as transformações no itinerário da escritura. Beneficiam-se também de outras edições de texto fixado, no propósito de acompanhar o itinerário da escritura e o projeto literário. Os preparadores de edições são uma espécie de são Tomé — não dispensam a materialidade das versões!

Considerando Mário de Andrade, seus manuscritos compreendem notas de trabalho, versões autógrafas e datiloscritas, bem como versões em exemplares de trabalho quando o novo texto é produto da fusão das rasuras às páginas impressas. O súbito falecimento em 1945, aos 51 anos, não permitiu que Mário ultimasse a escritura de inéditos comprometidos com o elenco das suas Obras Completas pela Livraria Martins Editora. Essas obras inacabadas, em que se flagram flutuação na grafia, lapsos e outras inadvertências, permitem às edições fidedignas e às edições críticas exercer o que Antonio Candido chamou de correção conjectural.

Pois bem, o Instituto de Estudos Brasileiros (IEB) da Universidade de São Paulo possui, em seu patrimônio, o acervo do polígrafo Mário de Andrade devidamente classificado e aberto à consulta. Isto é, livros, periódicos, manuscritos, obras de arte, discos e partituras, um imenso e valiosíssimo repositório de fontes que sedimentam pesquisas. Escavações as quais, junto de outras pesquisas em multiplicadas fontes primárias, têm a capacidade de "fazer a história", no dizer do mesmo Mário.[1] Proporcionam a história do movimento modernista brasileiro e, dentro dele, a dos documentos que a circunscrevem. A esse amplo e complexo esforço de desvendamento pertence a linhagem das edições fidedignas, críticas e genéticas de obras do escritor que, no Instituto de Estudos Brasileiros, mostram-se atualizadas no âmbito teórico e desenvolvem metodologia.

---

1. Mário de Andrade, "Fazer a história", *Folha da Manhã*. São Paulo, 24 ago. 1944. Artigo no rodapé Mundo Musical.

Aqui entra a preocupação ética da Companhia das Letras e de Pedro Schwarcz, em *Vestida de preto e outros contos de Mário de Andrade* na coleção Boa Companhia — divulgar, sem equívocos, as narrativas privilegiadas pela leitura do organizador, associando-se ao projeto editorial do Instituto de Estudos Brasileiros. Na presente seleta, "Vestida de preto", "O ladrão", "Primeiro de Maio", "Atrás da catedral de Ruão", "O poço", "O peru de Natal", "Frederico Paciência", "Nelson" e "Tempo da camisolinha" vieram de *Contos novos*. "O besouro e a Rosa", "Caim, Caim e o resto", "Piá não sofre? Sofre." foram captados n'*Os contos de Belazarte*; "Conto de Natal" saiu no *Diário Nacional*, em São Paulo, 27 de dezembro de 1931. Assim, a versão fidedigna desses treze contos foi estabelecida, norteando-se pelo entendimento do projeto literário do autor e pela compreensão das etapas da escritura. Nesse escopo, reviu as versões das narrativas nas edições de texto fidedigno dos livros que as recolhem: *Contos novos, Os contos de Belazarte* e *Táxi e crônicas no Diário Nacional, 1927-1932*. Essas edições, visando textos fiéis de obras de Mário de Andrade concretizaram-se no IEB, sob a coordenação de Telê Ancona Lopez e a participação de pesquisadores da Equipe Mário de Andrade, da instituição. Aline Nogueira Marques Nicolau, ao lado de Hugo Camargo Rocha, respondeu pelo estabelecimento do texto de *Contos novos*, em 2011, encarregando-se também da edição d'*Os contos de Belazarte*, em 2008. *Táxi e crônicas no Diário Nacional, 1927-1932*, organizado por Telê, veio em 1976. O procedimento editorial, desenvolvido à luz da codicologia, da crítica textual e da crítica genética, confrontou as versões manuscritas com as publicadas durante a vida do escritor.

A fixação do texto em *Vestida de preto e outros contos de Mário de Andrade* imbuiu-se desta declaração do autor em 1927, concernente ao aspecto linguístico de seu projeto literário:

> Desde que principiei abrasileirando a minha *literatura*, tomei sempre bem tento nisto: se emprego termos, locuções, sintaxes de povo, não faço *fala de povo* porém literatura, isto é, busco enobrecer na linguagem escrita os monumentos populares. Carece não esquecer que entre linguagem falada e linguagem escrita vai um abismo quase. É lógico que não basto eu para enobrecer modismos populares porém muitos estão fazendo a mesma coisa. Daqui a cem anos os nossos netos saberão o que ficou corrente na língua brasileira.[2]

O intuito de divulgar amplamente os textos de um contista brasileiro renovador promoveu a atualização ortográfica pela norma vigente no país, amparando-se nesta afirmação de Mário de Andrade que se pode datar de 1942 ou 1943, quando ele planeja suas Obras Completas para a Livraria Martins Editora: "A edição deverá obedecer à ortografia oficial brasileira... do momento".[3] Conser-

---

2. Observação de Mário de Andrade, em 1927, no seu exemplar da primeira edição de *Amar, verbo intransitivo*, obra impressa com suas economias na Casa Editora Antonio Tisi, São Paulo, naquele ano, volume que conjuga, na margem do texto e espaços em branco, o diálogo manuscrito a tinta do escritor com Pio Lourenço Corrêa, linguista autodidata, primo e grande amigo dele. Nesse exemplar rasurado, a parcela de Mário mostra uma segunda etapa, em 1942-3 (ver Marlene Gomes Mendes "Nos caminhos de um livro", em Mário de Andrade, *Amar, verbo intransitivo*. Estabelecimento do texto por Marlene Gomes Mendes. Rio de Janeiro: Nova Fronteira/ Agir, 2008, pp. 9-17 e Diálogo Mário e "tio Pio". *Revista do Instituto de Estudos Brasileiros*, n. 36, São Paulo, 1994, pp. 190-243).
3. Determinação do autor em 1942-3, no mesmo exemplar do seu diálogo com Pio Lourenço Corrêa (ver Marlene Gomes Mendes. "Nos caminhos de um livro", em op. cit., p. 17).

vou, contudo, as formas "si", "sinão", "quasi", "rúim", "milhor" que, por artifício, se inserem na narrativa oral de Belazarte, certificando, igualmente, a idiossincrasia ortográfica "malestar", importante para o ritmo da frase, e o advérbio flexionado "meia". Correções conjecturais tocaram deslizes ocorridos nas versões datiloscritas dos títulos tomados nos *Contos novos*, obra inacabada, e erros na parcela impressa dos exemplares de trabalho compulsados. Ao abordar uma questão de ordem gramatical, recorreu ao Prof. Clóvis Luiz Alonso Júnior, doutorando da Universidade de São Paulo. A Profa. Dra. Lilian Escorel de Carvalho traduziu os trechos em francês do conto "Atrás da Catedral de Ruão".

Aline Nogueira Marques Nicolau e Telê Ancona Lopez

CONTOS PARA A SUA COMPANHIA

Mário de Andrade (1893-1945) destaca-se entre os construtores da Semana de Arte Moderna de 1922. Polígrafo, além de autor dos romances fundamentais para a literatura brasileira *Macunaíma* e *Amar, verbo intransitivo*, foi musicólogo, etnógrafo e pesquisador incansável do Brasil e de suas manifestações culturais, requintado fotógrafo e também um grande contista.

Nesta antologia, será a sua maestria na arte da prosa breve que poderemos testemunhar. Os contos sobre a infância e a descoberta da sexualidade e do amor mostram seu veio memorialístico e retratam a juventude como um mar de conflitos e epifanias. Os abismos e contradições sociais do país são também motivos frequentes em sua obra e estão presentes em algumas das mais célebres narrativas do autor, como "Primeiro de Maio".

Perpassando esses e outros temas, o leitor estará diante de um Mário que se debruça sobre as inquietações do amadurecimento dos jovens e do Brasil. Sua linguagem ao mesmo tempo sofisticada e coloquial, "abrasileirada" mas que escapa ao regionalismo, é acima de tudo idiossincrática, e toda a sua riqueza pode ser apreciada em cada sentença desta breve seleção de pérolas literárias.

Pedro Schwarcz

VESTIDA DE PRETO

Tanto andam agora preocupados em definir o conto que não sei bem se o que vou contar é conto ou não, sei que é verdade. Minha impressão é que tenho amado sempre... Depois do amor grande por mim que me brotou aos três anos e durou até os cinco mais ou menos, logo o meu amor se dirigiu para uma espécie de prima longínqua que frequentava a nossa casa. Como se vê, jamais sofri do complexo de Édipo, graças a Deus. Toda a minha vida, mamãe e eu fomos muito bons amigos, sem nada de amores perigosos.

Maria foi o meu primeiro amor. Não havia nada entre nós, está claro, ela como eu nos seus cinco anos apenas, mas não sei que divina melancolia nos tomava, se acaso nos achávamos juntos e sozinhos. A voz baixava de tom, e principalmente as palavras é que se tornavam mais raras, muito simples. Uma ternura imensa, firme e reconhecida, não exigindo nenhum gesto. Aquilo aliás durava pouco, porque logo a criançada chegava. Mas tínhamos então uma raiva impensada dos manos e dos primos, sempre exteriorizada em palavras ou modos de irritação. Amor apenas sensível naquele instinto de estarmos sós.

E só bem mais tarde, já pelos nove ou dez anos, é que lhe dei nosso único beijo, foi maravilhoso. Se a criançada estava toda junta naquela casa sem jardim da Tia Velha, era fatal brincarmos de família, porque assim Tia Velha evitava correrias e estragos. Brinquedo aliás que nos interessava muito, apesar da idade já avançada para ele. Mas é que na casa de Tia Velha tinha muitos quartos, de forma que casávamos rápido, só de boca, sem nenhum daqueles cerimoniais de mentira que dantes nos interessavam tanto, e cada par fugia logo, indo viver no seu quarto. Os melhores interesses infantis do brinquedo, fazer comidinha, amamentar bonecas, pagar visita, isso nós deixávamos com generosidade apressada para os menores. Íamos para os nossos quartos e ficávamos vivendo lá. O que os outros faziam, não sei. Eu, isto é, eu com Maria, não fazíamos nada. Eu adorava principalmente era ficar assim sozinho com ela, sabendo várias safadezas já mas sem tentar nenhuma. Havia, não havia não, mas sempre como que havia um perigo iminente que ajuntava o seu crime à intimidade daquela solidão. Era suavíssimo e assustador.

Maria fez uns gestos, disse algumas palavras. Era o aniversário de alguém, não lembro mais, o quarto em que estávamos fora convertido em despensa, cômodas e armários cheinhos de pratos de doces para o chá que vinha logo. Mas quem se lembrasse de tocar naqueles doces, no geral secos, fáceis de disfarçar qualquer roubo! estávamos longe disso. O que nos deliciava era mesmo a grave solidão.

Nisto os olhos de Maria caíram sobre o travesseiro sem fronha que estava sobre uma cesta de roupa suja a um canto. E a minha esposa teve uma invenção que eu também estava longe de não ter. Desde a entrada no quarto eu concentrara todos os meus instintos na existência daquele travesseiro, o travesseiro cresceu como um danado dentro de mim e virou crime. Crime não, "pecado" que é como se dizia naqueles tempos cristãos... E por causa disto eu conseguira não pensar até ali, no travesseiro.

— Já é tarde, vamos dormir. — Maria falou.

Fiquei estarrecido, olhando com uns fabulosos olhos de imploração para o travesseiro quentinho, mas quem disse travesseiro ter piedade de mim. Maria, essa estava simples demais pra me olhar e surpreender os efeitos do convite: olhou em torno e afinal, vasculhando na cesta de roupa suja, tirou de lá uma toalha de banho muito quentinha que estendeu sobre o assoalho. Pôs o travesseiro no lugar da cabeceira, cerrou as venezianas da janela sobre a tarde, e depois deitou, arranjando o vestido pra não amassar.

Mas eu é que nunca havia de pôr a cabeça naquele restico de travesseiro que ela deixou pra mim, me dando as costas. Restinho sim, apesar do travesseiro ser grande. Mas imaginem numa cabeleira explodindo, os famosos cabelos assustados de Maria, citação obrigatória e orgulho de família. Tia Velha, muito ciumenta por causa duma neta preferida que ela imaginava deusa, era a única a pôr defeito nos cabelos de Maria.

— Você não vem dormir também? — ela perguntou com fragor, interrompendo o meu silêncio trágico.

— Já vou, — que eu disse — estou conferindo a conta do armazém.

Fui me aproximando incomparavelmente sem vontade, sentei no chão tomando cuidado em sequer tocar no vestido, puxa! também o vestido dela estava completamente assustado, que dificuldade! Pus a cara no travesseiro sem a menor intenção de. Mas os cabelos de Maria, assim era pior, tocavam de leve no meu nariz, eu podia espirrar, marido não espirra. Senti, pressenti que espirrar seria muito ridículo, havia de ser um espirrão enorme, os outros escutavam lá da sala de visita longínqua, e daí é que o nosso segredo se desvendava todinho.

Fui afundando o rosto naquela cabeleira e veio a noite, senão os cabelos (mas juro que eram cabelos macios) me machucavam os olhos. Depois que não vi nada, ficou fácil continuar enterrando a cara, a cara toda, a alma, a vida, naqueles cabelos, que maravilha! até que o meu nariz tocou num pescocinho roliço. Então fui empurrando os meus lábios, tinha uns bonitos lábios grossos, nem eram lábios, era beiço, minha boca foi ficando encanudada até que encontrou o pescocinho roliço. Será que ela dorme de verdade?... Me ajeitei muito sem cerimônia, mulherzinha! e então beijei. Quem falou que este mundo é ruim! só recordar... Beijei Maria, rapazes! eu nem sabia beijar, está claro, só beijava mamãe, boca fazendo bulha, contato sem nenhum valor sensual.

Maria, só um leve entregar-se, uma levíssima inclinação pra trás me fez sentir que Maria estava comigo em nosso amor. Nada mais houve. Não, nada mais houve. Durasse aquilo uma noite grande, nada mais haveria porque é engraçado como a perfeição fixa a gente. O beijo me deixara completamente puro, sem minhas curiosidades nem desejos de mais nada, adeus pecado e adeus escuridão! Se fizera em meu cérebro uma enorme luz branca, meu ombro bem que doía no chão, mas a luz era violentamente branca, proibindo pensar, imaginar, agir. Beijando.

Tia Velha, nunca eu gostei de Tia Velha, abriu a porta com um espantoso barulho. Percebi muito bem, pelos olhos dela, que o que estávamos fazendo era completamente feio.

— Levantem!... Vou contar pra sua mãe, Juca!

Mas eu, levantando com a lealdade mais cínica deste mundo:

— Tia Velha me dá um doce?

Tia Velha — eu sempre detestei Tia Velha, o tipo da bondade Berlitz, injusta, sem método — pois Tia Velha teve a malvadeza de escorrer por mim todo um olhar que só alguns anos mais tarde pude compreender inteiramente. Naquele instante, eu estava só pensando em disfarçar, fingindo uma inocência que poucos segundos antes era real.

— Vamos! saiam do quarto!

Fomos saindo muito mudos, numa bruta vergonha, acompanhados de Tia Velha e os pratos que ela viera buscar para a mesa de chá.

O estranhíssimo é que principiou nesse acordar à força provocado por Tia Velha, uma indiferença inexplicável de Maria por mim. Mais que indiferença, frieza viva, quase antipatia. Nesse mesmo chá inda achou jeito de me maltratar diante de todos, fiquei zonzo.

Dez, treze, quatorze anos... Quinze anos. Foi então o insulto que julguei definitivo. Eu estava fazendo um ginásio sem gosto, muito arrastado, cheio de revoltas íntimas, detestava estudar. Só no desenho e nas composições de português tirava as melhores notas. Vivia nisso: dez nestas matérias, um, zero em todas as outras. E todos os anos era aquela já esperada fatalidade: uma, duas bombas (principalmente em matemáticas) que eu tomava apenas o cuidado de apagar nos exames de segunda época.

Gostar, eu continuava gostando muito de Maria, cada vez mais, conscientemente agora. Mas tinha uma quase certeza que ela não podia gostar de mim, quem gostava de mim!... Minha mãe... Sim, mamãe gostava de mim, mas naquele tempo eu chegava a imaginar que era só por obrigação. Papai, esse foi sempre insuportável, incapaz duma carícia. Como incapaz de uma represão também. Nem mesmo comigo, a tara da família, ele jamais ralhou. Mas isto é caso pra outro dia. O certo é que, decidido em minha desesperada revolta contra o mundo que me rodeava, sentindo um orgulho de mim que jamais buscava esclarecer, tão absurdo o pressentia, o certo é que eu já principiava me aceitando por um caso perdido, que não adiantava melhorar.

Esse ano até fora uma bomba só. Eu entrava da aula do professor particular, quando enxerguei a saparia na varanda e Maria entre os demais. Passei bastante encabulado, todos em férias, e os livros que eu trazia na mão me denunciando, lembrando a bomba, me achincalhando em minha imperfeição de caso perdido. Esbocei um gesto falsamente alegre de bom-dia, e fui no escritório pegado, esconder os livros na escrivaninha de meu pai. Ia já voltar para o meio de todos, mas Matilde, a peste, a implicante, a deusa estúpida que Tia Velha perdia com suas preferências:

— Passou seu namorado, Maria.

— Não caso com bombeado. — Ela respondeu imediato, numa voz tão feia, mas tão feia, que parei estarrecido. Era a decisão final, não tinha dúvida nenhuma. Maria não gostava mais de mim. Bobo do assim parado, sem fazer um gesto, mal podendo respirar.

Aliás um caso recente vinha se ajuntar ao insulto pra decidir de minha sorte. Nós seríamos até pobretões, comparando com a família de Maria, gente que até viajava na Europa. Pois pouco antes, os pais dela tinham feito um papel bem indecente, se opondo ao casamento duma filha com um rapaz diz-que pobre mas ótimo. Houvera rompimento de amizades, malestar na parentagem toda, o caso virara escândalo mastigado e remastigado nos comentários de hora de jantar. Tudo por causa do dinheiro.

Se eu insistisse em gostar de Maria, casar não casava mesmo, que a família dela não havia de me querer. Me passou pela cabeça comprar um bilhete de loteria. "Não caso com bombeado"... Fui abraçando os livros de mansinho, acariciei-os junto ao rosto, pousei a minha boca numa capa feia, suja de pó suado, retirei a boca sem desgosto. Naquele instante eu não sabia, hoje sei: era o segundo beijo que eu dava em Maria, último beijo, beijo de despedida, que o cheiro desagradável do papelão confirmou. Estava tudo acabado entre nós dois.

Não tive mais coragem pra voltar à varanda e conversar com... os outros. Estava com uma raiva desprezadora de todos, principalmente de Matilde. Não, me parecia que já não tinha raiva de ninguém, não valia a pena, nem de Matilde, o insulto partira dela, fora por causa dela, mas eu não tinha raiva dela não, só tristeza, só vazio, não sei... creio que uma vontade de ajoelhar. Ajoelhar sem mais nada, ajoelhar ali junto da escrivaninha e ficar assim, ajoelhar. Afinal das contas eu era um perdido mesmo, Maria tinha razão, tinha razão, tinha razão, oh que tristeza...

Foi o fim? Agora é que vem o mais esquisito de tudo, ajuntando anos pulados. Acho que até não consigo contar bem claro tudo o que sucedeu. Vamos por ordem: pus tal firmeza em não amar Maria mais, que nem meus pensamentos me traíram. De resto a mocidade raiava e eu tinha tudo a aprender. Foi espantoso o que se passou em mim. Sem abandonar meu jeito de "perdido", o cultivando mesmo, ginásio acabado, eu principiara gostando de estudar. Me batera, súbito, aquela vontade irritada de saber, me tornara estudiosíssimo. Era mesmo uma impaciência raivosa, que me fazia devorar bibliotecas, sem nenhuma orientação. Mas brilhava, fazia conferências empoladas em sociedadinhas de rapazes, tinha ideias que assustavam todo o mundo. E todos principiavam maldando que eu era muito inteligente mas perigoso.

Maria, por seu lado, parecia uma doida. Namorava com Deus e todo o mundo, aos vinte anos fica noiva de um rapaz bastante rico, noivado que durou três meses e se desfez de repente, pra dias depois ela ficar noiva de outro, um diplomata riquíssimo, casar em duas semanas com alegria desmedida, rindo muito no altar e partir em busca duma embaixada europeia, com o secretário chique, seu marido.

Às vezes meio tonto com estes acontecimentos fortes, acompanhados meio de longe, eu me recordava do passado, mas era só pra sorrir da nossa infantilidade e devorar numa tarde mais um livro incompreensível de filosofia. De mais a mais, havia a Rose pra de noite, e uma linda namoradinha oficial, a Violeta. Meus amigos me chamavam de "jardineiro", e eu punha na coincidência daquelas duas flores uma força de destinação fatalizada. Tamanha mesmo que topando numa livraria com *The Gardener* de Tagore, comprei o livro e comecei estudando o inglês com loucura. Mário de Andrade conta num dos seus livros que estudou o alemão por causa duma emboaba tordilha... eu também: meu inglês nasceu duma Violeta e duma Rose.

Não, nasceu de Maria. Foi quando uns cinco anos depois, Maria estava pra voltar pela primeira vez ao Brasil, a mãe dela, queixosa de tamanha ausência, conversando com mamãe na minha frente, arrancou naquele seu jeito de gorda desabrida:

— Pois é! Maria gostou tanto de você, você não quis!... e agora ela vive longe de nós.

Pela terceira vez fiquei estarrecido neste conto. Percebi tudo num tiro de canhão. Percebi ela doidejando, noivando com um, casando com outro, se atordoando com dinheiro e brilho. Percebi que eu fora uma besta, sim, agora que principiava sendo alguém, estudando por mim fora dos ginásios, vibrando em versos que muita gente já considerava. E percebi horrorizado, que Rose! nem Violeta, nem nada! era Maria que eu amava como louco! Maria é que eu amara sempre, como louco: oh como eu vinha sofrendo a vida inteira, desgraçadíssimo, aprendendo a vencer só de raiva, me impondo ao mundo por despique, me superiorizando em mim só por vingança de desesperado. Como é que eu pudera me imaginar feliz, pior: ser feliz, sofrendo daquele jeito! Eu? eu não! era Maria, era exclusivamente Maria toda aquela superioridade que estava aparecendo em mim... E tudo aquilo era uma desgraça muito cachorra mesmo. Pois não andavam falando muito de Maria? Contavam que pintava o sete, ficara célebre com as extravagâncias e aventuras. Estivera pouco antes às portas do divórcio, com um caso escandaloso por demais, com um pintor de nomeada que só pintava efeitos de luz. Maria falada, Maria bêbada, Maria passando de mão em mão, Maria pintada nua...

Se dera como que uma transposição de destinos... E tive um pensamento que ao menos me salvou no instante: se o que tinha de útil agora em mim era Maria, se ela estava se transformando no Juca imperfeitíssimo que eu fora, se eu era apenas uma projeção dela, como ela agora apenas uma projeção de mim, se nos trocáramos por um estúpido engano de amor: mas ao menos que eu ficasse bem ruim, mas bem ruim mesmo outra vez, pra me igualar a ela de novo. Foi a razão da briga com Violeta, impiedosa, e a farra dessa noite — bebedeira tamanha que acabei ficando desacordado, numa série de vertigens, com médico, escândalo, e choro largo de mamãe com minha irmã.

Bom, tinha que visitar Maria, está claro, éramos "gente grande" agora. Quando soube que ela devia ir a um banquete, pensei comigo: "ótimo, vou hoje logo depois de jantar, não encontro ela e deixo o cartão". Mas fui cedo demais. Cheguei na casa dos pais dela, seriam nove horas, todos aqueles requififes de gente ricaça, criado que leva cartão numa salva de prata etc. Os da casa estavam ainda jantando. Me introduziram na saletinha da esquerda, uma espécie de luís-quinze muito sem-vergonha, dourado por inteiro, dando pro hol central. Que fizesse o favor de esperar, já vinham.

Contemplando a gravura cor-de-rosa, senti de supetão que tinha mais alguém na saleta, virei. Maria estava na porta, olhando pra mim, se rindo, toda vestida de preto. Olhem: eu sei que a gente exagera em amor, não insisto. Mas se eu já tive a sensação da vontade de Deus, foi ver Maria assim, toda de preto vestida, fantasticamente mulher. Meu corpo soluçou todinho e tornei a ficar estarrecido.

— Ao menos diga boa-noite, Juca...

"Boa noite, Maria, eu vou-me embora..." meu desejo era fugir, era ficar e ela ficar mas, sim, sem que nos tocássemos sequer. Eu sei, eu juro que sei que ela estava se entregando a mim, me prometendo tudo, me cedendo tudo quanto eu queria, naquele se deixar olhar, sorrindo leve, mãos unidas caindo na frente do corpo, toda vestida de preto. Um segundo, me passou na visão devorá-la numa hora estilhaçada de quarto de hotel, foi horrível. Porém, não havia dúvida: Maria despertava em mim os instintos da perfeição. Balbuciei afinal um boa-noite muito indiferente, e as vozes amontoadas vinham do hol, dos outros que chegavam.

Foi este o primeiro dos quatro amores eternos que fazem de minha vida uma grave condensação interior. Sou falsamente um solitário. Quatro amores me acompanham, cuidam de mim, vêm conversar comigo. Nunca mais vi Maria, que ficou pelas Europas, divorciada afinal, hoje dizem que vivendo com um austríaco interessado em feiras internacionais. Um aventureiro qualquer. Mas dentro de mim, Maria... bom: acho que vou falar banalidade.

O LADRÃO

— Pega!

O berro, seria pouco mais de meia-noite, crispou o silêncio no bairro dormido, acordou os de sono mais leve, botando em tudo um arrepio de susto. O rapaz veio na carreira desabalada pela rua.

— Pega!

Nos corpos entreacordados, ainda estremunhando na angústia indecisa, estalou nítida, sangrenta, a consciência do crime horroroso. O rapaz estacara numa estralada de pés forçando pra parar de repente, sacudiu o guarda estatelado:

— Viu ele!

O polícia inda sem nexo, puxando o revólver:

— Viu ele?

— P...

Não perdeu tempo mais, disparou pela rua, porque lhe parecera ter divisado um vulto correndo na esquina de lá. O guarda ficou sem saber o que fazia, porém, da mesma direção do moço já chegavam mais dois homens correndo. O guarda eletrizado gritou:

— Ajuda! — e foi numa volada ambiciosa na cola do rapaz.

— Pega! Pega! os dois perseguidores novos secundaram sem parar. Alcançaram o moço na outra esquina, se informando com um retardatário que só àquelas horas recolhia.

— ... é capaz que deu a volta lá embaixo...

No cortiço, a única janela de frente se abriu, inundando de luz a esquina. O retardatário virou-se para os que chegavam:

— Não! Voltem por aí mesmo! Ele dobrou a esquina lá de baixo! Fique você, moço, vigiando aqui! Seu guarda, vem comigo!

Partiu correndo. Visivelmente era o mais expedito, e o grupo obedeceu, se dividindo na carreira. O rapaz desapontara muito por ter de ficar inativo, ele! justo ele que viera na frente!... No ar umedecido, o frio principiou caindo vagarento. Na janela do cortiço, depois de mandar pra cama o homem que aparecera atrás dela, uma preta, satisfeita de gorda, assuntava. Viu que a porta do 26 rangia com meia-luz e os dois Moreiras saíram por ela, afobados, enfiando os paletós. O Alfredinho até derrubou o chapéu, voltou pra pegar, hesitou, acabou tomando a direção do mano.

O guarda com o retardatário já tinham dobrado a esquina lá de baixo. Uma ou outra janela acordava numa cabeça inquieta, entre agasalhos. Também os dois perseguidores que tinham voltado caminho, já dobravam a outra esquina. Mas foi a preta, na calma, quem percebeu que o quarteirão fora cercado.

— Então decerto ele escondeu no quarteirão mesmo.

O rapaz que só esperava um pretexto pra seguir na perseguição, deitou na carreira. Parou.

— A senhora então fique vigiando! Grite se ele vier!

E se atirou na disparada, desprezando escutar o "Eu não! Deus te livre!" da preta, se retirando pra dentro porque não queria história com o cortiço dela, não. Pouco depois dos Moreiras, virada a esquina de baixo, o rapaz alcançou o grupo dos perseguidores, na algazarra. Um dos manos perguntava o que era. E o moço:

— Pegaram!

— Safado... ele...

— Deixa de lero-lero, seu guarda! assim ele escapa!

Aliás fora tudo um minuto. Vinha mais gente chegando.

— O que foi?

— Eu vou na esquina de lá, senão ele escapa outra vez!

— Vá mesmo! Olha, vá com ele, você, pra serem dois. Seu guarda! o senhor é que pode pular no jardim!

— Mas é que...

— Então bata na casa, p...!

O polícia inda hesitou um segundo, mas de repente encorajou:

— Vam'lá!

Foram. Foi todo o grupo, agora umas oito pessoas. Ficou só o velho que já não podia nem respirar da corridinha. Os dois manos, meio irritados com a insignificância deles a que ninguém esclarecera o que havia, ficaram também, castigando os perseguidores com a própria inatividade. Lá no escuro do ser estavam desejando que o ladrão escapasse, só pra o grupo não conseguir nada. Um garoto de rua estava ali rente, se esfregando tremido em todos, abobalhado de frio. Um dos Moreiras se vingou:

— Vai pra casa, guri!... de repente vem um tiro...

— Será que ele atira mesmo! — perguntou o baita que chegava.

E o velho:

— Tá claro! Quando o Salvini, aquele um que sufocou a mulher no Bom Retiro, ficou cercado...

Mas de súbito o apito do guarda agarrou trilando nos peitos, em fermatas alucinantes. Todos recuaram, virados pro lado do apito. Várias janelas fecharam.

O grupo estacara em frente de umas casas, quase no meio do quarteirão. Eram dois sobradinhos gêmeos, paredes-meias, na frente e nos lados opostos os canteiros de burguesia difícil. Os perseguidores trocavam palavras propositalmente em voz muito alta. O homem decerto ficava amedrontado com tanta gente... Se entregava, era inútil lutar... Em qual das casas bater? O que vira o fugitivo pular no jardinzinho, quem sabe um dos rapazes guardando a esquina, não estava ali pra indicar. Aliás ninguém pusera reparo em quem falara. Os mais cuidadosos, três, tinham se postado na calçada fronteira, junto ao portão entreaberto, bom pra esconder. Se miraram ressabiados, com um bocado de vergonha. Mas um, sorrindo:

— Tenho família.

— Idem.

— Pode vir alguma bala...

— Eu me armei, por via das dúvidas!

Quase todas as janelas estavam iluminadas, botando um ar de festa inédito na rua. Saía mais gente encapuçada nas portas, coleção morna de pijamas comprados feitos, transbordando pelos capotes malvestidos. O guarda estava tonto, sustentando posição aos olhos do grupo que dependia dele. Mas lá vinham mais dois polícias correndo. Aí o guarda apitou com entusiasmo e foi pra bater numa das casas. Mas da janela da outra jorrou de chofre no grupo uma luz, todos recuaram. Era uma senhora, ainda se abotoando.

— Que é! que foi que houve, meu Deus!

— Dona, acho que entrou um homem na sua casa que...

— Ai, meu Deus!

— ... a gente veio...

— Nossa Senhora! meus filhos!

Desapareceu na casa. De repente escutou-se um choro horrível de criança lá dentro. Um segundo todos ficaram petrificados. Mas era preciso salvar o menino, e à noção do "menino" um ardor de generosidade inflamou todos. Avançaram, que pedir licença nem nada! uns pulando a gradinha, outros já se ajudando a subir pela janela mesmo, outros forçando a porta. Que se abriu. A senhora apareceu, visão de pavor, desgrenhada, com as três crianças. A menina, seus oito anos, grudada na saia da mãe, soltava gritos como se a estivessem matando. A decisão foi instantânea, a imagem da desgraça virilizara o grupo. A italiana de uma das casas operárias defronte vira tudo, nem se resguardara: veio no camisolão, abriu com energia passagem pelos homens, agarrou a menina nos braços, escudando-a com os ombros contra tiros possíveis, fugira pra casa. Um dos homens imitando a decidida, agarrara outra criança, e empurrando a senhora com o menorzinho no colo, levara tudo se esconder na casa da italiana. Os outros se dividiram. Barafustaram pela casa aberta, alguns forçaram num átimo a porta vizinha, tudo fácil de abrir, donos em viagem, a casa se iluminou toda. Veio um gritando na janela do sobrado:

— Por trás não fugiu, o muro é alto!

— Ói lá!

Era a mocetona duma das janelas operárias fronteiras, a *vanity-case* de metalzinho esmaltado na mão, largara de se empoar, apontando. Toda a gente parou estarrecida, adivinhando um jeito de se resguardar do facínora. Olharam pra mocetona. Ela apontava no alto, aos gritos. Era no telhado. Um dos cautelosos, não se enxergava bem por causa das árvores, criou coragem, se abaixou e pôde ver. Deu um berro, avisando:

— Está lá!

E veio feito uma bala, atravessando a rua, se resguardar na casa onde empoleirara o ladrão. Os dois comparsas dele o imitaram. As janelas em frente se fecharam rápidas, bateu uma escureza sufocante. E os polícias, o rapaz, todos tinham corrido pra junto do homem que vira, se escondendo com ele, sem saber do quê, de quem, a evidência do perigo independendo já das vontades. Mas logo um dos polícias reagindo, sacudiu o horrorizado, fazendo-o voltar a si, perguntando gritado, com raiva. E a raiva contra o cauteloso dominou o grupo. Ele enfim respondeu:

— Eu também vi... (mal podia falar) no telhado...

— Dissesse logo!

— Está no telhado!

— Vá pra casa, medroso!

— Medroso não!

O rapaz atravessou a rua correndo, pra ver se enxergava ainda. O grupo estourou de novo pelas duas casas adentro.

— Ele não tem pra onde pular!

— Tá coitado!

— Que cuidado! ele que venha!

— Falei "coitado"...

Nos quintais dos fundos mais gente inspecionava o telhado único das casas gêmeas. Não havia por onde fugir. E a caça continuava sanhuda. Os dois sobrados foram esmiuçados, quarto por quarto, não houve guarda-roupa que não abrissem, examinaram tudo. Nada.

— Mas não há nada! — um falou.

— Quem sabe se entrou no forro?

— Entrou no forro!

— Tem claraboia?

— Não vi.

— Tem claraboia?

O rapaz, do outro lado da rua, examinara bem. Na parte de frente do telhado, positivamente o homem não estava mais. Algumas janelas se entreabriram de novo, medrosas, riscando luzes nas calçadas.

— Pegaram?

— P...

Mas alguém lhe segurara o braço, virou com defesa.

— Meu filho! olhe a sua asma! Deixe, que os outros pegam! Está tão frio!...

O rapaz, deu um desespero nele, a assombração medonha da asma... Foi vestindo maquinalmente o sobretudo que a mãe trouxera.

— Olha!... ah, não é... Também não sei pra que o prefeito põe tanta árvore na rua!

— Mas afinal o que que foi, hein? — perguntaram alguns, chegados tarde demais pra se apaixonarem pelo caso.

— Eu nem não sei!... diz que estão pegando um ladrão.

— Vamos pra casa, filhinho!...

... aquele fantasma da sufocação, peito chiando noite inteira, nem podia mais nadar... Virou com ódio pro sabe-tudo:

— Quem lhe contou que é ladrão!

Brotou em todos a esperança de alguma coisa pior.

— O que é, hein?

A pergunta vinha da mulher sem nenhum prazer. O rapaz olhou-a, aquele demônio da asma... deu de ombros, nem respondeu. Ele mesmo nem sabia certo, entrara do trabalho, apenas despira o sobretudo, ainda estava falando com a mãe já na cama, pedindo a bênção, quando gritaram "Pega!" na rua. Saíra correndo, vira o guarda não muito longe, um vulto que fugia, fora ajudar. Mas aquele demônio medonho da asma... O anulou uma desesperança rancorosa. Entre os dentes:

— Desgraçado...

Foi-se embora. De raiva. A mãe mal o pôde seguir, quase correndo, feliz! feliz por ganhar o filho àquela morte certa.

Agora a maioria dos perseguidos saíra na rua. Nem no interior do telhado encontraram o homem. Como fazer!

— Ficou gente no quintal, vigiando?

— Chi! tem pra uns dez decididos lá!

Era preciso calma. Lá na janela da mocetona operária começara uma bulha desgraçada. Os irmãos mais novos estavam dando um baile nela, primeiro insultando, depois caçoando que ela nem não tinha visto nada, só medo. Ela jurava que sim, se apoiava no medroso que enxergara também, mas ele não estava mais ali, tinha ido embora, danado de o chamarem medroso, esses bestas! A mocetona gesticulava, com o metalzinho da *vanity-case* brilhando no ar. Afinal acabou atirando com a caixinha bem na cara do irmão próximo e feriu. Veio a mãe, veio o pai, precisou vir mais gente, que os irmãos cegados com a gota de sangue queriam massacrar a mocetona.

Organizou-se uma batida em regra, eram uns vinte. As demais casas vizinhas estavam sendo varejadas também, quem sabe... Alguns foram-se embora que tinha muita gente, não eram necessários mais. Mas paravam pelas janelas, pelas portas, respondendo. Nascia aquela vontade de conversar, de comentar, lembrar casos. Era como se se conhecessem de sempre.

— Te lembra, João, aquele bebo no boteco da...

— Nem me!...

Não encontraram nada nas casas e todos vieram saindo para as calçadas outra vez. Ninguém desanimara, no entanto. Apenas despertara em todos uma vontade de alívio, todos certos que o ladrão fugira, estava longe, não havia mais perigo pra ninguém. O guarda conversava pabulagem, bem distraído num grupo, do outro lado da rua. Veio chegando, era a vergonha do quarteirão, a mulher do português das galinhas. Era uma rica, linda com aqueles beiços largos, enquanto o Fernandes quarentão lá partia no forde passar três, quatro dias na granja de Santo André. Ela, quem disse ir com ele! Chegava o entregador da *Noite*, batia, entrava. Ela fazia questão de não ter criada, comiam de pensão, tão rica! Vinha o mulato da marmita, pois entrava! E depois diz que vivia sempre com doença, chamando cada vez era um médico novo, desses que ainda não têm automóvel. Até o padeirinho da tarde, que tinha só... quinze? dezesseis anos? entrava, ficava tempo lá dentro.

O jornaleiro negava zangado, que era só pra conversar, senhora boa, mas o entregadorzinho do pão não dizia nada, ficava se rindo, com sangue até nos olhos, de vergonha gostosa.

Foi um silêncio carregado, no grupo, assim que ela chegou. As duas operárias honestas se retiraram com fragor, facilitando os homens. Se espalhou um cheiro por todos, cheiro de cama quente, corpo ardente e perfumado recendente. Todos ficaram que até a noite perdera a umidade gélida. De fato, a neblininha se erguera, e a cada uma janela que fechava, vinha pratear mais forte os paralelepípedos uma calma elevada de lua.

Vários grupos já não tinham coesão possível, bastante gente ia dormir. Por uma das janelas agora, pouco além das duas casas, se via um moço magro, de cabelo frio escorrendo, num pijama azul, perdido o sono, repetindo o violino. Tocava uma valsa que era boa, deixando aquele gosto da tristeza no ar.

Nisto a senhora não pudera mais consigo, muito inquieta com a casa aberta em que tantas pessoas tinham entrado, apareceu na porta da italiana. Esta insistia com a outra pra ficar dormindo com ela, a senhora hesitava, precisava ir ver a casa, mas tinha medo, sofria muito, olhos molhados sem querer.

A conversa vantajosa do grupo da portuguesa parou com a visão triste. E o guarda, sem saber que era mesmo ditado pela portuguesa, heroico se sacrificou. Destacou-se do grupo insaciável, foi acompanhar a senhora (a portuguesa bem que o estaria admirando), foi ajudar a senhora mais a italiana a fechar tudo. Até não havia necessidade dela dormir na casa da outra, ele ficava guardando, não arredava pé. E sem querer, dominado pelos desejos, virou a cara, olhou lá do outro lado da calçada a portuguesa fácil. Talvez ela ficasse ali conversando com ele, primeiro só conversando, até de manhã...

Alguns dos perseguidores, agrupados na porta da casa, tinham se esquecido, naquela conversa apaixonada, o futebol do sábado. Se afastaram, deixando a dona entrar com o guarda. Olharam-na com piedade mas sorrindo, animando a coitada. Nisto chegou com estalidos seu Nitinho e tudo se resolveu. Seu Nitinho era compadre da senhora, muito amigo da família, morava duas quadras longe. Viera logo com a espingarda passarinheira dos domingos, proteger a comadre. Dormiria na casa também, ela podia ficar no seu bem-bom com os filhinhos, salva com a proteção. E a senhora, mais confiante, entrou na casa.

— É, não há nada.

Foi um alívio em todos. A italiana já trazia as crianças, se rindo, falando alto, gesticulando muito, insistindo na oferta do leite. Mas a senhora tinha suficiente leite em casa, também. Pois a italiana assim mesmo conseguiu vencer a reserva da outra, e invadiu a cozinha, preparando um café. A lembrança do café animou todos. Os perseguidores se convidaram logo, com felicidade. Só o pobre do guarda, mais uma vez sacrificado, não pôde com o sexo, foi se reunir ao grupo da portuguesa.

Eis que a valsa triste acabou. Mas da sombra das árvores em frente, umas quatro ou cinco pessoas, paralisadas pela magnitude da música, tinham, por alegria, só por pândega, pra desopilar, pra acabar com aquela angústia miúda que ficara, nem sabiam! tinham... enfim, pra fazer com que a vida fosse engraçada um segundo, tinham arrebentado em aplausos e bravos. E todos, com os aplausos, todos, o grupo da portuguesa, a mocetona com os manos já mansos, os perseguidores da porta, dois ou três mais longe, todos desataram na risada. Foi aquela risada imensa pela rua. E aplaudiram também. Só o violinista não riu. Era a primeira consagração. E o peitinho curto dele até parou de bater.

Soaram duas horas num relógio de parede. Os que tinham relógio, consultaram. Um galo cantou. O canto firme lavou o ar e abriu o orfeão de toda a galaria do bairro, uma bulha encarnada radiando no céu lunar. O violinista reiniciara a valsa, porque tinham ido pedir mais música a ele. Mas o violino, bem correto, só sabia aquela valsa mesmo. E a valsa dançava queixosa outra vez, enchendo os corações.

— Eu! numa varsa dessa, mulher comigo, eu que mando!

E olhou a portuguesa bem nos olhos. Ela baixou os dela, puros, umedecendo os lábios devagar. Os outros ficaram com ódio da declaração do guarda lindo, bem-arranjado na farda. Se sentiram humilhados nos pijamas reles, nos capotes malvestidos, nos rostos sujos de cama. Todos, acintosamente, por delicadeza, ocultando nas mãos cruzadas ou enfiadas nos bolsos, a indiscrição dos corpos. A portuguesa, em êxtase, divinizada, assim violentada altas horas, por sete homens, traindo pela primeira vez, sem querer, violentada, o marido da granja.

Na porta da casa, a italiana triunfante distribuía o café. Um momento hesitou, olhando o guarda do outro lado da rua. Mas nisto fagulhou uma risadinha em todos lá no grupo, decerto alguma piada sem-vergonha, não! não dava café ao guarda! Pegou na última xícara, atravessou teatralmente a rua olhando o guarda, ele ainda imaginou que a xícara era pra ele. E a italiana entrou na casa dela, levando o café para o marido na cama, dormindo porque levantava às quatro, com o trabalho em Pirituba.

Foi um primeiro malestar no grupo da portuguesa: todos ficaram com vontade de beber um café bem quentinho. Se ela convidasse... Ela bem queria mas não achava razão. O guarda se irritou, qual! não tinha futuro! assim com tanta gente ali... Perdera o café. Ainda inventou ir até a casa, saber se a senhora não precisava de nada. Mas a italiana olhara pra ele com tanta ofensa, a xícara bem agarrada na mão, que um pudor o esmagou. Ficou esmagado, desgostoso de si, com um princípio de raiva da portuguesa. De raiva, deu um trilo no apito e se foi, rondando os seus domínios.

Os perseguidores tinham bebido o café, já agora perfeitamente repostos em suas consciências. Lhes coçava um pouco de vergonha na pele, tinham perseguido quem?... Mas ninguém não sabia. Uns tinham ido atrás dos outros, levados pelos outros, seria ladrão?...

— Bem, vou chegando.

— É. Não tem mais nada.

Boa noite, boa noite...

E tudo se dispersou. Ainda dois mais corajosos acompanharam a portuguesa até a porta dela, na esperança nem sabiam do quê. Se despediram delicados, conhecedores de regras, se contando os nomes próprios, seu criado. Ela, fechada a porta, perdidos os últimos passos além, se apoiou no batente, engolindo silêncio. Ainda viria algum, pegava nela, agarrava... Amarrou violentamente o corpo nos braços, duas lágrimas rolaram insuspeitas. Foi deitar sem ninguém.

A rua estava de novo quase morta, janelas fechadas. A valsa acabara o bis. Sem ninguém. Só o violinista estava ali, fumando, fumegando muito, olhando sem ver, totalmente desamparado, sem nenhum sono, agarrado a não sei que esperança de que alguém, uma garota linda, um fotógrafo, um milionário disfarçado, lhe pedisse pra tocar mais uma vez. Acabou fechando a janela também.

Lá na outra esquina do outro quarteirão, ficara um último grupinho de três, conversando. Mas é que lá passava bonde.

PRIMEIRO DE MAIO

No grande dia Primeiro de Maio, não eram bem seis horas e já o 35 pulara da cama, afobado. Estava muito bem-disposto, até alegre, ele bem afirmara aos companheiros da Estação da Luz que queria celebrar e havia de celebrar. Os outros carregadores mais idosos meio que tinham caçoado do bobo, viesse trabalhar que era melhor, trabalho deles não tinha feriado. Mas o 35 retrucara com altivez que não, não carregava mala de ninguém, havia de celebrar o dia deles. E agora tinha o grande dia pela frente.

Dia dele... Primeiro quis tomar um banho pra ficar bem digno de existir. A água estava gelada, ridente, celebrando, e abrira um sol enorme e frio lá fora. Depois fez a barba. Barba era aquela penuginha meia loura, mas foi assim mesmo buscar a navalha dos sábados, herdada do pai, e se barbeou. Foi se barbeando. Nu só da cintura pra cima por causa da mamãe por ali, de vez em quando a distância mais aberta do espelhinho refletia os músculos violentos dele, desenvolvidos desarmoniosamente nos braços, na peitaria, no cangote, pelo esforço cotidiano de carregar peso. O 35 tinha um ar glorioso e estúpido. Porém ele se agradava daqueles músculos intempestivos, fazendo a barba.

Ia devagar porque estava matutando. Era a esperança dum turumbamba macota, em que ele desse uns socos formidáveis nas fuças dos polícias. Não teria raiva especial dos polícias, era apenas a ressonância vaga daquele dia. Com seus vinte anos fáceis, o 35 sabia, mais da leitura dos jornais que de experiência, que o proletariado era uma classe oprimida. E os jornais tinham anunciado que se esperavam "grandes motins" do Primeiro de Maio, em Paris, em Cuba, no Chile, em Madri.

O 35 apressou a navalha de puro amor. Era em Madri, no Chile que ele não tinha bem lembrança se ficava na América mesmo, era a gente dele... Uma piedade, um beijo lhe saía do corpo todo, feito proteção sadia de macho, ia parar em terras não sabidas, mas era a gente dele, defender, combater, vencer... Comunismo?... Sim, talvez fosse isso. Mas o 35 não sabia bem direito, ficava atordoado com as notícias, os jornais falavam tanta coisa, faziam tamanha misturada de Rússia, só sublime ou só horrenda, e o 35 infantil estava por demais machucado pela experiência pra não desconfiar, o 35 desconfiava. Preferia o turumbamba porque não tinha medo de ninguém, nem do Carnera, ah, um soco bem nas fuças dum polícia... A navalha apressou o passo outra vez. Mas de repente o 35 não imaginou mais em nada por causa daquele bigodinho de cinema que era a melhor preciosidade de todo o seu ser. Lembrou aquela moça do apartamento, é verdade, nunca mais tinha passado lá pra ver se ela queria outra vez, safada! Riu.

Afinal o 35 saiu, estava lindo. Com a roupa preta de luxo, um nó errado na gravata verde com listinhas brancas e aqueles admiráveis sapatos de pelica amarela que não pudera sem comprar. O verde da gravata, o amarelo dos sapatos, bandeira brasileira, tempos de grupo escolar... E o 35 se comoveu num hausto forte, querendo bem o seu imenso Brasil, imenso colosso gigan-ante, foi andando depressa, assobiando. Mas parou de supetão e se orientou assustado. O caminho não era aquele, aquele era o caminho do trabalho. Uma indecisão indiscreta o tornou consciente de novo que era o Primeiro de Maio, ele estava celebrando e não tinha o que fazer. Bom, primeiro decidiu ir na cidade pra assuntar alguma coisa. Mas podia seguir por aquela direção mesmo, era uma volta, mas assim passava na Estação da Luz dar um bom-dia festivo aos companheiros trabalhadores. Chegou lá, gesticulou o bom-dia festivo, mas não gostou porque os outros riram dele, bestas. Só que em seguida não encontrou nada na cidade, tudo fechado por causa do grande dia Primeiro de Maio. Pouca gente na rua. Deviam de estar almoçando já, pra chegar cedo no maravilhoso jogo de futebol escolhido pra celebrar o grande dia. Tinha mas era muito polícia, polícia em qualquer esquina, em qualquer porta cerrada de bar e de café, nas joalherias, quem pensava em roubar! nos bancos, nas casas de loteria. O 35 teve raiva dos polícias outra vez.

E como não encontrasse mesmo um conhecido, comprou o jornal pra saber. Lembrou de entrar num café, tomar por certo uma média, lendo. Mas a maioria dos cafés estavam de porta cerrada e o 35 mesmo achou que era preferível economizar dinheiro por enquanto, porque ninguém não sabia o que estava pra suceder. O mais prático era um banco de jardim, com aquele sol maravilhoso. Nuvens? umas nuvenzinhas brancas, ondulando no ar feliz. Insensivelmente o 35 foi se encaminhando de novo para os lados do Jardim da Luz. Eram os lados que ele conhecia, os lados em que trabalhava e se entendia mais. De repente lembrou que ali mesmo na cidade tinha banco mais perto, nos jardins do Anhangabaú. Mas o Jardim da Luz ele entendia mais. Imaginou que a preferência vinha do Jardim da Luz ser mais bonito, estava celebrando. E continuou no passo em férias.

Ao atravessar a estação achou de novo a companheirada trabalhando. Aquilo deu um malestar fundo nele, espécie não sabia bem, de arrependimento, talvez irritação dos companheiros, não sabia. Nem quereria nunca decidir o que estava sentindo já... Mas disfarçou bem, passando sem parar, se dando por afobado, virando pra trás com o braço ameaçador, "Vocês vão ver!"... Mas um riso aqui, outro riso acolá, uma frase longe, os carregadores companheiros, era tão amigo deles, estavam caçoando. O 35 se sentiu bobo, era impossível recusar, envilecido. Odiou os camaradas.

Andou mais depressa, entrou no jardim em frente, o primeiro banco era a salvação, sentou. Mas dali algum companheiro podia divisar ele e caçoar mais, teve raiva. Foi lá no fundo do jardim campear banco escondido. Já passavam negras disponíveis por ali. E o 35 teve uma ideia muito não pensada, recusada, de que ele também estava uma espécie de negra disponível, assim. Mas não estava não, estava celebrando, não podia nunca acreditar que estivesse disponível e não acreditou. Abriu o jornal. Havia logo um artigo muito bonito, bem pequeno, falando na nobreza do trabalho, nos operários que eram também os "operários da nação", é isso mesmo! O 35 se orgulhou todo comovido. Se pedissem pra ele matar, ele matava, roubava, trabalhava grátis, tomado dum sublime desejo de fraternidade, todos os seres juntos, todos bons... Depois vinham as notícias. Se esperavam "grandes motins" em Paris, deu uma raiva tal no 35. E ele ficou todo fremente, quase sem respirar, desejando "motins" (devia ser turumbamba) na sua desmesurada força física, ah, as fuças de algum... polícia? polícia. Pelo menos os safados dos polícias.

Pois estava escrito em cima do jornal: em São Paulo a Polícia proibira comícios na rua e passeatas, embora se falasse vagamente em motins de tarde no Largo da Sé. Mas a polícia já tomara todas as providências, até metralhadoras, estava em cima do jornal, nos arranha-céus, escondidas, o 35 sentiu um frio. O sol brilhante queimava, banco na sombra? Mas não tinha, que a Prefeitura, pra evitar safadez dos namorados, punha os bancos só bem no sol. E ainda por cima era aquela imensidade de guardas e polícias vigiando que nem bem a gente punha a mão no pescocinho dela, trilo. Mas a Polícia permitira a grande reunião proletária, com discurso do ilustre Secretário do Trabalho, no magnífico pátio interno do Palácio das Indústrias, lugar fechado! A sensação foi claramente péssima. Não era medo, mas por que que a gente havia de ficar encurralado assim! É! é pra eles depois poderem cair em cima da gente, (palavrão)! Não vou! não sou besta! Quer dizer: vou sim! desaforo! (palavrão), socos, uma visão tumultuária, rolando no chão, se machucava mas não fazia mal, saíam todos enfurecidos do Palácio das Indústrias, pegavam fogo no Palácio das Indústrias, não! a indústria é a gente, "operários da nação", pegavam fogo na igreja de São Bento mais próxima que era tão linda por "drento", mas pra que pegar fogo em nada! (O 35 chegara até a primeira comunhão em menino...), é melhor a gente não pegar fogo em nada; vamos no Palácio do Governo, exigimos tudo do Governo, vamos com o general da Região Militar, deve ser gaúcho, gaúcho só dá é farda, pegamos fogo no palácio dele. Pronto. Isso o 35 consentiu, não porque o tingisse o menor separatismo (e o aprendido no grupo escolar?) mas nutria sempre uma espécie de despeito por São Paulo ter perdido na revolução de 32. Sensação aliás quase de esporte, questão de Palestra-Coríntians, cabeça inchada, porque não vê que ele havia de se matar por causa de uma besta de revolução diz que democrática, vão "eles"!... Se fosse o Primeiro de Maio, pelo menos... O 35 mal percebeu que se regava todo por "drento" dum espírito generoso de sacrifício. Estava outra vez enormemente piedoso, morreria sorrindo, morrer... Teve uma nítida, envergonhada sensação de pena. Morrer assim tão lindo, tão moço. A moça do apartamento...

Salvou-se lendo com pressa, oh! os deputados trabalhistas chegavam agora às nove horas, e o jornal convidavam (sic) o povo pra ir na Estação do Norte (a estação rival, desapontou) pra receber os grandes homens. Se levantou mandado, procurou o relógio da torre da Estação da Luz, ora! não dava mais tempo! quem sabe se dá!

Foi correndo, estava celebrando, raspou distraído o sapato lindo na beirada de tijolo do canteiro, (palavrão), parou botando um pouco de guspe no raspão, depois engraxo, tomou o bonde pra cidade, mas dando uma voltinha pra não passar pelos companheiros da Estação. Que alvoroço por dentro, ainda havia de aplaudir os homens. Tomou o outro bonde pro Brás. Não dava mais tempo, ele percebia, eram quase nove horas quando chegou na cidade, ao passar pelo Palácio das Indústrias, o relógio da torre indicava nove e dez, mas o trem da Central sempre atrasa, quem sabe? bom: às quatorze horas venho aqui, não perco, mas devo ir, são nossos deputados no tal de congresso, devo ir. Os jornais não falavam nada dos trabalhistas, só falavam dum que insultava muito a religião e exigia divórcio, o divórcio o 35 achava necessário (a moça do apartamento...), mas os jornais contavam que toda a gente achava graça no homenzinho, "Vós, burgueses", e toda a gente, os jornais contavam, acabaram se rindo do tal de deputado. E o 35 acabou não achando mais graça nele. Teve até raiva do tal, um soco é que merecia. E agora estava quase torcendo pra não chegar com tempo na estação.

Chegou tarde. Quase nada tarde, eram apenas nove e quinze. Pois não havia mais nada, não tinha aquela multidão que ele esperava, parecia tudo normal. Conhecia alguns carregadores dali também e foi perguntar. Não, não tinham reparado nada, decerto foi aquele grupinho que parou na porta da estação, tirando fotografia. Aí outro carregador conferiu que eram os deputados sim, porque tinham tomado aqueles dois sublimes automóveis oficiais. Nada feito.

Ao chegar na esquina o 35 parou pra tomar o bonde, mas vários bondes passaram. Era apenas um moço bem-vestidinho, decerto à procura de emprego por aí, olhando a rua. Mas de repente sentiu fome e se reachou. Havia por dentro, por "drento" dele um desabalar neblinoso de ilusões, de entusiasmo e uns raios fortes de remorso. Estava tão desagradável, estava quase infeliz... Mas como perceber tudo isso se ele precisava não perceber!... O 35 percebeu que era fome.

Decidiu ir a pé pra casa, foi a pé, longe, fazendo um esforço penoso para achar interesse no dia. Estava era com fome, comendo aquilo passava. Tudo deserto, era por ser feriado, Primeiro de Maio. Os companheiros estavam trabalhando, de vez em quando um carrego, o mais eram conversas divertidas, mulheres de passagem, comentadas, piadas grossas com as mulatas do jardim, mas só as bem limpas mais caras, que ele ganhava bem, todos simpatizavam logo com ele, ora por que que hoje me deu de lembrar aquela moça do apartamento!... Também: moça morando sozinha é no que dá. Em todo caso, pra acabar o dia era uma ideia ir lá, com que pretexto?... Devia ter ido em Santos, no piquenique da Mobiliadora, doze paus convite, mas o Primeiro de Maio... Recusara, recusara repetindo o "não" de repente com raiva, muito interrogativo, se achando esquisito daquela raiva que lhe dera. Então conseguiu imaginar que esse piquenique monstro, aquele jogo de futebol que apaixonava eles todos, assim não ficava ninguém pra celebrar o Primeiro de Maio, sentiu-se muito triste, desamparado. É melhor tomo por esta rua. Isso o 35 percebeu claro, insofismável que não era melhor, ficava bem mais longe. Ara, que tem! Agora ele não podia se confessar mais que era pra não passar na Estação da Luz e os companheiros não rirem dele outra vez. E deu a volta, deu com o coração cerrado de angústia indizível, com um vento enorme de todo o ser assoprando ele pra junto dos companheiros, ficar lá na conversa, quem sabe? trabalhar... E quando a mãe lhe pôs aquela esplêndida macarronada celebrante sobre a mesa, o 35 foi pra se queixar "Estou sem fome, mãe". Mas a voz lhe morreu na garganta.

Não eram bem treze horas e já o 35 desembocava no parque Pedro II outra vez, à vista do Palácio das Indústrias. Estava inquieto mas modorrento, que diabo de sol pesado que acaba com a gente, era por causa do sol. Não podia mais se recusar o estado de infelicidade, a solidão enorme, sentida com vigor. Por sinal que o parque já se mexia bem agitado. Dezenas de operários, se via, eram operários endomingados, vagueavam por ali, indecisos, ar de quem não quer. Então nas proximidades do palácio, os grupos se apinhavam, conversando baixo, com melancolia de conspiração. Polícias por todo lado.

O 35 topou com o 486, grilo quase amigo, que policiava na Estação da Luz. O 486 achara jeito de não trabalhar aquele dia porque se pensava anarquista, mas no fundo era covarde. Conversaram um pouco de entusiasmo semostradeiro, um pouco de Primeiro de Maio, um pouco de "motins". O 486 era muito valentão de boca, o 35 pensou. Pararam bem na frente do Palácio das Indústrias que fagulhava de gente nas sacadas, se via que não eram operários, decerto os deputados trabalhistas, havia até moças, se via que eram distintas, todos olhando para o lado do parque onde eles estavam.

Foi uma nova sensação tão desagradável que ele deu de andar quase fugindo, polícias, centenas de polícias, moderou o passo como quem passeia. Nas ruas que davam pro parque tinha cavalarias aos grupos, cinco, seis, escondidos na esquina, querendo a discrição não ostentar força e ostentando. Os grilos ainda não faziam mal, são uns (palavrão)! O palácio dava ideia duma fortaleza enfeitada, entrar lá "drento", eu!... O 486 então, exaltadíssimo, descrevia coisas piores, massacres horrendos de "proletários" lá dentro, descrevia tudo com a visibilidade dos medrosos, o pátio fechado, dez mil proletários no pátio e os polícias lá em cima nas janelas, fazendo pontaria na maciota.

Mas foi só quando aqueles três homens bem-vestidos, se via que não eram operários, se dirigindo aos grupos vagueantes, falaram pra eles em voz alta: "Podem entrar! não tenham vergonha! podem entrar!" com voz de mandando assim na gente... O 35 sentiu um medo franco. Entrar ele! Fez como os outros operários: era impossível assim soltos, desobedecer aos três homens bem-vestidos, com voz mandando, se via que não eram operários. Foram todos obedecendo, se aproximando das escadarias, mas o maior número, longe da vista dos três homens, torcia caminho, iam se espalhar pelas outras alamedas do parque, mais longe.

Esses movimentos coletivos de recusa acordaram a covardia do 35. Não era medo, que ele se sentia fortíssimo, era pânico. Era um puxar unânime, uma fraternidade, era carícia dolorosa por todos aqueles companheiros fortes tão fracos que estavam ali também pra... pra celebrar? pra... O 35 não sabia mais pra quê. Mas o palácio era grandioso por demais com as torres e as esculturas, mas aquela porção de gente bem-vestida nas sacadas enxergando eles (teve a intuição violenta de que estava ridiculamente vestido), mas o enclausuramento na casa fechada, sem espaço de liberdade, sem ruas abertas pra avançar, pra correr dos cavalarias, pra brigar... E os polícias na maciota, encarapitados nas janelas, dormindo na pontaria, teve ódio do 486, idiota medroso! De repente o 35 pensou que ele era moço, precisava se sacrificar: se fizesse um modo bem visível de entrar sem medo no palácio, todos haviam de seguir o exemplo dele. Pensou, não fez. Estava tão opresso, se desfibrara tão rebaixado naquela mascarada de socialismo, naquela desorganização trágica, o 35 ficou desolado duma vez. Tinha piedade, tinha amor, tinha fraternidade, e era só. Era uma sarça ardente, mas era sentimento só. Um sentimento profundíssimo, queimando, maravilhoso, mas desamparado, mas desamparado. Nisto vieram uns cavalarias, falando garantidos:

— Aqui ninguém não fica não! a festa é lá dentro, me'rmão! no parque ninguém não para não!

Cabeças-chatas... E os grupos deram de andar outra vez, de cá para lá, riscando no parque vasto, com vontade, com medo, falando baixinho, mastigando incerteza. Deu um ódio tal no 35, um desespero tamanho, passava um bonde, correu, tomou o bonde sem se despedir do 486, com ódio do 486, com ódio do Primeiro de Maio, quase com ódio de viver.

O bonde subia para o centro mais uma vez. Os relógios marcavam quatorze horas, decerto a celebração estava principiando, quis voltar, dava muito tempo, três minutos pra descer a ladeira, teve fome. Não é que tivesse fome, porém o 35 carecia de arranjar uma ocupação senão arrebentava. E ficou parado assim, mais de uma hora, mais de duas horas, no Largo da Sé, diz que olhando a multidão.

Acabara por completo a angústia. Não pensava, não sentia mais nada. Uma vagueza cruciante, nem bem sentida, nem bem vivida, inexistência fraudulenta, cínica, enquanto o Primeiro de Maio passava. A mulher de encarnado foi apenas o que lhe trouxe de novo à lembrança a moça do apartamento, mas nunca que ele fosse até lá, não havia pretexto, na certa que ela não estava sozinha. Nada. Havia uma paz, que paz sem cor por "drento"...

Pelas dezessete horas era fome, agora sim, era fome. Reconheceu que não almoçara quase nada, era fome, e principiou enxergando o mundo outra vez. A multidão já se esvaziava, desapontada, porque não houvera nem uma briguinha, nem uma correria no Largo da Sé, como se esperava. Tinha claros bem largos, onde os grupos dos polícias resplandeciam mais. As outras ruas do centro, essas então quase totalmente desertas. Os cafés, já sabe, tinham fechado, com o pretexto magnânimo de dar feriado aos seus "proletários" também.

E o 35 inerme, passivo, tão criança, tão já experiente da vida, não cultivou vaidade mais: foi se dirigindo num passo arrastado para a Estação da Luz, pra os companheiros dele, esse era o domínio dele. Lá no bairro os cafés continuavam abertos, entrou num, tomou duas médias, comeu bastante pão com manteiga, exigiu mais manteiga, tinha um fraco por manteiga, não se amolava de pagar o excedente, gastou dinheiro, queria gastar dinheiro, queria perceber que estava gastando dinheiro, comprou uma maçã bem rubra, oitocentão! foi comendo com prazer até os companheiros. Eles se ajuntaram, agora sérios, curiosos, meio inquietos, perguntando pra ele. Teve um instinto voluptuoso de mentir, contar como fora a celebração, se enfeitar, mas fez um gesto só, (palavrão) cuspindo um muxoxo de desdém pra tudo.

Chegava um trem e os carregadores se dispersaram, agora rivais, colhendo carregos em porfia. O 35 encostou na parede, indiferente, catando com dentadinhas cuidadosas os restos da maçã, junto aos caroços. Sentia-se cômodo, tudo era conhecido velho, os choferes, os viajantes. Surgiu um farrancho que chamou o 22. Foram subir no automóvel mas afinal, depois de muita gritaria, acabaram reconhecendo que tudo não cabia no carro. Era a mãe, eram as duas velhas, cinco meninos repartidos pelos colos e o marido. Tudo falando: "Assim não serve não! As malas não vão não!" aí o chofer garantiu enérgico que as malas não levava, mas as maletas elas "não largaram não", só as malas grandes que eram quatro. Deixaram elas com o 22, gritaram a direção e partiram na gritaria. Mais cabeça-chata, o 35 imaginou com muita aceitação.

O 22 era velhote. Ficou na beira da calçada com aquelas quatro malas pesadíssimas, preparou a correia, mas coçou a cabeça.

— Deixa que te ajudo — chegou o 35.

E foi logo escolhendo as duas malas maiores, que ergueu numa só mão, num esforço satisfeito de músculos. O 22 olhou pra ele, feroz, imaginando que o 35 propunha rachar o ganho. Mas o 35 deu um soco só de pândega no velhote, que estremeceu socado e cambaleou três passos. Caíram na risada os dois. Foram andando.

ATRÁS DA CATEDRAL DE RUÃO

Às vezes, até mesmo com pessoas presentes, lhe acontecia aquela sensação "afrosa",[1] como diriam as meninas, na meia-língua franco-brasileira que se davam agora por divertimento. E as duas garotas pararam a leitura, percebendo a quarentona estremecer. Se entreolharam. Alba perguntou, meia curiosa mas também já meia irônica por causa das manias da professora:

— Est-ce que vous avez froid par cette chaleur?...[2]

— Non, ma chère enfant, je...[3]

Hesitava, iniciando uma daquelas reticências que punham sempre as três tão fogosamente na proximidade do perigo. Lúcia ajudou, tomando ar maternal:

— Voulez-vous quelque chose?[4]

---

1. "Afrosa": horrível, medonha (aportuguesamento de "affreuse").
2. "— Será que a senhora está com frio nesse calor?...".
3. "— Não, minha querida, eu...".
4. "— A senhora quer alguma coisa?".

— Non! non! non!... je... il faut bien que je vous fasse une confidence, mes petites amies, ah! ah! ah!...[5]

E ria numa das suas risadas atuais, completamente falsas, corando com volúpia nas faces pálidas, sem rouge, a que a camada vasta do pó de arroz não disfarçava mais o desgaste. Era o jeito que tinha de não dar nenhuma importância ao que as três pressentiam ser importantíssimo. Afinal pôde continuar, entre confusa e misteriosa, dando de ombros:

— Il y a des jours où je sens à tout moment qu'un... "personnage" me frôle![6]

E acentuava o "personnage", que repetia sempre num nojo despeitado. Mas Lúcia:

— Ça vous fait mal![7]

— "Mâle", ma chère enfant, "mâ-le". N'égratignez pas vos mots comme ça. "Mâ-le."[8]

Mas logo um gritinho de surpresa:

— Oh! je vous demande pardon, Lúcia! Je me suis trompée de lisière! Vous avez parlé du Bien et du Mal, j'ai pensé que vous parliez du maléfice des hommes, ah! ah! ah!...[9]

E ria bem-aventurada.

---

5. "— Não! não! não!... eu... é preciso que eu faça uma confidência a vocês, minhas amiguinhas, ah! ah! ah!...".
6. "— Há dias em que eu sinto o tempo todo que um... 'personagem' se encosta em mim!".
7. "— Isso faz mal à senhora!".
8. "— 'Macho', minha querida menina, 'ma-cho'. Não deturpe as palavras assim. 'Ma-cho.'". (Há um jogo de palavras em francês entre "mâle" e "mal", cuja pronúncia é quase idêntica, embora possa haver, na primeira, ênfase no "â".)
9. "— Oh! me perdoe, Lúcia. Eu confundi as coisas! Você falou do Bem e do Mal, eu pensei que falasse do malefício dos homens, ah! ah! ah!...".

Dona Lúcia se acaso soubesse o que estava se passando agora, decerto não retomava Mademoiselle para professora das filhas. Fora mais longe: na caridade viciosa a que transportara a sua pobre vida cortada, fizera da solteirona uma espécie de dama de companhia das filhas. Lúcia e Alba estavam quase moças, dezesseis e quinze anos desenvoltos, que a viagem desbastara demais, jogadas de criada em criada, de colégio em colégio, de língua em língua, de esporte em esporte. Seria injusto afirmar que sabiam tudo e mesmo ignoravam coisas primárias, fáceis de saber, mas que nunca as surpreenderam naquele aprendizado da malícia, feito ao léu do acaso. Mas isso elas compensavam por um saber em excesso de coisas imaginosas e irrealizáveis, que ficaríamos bem estomagados de saber, nós, usadores do mundo.

Além do inglês e do alemão em que Mademoiselle nem de longe podia agora competir com elas, voltavam falando um francês bem mais moderno e leal que o da professora, estagnada no ensino e nas suas metáforas suspeitas. "N'égratignez pas les mots comme ça!",[10] Mademoiselle vinha com irritação, ciosa da sua pronúncia. Ou, no horror incontrolável aos cotovelos, saltava: "Effacez vos coudes, mon enfant!".[11] E agora mais que nunca ela "se trompait de lisière"[12] — o que tinha uma história. Não vê que desde a infância Mademoiselle cantava uma canção antiga em que Lisette, indo em busca da primeira "paquerette"[13] da primavera, topa com um cavaleiro na lisière du bois.[14] Está claro que o cavaleiro tomava Li-

10. "Não deturpe as palavras assim!".
11. "Encolha os cotovelos, menina!".
12. "confundia as coisas".
13. "margarida".
14. "no limite do bosque".

sette na garupa e sucedia ser um príncipe trali-lan-lère, trali-lan-la. Mademoiselle já tinha trinta anos feitos no Brasil, quando naquela vida mesquinha de lições e pão incerto, principiou se inquietando com a "paquerette"[15] que ela estava desleixando de colher na primavera. Preocupação não muito grande, porque ela ainda se sentia moça na higiene excessiva do corpo e a blusinha professoral, alvíssima, cheia de rendas crespas. Um dia porém, sem querer, cantarolando a sua canção, no momento em que alcançou a lisière,[16] Lisette parou sufocada, sem poder mais cantar. O que houve? o que não houve? Mademoiselle ficara assim, boca no ar, olhos assombrados, na convulsão duma angústia horrível. Nem podia respirar. Quando pôde respirou fundo, era mais um suspiro que respiro, e não se compreendeu. Naquele tempo ainda não podia "se sentir muito freudiana, hoje", como as meninas vieram da Europa falando. Mademoiselle apenas não se compreendeu. Porém nunca mais que se lembrou da canção, nunca mais que a cantou. Poucos dias depois ela principiava a "se tromper de lisière"[17] a cada confusão que fazia. E eram muitas as confusões.

Das melhores fora aquela quando se encontraram todas em Paris, porque Mademoiselle, cheia de apreensões, emprestara um dinheiro e partira na esperança de dizer o último adeus à mãe cardíaca. Mademoiselle chegou agitadíssima no palace, foi sentando esbaforida, "oh, mes enfants!",[18] esquecida até das alegrias do encontro. É que estava no hol do seu hotelzinho quando entrou um

---

15. "margarida".
16. "o limite".
17. "confundir as coisas".
18. "oh, minhas filhas!".

homem de cartola, cavanhaque, fraque, óculos escuros, o cavanhaque era pointu, pointu! Je me suis dit: "Ce personnage vient tuer quelqu'un". Il monta au salon, pas une minute ne s'était passée, nous entendîmes les cinq coups du pistolet. Dans le ventre![19] E se auxiliou desvairada do gesto homicida: "Poum! poum! poum! et poum!...".[20] Olhou dona Lúcia, olhou as meninas, assustada, indecisa. E numa das reconsiderações leais, de quando se enganava de lisière: "J'ai manqué un poum: ça fait cinq".[21]

Dona Lúcia achava graça em Mademoiselle. Quer dizer, talvez nem achasse graça mais, toda entregue altivamente ao seu drama e à representação discreta da infelicidade. As crianças ainda tinham ido com pai à Europa, um pai longínquo, surgindo raro na família e quase sem as enxergar. O dia em que partiram de Paris para os seis meses na Escócia, dona Lúcia lhes contou que o pai fora viajar também, noutra direção. Depois acrescentara pensativa que ele tinha muito negócio, a viagem decerto era comprida... E acabou decidindo que as filhas não deviam reparar na ausência do pai. Só por isso é que elas repararam. Mas tinham apenas dez anos de vida reclusa em São Paulo, nem sequer estimavam o pai: acharam meio esquisito e veio um malestar. Apenas se sentiram mais sozinhas e lhes passou no espírito uma nuvem interrogativa, um floco. Não decidiram nada, mas cinco anos de viagens, colégios, camelos, freiras, Dinamarcas e Palestinas, quando voltaram não supunham mais um pai. Dona Lúcia é que resolvera ficar eternamente infeliz e ficou.

19. "pontudo, pontudo! Eu disse a mim mesma: 'Esse personagem vem matar alguém'. Ele subiu até o salão, e em menos de um minuto ouvimos os cinco tiros de pistola. Na barriga!".
20. "Pá! pá! pá! e pá...".
21. "se enganava: 'Eu esqueci um pá: são cinco'".

Mademoiselle fora das primeiras pessoas que visitaram as recém--chegadas. Tivera um surto inadequado de lágrimas que até divertira as meninas. Se abraçara muito com elas, soluçando "mes PAUVRES enfants!",[22] com que ênfase no "pauvres"! Dona Lúcia até não conseguiu guardar o gesto de impaciência, e a professora envelhecida ficara muito reta na cadeira, envergonhada do arroubo anacrônico, aproveitando o esforço das outras visitas no reerguer da conversa, pra consertar a polvadeira lívida do rosto que as lágrimas listravam.

Estava mais destratadinha agora, isso via-se, as lições cada vez menos numerosas. Dona Lúcia voltava de alma fatigada, maternidade incorreta que aquele vaivém de colégios e hotéis transformara quase num dever. Adorava as filhas, mas era o êxtase inerte das adorações nacionais. Preferia se meter nas obras de caridade que a emolduravam de beatas de preto, muito deferentes com a ricaça. As meninas estavam mocinhas, carecendo mesmo de alguém, quase uma preceptora que as acompanhasse em festas, visitas, lhes tomasse conta da educação. E assim ajudavam Mademoiselle, coitada.

E Mademoiselle, sempre na sua blusa alvíssima de rendinhas crespas, caíra naquele mundo mágico de anseios que era o das duas adolescentes, como conversaram! Como viajaram e viveram experiências desejadas, aqueles primeiros dias! Mademoiselle soltava petits cris[23] excitadíssima, pedindo mais detalhes, detalhes, ces norvégiens![24] e esses catalães, e os árabes, les touaregs!...[25]

---

22. "COITADAS das minhas meninas!".
23. "gritinhos".
24. "esses noruegueses!".
25. "os tuaregues!...".

— Mais nous n'avons pas vu les touaregs, Mademoiselle.[26]

E ela, ar de mistério, sacudindo o dedo profético no ar:

— Heureusement pour vous, mes enfants![27]

Assim nascera em poucos dias um entrejogo de reticências e curiosidades malignas que agora devastavam a professora. Tudo não passava duma ceva divertida de quase imoralidade para as meninas. Um fraseio sem pontos-finais, farto de "vous comprennez", de "vous savez", de "n'est-ce pas?",[28] em que era sempre Mademoiselle a imaginar imoralidades horrorosas, esbaforida de sustos.

Na viagem do Mediterrâneo:

— ... Mme. de Lavellais avait un petit mousse qui venait tous les jours dans sa cabine pour frotter son parquet. Alors... il fallait voir ça, Mademoiselle! ce qu'il frrrottait consciencieusement![29]

— Ah, ah, ah, ela vinha com o seu riso de disfarce: p'tite rabelaisienne, taisez-vous...[30]

As meninas inventavam palavras para se conversar diante dos outros. Eram como onomatopeias pressentidas, sem nenhum sentido nítido, próprias daquele mundo vago em que viviam.

— Vous savez... Nous avons entendu aujourd'hui une conversation entre une femme et son mari...[31]

26. "— Mas não vimos os tuaregues, Mademoiselle".
27. "— Felizmente para vocês, minhas filhas!".
28. "vocês entendem", "vocês sabem", "não é?".
29. "— ... Madame de Lavellais tinha um grumete que vinha todos os dias à sua cabine para lhe esfregar o assoalho. Então... era preciso ver isso, Mademoiselle! o que ele esfrrrregava conscienciosamente".
30. "pequena rabelaisiana, cale-se..." (No sentido de maliciosa, licenciosa; referência derivada da obra de François Rabelais, 1494-1553.)
31. "— A senhora sabe... Hoje ouvimos a conversa de uma mulher com o marido dela...".

— Oh, mes enfants,[32] interrompia: vous avez une curiosité très maladive! Je sais parfaitement quelles sont les conversations entre une femme et son mari, voyons! C'est quelque chose de honteux.[33]

— Je voudrais bien savoir ce que c'est "tarlataner". Ils parlaient tout le temps de "tarlataner", de "haut tarlatanage"...[34]

— Alba!... Ne prononcez jamais ce verbe intransitif! C'est très vulgaire.[35]

Vivia resfriada na exigência das blusas brancas. Chegava afrosa, nariz vermelho, pingando. Lúcia lhe propunha logo um chá, mas com bastante rum pour avoir des rêves.[36]

— Je ne veux pas de rêves! ela rufava as rendas, gritandinho, je ne veux pas de rêves! Les chats me suffisent![37]

E pressentira uma vergonha que a inundava de remorsos felizes. Pra que contara o seu olhar na janela enfrestada do quarto, o ouvido, a cara toda enfim na umidade de setembro, aprendendo o esperanto fácil dos gatos da noite? J'attrape mes rhumes à cause de ces chats...[38] E se resfriava inda mais, devorando homeopatias. Nos seus quarenta e três anos de idade, Mademoiselle estava tomada por um vendaval de mal de sexo. Não se compreendia, nunca tivera aquilo em sua virgindade tão passiva sempre. Amara sim, duas vezes, mas nunca desejara. Agora, as meninas tinham chega-

32. "— Oh, minhas meninas".
33. "vocês têm uma curiosidade muito malsã! Eu sei perfeitamente quais são as conversas de uma mulher com o marido, vejam só! É alguma coisa indecente".
34. "— Eu queria saber o que é 'tarlatanar'. Eles falam o tempo todo em 'tarlatanar' e 'alta tarlatanagem'...".
35. "— Alba!... Não pronuncie jamais esse verbo intransitivo! É muito vulgar".
36. "para ter sonhos".
37. "— eu não quero sonhos! Os gatos me bastam!".
38. "Eu tenho minha coriza por causa desses gatos...".

do, era o vendaval, tão estalantes de experiências próximas, que puseram tuaregues no corpo de Mademoiselle. E Mademoiselle estava... só um verbo irracional dirá no que Mademoiselle estava: Mademoiselle estava no cio.

O vendaval. Ela sentia masculinos, "ces personnages"[39] que a frolavam no escuso do quarto, na fala das meninas, na desvirginação escandalosa das ruas. Agora Mademoiselle anda de a pé e procura no jornal onde é o lugar de encontro das multidões. Mas não vai lá, tem medo. Não é feliz, mas também não pode-se dizer que ficasse infeliz, Mademoiselle estava gostosa. E nessa paciência compensadora dos tímidos, ela ia saborear todos os dias nas conversas com as meninas um naco elástico dos gozos que em pouco elas irão viver. Quase sempre era assim mesmo: era ela a concluir em malícia as frases inventadas pelas alunas, que por certo ficariam muito atrapalhadas se a quarentona as deixasse continuar o que inventavam até um fim inexistente e sequer pressentido.

— Un après-midi nous avons vu un homme avec une barbe, vous comprennez... derrière la cathédrale de Rouen... Alors, vous comprennez...[40]

— Ma chère enfant, j'estime que vous allez trop loin. Je vous défends de continuer![41] E decisória, pxx: Ce qui se passait derrière la cathédrale de Rouen, voyons! se passe derrière toutes les cathédrales![42]

---

39. "esses personagens".
40. "— Uma tarde nós vimos um homem de barba, a senhora entende... atrás da catedral de Ruão... Então, a senhora entende...".
41. "— Minha menina, acho que você está indo longe demais. Eu a proíbo de continuar!".
42. "— O que acontecia atrás da catedral de Ruão, vejamos! acontece atrás de todas as catedrais!".

Mas não só ela concluía assim as investigações das meninas. Era ela mesma a propor os assuntos mais salgados. E quando os propunha, chegando o instante da verdade, sem coragem pra continuar, ela exclamava o "quelle sottise"[43] e reticenciava mais claro que tudo:

— Et alors... c'était comme derrière la cathédrale de Rouen.[44]

A catedral contava tudo. E era deliciosamente punidor o tudo que contava a catedral. Mademoiselle arranjava as rendinhas, agitada. Alba esperando, se entregara ao cacoete favorito, aquela mania desagradável de dobrar o pulso, forcejando pra tocar o antebraço com o polegar. Mademoiselle volta à vida, com a irritação:

— Alba, pourquoi faites-vous ça...[45]

E a menina, entre envergonhada e atacante:

— Excusez-moi, Mademoiselle... c'est de la cochonnerie.[46]

— Cochonnerie![47]

Aquilo a espantava enfim. As meninas andavam empregando "cochonnerie" sem o menor propósito. Alba trocou o olhar preventivo com a mana, mas contendo o riso, se escondeu numa inocência espantada, afirmando que a professora mesmo é que dissera serem "cochonneries" as coisas inúteis.

— Moi, mon enfant![48]

— V'oui! le jour que les ouvriers se donnaient la main![49]

---

43. "que bobagem".
44. "— E então... era como atrás da catedral de Ruão".
45. "— Alba, por que você faz isso...".
46. "— Desculpe, Mademoiselle... é safadeza".
47. "— Safadeza!".
48. "— Eu, minha filha!".
49. "— A senhora, sim! o dia em que os operários estavam de mãos dadas!".

O caso é que três dias antes elas liam no jardim aproveitando o solzinho raro daquele setembro chuvoso e passara na rua um casal de operários se dando a mão. Decerto o rapaz estava querendo dizer coisas bem íntimas, porque a moça procurava se desprender, ambos forcejavam e riam numas gargalhadas que enfeitaram toda a rua. Mademoiselle saiu da leitura e se perdeu, seguindo os namorados com os olhos e a vida. As meninas também tiveram a atenção chamada pelos risos, mas percebendo o que era, apenas dois namorados, quiseram voltar à leitura geográfica lhes contando coisas mais novidadeiras. Mas o perdimento de Mademoiselle despertou a vontade de maliciar. Alba disse:

— Qu'est-ce qu'ils font?[50]

Mademoiselle corou vivo e trouxe os olhos para as duas. Mas assim pegada em pecado não lhes aguentou o olhar agudo, já rindo muito. Quis disfarçar, arranjando a rendinha, e murmurou o mais inocente que pôde fingir, uma resposta que considerou perfeita:

— Ils se donnent la main.[51]

Mas Lúcia no sufragante:

— Pour quoi faire![52]

Mademoiselle fitou indignada a menina. Chegou a estremecer na visão. Pois elas bem não tinham visto o que se passara atrás da catedral de Ruão! Deu um daqueles muxoxos, meio nojo, meio desnorteamento, que lhe mereciam todas as cochonerias dessa vida:

— ... pour quoi faire... pxx!...[53]

---

50. "— O que eles estão fazendo?".
51. "— Estão de mãos dadas".
52. "— Para quê!".
53. "— ... para quê... pxx!...".

Alba e Lúcia a examinavam deliciadas. Mademoiselle fazia força pra se acalmar, pour quoi faire... Ela bem sabia que não se deve deixar perguntas de criancinhas sem resposta. Era melhor fingir desinteresse por aqueles dois "personnages gluants",[54] se dando a mão com tanta imoralidade. E voltou ao livro enquanto ainda sussurrava só consigo, aturdida, "pour quoi faire"...

A leitura continuou, e as meninas se engolfaram nela, num átimo esquecidas do incidente que não rendera bastante. Mas Mademoiselle eis que fechava o seu livro de supetão e o põe com ruído na mesinha. A olharam numa surpresa que logo se transformou em assombro quando viram a cara da mestra. Naquela calma veludosa de paz Mademoiselle estava completamente transtornada, olho em desvario pulando de Lúcia pra Alba, de Alba pra Lúcia, boca entreaberta num esgar, as rugas fantasistamente se mexendo.

— Laissez votre livre de côté, mes enfants! Là, sur le banc![55]

As meninas obedeceram maquinais, sem vontade nenhuma de rir, preocupadas. Mademoiselle ordenou:

— Donnez-vous la main! Non! pas comme ça, pxx! n'éparpillez pas vos doigts! Oui! c'est très bien![56]

As meninas não ligaram logo o caso, estavam mas assombradas. Passou um tempo. Mademoiselle afinal exclamava, cheia da vitória:

— Et bien!?...[57]

Não sabiam o que se passava, já meio hirtas agora, garantidas que se se olhassem não aguentavam, caíam na gargalhada.

---

54. "personagens pegajosos".
55. "— Deixem o livro de lado, meninas! Ali, no banco!".
56. "— Deem as mãos! Não! não assim, pxx! não abram tanto os dedos! Isso! Muito bem!".
57. "— E então!?...".

— Et bien! — Mademoiselle as incitava no triunfo: — Avez-vous bien réfléchi?[58]

— Je ne sais...[59]

— Taisez-vous! Dites! Vous voilà la main dans la main, tout à fait comme (mastigava sílaba por sílaba, no desprezo colérico) comme ces deux personnages qui se promenaient tout à l'heure, dites! Qu'est-ce que vous sentez, dites![60]

— Mais...[61]

— Taisez-vous![62]

Alba, menos capaz, acabou com aquela bobagem:

— Moi, je ne sens rien.[63]

— Et vous, Lúcia! dites! Vous êtes plus agée que votre sœur, vous devez sentir quelquer chose![64] — triunfante, triunfante.

Mas Lúcia, um bocado irritada, se desprendeu da irmã, dando de ombros. Irritada apenas? Lhe seria impossível se compreender naquela desilusão apreensiva, que a deixava numa vaga esperança de chorar. Mademoiselle estava soberba, muito esguiazinha, magistral. Revelou, se sentindo absolutamente dominadora:

— Voilà. On ne sent rien, vous savez! Il y a des gens ignorants qui font ces cochonneries inutiles, mais on ne sent rien,

58. "Vocês pensaram bem?".
59. "— Não sei...".
60. "— Calem-se! Digam! Estão de mãos dadas, exatamente como" [...] "como esses dois personagens que passeavam ainda há pouco, digam! O que vocês sentem, digam!".
61. "— Mas...".
62. "— Calem-se!".
63. "— Eu não sinto nada".
64. "— E você, Lúcia! diga! Você é mais velha que sua irmã, você deve sentir alguma coisa!".

mes enfants, on ne sent absolument rien. Retournons à notre géographie.[65]

De noite, quando se arranjavam pra deitar, entrava o ar pesado, oleaginoso, de rosas. Alba se olhou muito no espelho, sentada. Estava velha, com medo. Suspirou fundo e de repente se enforcou com ambas as mãos. Veio descendo com elas pelo corpo, pelos seios nascentes, como naquela página do *Médecin malgré lui*[66] em que Mademoiselle escrevera em vermelho "page condamnée"[67] pra que as alunas não lessem. Lúcia, escutando o suspiro, chegou-se pra irmã. Alba recusou vivo o contato, mas lhe veio a frase diária, pra se desculpar da grosseria:

— Me sinto freudiana, hoje... Acho que vou sonhar tarlatanagens.

Lúcia censurou:

— Olhe, Alba, você carece acabar com essas histórias... Você anda muito complexenta demais.

Mas perdoou logo. Deu um piparote nos cabelos pesados da mana:

— Cochonneries inutiles.[68]

Caíram na risada as duas. E tanto as cochonneries como as cochonerias tarlatanaram daí em diante no arrulho dúbio delas.

Mademoiselle ficara tonta com a referência de Alba ao casal de operários. Recordou imediatamente a cena de que se saíra com

---

65. "— Pois é. Não se sente nada, vocês sabem! Há pessoas ignorantes que fazem essas safadezas inúteis, mas não se sente nada, meninas, absolutamente nada. Voltemos à nossa geografia".

66. *Médico à força* (referência à comédia de Molière, 1622-73).

67. "página censurada".

68. "— Safadezas inúteis".

tanto brilhantismo, imaginava. Pois Alba compreendera que o que faziam os dois namorados eram "cochonneries inutiles"! Estava desnorteada porque les cochonneries ne sont pas inutiles, évidemment![69] reconhecia no íntimo, imaginando como sair da enrascada. Enxugou lerdo o nariz. Desistiu. Confessou devagar, pesando as palavras, conciliatória:

— Ma chère enfant... il ne faut pas dire des choses inutiles que ce sont des cochonneries, par exemple!... Les cochonneries sont... des cochonneries![70] — E exaltada de repente, se sacudindo toda: — S'embrasser sur la bouche, voilà une cochonnerie! Une chair vive contre une chair vive, pxxx![71]

Se ergueu pra partir. Tinha que ir à farmácia homeopática, tomar dois bondes, e o Angélica dava uma volta enorme até chegar na praça da Sé, se desculpou. Aquela evocação bruta de carnes vibrantes se ajuntando a escorraçava aos repelões. Enxugou o nariz.

Descendo do bonde na praça, embora a rua da farmácia ficasse ali mesmo, Mademoiselle é invadida por um vendaval misterioso, sem nexo. Como é que estava andando assim noutra direção, subindo a praça, enveredando para a catedral! O bom senso a obrigou a se definir, não era possível se tromper tamanhamente de lisière. Mademoiselle se dirigiu para a farmácia, inquieta muito, batida por desilusões. Comprou o alho sativo e mais vários tubinhos de pérolas alvas. Chegou à porta, pôs o embrulho na bolsa, estava escurecendo e agora a inquietação já se transformava num

---

69. "as safadezas não são inúteis, evidentemente!".
70. "— Minha filha... não se deve dizer coisas inúteis que são safadezas, por exemplo!... As safadezas são... safadezas!".
71. "Beijar na boca é uma safadeza! Uma carne viva contra uma carne viva, pxxx!".

desvario completo. Ficou ali, olhando a gente muita que passava apressada. Não sabia. Como que uma voz a chamava, uma voz fortíssima, atordoando. Não era voz, era o brouhaha dos bondes, dos autos, da gente. Mas o destino é que mandava os passos dela. Tinha que voltar e em vez o destino, não era o destino nem a voz não, quelle sottise![72] em vez estava subindo exagitada, frolando nos homens. Contrária à sua direção, Mademoiselle sobe, chamada pela catedral. Apressa o passo, estava quase correndo. O pavor a tomara, era um vento medonho na praça, sopro de sustos tamanhos que os arranha-céus se desmoronam com fragor. Chega o fragor. Chega o medo horrível, mil braços que a enforcassem, mil bocas, une chair vive contre une chair vive,[73] lhe rasgam a blusinha, no ventre! e ela tropeça sem poder mais. Tem que parar. Se encostou nas pedras da abside, ia cair. Os homens passando afobados, meio se viraram na indecisão, sem se decidir a perguntar se aquela velhota quer alguma coisa. Pode estar doente, pedir auxílio, perdiam tempo. Passavam. Afinal o guarda deu tento na coitada.

— A senhora precisa alguma coisa?

Mademoiselle tirou a mão dos olhos, muito envergonhada, refeita de súbito com a pergunta. Non, merci,[74] mas se percebendo noutra lisière,[75] consertou: Não, obrigada. E agora, já sem sustos mais, num desalento vazio, termina de contornar o derrière[76] da

72. "que bobagem!".
73. "uma carne viva contra uma carne viva".
74. "Não, obrigada".
75. "confusão".
76. "parte de trás".

catedral. Já não era mais ela que "bousculava"[77] os outros, como diriam as meninas, a multidão é que a busculava, a empurrava, a sacode. Mademoiselle não enxerga mais, não sente. Nem percebe que afinal toma o terceiro ou quarto Angélica chegado. Nunca que imaginasse o acontecido, o mal de sexo já está grande por demais, e Mademoiselle precisa duma experiência maior pra alcançar a verdade.

As ruas agora já estavam mais visíveis na entressombra, mais largas, seguindo por avenidas ricas. Mademoiselle enfim reconheceu com franqueza que já vinham descendo pela avenida Angélica. Voltava pouco a pouco à vida. Mas se estivesse no seu natural iria até a rua das Palmeiras e tomava outro bonde que a levasse à Sebastião Pereira, onde ficava o segundo andar da sua pensão. Sem elevador. Mademoiselle gosta pouco de caminhar. Mas eis que dá um puxão brusco na campainha, o bonde para espirrando. Mademoiselle desce e se lembra de enxugar o nariz, pra que desceu!

Cortando pelas ladeiras oblíquas se dirige à pensão, anda. Acontece que assim, no crepúsculo caseiro, numa última esperança de antemão desenganada, Mademoiselle passa pelo derrière da igreja de Santa Cecília. Assim mesmo uns sustinhos a tomaram, o respiro cresceu, foi agradável.

Mademoiselle chega sem muita desolação ao seu segundo andar. Havia um rol da engomadeira, difícil de ajustar, blusas e blusas. Mademoiselle examina as rendas com aplicação. De vez em quando para, trata de enxugar o nariz, ah! o remédio. Se esquecera dos remédios mas agora é tarde. Vamos deixar o remédio para depois do jantar. Mademoiselle ergueu súbito a cabeça, voltou-a

---

77. "Empurrava" (de "bousculer": empurrar).

pro lado, esperando, olhos baixos. Ficou assim por algum tempo, ansiosa, no malestar quase suave, e como nada sucedesse, como sempre, retornou ao cuidado de encrespar com mais minúcia a rendinha engomada da blusa. Agora vivia assim, na virulência nova da sua solidão, eis que estremecia. Lhe vinha a sensação até brutal de ter alguém junto de si. Sobrestava, tinha que sobrestar por força a ocupação qualquer em que estivesse, meio que se voltava e ficava esperando, olhos baixos. Nunca que ela olhasse com franqueza o lado, o canto, a porta donde lhe vinha a presença do homem. Ela desoladamente sabia não haver ninguém ali.

Mas daquela aventura horrível lhe fica um fraco pelo derrière das igrejas. Não vê igreja solta que não lhe brote a fatalidade de passar por detrás. A desilusão não a desilude nunca. Mademoiselle passa numa brisa agradável de apreensões, apesar do pleno dia, que ela nunca sai de noite mais, tem um medo! Sabe de cor os sacristães cuidadosos que não deixam nas reentrâncias das absides a prova dos homens gluants[78] da noite. Não vem mais no seu bonde, da casa de dona Lúcia até a pensão. Para uma esquina antes do largo de Santa Cecília. Até imagina que está precisando andar mais a pé. Vem. Está muito corretazinha e retazinha. Vem, faz a volta da igreja, lhe bate a brisa de sustos, é agradável. Mademoiselle estuga o passo e chega ofegante à porta da sua pensão.

Nesse dia as meninas a atenazaram por demais. A cidade vinha se arrepiando de pretensões políticas porque afinal tinham lançado mesmo o já muito proposto partido da oposição, o Democrático. Dona Lúcia embarcara na onda que lhe trazia um gasto novo de volúpias. Tinha parente importante no PD e nessa tarde, pela

78. "pegajosos".

primeira vez depois de sete anos, os salões dela se abriam para o cocktail aos chefes do Partido. Dona Lúcia decidiu que as filhas haviam de aparecer nem que fosse um momento. Fazia questão de se apresentar ornada de resultados, bem matrona, imponente em seus traços de infeliz. Mademoiselle devia comparecer, como preceptora.

As meninas ficaram de lado, era natural. A reunião era quase só de homens, poucas senhoras e vários sonhos políticos de subir. O velho conselheiro comparecera, na sua figura raçadíssima, avec une barbe, vous savez.[79] E assim, olhando de longe tantos homens que a gesticulação política ainda tornava mais ferozes, Alba e Lúcia tinham caído em cima da professora.

Era no fim daquela primavera, et alors, vous comprennez,[80] Mademoiselle chegara mais resfriada que nunca, o nariz até inchara um pouquinho, e com o embrulho esquisito, um cilindro comprido, pajeado cuidadosamente junto ao seio. As perguntas das meninas foram tão insistentes, as suposições tão maliciosas que Mademoiselle precisou confessar. A homeopatia não lhe dava jeito mais ao resfriado, "bronchite" ela insistia, no eufemismo contraído de moça, pra evitar de qualquer forma que esses brasileiros falassem em "constipação" pxx! Pois então se lembrara de comprar aquela garrafa de rum, confessou envergonhadíssima, "un tout petit peu!"[81] que ela quase gritava ameaçadora, diante do riso das meninas.

O jogo principiara logo muito esquentado. Estavam as três mais que freudianas, daquele recanto da saleta espiando tantos homens

79. "de barba, a senhora sabe".
80. "e então, a senhora entende".
81. "só um pouquinho!".

que deviam ser importantes, fazendo tudo o que desejavam. Os cocktails passavam, cocktails fortes bem pra homem, dona Lúcia se recusava a beber. Mas as meninas principiaram tarlatanando cada vez mais audaciosas. Mademoiselle não continha mais ninguém.

— ... vous savez pourquoi ils se sont installés au dessus du théâtre Santa Helena, n'est-ce pas?...[82]

— Mais non! Racontez-moi ça.[83]

E Lúcia sem saber onde vai parar:

— Après les spectacles ils montent au Parti et font de choses affreuses, vous comprennez, n'est-ce pas![84]

— Ma chère enfant, taisez-vous. Voyons... mais qu'est-ce qu'ils peuvent bien faire alors?[85]

— Vous comprennez, n'est-ce pas! Ils ont fait un trou, Mademoiselle, un énorme trou! Monsieur le Premier Secrétaire s'est mis tout nu sur un énorme plat, et on l'a descendu dans le théâtre, vous comprennez ce qui se passait...[86]

— Lúcia, je vous défends de continuer! peremptória, à bout.[87]

— Mais, Mademoiselle, c'est qu'ils commencent tous a roucouler![88]

---

82. "— ... a senhora sabe por que eles se instalaram no andar de cima do teatro Santa Helena, não é?!".
83. "— Não! Conte-me isso".
84. "Depois dos espetáculos eles sobem até o Partido e fazem coisas horrorosas, a senhora entende, não é!".
85. "— Minha filha, cale-se. Vejamos... mas o que é que eles podem fazer então?".
86. "— A senhora entende, não é! Eles fizeram um buraco, Mademoiselle, um buraco enorme! O senhor primeiro secretário se pôs totalmente nu sobre um enorme prato, e o carregaram para o teatro, a senhora entende o que acontecia...".
87. "— Lúcia, eu a proíbo de continuar! peremptória, no limite".
88. "— Mas, Mademoiselle, é que eles começaram todos a sussurrar!".

— Tais-toi! tais-toi![89] ela espirrava na sua binaridade autoritária atual, imagem derradeira da autoridade que ela não conseguia mais ter sobre aquelas pequenas rabelaisianas da primavera. Tais-toi! tais-toi! pulandinho de gozo entre as duas garotas, no desvão da saleta, emborcando a taça de cocktail. Dona Lúcia acabara suspeitando alguma coisa de anormal na alegria daquelas três, ordenara às meninas que subissem. E se foram as três para cima, logo calmas na apreensão de algum malfeito grave.

Só agora percebiam que a noite caíra. O relógio antigo do estúdio marcava oito horas. Um susto gélido de brisa entrou pela janela e invadiu Mademoiselle. Atchim, ela espirrou estremecendo. Foi se encurtando muito, ficou pequeninha, quase um nada vivaz de chair vive,[90] resumida a uma girândola de espirros em surdina. Teve medo, era muito tarde. Ainda imaginou esperar que a festa acabasse, estava no fim, e pedir a dona Lúcia que a fizesse acompanhar por qualquer um dos criados de ocasião. Mas ficou logo horrorizada com as audácias dele, decerto quis kidnapá-la,[91] mas os outros passageiros do bonde intervieram, e ele (preferia o que a servira) lhe deu o braço pra descer e a carregou possante, encostando a mão no peito dela, bem no peito. Criou juízo e decidiu ir só.

O bonde felizmente vinha cheio até demais, tinha uns seis passageiros derramados pelos bancos e Mademoiselle, acalentada, se sonha defendida por eles. Se o criado viesse, eles derramavam sangue na luta, bastante sangue. E que coragem deles, que luta feroz! Os defensores bufavam de cólera, os socos caíam, o auto não

89. "— Cale-se! Cale-se!".
90. "carne viva".
91. "Raptá-la" (aportuguesamento de "to kidnap": raptar, sequestrar, em inglês).

respeitava o silêncio da noitinha e num momento, o que foi! os bondes de noite correm tão desabalados pelos bairros, era aquele mesmo tumulto da praça da Sé que a tomava. Seria uma voz? seria o destino? Mademoiselle já mal respira e toca brusco a campainha. O bonde para com um grito horrível, é um assassinato, aliás, ela corrigiu, "assassínio" em português. Mademoiselle nem desce, salta, pula, foge, se livrando, faz o quarteirão sem pensar, não há multidão que a buscule, as árvores, as árvores é que a machucam, saem sombras kidnapantes delas, os lampiões fazem trous, trous,[92] doloridíssimos no ar desmaiado.

Mademoiselle percebe nítido, mas com uma nitidez inimaginável de tão fatal, que chegou no largo de Santa Cecília. Seguirá reto? É só atravessar o largo pela frente da igreja e, uns cem passos mais, a porta salvadora da pensão... Mademoiselle sabe disso, decide isso, quer decidir isso, mas agora é tarde, os passos a contrariam e a conduzem atrás da catedral de Ruão. É um silêncio de crime, o bairro dorme em paz burguesa. Mas tinha que suceder. Duma das ruas que desembocam na curva da abside, saltam dois homens, avec une barbe?[93] não viu bem, mas três louches,[94] que se atiram a persegui-la.

Atchim! que ela explodiu, exagerando o grito de socorro com volúpia. C'est pour les advertir que je suis enrhumée,[95] ela se pensa, heroicamente, na presciência de que as "constipações" protegem contra os assaltos à virgindade. E atchim! ela repetiu mais

92. "buracos, buracos".
93. "de barba?".
94. "muito suspeitos".
95. "É para preveni-los que estou resfriada".

uma vez, sem vontade nenhuma de espirrar, ameaçadora, se escutando vitoriosa no deserto da praça. Poum... poum... poum... Os dois perseguidores vinham apressados, passo igual. E o som dos sapatões possantes, eram possantes, devorava o atchim espavorido da pucela. E as passadas reboam mais vitoriosas ainda no silêncio infeliz do largo, ninguém para a salvar, só as árvores inúteis como cochonneries, enquanto os dois homens a vão alcançar. Não pode mais. Cairia nos braços deles, e eles a violariam sem piedade, exatamente como sucedera atrás da catedral de Ruão.

Mademoiselle apressa o passo ainda mais. Mas talvez o temor a imobilizasse como ao passarinho no olho da cobra: dá uns três passos corridinhos e logo quase para de andar, esperançosa, sussurrando uns passos lerdos, curtos. Poum... poum... poum... Ela avistava, era um fragor de catedrais desmoronando, ela enxergava muito bem os coruchéus despencando em linha reta sobre ela, arcobotantes agitados se enrijando, a flecha zuninte da abside, o crime seria hediondo porque ela havia de se debater com quanta força tinha, só a encontravam no dia seguinte desmaiada, as vestes rotas, sangrentas, o que diriam as meninas! muito sangue, poum... poum... já lhe punham, se lhe pusessem as mãos gluantes[96] nos ombros, ela havia de berrar.

Afinal um dos homens agarra-a pelo pescoço. Mas segurara mal. Mademoiselle deu um galeio pra frente com o pescocinho, mais uma corridinha e conseguiu se distanciar do monstro. Mas o outro monstro agora alargava muito o passo e ela percebeu, a intenção dele era estirar a perna de repente, trançar na dela bem trançado e com a rasteira ela caía de costas pronta e ele tombava

96. "pegajosas".

sobre ela na ação imensa. Porém ela fez um esforço ainda, um derradeiro esforço, deu um pulinho, passou por cima da perna e aqui ela chorava. Quis correr, não podia, porque o outro monstro veio feito uma fúria, ergueu os braços políticos e espedaçou-lhe os seios que sangravam. Mademoiselle deu um último gritinho e virou a esquina.

Mademoiselle virou a esquina da sua rua. Mademoiselle virou a esquina. Sua rua. Enxergou, era tão oferecidamente próxima a porta da pensão, e ela não teve mais esperança nenhuma. Nunca mais que havia de passar por trás das igrejas, e no dia seguinte as meninas desnorteadas topavam com aquela professorinha de dantes, longínqua, pura, branda. Mademoiselle estava salva, salva! E por sinal que a porta da pensão também estava alvissareiramente iluminada ainda, pois eram apenas vinte e uma horas. O copeiro na porta, homem de seu dever que a defendia se preciso, conversava com as criadas do portão vizinho. Um cheiro leve de acácias.

Mas isto Mademoiselle não podia sentir, nariz que era um tomate raçado de cooperativa. Sentiu mas foi que estava irremediavelmente salva pra toda a vida e então pôde correr. Correu, já num passinho lúcido, sem sofismas, e o pelo do renard[97] falso lhe fez uma brisa tão irônica no nariz que, quando parada na porta, primeiro ela teve que atender ao tiroteio dos espirros. E foram atchim, atchim, atchim e atchim. J'ai manqué un atchim, n'est-ce pas?[98]

Foram cinco. Pois assim mesmo os perseguidores lá vinham chegando atrás dela. Só que agora Mademoiselle estava mesmo salva pra todo o sempre e pôde reagir. Os homens vinham chegando

97. Pele de raposa, usada nos ombros, conforme a moda.
98. "Ficou faltando um atchim, não é?".

em suas conversas distraídas. Se plantou no meio da calçada, fungou um sexto espirro inteiramente fora de propósito, tirou mais que depressa dois níqueis da bolsa. Os homens tiveram que parar, espantados, ante aquela velhota luzente de espirro e lágrima, que lhes impedia a passagem, ar de desafio. E Mademoiselle soluçava as sílabas, na coragem raivosa de todas as ilusões ecruladas:[99]

— Mer-ci pour votre bo-nne com-pa-gnie![100]

E lhes enfiou na mão um níquel pra cada um, pagou! Pagou a bonne compagnie.[101] Subiu as escadas correndo, foi chorar.

99. "arrasadas" (de "écruler": sucumbir, sentir-se arrasado).
100. "— O-bri-ga-da pela sua bo-a com-pa-nhi-a!".
101. "boa companhia".

O POÇO

Ali pelas onze horas da manhã o velho Joaquim Prestes chegou no pesqueiro. Embora fizesse força em se mostrar amável por causa da visita convidada para a pescaria, vinha mal-humorado daquelas cinco léguas de fordinho cabritando na estrada péssima. Aliás o fazendeiro era de pouco riso mesmo, já endurecido por setenta e cinco anos que o mumificavam naquele esqueleto agudo e taciturno.

O fato é que estourara na zona a mania dos fazendeiros ricos adquirirem terrenos na barranca do Moji pra pesqueiros de estimação. Joaquim Prestes fora dos que inventaram a moda, como sempre: homem cioso de suas iniciativas, meio cultivando uma vaidade de família — gente escoteira por aqueles campos altos, desbravadora de terras. Agora Joaquim Prestes desbravava pesqueiros na barranca fácil do Moji. Não tivera que construir a riqueza com a mão, dono de fazendas desde o nascer, reconhecido como chefe, novo ainda. Bem rico, viajado, meio sem quefazer, desbravava outros matos.

Fora o introdutor do automóvel naquelas estradas, e se o município agora se orgulhava de ser um dos maiores produtores de mel, o devia ao velho Joaquim Prestes, primeiro a se lembrar de criar abelhas ali. Falando o alemão (uma das suas "iniciativas" goradas na zona) tinha uma verdadeira biblioteca sobre abelhas. Joaquim Prestes era assim. Caprichosíssimo, mais cioso de mando que de justiça, tinha a idolatria da autoridade. Pra comprar o seu primeiro carro fora à Europa, naqueles tempos em que os automóveis eram mais europeus que americanos. Viera uma "autoridade" no assunto. E o mesmo com as abelhas de que sabia tudo. Um tempo até lhe dera de reeducar as abelhas nacionais, essas "porcas" que misturavam o mel com a samora. Gastou anos e dinheiro bom nisso, inventou ninhos artificiais, cruzou raças, até fez vir umas abelhas amazônicas. Mas se mandava nos homens e todos obedeciam, se viu obrigado a obedecer às abelhas que não se educaram um isto. E agora que ninguém falasse perto dele numa inocente jeteí, Joaquim Prestes xingava. Tempo de florada no cafezal ou nas fruteiras do pomar maravilhoso, nunca mais foi feliz. Lhe amargavam penosamente aquelas mandassaias, mandaguaris, bijuris que vinham lhe roubar o mel da *Apis mellifica*.

E tudo o que Joaquim Prestes fazia, fazia bem. Automóveis tinha três. Aquela marmon[1] de luxo pra o levar da fazenda à cidade, em compras e visitas. Mas como fosse um bocado estreita para que coubessem à vontade, na frente, ele choferando e a mulher que era gorda (a mulher não podia ir atrás com o mecânico,

1. Nome do gênero feminino, como os dos navios: automóvel moderno, norte-americano, com motor de dezesseis cilindros, criado em 1931 por Howard Marmon. Ele inaugura o espelho retrovisor e prima por desenvolver maior velocidade. (N. E.)

nem este na frente e ela atrás) mandou fazer uma rolls-royce de encomenda, com dois assentos na frente que pareciam poltronas de hol, mais de cem contos. E agora, por causa do pesqueiro e da estrada nova, comprara o fordinho cabritante, todo dia quebrava alguma peça, que o deixava de mau humor.

Que outro fazendeiro se lembrara mais disso! Pois o velho Joaquim Prestes dera pra construir no pesqueiro uma casa de verdade, de tijolo e telha, embora não imaginasse passar mais que o claro do dia ali, de medo da maleita. Mas podia querer descansar. E era quase uma casa-grande se erguendo, quarto do patrão, quarto pra algum convidado, a sala vasta, o terraço telado, tela por toda a parte pra evitar pernilongo. Só desistiu da água encanada porque ficava um dinheirão. Mas a casinha, por detrás do bangalô, até era luxo, toda de madeira aplainada, pintadinha de verde pra confundir com os mamoeiros, os porcos de raça por baixo (isso de fossa nunca!) e o vaso de esmalte e tampa. Numa parte destocada do terreno, já pastavam no capim novo quatro vacas e o marido, na espera de que alguém quisesse beber um leitezinho caracu. E agora que a casa estava quase pronta, sua horta folhuda e uns girassóis na frente, Joaquim Prestes não se contentara mais com a água da geladeira, trazida sempre no forde em dois termos gordos, mandara abrir um poço.

Quem abria era gente da fazenda mesmo, desses camaradas que entendem um pouco de tudo. Joaquim Prestes era assim. Tinha dez chapéus estrangeiros, até um panamá de conto de réis, mas as meias, só usava meias feitas pela mulher, "pra economizar" afirmava. Afora aqueles quatro operários ali, que cavavam o poço, havia mais dois que lá estavam trabucando no acabamento da casa, as marteladas monótonas chegavam até à fogueira. E todos muito descontentes, rapazes de zona rica e bem servida de progresso, jogados ali na ceva da maleita. Obedeceram, mandados, mas corroídos de irritação.

Só quem estava maginando que enfim se arranjara na vida era o vigia, esse, um caipira da gema, bagre sorna dos alagados do rio, maleiteiro eterno a viola e rapadura, mais a mulher e cinco famílias enfezadas. Esse agora, se quisesse, tinha leite, tinha ovos de legornes finas e horta de semente. Mas lhe bastava imaginar que tinha. Continuava feijão com farinha, e a carne-seca do domingo.

Batera um frio terrível esse fim de julho, bem diferente dos invernos daquela zona paulista, sempre bem secos nos dias claros e solares, e as noites de uma nitidez sublime, perfeitas pra quem pode dormir no quente. Mas aquele ano umas chuvas diluviais alagavam tudo, o couro das carteiras embolorava no bolso e o café apodrecia no chão.

No pesqueiro o frio se tornara feroz, lavado daquela umidade maligna que, além de peixe, era só o que o rio sabia dar. Joaquim Prestes e a visita foram se chegando pra fogueira dos camaradas, que logo levantaram, machucando chapéu na mão, bom dia, bom dia. Joaquim Prestes tirou o relógio do bolso, com muita calma, examinou bem que horas eram. Sem censura aparente, perguntou aos camaradas se ainda não tinham ido trabalhar.

Os camaradas responderam que já tinham sim, mas que com aquele tempo quem aguentava permanecer dentro do poço continuando a perfuração! Tinham ido fazer outra coisa, dando ũa mão no acabamento da casa.

— Não trouxe vocês aqui pra fazer casa.

Mas que agora estavam terminando o café do meio-dia. Espaçavam as frases, desapontados, principiando a não saber nem como ficar de pé. Havia silêncios desagradáveis. Mas o velho Joaquim Prestes impassível, esperando mais explicações, sem dar sinal de compreender nem desculpar ninguém. Tinha um, era o mais calmo, mulato desempenado, fortíssimo, bem escuro na cor. Ainda nem falara. Mas foi esse que acabou inventando um jeito humilhante de disfarçar a culpa inexistente, botando um pouco de felicidade no dono. De repente contou que agora ainda ficara mais penoso o trabalho porque enfim já estava minando água. Joaquim Prestes ficou satisfeito, era visível, e todos suspiraram de alívio.

— Mina muito?

— A água vem de com força, sim senhor.

— Mas percisa cavar mais.

— Quanto chega?

— Quer dizer, por enquanto dá pra uns dois palmo.

— Parmo e meio, Zé.

O mulato virou contrariado para o que falara, um rapaz branco, enfezadinho, cor de doente.

— Ocê marcou, mano...

— Marquei sim.

— Então com mais dois dias de trabalho tenho água suficiente.

Os camaradas se entreolharam. Ainda foi o José quem falou:

— Quer dizer... a gente nem não sabe, tá uma lama... O poço tá fundo, só o mano que é leviano pode descer...

— Quanto mede?

— Quarenta e cinco palmo.

— Papagaio! — escapou da boca de Joaquim Prestes. Mas ficou muito mudo, na reflexão. Percebia-se que ele estava lá dentro consigo, decidindo uma lei. Depois meio que largou de pensar, dando todo o cuidado lento em fazer o cigarro de palha com perfeição. Os camaradas esperavam, naquele silêncio que os desprezava, era insuportável quase. O rapaz não conseguiu se aguentar mais, como que se sentia culpado de ser mais leve que os outros. Arrancou:

— Por minha causa não, Zé, que eu desço bem.

José tornou a se virar com olhos enraivecidos pro irmão. Ia falar, mas se conteve enquanto outro tomava a dianteira.

— Então ocê vai ficar naquela dureza de trabalho com essa umidade!

— Se a gente pudesse revezar inda que bem... — murmurou o quarto, também regularmente leviano de corpo mas nada disposto a se sacrificar. E decidiu:

— Com essa chuvarada a terra tá mole demais, e se afunda!... Deus te livre...

Aí José não pôde mais adiar o pressentimento que o invadia e protegeu o mano:

— 'cê besta, mano! e sua doença!...

A doença, não se falava o nome. O médico achara que o Albino estava fraco do peito. Isso de um ser mulato e o outro branco, o pai espanhol primeiro se amigara com uma preta do litoral, e quando ela morrera, mudara de gosto, viera pra zona da Paulista casar com moça branca. Mas a mulher morrera dando à luz o Albino, e o espanhol, gostando mesmo de variar, se casara mas com a cachaça. José, taludinho, inda aguentou-se bem na orfandade, mas o Albino, tratado só quando as colonas vizinhas lembravam, Albino comeu terra, teve tifo, escarlatina, disenteria, sarampo, tosse comprida. Cada ano era uma doença nova, e o pai até esbravejava nos janeiros: "Que enfermidade le falta, caramba!" e bebia mais. Até que desapareceu pra sempre.

Albino, nem que fosse pra demonstrar a afirmativa do irmão, teve um acesso forte de tosse. E Joaquim Prestes:

— Você acabou o remédio?

— Inda tem um poucadinho, sim sinhô.

Joaquim Prestes mesmo comprava o remédio do Albino e dava, sem descontar no ordenado. Uma vidraça que o rapaz quebrara, o fazendeiro descontou os três mil e quinhentos do custo. Porém montava na marmon dava um pulo até a cidade só pra comprar aquele fortificante estrangeiro, "um dinheirão!" resmungava. E eram mesmo dezoito mil-réis.

Com a direção da conversa, os camaradas perceberam que tudo se arranjava pelo melhor. Um comentou:

— Não vê que a gente está vendo se o sol vem e seca um pouco, mode o Albino descer no poço.

Albino, se sentindo humilhado nessa condição de doente, repetiu agressivo:

— Por isso não que eu desço bem! já falei...

José foi pra dizer qualquer coisa mas sobresteve o impulso, olhou o mano com ódio. Joaquim Prestes afirmou:

— O sol hoje não sai.

O frio estava por demais. O café queimando, servido pela mulher do vigia, não reconfortara nada, a umidade corroía os ossos. O ar sombrio fechava os corações. Nenhum passarinho voava, quando muito algum pio magoado vinha botar mais tristeza no dia. Mal se enxergava o aclive da barranca, o rio não se enxergava. Era aquele arminho sujo da névoa, que assim de longe parecia intransponível.

A afirmação do fazendeiro trouxera de novo um som apreensivo no ambiente. Quem concordou com ele foi o vigia chegando.

Só tocou de leve no chapéu, foi esfregar forte as mãos, rumor de lixa, em cima do fogo. Afirmou baixo, com voz taciturna de afeiçoado àquele clima ruim:

— Peixe hoje não dá. ·

Houve um silêncio. Enfim o patrão, o busto dele foi se erguendo impressionantemente agudo, se endireitou rijo e todos perceberam que ele decidira tudo. Com má vontade, sem olhar os camaradas, ordenou:

— Bem... é continuar todos na casa, vocês estão ganhando.

A última reflexão do fazendeiro pretendera ser cordial. Mas fora navalhante. Até a visita se sentiu ferida. Os camaradas mais que depressa debandaram, mas Joaquim Prestes:

— Você me acompanhe, Albino, quero ver o poço.

Ainda ficou ali dando umas ordens. Haviam de tentar uma rodada assim mesmo. Afinal jogou o toco do cigarro na fogueira, e com a visita se dirigiu para a elevação a uns vinte metros da casa, onde ficava o poço.

Albino já estava lá, com muito cuidado retirando as tábuas que cobriam a abertura. Joaquim Prestes, nem mesmo durante a construção, queria que caíssem "coisas" na água futura que ele iria beber. Afinal ficaram só aquelas tábuas largas, longas, de cabreúva, protegendo a terra do rebordo do perigo de esbarrondar. E mais aquele aparelho primário, que "não era o elegante, definitivo" Joaquim Prestes foi logo explicando à visita, servindo por agora pra descer os operários no poço e trazer terra.

— Não pise aí, nhô Prestes! — Albino gritou com susto.

Mas Joaquim Prestes queria ver a água dele. Com mais cuidado, se acocorou numa das tábuas do rebordo e firmando bem as mãos em duas outras que atravessavam a boca do poço e serviam apenas pra descanso da caçamba, avançou o corpo pra espiar. As tábuas abaularam. Só o viram fazer o movimento angustiado, gritou:

— Minha caneta!

Se ergueu com rompante e sem mesmo cuidar de sair daquela bocarra traiçoeira, olhou os companheiros, indignado:

— Essa é boa!... Eu é que não posso ficar sem a minha caneta-tinteiro! Agora vocês hão de ter paciência, mas ficar sem minha caneta é que eu não posso! têm que descer lá dentro buscar! Chame os outros, Albino! e depressa! que com o barro revolvido como está, a caneta vai afundando!

Albino foi correndo. Os camaradas vieram imediatamente, solícitos, ninguém sequer lembrava mais de fazer corpo mole nem nada. Pra eles era evidente que a caneta-tinteiro do dono não podia ficar lá dentro. Albino já tirava os sapatões e a roupa. Ficou nu num átimo da cintura pra cima, arregaçou a calça. E tudo, num átimo, estava pronto, a corda com o nó grosso pro rapaz firmar os pés, afundando na escureza do buraco. José mais outro, firmes, seguravam o cambito. Albino com rapidez pegou na corda, se agarrou nela, balanceando no ar. José olhava, atento:

— Cuidado, mano...

— Vira.

— Albino...

— Nhô?

— ... veja se fica na corda pra não pisar na caneta. Passe a mão de leve no barro...

— Então é melhor botar um pau na corda pra fincar os pé.

— Qual, mano! vira isso logo!

José e o companheiro viraram o cambito, Albino desapareceu no poço. O sarilho gemeu, e à medida que a corda se desenrolava o gemido foi aumentando, aumentando, até que se tornou num uivo lancinante. Todos estavam atentos, até que se escutou o grito de aviso do Albino, chegado apenas uma queixa até o grupo. José parou o manejo e fincou o busto no cambito.

Era esperar, todos imóveis. Joaquim Prestes, mesmo o outro camarada espiavam, meio esquecidos do perigo da terra do rebordo esbarrondar. Passou um minuto, passou mais outro minuto, estava desagradabilíssimo. Passou mais tempo. José não se conteve. Segurando firme só com a mão direita o cambito, os músculos saltaram no braço magníficos, se inclinou quanto pôde na beira do poço:

— Achooooou!

Nada de resposta.

— Achou, manoooo!...

Ainda uns segundos. A visita não aguentara mais aquela angústia, se afastara com o pretexto de passear. Aquela voz de poço, um tom surdo, ironicamente macia que chegava aqui em cima em qualquer coisa parecida com um "não". Os minutos passavam, ninguém mais se aguentava na impaciência. Albino havia de estar perdendo as forças, grudado naquela corda, de cócoras, passando a mão na lama coberta de água.

— José...

— Nhô.... — Mas atentando onde o velho estava, sem mesmo esperar a ordem, José asperejou com o patrão:

— Por favor, nhô Joaquim Prestes, sai daí, terra tá solta!

Joaquim Prestes se afastou de má vontade. Depois continuou:

— Grite pro Albino que pise na lama, mas que pise num lugar só.

José mais que depressa deu a ordem. A corda bambeou. E agora, aliviados, os operários entreconversavam. O magruço, que sabia ler no jornal da vendinha da estação, deu de falar, o idiota, no caso do "Soterrado de Campinas". O outro se confessou pessimista, mas pouco, pra não desagradar o patrão. José mudo, cabeça baixa, olho fincado no chão, muito pensando. Mas a experiência de todos ali sabia mesmo que a caneta-tinteiro se metera pelo barro mole e que primeiro era preciso esgotar a água do poço. José ergueu a cabeça, decidido:

— Assim não vai não, nhô Joaquim Prestes, percisa secar o poço.

Aí Joaquim Prestes concordou. Gritaram ao Albino que subisse. Ele ainda insistiu uns minutos. Todos esperavam em silêncio, irritados com aquela teima do Albino. A corda sacudiu, chamando. José mais que depressa agarrou o cambito e gritou:

— Pronto!

A corda enrijou retesada. Mesmo sem esperar que o outro operário o ajudasse, José com músculos de amor virou sozinho o sarilho. A mola deu aquele uivo esganado, assim virada rápido, e veio uivando, gemendo.

— Vocês me engraxem isso, que diabo!

Só quando Albino surgiu na boca do poço o sarilho parou de gemer. O rapaz estava que era um monstro de lama. Pulou na terra firme e tropeçou três passos, meio tonto. Baixou muito a cabeça sacudida com estertor purrr! agitava as mãos, os braços, pernas, num halo de lama pesada que caía aos ploques no chão. Deu aquele disfarce pra não desapontar:

— Puta frio!

Foi vestindo, sujo mesmo, com ânsia, a camisa, o pulôver esburacado, o paletó. José foi buscar o seu próprio paletó, o botou silencioso na costinha do irmão. Albino o olhou, deu um sorriso quase alvar de gratidão. Num gesto feminino, feliz, se encolheu dentro da roupa, gostando.

Joaquim Prestes estava numa exasperação terrível, isso via-se. Nem cuidava de disfarçar para a visita. O caipira viera falando que a mulher mandava dizer que o almoço do patrão estava pronto. Disse um "Já vou" duro, continuando a escutar os operários. O magruço lembrou buscarem na cidade um poceiro de profissão. Joaquim Prestes estrilou. Não estava pra pagar poceiro por causa duma coisa à toa! que eles estavam com má vontade de trabalhar! esgotar poço de pouca água não era nenhuma áfrica. Os homens acharam ruim, imaginando que o patrão os tratara de negros. Se tomaram dum orgulho machucado. E foi o próprio magro, mais independente, quem fixou José bem nos olhos, animando o mais forte, e meio que perguntou, meio que decidiu:

— Bamo!...

Imediatamente se puseram nos preparos, buscando o balde, trocando as tábuas atravessadas por outras que aguentassem peso de homem. Joaquim Prestes e a visita foram almoçar.

Almoço grave, apesar do gosto farto do dourado. Joaquim Prestes estava árido. Dera nele aquela decisão primária, absoluta de reaver a caneta-tinteiro hoje mesmo. Pra ele, honra, dignidade, autoridade não tinha gradação, era uma só: tanto estava no custear a mulher da gente como em reaver a caneta-tinteiro. Duas vezes a visita, com ares de quem não sabe, perguntou sobre o poceiro da cidade. Mas só o forde podia ir buscar o homem e Joaquim Prestes, agora que o vigia afirmara que não dava peixe, tinha embirrado, havia de mostrar que, no pesqueiro dele, dava. Depois que diabo! os camaradas haviam de secar o poço, uns palermas! Estava numa cólera desesperada. Botando a culpa nos operários, Joaquim Prestes como que distrai a culpa de fazê-los trabalhar injustamente.

Depois do almoço chamou a mulher do vigia, mandou levar

café aos homens, porém que fosse bem quente. Perguntou se não havia pinga. Não havia mais, acabara com a friagem daqueles dias. Deu de ombros. Hesitou. Ainda meio que ergueu os olhos pra visita, consultando. Acabou pedindo desculpa, ia dar uma chegadinha até o poço pra ver o que os camaradas andavam fazendo. E não se falou mais em pescaria.

Tudo trabalhava na afobação. Um descia o balde. Outro, com empuxões fortes na corda, afinal conseguia deitar o balde lá no fundo pra água entrar nele. E quando o balde voltava, depois de parar tempo lá dentro, vinha cheio apenas pelo terço, quase só lama. Passava de mão em mão, pra ser esvaziado longe e a água não se infiltrar pelo terreno de rebordo. Joaquim Prestes perguntou se a água já diminuíra. Houve um silêncio emburrado dos trabalhadores. Afinal um falou com rompante:

— Quá!...

Joaquim Prestes ficou ali, imóvel, guardando o trabalho. E ainda foi o próprio Albino, mais servil, quem inventou:

— Se tivesse duas caçamba...

Os camaradas se sobressaltaram, inquietos, se entreolhando. E aquele peste de vigia lembrou que a mulher tinha uma caçamba em casa, foi buscar. O magruço, ainda mais inquieto que os outros, afiançou:

— Nem com duas caçamba não vai não! é lama por demais! tá minando muito...

Aí o José saiu do seu silêncio torvo pra pôr as coisas às claras:

— De mais a mais, duas caçamba percisa ter gente lá dentro, Albino não desce mais.

— Que que tem, Zé! Deixa de história! — Albino meio que estourou.

De resto o dia aquentara um bocado, sempre escuro, nuvens de chumbo tomando o céu todo. Nenhum pássaro. Mas a brisa caíra por volta das treze horas, e o ar curto deixava o trabalho aquecer os corpos movidos. José se virara com tanta indignação para o mano, todos viram: mesmo com desrespeito pelo velho Joaquim Prestes, o Albino ia tomar com um daqueles cachações que apanhava quando pegado no truco ou na pinga. O magruço resolver se sacrificar, evitando mais aborrecimento. Interferiu rápido:

— Nós dois se reveza, José! Desta eu que vou.

O mulato sacudiu a cabeça, desesperado, engolindo raiva. A caçamba chegava e todos se atiraram aos preparativos novos. O velho Joaquim Prestes ali, mudo, imóvel. Apenas de vez em quando aquele jeito lento de tirar o relógio e consultar a claridade do dia, que era feito uma censura tirânica, pondo vergonha, quase remorso naqueles homens.

E o trabalho continuava infrutífero, sem cessar. Albino ficava o quanto podia lá dentro, e as caçambas, lentas, naquele exasperante ir e vir. E agora o sarilho deu de gritar tanto que foi preciso botar graxa nele, não se suportava aquilo. Joaquim Prestes mudo, olhando aquela boca de poço. E quando Albino não se aguentava mais, o outro magruço o revezava. Mas este, depois da primeira viagem, se tomara dum medo tal, se fazia lerdo de propósito, e eram recomendações a todos, tinha exigências. Já por duas vezes falara em cachaça.

Então o vigia lembrou que o japonês da outra margem tinha cachaça à venda. Dava uma chegadinha lá, que o homem também sempre tinha algum trairão de rede, pegado na lagoa.

Aí Joaquim Prestes se destemperou por completo. Ele bem que estava percebendo a má vontade de todos. Cada vez que o magruço tinha que descer eram cinco minutos, dez, mamparreando, se despia lento. Pois até não se lembrara de ir na casinha e foi aquela espera insuportável pra ninguém! (E o certo é que a água minava mais forte agora, livre da muita lama. O dia passava. E uma vez que o Albino subiu, até, contra o jeito dele, veio irritado, porque achara o poço na mesma.)

Joaquim Prestes berrava, fulo de raiva. O vigia que fosse tratar das vacas, deixasse de invencionice! Não pagava cachaça pra ninguém não, seus imprestáveis! Não estava pra alimentar manha de cachaceiro!

Os camaradas, de golpe, olharam todos o patrão, tomados de insulto, feridíssimos, já muito sem paciência mais. Porém Joaquim Prestes ainda insistia, olhando o magruço:

— É isso mesmo!... Cachaceiro!... Dispa-se mais depressa! cumpra o seu dever!...

E o rapaz não aguentou o olhar acutilante do patrão, baixou a cabeça, foi se despindo. Mas ficara ainda mais lerdo, ruminando uma revolta inconsciente, que escapava na respiração precipitada, silvando surda pelo nariz. A visita percebendo o perigo, interveio. Fazia gosto de levar um pescado à mulher, se o fazendeiro permitisse, ele dava um pulo com o vigia lá no tal de japonês. E irritado fizera um sinal ao caipira. Se foram, fugindo daquilo, sem mesmo esperar o assentimento de Joaquim Prestes. Este mal encolheu os ombros, de novo imóvel, olhando o trabalho do poço.

Quando mais ou menos uma hora depois, a visita voltou ao poço outra vez, trazia afobada uma garrafa de caninha. Foi oferecendo com felicidade aos camaradas, mas eles só olharam a visita assim meio de lado, nem responderam. Joaquim Prestes nem olhou, e a visita percebeu que tinha sucedido alguma coisa grave.

O ambiente estava tensíssimo. Não se via nem o Albino nem o magruço que o revezava. Mas não estavam ambos no fundo do poço, como a visita imaginou.

Minutos antes, poço quase seco agora, o magruço que já vira um bloco de terra se desprender do rebordo, chegada a vez dele, se recusara descer. Foi meio minuto apenas de discussão agressiva entre ele e o velho Joaquim Prestes, desce, não desce, e o camarada, num ato de desespero, se despedira por si mesmo, antes que o fazendeiro o despedisse. E se fora, dando as costas a tudo, oito anos de fazenda, curtindo uma tristeza funda, sem saber. E Albino, aquela mansidão doentia de fraco, pra evitar briga maior, fizera questão de descer outra vez, sem mesmo recobrar fôlego. Os outros dois, com o fantasma próximo de qualquer coisa mais terrível, se acovardaram. Albino estava no fundo do poço.

Agora o vento soprando, chicoteava da gente não aguentar. Os operários tremiam muito, e a própria visita. Só Joaquim Prestes não tremia nada, firme, olhos fincados na boca do poço. A despedida do operário o despeitara ferozmente, ficara num deslumbramento horrível. Nunca imaginara que num caso qualquer o adversário se arrogasse a iniciativa de decidir por si. Ficara assombrado. Por certo que havia de mandar embora o camarada, mas que este se fosse por vontade própria, nunca pudera imaginar. A sensação do insulto estourara nele feito uma bofetada. Se não revidasse era uma desonra, como se vingar!... Mas só as mãos se esfregando lentíssimas, denunciavam o desconcerto interior do fazendeiro. E a vontade reagia com aquela decisão já desvairada de conseguir a caneta-tinteiro, custasse o que custasse. Os olhos do velho engoliam a boca do poço, ardentes, com volúpia quase. Mas a corda já sacudia outra vez, agitadíssima agora, avisando que o Albino queria subir. Os operários se afobaram. Joaquim Prestes abriu os braços, num gesto de desespero impaciente.

— Também Albino não parou nem dez minutos!

José ainda lançou um olhar de imploração ao chefe, mas este não compreendia mais nada. Albino apareceu na boca do poço. Vinha agarrado na corda, se grudando nela com terror, como temendo se despegar. Deixando o outro operário na guarda do cambito, José com muita maternidade ajudava o mano. Este olhava todos, cabeça de banda decepando na corda, boca aberta. Era quase impossível lhe aguentar o olho abobado. Como não queria se desagarrar da corda, foi preciso o José, "sou eu, mano", o tomar nos braços, lhe fincar os pés na terra firme. Aí Albino largou da corda. Mas com o frio súbito do ar livre, principiou tremendo demais. O seguraram pra não cair. Joaquim Prestes perguntava se ainda tinha água lá embaixo.

— Fa... Fa...

Levou as mãos descontroladas à boca, na intenção de animar os beiços mortos. Mas não podia limitar os gestos mais, tal o tremor. Os dedos dele tropeçavam nas narinas, se enfiavam pela boca, o movimento pretendido de fricção se alargava demais e a mão se quebrava no queixo. O outro camarada lhe esfregava as costas. José veio, tirou a garrafa das mãos da visita, quis desarrolhar mas não conseguindo isso logo com aqueles dedos endurecidos, abocanhou a rolha, arrancou. José estava tão triste... Enrolou, com que macieza! a cabeça do maninho no braço esquerdo, lhe pôs a garrafa na boca:

— Beba, mano.

Albino engoliu o álcool que lhe enchera a boca. Teve aquela reação desonesta que os tragos fortes dão. Afinal pôde falar:

— Farta... é só... tá-tá seco.

Joaquim Prestes falava manso, compadecido, comentando inflexível:

— Pois é, Albino: se você tivesse procurado já, decerto achava. Enquanto isso a água vai minando.

— Se eu tivesse uma lúiz...

— Pois leve.

José parou de esfregar o irmão. Se virou pra Joaquim Prestes. Talvez nem lhe transparecesse ódio no olhar, estava simples. Mandou calmo, olhando o velho nos olhos:

— Albino não desce mais.

Joaquim Prestes ferido desse jeito, ficou que era a imagem descomposta do furor. Recuou um passo na defesa instintiva, levou a mão ao revólver. Berrou já sem pensar:

— Como não desce!

— Não desce não. Eu não quero.

Albino agarrou o braço do mano mas toma com safanão que quase cai. José traz as mãos nas ancas, devagar, numa calma de morte. O olhar não pestaneja, enfiando no do inimigo. Ainda repete, bem baixo, mas mastigando:

— Eu não quero não sinhô.

Joaquim Prestes, o mal pavoroso que terá vivido aquele instante... A expressão do rosto dele se mudara de repente, não era cólera mais, boca escancarada, olhos brancos, metálicos, sustentando o olhar puro, tão calmo, do mulato. Ficaram assim. Batia agora uma primeira escureza do entardecer. José, o corpo dele oscilou milímetros, o esforço moral foi excessivo. Que o irmão não descia estava decidido, mas tudo mais era uma tristeza em José, uma desolação vazia, uma semiconsciência de culpa lavrada pelos séculos.

Os olhos de Joaquim Prestes reassumiam uma vibração humana. Afinal baixaram, fixando o chão. Depois foi a cabeça que baixou, de súbito, refletindo. Os ombros dele também foram descendo aos poucos. Joaquim Prestes ficou sem perfil mais. Ficou sórdido.

— Não vale a pena mesmo...

Não teve a dignidade de aguentar também com a aparência externa da derrota. Esbravejou:

— Mas que diacho, rapaz! vista saia!

Albino riu, iluminando o rosto agradecido. A visita riu pra aliviar o ambiente. O outro camarada riu, covarde. José não riu. Virou a cara, talvez para não mostrar os olhos amolecidos. Mas ombros derreados, cabeça enfiada no peito, se percebia que estava fatigadíssimo. Voltara a esfregar maquinalmente o corpo do irmão, agora não carecendo mais disso. Nem ele nem os outros, que o incidente espantara por completo qualquer veleidade do frio.

Quer dizer, o caipira também não riu, ali chegado no meio da briga pra avisar que os trairões, como Joaquim Prestes exigia, devidamente limpos e envoltos em sacos de linho alvo, esperavam pra partir. Joaquim Prestes rumou pro forde. Todos o seguiram. Ainda havia nele uns restos de superioridade machucada que era preciso enganar. Falava ríspido, dando a lei com lentidão:

— Amanhã vocês se aprontem. Faça frio não faça frio mando o poceiro cedo. E... José...

Parou, voltou-se, olhou firme o mulato:

— ... doutra vez veja como fala com seu patrão.

Virou, continuou, mais agitado agora, se dirigindo ao forde. Os mais próximos ainda o escutaram murmurar consigo: "... não sou nenhum desalmado...".

* * *

Dois dias depois o camarada desapeou da besta com a caneta-tinteiro. Foram levá-la a Joaquim Prestes que, sentado à escrivaninha, punha em dia a escrita da fazenda, um brinco. Joaquim Prestes abriu o embrulho devagar. A caneta vinha muito limpa, toda arranhada. Se via que os homens tinham tratado com carinho aquele objeto meio místico, servindo pra escrever sozinho. Joaquim Prestes experimentou mas a caneta não escrevia. Ainda a abriu, examinou tudo, havia areia em qualquer frincha. Afinal descobriu a rachadura.

— Pisaram na minha caneta! brutos...

Jogou tudo no lixo. Tirou da gaveta de baixo uma caixinha que abriu. Havia nela várias lapiseiras e três canetas-tinteiro. Uma era de ouro.

O PERU DE NATAL

O nosso primeiro Natal de família, depois da morte de meu pai acontecida cinco meses antes, foi de consequências decisivas para a felicidade familiar. Nós sempre fôramos familiarmente felizes, nesse sentido muito abstrato da felicidade: gente honesta, sem crimes, lar sem brigas internas nem graves dificuldades econômicas. Mas, devido principalmente à natureza cinzenta de meu pai, ser desprovido de qualquer lirismo, duma exemplaridade incapaz, acolchoado no medíocre, sempre nos faltara aquele aproveitamento da vida, aquele gosto pelas felicidades materiais, um vinho bom, uma estação de águas, aquisição de geladeira, coisas assim. Meu pai fora de um bom errado, quase dramático, o puro-sangue dos desmancha-prazeres.

Morreu meu pai, sentimos muito etc. Quando chegamos nas proximidades do Natal, eu já estava que não podia mais pra afastar aquela memória obstruente do morto, que parecia ter sistematizado pra sempre a obrigação de uma lembrança dolorosa em cada almoço, em cada gesto mínimo da família. Uma vez que eu sugerira a mamãe a ideia dela ir ver uma fita no cinema, o que resultou foram lágrimas. Onde se viu ir ao cinema, de luto pesado! A dor já estava sendo cultivada pelas aparências, e eu, que sempre gostara apenas regularmente de meu pai, mais por instinto de filho que por espontaneidade de amor, me via a ponto de aborrecer o bom do morto.

Foi decerto por isto que me nasceu, esta sim, espontaneamente, a ideia de fazer uma das minhas chamadas "loucuras". Essa fora aliás, e desde muito cedo, a minha esplêndida conquista contra o ambiente familiar. Desde cedinho, desde os tempos de ginásio, em que arranjava regularmente uma reprovação todos os anos; desde o beijo às escondidas, numa prima, aos dez anos, descoberto por Tia Velha, uma detestável de tia; e principalmente desde as lições que dei ou recebi, não sei, duma criada de parentes: eu consegui no reformatório do lar e na vasta parentagem, a fama conciliatória de "louco". "É doido, coitado!" falavam. Meus pais falavam com certa tristeza condescendente, o resto da parentagem buscando exemplo para os filhos e provavelmente com aquele prazer dos que se convencem de alguma superioridade. Não tinham doidos entre os filhos. Pois foi o que me salvou, essa fama. Fiz tudo o que a vida me apresentou e o meu ser exigia para se realizar com integridade. E me deixaram fazer tudo, porque eu era doido, coitado. Resultou disso uma existência sem complexos, de que não posso me queixar um nada.

Era costume sempre, na família, a ceia de Natal. Ceia reles, já se imagina: ceia tipo meu pai, castanhas, figos, passas, depois da Missa do Galo. Empanturrados de amêndoas e nozes (quanto discutimos os três manos por causa do quebra-nozes...) empanturrados de castanhas e monotonias, a gente se abraçava e ia pra cama. Foi lembrando isso que arrebentei com uma das minhas "loucuras":

— Bom, no Natal, quero comer peru.

Houve um desses espantos que ninguém não imagina. Logo minha tia solteirona e santa, que morava conosco, advertiu que não podíamos convidar ninguém por causa do luto.

— Mas quem falou de convidar ninguém! essa mania... Quando é que a gente já comeu peru em nossa vida! Peru aqui em casa é prato de festa, vem toda essa parentada do diabo...

— Meu filho, não fale assim...

— Pois falo, pronto!

E descarreguei minha gelada indiferença pela nossa parentagem infinita, diz que vinda de bandeirante, que bem me importa! Era mesmo o momento pra desenvolver minhas teorias de doido, coitado, não perdi a ocasião. Me deu de supetão uma ternura imensa por mamãe e titia, minhas duas mães, três com minha irmã, as três mães que sempre me divinizaram a vida. Era sempre aquilo: vinha aniversário de alguém e só então faziam peru naquela casa. Peru era prato de festa: uma imundície de parentes já preparados pela tradição, invadiam a casa por causa do peru, das empadinhas e dos doces. Minhas três mães, três dias antes já não sabiam da vida senão trabalhar, trabalhar no preparo de doces e frios finíssimos de bem-feitos, a parentagem devorava tudo e inda levava embrulhinhos pros que não tinham podido vir. As minhas três mães mal podiam de exaustas. Do peru, só no enterro dos ossos, no dia seguinte, é que mamãe com titia inda provavam num naco de perna, vago, escuro, perdido no arroz alvo. E isso mesmo era mamãe quem servia, catava tudo pro velho e pros filhos. Na verdade ninguém sabia de fato o que era peru em nossa casa, peru resto de festa.

Não, não se convidava ninguém, era um peru pra nós, cinco pessoas. E havia de ser com duas farofas, a gorda com os miúdos, e a seca, douradinha, com bastante manteiga. Queria o papo recheado só com a farofa gorda, em que havíamos de ajuntar ameixa-preta, nozes e um cálice de xerez, como aprendera na casa da Rose, muito minha companheira. Está claro que omiti onde aprendera a receita, mas todos desconfiaram. E ficaram logo naquele ar de incenso assoprado, se não seria tentação do Dianho aproveitar receita tão gostosa. E cerveja bem gelada, eu garantia quase gritando. É certo que com meus gostos, já bastante afinados fora do lar, pensei primeiro num vinho bom, completamente francês. Mas a ternura por mamãe venceu o doido, mamãe adorava cerveja.

Quando acabei meus projetos, notei bem, todos estavam felicíssimos, num desejo danado de fazer aquela loucura em que eu estourara. Bem que sabiam, era loucura sim, mas todos se faziam imaginar que eu sozinho é que estava desejando muito aquilo e havia jeito fácil de empurrarem pra cima de mim a... culpa de seus desejos enormes. Sorriam se entreolhando, tímidos como pombas desgarradas, até que minha irmã resolveu o consentimento geral:

— É louco mesmo!...

Comprou-se o peru, fez-se o peru etc. E depois de uma Missa do Galo bem mal rezada, se deu o nosso mais maravilhoso Natal. Fora engraçado: assim que me lembrara de que finalmente ia fazer mamãe comer peru, não fizera outra coisa aqueles dias que pensar nela, sentir ternura por ela, amar minha velhinha adorada. E meus manos também, estavam no mesmo ritmo violento de amor, todos dominados pela felicidade nova que o peru vinha imprimindo na família. De modos que, ainda disfarçando as coisas, deixei muito sossegado que mamãe cortasse todo o peito do peru. Um momento aliás, ela parou, feito fatias um dos lados do peito da ave, não resistindo àquelas leis de economia que sempre a tinham entorpecido numa quase pobreza sem razão.

— Não senhora, corte inteiro! só eu como tudo isso!

Era mentira. O amor familiar estava por tal forma incandescente em mim, que até era capaz de comer pouco, só pra que os outros quatro comessem demais. E o diapasão dos outros era o mesmo. Aquele peru comido a sós redescobrira em cada um o que a cotidianidade abafara por completo, amor, paixão de mãe, paixão de filhos. Deus me perdoe mas estou pensando em Jesus... Naquela casa de burgueses bem modestos, estava se realizando um milagre de amor digno do Natal de um Deus. O peito do peru ficou inteiramente reduzido a fatias amplas.

— Eu que sirvo!

"É louco, mesmo!" pois porque havia de servir, se sempre mamãe servira naquela casa! Entre risos, os grandes pratos cheios foram passados pra mim e principiei uma distribuição heroica, enquanto mandava meu mano servir a cerveja. Tomei conta logo dum pedaço admirável da "casca", cheio de gordura e pus no prato. E depois vastas fatias brancas. A voz severizada de mamãe cortou o espaço angustiado com que todos aspiravam pela sua parte no peru:

— Se lembre de seus manos, Juca!

Quando que ela havia de imaginar, a pobre! que aquele era o prato dela, da Mãe, da minha amiga maltratada, que sabia da Rose, que sabia meus crimes, a que eu só lembrava de comunicar o que fazia sofrer! O prato ficou sublime.

— Mamãe, este é o da senhora! Não! não passe não!

Foi quando ela não pôde mais com tanta comoção e principiou chorando. Minha tia também, logo percebendo que o novo prato sublime seria o dela, entrou no refrão das lágrimas. E minha irmã, que jamais viu lágrima sem abrir a torneirinha também, se esparramou no choro. Então principiei dizendo muitos desaforos para não chorar também, tinha dezenove anos... Diabo de família besta que via peru e chorava! coisas assim. Todos se esforçavam por sorrir, mas agora é que a alegria se tornara impossível. É que o pranto evocara por associação a imagem indesejável de meu pai morto. Meu pai, com sua figura cinzenta, vinha pra sempre estragar nosso Natal, fiquei danado.

Bom, principiou-se a comer em silêncio, lutuosos, e o peru estava perfeito. A carne mansa, de um tecido muito tênue, boiava fagueira entre os sabores das farofas e do presunto, de vez em quando ferida, inquietada e redesejada, pela intervenção mais violenta da ameixa-preta e o estorvo petulante dos pedacinhos de noz. Mas papai sentado ali, gigantesco, incompleto, uma censura, uma chaga, uma incapacidade. E o peru, estava tão gostoso, mamãe por fim sabendo que peru era manjar mesmo digno do Jesusinho nascido.

Principiou uma luta baixa entre o peru e o vulto de papai. Imaginei que gabar o peru era fortalecê-lo na luta, e, está claro, eu tomara decididamente o partido do peru. Mas os defuntos têm meios visguentos, muito hipócritas de vencer: nem bem gabei o peru que a imagem de papai cresceu vitoriosa, insuportavelmente obstruidora.

— Só falta seu pai...

Eu nem comia, nem podia mais gostar daquele peru perfeito, tanto que me interessava aquela luta entre os dois mortos. Cheguei a odiar papai. E nem sei que inspiração genial de repente me tornou hipócrita e político. Naquele instante que hoje me parece decisivo da nossa família, tomei aparentemente o partido de meu pai. Fingi, triste:

— É mesmo... Mas papai, que queria tanto bem a gente, que morreu de tanto trabalhar pra nós, papai lá no céu há de estar conten... (hesitei, mas resolvi não mencionar mais o peru) contente de ver nós todos reunidos em família.

E todos principiaram muito calmos, falando de papai. A imagem dele foi diminuindo, diminuindo e virou uma estrelinha brilhante do céu. Agora todos comiam o peru com sensualidade, porque papai fora muito bom, sempre se sacrificara tanto por nós, fora um santo que "vocês, meus filhos, nunca poderão pagar o que devem a seu pai", um santo. Papai virara santo, uma contemplação agradável, uma inestorvável estrelinha do céu. Não prejudicava mais ninguém, puro objeto de contemplação suave. O único morto ali era o peru, dominador, completamente vitorioso.

Minha mãe, minha tia, nós, todos alagados de felicidade. Ia escrever "felicidade gustativa", mas não era só isso não. Era uma felicidade maiúscula, um amor de todos, um esquecimento de outros parentescos distraidores do grande amor familial. E foi, sei que foi aquele primeiro peru comido no recesso da família, o início de um amor novo, reacomodado, mais completo, mais rico e inventivo, mais complacente e cuidadoso de si. Nasceu de então uma felicidade familiar pra nós que, não sou exclusivista, alguns a terão assim grande, porém mais intensa que a nossa me é impossível conceber.

Mamãe comeu tanto peru que um momento imaginei, aquilo podia lhe fazer mal. Mas logo pensei: ah, que faça! mesmo que ela morra, mas pelo menos que uma vez na vida coma peru de verdade!

A tamanha falta de egoísmo me transportara o nosso infinito amor... Depois vieram umas uvas leves e uns doces, que lá na minha terra levam o nome de "bem-casados". Mas nem mesmo este nome perigoso se associou à lembrança de meu pai, que o peru já convertera em dignidade, em coisa certa, em culto puro de contemplação.

Levantamos. Eram quase duas horas, todos alegres, bambeados por duas garrafas de cerveja. Todos iam deitar, dormir ou mexer na cama, pouco importa, porque é bom uma insônia feliz. O diabo é que a Rose, católica antes de ser Rose, prometera me esperar com uma champanha. Pra poder sair, menti, falei que ia a uma festa de amigo, beijei mamãe e pisquei pra ela, modo de contar onde que ia e fazê-la sofrer seu bocado. As outras duas mulheres beijei sem piscar. E agora, Rose!...

O BESOURO E A ROSA

A Luis Emilio Soto[1]

Belazarte me contou:
Não acredito em bicho maligno mas besouro, não sei não. Olhe o que sucedeu com a Rosa... Dezoito anos. E não sabia que os tinha. Ninguém reparara nisso. Nem dona Carlotinha nem dona Ana, entretanto já velhuscas e solteironas, ambas quarenta e muito. Rosa viera pra companhia delas aos sete anos quando lhe morreu a mãe. Morreu ou deu a filha que é a mesma coisa que morrer. Rosa crescia. O português adorável do tipo dela se desbastava aos poucos das vaguezas físicas da infância. Dez anos, quatorze anos, quinze... Afinal dezoito em maio passado. Porém Rosa continuava com sete, pelo menos no que faz a alma da gente. Servia sempre as duas solteironas com a mesma fantasia caprichosa da antiga Rosinha. Ora limpava bem a casa, ora mal. Às vezes se esquecia do paliteiro no botar a mesa pro almoço. E no quarto afagava com

---

1. A dedicatória ao crítico literário Luis Emilio Soto (Buenos Aires, 1902-70) marca as relações de Mário de Andrade com intelectuais argentinos (ver Patricia Maria Artundo [Org.], *Correspondência Mário de Andrade & escritores/artistas argentinos*. São Paulo: Edusp; IEB-USP, 2013).

a mesma ignorância de mãe de brinquedo a mesma boneca, faz quanto tempo nem sei! lhe dera dona Carlotinha no intuito de se mostrar simpática. Parece incrível, não? porém nosso mundo está cheio desses incríveis: Rosa mocetona já, era infantil e de pureza infantil. Que as purezas como as morais são muitas e diferentes... Mudam com os tempos e com a idade da gente... Não devia ser assim, porém é assim, e não temos que discutir. Mas com dezoito anos em 1923, Rosa possuía a pureza das crianças dali... pela batalha do Riachuelo mais ou menos... Isso: das crianças de 1865. Rosa... que anacronismo!

Na casinha em que moravam as três, caminho da Lapa, a mocidade dela se desenvolvera só no corpo. Também saía pouco e a cidade era pra ela a viagem que a gente faz uma vez por ano quando muito, finados chegando. Então dona Ana e dona Carlotinha vestiam seda preta, sim senhor! botavam um sedume preto barulhando que era um desperdício. Rosa acompanhava as patroas na cassa mais novinha, levando os copos-de-leite e as avencas todas da horta. Iam no Araçá aonde repousava a lembrança do capitão Fragoso Vale, pai das duas tias. Junto do mármore raso dona Carlotinha e dona Ana choravam. Rosa chorava também, pra fazer companhia. Enxergava as outras chorando, imaginava que carecia chorar também, pronto! chororó... abria as torneirinhas dos olhos pretos pretos, que ficavam brilhando ainda mais. Depois visitavam comentando os túmulos endomingados. Aquele cheiro... Velas derretidas, famílias bivacando, afobação encrencada pra pegar o bonde... que atordoamento meu Deus! A impressão cheia de medos era desagradável.

Essa anualmente a viagem grande da Rosa. No mais: chegadas até a igreja da Lapa algum domingo solto e na Semana Santa. Rosa não sonhava nem matutava. Sempre tratando da horta e de dona

Carlotinha. Tratando da janta e de dona Ana. Tudo com a mesma igualdade infantil que não implica desamor não. Nem era indiferença, era não imaginar as diferenças, isso sim. A gente bota dez dedos pra fazer comida, dois braços pra varrer a casa, um bocadinho de amizade pra fulano, três bocadinhos de amizade pra sicrano que é mais simpático, um olhar pra vista bonita do lado com o espigão de Nossa Senhora do Ó numa pasmaceira lá longe, e de supetão, záz! bota tudo no amor que nem no campista pra ver se pega uma cartada boa. Assim é que fazemos... A Rosa não fazia. Era sempre o mesmo bocado de corpo que ela punha em todas as coisas: dedos braços vista e boca. Chorava com isso e com o mesmo isso tratava de dona Carlotinha. Indistinta e bem varridinha. Vazia. Uma freirinha. O mundo não existia pra... qual freira! santinha de igreja perdida nos arredores de Évora. Falo da santinha representativa que está no altar, feita de massa pintada. A outra, a representada, você bem que sabe: está lá no céu não intercedendo pela gente... Rosa si carecesse intercedia. Porém sem saber por quê. Intercedia com o mesmo pedaço de corpo dedos braços vista e boca sem mais nada. A pureza, a infantilidade, a pobreza de espírito se vidravam numa redoma que a separava da vida. Vizinhança? Só a casinha além, na mesma rua sem calçamento, barro escuro, verde de capim livre. A viela era engolida num rompante pelo chinfrim civilizado da rua dos bondes. Mas já na esquina a vendinha de seu Costa impedia Rosa de entrar na rua dos bondes. E seu Costa passava dos cinquenta, viúvo sem filhos, pitando num cachimbo fedido. Rosa parava ali. A venda movia toda a dinâmica alimentar da existência de dona Ana, de dona Carlotinha e dela. E isso nas horas apressadas da manhã, depois de ferver o leite que o leiteiro deixava muito cedo no portão.

Rosa saudava as vizinhas da outra casa. De longe em longe parava um minuto conversando com a Ricardina. Porém não tinha assunto, que que havia de fazer? partia depressa. Com essas despreocupações de viver e de gostar da vida, como é que podia reparar na própria mocidade! não podia. Só quem pôs reparo nisso foi o João. De primeiro ele enrolava os dois pães no papel acinzentado e atirava o embrulho na varanda. Batia pra saberem e ia-se embora tlindliirim dlimdlrim, na carrocinha dele. Só quando a chuva era de vento, esperava com o embrulho na mão.

— Bom dia.

— Bom dia.

— Que chuva.

— Um horror.

— Até amanhã.

— Até amanhã.

Porém duma feita, quando embrulhava os pães na carrocinha, percebeu Rosa que voltava da venda. Esperou muito naturalmente, não era nenhum malcriado não. O sol dava de chapa no corpo que vinha vindo. Foi então que João pôs reparo na mudança da Rosa, estava outra. Inteiramente mulher com pernas bem delineadas e dois seios agudos se contando na lisura da blusa, que nem rubi de anel dentro da luva. Isto é... João não viu nada disso, estou fantasiando a história. Depois do século dezenove os contadores parece que se sentem na obrigação de esmiuçar com sem-vergonhice essas coisas. Nem aquela cor de maçã camoesa amorenada limpa... Nem aqueles olhos de esplendor solar... João reparou apenas que tinha um malestar por dentro e concluiu que o malestar vinha da Rosa. Era a Rosa que estava dando aquilo nele não tem dúvida. Alastrou um riso perdido na cara. Foi-se embora tonto, sem nem falar bom-

-dia direito. Mas daí em diante não jogou mais os pães no passeio. Esperava que a Rosa viesse buscá-los das mãos dele.

— Bom dia.

— Bom dia. Por que não atirou?

— É... Pode sujar.

— Até amanhã.

— Até amanhã, Rosa!

Sentia o tal de malestar e ia-se embora.

João era quasi uma Rosa também. Só que tinha pai e mãe, isso ensina a gente. E talvez por causa dos vinte anos... De deveras chegara nessa idade sem contato de mulher, porém os sonhos o atiçavam, vivia mordido de impaciências curtas. Porém fazia pão, entregava pão e dormia cedo. Domingo jogava futebol no Lapa Atlético. Quando descobriu que não podia mais viver sem a Rosa, confessou tudo pro pai.

— Pois casa, filho. É rapariga boa, não é?

— É, meu pai.

— Pois então casa! A padaria é tua mesmo... não tenho mais filhos... E si a rapariga é boa...

Nessa tarde dona Ana e dona Carlotinha recebiam a visita envergonhada do João. Que custo falar aquilo! Afinal quando elas adivinharam que aquele mocetão, manco na fala porém sereno de gestos, lhes levava a Rosa, se comoveram muito. Se comoveram porque acharam o caso muito bonito, muito comovente. E num instante repararam também que a criadinha estava ũa mocetona já. Carecia se casar. Que maravilha, Rosa se casava! Havia de ter filhos! Elas seriam as madrinhas... Quasi se desvirginavam no gozo de serem mães dos filhos da Rosinha. Se sentiam até abraçadas, apertadas e, cruz credo! faziam cada pecadão na inconsciência...

— Rosa!

— Senhora?

— Venha cá!

— Já vou, sim senhora!

Ainda não sabiam si o João era bom mas parecia. E queriam gozar o encafifamento de Rosa e do moço, que maravilha! Apertados nos batentes da porta relumearam dezoito anos fresquinhos.

— Rosa, olhe aqui. O moço veio pedir você em casamento.

— Pedir o quê!...

— O moço diz que quer casar com você.

Rosa fizera da boca uma roda vermelha. Os dentes regulares muito brancos. Não se envergonhou. Não abaixou os olhos. Rosa principiou a chorar. Fugiu pra dentro soluçando. Dona Carlotinha foi encontrar ela sentada na tripeça junto do fogão. Chorava gritadinho, soluçava aguçando os ombros, desamparada.

— Rosa, que é isso! Então é assim que se faz!? Si você não quer, fale!

— Não! Dona Carlotinha, não! Como é que vai ser! Eu não quero largar da senhora!...

Dona Carlotinha ponderou, gozou, aconselhou... Rosa não sabia pra onde ir si casasse, Rosa só sabia tratar de dona Carlotinha... Rosa pôs-se a chorar alto. Careceu tapar a boca dela, salvo seja! pra que o moço não escutasse, coitado! Afinal dona Ana veio saber o que sucedia, morta de curiosidade.

João ficou sozinho na sala, não sabia o que tinha acontecido lá dentro, mas porém adivinhando que lhe parecia que a Rosa não gostava dele.

Agora sim, estava mesmo atordoado. Ficou com vergonha da

sala, de estar sozinho, não sei, foi pegando no chapéu e saindo num passo de boi-de-carro. Arredondava os olhos espantado. Agora percebia que gostava mesmo da Rosa. A tábua dera uma dor nele, o pobre!

Foi tarde de silêncio na casa dele. O pai praguejou, ofendeu a menina. Depois percebendo que aquilo fazia mal ao filho se calou.

No dia seguinte João atirou o pão no passeio e foi-se embora. Lhe dava de supetão uma coisa esquisita por dentro, vinha lá de baixo do corpo apertando, quasi sufocava e a imagem da Rosa saía pelos olhos dele trelendo com a vida indiferente da rua e da entrega do pão. Graças a Deus que chegou em casa! Mas era muito sem letras nem cidade pra cultivar a tristeza. E Rosa não aparecia pra cultivar o desejo... No domingo ele foi um zagueiro estupendo. Por causa dele o Lapa Atlético venceu. Venceu porque derrepentemente ela aparecia no corpo dele e lhe dava aquela vontade, isto é, duas vontades: a... já sabida e outra, de esquecimento e continuar dominando a vida... Então ele via a bola, adivinhava pra que lado ela ia, se atirava, que lhe incomodava agora de levar pé na cara! quebrar a espinha! arrebentasse tudo! morresse! porém a bola não havia de entrar no gol. João naturalmente pensava que era por causa da bola.

Rosa quando viu que não deixava mesmo dona Ana e dona Carlotinha teve um alegrão. Cantou. Agora é que o besouro entra em cena... Rosa sentiu uma calma grande. E não pensou mais no João.

— Você se esqueceu do paliteiro outra vez!

— Dona Ana, me desculpe!

Continuou limpando a casa ora bem ora mal. Continuou ninando a boneca de louça. Continuou.

Essa noite muito quente, quis dormir com a janela aberta. Rolava satisfeita o corpo nu dentro da camisola, e depois dormiu. Um besouro entrou. Zzz, zzz, zzzuuuuuummmm, pá! Rosa dormida estremeceu à sensação daquelas pernas metálicas no colo. Abriu os olhos na escureza. O besouro passeava lentamente. Encontrou o orifício da camisola e avançava pelo vale ardente entre morros. Rosa imaginou ũa mordida horrível no peito, sentou-se num pulo, comprimindo o colo. Com o movimento, o besouro se despegara da epiderme lisa e tombara na barriga dela, zzz tzzz... tz. Rosa soltou um grito agudíssimo. Caiu na cama se estorcendo. O bicho continuava descendo, tzz... Afinal se emaranhou tzz-tzz, estava preso. Rosa estirava as pernas com endurecimentos de ataque. Rolava. Caiu.

Dona Ana e dona Carlotinha vieram encontrá-la assim, espasmódica, com a espuma escorrendo do canto da boca. Olhos esgazeados relampejando que nem brasa. Mas como saber o que era! Rosa não falava, se contorcendo. Porém dona Ana orientada pelo gesto que a pobre repetia, descobriu o bicho. Arrancou-o com aspereza, aspereza pra livrar depressa a moça. E foi uma dificuldade acalmá-la... Ia sossegando sossegando... de repente voltava tudo e era tal e qual ataque, atirava as cobertas rosnava, se contorcendo, olhos revirados, uhm... Terror sem fundamento, bem se vê. Nova trabalheira. Lavaram ela, dona Carlotinha se deu ao trabalho de acender fogo pra ter água morna que sossega mais, dizem. Trocaram a camisola, muita água com açúcar...

— Também por que você deixou janela aberta, Rosa...

Só umas duas horas depois tudo dormia na casa outra vez. Tudo não. Dois olhos fixando a treva, atentos a qualquer ressaibo perdido de luz e aos vultos silenciosos da escuridão. Rosa não dorme toda a noite. Afinal escuta os ruídos da casa acordando. Dona Ana vem saber. Rosa finge dormir, desarrazoadamente enraivecida. Tem um ódio daquela coroca! Tem nojo de dona Carlotinha... Ouve o estalo da lenha no fogo. Escuta o barulho do pão atirado contra a porta do passeio. Rosa esfrega os dedos fortemente pelo corpo. Se espreguiça. Afinal levantou.

Agora caminha mais pausado. Traz uma seriedade nunca vista ainda, na comissura dos lábios. Que negrores nas pálpebras! Pensa que vai trabalhar e trabalha. Limpa com dever a casa toda, botando dez dedos pra fazer a comida, botando dois braços pra varrer, botando os olhos na mesa pra não esquecer o paliteiro. Dona Carlotinha se resfriou. Pois Rosa lhe dá uma porção de amizade. Prepara chás pra ela. Senta na cabeceira da cama, velando muito, sem falar. As duas velhas olham pra ela ressabiadas. Não a reconhecem mais e têm medo da estranha. Com efeito Rosa mudou, é outra Rosa. É uma rosa aberta. Imperativa, enérgica. Se impõe. Dona Carlotinha tem medo de lhe perguntar se passou bem a noite. Dona Ana tem medo de lhe aconselhar que descanse mais. É sábado porém podia lavar a casa na segunda-feira... Rosa lava toda a casa como nunca lavou. Faz uma limpeza completa no próprio quarto. A boneca... Rosa lhe desgruda os últimos crespos da cabeça, gesto frio. Afunda um olho dela, portuguesmente, à Camões. Porém pensa que dona Carlotinha vai sentir. A gente nunca deve dar desgostos inúteis aos outros, a vida é já tão cheia deles!... pensa. Suspira. Esconde a boneca no fundo da canastra.

Quando foi dormir teve um pavor repentino: dormir só!... E si ficar solteira! O pensamento salta na cabeça dela assim, sem razão. Rosa tem um medo doloroso de ficar solteira. Um medo impaciente, sobretudo impaciente, de ficar solteira. Isto é medonho! É UMA VERGONHA!

Se vê bem que nunca tinha sofrido, a coitada! Toda a noite não dormiu. Não sei a que horas a cama se tornou insuportavelmente solitária pra ela. Se ergue. Escancara a janela, entra com o peito na noite, desesperadamente temerária. Rosa espera o besouro. Não tem besouros essa noite. Ficou se cansando naquela posição, à espera. Não sabia o que estava esperando. Nós é que sabemos, não? Porém o besouro não vinha mesmo. Era uma noite quente... A vida latejava num ardor de estrelas pipocantes imóveis. Um silêncio!... O sono de todos os homens, dormindo indiferentes, sem se amolar com ela... O cheiro de campo requeimado endurecia o ar que parara de circular, não entrava no peito! Não tinha mesmo nada na noite vazia. Rosa espera mais um poucadinho. Desiludida, se deita depois. Adormece agitada. Sonha misturas impossíveis. Sonha que acabaram todos os besouros desse mundo e que um grupo de moças caçoa dela zumbindo: Solteira! às gargalhadas. Chora em sonho.

No outro dia dona Ana pensa que carece passear a moça. Vão na missa. Rosa segue na frente e vai namorar todos os homens que encontra. Tem de prender um. Qualquer. Tem de prender um pra não ficar solteira. Na venda de seu Costa, Pedro Mulatão já veio beber a primeira pinga do dia. Rosa tira uma linha pra ele que mais parece de mulher da vida. Pedro Mulatão sente um desejo fácil daquele corpo, e segue atrás. Rosa sabe disso. Quem é aquele homem? Isso não sabe. Nem que soubesse do vagabundo e beberrão, é o primeiro homem que encontra, carece agarrá-lo sinão morre solteira. Agora não namorará mais ninguém. Se finge de inocente e virgem, riquezas que não tem mais... Porém é artista e representa. De vez em quando se vira pra olhar. Olhar dona Ana. Se ri pra ela nesse riso provocante que enche os corpos de vontade.

Na saída da missa outro olhar mais canalha ainda. Pedro Mulatão para na venda. Bebe mais e trama coisas feias. Rosa imagina que falta açúcar, só pra ir na venda. É Pedro que traz o embrulho, conversando. Convida-a pra de noite. Ela recusa porque assim não casará. Isso pra ele é indiferente: casar ou não casar... Irá pedir.

Desta vez as duas tias nem chamam Rosa, homem repugnante não? Como casá-la com aqueles trinta e cinco anos!... No mínimo, de trinta e cinco pra quarenta. E mulato, amarelo pálido já descorado... pela pinga, Nossa Senhora!... Desculpasse, porém a Rosa não queria casar. Então ela aparece e fala que quer casar com Pedro Mulatão. Elas não podem aconselhar nada diante dele, despedem Pedro. Vão tirar informações. Que volte na quinta-feira.

As informações são as que a gente imagina, péssimas. Vagabundo, chuva, mau-caráter, não serve não. Rosa chora. Há de casar com Pedro Mulatão e si não deixarem, ela foge. Dona Ana e dona Carlotinha cedem com a morte na alma.

Quando o João soube que a Rosa ia casar, teve um desespero na barriga. Saiu tonto, pra espairecer. Achou companheiros e se meteu na caninha. Deixaram ele por aí, sentado na guia da calçada, manhãzinha, podre de bebedeira. O rondante fez ele se erguer.

— Moço, não pode dormir nesse lugar não! Vá pra sua casa!

Ele partiu, chorando alto, falando que não tinha a culpa. Depois deitou no capim duma travessa e dormiu. O sol o chamou. Dor de cabeça, gosto rúim na boca... E a vergonha. Nem sabe como entra em casa. O estrilo do pai é danado. Que insultos! seu filho disto, seu não-sei-que-mais, palavras feias que arrepiam... Ninguém imaginaria que homem tão bom pudesse falar aquelas coisas. Ora! todo homem sabe bocagens, é só ter uma dor desesperada que elas saem. Porque o pai de João sofre deveras. Tanto como a mãe que apenas chora. Chora muito. João tem repugnância de si mesmo. De tarde quando volta do serviço, a Carmela chama ele na cerca. Fala que João não deve de beber mais assim, porque a mãe chorou muito. Carmela chora também. João percebe que si beber outra vez, se prejudicará demais. Jura que não cai noutra, Carmela e ele suspiram se olhando. Ficam ali.

Ia me esquecendo da Rosa... Conto o resto do que sucedeu pro João um outro dia. Prepararam enxoval apressado pra ela, menos de mês. Ainda na véspera do casamento, dona Carlotinha insistiu com ela pra que mandasse o noivo embora. Pedro Mulatão era um infame, até gatuno. Deus me perdoe! Rosa não escutou nada. Bateu o pé. Quis casar e casou. Meia que sentia que estava errada porém não queria pensar e não pensava. As duas solteironas choraram muito quando ela partiu casada e vitoriosa, sem uma lágrima. Dura.

Rosa foi muito infeliz.

FREDERICO PACIÊNCIA

Frederico Paciência... Foi no ginásio... Éramos de idade parecida, ele pouco mais velho que eu, quatorze anos.

Frederico Paciência era aquela solaridade escandalosa. Trazia nos olhos grandes bem pretos, na boca larga, na musculatura quadrada da peitaria, em principal nas mãos enormes, uma franqueza, uma saúde, uma ausência rija de segundas intenções. E aquela cabelaça pesada, quase azul, numa desordem crespa. Filho de português e de carioca. Não era beleza, era vitória. Ficava impossível a gente não querer bem ele, não concordar com o que ele falava.

Senti logo uma simpatia deslumbrada por Frederico Paciência, me aproximei franco dele, imaginando que era apenas por simpatia. Mas se ligo a insistência com que ficava junto dele a outros atos espontâneos que sempre tive até chegar na força do homem, acho que se tratava dessa espécie de saudade do bem, de aspiração ao nobre, ao correto, que sempre fez com que eu me adornasse de bom pelas pessoas com quem vivo. Admirava lealmente a perfeição moral e física de Frederico Paciência e com muita sinceridade o invejei. Ora em mim sucede que a inveja não consegue nunca se resolver em ódio, nem mesmo em animosidade: produz mas uma competência divertida, esportiva, que me leva à imitação. Tive ânsias de imitar Frederico Paciência. Quis ser ele, ser dele, me confundir naquele esplendor, e ficamos amigos.

Eu era o tipo do fraco. Feio, minha coragem não tinha a menor espontaneidade, tendência altiva para os vícios, preguiça. Inteligência incessante mas principalmente difícil. Além do mais, naquele tempo eu não tinha nenhum êxito pra estímulo. Em família era silenciosamente considerado um caso perdido, só porque meus manos eram muito bonzinhos e eu estourado, e enquanto eles tiravam distinções no colégio, eu tomava bombas.

Uma ficou famosa, porque eu protestei gritado em casa, e meu Pai resolveu tirar a coisa a limpo, me levando com ele ao colégio. Chamado pelo diretor, lá veio o marista, irmão Bicudo o chamávamos, trazendo na mão um burro de Virgílio em francês, igualzinho ao que me servira na cola. Meio que turtuviei mas foi um nada. Disse arrogante:

— Como que o senhor prova que eu colei!

Irmão Bicudo nem me olhou. Abriu o burro quase na cara de Papai, tremia de raiva:

— Seu menino traduz latim muito bem!... mas não sabe traduzir francês!

Papai ficou pálido, coitado. Arrancou:

— Seu padre me desculpe.

Não falou mais nada. Durante a volta era aquele mutismo, não trocou sequer um olhar comigo. Foi esplêndido mas quando o condutor veio cobrar as passagens no bonde, meu Pai tirou com toda a naturalidade os níqueis do bolsinho mas de repente ficou olhando muito o dinheiro, parado, olhando os níqueis, perdido em reflexões inescrutáveis. Parecia decidir da minha vida, ouvi, cheguei a ouvir ele dizendo "Não pago a passagem desse menino". Mas afinal pagou.

Frederico Paciência foi meia salvação. A sua amizade era se entregar, amizade era pra tudo. Não conhecia reservas nem ressalvas, não sabia se acomodar humanamente com os conceitos. Talvez por isto mesmo, num como que instinto de conservação, era camarada de toda a gente, mas não tinha grupos preferidos nem muito menos amigos. Não há dúvida que se agradava de mim, inalteravelmente feliz de me ver e conversar comigo. Apenas eu percebia, irritado, que era a mesma coisa com todos. Não consegui ser discreto.

Depois da aula, naquela pequena parte do caminho que fazíamos juntos até o largo da Sé, puxando o assunto para os colegas, afinal acabei, bastante atrapalhado, lhe confessando que ele era o meu "único" amigo. Frederico Paciência entreparou num espanto mudo, me olhando muito. Apressou o passo pra pegar a minha dianteira pequena, eu numa comoção envergonhada, já nem sabendo de mim, aliviado em minha sinceridade. Chegara a esquina em que nos separávamos, paramos. Frederico Paciência estava maravilhoso, sujo do futebol, suado, corado, derramando vida. Me olhou com uma ternura sorridente. Talvez houvesse, havia um pouco de piedade. Me estendeu a mão a que mal pude corresponder, e aquela despedida de costume, sem palavra, me derrotou por completo. Eu estava envergonhadíssimo, me afastei logo, humilhado, andando rápido pra casa, me esconder. Porém Frederico Paciência estava me acompanhando!

— Você não vai pra casa já!

— Ara... estou com vontade de ir com você...

Foram quinze minutos dos mais sublimes de minha vida. Talvez que pra ele também. Na rua violentamente cheia de gente e de pressa, só vendo os movimentos estratégicos que fazíamos, ambos só olhos, calculando o andar deste transeunte com a soma daqueles dois mais vagarentos, para ficarmos sempre lado a lado. Mas em minha cabeça que fantasmagorias divinas, devotamentos, heroísmos, ficar bom, projetos de estudar. Só na porta de casa nos separamos, de novo esquerdos, na primeira palavra que trocávamos amigos, aquele "até-logo" torto.

E a vida de Frederico Paciência se mudou para dentro da minha. Me contou tudo o que ele era, a mim que não sabia fazer o mesmo. Meio que me rebaixava meu Pai ter sido operário em mocinho. Mas quando o meu amigo me confessou que os pais dele fazia só dois anos que tinham casado, até achei lindo. Pra que casar! é isso mesmo! O pior é que Frederico Paciência depusera tal confiança em mim, me fazia tais confissões sobre instintos nascentes que me obrigava a uma elevação constante de pensamento. Uns dias quase o odiei. Me bateu clara a intenção de acabar com aquela "infância". Mas tudo estava tão bom.

Os domingos dele me pertenceram. Depois da missa fazíamos caminhadas enormes. Um feriado chegamos a ir até a Cantareira a pé. Continuou vindo comigo até a porta de casa. Uma vez entrou. Mas eu não gostava de ver ele na minha família, detestei até Mamãe junto dele, ficavam todos muito baços. Mas me tornei familiar na casa dele, eram só os pais, gente vazia, enriquecida à pressa, dando liberdade excessiva ao filho, espalhafatosamente envaidecida daquela amizade com o colega de "família boa".

Me lembro muito bem que pouco depois, uns cinco dias, da minha declaração de amizade, Frederico Paciência foi me buscar depois da janta. Saímos. Principiava o costume daqueles passeios longos no silêncio arborizado dos bairros. Frederico Paciência falava nos seus ideais, queria ser médico. Adverti que teria que fazer os estudos no Rio e nos separaríamos. Em mim, fiz mas foi calcular depressa quantos anos faltavam para me livrar do meu amigo. Mas a ideia da separação o preocupou demais. Vinha com propostas, ir com ele, estudar medicina, ou ser pintor pois que eu já vivia desenhando a caricatura dos padres.

Fiquei de pensar e, dialogando com as aspirações dele, pra não ficar atrás, meio que menti. Acabei mentindo duma vez. Veio aquele prazer de me transportar pra dentro do romance, e tudo foi se realizando num romance de bom senso discreto, pra que a mentira não transparecesse, e onde a coisa mais bonita era minha alma. Frederico Paciência então me olhava com os olhos quase úmidos, alargados, de êxtase generoso. Acreditava. Acreditou tudo. De resto, não acreditar seria inferioridade. E foi esse o maior bem que guardo de Frederico Paciência, porque uma parte enorme do que de bom e de útil tenho sido vem daquela alma que precisei me dar, pra que pudéssemos nos amar com franqueza.

No ginásio a nossa vida era uma só. Frederico Paciência me ensinava, me assoprava respostas nos momentos de aperto, jurando depois com riso que era pela última vez. A permanência dele em mim implicava aliás um tal ou qual esforço da minha parte pra estudar, naquele regime de estudo abortivo que, sem eu ainda atinar que era errado, me revoltava. Um dia ele me surpreendeu lendo um livro. Fiquei horrorizado mas imediatamente uma espécie de curiosidade perversa, que eu disfarçava com aquela intenção falsa e jamais posta em prática de acabar com "aquela amizade besta", me fez não negar o que lia. Era uma *História da prostituição na Antiguidade*, dessas edições clandestinas portuguesas que havia muito naquela época. E heroico, embora sempre horrorizado, passei o livro a ele. Folheou, examinou os títulos do índice, ficou olhando muito o desenho da capa. Depois me deu o livro.

— Tome cuidado com os padres.

— Ah... está dentro da pasta, eles não veem.

— E se examinarem as pastas...

— Pois se examinarem acham!

Passamos o tempo das aulas disfarçando bem. Mas no largo da Sé, Frederico Paciência falou que hoje carecia ir já pra casa, ficando logo engasgadíssimo na mentira. Mas como eu o olhasse muito, um pouco distraído em observar como é que se mentia sem ter jeito, ele inda achou força pra esclarecer que precisava sair com a Mãe. E, já despedidos um do outro, meio rindo de lado, ele me pediu o livro pra ler. Tive um desejo horrível de lhe pedir que não pedisse o livro, que não lesse aquilo, de jurar que era infame. Mas estava por dentro que era um caos. Me atravessava o convulsionamento interior a ideia cínica de que durante todo o dia pressentira o pedido e tomara cuidado em não me prevenir contra ele. E dizer agora tudo o que estava querendo dizer e não podia, era capaz de me diminuir. E afinal o que o livro contava era verdade... Se recusasse, Frederico Paciência ia imaginar coisas piores. Na aparência, fui tirando o livro da mala com a maior naturalidade, gritando por dentro que ainda era tempo, bastava falar que ainda não acabara de ler, quando acabasse... Depois dizia que o livro não prestava, era imoral, o rasgara. Isso até me engrandeceria... Mas estava um caos. E até que ponto a esperança de Frederico Paciência ter certas revelações... E o livro foi entregue com a maior naturalidade, sem nenhuma hesitação no gesto. Frederico Paciência ainda riu pra mim, não pude rir. Sentia um cansaço. E puro. E impuro.

Passei noite de beira-rio. Nessa noite é que todas essas ideias da exceção, instintos espaventados, desejos curiosos, perigos desumanos me picavam com uma clareza tão dura que varriam qualquer gosto. Então eu quis morrer. Se Frederico Paciência largasse de mim... Se se aproximasse mais... Eu quis morrer. Foi bom entregar o livro, fui sincero, pelo menos assim ele fica me conhecendo mais. Fiz mal, posso fazer mal a ele. Ah, que faça! ele não pode continuar aquela "infância". Queria dormir, me debatia. Quis morrer.

No dia seguinte Frederico Paciência chegou tarde, já principiadas as aulas. Sentou como de costume junto de mim. Me falou um bom-dia simples mas que imaginei tristonho, preocupado. Mal respondi, com uma vontade assustada de chorar. Como que havia entre nós dois um sol que não permitia mais nos vermos mutuamente. Eu, quando queria segredar alguma coisa, era com os outros colegas mais próximos. Ele fazia o mesmo, do lado dele. Mas ainda foi ele quem venceu o sol.

No recreio, de repente, eu bem que só tinha olhos pra ele, largou o grupo em que conversava, se dirigiu reto pra mim. Pra ninguém desconfiar, também me apartei do meu grupo e fui, como que por acaso, me encontrar com ele. Paramos frente a frente. Ele abaixou os olhos, mas logo os ergue com esforço. Meu Deus! por que não fala! O olho, o procuro nos olhos, lhe devorando os olhos internados, mas o olho com tal ansiedade, com toda a perfeição do ser, implorando me tornar sincero, verdadeiro, digníssimo, que Frederico Paciência é que pecou. Baixou os olhos outra vez, tirando de nós dois qualquer exatidão. Murmurou outra coisa:

— Pus o livro na sua mala, Juca. Acho bom não ler mais essas coisas.

Percebi que eu não perdera nada, fiquei numa alegria doida. Ele agora estava me olhando na cara outra vez, sereno, generoso, e menti. Fui de uma sem-vergonhice grandiosa, menti apressadamente, com um tal calor de sinceridade que eu mesmo não chegava bem a perceber que era tudo mentira. Mas falei comprido e num momento percebi que Frederico Paciência não estava acreditando mais em mim, me calei. Fomos nos ajuntar aos colegas. Era tristeza, era tristeza sim o que eu sentia, mas com um pouco também de alegria de ver o meu amigo espezinhado, escondendo que não me acreditava, sem coragem pra me censurar, humilhado na insinceridade. Eu me sentia superior!

Mas essa tarde, quando saímos juntos no passeio, numa audácia firme de gozar Frederico Paciência não dizendo o que sentia, eu levava um embrulho bem-feitinho comigo. Quando Frederico Paciência perguntou o que era, ri só de lábios feito uma caçoada amiga, o olhando de lado, sem dizer nada. Fui desfazendo bem saboreado o embrulho, era o livro. Andava, olhava sempre o meu amigo, riso no beiço, brincador, conciliador, absolvido. E de repente, num gesto brusco, arrebentei o volume em dois. Dei metade ao meu amigo e principiei rasgando miudinho, folha por folha, a minha parte. Aí Frederico Paciência caiu inteiramente na armadilha. O rosto dele brilhou numa felicidade irritada por dois dias de trégua, e desatamos a rir. E as ruas foram sujadas pelos destroços irreconstituíveis da *História da prostituição na Antiguidade*. Eu sabia que ficava um veneno em Frederico Paciência, mas isso agora não me inquietava mais. Ele, inteiramente entregue, confessava, agora que estava liberto do livro, que ler certas coisas, apesar de horríveis, "dava uma sensação esquisita, Juca, a gente não pode largar".

Diante de uma amizade assim tão agressiva, não faltaram bocas de serpentes. Frederico Paciência, quando a indireta do gracejo foi tão clara que era impossível não perceber o que pensavam de nós, abriu os maiores olhos que lhe vi. Veio uma palidez de crime e ele cegou. Agarrou o ofensor pelo gasnete e o dobrou nas mãos inflexíveis. Eu impassível, assuntando. Foi um custo livrar o canalha. Forcejavam pra soltar o rapaz daquelas mãos endurecidas numa fatalidade estertorante. Eu estava com medo, de assombro. Falavam com Frederico Paciência, o sacudiam, davam nele, mas ele quem disse acordar! Só os padres que acorreram com o alarido e um bedel atleta conseguiram apartar os dois. O canalha caiu desacordado no chão. Frederico Paciência só grunhia "Ele me ofendeu", "Ele me ofendeu". Afinal — todos já tinham tomado o nosso partido, está claro, com dó de Frederico Paciência, convencidos da nossa pureza — afinal uma frase de colega esclareceu os padres. O castigo foi grande mas não se falou de expulsão.

Eu não. Não falei nada, não fiz nada, fiquei firme. No outro dia o rapaz não apareceu no colégio e os colegas inventaram boatos medonhos, estava gravíssimo, estava morto, iam prender Frederico Paciência. Este, soturno. Parecia nem ter coragem pra me olhar, só me falava o indispensável, e imediato afinei com ele, soturnizado também. Felizmente não nos veríamos à saída, ele detido pra escrever quinhentas linhas por dia durante uma semana — castigo habitual dos padres. Mas no segundo dia o canalha apareceu. Meio ressabiado, é certo, mas completamente recomposto. Tinha chegado a minha vez.

Calculadamente avisei uns dois colegas que agora era comigo

que ele tinha que se haver. Foram logo contar, e embora da mesma força que eu, era visível que ele ficou muito inquieto. Inventei uma dor de cabeça pra sair mais cedo, mas os olhos de todos me seguindo, proclamavam o grande espetáculo próximo. Na saída, acompanhado de vários curiosos, ele vinha muito pálido, falando com exagero que se eu me metesse com ele usava o canivete. Saí da minha esquina, também já alcançado por muitos, e convidei o outro pra descermos na várzea perto. Eu devia estar pálido também, sentia, mas nada covarde. Pelo contrário: numa lucidez gélida, imaginando jeito certo de mais bater que apanhar. Mas o rapaz fraquejou, precipitando as coisas, que não! que aquilo fora uma brincadeira besta dele, aí um soco nas fuças o interrompeu. O sangue saltou com fúria, o rapaz avançou pra cima de mim, mas vinha como sem vontade, descontrolado, eu gélido. Outro soco lhe atingiu de novo o nariz. Ele num desespero me agarrou pelo meio do corpo, foi me dobrando, mas com os braços livres, eu malhava a cara dele, gostando do sangue me manchando as mãos. Ele gemeu um "ai" flébil, quis chorar num bufido infantil de dor pavorosa. Não sei, me deu uma repugnância do que ele estava sofrendo com aqueles socos na cara, não pude suportar: com um golpe de energia que até me tonteou, botei o cotovelo no queixo dele, e um safanão o atirou longe. Me agarraram. O rapaz, completamente desatinado, fugiu na carreira.

Umas censuras rijas de transeuntes, nem me incomodei, estava sublime de segurança. Qualquer incerteza, qualquer hesitação que me nascesse naquele alvoroço interior em que eu escachoava, a imagem, mas única, exclusiva realidade daquilo tudo, a imagem de Frederico Paciência estava ali pra me mover. Eu vingara Frederico Paciência! Com a maior calma, peguei na minha mala que um colega segurava, nem disse adeus a ninguém. Fui embora compassado. Tinha também agora um sol comigo. Mas um sol ótimo, diferente daquele que me separara de meu amigo no caso do livro. Não era glória nem vanglória, nem volúpia de ter vencido, nada. Era um equilíbrio raro — esse raríssimo de quando a gente age como homem-feito, quando se é rapaz. Puro. E impuro.

Procurei Frederico Paciência essa noite e contei tudo. Primeiro me viera a vaidade de não contar, bancar o superior, fingindo não dar importância à briga, só pra ele saber de tudo pelos colegas. Mas estava grandioso por demais pra semelhante inferioridade. Contei tudo, detalhe por detalhe. Frederico Paciência me escutou, eu percebia que ele escutava devorando, não podendo perder um respiro meu. Fui heroico, antes: fui artista! Um como que sentimento de beleza me fez ajuntar muito pouca fantasia à descrição, desejando que ela fosse bem simples. Quando acabei, Frederico Paciência não disse uma palavra só, não aprovou, não desaprovou. E uma tristeza nos envolveu, a tristeza mais feliz de minha vida. Como estava bom, era quase sensual, a gente assim passeando os dois, tão tristes...

Mas de tudo isso, do livro, da invencionice dos colegas, da nossa revolta exagerada, nascera entre nós uma primeira, estranha frieza. Não era medo da calúnia alheia, era como um quebrar de esperanças insabidas, uma desilusão, uma espécie amarga de desistência. Pelo contrário, como que basofientos, mais diante de nós mesmos que do mundo, nasceu de tudo isso o nos aproximarmos fisicamente um do outro, muito mais que antes. O abraço ficou cotidiano em nossos bons-dias e até-logos.

Agora falávamos insistentemente da nossa "amizade eterna", projetos de nos vermos diariamente a vida inteira, juramentos de um fechar os olhos do que morresse primeiro. Comentando às claras o nosso amor de amigo, como que procurávamos nos provar que daí não podia nos vir nenhum mal, e principalmente nenhuma realização condenada pelo mundo. Condenação que aprovávamos com assanhamento. Era um jogo de cabeças unidas quando sentávamos pra estudar juntos, de mãos unidas sempre, e alguma vez mais rara, corpos enlaçados nos passeios noturnos. E foi aquele beijo que lhe dei no nariz depois, depois não, de repente no meio duma discussão rancorosa sobre se Bonaparte era gênio, eu jurando que não, ele que sim. — Besta! — Besta é você! Dei o beijo, nem sei! parecíamos estar afastados léguas um do outro nos odiando. Frederico Paciência recuou, derrubando a cadeira. O barulho facilitou nosso fragor interno, ele avançou, me abraçou com ansiedade, me beijou com amargura, me beijou na cara em cheio dolorosamente. Mas logo nos assustou a sensação de condenados que explodiu, nos separamos conscientes. Nos olhamos olho no olho e saiu o riso que nos acalmou. Estávamos verdadeiros e bastante ativos na verdade escolhida. Estávamos nos amando de amigo outra vez; estávamos nos desejando, exaltantes no ardor, mas decididos, fortíssimos, sadios.

— Precisamos tomar mais cuidado.

Quem falou isso? Não sei se fui eu se foi ele, escuto a frase que jorrou de nós. Jamais fui tão grande na vida.

Mas agora já éramos amigos demais um do outro, já o convívio era alimento imprescindível de cada um de nós, para que o cuidado a tomar decidisse um afastamento. Continuamos inseparáveis, mas tomando cuidado. Não havia mais aquele jogo de mãos unidas, de cabeças confundidas. E quando por distração um se apoiava no outro, o afastamento imediato, rancoroso deste, desapontava o inocente.

O pior eram as discussões, cada vez mais numerosas, cada vez porventura mais procuradas. Quando a violência duma briga, "Você é uma besta!", "Besta é você!", nos excitava fisicamente demais, vinha aquela imagem jamais confessada do incidente do beijo, a discussão caía de chofre. A mudez súbita corrigia com brutalidade o caminho do mal e perseverávamos deslumbradamente fiéis à amizade. Mas tudo, afastamentos, correções, discussões quebradas em meio, só nos fazia desoladamente conscientes, em nossa hipocrisia generosa, de que aquilo ou nos levava para infernos insolúveis, ou era o princípio dum fim.

Com a formatura do ginásio descobrimos afinal um pretexto para iniciar a desagregação muito negada, e mesmo agora impensada, da nossa amizade. Falo que era "pretexto" porque me parece que tinha outras razões mais ponderosas. Mas Frederico Paciência insistia em fazer exames ótimos aquele último ano. Eu não pudera me resolver a estudos mais severos, justo num ano de curso em que era de praxe os examinadores serem condescendentes. Na aparência, nunca nos compreendêramos tão bem, tanto eu aceitava a honestidade escolar do meu amigo, como ele afinal se dispusera a compreender minha aversão ao estudo sistemático. Mas a diferença de rumos o prendia em casa e me deixava solto na rua. Veio uma placidez.

Tinha outras razões mais amargas, tinha os bailes. E havia a Rose aparecendo no horizonte, muito indecisa ainda. Se pouco menos de ano antes, conhecêramos juntos para que nos servia a mulher, só agora, nos dezesseis anos, é que a vida sexual se impusera entre os meus hábitos. Frederico Paciência parecia não sentir o mesmo orgulho de semostração e nem sempre queria me acompanhar. Às vezes me seguia numa contrariedade sensível. O que me levava ao despeito de não o convidar mais e a existir um assunto importantíssimo pra ambos, mas pra ambos de importância e preocupações opostas. A castidade serena de meu amigo, eu continuava classificando de "infâncias". Frederico Paciência, por seu lado, se escutava com largueza de perdão e às vezes certa curiosidade os meus descobrimentos de amor, contados quase sempre com minúcia raivosa, pra machucar, eu senti mais de uma vez que ele se fatigava em meio da narrativa insistente e se perdia em pensamentos de mistério, numa melancolia grave. E eu parava de falar. Ele não insistia. E ficávamos contrafeitos, numa solidão brutalmente física.

Mas ainda devia ter razões mais profundas para aquela desagregação sutil de amizade, desagregação, insisto, em que não púnhamos reparo. É que tínhamos nos preocupado demais com o problema da amizade, pra que a nossa não fosse sempre um objeto, é pena, mas bastante exterior a nós, um objeto de experimentação. De forma que passada em dois anos toda a aventura da amizade nascente, com suas audácias e incidentes, aquele prazer sereno da amizade cotidiana se tornara um "caso consumado". E isso, para a nossa rapazice necessariamente instável, não interessava quase. Nos amávamos agora com verdade perfeita mas sem curiosidade, sem a volúpia de brincar com fogo, sem aprendizado mais. E fora em defesa da amizade mesma que lhe mudáramos a... a técnica de manifestação. E esta técnica, feita de afastamentos e paciências, naquele estádio de verdades muito preto e branco, era uma pequena, voluntária desagregação impensada. De maneira que adquiríamos uma convicção falsa de que estávamos nos afastando um do outro, por incapacidade, ou melhor: por medo de nos analisarmos em nossa desagregação verdadeira, entenda quem quiser. No colégio éramos apenas colegas. De noite não nos encontrávamos mais, ele estudando. Mas que domingos sublimes agora, quando algum piquenique detestado mas aceito com prazer espetacular muito fingido, não vinha perturbar nosso desejo de estarmos sós. Era uma ventura incontável esse encontro dominical, quanta franqueza, quanto abandono, quanto passado nos enobrecendo, nos aprofundando e era como uma carícia longa, velha, entediada. Vivíamos por vezes meia hora sem uma palavra, mas em que nossos espíritos, nossas almas entreconhecidas se entendiam e se irmanavam com silêncio vegetal.

Estou lutando desde o princípio destas explicações sobre a desagregação da nossa amizade, contra uma razão que me pareceu inventada enquanto escrevia, para sutilizar psicologicamente o conto. Mas agora não resisto mais. Está me parecendo que entre as causas mais insabidas, tinha também uma espécie de despeito desprezador de um pelo outro... Se no começo invejei a beleza física, a simpatia, a perfeição espiritual normalíssima de Frederico Paciência, e até agora sinto saudades de tudo isso, é certo que essa inveja abandonou muito cedo qualquer aspiração de ser exatamente igual ao meu amigo. Foi curtíssimo, uns três meses, o tempo em que tentei imitá-lo. Depois desisti, com muito propósito. E não era porque eu conseguisse me reconhecer na impossibilidade completa de imitá-lo, mas porque eu, sinceramente, sabei-me lá por quê! não desejava mais ser um Frederico Paciência!

O admirava sempre em tudo, mesmo porque até agora o acho cada vez mais admirável, até em sua vulgaridade que tinha muito de ideal. Mas pra mim, para o ser que eu me quereria dar, eu... eu corrigia Frederico Paciência. E é certo que não o corrigia no sentido da perfeição, sinceramente eu considerava Frederico Paciência perfeito, mas no sentido de uma outra concepção do ser, às vezes até diminuída de perfeições. A energia dele, a segurança serena, sobretudo aquela como que incapacidade de errar, aquela ausência do erro, não me interessavam suficientemente pra mim. E eu me surpreendia imaginando que se as possuísse, me sentiria diminuído.

E enfim eu me pergunto ainda até que ponto, não só para o meu ideal de mim, mas para ele mesmo, eu pretendera modificar, "corrigir" Frederico Paciência no sentido desse outro indivíduo ideal que eu desejara ser, de que ele fora o ponto de partida?... É certo que ele sempre foi pra comigo muito mais generoso, me aceitou sempre tal como eu era, embora interiormente, estou seguro disso, me desejasse melhor. Se satisfazia de mim para amigo, ao passo que a mim desde muito cedo ele principiou sobrando. Assim: o nos afastarmos um do outro em nossa cotidianidade, o que chamei já agora erradamente, tenho certeza, de "desagregação", era mas apenas um jeito da amizade verdadeira. Era mesmo um aperfeiçoamento de amizade, porque agora nada mais nos interessava senão o outro tal como era, em nossos encontros a sós: nos amávamos pelo que éramos, tal como éramos, desprendidamente, gratuitamente, sem o instinto imperialista de condicionar o companheiro a ficções de nossa inteira fabricação. Estou convencido que perseveraríamos amigos pela vida inteira, se ela, a tal, a vida, não se encarregasse de nos roubar essa grandeza.

Pouco depois de formados, ano que foi de hesitação pra nós, eu querendo estudar pintura mas "isso não era carreira", ele medicina, mas os negócios prendendo a São Paulo a gente dele, uma desgraça me aproximou de Frederico Paciência: morreu-lhe o Pai. Me devotei com sinceridade. Nascera em mim uma experiência, uma... sim, uma paternidade crítica em que as primeiras hesitações de Frederico Paciência puderam se apoiar sem reserva.

Meu amigo sofreu muito. Mas, sem indicar insensibilidade nele (aliás era natural que não amasse muito um pai que fora indiferentemente bom) me parece que a dor maior de Frederico Paciência não foi perder o Pai, foi a decepção que isso lhe dava. Sentiu um espanto formidável essa primeira vez que deparou com a morte. Mas fosse decepção, fosse amor, sofreu muito. Fui eu a consolar e consegui o mais perfeito dos sacrifícios, fiquei muito mudo, ali. O melhor alívio para a infelicidade da morte é a gente possuir consigo a solidão silenciosa duma sombra irmã. Vai-se pra fazer um gesto, e a sombra adivinha que a gente quer água, e foi buscar. Ou de repente estende o braço, tira um fiapo que pegou na vossa roupa preta.

Dois dias depois da morte, ainda marcados pelas cenas penosas do enterro, a Mãe de Frederico Paciência chorava na saleta ao lado, se deixando conversar num grupo de velhas, quando ouvimos:

— Rico! (com erre fraco, era o apelido caseiro do meu amigo.)

Fomos logo. De pé, na frente da coitada, estava um homem de luto, *plastron*, nos esperando. E ela angustiada:

— Veja o que esse homem quer!

Viera primeiro apresentar os pêsames.

— ... conheci muito o vosso defunto pai, coitado. Nobre caráter... Mas como a sua excelentíssima progenitora poderá precisar de alguém, vim lhe oferecer os meus préstimos. Orgulho-me de ter em nosso cartório a melhor clientela de São Paulo. Para ficar livre das formalidades do inventário (e mostrava um papel) é só a sua excelentíssima...

Não sei o que me deu, tive um heroísmo:

— Saia!

O homem me olhou com energia desprezadora.

— Saia, já falei!

O homem era forte. Fiz um gesto pra empurrá-lo, ele recuou. Mas na porta quis reagir de novo e então o crivei, o crivamos de socos, ele desceu a escada do jardim caicaindo. Outra vez no quarto, era natural, estávamos muito bem-humorados. Contínhamos o riso pela conveniência da morte, mas foi impossível não sorrir com a lembrança do homem na escada.

— Deite pra descansar um pouquinho.

Ele deitou, exagerando a fadiga, sentindo gosto em obedecer. Sentei na borda da cama, como que pra tomar conta dele, e olhei o meu amigo. Ele tinha o rosto iluminado por uma frincha de janela vespertina. Estava tão lindo que o contemplei embevecido. Ele principiou lento, meio menino, reafirmando projetos. Iriam logo para o Rio, queria se matricular na Faculdade. O Rio... Mamãe é carioca, você já não sabia?... Tenho parentes lá. Com os lábios se movendo rubros, naquele ondular de fala propositalmente fatigada. Eu olhava só. Frederico Paciência percebeu, parou de falar de repente, me olhando muito também. Percebi o mutismo dele, entendi por que era, mas não podia, custei a retirar os olhos daquela boca tão linda. E quando os nossos olhos se encontraram, quase assustei porque Frederico Paciência me olhava, também como eu estava, com olhos de desespero, inteiramente confessado. Foi um segundo trágico, de tão exclusivamente infeliz. Mas a imagem do morto se interpôs com uma presença enorme, recente por demais, dominadora. Talvez nós não pudéssemos naquele instante vencer a fatalidade em que já estávamos, o morto é que venceu.

Depois de dois meses de preparativos que de novo afastaram muito Frederico Paciência de mim, veio a separação. A última semana de nossa amizade (não tem dúvida: a última. Tudo o mais foram idealismos, vergonhas, abusos de preconceitos), a última semana foram dias de noivado pra nós, que de carícias! Mas não quisemos, tivemos um receio enorme de provocar um novo instante como aquele de que o morto nos salvara. Não se trocou palavra sobre o sucedido e forcejamos por provar um ao outro a inexistência daquela realidade estrondosa, que nos conservara amigos tão desarrazoados mas tão perfeitos por mais de três anos. Positivamente não valia a pena sacrificar perfeição tamanha e varrer a florada que cobria o lodo (e seria o lodo mais necessário, mais "real" que a florada?) numa aventura insolúvel. Só que agora a proximidade da separação justificava a veemência dos nossos transportes. Não saíamos da casa dele, com vergonha de mostrar a um público sem nuanças, a impaciência das nossas carícias. Mudos, muitas vezes abraçados, cabeças unidas, naquele sofá trazido da sala de visitas, que ficara ali. Quando um dizia qualquer coisa, o outro concordava depressa, porque, mais que a complacência da despedida, nos assustava demais o perigo de discutir. E a única vez em que, talvez esquecido, Frederico Paciência se atirou sobre a cama porque o sono estava chegando, fiquei hirto, excessivamente petrificado, olhando o chão com tão desesperada fixidez, que ele percebeu. Ou não percebeu e a mesma lembrança feroz o massacrou. Foi levantando disfarçado. E de repente, quase gritando, é que falou:

— Mas, Juca, o que você tem!

Eu tinha os olhos cheios de lágrimas. Ele sentou e ficamos assim sem falar mais. E era assim que ficávamos aquelas horas exageradamente brevíssimas de adeus. Depois um vulto imaterial de senhora, sacudindo a cabeça, querendo sorrir, lacrimosa, nos falava:

— Meus filhos, são onze horas!

Frederico Paciência vinha me trazer até em casa. Sofríamos tanto que parece impossível sofrer com tamanha felicidade. E toda noite era aquilo: a boca rindo, os olhos cheios de lágrimas. Sucedeu até que depois de deixado, eu batesse de novo à porta, fosse correndo alcançar Frederico Paciência, e o acompanhasse à casa dele outra vez. E agora íamos abraçados, num desespero infame de confessar descaradamente ao universo o que nunca existira entre nós dois. Mas assim como em nossas casas agora todos nos respeitavam, enlutados na previsão dum drama venerável de milagre, nos deixando ir além das horas e quebrar quaisquer costumes, também os transeuntes tardos, farristas bêbados e os vivos da noite, nos miravam, não diziam nada, deixando passar.

Afinal a despedida chegou mesmo. Curta, arrastada, muito desagradável, com aquele trem custando a partir, e nós ambos já muito indiferentes um pelo outro, numa já apenas recordação sem presença, que não entendíamos nem podia nos interessar. O sorriso famoso que quer sorrir mas está chorando, chorando muito, tudo o que a vida não chorou. "Então? adeus?" "Qual! até breve!"; "Você volta mesmo!..."; "Juro que volto!". O soluço que engasga na risada alegre da partida, enfim livre! O trem partindo. Aquela sensação nítida de alívio. Você vai andando, vê uma garota, e já está noutro mundo. Tropeça num do grupo que sai da estação, "Desculpe!", ele vos olha, é um rapaz, os dois riem, se simpatizam, poderia ser uma amizade nova. E as luzes miraculosas, rua de todos.

Cartas. Cartas carinhosíssimas fingindo amizade eterna. Em mim despertara o interesse das coisas literárias: fazia literatura em cartas. Cartas não guardadas que ficam por aí, tomando lugar, depois jogadas fora pela criada, na limpeza. Cartas violentamente reclamadas, por causa da discussão com a criadinha, discussões conscientemente provocadas porque a criadinha era gorda. Cartas muito pouco interessantes. O que contávamos do que estava se passando com nossas vidas, Rico na Medicina, eu na música e fazendo versos, o caso até chateava o outro. Sim: tenho a certeza que a ele também aporrinhava o que eu dizia. As cartas se espaçavam.

Foi quando um telegrama veio me contando que a Mãe de Frederico Paciência morrera. Não resistira à morte do marido, como um médico bem imaginara. É indizível o alvoroço em que estourei, foi um deslumbramento, explodiu em mim uma esperança fantástica, fiquei tão atordoado que saí andando solto pela rua. Não podia pensar: realidade estava ali. A Mãe de Rico, que me importava a Mãe de Frederico Paciência! E o que é mais terrível de imaginar: mas nem a ele o sofrimento inegável lhe importava: a morte lhe impusera o desejo de mim. Nós nos amávamos sobre cadáveres. Eu bem que percebia que era horrível. Mas por isso mesmo que era horrível, pra ele mais forte que eu, isso era decisório. E eu me gritava por dentro, com o mais deslavado dos cinismos conscientes, fingindo e sabendo que fingia: Rico está me chamando, eu vou. Eu vou. Eu preciso ir. Eu vou.

Desta vez o cadáver não seria empecilho, seria ajuda, o que nos salvou foi a distância. Não havia jeito de eu ir ao Rio. Era filho-família, não tinha dinheiro. Ainda assim pedi pra ir, me negaram. E quando me negaram, eu sei, fiquei feliz, feliz! Eu bem sabia que haviam de me negar, mas não bastava saber. Como que eu queria tirar de cima de mim a responsabilidade da minha salvação. Ou me tornar mais consciente da minha pobreza moral. Fiquei feliz, feliz! Mandei apenas "sinceros pêsames" num telegrama.

Foi um fim bruto, de muro. Ainda me lembrei de escrever uma carta linda, que ele mostrasse a muitas pessoas que ficavam me admirando muito. Como ele escreve bem! diriam. Mas aquele telegrama era uma recusa formal. Sei que em mim era sempre uma recusa desesperada, mas o fato de parecer formal, me provava que tudo tinha se acabado entre nós. Não escrevi. E Frederico Paciência nunca mais me escreveu. Não agradeceu os pêsames. A imagem dele foi se afastando, se afastando, até se fixar no que deixo aqui.

Me lembro que uma feita, diante da irritação enorme dele comentando uma pequena que o abraçara num baile, sem a menor intenção de trocadilho, só pra falar alguma coisa, eu soltara:

— Paciência, Rico.

— Paciência me chamo eu!

Não guardei este detalhe para o fim, pra tirar nenhum efeito literário, não. Desde o princípio que estou com ele pra contar, mas não achei canto adequado. Então pus aqui porque, não sei... essa confusão com a palavra "paciência" sempre me doeu malestarentamente. Me queima feito uma caçoada, uma alegoria, uma assombração insatisfeita.

CAIM, CAIM E O RESTO

Belazarte me contou:

Talvez ninguém reparasse, nem eles mesmo, porém foi sim, foi depois daquela noite, que os dois começaram brigando por um nada. Dois manos brigando desse jeito, onde se viu! E dantes tão amigos... Pois foi naquela noite. Sentados um a par do outro, olhavam a quermesse. O leilão estava engraçado. O Sadresky dera três milréis por um cravo da Flora, êta mulatinha esperta! Também com cada olhão de jabuticaba rachada, branco e preto luzindo melado, ver suco de jabuticaba mesmo... onde estará ela agora? até com seu dr. Cerquinho!...

— Você foi pagar a conta pra ele, Aldo?

— Já.

Contemplavam o povo entrançado no largo. Seguiam um, seguiam outro, pensando só com os olhos. Nem trocavam palavra, não era preciso mais: se conheciam bem por dentro. De repente viraram-se um pro outro como pra espiar onde que o mano olhava. Aldo fixou Tino. Tino não quis retirar primeiro os olhos. Olho que não pestaneja cansa logo, fica ardendo que nem com areia e pega a relampear. Quatro fuzis, meu caro, quatro fuzis de raiva. Nem raiva, era ódio já. Aldo fez assim um jeito de muxoxo pro magricela do irmão, riu com desprezo. Tino arregalou o focinho como gato assanhado.

Se separaram. Aldo foi falar com uns rapazes, Tino foi falar com outros. Às vinte e duas horas tudo se acabava mesmo... voltaram pra casa. Mas cada qual vinha numa calçada. Braço a torcer é que nenhum não dava, não vê! Dentro do quarto brigaram. Por um nadinha, questão de roupa na guarda da cama. Dona Maria veio saber o que era aquilo espantada. Foi uma discussão temível.

Da discussão aos murros não levou três dias. E por quê? Ninguém sabia. A verdade é que a vida mudou pra aqueles três. Inútil a mãe chorar, se lamentar, até insultando os filhos. Quê! nem si o defunto marido estivesse inda vivo!... Pegou fogo e a vida antiga não voltava mais.

E dantes tão irmãos um do outro!... Aldo até protegia Tino que era enfezado, cor escura. Herdara o brasileiro do pai, aquela cor caínha que não dava nada de si e uns musculinhos que nem o trabalho vivo de pedreiro consertava. Quando tirava fora a camisa pra se lavar no sábado, qual! mesmo de camisa e paletó, as espáduas pousavam sobre o dorso curvo como duas asas fechadas.

E era mesmo um anjo o Tino, tão quietinho! humilde, talhado pra sacristão. Cantava com voz fraca muito bonita, principalmente a *Mamma mia* num napolitano duvidoso de bairro da Lapa. Quando depois da janta, fazendo algum trabalhinho, lá dentro ele cantava, Aldo junto da janela sentia-se orgulhoso si algum passante parava escutando. Si o tal não parava, Aldo punha este pensamento na cachola: "Esse não gosta de música... estúpido". Que alguém não apreciasse a voz do Tino, isso Aldo não podia pensar porque adorava o mano.

Era bem forte, puxara mais a mãe que o pai. Só que a gordura materna se transformava em músculos no corpo vermelho dele. Pois então, percebendo que os outros abusavam do Tino, não deixava mais que o irmão se empregasse isolado, estavam sempre juntos na construção da mesma casa. Ganhavam bem.

Naquela casinha do bairro da Lapa, a vida era de paraíso. Dona Maria lavava o que não dava o dia. O defunto marido, uma pena morrer tão cedo! fora assinzinho... Homem, até fora bom, porque isso de beber no sábado, quem que não bebe!... Paciência, lavando também se ganha. Além disso, logo os filhos tão bonzinhos principiaram trabalhando. Si a Lina fosse viva... que bonita!... Felizmente os filhos a consolavam. Lhe entregavam todo o dinheiro ganho. Gente pobre e assim é raro.

— Meus filhos, mas vocês podem precisar... Então tomem.

Aqueles dois dez mil-réis duravam quasi o mês inteirinho. Fumar não fumavam. Uma guaraná no domingo, de vez em quando a entrada no Recreio ou no Carlos Gomes recentemente inaugurado, nos dias dos filmes com muito anúncio.

Mas no geral os manos passavam os descansos junto da mãe. No verão iam pra porta, aquelas noites mansas, imensas da Lapa... Plão, tlão, tralharão, tão, plão, plãorrrrr... bonde passava. E o silêncio. A casa ficava um pouco apartada, sem vizinhos paredes-meias. Na frente, do outro lado da rua, era o muro da fábrica, tal e qual uma cinta de couro separando a terra da noite esbranquiçada pela neblina. Chaminés. A cinquenta metros outras casas. O cachorro latia, uau, uau... uau...

— Pedro diz que vai deixar o emprego.

Silêncio.

— Vamos no jogo domingo, Tino?

— Não vale a pena, o Palestra vai perder. Bianco não joga.

— Mas Amílcar.

— Você com seu Amílcar!

Silêncio. Tino não queria ir.

— E tanto pessoal, Aldo...

— Você quer, a gente vai cedo.

Silêncio. Aldo acabava fazendo a vontade do irmão. Às vezes também algum camarada vinha conversar.

Agora? até já se comenta. Mãe que descomponha, que insulte... Mais chora que descompõe, a coitada! Lá estão os dois discutindo, ninguém sabe por quê. De repente, tapas. E Tino não apanha mais que o outro, não pense, é duma perversidade inventiva extraordinária. O irmão acaba sempre sofrendo mais do que ele. Aldo é mais forte e por isso naturalmente mais saranga. Porém paciência se esgota um dia, e quando se esgotava era cada surra no irmão! Tino ficava com a cara vermelha de tanta bofetada. Um pouco tonto dos socos. Aldo porém tinha sempre ũa mordida, ũa alfinetada, coisa assim com perigo de arruinar. Os estragos da briga duravam mais tempo nele.

Não se falavam mais. E agora cada qual andava num emprego diferente. O mais engraçado é que quando um ia no cinema o outro ia também. Sempre era o Tino que espiava Aldo sair, saía atrás.

Nunca iam à missa. De religião só tirar o chapéu quando passavam pela porta das igrejas. Por que tiravam não sabiam, tinham visto o pai fazer assim e muita gente fazia assim, faziam também, costume. Isso mesmo quando não estavam com algum companheiro que era fachista e anticlerical porque lera no *Fanfulla*. Então passavam muito indiferentes, mãos nos bolsos talvez. E não sentiam remorso algum.

Pois nesse domingo foram à N. S. da Lapa outra vez. Agora que estavam maus filhos, maus irmãos, enfim maus homens, davam pra ir na missa! Quando a reza acabou ficaram ali, no adro da igreja meia construída, cada um do seu lado, já sabe. Tino à esquerda da porta, Aldo à direita. Toda a gente foi saindo e afinal tudo acabou. Ficaram apenas alguns rapazes proseando.

Aldo voltou pra casa com uma tristeza, Tino com outra que, você vai ver, era a mesma. Até se sentiram mais irmãos por um minuto. Minuto e meio. Desejos de voltar à vida antiga... Era só cada um chegar até no meio da rua, pronto: se abraçavam chorando, "Fratello!...". Que paz viria depois! Mas, e o desespero, então? onde que leva? Reagiram contra o sentimento bom. Uma raiva do irmão... Uma raiva iminente do irmão. Dali, iam só procurar o primeiro motivo e agora que tinham mais essa tristeza por descarregar, temos tapa na certa.

Chegaram em casa e dito e feito: brigaram medonhamente. Porca la miseria, dava medo! Se engalfinharam mudos. Aldo, subia o sangue no rosto dele, tinha os olhos que nem fogaréu. Derrubou o mano, agarrou o corpo do outro entre os joelhos e páa! Tino se ajeitando, rilhava os dentes, muito pálido, engolindo tunda numa conta. A janela estava aberta... Dona Maria no quintal, não sei si ouviu, pressentiu com certeza, coitada! era mãe... ia entrar. Porém teve que saudar primeiro a conhecida que vinha passando no outro lado da rua. Até quis botar um riso na boca pra outra não desconfiar.

— Sabe, dona Maria, a conhecida gritava de lá, a Teresinha vai casar! Com o Alfredo.

— Ahn...

— Pois é. De repente. Bom, até logo.

— Té-logo.

O soco parou no ar, inútil, os dois manos se olharam. Viram muito bem que não havia mais razão pra brigas agora. Não havia mesmo, deviam ser irmãos outra vez. A felicidade voltava na certa e aquele sossego antigo... O soco seguiu na trajetória, foi martelar na testa do Tino, peim! seco, seco. Tino com um jeito rápido, histérico, não sei como, virou um bocado entre as pernas de Aldo. Conseguiu com as mãos livres agarrar o pulso do outro. Encolheu-se todinho em bola e mordeu onde pôde, que dentada! Aldo puxou a mão desesperado, pleque! sofreu com o estralo do dedo que não foi vida. Mas por ver sangue é que cegou.

— Morde agora, filho da puta!

Na garganta. Apertou. Dona Maria entrava.

— Meu filho!

— Morde agora!

Tino desesperado buscava com as mãos alargar aquele nó, sufocava. Encontrou no caminho a mão do outro e uma coisa pendente, meia solta, molhada, agarrou. E num esforço de última vida, puxou pra ver se abria a tenaz que o enforcava. Dona Maria não conseguia separar ninguém. Tino puxou, que eu disse, e de repente a mão dele sem mais resistência riscou um semicírculo no ar. Foi bater no chão aberta ensanguentada, atirando pra longe o dedo arrancado de Aldo.

— Morde agora!

Tino se inteiriçando. Abriu com os dentes uma risada lateral, até corara um pouco. Dona Maria chegava só ao portãozinho, gritando. Não podia ir mais além, lhe dava aquela curiosidade amorosa, entrava de novo. Tino se inteiriçando. Ela saía outra vez:

— Socorro! meu filho!

Meu Deus, era domingo! entrava de novo. Batia com os punhos na cabeça. Pois batesse forte com um pau na cabeça do Aldo! Mas quem disse que ela se lembrava de bater!

— Socorro! meu filho morre!

Entrava. Saía. Às vezes dava umas viravoltas, até parecia que estava dançando... Balancez, tour, era horrível.

O primeiro homem que acorreu já chegou tarde. E só três juntos afinal conseguiram livrar o morto das mãos do irmão. Aldo como que enlouquecera, olho parado no meio da testa, boca aberta com uns resmungos ofegantes.

Levaram ele preso. Dona Maria é que nem sei como não enlouqueceu de verdade. Berrava atirada sobre o cadáver do filho, porém quando o outro foi-se embora na ambulância, até bateu nos soldados. Foram brutos com ela. Esses soldados da Polícia são assim mesmo, gente mais ordinária que há! ũa mãe... compreende-se que tivesse atos inconscientes! pois tivessem paciência com ela! Que paciência nem mané paciência! em vez, davam cada empurrão na pobre...

— Fique quieta, mulher, sinão levo você também!

Fecharam a portinhola e a sereia cantou numa fermata de "Addio" rumo da correição.

Seguiu-se toda a miséria do aparelho judiciário. Solidão. Raciocínio. O julgamento. Aldo saiu livre. Pra que vale um dedo perdido? Caso de legítima defesa complicada com perturbação de sentidos, é lógico, art. 32, art. 27 § 4º... A medicina do advogadinho salvou o réu.

Recomeçou no trabalho. Muito silencioso sempre, sossegado, parecia bom. Às vezes parava um pouco o gesto como que refletindo. Afinal todos na obra acabaram esquecendo o passado e Aldo encontrou simpatias. Camaradagens até. Não: camaradagem não, porque não dava mais que duas palavras pra cada um. Mas muitos operários simpatizavam com ele. São coisas que acontecem, falavam, e a culpa fora do mano, a prova é que Aldo saíra livre. E o dedo.

Mas o caso não terminou. Um dia Aldo desapareceu e nem semana depois encontraram ele morto, já bem podrezinho, num campo. Quem seria? Procura daqui, procura dali, a Polícia de São Paulo, você sabe, às vezes é feliz, acabaram descobrindo que o assassino era o marido da Teresinha.

E por quê, agora? ninguém não sabia. A pobre da Teresinha é que chorava agarrada nos dois filhinhos imaginando por que seria que o marido matara esse outro. De que se lembrava muito vagamente, é capaz que dancei com ele numa festa? Mas não lembrava bem, tantos moços... E não pertencera ao grupinho dela. Mas que o Alfredo era bom, ela jurava.

— Meu marido está inocente! — repetia cem vezes inúteis por dia.

O Alfredo gritava que fora provocado, que o outro o convidara pra irem ver uma casa, não sei o quê! pra irem ver um terreno, e de repente se atirara sobre ele quando atravessavam o campo... Então pra que não veio contar tudo logo! Em vez: continuou tranquilo indo no serviço todo santo dia, muito satisfeito..., que "facínora"! Toda a gente estava contra ele, o Aldo tão quieto!...

O advogado devassou a série completa dos argumentos de defesa própria. E lembrou com termos convincentes que o Alfredo era bom. Afinal vinte e dois anos de honestidade e bom comportamento provam alguma coisa, senhores jurados! E a Teresinha com as duas crianças ali, chorosa... Grupo comovente. O maior, de quinze meses, procurava enfiar o caracaxá vermelho na boca da mãe. Não brinque com essa história de isolar sempre que falo em mãe, o caso é triste. Pois tudo inútil, o criminoso estava com todos os dedos. Foi condenado a nem sei quantos anos de prisão.

A Teresinha lavava roupa, costurava, mas qual! com filho de ano e pouco e outro mamando, trabalhava mal. E, parece incrível! inda por cima com a mãe nas costas, velha, sem valer nada... Si ao menos soubesse aonde que estavam esses irmãos pelas fazendas... Mas não ajudariam, estou certo disso, uns desalmados que nunca deram sinal de si... Então desesperava, ralhava com a mãe, dava nos pequenos que era uma judiaria.

A sogra, essa quando chegava até o porão da nora, trazia ũa esmola entre pragas, odiava a moça. Adivinhava muito, com instinto de mãe, e odiava a moça. Amaldiçoava os netos. Os dez mil-réis sobre um monte de insultos ficavam ali atirados, aviltantes, relumeando no escuro. Teresinha pegava neles, ia comprar coisas pra si, pros filhos, como ajudavam! Ainda sobrava um pouco pra facilitar o pagamento do aluguel no mês seguinte. Mas não lhe mitigavam a desgraça.

Também lhe faziam propostas, que inda restavam bons pedaços de mulher no corpo dela. Recusava com medo do marido ao sair da prisão, um assassino, credo!

Teresinha era muito infeliz.

PIÁ NÃO SOFRE? SOFRE.

Belazarte me contou:

Você inda está lembrado da Teresinha? aquela uma que assassinou dois homens por tabela, os manos Aldo e Tino, e ficou com dois filhos quando o marido foi pra correição?... Parece que o sacrifício do marido tirou o mau-olhado que ela tinha: foi desinfeliz como nenhuma, porém ninguém mais assassinou por causa dela, ninguém mais penou. Só que o Alfredo lá ficou no palácio chique da Penitenciária, ruminando os vinte anos de prisão que a companheira fatalizada tinha feito ele engolir. Injustiça, amargura, desejo..., tantas coisas que muito bucho não sabe digerir com paciência, resultado: o Alfredo teve uma dessas indigestões tamanhas de desespero que ficou dos hóspedes mais incômodos da Penitenciária. Ninguém gostava dele, e o amargoso atravessava o tempo do castigo num areião difícil e sem fim de castiguinhos. Estou perdendo tempo com ele.

A Teresinha sofria, coitada! ainda semiboa no corpo e com a pabulagem de muitos querendo intimidades com ela ao menos por uma noite paga. Recusou, de primeiro pensando no Alfredo gostado, em seguida pensando no Alfredo assassino. Estava já no quasi, porém vinha sempre aquela ideia do Alfredo saindo da correição com uma faca nova pra destripá-la. E a virtude se conservava num susto frio, sem nenhum gosto de existir. Teresinha voltava pra casa com uma raiva desempregada, que logo descarregava na primeira coisa mais frouxa que ela. Enxergava a mãe morrendo em pé por causa da velhice temporã, pondo cinco minutos pra recolher uma ceroula do coaral, pronto: atirava a trouxa de roupa suja na velha:

— A senhora é capaz que vai dormir com a ceroula na mão!

Entrava. Podia-se chamar de casa aquilo! Era um rancho de tropeiro onde ninguém não mora, de tão sujo. Dois aspectos de cadeira, a mesa, a cama. No assoalho havia mais um colchão, morado pelas baratas que de noite dançavam na cara da velha o torê natural dos bichinhos desta vida.

No outro quarto ninguém dormia. Ficou feito cozinha dessa família passando muitas vezes dois dias sem fósforo acendido. Porque fósforo aceso quer dizer carvão no fogãozinho portátil e algum desses alimentos de se cozinhar. E muitas vezes não havia alimento de se cozinhar... Mas isso não fazia mal pro dicionário da Teresinha e da mãe, fogareiro não estava ali? E o dicionário delas dera pra aqueles estreitos metros cúbicos de ar mofado o nome estapafúrdio de cozinha.

Nessa espécie de tapera a moça vivia com a mãe e o filhote de sobra. De sobra em todos os sentidos, sim. Sobrava porque afinal amor pra Teresinha, meu Deus! vivendo entre injustiças de toda a sorte, desejando homem pro corpo e não tendo, se esquecendo do Alfredo gostado pelo Alfredo ameaçando e já com morte na consciência... E só tendo na mão consolada pela água pura, ceroulas, calças, meias com mais de sete dias de corpo suado... E além do mais, odiando uns fregueses sempre devendo a semana retrasada... Tudo isso a Teresinha aguentava. E pra tampar duma vez todos os vinhos do amor, inda por cima chegava a peste da sogra amaldiçoada, odiada mas desejada por causa dos dez milréis deixados mensalmente ali. A figlia dum cane vinha, emproada porque tinha de seu aí pra uns trinta contos, nem sei, e desbaratava com ela por um nadinha.

Podia ter amor ũa mulher já feita, com trinta anos de seca no prazer, corpo cearense e alma ida-se embora desde muito!... E o Paulino, faziam já quasi quatro anos, dos oito meses de vida até agora, que não sabia o que era calor de peito com seio, dois braços apertando a gente, uma palavra "figliuolo mio" vinda em cima dessa gostosura, e a mesma boca enfim se aproximando da nossa cara, se ajuntando num chupão leve que faz bulha tão doce, beijo de nossa mãe...

Paulino sobrava naquela casa.

E sobrava tanto mais, que o esperto do maninho mais velho, quando viu que tudo ia mesmo por água abaixo, teve um anjo da guarda caridoso que depositou na língua do felizardo o micróbio do tifo. Micróbio foi pra barriguinha dele, agarrou tendo filho e mais filho a milhões por hora, e nem passaram duas noites, havia lá por dentro um footing tal da microbiada marchadeira, que o asfaltinho das tripas se gastou. E o desbatizado foi pro limbo dos pagãos sem culpa. Sobrou Paulino.

É lógico que ele não podia inda saber que estava sobrando assim tanto neste mundo duro, porém sabia muito bem que naquela casa não sobrava nada pra comer. Foi crescendo na fome, a fome era o alimento dele. Sem pôr consciência nos mistérios do corpo, ele acordava assustado. Era o anjo... que anjo da guarda! era o anjo da malvadeza que acordava Paulino altas horas pra ele não morrer. O desgraçadinho abria os olhos na escuridão cheirando rúim do quarto, e inda meio que percebia que estava se devorando por dentro. De primeiro ele chorava.

— Stá zitto, guaglion!

Que "stá zitto" nada! Fome vinha apertando... Paulino se levantava nas pernas de arco, e balanceando chegava afinal junto à cama da mãe. Cama... A cama grande ela vendeu quando esteve uma vez com a corda na garganta por causa do médico pedindo aquilo ou vinte bagarotes pela cura do pé arruinado. Deu os vinte vendendo a cama. Cortou o colchão pelo meio e botou a metade sobre aqueles três caixões. Essa era a cama.

Teresinha acordava da fadiga com a mãozinha do filho batendo na cara dela. Ficava desesperada de raiva. Atirava a mão no escuro, acertasse onde acertasse, nos olhos, na boca do estômago, pláa!... Paulino rolava longe com uma vontade legítima de botar a boca no mundo. Porém o corpo lembrava duma feita em que a choradeira fizera o salto do tamanco vir parar mesmo na boca dele, perdia o gosto de berrar. Ficava choramingando tão manso que até embalava o sono da Teresinha. Pequenininho, redondo, encolhido, talqualmente tatuzinho de jardim.

O sofrimento era tanto que acabava desprezando os pinicões da fome, Paulino adormecia de dor. De madrugada, o tempo esfriando acordava o corpo dele outra vez. Meio esquecido, Paulino espantava de se ver dormindo no assoalho, longe do colchão da vó. Estava com uma dorzinha no ombro, outra dorzinha no joelho, outra dorzinha na testa, direito no lugar encostado no chão. Percebia muito pouco as dorzinhas, por causa da dor guaçu do frio. Engatinhava medroso, porque a escureza estava já toda animada com as assombrações da aurora, abrindo e fechando o olho das frestas. Espantava as baratas e se aninhava no calor ilusório dos ossos da avó. Não dormia mais.

Afinal, ali pelas seis horas, já familiarizado com a vida por causa dos padeiros, dos leiteiros, dos homens cheios de comidas que passavam lá longe, um calor custoso nascia no corpo de Paulino. Porém a mãe também já estava acordando com as bulhas da vida. Sentada, vibrando com a sensualidade matinal que bota a gente louco de vontade, a Teresinha quasi se arrebentava, apertando os braços contra a peitaria, o ventre e tudo, forçando tanto uma perna contra a outra que sentia uma dor nos rins. Nascia nela esse ódio impaciente e sem destino, que vem da muita virtude conservada a custo de muita miséria, virtude que ela mesma estava certa, mais dia menos dia tinha de se acabar. Procurava o tamanco, dando logo o estrilo com a mãe, "si não sabia que não era mais hora de estar na cama", que fosse botar água na tina etc.

Então Paulino, antes das duas mulheres, abandonava o calor nascente do corpo. Ia já rondar a cozinha porque estava chegando o momento mais feliz da vida dele: o pedaço de pão. E que domingo pra Paulino quando, porque um freguês pagou, porque a sogra apareceu, coisa assim, além do pão, bebiam café com açúcar!... Chupava depressa, queimando a língua e os beicinhos brancos, aquela água quente, sublime de gostosa por causa duma pitadinha de café. E saía comer o pão lá fora.

Na frente da casa não, era lá que ficavam a torneira, as tinas e o coaral. As mulheres estavam fazendo suas lavagens de roupa e era ali na piririca: briga e descompostura o tempo todo. Quem pagava era o reinação do Paulino. Acabava sempre com um pão mal comido e algum cocre de inhapa bem no alto do coco, doendo fino.

Deixou de ir para lá. Abria a porta só encostada da cozinha, descia o degrau, ia correcorrendo se rir pra alegria do frio companheiro, por entre os tufos de capim e as primeiras moitas de carrapicho. Esse matinho atrás da casa era a floresta. Ali Paulino curtia as penas sem disfarce. Sentado na terra ou dando com o calcanhar nos olhos dos formigueiros, principiava comendo. De repente quasi caía levantando a perninha, ai! do chão, pra matar a saúva ferrada no tornozelinho de bico. Erguia o pão caído e recomeçava o almoço, achando graça no requetreque que a areia ficada no pão, ganzava agora nos dentinhos dele.

Mas não esquecia da saúva não. Pão acabado, surgia, distraindo a fome nova, o guerreiro crila. Procurava uma lasca de pau, ia caçar formigas no matinho. Afinal, matinho não muito pequeno porque dava atrás na várzea, e não havia sinão um lembrete de cerca fechando o terreno. Mas nunca Paulino penetrou na várzea que era grande demais pra ele. Lhe bastava aquele matinho gigante, sem planta com nome, onde o sol mais preguiça nunca deixava de entrar.

Graveto em punho lá ia em busca de saúva. As formiguinhas menores, não se importava com elas não. Só arremetia contra saúva. Quando achava uma, perseguia-a paciente, rompendo entre os ramos entrançados dos arbustos, donde muitas vezes voltava com a mão, a perna ardendo por ter ralado nalgum mandarová. Trazia a saúva pro largo e levava horas brincando com a desgraçadinha, até a desgraçadinha morrer.

Quando ela morria, o sofrimento recomeçava pra Paulino, era fome. O sol já estava alto, porém Paulino sabia que só depois das fábricas apitarem havia de ter feijão com arroz nos tempos ricos, ou novo pedaço de pão nos tempos felizmente mais raros. Batia uma fome triste nele que outra saúva combatida não conseguia distrair mais. Banzava na desgraça, melancolizado com a repetição do sofrimento cotidiano. Sentava em qualquer coisa, descansando a bochecha na mão, cabeça torcidinha, todo penaroso. Afinal, nalguma sombra rendada, aprendeu a dormir de fome. Adormecia. Sonhava não. As moscas vinham lhe bordando de asas e zumbidos a boquinha aberta, onde um resto de adocicado ficou. Paulino dormindo fecha de repente os beiços caceteados, se mexe, abre um pouco as perninhas encolhidas e mija quente em si.

Sono curto. Acordou muito antes das fábricas apitarem. Mastigou a boca esfomeada, recolheu com a língua os sucos perdidos nos beiços. Requetreque da areia e uma coisinha meia doce no paladar. Tirou com a mão pra ver o que era, eram duas moscas. Moscas sim, porém era meio adocicado. Tornou a botar as moscas na língua, chupou o gostinho delas, engoliu.

Foi assim o princípio dum disfarce da fome por meio de todas as coisas engolíveis do matinho. Não tardou muito e virou "papista" como se diz: trocou a caça das saúvas pelos piqueniques de terra molhada. Comer formiga então... Junto dos montinhos dos formigueiros encostava a cara no chão com a língua pronta. Quando formiga aparecia, Paulino largava a língua hábil, grudava nela a formiga, e a esfregando no céu da boca sentia um redondinho infinitesimal. Punha o redondinho entre os dentes, trincava e engolia o guspe ilusório. E que ventura si topava com alguma correição! De gatinhas, com o fiofó espiando as nuvens, lambia o chão tamanduamente. Apagava uma carreira viva de formiga em três tempos.

Nessa esperança de matar a fome, Paulino foi descendo a coisas nojentas. Isto é, descendo, não. Era incapaz de pôr jerarquia no nojo, e até o último comestível inventado foi formiga. Porém não posso negar que uma vez até uma barata... Agarrou e foi-se embora mastigando, mais inocente que vós, filhos dos nojos. Porém, compreende-se: eram alimentos que não davam sustância nenhuma. Fábrica apitava e o arroz com feijão vinha achar Paulino empanturrado de ilusões, sem fome. Pegou aniquilando, escurecendo que nem dia de inverno.

Teresinha não reparava. O buçal da virtude estava já tão gasto que via-se o momento da moça desembestar livre, vida fora. Foi o tempo em que tapa choveu por todas as partes de Paulino cegamente, caísse onde caísse. Quando ela vinha pra casa já escutava a companhia do Fernandez, carroceiro. Era um mancebo de boa tradição, desempenado, meio lerdo, porém com muita energia. Devia de ter vinte e cinco anos, si tinha! e se engraçou pela envelhecida, quem quiser saiba por quê. Buçal arrebentou. Quando ele pôde carregar a trouxa pra ela, veio até a casa, entrou que nem visita, e Teresinha ofereceu café e consentimento. A velha, sujando a língua com os palavrões mais incompreensíveis, foi dormir na cozinha com Paulino espantado.

Em todo caso a boia milhorou, e o barrigudinho conheceu o segredo da macarronada. Só que tinha muito medo do homem. Fernandez fizera uma festinha pra ele na primeira aparição, e quando saiu do quarto de manhã e beberam café todos juntos, Paulino confiado foi brincar com a perna comprida do homem. Mas tomou com um safanão que o fez andar de orelha murcha um tempo.

É lógico que a sogra havia de saber daquilo, soube e veio. Teresinha muito fingida falou bom-dia pra ela e a mulatona respondeu com duas pedras na mão. Porém agora Teresinha não carecia mais da outra e refricou, assanhada feito irara. Bate-boca tremendo! Paulino nem tinha pernas pra abrir o pala dali, porque a velha apontava pra ele, falando "meu neto" que mais "meu neto" sem parada. E mandava que Teresinha agora se arranjasse, porque não estava pra sustentar cachorrice de italiana acueirada com espanhol. Teresinha secundava gritando que espanhol era muito mais milhor que brasileiro, sabe! sua filha de negro! mãe de assassino! Não careço da senhora, sabe! mulata! mulatona! mãe de assassino!

— Mãe de assassino é tu, sua porca! Tu que fez meu filho sê infeliz, maldiçoada do diabo, carcamana porca!

— Saia já daqui, mãe de assassino! A senhora nunca se amolou com seu neto, agora vem com prosa aí! Leve seu neto si quiser!

— Pois levo mesmo! coitadinho do inocente que não sabe a mãe que tem, sua porca! porca!

Suspendeu Paulino esperneando, e lá se foi batendo salto, ajeitando o xale de domingo, por entre as curiosas raras do meidia. Inda virou, aproveitando a assistência, pra mostrar como era boa:

— Escute! Vocês agora, não pago mais aluguel de casa pra ninguém, ouviu! Protegi você porque era mulher de meu filho desgraçado, mas não tou pra dar pouso pra égua, não!

Mas a Teresinha, louca de ódio, já estava olhando em torno pra encontrar um pau, alguma coisa que matasse a mulatona. Esta achou milhor partir duma vez, triunfante ploque ploque.

Paulino ia ondulando por cima daquelas carnes quentes. Chorava assustado, não tendo mais noção da vida, porque a rua nunca vista, muita gente, aquela mulher estranha e ele sem mãe, sem pão, sem matinho, sem vó... não sabia mais nada! meu Deus! como era desgraçado! Teve um medo pavoroso no corpinho azul. Inda por cima não podia chorar à vontade porque reparara muito bem, a velha tinha um sapatão com salto muito grande, pior que tamanco. Devia de ser tão doído aquele salto batendo no dentinho, rasgando o beiço da gente... E Paulino horrorizado enfiava quasi as mãozinhas na boca, inventando até bem artisticamente a função da surdina.

— Pobre de meu neto!

Com a mão grande e bem quente pegou na cabecinha dele, ajeitando-a no pescoço de borracha. Carregado gostoso naqueles braços bons, com o xale dando inda mais quentura pra gente ser feliz... E a velha olhou pra ele com olhos de piedade confortante... Meu Deus! que seria aquilo tão gostoso!... É assomo de ternura, Paulino. A velha apertou-o no peito abraçando, encostou a cara na dele, e depois deu beijos, beijos, revelando pro piá esse mistério maior.

Paulino quis sossegar. Pela primeira vez na vida o conceito de futuro se alargou até o dia seguinte na ideia dele. Paulino sentiu que estava protegido, e no dia seguinte havia de ter café com açúcar na certa. Pois a velha não chegara a boca ajuntada bem na cara dele e não dera aquele chupão que barulhava bom? Dera. E a ideia de Paulino se encompridou até o dia seguinte, imaginando um canecão do tamanho da velha, cheinho de café com açúcar. Foi se rir pras duas lágrimas piedosas dela, porém bem no meio da gota apareceu uma botina que foi crescendo, foi crescendo e ficou com um tacão do tamanho da velha. Paulino reprincipiou chorando baixo, que nem nas noites em que o acalanto da manha embalava o sono da Teresinha.

— Ara! também agora basta de chorar! Ande um pouco, vamos!

O salto da botina encompridou enormemente e era a chaminé do outro lado da rua. O pranto de Paulino parou, mas parou engasgado de terror. Chegaram.

Esta era uma casa de verdade. Entrava-se no jardinzinho com flor, que até dava vontade de arrancar as semprevivas todas, e, subida a escadinha, havia uma sala com dois retratos grandes na parede. Um homem e uma mulher que era a velha. Cadeiras, uma cadeira grande cabendo muita gente nela. Na mesinha do meio um vaso com uma flor cor-de-rosa que nunca murchou. E aquelas toalhinhas brancas nas cadeiras e na mesa, que devia distrair a gente contando tantas bolotinhas...

O resto da casa assombrou desse mesmo jeito o despatriado. Depois apareceram mais duas moças muito lindas, que sempre viveram de saia azul-marinho e blusa branca. Olharam duras pra ele. Aqueles quatro olhos negros desceram lá do alto e tuque! deram um cocre na alma de Paulino. Ele ficou tonto, sem movimento, grudado no chão.

Daí foi uma discussão terrível. Não sei o que a velha falou, e uma das normalistas respondeu atravessado. A velha asperejou com ela falando no "meu neto". A outra respondeu gritando e uma tormenta de "meu neto" e "seu neto" relampagueou alto sobre a cabeça de Paulino. A história foi piorando. Quando não teve mais agudos pras três vozes subirem, a velha virou um bofete na filha da frente, e a outra fugindo escapou de levar com a colher bem no coco.

A invenção de Paulino não podia ajuntar mais terrores. E o engraçado é que o terror pela primeira vez despertou mais a inteligência dele. O conceito de futuro que fazia pouco atingira até o dia seguinte, se alongou, se alongou até demais, e Paulino percebeu que entre raivas e maus-tratos havia de passar agora o dia seguinte inteiro e o outro dia seguinte e outro, e nunca mais haviam de parar os dias seguintes assim. É lógico: sem ter a soma dos números, mais de três mil anos de dias seguintes sofridos, se ajuntaram no susto do piá.

— Vá erguer aquela colher!

As metades do arco se moveram ninguém sabe como, Paulino levantou a colher do chão que deu pra velha. Ela guardou a colher e foi lá dentro. A varanda ficou vazia. Estava tudo arranjado, e as sombras da tarde rápida entravam apagando as coisas desconhecidas. Só a mesa do centro inda existia nitidamente, riscada de vermelho e branco. Paulino foi se encostar na perna dela. Tremia de medo. Chiava um cheiro gostoso lá dentro, e da sombra da varanda um barulhinho monótono, tique-taque, regulava as sensações da gente. Paulino sentou no chão. Uma calma grande foi cobrindo o pensamento aniquilado: estava livre do tacão da velha. Ela não era que nem a mãe não. Quando tinha raiva não atirava botina, atirava uma colher levinha, brilhando de prateada. Paulino se encolheu deitado, encostando a cabeça no chão. Estava com um sono enorme de tanto cansaço nos sentimentos. Não havia mais perigo de receber com tamanco no dentinho, a mulatona só atirava aquela colher prateada. E Paulino ignorava se colher doía muito, batendo na gente. Adormeceu bem calmo.

— Levante! que é isso agora! Como esse menino deve ter sofrido, Margot! Olhe a magreira dele!

— Pudera! com a mãe na gandaia, festando dia e noite, você queria o quê, então!

— Margot... você sabe bem certo o que quer dizer puta, hein? Eu acho que a gente pode falar que Paulino é filho da puta, não?

Se riram.

— Margot!

— Senhora!

— Mande Paulino aqui pra dar comida pra ele!

— Vá lá dentro, menino!

As pernas de arco balançaram mais rápidas. Uma cozinha em que a gente não podia nem se mexer. A velha boa inda puxou o capacho da porta com o pé:

— Sente aí e coma tudo, ouviu!

Era arroz com feijão. A carne, Paulino viu com olho comprido ela desaparecer na porta da varanda. Menino de quatro anos não come carne, decerto imaginou a velha, meia em dificuldades sempre com a educação das filhas.

E a vida mudou de misérias pra Paulino, mas continuou a sempre miserável. Boia milhorou muito e não faltava mais, porém Paulino estava sendo perseguido pelos vícios do matinho. Nunca mais a mulatona teve daqueles assomos de ternura do primeiro dia, era uma dessas cujo mecanismo de vida não difere muito do cumprimento do dever. Aquele beijo fora sincero, mas apenas dentro das convenções da tragédia. Tragédia acabara e com ela a ternura também. E no entanto ficara muito em Paulino a saudade dos beijos...

Quis se chegar pras moças porém elas tinham raiva dele, e podendo, beliscavam. Assim mesmo a mais moça, que era uma curiosa do apá-virado e nunca tirava as notas de Margot na escola, Nininha, é que tomara pra si dar banho no Paulino. Quando chegava no sábado, o pequeno meio espantado e muito com medo de beliscão, sentia as carícias dum rosto lindo em fogo se esfregando no corpinho dele. Acabava sempre aquilo, a menina com uma raiva bruta, vestindo depressa a camisolinha nele, machucando, "fica direito, peste!" pronto: um beliscão que doía tanto, meu Deus!

Paulino descia a escada da cozinha, ia muito jururu pelo corredorzinho que dava no jardim da frente, puxava com esforço o portão sempre encostado, sentava, punha a mão na bochecha, cabecinha torcida pro lado e ficava ali, vendo o mundo passar.

E assim, entre beliscões e palavras duras que ele não entendia nada, "menino fogueto", "filho de assassino", ele também passava feito o mundo: magro escuro terroso, cada vez se aniquilando mais. Mas o que que havia de fazer? Bebia o café e já falavam que fosse comer o pão no quintal sinão, porco! sujava a casa toda. Ia pro quintal, e a terra estava tão úmida, era uma tentação danada! Nem ele punha reparo que era uma tentação porque nenhum cocre, nenhuma colherada, o proibira de comer terra. Treque-trrleque, mastigava um bocadinho, engolia, mastigava outro bocadinho, engolia. E ali pelas dez horas sempre, com a pressa das normalistas assombrando a calma da vida, tinha que assentar naquele capacho pinicando, tinha que engolir aquele feijão com arroz num fastio impossível...

— Minha Nossa Senhora, esse menino não come! Ói só com que cara ele olha pra comida! Pra que que tu suja a cara de terra desse jeito, hein, seu porcalhão!

Paulino assustava, e o instinto fazia ele engolir em seco esperando a colherada nunca vinda. Porém desta vez a velha tivera uma iluminação no mecanismo:

— Será que!... Você anda comendo terra, não! Deixe ver!

Puxou Paulino pra porta da cozinha, e com aquelas duas mãos enormes, queimando de quentes:

— Abra a boca, menino!

E arregaçava os beiços dele. Terra nos dentinhos, na gengiva.

— Abra a boca, já falei!

E o dedo escancarava a boquinha terrenta, língua aparecendo até a raiz, todinha da cor do barro. A sova que Paulino levou nem se conta! Principiou com o tapa na boca aberta, que até deu um som engraçado, bóo! e não posso falar como acabou de tanta mistura de cocre beliscão palmadas. E palavreado, que afinal pra criancinha é tabefe também.

Então é que principiou o maior martírio de Paulino. Dentro da casa, nenhuma queria que ele ficasse, tinha mesmo que morar no quintal. Antes do pão porém, já vinha uma sova de ameaças, tão dura, palavra de honra: Paulino descia a escadinha completamente abobado, sentindo o mundo bater nele. E agora?... Pão acabou e a terra estava ali toda oferecida chamando. Mas aquelas três beliscadoras não queriam que ele comesse a terra gostosa... Oh tentação pro pobre santantoninho! queria comer e não podia. Podia, mas depois lá vinha de hora em hora o dedão da velha furando a boquinha dele... Como?... Não como?... Fugia da tentação, subia a escadinha, ficava no alto sentado, botando os olhos na parede pra não ver. E a terra sempre chamando ali mesmo, boa, inteirinha dele, cinco degraus fáceis embaixo...

Felizmente não sofreu muito não. Três dias depois, não sei si brincou na porta com os meninos de frente, apareceu tossindo. Tosse aumentou, foi aumentando, e afinal Paulino escutou a velha falar, fula de contrariedade, que era tosse de cachorro. Si haviam de levar o menino no médico, em vez, vamos dar pra ele o xarope que dona Emília ensinou. Nem xarope de dona Emília, nem os cinco mil-réis ficados no boticário mais chué do bairro sararam o coitadinho. Tinha mesmo de esperar a doença, de tanto não encontrando mais sonoridade pra tossir, ir-se embora sozinha.

O coitado nem bem sentia a garganta arranhando, já botava as mãozinhas na cabeça, inquieto muito! engolindo apressado pra ver se passava. Ia procurando parede pra encostar, vinha o acesso.

Babando, olho babando, nariz babando, boca aberta não sabendo fechar mais, babando numa conta. O coitadinho sentava no lugar onde estava, fosse onde fosse porque sinão caía mesmo. Cadeira girava, mesa girava, cheiro de cozinha girava. Paulino enjoado atordoado, quebrado no corpo todo.

— Coitado. Olhe, vá tossir lá fora, você está sujando todo o chão, vá!

Ele arranjava jeito de criar força no medo, ia. Vinha outro acesso, e Paulino deitava, boca beijando a terra mas agora sem nenhuma vontade de comer nada. Um tempo estirado passava. Paulino sempre na mesma posição. Corpo nem doía mais, de tanto abatimento, cabeça não pensando mais, de tanto choque aguentado. Ficava ali, e a umidade da terra ia piorar a tosse e havia de matar Paulino. Mas afinal aparecia uma forcinha, e vontade de levantar. Vai levantando. Vontade de entrar. Mas podia sujar a casa e vinha o beliscão no peitinho dele. E não valia de nada mesmo, porque mandavam ele pra fora outra vez...

Era de tarde, e os operários passavam naquela porção de bondes... enfim divertia um bocado pelo menos os olhos ramelosos. Paulino foi sentar no portão da frente. A noite caía agitando vida. Um ventinho poento de abril vinha botar a mão na cara da gente, delicado. O sol se agarrando na crista longe da várzea, manchava de vermelho e verde o espaço fatigado. Os grupos de operários passando ficavam quasi negros contra a luz. Tudo estava muito claro e preto, incompreensível. Os monstros corriam escuros, com moços dependurados nos estribos, badalando uma polvadeira vermelha na calçada. Gente, mais monstros e os cavalões nas bonitas carroças.

Nesse momento a Teresinha passou. Vinha nuns trinques, só vendo! sapato amarelado e meia roseando uma perna linda mostrada até o joelho. Por cima um vestido azul-claro mais lindo que o céu de abril. Por cima a cara da mamãe, que beleza! com aquele cabelo escuro fazendo um birote luzido, e os bandós azulando de napolitano o moreno afogueado pelas cores de Paris.

Paulino se levantou sem saber, com uma burundanga inexplicável de instintos festivos no corpo, "Mamma!" que ele gritou. Teresinha virou chamada, era o figliuolo. Não sei o que despencou na consciência dela, correu ajoelhando a sedinha na calçada, e num transporte, machucando bem delicioso até, apertou Paulino contra os peitos cheios. E Teresinha chorou porque afinal das contas ela também era muito infeliz. Fernandez dera o fora nela, e a indecisa tinha moçado duma vez. Vendo Paulino sujo, aniquiladinho, sentiu toda a infelicidade própria, e meia que desacostumou de repente da vida enfeitada que andava levando, chorou.

Só depois é que sofreu pelo filho, horroroso de magro e mais frágil que a virtude. Decerto estava sofrendo com a mulatona da avó... Um segundo matutou levar Paulino consigo. Porém, escondendo de si mesma o pensamento, era incontestável que Paulino havia de ser um trambolho pau nas pândegas. Então olhou a roupinha dele. De fazenda boa não era, mas enfim sempre servia. Agarrou nesse disfarce que apagava a consciência, "meu filho está bem tratado", pra não pensar mais nele nunca mais. Deu um beijo na boquinha molhada de gosma ainda, procurou engolir a lágrima, "figliuolo", não foi possível, apertou muito, beijou muito. Foi-se embora arranjando o vestido.

Paulino de pezinho, sem um gesto, sem um movimento, viu afinal lá longe o vestido azul desaparecer. Virou o rostinho. Havia um pedaço de papel de embrulho, todo engordurado, rolando engraçado no chão. Dar três passos pra pegá-lo... Nem valia a pena. Sentou de novo no degrau. As cores da tarde iam cinzando mansas. Paulino encostou a bochecha na palminha da mão e meio enxergando, meio escutando, numa indiferença exausta, ficou assim. Até a gosma escorria da boca aberta na mão dele. Depois pingava na camisolinha. Que era escura pra não sujar.

NELSON

— Você conhece?

— Eu não, mas contaram ao Basílio o caso dele.

O indivíduo chamava a atenção mesmo, embora não mostrasse nada de berrantemente extraordinário. Tinha um ar esquisito, ar antigo, que talvez lhe viesse da roupa mal talhada. Mas que por certo derivava da cara também, encardida, de uma palidez absurda, quase artificial, como a cara enfarinhada dos palhaços. Olhos pequenos, claros, à flor da pele, quase que apenas aquela mancha cinzenta, vaga, meio desaparecendo na brancura sem sombra do rosto.

Deu uma olhadela disfarçada, bem de tímido, assuntando o ambiente mal iluminado do bar. Ainda hesitou, numa leve ondulação de recuo, mas acabou indo sentar no outro lado da sala vazia. Percebeu que os rapazes o examinavam, ficou inquieto, entre gestos inúteis. Pretendeu se acalmar e depôs as duas mãos, uma agarrando a outra, sobre a toalha. Mas como que se arrependeu de mostrá-las, retirou-as rápido pra debaixo da mesa. Se lembrou de repente que não tirara o chapéu, estremeceu, quis sorrir, disfarçando a encabulação. Mas corou muito, tirou num gesto brusco o chapéu, escondeu-o no banco em que sentara, ao mesmo tempo que lançava novo olhar furtivo, muito angustiado, meio implorante, aos rapazes. E estes fingiram que não o examinavam mais, envergonhados da curiosidade.

— Não parece brasileiro...

— Diz que é. Mora só, numa daquelas casinhas térreas da alameda do Triunfo, perto de mim. Ele mesmo faz a comida dele...

Parou, gozando o interesse que causava. Era desses vaidosos que não contam sem martirizar o ouvinte com pausas de efeito, perguntas de adivinhação, detalhes sem eira nem beira. Continuou: "Vocês todos sabem onde que ele faz as compras dele!"... Nova pausa. Os rapazes se mexeram impacientes. Um arrancou:

— Você garante que ele é brasileiro, enfim você sabe ou não sabe alguma coisa sobre ele!

— Eu sei a história dele completinha!... — Olhou lento, imperial os três amigos. Sorriu. — Mas, puxa! que lerdeza de vocês!... Eu disse que ele mora no Triunfo, pertinho de mim... Então vocês não são capazes de imaginar onde ele compra as coisas!...

— Ora desembucha logo, Alfredo! que diabo de mania essa!...

Diva passava levando dois duplos escuros. Era visível que ambos pertenciam ao desconhecido, pois não havia mais ninguém no bar. Recebendo os duplos o homem ficou envergonhado, tornou a corar forte, mandando outro olho de relance aos rapazes. Falou qualquer coisa à garçonete, que ficou esperando. Então ele emborcou o primeiro chope com sofreguidão, bebeu tudo duma vez só, entregando o copo à moça. E Diva se retirou, sorrindo ao "muito obrigado" quente que o homem lhe dizia.

Os rapazes voltavam pensativos aos seus chopes, o desconhecido era de fato um sujeito extravagante... Alfredo aproveitou a preocupação de todos, pra retomar importância. Mas agora "desembuchava" mais rápido.

— Pois ele compra tudo no Basílio, e o Basílio é que sabe a história dele bem. Põe tamanha confiança no vendeiro que até pede pra ele fazer compras na cidade, camisa, roupa de baixo... Diz que foi até bastante rico. Ele é de Mato Grosso, possuía uma fazenda de criar no sul do estado, não tinha parente nenhum depois que a mãe morreu. De vez em quando atravessava a fronteira que ficava ali mesmo, dava uma chegada em Assunção que é a capital do Paraguai...

— Não sabia! pensei que era Campinas!

— ... ia lá só pra farrear, vivendo naquele jejum da fazenda... — Achou graça em si mesmo e quis tirar mais efeito: — Em Assunção desjejuava a valer. Mas um dia acabou trazendo uma paraguaia pra fazenda, com ele. Era uma moça lindíssima e ele tinha paixão por ela, dava tudo pra ela. Trabalhava e era pra ela; ia na cidade por um dia, imaginem pra quê!... Voltava carregado de presentes muito caros. Mesmo na fazenda ela só arrastava seda. Mas que ela merecesse, merecia porque também gostava muito dele e os dois viviam naquele amor. Mas a maior besteira dele, isso dava um doce se vocês imaginassem?

Quis parar, mas um dos companheiros percebendo asperejou irritado:

— Não dê o doce e continue, Alfredo!

Pois acabou passando a fazenda com gado e tudo e ainda umas casas que tinha em Cuiabá, passou tudo para o nome dela, porque ela já fizera operação, mocinha, e não podia ter filho que herdasse. Não sei se vocês sabem: ... mesmo casada no juiz, se não tivesse filho e ele morresse, ela não herdava um isto. E agora é que estou vendo que o Basílio não me informou se eles eram casados, amanhã mesmo vou saber...

— Mas... me diga uma coisa, Alfredo: isso interessa pro caso!

— Quer dizer... interessar sempre interessa... Mas afinal aquela vida era chata pra moça tão bonita que não podia ser vista nem apreciada por ninguém, não durou muito ela principiou entristecendo. Ele vinha e perguntava, porém ela sempre respondia que não tinha nada e virava o rosto pra não dar demonstração que estava chorando. Ele fez tudo. Comprou uma vitrola, comprou um rádio e a casa se encheu de polcas paraguaias. Depois até principiou aprendendo o guarani com ela, o castelhano já falava muito bem. Era que ele imaginou ficar mais tempo junto da moça, em vez de passar o dia inteiro no campo, cuidando do gado.

— Mas também que sujeito mais besta — interrompeu um dos rapazes irritado. — Ele era rico, não era?

— Era...

— Pois então por que não ia fazer uma viagem!

— Pois fez, mas aí é que foi a causa de tudo. Eles resolveram ir passear em Assunção, se divertiram tanto que passaram dois meses lá. Quando voltaram ela até parecia outra, de tão alegre outra vez, e fizeram projeto de todos os anos ir passear assim, se divertindo com os outros, o amor é que não havia meios de afrouxar. Já antes da viagem, no tempo da tristeza, ele assinara uma porção de revistas, até norte-americanas, pra ver se ela se distraía, ela nem olhava pras figuras. Pois agora de volta na fazenda, adivinhem pra o que ela deu!...

— Ora, deu para ler as revistas!

— Não.

— Deu pra ficar triste outra vez.

— Não!

— Se acostumou...

— Não!

— Ora foi ver se você estava na esquina, ouviu!

Os rapazes estavam totalmente desinteressados da história do Alfredo. Um deles olhou o homem, de quem a garçonete se aproximava outra vez, levando mais um chope. O homem, percebendo a moça, retirou brusco as mãos que descansavam na mesa, uma sobre a outra. Novo olhar angustiado aos rapazes.

— Parece que ele tem qualquer coisa na mão esquerda, — o rapaz avisou interessado. — Não! não virem agora que ele está olhando pra cá, mas nem bem Diva ia chegando com o chope, ele escondeu a mão. Diva!

A moça veio se chegando, familiar.

— Mais chope. Diga uma coisa... chegue mais pra cá.

A moça chegou contrafeita, depois de uma leve hesitação. Ela sabia que iam lhe falar do desconhecido, e quando o rapaz perguntou o que o homem tinha na mão, ela quase gritou um "Nada!" agressivo. E como o rapaz procurasse agarrá-la pelo braço, ainda perguntando se o homem não tinha um defeito qualquer, ela se desvencilhou irritada, murmurando "Não!", "Não sei!", partiu confusa. O contador interrompido pretendeu readquirir importância, afirmando apressado:

— É uma cicatriz medonha, não queiram saber! Foi numa briga, parece que até ele perdeu um dedo, só que isso eu não sei como foi, o Basílio...

O quarto rapaz, que se conservara calado, olhando com uma espécie de riso o sabe-tudo, murmurou vingativo:

— Eu sei.

— Você sabe!

— Quer dizer: sei... Sei o que me contaram. É o polegar que ele perdeu. Parece que nem é só o polegar que falta, mas quase toda a carne do braço, é tudo repuxado, sem pele... Foi piranha que comeu.

— Safa!

— Eu não sei bem... tudo no detalhe. Como o Alfredo, eu não sei... Foi na Coluna Prestes... nem tenho certeza se ele estava com o exército ou com os revolucionários. Devia ser com estes porque ele era rapaz, se vê que não tem trinta anos.

— Isso não! garanto que já passa dos quarenta.

— Você está doido!

— Não... — arrancou o Alfredo, meio contra a vontade. — Isso eu também sei garantido que ele é novo ainda, o Basílio viu a caderneta dele... Tem vinte e sete, vinte e oito anos.

— Mas conta como foi a piranha.

— ... diz que estava em Mato Grosso, um grupinho perseguido pelos contrários, desgarrado, pra uns nove homens quando muito. Tinham se arranchado na casinha dum caboclo que ficava perto dum rio, quando o inimigo deu lá, era de noite. Foi aquele tiroteio feroz, eles dentro da casa, os outros no cerco. Quando viram que não se aguentavam mais, a munição estava acabando, decidiram furar pra banda do rio, onde o bote do caboclo estava amarrado na maromba...

— O que é maromba?

— É assim um estrado grande, pra servir de chão dos bois, quando o rio enche.

— Qual! tudo isso é história! pois você não vê logo que os polícias já deviam estar tomando conta do bote!

— Você está com despeito de eu saber, quer me atrapalhar à toa: pois é isso mesmo! Deixe eu acabar, você vai ver. Já era de madrugadinha, mas estava escuro ainda. De repente eles deram uma descarga juntos, e saíram embolados, frechando pro rio. Ainda conseguiram passar, que os... contrários, eu não falei que era polícia que cercava! enfim, os... outros, só tinha dois amoitados no caminhinho que levava ao porto, se acovardaram. Eles passaram na volada, gritando, desceram o barranco aos pulos, mas quando chegaram lá, tinha pra uns dez, de tocaia, na maromba. Se atracaram uns com os outros, e esse um aí se abraçou com um inimigo e os dois rolaram no rio, afundando. Bem, mas quando voltaram à tona, sempre grudados um no outro, lutando, o diabo é o que tinham vindo parar bem debaixo... não sei se vocês sabem... lá, por causa de enchente, eles usam construir um cais flutuante pra embarcar e desembarcar. O desse porto por sinal que era bem-feito e mais grande, porque era por ali que a estrada do governo atravessava o rio: uma espécie de caixão grande bem chato, feito de pranchões. Pois foi justo debaixo disso que os dois vieram surgir e já estavam desesperados de vontade de respirar, não se aguentavam mais. Por cima era aquele barulhão de gente brigando, o caixão sacudia muito, mais outros caíam n'água... Os dois não queriam, decerto nem podiam se largar, mas não sei como foi, se uma das pranchas da parte inferior estava podre e cedeu, ou se havia o buraco mesmo... sei é que num balanço que o caixão fez com os homens que brigavam em cima dele, esse um ali sentiu que ia saindo fora d'água e pôde respirar. Mas estava com a cabeça enforcada dentro do caixão chato, até batendo no plano dos pranchões de cima, parece que estou vendo! quem me contou foi o Querino do gás... Mas ele respirou fundo, foi ganhando consciência e percebeu que os músculos do adversário afrouxavam. Se ele largasse, o outro afundava, ia sair lá mais no largo e denunciava o esconderijo dele, apertou mais. Por cima o inferno já estava diminuindo, o caixão sacudia menos, paravam com a gritaria dos insultos. Afinal ele percebeu que os inimigos tinham dominado a situação, eram muito mais numerosos. Um que mandava nos outros, dava ordens, afirmava que faltavam dois do grupo inimigo, um era ele, está claro. A manhã principiava branqueando o rio. Procuravam no largo pra ver se tinha alguém nadando... Alguns foram mandados percorrer o matinho ralo da margem. Dois outros, no bote, se metiam pelas canaranas pra ver se descobriam os fugitivos. Foi quando deram pela falta de um chamado Faustino, gritavam "Faustino! Faustiiiiino!", e ele percebeu que tinha matado um sujeito chamado Faustino. Mas quem disse largar o cadáver que agarrava pelo gasnete com a mão esquerda. O corpo era capaz que boiasse, saindo de baixo do caixão, haviam de desconfiar. Na margem e na maromba ao lado, o pessoal se acalmavam, era um dia claro. Não tinham achado nem os fugitivos nem Faustino, vinham contando os que voltavam da procura. Então o chefe mandou que dois ficassem de vigia na maromba, e o resto dos perseguidores foram lá na casa do caipira ver se faziam um café. Ele estava quase vestido, calça cáqui, botas. Mas não tivera tempo de vestir o dólmã, com a surpresa do ataque, e a camisa tinha se rasgado muito, justo no braço esquerdo que estava dentro d'água, agarrando o corpo do Faustino. Fazia já algum tempo que ele vinha percebendo uns estremeções esquisitos na cara do morto, pois súbito sentiu uma ferroada na mão. O rio não era de muita piranha, mas tinha alguma sim. Outra ferroada mais forte e logo ele conferiu que era piranha mesmo, não havia mais dúvida. E acudia cada vez mais piranha, o que ele não aguentou! As piranhas mordiam, arrancavam pedacinhos da mão dele e depois do braço também, mas ele ali, sem se mover. Lá em cima na maromba as duas sentinelas conversavam na calma. Ele percebeu, ia desfalecer na certa, porque já quase nem se aguentava mais, vista turvando. Então, com muito cuidado, muita lentidão pra os vigias não repararem, cuidou de enfiar mais que a mão direita, o braço inteiro no buraco dos pranchões porque assim, se desmaiasse, pelo menos ficava enganchado ali. Foi quando perdeu os sentidos. Até fica difícil garantir que perdeu os sentidos ou não perdeu, nem ele sabe, nem sabe o tempo que passou. Só que as forças acabaram cedendo, teve um momento em que ele foi chamado à consciência porque estava engolindo água, sem ar, se afogando. Mesmo fraco como estava, bracejou, voltou à tona, se agarrou nas canaranas, conseguiu chegar num chão mais firme e então desmaiou de verdade. Quando voltou a si, o sol estava bem alto já, devia ser pelo meio do dia. Os inimigos já tinham ido-se embora. Então o pobre, ainda ajuntando um resto de força que possuía, conseguiu se arrastar até próximo da casa do caboclo. Quando este voltou, mais a mulher, lá dum vizinho longe onde tinham se refugiado, encontraram o homem estendido no terreiro, moribundo. Trataram dele. É o que eu sei... o Querino é que anda contando porque até eu vi, isso eu vi, ele conversando animado com esse homem, porque andou vários dias inda na casa dele pra fazer uma instalação de gás. Ele acabou sarando mas diz que ficou meio amalucado... Se não ficou, parece.

Olharam o homem. Ele já estava no quarto ou quinto duplo, já agora como inteiramente esquecido de mais ninguém. Tinha o queixo no peito, se derreara no banco, olhando fixamente o chope escuro. A mão direita inquieta tamborilava sobre a mesa, mas a esquerda se escondera preventivamente no bolso da calça. Um dos rapazes se lembrou do caso que o Alfredo estava contando.

— Safa! mas que caso mais diferente do do Alfredo!

Mas este, ríspido:

— Nnnnão... deve ser o mesmo...

— Mas o que foi que sucedeu com a mulher?

— ... nnnnão tem importância.

— Ora deixa de besteira! Alfredo! que sujeito mais complicado, você!

— Não tenho nada de complicado não! Essa história de piranha comer braço de gente, eu nunca sube. O Basílio também me falou que o homem era de Mato Grosso, leu na caderneta de identidade... Mas ele ficou meio tantã não foi por causa de piranha não, foi a paraguaia. Quando ela voltou curada pra fazenda, como eu dizia, ela até às vezes acompanhava o marido a cavalo no campo, mas quando no geral ficava em casa, ficava ali, rádio aberto, lendo a quantidade de romances policiais e os outros livros que trouxera da cidade. E não tinha semana que um peão não trouxesse aquela quantidade de revistas que vinham do correio. Pois um dia, quando ele chegou em casa, a mulher estava fechada no quarto e não quis abrir a porta. Ele bateu, chamou de todo jeito, ela gritava que não amolasse, até que ele perdeu a paciência e ameaçou arrombar a porta. Daí ela abriu e se percebia que tinha chorado muito. Olhou pra ele com ódio e gritou:

— O que você me quer! me deixa!

e coisas assim. Ele estava assombrado, perguntava, ela não respondia, foi no terraço e se atirou na rede, chorando feito louca. Mas isso?... ele que nem tocasse de leve nela com a mão, ela fugia o corpo como se ele fosse uma cobra. Não valeu carinho, não valeu queixa: ela estava muda, longe dele, olhando ele com ódio, e de repente falou que queria ir embora pra terra dela. Ele não podia entender, foi discutir, mas ela agarrou dando uns gritos, que ia-se embora mesmo, que não ficava mais ali, parecia uma doida, saltou da rede, desceu a escadinha do terraço e deitou correndo pelo pasto, como indo embora pro Paraguai. Foi um custo trazer ela pra casa, agarrada. Ele muito triste fazia tudo pra acalmar, jurava que no outro dia mesmo partiam pra Assunção, ela berrava que não! que havia de ir sozinha e não queria saber mais dele. Ninguém dormiu naquela casa. A moça acabou se fechando no quarto outra vez. Ele não quis insistir mais, imaginando que o passar da noite havia de acalmar aquela crise. Puxou uma cadeira e sentou bem na frente da porta, esperando. Não dormiu nada. Mas também a moça não dormiu, não vê! Toda a noite ele escutou ela remexendo coisas, era gaveta que abria, que fechava, móvel arrastando, coisas jogadas no chão.

Diva acabara de levar mais um chope ao homem. Veio se abraçar a um dos rapazes, perguntando se não pagavam um aperitivo. Dois dos rapazes se ajeitaram no banco em que estavam, cedendo o lugarzinho no meio onde ela se espalhou, encostando muito logo nos dois, pra ver se ao menos um mordia a isca. O homem do bar mesmo sem chamarem, muito acostumado, veio servir o vermute.

— ... bem, mas como eu estava contando, no dia seguinte, ainda nem ficara bastante claro, que a paraguaia abriu a porta do quarto. Vinha simples, até estava ridícula e bem feia com aquele rosto transtornado, num vestidinho caseiro, o mais usado, e uma trouxinha de roupa debaixo do braço. E falou dura que ia-se embora. Foi tudo em vão e esse homem...

— Que homem? — Diva perguntou meio inquieta.

— Esse que está bebendo chope escuro.

— Santa Maria! mas será que vocês não podem deixar o pobre do homem em paz!

— Fica quieta aí, Diva!

— Mas...

— Tome seu vermute.

Diva se acomodou de má vontade, irritada, enquanto o contador continuava:

— Pois ele gostava tanto da paraguaia que acabou cedendo, imaginando que aquilo havia de passar se ela partisse como estava exigindo. Mandou um próprio acompanhá-la. Depois ele ia atrás, Assunção é pequena, e o camarada ia industriado pra ficar por lá, seguindo a moça de longe. E ela foi embora, só, com a trouxinha, sem uma despedida, sem olhar pra trás. Quando ele foi pra entrar no quarto quase nem se podia andar lá dentro, tudo aos montes jogado no chão. Os vestidos estavam estraçalhados de propósito, picados devagar com a tesourinha de unha. As joias arrebentadas, pedras caras, até o brilhante grande do anel, fora do aro, relumeando na greta do assoalho. E os livros, os objetos, as meias de seda, até as roupas dele, ela não poupou nada. E não tinha levado absolutamente nada. Até a roupa de cama, também picada com a tesourinha, não sobrara nada sem estrago. Mas agora é que vocês vão se assombrar!... Só bem por cima dos dois travesseiros grandes, amontoados de propósito no meio da cama, um por cima do outro, tinha um livro. Esse não estava estragado como os outros. Imaginem que... bom, pra encurtar: era simplesmente uma *História do Paraguai* em espanhol, desses livros resumidos que a gente estudou no grupo. Folheando o livro, ele descobriu justamente na última página do capítulo que falava da guerra com o Brasil, está claro que tudo cheio de mentiras horríveis, ele descobriu naquela letrona dela que mal sabia assinar o nome: "Infames"!

— Quem que era infame?

— Safa, Diva, sua gente mesmo!

— Que "minha gente"?

— Os brasileiros, Diva!

— Eu não sou brasileira!

O rapaz sorrindo acarinhou os cabelos louros, frios dela. O contador ia comentando:

— Foi por causa da Guerra do Paraguai... O homem ficou feito doido, não podia mais passar sem ela, se botou atrás da moça, porém ela não houve meios de ceder. E pra não ser mais incomodada, acabou desaparecendo de Assunção, ninguém sabe pra onde. Foi uma trapalhada dos dianhos vocês nem imaginam, porque a fazenda, as propriedades não eram mais dele, e ela nunca reclamou nada, desapareceu pra sempre. Até andaram falando que ela suicidou-se, porque continuava apaixonadíssima pelo brasileiro, apesar. Mas isto nunca se conseguiu tirar a limpo. Ele é que vendeu o gado e ficou viajando por todo o Sul, sempre com pensão na amante. Quando foi da Revolução de 30, se meteu na revolução, sem gosto, sem acreditar em nada, só porque era revolução contra o Brasil. Diz que ele ia ficando maníaco, odiava o Brasil e dava razão pra Solano Lopes que foi quem declarou a Guerra do Paraguai contra nós. Afinal conseguiu vender a fazenda e as casas de Cuiabá, mas dizem que na casa onde ele mora não tem nada. Só que ele prega na parede tudo quanto é notícia ofendendo o Brasil.

— Ah, não! isso não deve ser verdade senão o Querino me contava!

— Por que que só o Querino é que há de saber!

— Ele entrou vários dias na casa pra instalar o gás, já falei!

— Uhm...

Diva não se conteve mais, arrancou:

— Tudo isso é uma mentira muito besta! Por que vocês não conversam noutra coisa!

— Você conhece ele, é?

Diva hesitou.

— ... nnnão. Mas ele sempre vem aqui.

— Você já foi com ele?

— Não, ele não quis. Mas falou que eu desculpasse, é muito mais delicado que vocês todos juntos, sabem!

— Isso de delicadeza... Deve ser é algum viciado, vá ver que não é outra coisa.

A garçonete ficou indignada. Se ergueu com brutalidade.

— Arre que vocês também são uns... — Ia insultar, enojada, mas se lembrou que era garçonete: — Por favor, não olhem tanto pra ele assim! Ele vai sair...

De fato, o homem estava mexendo exagitadamente em dinheiro. Diva foi pra junto dele, achando jeito, com o corpo, de o esconder da curiosidade dos rapazes. Fingia procurar troco. Olhou-o com esperança tristonha:

— Por que o senhor não toma mais um chope... Está quente hoje...

Ele estremeceu muito, devorou-a com os olhos angustiados:

— Por que a senhora quer que eu tome mais chope hoje! Seis não é a minha conta de sempre! Estavam falando de mim naquela mesa, não!

E foi saindo muito rápido, escorraçado, sem olhar ninguém, sem esperar resposta nem troco. Era incontestável que fugia.

Na rua andava com muita pressa, apenas hesitante nas esquinas que acabava dobrando sempre, procurando desnortear perseguidores invisíveis. Afinal, seis quarteirões longe, parou brusco. Estava ofegante, suava muito na noite abafada. Olhou em torno e não tinha ninguém. Certificou-se ainda se ninguém o perseguia, mas positivamente não havia pessoa alguma na rua morta, era já bem mais de uma hora da manhã. Enfim tirava a mão esquerda do bolso e enxugava com algum sossego o suor do rosto. A mão era mesmo repugnante de ver, a pele engelhada, muito vermelha e polida. E assim, justamente por ser o polegar que faltava, a mão parecia um garfo, era horrível.

Depois de se enxugar, olhou o relógio-pulseira e tornou a esconder a mão no bolso. Voltou a caminhar outra vez, e agora andava em passo normal, sem mais pressa nenhuma. Aos poucos foi se engolfando lá nos próprios pensamentos, o rosto readquiriu uma seriedade sombria enquanto o passo se mecanizava. Tomou aquele seu jeito de enfiar o queixo no pescoço, cabeça baixa, parecia numa concentração absoluta. Algum raro transeunte que passava, ele nem dava tento mais. Às vezes fazia gestos pequenos, gestos mínimos, argumentando, houve um instante em que sorriu. Mas se recobrou imediatamente, olhando em volta, apreensivo. Não estava ali ninguém pra lhe surpreender o riso — e era aquele sorriso quase esgar, apenas uma linha larga, vincando uma porção de rugas na face lívida.

Mas decerto perseverara o receio de que o pudessem descobrir sorrindo: principiou caminhando mais depressa outra vez. Lá na esquina em frente despontavam alguns rapazes que vinham da noite de sábado, conversando alto. O homem pretendeu parar, hesitou. Acabou atravessando apenas a rua, tomando o outro passeio pra não topar de frente com os rapazes. Enfim chegara na alameda do Triunfo. Três quarteirões mais longe devia ser a casa onde morava, pelo que afirmara o Alfredo. Na esquina era o botequim de seu Basílio, que estava fechando. O português chegou na última porta ainda entreaberta, pediu licença aos três operários, fechou a porta com um "boa-noite" malcriado. Mas os operários estavam mais falantes com a cerveja do sábado, chegaram até à beira da calçada e se deixaram ficar ali mesmo, naquela conversa.

O homem vinha chegando e aos poucos diminuía o andar, observando a manobra do botequim. Diminuiu o passo mais, dando tempo a que os operários se afastassem. Afinal parou. Os três homens tinham ficado ali conversando, e ele estacou, olhou pra trás, pretendendo voltar caminho, talvez. Depois ficou imóvel, aproveitando o tronco da árvore, disposto a esperar. Dali espiava os operários sem ser visto. Lhe dava aquela inquietação subitânea, voltava-se rápido. Parecia temer que alguém viesse pela calçada e o apanhasse escondido ali. Mas a rua estava deserta, não passava mais ninguém.

A situação durava assim pra mais de um quarto de hora e os operários não davam mostra de partir. O homem esperando sempre, só que a impaciência crescia nele. Olhava a todo instante o relógio, como se tivesse hora marcada, olhos pregados nos três vultos da esquina. Falavam alto, a conversa chegava até junto dele, uma conversa qualquer. Agora vinha lá do lado oposto da alameda, o rondante, na indiferença, bem pelo meio da rua, batendo o tacão da botina, no despoliciamento proverbial desta cidade. O guarda, fosse pelo que fosse, ao menos pra mostrar força diante de gente na cerveja, resolveu enticar com os operários. E parou na esquina também, olhando franco os homens, rolando o bastão no pulso. Os operários nem se deram por achados.

De longe, meio esquecido do esconderijo, o homem, agora

imóvel, devorava a cena, olhos escancarados sem piscar. O guarda, vendo que os operários não se intimidavam com a presença dele, resolveu fazer uma demonstração de autoridade. Se dirigiu calmo aos homens, que pararam a conversa, esperando o que o polícia ia falar. O homem chegou a sair com o corpo todo de trás do tronco, na ânsia de escutar o que o guarda dizia. Mas este falava baixo, resolvido a principiar pelo conselho, paternal. Nasceu uma troca de palavras mas pequena, acabou logo, porque os operários não estavam pra discutir com um rondante ranzinza. Resolveram obedecer. Aliás era tarde mesmo. Foram-se embora, ainda conversando mais alto de propósito, forçando a voz, só porque o guarda falara que eles estavam acordando quem dormia nas casas. O polícia percebeu, ficou com raiva, mas também não estava muito disposto a se incomodar, que afinal os operários eram três, bem fortes. Ficou olhando, mãos na cinta, ameaçador, quando os três já estavam bem longe, sacudiu a cabeça agressiva e dobrou a esquina, continuando o seu fingimento de ronda, batendo tacão.

O homem se viu só. Houve um relaxamento de músculos pelo corpo dele, os ombros caíram, veio o suspiro de alívio. Reprincipiou a andar devagarinho, calmo outra vez. Na esquina ainda parou, espiando se o guarda ia longe. Nem sombra de guarda mais. Atravessou mais rápido a rua, passou pelo boteco do português, e agora andava com precaução, tirando o molho volumoso de chaves do bolso. Chegado em frente duma porta, foi disfarçadamente se dirigindo para a beira da calçada. Parou sobre a guia, aproveitando a sombra da árvore pra se esconder. Virou os olhos para um lado e outro, examinando a alameda. Num momento, se dirigiu quase num pulo para a porta, abriu-a, deslizou pela abertura, fechou a porta atrás de si, dando três voltas à chave.

CONTO DE NATAL[1]

Estamos no Hotel Ravília, Ribeirão Preto, noite de Natal. São duas horas da manhã, tudo dorme no "hotel do sírio". Menos Levino, está claro. Levino sobe os seis degraus da escadinha e desemboca no longo corredor quase escuro, uma luz aqui, outra lá no meio, outra lá, lá no fundo. Levino é o garçom da noite; e como no hotel do sírio ninguém se lembra de carecer de garçom durante o sono, sitiantes, caixeiros-viajantes, biscatistas, Levino gasta o que carece da noite engraxando as botinas que os hóspedes deixam de fora das portas pra isso mesmo. Depois Levino se recosta no holzinho com peças de vime e toalhinhas de crochê e dormita no vasto vazio de seu ser.

Levino tem cinquenta anos, mas ninguém dá isso pra ele. Parece octogenário já de tanto que envelheceu numa vida rica, em direto contraste com a cachola dele que era paupérrima sem um pensamento. Sempre foi assim, desde quando era baiano, menino rico que não sabia ter vontades e devia herdar um formidá-

---

1. Publicado no *Diário Nacional*, São Paulo, 27 dez. 1931.

vel cacaual. O papai mandou-o pra Inglaterra se educar. Logo nas primeiras férias, Levino com vinte anos, diz que passeando em Paris, veio a notícia de que tinham ficado com tudo, cacaual, gado, a casa da capital com seus móveis de tonelada de peso e valor. O pai tinha se suicidado. Chamavam Levino mas ele não foi por causa dos companheiros de férias. Virou brasileiro na Europa e pedia dinheiro pra tudo quanto era patrício. No geral trabalhava de tardinha, nas vizinhanças do Café de la Paix. Depois descobriu uma dessas vagabundas da noite, de cabelo vermelho, que se enrabichou por ele e "les indiens". Levino exerceu sem delicadeza nenhuma a profissão de gigolô, foi farol e acabou escroque. Acabou, digo, porque o escroque encerrou uma das fases da vida dele, a mais externamente brilhante. Na segunda, em que se exercitou nas mais variadas profissões menores, acabou dando marinheiro em não sei que viagens inglesas até à Austrália, o que fez ele se lembrar que tinha uma pátria, o Brasil. Então veio a fase paulista em que, como vimos, ele acabou como garçom noturno do Hotel Ravília, engraxando botinas e dormindo esquecido de que tinha imensos passados pra pensar.

Ora Levino estava especialmente inquietado nessa noite de Natal. Vira de dia na loja grande da praça aquele mascarado bancando Papai Noel, muita bulha de gente, criançada, presente pra cá, presente pra lá, e conversas de Natal. O vácuo da cabeça dele estava por assim dizer cheio de vacuidades agora, Levino sentia por dentro da cabeça como uma nuvem enorme cheia de rumores. Quando defrontou com o corredor comprido, a ilusão era completa: por coincidência, ou pelo feriado do dia seguinte, o certo é que todos os hóspedes tinham deixado pra fora das portas botinas por engraxar, dos dois lados, era um corredor imenso de botinas, sapatos, sapatões. Pra maior ilusão, nos quartos de família, os sapatinhos dos piás lá estavam também, não pra engraxar, mas recheados de brinquedos, invenções e doces. Papai Noel olhou pra caixa, era só umas escovas velhas, panos sujos, caixas de graxa. Sorriu. Em meneios, donairoso, com o indicador da mão direita, aqui ele ameaçava estes sapatões que não se portaram bem, adiante elogiava estas botinas que tinham sido boas todo o ano, seguindo com lentidão e frases murmuradas até o fim do corredor. Lá, Papai Noel abriu a janela e pulou pro quintal. Levando a escadinha das mangueiras pra junto do muro, saltou na área escassa da Joalheria Alfredo, abriu com facilidade uma porta de nada e entrou no seu tesouro. Quando voltou pela janela outra vez, Papai Noel estava outro, com os dedos duros de anéis, cheio de colares no pescoço, nos braços, e a aurora de mil joias brilhantes na caixa de engraxar. Principiou a distribuição. Num instante o chão das portas relumeava de joias. Todos os sapatos contemplados! E Levino fazia barganhas, consertava presentes desiguais, cada vez mais bêbedo de tantos brilhos. Chegou a vez das promessas, e lembrando que nem os bancos, diziam, aceitavam mais cafezais, Levino distribuía sesmarias grandiosas cheias de cacauais e gado curraleiro, viagens à Austrália, vagabundas da noite com a cabeleira vermelha, e acabou às gargalhadas duma felicidade esplendidamente doadora, "Vão!" gritava, "Vão todos estudar na Inglaterra!".

Isso já eram quase cinco horas, e a bulha fazia os hóspedes acordarem na madrugada. Uma porta se abriu, fechou-se. Outro espiou mais. E afinal todos vieram agarrar Levino, acordou-se o dono do Hotel Ravília, houve uma captação geral de joias enquanto Papai Noel seguia sem resistência pra cadeia. Ninguém mais dormiu com os comentários, está claro. Durante o dia se deu uma comiseração coletiva dos hóspedes, era visível a loucura do velho! Conseguiram que o delegado botasse uma pedra no caso, e Levino saiu da cadeia. Saiu como ladrão pra voltar algumas horas depois como louco, Levino se tornara insuportável, gritava, falava inglês... Voltou pra cadeia e lá ficou pra sempre, condenado a galés perpétuas porque estão completamente cheios todos os hospícios do Brasil.

TEMPO DA CAMISOLINHA

A Liddy Chiafarelli[1]

A feiura dos cabelos cortados me fez mal. Não sei que noção prematura da sordidez dos nossos atos, ou exatamente, da vida, me veio nessa experiência da minha primeira infância. O que não pude esquecer, e é minha recordação mais antiga, foi, dentre as brincadeiras que faziam comigo para me desemburrar da tristeza em que ficara por me terem cortado os cabelos, alguém, não sei mais quem, uma voz masculina falando: "Você ficou um homem, assim!". Ora eu tinha três anos, fui tomado de pavor. Veio um medo lancinante de já ter ficado homem naquele tamanhinho, um medo medonho, e recomecei a chorar.

Meus cabelos eram muito bonitos, dum negro quente, acastanhado nos reflexos. Caíam pelos meus ombros em cachos gordos, com ritmos pesados de molas de espiral. Me lembro de uma fotografia minha desse tempo, que depois destruí por uma espécie de polidez

---

1. Liddy [Elisa Hedwig] Chiafarelli Mignone (São Paulo, 1891-1962), filha do maestro italiano Luigi Chiafarelli, professor de Mário de Andrade no Conservatório Dramático e Musical de São Paulo, casada com o compositor Francisco Mignone.

envergonhada... Era já agora bem homem e aqueles cabelos adorados na infância, me pareceram de repente como um engano grave, destruí com rapidez o retrato. Os traços não eram felizes, mas na moldura da cabeleira havia sempre um olhar manso, um rosto sem marcas, franco, promessa de alma sem maldade. De um ano depois do corte dos cabelos ou pouco mais, guardo outro retrato tirado junto com Totó, meu mano. Ele, quatro anos mais velho que eu, vem garboso e completamente infantil numa bonita roupa marinheira; eu, bem menor, inda conservo uma camisolinha de veludo, muito besta, que minha mãe por economia teimava utilizar até o fim. Guardo esta fotografia porque se ela não me perdoa do que tenho sido, ao menos me explica. Dou a impressão de uma monstruosidade insubordinada. Meu irmão, com seus oito anos, é uma criança integral, olhar vazio de experiência, rosto rechonchudo e lisinho, sem caráter fixo, sem malícia, a própria imagem da infância. Eu, tão menor, tenho esse quê repulsivo do anão, pareço velho. E o que é mais triste, com uns sulcos vividos descendo das abas voluptuosas do nariz e da boca larga, entreaberta num risinho pérfido. Meus olhos não olham, espreitam. Fornecem às claras, com uma facilidade teatral, todos os indícios de uma segunda intenção.

Não sei por que não destruí em tempo também essa fotografia, agora é tarde. Muitas vezes passei minutos compridos me contemplando, me buscando dentro dela. E me achando. Comparava-a com meus atos e tudo eram confirmações. Tenho certeza que essa fotografia me fez imenso mal, porque me deu muita preguiça de reagir. Me proclamava demasiadamente em mim e afogou meus possíveis anseios de perfeição. Voltemos ao caso que é melhor.

Toda a gente apreciava os meus cabelos cacheados, tão lentos! e eu me envaidecia deles, mais que isso, os adorava por causa dos elogios. Foi por uma tarde, me lembro bem, que meu pai suavemente murmurou uma daquelas suas decisões irrevogáveis: "É preciso cortar os cabelos desse menino". Olhei de um lado, de outro, procurando um apoio, um jeito de fugir daquela ordem, muito aflito. Preferi o instinto e fixei os olhos já lacrimosos em mamãe. Ela quis me olhar compassiva, mas me lembro como se fosse hoje, não aguentou meus últimos olhos de inocência perfeita, baixou os dela, oscilando entre a piedade por mim e a razão possível que estivesse no mando do chefe. Hoje, imagino um egoísmo grande da parte dela, não reagindo. As camisolinhas, ela as conservaria ainda por mais de ano, até que se acabassem feitas trapos. Mas ninguém percebeu a delicadeza da minha vaidade infantil. Deixassem que eu sentisse por mim, me incutissem aos poucos a necessidade de cortar os cabelos, nada: uma decisão à antiga, brutal, impiedosa, castigo sem culpa, primeiro convite às revoltas íntimas: "é preciso cortar os cabelos desse menino".

Tudo o mais são memórias confusas ritmadas por gritos horríveis, cabeça sacudida com violência, mãos enérgicas me agarrando, palavras aflitas me mandando com raiva entre piedades infecundas, dificuldades irritadas do cabeleireiro que se esforçava em ter paciência e me dava terror. E o pranto, afinal. E no último e prolongado fim, o chorinho doloridíssimo, convulsivo, cheio de visagens próximas atrozes, um desespero desprendido de tudo, uma fixação emperrada em não querer aceitar o consumado.

Me davam presentes. Era razão pra mais choro. Caçoavam de mim: choro. Beijos de mamãe: choro. Recusava os espelhos em que me diziam bonito. Os cadáveres de meus cabelos guardados naquela caixa de sapatos: choro. Choro e recusa. Um não conformismo navalhante que de um momento pra outro me virava homem-feito, cheio de desilusões, de revoltas, fácil para todas as ruindades. De noite fiz questão de não rezar; e minha mãe, depois de várias tentativas, olhou o lindo quadro de N. S. do Carmo, com mais de século na família dela, gente empobrecida mas diz que nobre, o olhou com olhos de imploração. Mas eu estava com raiva da minha madrinha do Carmo.

E o meu passado se acabou pela primeira vez. Só ficavam como demonstrações desagradáveis dele, as camisolinhas. Foi dentro delas, camisolas de fazendinha barata (a gloriosa, de veludo, era só para as grandes ocasiões), foi dentro ainda das camisolinhas que parti com os meus pra Santos, aproveitar as férias do Totó sempre fraquinho, um junho.

Havia aliás outra razão mais tristonha pra essa vilegiatura aparentemente festiva de férias. Me viera uma irmãzinha aumentar a família e parece que o parto fora desastroso, não sei direito... Sei que mamãe ficara quase dois meses de cama, paralítica, e só principiara mesmo a andar premida pelas obrigações da casa e dos filhos. Mas andava mal, se encostando nos móveis, se arrastando, com dores insuportáveis na voz, sentindo puxões nos músculos das pernas e um desânimo vasto. Menos tratava da casa que se iludia, consolada por cumprir a obrigação de tratar da casa. Diante da iminência de algum desastre maior, papai fizera um esforço espantoso para o seu ser que só imaginava a existência no trabalho sem recreio, todo assombrado com os progressos financeiros que fazia e a subida de classe. Resolvera aceitar o conselho do médico, se dera férias também, e levara mamãe aos receitados banhos de mar.

Isso foi, convém lembrar, ali pelos últimos anos do século passado, e a praia do José Menino era quase um deserto longe. Mesmo assim, a casa que papai alugara não ficava na praia exatamente, mas numa das ruas que a ela davam e onde uns operários trabalhavam diariamente no alinhamento de um dos canais que carreavam o enxurro da cidade para o mar do golfo. Aí vivemos perto de dois meses, casão imenso e vazio, lar improvisado cheio de deficiências, a que o desmazelo doentio de mamãe ainda melancolizava mais, deixando pousar em tudo um ar de mau trato e passagem.

É certo que os banhos logo lhe tinham feito bem, lhe voltaram as cores, as forças, e os puxões dos nervos desapareciam com rapidez. Mas ficara a lembrança do sofrimento muito grande e próximo, e ela sentia um prazer perdoável de representar naquelas férias o papel largado da convalescente. A papai então o passeio deixara bem menos pai, um ótimo camarada com muita fome e condescendência. Eu é que não tomava banho de mar nem que me batessem! No primeiro dia, na roupinha de baeta calçuda, como era a moda de então, fora com todos até a primeira onda, mas não sei que pavor me tomou, dera tais gritos, que nem mesmo o exemplo sempre invejado de meu mano mais velho me fizera mais entrar naquelas águas vivas. Me parecia morte certa, vingativa, um castigo inexplicável do mar, que o céu de névoa de inverno deixava cinzento e mau, enfarruscado, cheio de ameaças impiedosas. E até hoje deteste banho de mar... Odiei o mar, e tanto, que nem as caminhadas na praia me agradavam, apesar da companhia agora deliciosa e faladeira de papai. Os outros que fossem passear, eu ficava no terreno maltratado da casa, algumas árvores frias e um capim amarelo, nas minhas conversas com as formigas e o meu sonho grande. Ainda apreciava mais, ir até à borda barrenta do canal, onde os operários me protegiam de qualquer perigo. Papai é que não gostava muito disso não, porque tendo sido operário um dia e subido de classe por esforço pessoal e Deus sabe lá que sacrifícios, considerava operário má companhia pra filho de negociante mais ou menos. Porém mamãe intervinha com o "deixe ele!" de agora, fatigado, de convalescente pela primeira vez na vida com vontades; e lá estava eu dia inteiro, sujando a barra da camisolinha na terra amontoada do canal, com os operários.

Vivia sujo. Muitas vezes agora até me faltavam, por baixo da camisola, as calcinhas de encobrir as coisas feias, e eu sentia um esporte de inverno em levantar a camisola na frente pra o friozinho entrar. Mamãe se incomodava muito com isso, mas não havia calcinhas que chegassem, todas no varal enxugando ao sol fraco. E foi por causa disso que entrei a detestar minha madrinha, N. S. do Carmo. Não vê que minha mãe levara pra Santos aquele quadro antigo de que falei e de que ela não se separava nunca, e quando me via erguendo a camisola no gesto indiscreto, me ameaçava com a minha encantadora madrinha: "Meu filho, não mostre isso, que feio! repare: sua madrinha está te olhando na parede!". Eu espiava pra minha madrinha do Carmo na parede, e descia a camisolinha, mal convencido, com raiva da santa linda, tão apreciada noutros tempos, sorrindo sempre e com aquelas mãos gordas e quentes. E desgostoso ia brincar no barro do canal, botando a culpa de tudo no quadro secular. Odiei minha madrinha santa.

Pois um dia, não sei o que me deu de repente, o desígnio explodiu, nem pensei: largo correndo os meus brinquedos com o barro, barafusto porta adentro, vou primeiro espiar onde mamãe estava. Não estava. Fora passear na praia matinal com papai e Totó. Só a cozinheira no fogão perdida, conversando com a ama da Mariazinha nova. Então podia! Entrei na sala da frente, solene, com uma coragem desenvolta, heroica, de quem perde tudo mas se quer liberto. Olhei francamente, com ódio, a minha madrinha santa, eu bem sabia, era santa, com os doces olhos se rindo pra mim. Levantei quanto pude a camisola e empinando a barriguinha, mostrei tudo pra ela. "Tó! que eu dizia, olhe! olhe bem! tó! olhe bastante mesmo!" E empinava a barriguinha de quase me quebrar pra trás.

Mas não sucedeu nada, eu bem imaginava que não sucedia nada... Minha madrinha do quadro continuava olhando pra mim, se rindo, a boba, não zangando comigo nada. E eu saí muito firme, quase sem remorso, delirando num orgulho tão corajoso no peito, que me arrisquei a chegar sozinho até a esquina da praia larga. Estavam uns pescadores ali mesmo na esquina, conversando, e me meti no meio deles, sempre era uma proteção. E todos eles eram casados, tinham filhos, não se amolavam proletariamente com os filhos, mas proletariamente davam muita importância pra o filhinho de "seu dotô" meu pai, que nem era doutor, graças a Deus.

Ora se deu que um dos pescadores pegara três lindas estrelas-do-mar e brincava com elas na mão, expondo-as ao solzinho. E eu fiquei num delírio de entusiasmo por causa das estrelas-do-mar. O pescador percebeu logo meus olhos de desejo, e sem paciência pra ser bom devagar, com brutalidade, foi logo me dando todas.

— Tome pra você, — que ele disse —, estrela-do-mar dá boa sorte.

— O que é boa sorte, hein?

Ele olhou rápido os companheiros porque não sabia explicar o que era boa sorte. Mas todos estavam esperando e ele arrancou meio bravo:

— Isto é... não vê que a gente fica cheio de tudo... dinheiro, saúde...

Pigarreou fatigado. E depois de me olhar com um olho indiferentemente carinhoso, acrescentou mais firme:

— Seque bem elas no sol que dá boa sorte.

Isso nem agradeci, fui numa chispada luminosa pra casa esconder minhas estrelas-do-mar. Pus as três ao sol, perto do muro lá no fundo do quintal onde ninguém chegava, e entre feliz e inquieto fui brincar no canal. Mas quem disse brincar! me dava aquela vontade amante de ver minhas estrelas e voltava numa chispada luminosa contemplar as minhas tesoureiras da boa sorte. A felicidade era tamanha e o desejo de contar minha glória, que até meu pai se inquietou com o meu fastio no almoço. Mas eu não queria contar. Era um segredo contra tudo e todos, a arma certa da minha vingança, eu havia de machucar bastante Totó, e quando mamãe se incomodasse com o meu sujo, não sei não... mas pelo menos ela havia de dar um trupicão de até dizer "ai!", bem feito! As minhas estrelas-do-mar estavam lá escondidas junto do muro me dando boa sorte. Comer? pra que comer? elas me davam tudo, me alimentavam, me davam licença pra brincar no barro, e se Nossa Senhora, minha madrinha, quisesse se vingar daquilo que eu fizera pra ela, as estrelas me salvavam, davam nela, machucavam muito ela, isto é... muito eu não queria não, só um bocadinho, que machucassem um pouco, sem estragar a cara tão linda da pintura, só pra minha madrinha saber que agora eu tinha a boa sorte, estava protegido e nem precisava mais dela, tó! ai que saudades das minhas estrelas-do-mar!... Mas não podia desistir do almoço pra ir espiá-las, Totó era capaz de me seguir e querer uma pra ele, isso nunca!

— Esse menino não come nada, Maria Luísa!

— Não sei o que é isso hoje, Carlos! Meu filho, coma ao menos a goiabada...

Que goiabada nem mané goiabada! eu estava era pensando nas minhas estrelas, doido por enxergá-las. E nem bem o almoço se acabou, até disfarcei bem, e fui correndo ver as estrelas-do-mar.

Eram três, uma menorzinha e duas grandonas. Uma das grandonas tinha as pernas um bocado tortas para o meu gosto, mas assim mesmo era muito mais bonita que a pequetitinha, que trazia um defeito imenso numa das pernas, faltava a ponta. Essa decerto não dava boa sorte não, as outras é que davam: e agora eu havia de ser sempre feliz, não havia de crescer, minha madrinha gostosa se rindo sempre, mamãe completamente sarada me dando brinquedos, com papai não se amolando por causa dos gastos. Não! a estrela pequenina dava boa sorte também, nunca que eu largasse de uma delas!

Foi então que aconteceu o caso desgraçado de que jamais me esquecerei no seu menor detalhe. Cansei de olhar minhas estrelas e fui brincar no canal. Era já na hora do meio-dia, hora do almoço, da janta, do não-sei-o-quê dos operários, e eles estavam descansando jogados na sombra das árvores. Apenas um porém, um portuga magruço e bárbaro, de enormes bigodões, que não me entrava nem jamais dera importância pra mim, estava assentado num monte de terra, afastado dos outros, ar de melancolia. Eu brincava por ali tudo, mas a solidão do homem me preocupava, quase me doía, e eu rabeava umas olhadelas para a banda dele, desejoso de consolar. Fui chegando com ar de quem não quer e perguntei o que ele tinha. O operário primeiro deu de ombros, português, bruto, bárbaro, longe de consentir na carícia da minha pergunta infantil. Mas estava com uns olhos tão tristes, o bigode caía tanto, desolado, que insisti no meu carinho e perguntei mais outra vez o que ele tinha. "Má sorte" ele resmungou, mais a si mesmo que a mim.

Eu porém é que ficara aterrado. Minha Nossa Senhora! aquele homem tinha má sorte! aquele homem enorme com tantos filhinhos pequenos e uma mulher paralítica na cama!... E no entanto eu era feliz, feliz! e com três estrelinhas-do-mar pra me darem boa sorte... É certo: eu pusera imediatamente as três estrelas no diminutivo, porque se houvesse de ceder alguma ao operário, já de antemão eu desvalorizava as três, todas as três, na esperança desesperada de dar apenas a menor. Não havia diferença mais, eram apenas três "estrelinhas"-do-mar. Fiquei desesperado. Mas a lei se riscara iniludível no meu espírito: e se eu desse boa sorte ao operário na pessoa da minha menor estrelinha pequetitinha?... Bem que podia dar a menor, era tão feia mesmo, faltava uma das pontas, mas sempre era uma estrelinha-do-mar. Depois: operário não era bem-vestido como papai, não carecia de uma boa sorte muito grande não. Meus passos tontos já me conduziam para o fundo do quintal fatalizadamente. Eu sentia um sol de rachar completamente forte. Agora é que as estrelinhas ficavam bem secas e davam uma boa-sorte danada, acabava duma vez a paralisia da mulher do operário, os filhinhos teriam pão e N. S. do Carmo, minha madrinha, nem se amolava de enxergar o pintinho deles. Lá estavam as três estrelinhas, brilhando no ar do sol, cheias de uma boa sorte imensa. E eu tinha que me desligar de uma delas, da menorzinha estragada, tão linda! justamente a que eu gostava mais, todas valiam igual, por que a mulher do operário não tomava banhos de mar? mas sempre, ah meu Deus que sofrimento! eu bem não queria pensar mas pensava sem querer, deslumbrado, mas a boa mesmo era a grandona perfeita, que havia de dar mais boa sorte pra aquele malvado de operário que viera, cachorro! dizer que estava com má sorte. Agora eu tinha que dar pra ele a minha grande, a minha sublime estrelona-do-mar!...

Eu chorava. As lágrimas corriam francas listrando a cara sujinha. O sofrimento era tanto que os meus soluços nem me deixavam pensar bem. Fazia um calor horrível, era preciso tirar as estrelas do sol, senão elas secavam demais, se acabava a boa sorte delas, o sol me batia no coco, eu estava tonto, operário, má sorte, a estrela, a paralítica, a minha sublime estrelona-do-mar! Isso eu agarrei na estrela com raiva, meu desejo era quebrar a perna dela também pra que ficasse igualzinha à menor, mas as mãos adorantes desmentiam meus desígnios, meus pés é que resolveram correr daquele jeito, rapidíssimos, pra acabar de uma vez com o martírio. Fui correndo, fui morrendo, fui chorando, carregando com fúria e carícia a minha maiorzona estrelinha-do-mar. Cheguei pro operário, ele estava se erguendo, toquei nele com aspereza, puxei duro a roupa dele:

— Tome! eu soluçava gritado, tome a minha... tome a estrela-do-mar! dá... dá, sim, boa sorte!...

O operário olhou surpreso sem compreender. Eu soluçava, era um suplício medonho.

— Pegue depressa! faz favor! depressa! dá boa sorte mesmo!

Aí que ele entendeu, pois não me aguentava mais! Me olhou, foi pegando na estrela, sorriu por trás dos bigodões portugas, um sorriso desacostumado, não falou nada felizmente que senão eu desatava a berrar. A mão calosa quis se ajeitar em concha pra me acarinhar, certo! ele nem media a extensão do meu sacrifício! e a mão calosa apenas roçou por meus cabelos cortados.

Eu corri. Eu corri pra chorar à larga, chorar na cama, abafando os soluços no travesseiro sozinho. Mas por dentro era impossível saber o que havia em mim, era uma luz, uma Nossa Senhora, um gosto maltratado, cheio de desilusões claríssimas, em que eu sofria arrependido, vendo inutilizar-se no infinito dos sofrimentos humanos a minha estrela-do-mar.

SOBRE O AUTOR

MÁRIO RAUL DE MORAES ANDRADE nasceu em 9 de outubro de 1893 em São Paulo, cidade em que morou a maior parte da vida. Formou-se pelo Conservatório Dramático e Musical de São Paulo, onde, logo em seguida, tornou-se professor. Autodidata, foi um polígrafo que se projetou não apenas no âmbito da literatura — poesia, romance e conto, crônica e crítica — como no da estética, da música, das artes plásticas, etnografia e história.

Em 1913, quando seu irmão mais novo morreu, Mário passou meses de luto na fazenda de familiares em Araraquara. Ao voltar para São Paulo, aproximou-se convictamente da literatura e deu continuidade aos estudos musicais, mas desistiu da ideia de ser pianista.

Mário que, desde cedo escreveu poesia, em 1917, estreou na literatura com o livro *Há uma gota de sangue em cada poema*, lançado sob o pseudônimo Mário Sobral. Em 1922 — ao lado de Paulo Prado, Oswald de Andrade, Anita Malfatti e outros —, foi um dos idealizadores da Semana de Arte Moderna e publicou *Pauliceia desvairada*, livro modernista, em verso livre, que propaga os princípios do movimento no Brasil.

Losango cáqui (1926), *Clã do jabuti* (1927), *Amar, verbo intransitivo* (1927), *Macunaíma* (1928), *Remate de males* (1930), *Lira paulistana* (1945) e *Contos novos* (1946) são alguns de seus livros mais renomados.

Morreu em 25 de fevereiro de 1945, aos 51 anos de idade.

ESTA OBRA FOI COMPOSTA POR ACOMTE EM BERLING
E IMPRESSA PELA GRÁFICA PAYM EM OFSETE
SOBRE PAPEL PÓLEN SOFT DA SUZANO S.A.
PARA A EDITORA SCHWARCZ EM ABRIL DE 2022

A marca FSC® é a garantia de que a madeira utilizada na fabricação do papel deste livro provém de florestas que foram gerenciadas de maneira ambientalmente correta, socialmente justa e economicamente viável, além de outras fontes de origem controlada.

1ª EDIÇÃO [2007] 2 reimpressões
2ª EDIÇÃO [2011] 6 reimpressões

ESTA OBRA FOI COMPOSTA PELA SPRESS EM TIMES E IMPRESSA
EM OFSETE PELA GEOGRÁFICA SOBRE PAPEL PÓLEN SOFT DA SUZANO S.A.
PARA A EDITORA SCHWARCZ EM NOVEMBRO DE 2023

A marca FSC® é a garantia de que a madeira utilizada na fabricação do papel deste livro provém de florestas que foram gerenciadas de maneira ambientalmente correta, socialmente justa e economicamente viável, além de outras fontes de origem controlada.

Wittgenstein, Paul, 274, 277, 286
Witzelsucht, 205

Yahne, Carolina, 269
Younes, Nick, 54
Young, Robyn, 170

Zatorre, Robert J., 44, 120, 175, 253, 303
Zelenka, Jan Dismus, 311-2
Zitzer-Comfort, Carol, 350
Zuckerkandl, Victor, 223
zumbido, 66, 69, 76-7, 80, 83, 89, 132, 256, 337

sonhos, música em, 19, 291, 293-6
sono e estado de quasesono, 26, 54, 70, 231, 261, 291, 293-6
Sotavalta, Olavi, 133
Sparr, Steven, 124
Squire, Larry R., 216
Stein, Alexander, 314
Stern, Daniel, 94
Steven (síndrome de Williams), 337
Stiles, Kitty, 262, 264
Storr, Anthony, 51, 127, 257, 300
Stravinsky, Igor, 103, 131, 222, 295
Styron, William, 310, 311
Sue B. (sinestesia), 189
Sundue, Michael, 89, 256
"Supremacy of Uruguay, The" (E. B. White), 309
surdez, 46, 63, 65, 68, 71, 77, 79, 80, 83, 96, 111-2, 116, 121, 122, 125, 144, 150, 159, 193, 340; Beethoven e, 46; congênita, 111; para tons *ver* amusia; *ver também* perda de audição
Sydney A. (síndrome de Tourette), 241

talento musical: aparecimento incomum de, 27-8, 168-9, 323-32; inato e aprendido, 103-8, 138-41, 339, 345-6; variação do, 101-8, 168-9; *ver também savant,* talentos de
Tchaikovsky, Piotr Ilich, 70, 82, 103, 300, 308, 330-1
Tempo de despertar, 56, 72, 261
tempo no parkinsonismo, 266-7
terapia da entoação melódica, 234-6
testosterona, 168
Thaut, Michael H., 267
Thompson, sr. (amnésia), 201
timbre, 37, 56, 60, 119-20, 137, 154, 155, 188
Toch, Ernst, 250-1
Tolstói, Liev, 308
tom: absoluto *ver* ouvido absoluto; distorção de, 118, 143-52; relação entre os tons, 126, 139-40, 184

Tomaino, Concetta, 227, 264, 323, 358
Tomer (síndrome de Williams), 338
Torke, Michael, 133, 180, 188, 191, 195
Tourette, síndrome de, 57, 87, 104, 168, 206, 240-5, 340
transferência psicanalítica na amnésia, 214
Treffert, Darold, 164-5, 171, 174
Trehub, Sandra E., 111
treinamento musical, 105-6, 108, 138, 330
trítono, 135
tumores cerebrais, 21, 33, 169, 257
Turnbull, Oliver, 214
Twain, Mark, 55, 61

Uga, Valeria, 294

Van Bloss, Nick, 243, 244
Van Heusen, James, 54
Vaughan, Ivan, 269
Vera B. (demência frontotemporal), 323, 326
Virgil (paciente cego), 129
visão estereoscópica, 156
Viskontas, Indre, 327

Wagner, Christoph, 284
Wagner, Richard, 36, 88, 135, 272, 294, 308
Warner, Nick, 74
Warren, Jason D., 23, 120, 231, 302
Waugh, Evelyn, 86, 177
Wearing, Clive e Deborah, 169, 199, 210-1, 354
Welch, Graham, 174
Wernicke, área de, 228
Weschler, Lawrence, 123, 250
West, Rebecca, 101
White, E. B., 309
Williams, J. C. P., 340
Williams, síndrome de, 251, 336-50
Wilson, Barbara, 211
Wilson, E. O., 10, 157
Wilson, Frank R., 279, 282
Wiltshire, Stephen, 166
Wittgenstein, Ludwig, 275-7, 286

Rimsky-Korsakov, Nikolai, 183
ritmo, 35, 52, 54-6, 78, 84, 86, 101, 109,
111-2, 114, 116, 121, 124, 155, 188,
220, 229, 237-8, 240, 242-3, 246-9,
251-60, 262, 265-6, 272-3, 299, 327,
329, 339, 343, 345-6, 361, 365; epilepsia e, 35; fala e, 229, 251, 255;
influências culturais, 111; ligação
social e, 257-9; movimento e, 51, 237,
246-59, 261, 264, 265-6, 272; origens,
255, 256; percepção do, 17, 60, 87, 96,
116, 121, 155, 255; síndrome de Tourette e, 240, 241, 242; síndrome de
Williams e, 337-8, 343, 345; surdez e,
111
Rizzoletti, , Giacomo, 233
Robbins, Clive, 305
Rogers, Susan E., 134
Rohrer, J. D., 23-4
Rorem, Ned, 46, 305
Rosalie B. (parkinsonismo), 268
Rose R. (parkinsonismo), 56, 72
Ross, Elliott D., 74, 354
Rouget, Gilbert, 258
Rousseau, Jean-Jacques, 141
ruído, 35, 38, 70, 76, 80, 86, 144, 187,
255-6, 337-8; padrões rítmicos e, 70,
77-8, 89, 96, 255-6; perda de audição
e, 62, 144, 150-1
Russell, S. M., 121

S., sr. (convulsões musicais), 31-2, 34, 227
Sacks, Elsie (mãe), 42, 72, 312
Sacks, Oliver: "brainworms", 56; amusia,
113; anfetaminas, 169; dança, 258;
imagens mentais, 43, 46-8; luto,
311-3; natação, 254; paralisia da
perna, 246, 247; sonhos e alucinações,
291, 293; zumbido, 77
Sacks, Sam (pai), 42, 174
Safran, Jenny, 140
Salimah, M. (musicofilia súbita), 21, 22,
23
Samuel S. (afasia), 227, 233
savant, talentos de, 163-73, 206, 251
Schlaug, Gottfried, 105, 139, 175, 235-6,
347
Schopenhauer, Arthur, 222

Schubert, Franz, 285, 313
Schumann, Robert, 64, 65, 128, 135, 182,
281, 354
Scoville, W. B., 215
Scriabin, Alexander, 183
Sculthorp, Gretta, 361
Senhores Supremos, 52
sensibilidade a sons, 79, 97; na epilepsia,
38; na síndrome de Williams, 337
sensibilidade tonal, cultura e, 111
Sforza, Teri, 343-4
Shakespeare, William, 143, 231, 352
Shebalin, Vissarion, 228
Shenk, David, 356
Sheryl C. (alucinações musicais), 63, 70,
77
Shostakovich, Dmitri, 85
Silber, Rolf, 333
Silvers, Robert, 120
Silvia N. (convulsões musicogênicas), 39
Simkin, Benjamin, 241
Simner, Julia, 191
simultanagnosia, 127, 129
sincronização (marcação do tempo), 243,
246, 251-2, 255
síndrome de Asperger, 304, 341
"síndrome trancada", 267
sinestesia, 177-95; adquirida, 192-3;
cegueira e, 192-3; cores "marcianas"
na, 181; correlatos neurais, 192; crianças com, 192; de música e gosto, 185;
definição, 191; em compositores clássicos, 183; incidência, 179, 191;
intrusiva, 194; metáfora e, 178; ouvido
absoluto e, 180-1, 187; potencial universal para a, 192; transitória, 193; uso
criativo da, 183-4, 194; uso mnemônico da, 183, 188
sistemas motor e auditivo, interação dos,
39, 44-5, 50, 93, 105, 218, 220, 223,
233, 237, 246-59, 261-9, 272
sistemas subcorticais, 121, 253; ver também gânglios basais; cerebelo
Slonimsky, Nicolas, 55
Smith, Daniel B., 90
Smith, Steven B., 167
Snyder, Allan, 169, 170, 330
Solomon R. (discinesia), 237, 256
som alto, perda de audição e, 63, 144, 151

262, 263; paralisia, 247; parkinsonismo, 261-9, 272; relação com o terapeuta, 233; síndrome de Tourette, 240-5; síndrome de Williams, 337-8

Nabokov, Vladimir, 114, 190-1
Nelson, Kevin R., 26
neurônios-espelho, 233
Newton, Isaac, 177
Nietzsche, Friedrich, 272, 354
Nikonov, 36
Nordoff, Paul, 305
Noreña, A. J., 153
Novalis, 264

O'C., Sra. e O'M., Sra. (alucinações musicais), 73
Ockelford, Adam, 165, 174-5
Oppenheim, David, 88
Ostwald, Peter, 65
Otten, Erna, 274, 276
ouvido absoluto, 101, 105, 108, 125, 126, 132-42, 166, 169, 175, 180-1, 184, 186, 188, 347
Oxford companion to music, The, 132

P. C. (alucinações musicais), 86
P., dr. (o homem que confundiu sua mulher com um chapéu), 249, 359
Pamela (síndrome de Williams), 339
paralisia funcional, 246-8
parkinsonismo, 233, 240, 261-2, 264-8, 282, 325
Pascual-Leone, Alvaro, 44, 106, 175
Patel, Aniruddh D., 116, 251-2, 255-6
Penfield, Wilder, 74, 93
Penhune, Virginia, 253
percepção visual comparada à musical, 59, 60, 110, 129
percussão e círculos de percussão, 242
perda de audição: alucinação e, 63, 65, 68, 76, 80, 83, 96, 193; dano na cóclea e, 143-52; decorrente de música, 61, 143; imaginação musical e, 45, 46; realocação cortical na, 236; recrutamento e, 80; *ver também* surdez
Peretz, Isabelle, 115-8, 121-2, 302, 303
Pharr, Charlotte, 338

Piccirilli, Massimo, 114
Pick, Arnold, 325
Pick, doença de, 325, 331; *ver também* demência frontotemporal
Picker, Tobias, 104, 105, 244-5
Pinker, Steven, 10, 255
plano temporal, 105, 108, 139, 347
plasticidade neural, 28, 106, 122, 147, 151, 158, 236, 249, 283-4
pós-imagens, 59
Poskanzer, David C., 36-7
prática: distonia e, 283; efeitos neurais, 44-6, 106, 216, 220
"preenchimento", fenômeno do, 45
preferências musicais, mudança súbita das, 19-23, 306, 325, 330
Pring, Linda, 174
privação dos sentidos, 87-90
Proust, Marcel, 50, 212, 22-2
publicidade, 53, 56, 62

Rachael Y. (amusia), 125
raio, efeitos da queda de, 17-21, 25-9
Ralescu, Maria, 302
Ramachandran, V. S., 181, 191, 194
Rangell, Leo, 95-7, 256
Rapin, Isabelle, 341
Rauscher, Frances, 106
Ravel, Maurice, 286, 295, 331
Ray G. (síndrome de Tourette), 241
realocação no córtice *ver* plasticidade cortical
recitação, 141, 231, 251
recrutamento (de sons na surdez), 79-80
Reik, Theodor, 49
remapeamento cortical, atenção e, 147-8, 151, 153
repertório para a mão esquerda, 286
repetição: "brainworms", 53, 55-8, 60-1; alucinações musicais, 76, 83, 88; característica da música, 52, 56, 60, 237, 249, 331; memória procedural e, 218; tiques e ecolalia, 57, 240
ressonância magnética funcional *ver* exames de imagem do cérebro, 17
Révész, Geza, 165
Rimbaud, Arthur, 190

Mahler, Gustav, 154, 292, 293
Mailis-Gagnon, Angela, 248
Majestic (síndrome de Williams), 338
Mälzel, Johann, 266
Mamlok, Dwight, 69-71
mapeamento cortical: auditivo-espacial,
156; coclear, 146-9, 151-2; contexto e,
145, 151; imagem corporal, 147, 248,
284; retiniano, 147; visual, 175
Margaret H. (alucinações musicais), 79
Markowitz, Eric, 33
Marsden, C. David, 282
Marte ataca!, 309
Martin (*savant*), 163, 164, 168, 172
Martin, Paula I., 235
Massey, Irving J., 296, 297, 298
Matsuzawa, Tetsuro, 170
Maugham, Somerset, 102
Maurer, Daphne, 192
McCartney, Paul, 295
Meghan (síndrome de Williams), 337,
346
melodia, 42, 47-50, 54-5, 72, 79, 84, 87,
92, 97, 98, 103, 113, 116, 118, 121,
123-5, 189, 220-3, 229, 237, 247, 249-
51, 256, 261-2, 266, 272-3, 299,
343-4, 365; dinamismo da, 221-3,
247, 249, 251; incapacidade de perceber, 113-31
membros e dedos fantasmas, 274, 275,
276, 277
memória: anfetaminas e, 169; cegueira e,
173-4; de curto prazo (de trabalho),
130, 199, 210; de *savant*, 163-70;
emoção e, 213, 353, 356, 359; episódi-
ca/explícita, 211, 216-7, 328; fidelidade da, 59, 60, 123, 163, 250, 253;
implícita, 210, 214, 219; para sequências, 125, 249-51; para tons, 122, 135,
149; semântica, 206, 210-2, 328
memória procedural, 216, 218; e imagens
mentais, 127; na amnésia, 199-223; na
demência, 353, 356-8
Mendelssohn, Felix, 247, 249, 254, 293-4
Merzenich, Michael, 284
Messiaen, Olivier, 183
metrônomo, 266
Meyerbeer, 36

Michael B. (alucinações musicais), 81
Micheyl, Christophe, 149
Mill, John Stuart, 310, 314
Miller, Bruce L., 170, 324, 329
Miller, Jonathan, 47, 200
Miller, Leon K., 165, 168
Miller, Timothy C., 94
Milner, Brenda, 215
mímica, 241, 259
Misky, Marvin, 222
Mitchell, D. J., 169
Mitchell, Silas Weir, 274-6
Mithen, Steven, 141-2, 255
Moore, G. E., 277
movimento e música *ver* ritmo; dança
movimento, distúrbios do, 233, 237, 240,
264, 282, 353, 362
Mozart, Wolfgang Amadeus, 19, 45, 47,
88, 101, 106, 107, 127, 128, 133, 135,
182, 189, 210, 241, 291-2, 300, 307,
310, 354
música: ânsia por, 19-24, 28-9; colorida
ver sinestesia; correlatos neurais *ver*
exames de imagem do cérebro; dedu-
ção pela estrutura, 165, 222; desagradável ou distorcida *ver* amusia; diferenças culturais, 111; expectativa e,
45, 221-3; exposição a, 47, 93, 110-1,
293, 305; fuga ou medo de, 23, 35,
37-41, 301; importância social, 173,
250-1, 257-9, 365; indiferença a, 23,
122, 299-315; novidade da, 223; origens, 141, 251, 255; religiosa, 48, 56,
173, 237, 258; transitoriedade, 221-3;
ubiquidade na vida moderna, 61-2
musicalidade, 27-8, 49, 54, 101, 103-4,
109, 112, 114, 138, 165, 176, 209,
236, 265, 300, 324, 329, 333, 344-6,
348, 357
músicas-tema, 46, 53, 54
musicofilia, 9, 17, 19-29, 303; na demência frontotemporal, 323-32; na síndrome de Williams, 336-51
musicoterapia, 13, 227-8, 230, 233-4,
261-4, 305, 352-4, 360; afasia, 227-8,
231-6; amnésia, 220, 221; autismo,
249, 304; demência/doença de Alzheimer, 352-9, 361-2, 365; história da,

um chapéu, O, 73, 163, 170, 199, 201, 242, 359
Hospital Beth Abraham, 262, 318
Hubbard, E. M., 181, 191
Hull, John, 126, 175
Huron, David, 222
Huxley, Aldous, 231
Huysmans, Joris-Karl, 177
Hyde, Krista, 117, 118

I. R. (amusia), 303
I., sr. (daltonismo), 146
idiot savant, 164
ilha dos daltônicos, A, 121
imagens mentais musicais, 42, 44-53, 55-61; associações inconscientes, 48-9, 52; correlatos neurais, 44-5; doença de Parkinson e, 265, 268; expectativa e, 45; memória procedural e, 127; perda da, 129-30; tenacidade da, 12
implantes cocleares, 68-9, 118
inibição cortical, 51, 81, 87, 90, 167-8, 193, 232, 235, 248, 276, 332
insetos, sons de voo de, 133
intoxicação, 86, 127
iPods, 61, 144
Iversen, John, 252, 255-6
Ives, Charles, 65
Izumi, Yukio, 76

J. (memória auditiva exata), 250
Jackendorff, Ray, 272
Jackson, John Hughlings, 32-3, 40, 231, 332
Jacob L. (amusia coclear), 144, 158
Jacome, Daniel E., 27, 333
James, Henry, 305
James, William, 26, 51, 305
Janáček, Leos, 46, 256
japonês, falantes do *ver* línguas tonais
Jenkins, Florence Foster, 112
Jennings, A. R., 120
Jimmie (amnésia), 199, 213
John C. (alucinações musicais), 71, 228
John S. (síndrome de tourette), 240
Jones, Tom, 167
Jorgensen, Jorgen, 154-9

Joseph D. (alucinações musicais), 83
Jourdain, Robert, 64, 82, 331
June B. (alucinações musicais), 91

Kapur, Narinder, 211, 332
Keats, John, 42, 189
Kelley, William, 45
Kempf, David, 59
Kertesz, Andrew, 325, 328
Kessel, Ken, 238
King, Carole, 53
Kinnison, Malonnie, 254
Klawans, Harold L., 217
Koltun, Jan, 362
Konorsky, Jerzy, 90-1

Lanier, Jaron, 160
Lassus, Orlandus, 204, 207, 210
Leahy, Christine, 186
Lederman, Richard J., 281
Lehrer, Tom, 250
Leibniz, G. W., 255
Lenhoff, Gloria, 251, 343
Lenhoff, Howard, 345
Lesser, Wendy, 311, 312, 314
letra de música, associações inconscientes com, 48, 49
Levitin, Daniel J., 114, 134, 157, 253, 345-6, 348
levodopa, 57, 72-3, 263, 273
Lhermitte, François, 114
ligação, perceptual, 129, 259
linguagem, 27, 120, 125, 139, 141, 168, 171, 194, 228, 232-4, 236-7, 251, 259, 264, 305, 331, 333, 340-1, 344, 352, 354; comparada a música, 116, 118, 141, 228, 231-2, 255; perda da *ver* afasia
línguas tonais, 138-41
Llinás, Rodolfo, 50-1, 93, 95, 218, 219
lobo frontal, 140, 206, 227, 231, 249, 319, 324, 331
Lopez, Steve, 317
Louis F. (demência frontotemporal), 326
Luria, A. R., 190, 228, 232-3, 248, 268
Lusseyran, Jacques, 176, 193-4

Magnani, Franco, 27

corporal, 248; imaginando música, 44-5; músicos comparados a não músicos, 105; ouvido absoluto, 139; ritmo, 252; síndrome de Williams, 347; sinestesia, 189, 191; terapia da entoação melódica, 234

execução musical: amnésia e, 199-223; demência e, 323-32, 352-9, 361-2, 365; distonia e, 278-9, 281-7; memória procedural e, 215-8, 220-3, 356

experiência de quase morte, 20, 25-8, 131

experiências extracorpóreas, 17, 25-6

facilitação funcional paradoxal, 332
Feidner, Erica vanderLinde, 24
feixes olivococleares, 148
Fischer-Dieskau, Dietrich, 313
Fleisher, Leon, 47, 58, 281-2, 285-8
fluxo cinético, 246-59; na doença de Parkinson, 261-9, 272
Forster, E. M., 314
Foss, Lukas, 267
Fox, Orlan, 292
Frances D. (parkinsonismo), 265
Frank V. (ouvido absoluto), 135, 140
Franz, Carleen, 123
Freedman, Lawrence R., 301
Freud, Sigmund, 214, 298, 306-7, 332, 349
Frucht, Steven J., 134, 285
Fry, Hunter J., 282

G. G. (convulsões musicogênicas), 38, 39
Gaab, Nadine, 105, 175
gagueira: cinética, 261, 265; verbal, 265
Galaburda, A. M., 168
Galileu, 253
Galton, Francis, 42, 177-8, 189-90, 192
gânglios basais, 50-1, 66, 93, 95, 106, 121, 218, 253, 267, 273, 281-3
Gardner, Howard, 346
Garrison, Richard, 262
Geist, Woody, 47, 355, 356
George (personagem de Somerset Maugham), 102-3, 108
Geroldi, C., 330
Geschwind, Norman, 168, 234

Giordano, Matt, 243
giro de Heschl, 121
Goldberg, Elkhonon, 319
Gooddy, William, 266
Gordon B. (alucinações musicais), 76-7, 79, 132
Gosselin, N., 122
Gougoux, Fréderic, 175
Gowers, William R., 87, 279, 280
Graffman, Gary, 281-2, 285-6
Grandin, Temple, 304
Grant, Ulysses S., 114
Grateful Dead, 257
Greg F. ("O último hippie"), 257
Griepentrog, Gregory J., 140
Griffiths, T. D., 91, 116, 120, 302
grupos de apoio, 340
Guerra dos mundos, A, 309
Guevara, Che, 111

H. M. (amnésia), 215-6
Hall, Stanley, 192
Hallet, Mark, 282
Halpern, A. R., 44
Hamilton, R. H., 175
Hamzei, Farsin, 276
Hannon, Erin E., 111
harmonia, 103, 118, 125, 127, 129, 135
harmonia, surdez para, 125-31
Harrison, John E., 190, 192
Harry S. (lesão no lobo frontal), 318, 324
Hart, Mickey, 258
Harvey, William, 261
Haunting melody: psychoanalytic experiences in life and music, The (Reik), 49
Hécaen, Henri, 113, 120
hemisférios cerebrais, interação dos, 105
Henahan, Donal, 85
Henson, R. A., 37, 110
Hermelin, Beate, 165
Hermesh, H., 75
Hewson, Margaret, 322
hipocampo, 215, 218, 267
Hipócrates, 248
Hoffmann, E. T. A., 178
Homem que confundiu sua mulher com

aquisição de linguagem em, 139, 168, 234; cegas, 138, 173-5; desenvolvimento da memória em, 218; desenvolvimento motor em, 218; especialização hemisférica em, 167, 234; ouvido absoluto em, 138, 142; ritmo em, 255, 259; sinestesia em, 192; treinamento musical em, 105-6, 108; versos para crianças, 60, 250

criatividade: aparecimento súbito de, 19-20, 24, 28, 169, 323-32; autismo e, 330; demência e, 324, 331; síndrome de Tourette e, 241, 242, 244; sinestesia e, 183, 187, 188; *ver também savant*, talentos de

Critchley, Macdonald, 35-8, 41, 110

croma, 133-4, 140

Crosby, T. W., 94

Crystal (síndrome de Williams), 341-2

Cytowic, Richard, 190

D. L. (amusia), 115-7, 120

Dallas, Duncan, 263

daltonismo, 118, 121, 135, 146, 179, 181, 187

Damashek, Mark, 136

dança, 116, 216, 249, 252, 257-8, 262, 272, 339, 361

Darwin, Charles, 143, 255, 305

Davis, John, 165

"Dear Abby", coluna, 73

Deborah (síndrome de Williams), 338

demência: formas comparadas, 324, 328-9; frontotemporal, 27, 169-70, 324, 325, 328-31; *ver também* doença de Alzheimer

depressão, 203, 272, 286, 301-2, 310, 312-3

desempenho atlético, 254

desinibição: demência frontotemporal e, 323-32; habilidades de *savant* e, 169; sinestesia e, 193

Deutsch, Diana, 67, 136, 137-9, 141

Devinsky, Orrin, 26

discinesia, 237, 238

dissonância, percepção da, 122

distonia do músico, 278, 280, 282

distonia focal, 279, 283-5

Donald, Merlin, 259

Dunning, Jennifer, 281

earworms, 53, 61

Eco, Umberto, 211, 221

Ed M. (parkinsonismo), 267

Edelman, Gerald M., 158, 267

Edith T. (parkinsonismo), 265

Ehlen, Patrick, 187, 195

elefantes: descrição por paciente com síndrome de Williams, 342; Orquestra Tailandesa de Elefantes, 252

Eliot, T. S., 199

Ellis, Havelock, 258

Emerson, Ralph Waldo, 356

emoção: cadências da fala e, 256; depressão e, 310-5; estereofonia e, 154-60; indiferença à música, 154-9, 299-308; música e, 24, 47, 50, 52, 56, 60, 93, 95, 104, 122, 241, 257-9, 272, 299-308, 310-5; resposta acentuada a música, 17-34, 329-32, 336-51

emoções, 23, 39, 50, 52, 60, 78, 122, 127, 183, 214, 259-60, 272-3, 299-300, 304, 308, 311, 319, 341-3, 353, 357, 360, 364

encefalite herpética, 38, 169, 199

encefalite letárgica, 261

Enrico (afinador de piano), 172

enxaqueca: alucinações musicais e, 86, 87; amnésia global transitória e, 217; amusia e, 113; de Nietzsche, 272

epilepsia, 21, 23-4, 28, 35-8, 65, 74-5, 87, 168, 332; alucinação e, 28, 74; convulsões musicais e, 31-4; fótica, 38; inspiração musical e, 21-3, 28; musicogênica, 35-7; sentimentos espirituais e, 20, 24, 28, 29; sinestesia e, 192

esclerose lateral amiotrófica, 276, 325

esclerose múltipla, 136

esquizofrenia, 75, 90

estereofonia, 154-60

estimulação magnética transcraniana, 169, 235

Estrin, Glen, 285

exames de imagem do cérebro: alucinações musicais, 65, 90; amusia, 120-1; excitação emocional, 303; imagem

ataque terrorista de 11 de setembro em Nova York, 188, 314, 315
Auden, W. H., 264
autismo, 167, 168, 249, 304, 305, 330, 340, 342
Ayers, Nathaniel, 317
Ayotte, Julia, 116, 118, 123
Aziz, Victor, 74

B., professor (amusia), 124
Bach, Johann Sebastian, 32, 47-8, 50, 77, 128, 149, 164, 209, 210, 223, 226, 243, 288, 304, 311, 315, 337, 348
Baddeley, A. D., 211
Baroh-Cohen, Simon, 190, 192
Baron, Patrick, 136, 150
Bauby, Jean-Dominique, 268
Bayley, John, 353
Bear, David, 24
Bearsted, Caroline, 217
Beeli, G., 185
Beethoven, Ludwig van, 46-7, 56, 58, 84, 91, 103, 116, 126, 128, 150, 210, 222, 266, 308, 330
Belin, Pascal, 120, 235
Bell, sir Charles, 279
Bellini, Vicenzo, 103
Bellugi, Ursula, 340-2, 345, 346-50
Bennet, Carl, 57
Benton, A. L., 110
Berlioz, Hector, 296
Berrios, German E., 74
Beuren, Alois, 340
Bizet, Geoges, 272
Blanke, Olaf, 26
Blood, Anne J., 303
Boeve, B. F., 330
Bossomaier, Terry, 169
Botox, 284, 285, 287
Brahms, Johannes, 47, 182, 311, 312
brainworms, 54-9, 62, 245, 269
Brandston, Howard, 159-60
Bruner, Jerome, 45, 88
Brust, John C., 228
Burton, Robert, 310
Bussey, Eliza, 30

Caedmon, 20
Caldwell, David, 184, 195

Candia, Victor, 284
canto: afasia e, 227-8, 231-6; comunitário, 61, 233, 257, 361 ver também música religiosa; irreprimível, 323-32; linguagem e, 141; memória e, 250-1
Carlson, John, 86
Casals, Pablo, 223
Cego Tom (savant), 165
cegueira, 138, 174-5, 180, 193-4; mapeamento cortical e realocação na, 147, 175, 236; ouvido absoluto e, 138, 175; síndrome de savant e, 164; sinestesia e, 193-4
cerebelo, 66, 105, 106, 121, 218, 253, 267, 283, 348
Challenger, Melanie, 294
Charles Bonnet, síndrome de, 193; ver também alucinação visual
Chen, Joyce L., 253
chimpanzés e memória, 170
chinês, falantes do ver línguas tonais
Chopin, Frédéric, 19, 25, 43, 47, 64, 102, 113, 120, 182, 267-8
Chorost, Michael, 69, 77, 118
Christian (síndrome de Williams), 337
Cicoria, Tony, 17-21, 23-9
Claparède, Édouard, 213-4, 216
Clarke, Arthur C., 52
cóclea, 143, 146-9, 158; distorção de tons, 143-52; sintonização pelo cérebro, 148
Cohen, Donna, 352
Cohen, Jon, 171
Cohen, Neal J., 213
Cole, Jonathan, 276
Coleman, Nick, 160-2
Colman, W. S., 74, 89
Com uma perna só, 246, 293
Comfort, Heidi, 349
Cook, Perry, 253
Cordelia (personagem de Rebecca West), 101, 103, 108-9
córtex: auditivo, 44-6, 105, 120, 121, 146, 153, 236, 253, 347; motor, 39, 44, 106, 253, 281; visual, 137, 146, 175, 179, 236
Corti, Alfonso, 143
crianças: alucinações musicais em, 81-2;

ÍNDICE REMISSIVO

acústica, 82, 119, 157
afasia, 27, 227-8, 230-6, 302, 331, 333; amusia e, 228; musicoterapia e, 227, 232-6
afinadores de piano, 136, 172, 186
agnosia visual, 110
Agostinho, santo, 258
Alajouanine, Théophile, 331
Albert, Martin L., 113, 120, 234
Aldridge, David, 242
Allende, Doris, 341
Alsop, Joseph, 120
alucinação: "preenchimento" e, 45; auditiva, 81, 86, 90; base neural, 65, 89, 90; esquizofrenia e, 75, 89; membros fantasmas, 66, 275; privação dos sentidos e, 87-9; sinestesia e, 193-4; sonhos e, 19, 291, 293-4; visual, 74, 89, 193; ver também imagens mentais; epilepsia
alucinações musicais, 19, 64-8, 70-86, 89, 91-8, 104, 193, 245-6, 256, 269, 293; base neural, 65, 74, 90; causas, 79, 80, 84-90; com certas posições do corpo, 85; concussão e, 84; distorção ou "encurtamento" em, 65, 67, 79; epilepsia e, 74; esquizofrenia e, 75, 90; estilhaço de granada e, 85; imagens mentais e, 64, 79; intoxicação e, 86; jovens com, 81, 82, 85; medicação e, 63, 66, 71, 80; meditação e, 88; memórias do início da vida e, 65, 67, 72-3, 93, 97; privação dos sentidos e, 88-90; ruído mecânico e, 70, 77-8, 89; surdez e, 63-80, 82-98; transitória, 73; zumbido e, 76

alucinógenos, 127, 193
Alzheimer, Alois, 325
Alzheimer, doença de, 249, 264, 324-9, 352-6, 365; ver também demência; demência frontotemporal
amígdala, 26, 304, 348
amnésia, 38, 169, 199-203, 205, 209, 214, 216-7, 221, 223-4, 328, 352, 358; global transitória, 217, 218; memória emocional na, 213-4; memória episódica na, 206, 212, 218; memória procedural na, 216-8, 220-3; memória semântica na, 206, 210-2, 328; preservação das habilidades musicais na, 199-223; transitória global, 218
amusia, 110-22, 143-4, 152, 155, 228, 246, 303, 365; afasia e, 228; coclear, 143-52; congênita, 113-21; para dissonância, 121-2, 130; para harmonia, 125-31; para melodia, 123, 125; para ritmo, 111; para timbre, 119-20; para tom, 110-25, 300; resposta emocional a música, 302-3, 305
andamento, memória para o, 253, 266
Angel C. (esquizofrenia), 75
animais: duração da memória em, 170; música e, 153, 252; som e, 156; visão em, 157
Anne (síndrome de Williams), 337
antecipação, em música, 222, 253
antiepilépticos, 23, 32, 66, 87
Antropólogo em Marte, Um, 27, 57, 129, 146, 166, 179, 257, 304, 358
área de Broca, 234, 235

WILSON, Barbara A.; BADDELEY, A. D.; KAPUR, Narinder. "Dense amnesia in a professional musician following herpex simplex virus encephalitis". *Journal of Clinical and Experimental Neuropsychology* 17, nº 5, pp. 668-81, 1995.

WILSON, Edward O. *Naturalista.* Rio de Janeiro, Nova Fronteira, 2007.

WILSON, Frank R. "Teaching hands, treating hands". *Piano Quarterly* 141, pp. 34-41, 1988.

_____. "Acquisition and loss of skilled movement in musicians". *Seminars in Neurology* 9, nº 2, pp. 146-51, 1989.

_____. "Current controversies on the origin, diagnosis and management of focal dystonia". Em: TUBIANA, Raoul; AMADIO, Peter C. (eds.). *Medical problems of the instrumentalist musician,* pp. 311-27. Londres, Martin Dunitz, 2000.

WITTGENSTEIN, Ludwig. *Da certeza.* Lisboa, Edições 70, 2000.

YOUNG, Robin L.; RIDDING, Michael C.; MORRELL, Tracy L. "Switching skills by turning off part of the brain". *Neurocase* 10, nº 3, pp. 215-22, 2004.

ZATORRE, R. J.; HALPERN, A. R. "Mental concerts: musical imagery and auditory cortex". *Neuron* 47, pp. 9-12, 2005.

ZATORRE, R. J.; HALPERN, A. R.; PERRY, D. W.; MEYER, E.; EVANS, A. C. "Hearing in the mind's ear: a PET investigation of musical imagery and perception". *Journal of Cognitive Neuroscience* 8, pp. 29-46, 1996.

ZITZER-COMFORT, C.; DOYLE, T. F.; MATAKASA, N.; KORENBERG, J.; BELLUGI, U. "Nature and nurture: Williams syndrome across cultures". *Developmental Science,* v.10, nº 6, pp. 755-62, 2007.

ZUCKERKANDL, Victor. *Sound and symbol: music and the external world.* Princeton, NJ, Princeton University Press, 1956.

TOMAINO, Concetta (ed.). *Clinical applications of music in neurologic rehabilitation.* St. Louis, MMB Music, 1998.

TREFFERT, Darold. *Extraordinary people: understanding savant syndrome.* Ed. rev. Lincoln, Nebraska, iUniverse, 2006 [1986].

TURNBULL, Oliver H.; ZOIS, Evangelo; KAPLAN-SOLMS, Karen; SOLMS, Mark. "The developing transference in amnesia: changes in interpersonal relationship, despite profound episodic-memory loss". *Neuro-Psychoanalysis* 8, nº 2, pp. 199-204, 2006.

TWAIN, Mark. "A literary nightmare". Reimpresso em *Punch, brothers, punch! And other stories.* Nova York, Slote, Woodman and Co., 1876/1878.

UGA, V.; LEMUT, M. C.; ZAMPI, C.; ZILLI, I.; SALZARULO, P. "Music in dreams". *Consciousness and Cognition* 15, pp. 351-7, 2006.

ULRICH, G.; HOUTMANS, T.; GOLD, C. "The additional therapeutic effect of group music therapy for schizophrenic patients: a randomized study. *Acta Psychiatrica Scandinavica* 116, pp. 362-70, 2007.

VAN BLOSS, Nick. *Busy body: my life with Tourette's syndrome.* Londres, Fusion Press, 2006.

VAUGHAN, Ivan. *Ivan: living with Parkinson disease.* Londres, Macmillan, 1986.

VON ARNIM, G.; ENGEL, P. "Mental retardation related to hypercalcaemia". *Developmental medicine and child neurology* 6, pp. 366-77, 1964.

WAGNER, Cristoph. *Hand und Instrument: Musikphysiologische Grundlagen Praktische Konsequenzen.* Wiesbaden: Breitkopf & Härtel, 2005.

WAGNER, Richard. *My life,* p. 603. Nova York, Dodd, Mead & Co., 1911.

WAGNER, Nick; AZIZ, Victor. "Hymns and arias: musical hallucinations in older people in Wales". *International Journal of Geriatric Psychiatry* 20, pp. 658-60, 2005.

WARREN, Jason D.; WARREN, Jane E.; FOX, Nick C.; WARRINGTON, Elizabeth K. "Nothing to say, something to sing: primary progressive dynamic aphasia". *Neurocase* 9, nº 2, pp. 140-55.

WAUGH, Evelyn. *Brideshead revisited.* Londres, Chapman and Hall, 1945.

———. *A provação de Gilbert Pinfold.* Rio de Janeiro, Globo, 2002.

WEARING, Deborah. *Forever today: a memoir of love and amnesia.* Londres, Doubleday, 2005.

WEISKRANTZ, Lawrence. *Consciousness lost and found.* Oxford, Oxford University Press, 1997.

WEST, Rebecca. *The fountain overflows.* Londres, Macmillan, 1957.

WHITE, E. B. "The supremacy of Uruguay". *The New Yorker,* pp. 18-9, 25 de dezembro de 1933.

WILSON, Barbara A.; WEARING, Deborah. "Prisoner of consciousness: a state of just awakening following herpes simplex encephalitis". Em: CAMPBELL, Ruth; CONWAY, Martin (eds.). *Broken memories: case studies in memory impairment,* pp. 14-30. Oxford, Blackwell, 1995.

SIMKIN, Benjamin. "Mozart's scatological disorder". *British Medical Journal* 305, pp. 1563-7, 1992.

SIMNER, Julia; MULVENNA, Catherine; SAGIV, Noam; TSAKANIKOS, Elias; WITHERBY, Sarah A.; FRASER, Christine; SCOTT, Kirsten; WARD, Jamie. "Synaesthesia: the prevalence of atypical cross-modal experiences". *Perception* 35, pp. 1024-33. 2006.

SLONIMSKY, Nicolas. *Lexicon of musical invective: critical assaults on composers since Beethoven's time.* Seattle, University of Washington Press, 1953.

SMITH, Daniel B. *Muses, madmen, and prophets: rethinking the history, science, and meaning of auditory hallucinations.* Nova York, Penguin Press, 2007.

SMITH, Steven B. *The great mental calculators: the psychology, methods, and lives of calculating prodigies, past and present.* Nova York, Columbia University Press, 1983.

SNYDER, Allan W.; MULCAHY, Elaine; TAYLOR, Janet L.; MITCHELL, John; SACHDEV, Perminder; GANDEVIA, Simon C. "Savant-like skills exposed in normal people by suppressing the left fronto-temporal lobe". *Journal of Integrative Neuroscience* 2, nº 2, pp. 149-58, 2003.

SOTAVALTA, Olavi. "The flight sounds of insects". Em: BUSNEL, R. G. (ed.). *Acoustic behavior of animals*, pp. 374-89. Amsterdam, Elsevier, 1963.

SPARR, S. A. "Receptive amelodia in a trained musician". *Neurology* 59, pp. 1659-60, 2002.

SPENCER, Herbert. "The origin and function of music". Em: MARK, Michael (ed.). *Music education: source readings from ancient Greece to today*, pp. 47-8. Nova York, Routledge, 2002 [1857].

STEIN, Alexander. "Music, mourning, and consolation". *Journal of the American Psychoanalytic Association* 52, nº 3, pp. 783-811, 2004.

STERN, Daniel. "Fabrikant's way". *A little secret music.* Huntsville, TX, Texas Review Press, 2004.

STORR, Anthony. *Freud.* Oxford, Oxford University Press, 1989.

_____. *Music and the mind.* Nova York, Free Press, 1992.

STRAVISNKY, Igor. *Poetics of music: in the form of six lessons.* Oxford, Oxford University Press, 1947.

STYRON, William. *Perto das trevas.* Rio de Janeiro, Rocco, 2000.

THAUT, Michael H. *Rhythm, music, and the brain: scientific foundations and clinical applications.* Nova York, Routledge, 2005.

The Oxford companion to music. 9ª ed. Percy A. Scholes (ed.), Oxford, Oxford University Press, 1995.

The power of music: in which is shown, by a variety of pleasing and instructive anecdotes, the effects it has on man and animals. Londres, [Corner of St. Paul's Church-Yard], J. Harris, 1814.

TOLSTOY, Leo. *The Kreutzer Sonata, and other stories.* Nova York, Penguin Classics, 1986 [1890].

learning: evidence for developmental reorganization". *Developmental psychology* 37, nº 1, pp. 74-85, 2001.

SCHELLENBERG, E. Glenn. "Does exposure to music have beneficial side effects?" Em: PERETZ, Isabelle; ZATORRE, Robert J. (eds.). *The cognitive neuroscience of music*, pp. 430-48. Oxford, Oxford University Press, 2003.

SCHLAUG, Gottfried; NORTON, Andrea; OZDEMIR, Elif; HELM-ESTABROOKS, Nancy. "Long-tem behavioral and brain effects of melodic intonation therapy in patients with Broca's aphasia". *Neuroimage* 31, supl. 1, p. 37, 2006.

SCHLAUG, Gottfried; JÄNCKE, Lutz; HUANG, Y.; STEINMETZ, H. "In vivo evidence of structural brain asymmetry in musicians". *Science* 267, pp. 699-701, 1995.

SCHLAUGH, Gottfried; JÄNCKE, Lutz; HUANG, Yanxiong; STAIGER, Jochen; STEINMETZ, Helmut. "Increased corpus callosum size in musicians". *Neuropsychologia* 33, nº 8, pp. 1047-55, 1995.

SCHLAUG, Gottfried; MARCHINA, Sarah; NORTON, Andrea. "From singing to speaking: why singing may lead to recovery of expressive language function in patients with Broca's aphasia. *Music Perception* 25, nº 4, pp. 315-23, 2008.

SCHOPENHAUER, Arthur. *The world as will and representation* (esp. v. 1, cap. 52), trad. E. J. Payne. Nova York, Dover, 1969 [1819].

SCHREBER, Daniel Paul. *Memoirs of my nervous illness*. Nova York, New York Review of Books, 1903/2000.

SCHULLIAN, Dorothy M.; SCHOEN, Max (eds.). *Music and medicine*. Nova York, Henry Shuman, 1948.

SCOVILLE, W. B.; MILNER, Brenda. "Loss of recent memory after bilateral hippocampal lesions". *Journal of Neurology, Neurosurgery and Psychiatry* 20, pp. 11-21, 1957.

SEELEY, W. W.; MATTHEWS, B. R.; CRAWFORD, R. K.; GORNO-TEMPINI, M. L.; FOTI, D.; MACKENZIE, I. R.; MILLER, B. L. "Unravelling *Boléro*: progressive aphasia, trans-modal creativity and the right posterior neocortex". *Brain* 131, nº 1, 39-49, 2008.

SIMNER, J.; WARD, J.; LANZ, M.; JANSARI, A.; NOONAN, K.; GLOVER, L.; OAKLEY, D. "Non-random associations of graphemes to colours in synaesthetic and normal populations". *Cognitive Neuropsychology* 22, nº 8, pp. 1069-85, 2005.

SFORZA, Teri; Howard; LENHOFF, Sylvia. *The strangest song*. Amherst, NY: Prometheus Books, 2006.

SHEEHY, M. P.; MARSDEN, C. D. "Writer's cramp — a focal dystonia". *Brain* 105, pp. 461-80, 1982.

SHENK, David. *The forgetting Alzheimer's — portrait of an epidemic*. Nova York, Doubleday, 2001.

RAPIN, Isabelle. *Children with brain dysfunction: neurology, cognition, language and behavior.* Nova York, Raven Press, 1982.

RAUSCHER, F. H.; SHAW, G. L.; KY, K. N. "Music and spatial task performance". *Nature* 365, pp. 611, 1993.

REIK, Theodor. *The haunting melody: psychoanalytic experiences in life and music.* Nova York, Farrar, Strauss and Young, 1953.

RÉVÉSZ, Geza. *The psychology of a musical prodigy.* Freeport, NY, Greenwood Press, 1970 [1925].

RIZZOLETTI, Giacomo; FADIGA, Luciano; FOGASSI, Leonardo; GALLESE, Vittorio. "From mirror neurons to imitation: facts and speculations". Em: MELTZOFF, Andrew N.; PRINZ, Wolfgang (eds.). *The imitative mind*, pp. 247-66. Cambridge, Cambridge University Press, 2002.

ROHRER, J. D.; SMITH, S. J.; WARREN, J. D. "Craving for music after treatment of partial epilepsy". *Epilepsia* 47, nº 5, pp. 939-40, 2006.

ROREM, Ned. *Facing the night: a diary (1999-2005) and musical writings.* Nova York, Shoemaker & Hoard, 2006.

ROSS, E. D.; JOSSMAN, P. B.; BELL, B.; SABIN, T.; GESCHWIND, N. "Musical hallucinations in deafness". *Journal of the American Medical Association* 231, nº 6, pp. 620-2, 1975.

ROTHENBERG, David. *Why birds sing.* Nova York, Basic Books, 2005.

ROUGET, Gilbert. *Music and trance.* Chicago, University of Chicago Press, 1985.

RUSSELL, S. M.; GOLFINOS, J. G. "Amusia following resection of a Heschl gyrus glioma". *Journal of Neurosurgery* 98, pp. 1109-12, 2003.

SACKS, Oliver. *Tempo de despertar.* São Paulo, Companhia das Letras, 1997.

_____. *Com uma perna só.* São Paulo, Companhia das Letras, 2003.

_____. *O homem que confundiu sua mulher com um chapéu.* São Paulo, Companhia das Letras, 1997.

_____. "The last hippie". *New York Review of Books*, v. 39, nº 6, pp. 53-62, 26 de março de 1992.

_____. "Tourette's syndrome and creativity". *British Medical Journal* 305, pp. 1515-6, 26 de março de 1992.

_____. *Um antropólogo em Marte — sete histórias paradoxais.* São Paulo, Companhia das Letras, 1995.

_____. *A ilha dos daltônicos.* São Paulo, Companhia das Letras, 1997.

_____. "Music and the brain". Em: TOMAINO, Concetta M. (ed.). *Clinical applications of music in neurologic rehabilitation*, pp. 1-18. St. Louis, MMB Music, 1998.

_____. "The mind's eye". *New Yorker*, pp. 48-59, 28 de julho de 2003.

_____. "Speed". *New Yorker*, pp. 60-9, 23 de agosto de 2004.

_____. "Stereo Sue". *New Yorker*, pp. 63-74, 19 de junho de 2006.

_____. "The power of music". *Brain* 129, pp. 2528-32, 2006.

SAFFRAN, Jenny R.; GRIEPENTROG, Gregory J. "Absolute pitch in infant auditory

PATEL, A. D.; IVERSEN, J. R. "A non-human animal can drum a steady beat on a musical instrument". Em: BARONI, M.; ADDESSI, A. R.; CATERINA, R.; COSTA, M. (eds.). *Proceedings of the 9th International Conference on Music Perception and Cognition.* Bolonha, Itália, 2006.

PATEL, A. D.; FOXTON, J. M.; GRIFFITHS, T. D. "Musically tone-deaf individuals have difficulty discriminating intonation contours extracted from speech". *Brain and Cognition* 59, pp. 310-3, 2005.

PATEL, A. D.; IVERSEN, J. R.; CHEN, Yanqing; REPP, Bruno H. "The influence of metricality and modality on synchronization with a beat". *Experimental Brain Research* 163, pp. 226-38, 2005.

PATEL, A. D.; IVERSEN, J. R.; ROSENBERG, Jason C. "Comparing the rhythm and melody of speech and music: the case of British English and French". *Journal of the Acoustical Society of America* 119, nº 5, pp. 3034-47, 2006.

PAULESCU, E.; HARRISON, J.; BARON-COHEN, S.; WATSON, J. G. D.; GOLDSTEIN, L.; HEATHER, J.; FRACKOWIAK, R. S. J.; FRITH, C. D. "The physiology of coloured hearing: a PET activation study of colour-word synesthesia". *Brain* 118, pp. 661-76, 1995.

PENFIELD, W.; PEROT, P. "The brain's record of visual and auditory experience: a final summary and discussion". *Brain* 86, pp. 595-696, 1963.

PERETZ, Isabelle; GAGNON, I. "Dissociation between recognition and emotional judgement of melodies". *Neurocase* 5, pp. 21-30, 1999.

PICCIRILLI, Massimo; SCIARMA, Tiziana; LUZZI, Simona. "Modularity of music: evidence from a case of pure amusia". *Journal of Neurology, Neurosurgery, and Psychiatry* 69, pp. 541-5, 2000.

PINKER, Steven. *How the mind works.* Nova York, W. W. Norton, 1997.

POSKANZER, David C.; BROWN, Arthur E.; MILLER, Henry. "Musicogenic epilepsy caused only by a discrete frequency band of church bells". *Brain* 85, pp. 77-92, 1962.

PROUST, Marcel. *Remembrance of things past,* trad. C. K. Scott Moncrieff. Londres, Chatto and Windus, 1949 [1913].

RAMACHANDRAN, V. S. *A brief tour on human consciousness.* Nova York, Pi Press, 2004.

RAMACHANDRAN, V. S.; HUBBARD, E. M. "Psychophysical investigations into the neural basis of synaesthesia". *Proceedings of the Royal Society of London,* B 268, pp. 979-83, 2001.

_____. "Synaesthesia: a window into perception, thought and language". *Journal of Consciousness Studies* 8, nº 12, pp. 3-34, 2001.

_____. "The phenomenology of synaesthesia". *Journal of Consciousness Studies* 10, nº 8, pp. 49-57, 2003.

RANGELL, Leo. "Music in the head: living at the brain-mind border. *Huffington Post,* 12 de setembro de 2006. http://www.huffingtonpost.com/dr-leo-rangell/.

MUSACCHIA, Gabriella; SAMS, Mikko; SKOE, Erika; KRAUS, Nina. "Musicicians have enhanced subcortical auditory and audiovisual processing of speech and music". *Proceedings of the National Academy of Sciences USA* 104, nº 40, pp. 15894-98, 2007.

NABOKOV, Vladimir. *A pessoa em questão*. São Paulo, Companhia das Letras, 1994 [1951].

NELSON, Kevin R.; MATTINGLY, Michelle; SCHMITT, Frederick A. "Out-of-body experience and arousal". *Neurology* 68, pp. 794-5, 2007.

NELSON, Kevin R.; MATTINGLY, Michelle; LEE, Sherman A.; SCHMITT, Frederick A. "Does the arousal system contribute to near death experience?" *Neurology* 66, pp. 1003-9, 2006.

NIETZSCHE, Friedrich. "Nietzsche contra Wagner", trad. Walter Kaufmann. *The portable Nietzsche*. Nova York, Penguin, 1977 [1888].

_____. "The will to power as art". *The will to power*, pp. 419-47, trad. Walter Kaufmann. Nova York, Vintage, 1968 [1888].

NORDHOFF, Paul; ROBBINS, Clive. *Therapy in music for handicapped children*. Londres, Victor Gollancz, 1971.

NOREÑA, A. J.; EGGERMONT, J. J. "Enriched acoustic environment after noise trauma reduces hearing loss and prevents cortical map reorganization. *Journal of Neuroscience* 25, nº 3, pp. 699-705, 2005.

OCKELFORD, Adam. *In the key of genius: the extraordinary life of Derek Paravicini*. Londres, Hutchinson, 2007.

OCKELFORD, Adam; PRING, Linda; WELCH, Graham; TREFFERT, Darold. *Focus on music: exploring the musical interests and abilities of blind and partially-sighted children and young people with septo-optic dysplasia*. Londres, Institute of Education, 2006.

OESTEREICH, James R. "Music: the shushing of the symphony". *The New York Times*, 11 de janeiro de 2004.

OSTWALD, Peter. *Schumann: music and madness*. Londres, Victor Gollancz, 1985.

PADEREWSKI, Ignacy Jan. *The Paderewski memoirs*. Mary Lawton (ed.), Londres, Collins, 1939.

PASCUAL-LEONE, Alvaro. "The brain that makes music and is changed by it". Em: PERETZ, Isabelle; ZATORRE, Robert (eds.). *The cognitive neuroscience of music*, pp. 396-409. Oxford, Oxford University Press, 2003.

PATEL, A. D.; IVERSEN, J. R.; BREGMAN, M. R.; SCHULZ, I.; SCHULZ, C. "Investigating the human-specificity of synchronization to music". Em *Proceedings of the 10th International Conference on Music Perception and Cognition*, Mayumi Adachi *et al.* (eds.), Sapporo, Japão, 2008.

PATEL, A. D. *Music, language, and the brain*. Nova York, Oxford University Press, 2008.

_____. "Musical rhythm, linguistic rhythm, and human evolution". *Music Perception* 24, nº 1, pp. 99-104, 2006.

LUSSEYRAN, Jacques. *Memórias de vida e luz.* São Paulo, Editora Antroposófica, 1995.

MACHOVER, Tod. "Shaping minds musically". *BT Technology Journal* 22, nº 4, pp. 171-9, 2004.

MAILIS-GAGNON, Angela; ISRAELSON, David. *Beyond pain: making the mind-body connection.* Toronto, Viking Canada, 2003.

MARTIN, Paula I.; NAESER, Margaret A.; THEORET, Hugo; TORMOS, José Maria; NICHOLAS, Marjorie; KURLAND, Jacquie; FREGNI, Felipe; SEEKINS, Heidi; DORON, Karl; PASCUAL-LEONE, Alvaro. "Transcranial magnetic stimulation as a complementary treatment for aphasia". *Seminars in speech and language* 25, pp. 181-91, 2004.

MASSEY, Irving J. "The musical dream revisited: music and language in dreams. *Psychology of Aesthetics, Creativity, and the Arts* 1, pp. 42-50, 2006.

MAUGHAM, Somerset. "The alien corn". *Collected short stories.* v. 2. Nova York, Penguin Classics, 1992 [1931].

MAURER, Daphne. "Neonatal synaesthesia: implications for the processing of speech and faces". Em: BARON-COHEN, Simon; HARRISON, John (eds.). *Synaesthesia: classic and contemporary readings*, pp. 224-42. Oxford, RU, Blackwell, 1997.

MEIGE, Henry; FEIDEL, E. *Les tics et leur traitment.* Paris, Masson, 1902.

MICHEYL, Christophe; KHALFA, Stephanie; PERROT, Xavier; COLLET, Lionel. "Difference in cochlear efferent activity between musicians and non-musicians". *NeuroReport* 8, pp. 1047-50, 1997.

MILES, Barry. *Paul McCartney: Many years from now.* Nova York, Henry Holt, 1997.

MILL, John Stuart. *Autobiography.* Nova York, Penguin Classics, 1990 [1924].

MILLER, B. L.; BOONE, K.; CUMMINGS, J.; READ, S. L.; MISHKIN, F. "Functional correlates of musical and visual ability in frontotemporal dementia". *British Journal of Psychiatry* 176, pp. 458-63, 2000.

MILLER, B. L.; CUMMINGS, J.; MISHKIN, F.; BOONE, K.; PRINCE, F.; PONTON, M.; COTMAN, C. "Emergence of artistic talent in frontotemporal dementia". *Neurology* 51, pp. 978-82, 1998.

MILLER, Leon. *Musical savants: exceptional skill in the mentally retarded.* Hillsdale, NJ, Lawrence Erlbaum, 1989.

MILLER, Timothy C.; CROSBY, T. W. "Musical hallucinations in a deaf elderly patient". *Annals of Neurology* 5, pp. 301-2, 1979.

MINSKY, Marvin. "Music, mind and meaning". Em: CLYNES, Manfred (ed.). *Music, mind and brain*, pp. 1-20. Nova York, Plenum Press, 1982.

MITCHELL, Silas Weir. "The case of George Dedlow". *Atlantic Monthly*, 1866.

_____. *The injuries of nerves.* Nova York, Dover, 1965 [1872].

MITHEN Steven. *The singing Neanderthals: the origins of music, language, mind and body.* Londres, Weidenfeld & Nicolson, 2005.

_____. "The diva within". *New Scientist* — pp. 38-39, 23 de fevereiro de 2008.

KERTESZ, Andrew; MUNOZ, David G. (eds.). *Pick's disease and Pick complex*. Nova York, Wiley-Liss, 1998.

KLAWANS, Harold L. "Did I remove that gallblader?" Em: KAPUR, Narinder (ed.). *Injured brains of medical minds: views from within*, pp. 21-30. Oxford, Oxford University Press, 1997.

KONORSKI, Jerzy. *Integrative activity of the brain: an interdisciplinary approach*. Chicago, University of Chicago Press, 1967.

KRAMER, David J. M.; MACRAE, C. Neil; GREEN, Adam E.; KELLEY, William M. "Sound of silence activates auditory cortex". *Nature* 434, p. 158, 2005.

LAMB, Charles. *The essays of Elia*. Londres, Taylor and Hessey, 1823.

LEDERMAN, Richard J. "Robert Schumann". *Seminars in neurology* 19, supl. 1, pp. 17-24, 1999.

LEHRER, Jonah. "Blue Monday, green Thursday". *New Scientist*, 194, nº 2604, pp. 48-51, 2007.

_____. *Proust was a neuroscientist*. Nova York, Houghton Mifflin, 2007.

LESSER, Wendy. *Room for doubt*. Nova York, Pantheon, 2007.

LEVITIN, Daniel J. *This is your brain on music*. Nova York, Dutton, 2006.

LEVITIN, Daniel J.; BELLUGI, Ursula. "Musical ability in individuals with William's syndrome". *Music Perception* 15, nº 4, pp. 357-89, 1998.

_____. "Rhythm, timbre and hyperacusis in Williams-Beuren syndrome". Em: MORRIS, C.; LENHOFF, H.; WANG, P. (eds.). *Williams-Beuren syndrome: research and clinical perspectives*, pp. 343-58. Baltimore, Johns Hopkins University Press, 2006.

LEVITIN, Daniel J.; COOK, Perry R. "Memory for musical tempo: additional evidence that auditory memory is absolute". *Perception and Psychophysics* 58, pp. 927-35, 1996.

LEVITIN, Daniel J.; ROGERS, Susan E. "Absolute pitch: perception, coding and controversies". *Trends in Cognitive Neurosciences* 9, nº 1, pp. 26-33, 2005.

LLINÁS, Rodolfo. *I of the vortex: from neurons to self*. Cambridge, MIT Press, 2001.

LOPEZ, Steve. *The soloist: a lost dream, an unlikely friendship, and the redemptive power of music*. Nova York, G. P. Putnam's Sons, 2008.

LURIA, A. R. *The nature of human conflicts; or emotion, conflict and will*. Nova York, Liveright, 1932.

_____. *Traumatic aphasia*. Berlim, Mouton de Gruyter, 1970 [1947].

_____. *Restoration of function after brain injury*. Nova York, Macmillan, 1963 [1948].

_____. *Higher cortical functions in man*. Nova York, Basic Books, 1966.

_____. *The mind of a mnemonist*. Cambridge, Harvard University Press, 1968.

LURIA, A. R.; TSVETKOVA, L. S.; FUTER, D. S. "Aphasia in a composer". *Journal of Neurological Sciences* 2, pp. 288-92, 1965.

chotic outpatients. *Journal of Clinical Psychiatry* 65, nº 2, pp. 191-7, 2004.

HULL, John. *Touching the rock: an experience of blindness*. Nova York, Pantheon, 1991.

HUNTER, M. D.; GRIFFITHS, T. D.; FARROW, T. F.; ZHENG, Y.; WILKINSON, I. D.; HEDGE, N.; WOODS, W.; SPENCE, S. A.; WOODRUFF, P. W. "A neural basis for the perception of voices in external auditory space". *Brain* 126, nº 1, pp. 161-9, 2003.

HURON, David. *Sweet anticipation: music and the psychology of expectation*. Cambridge, Bradford Books, MIT Press, 2006.

HUTCHINSON, Siobhan; LEE, Leslie Hui-Lin; GAAB, Nadine; SCHLAUGH, Gottfried. "Cerebellar volume of musicians". *Cerebral Cortex* 13, pp. 943-9, 2003.

HUXLEY, Aldous. *Brave New World*. Londres, Chatto and Windus, 1932.

HUYSMANS, Joris-Karl. *Against the grain*. Paris, Librarie du Palais-Royal, 1926 [1884].

HYDE, K.; ZATORRE, R.; GRIFFITHS, T. D.; LERCH, J. P.; PERETZ, I. "Morphometry of the amusic brain: a two-side study". *Brain* 129, pp. 2562-70, 2006.

IVERSEN, John R.; PATEL, Anirudd D.; OHGUSHI, Kengo. "Perception of nonlinguistic rhythmic stimuli by American and Japanese listeners". *Proceedings of the International Congress of Acoustics*, Kyoto, 2004.

IZUMI, Yukio; TERAO, Takeshi; ISHINO, Yoichi; NAKAMURA, Jun. "Differences in regional cerebral blood flow during musical and verbal hallucinations". *Psychiatry Research Neuroimaging* 116, pp. 119-23, 2002.

JACKENDORFF, Ray; LERDAHL, Fred. "The capacity for music: what it is, and what's special about it?". *Cognition* 100, pp. 33-72, 2006.

JACKSON, John Hughlings. "Singing by speechless (aphasic) children". *Lancet* 2, pp. 430-1, 1871.

_____. "On a particular variety of epilepsy ('Intellectual Aura')". *Brain* 11, pp. 179-207, 1888

JACOME, D. E. "Aphasia with elation, hypermusia, musicophilia and compulsive whistling". *Journal of Neurology, Neurosurgery, and Psychiatry* 47, pp. 308-10, 1984.

JAMES, William. *The principles of psychology*. Nova York, Henry Holt, 1890.

JOURDAIN, Robert. *Música, cérebro e êxtase*. Rio de Janeiro, Objetiva, 1998.

KAPUR, Narinder. "Paradoxical functional facilitation in brain-behaviour research: a critical review". *Brain* 119, pp. 1775-90, 1996.

KAWAI, Nobuyuki; MATSUZAWA, Tetsuro. "Numerical memory span in a chimpanzee". *Nature* 403, pp. 39-40, 2000.

KEMP, David E.; GILMER, William S.; FLECK, Jenelle; DAGO, Pedro. "An association of intrusive, repetitive phrases with lamotrigine treatment in bipolar II disorder". *CNS Spectrums* 12, nº 2, pp. 106-11, 2007.

KERTESZ, Andrew. *The banana lady and other stories of curious behavior and speech*. Victoria, Trafford Publishing, 2006.

Grove's dictionary of music and musicians. 5ª ed. Ed. Eric Blom. Londres, Macmillan, 1954.

HACKNEY, Madeleine E.; KANTOROVICH, Svetlana; EARHART, Gammon M. "A study on the effects of Argentine tango as a form of partnered dance for those with Parkinson disease and the healthy elderly". *American Journal of Dance Therapy* 29, nº 2, pp. 109-27, 2007.

HACKNEY, Madeleine E.; KANTOROVICH, Svetlana; LEVIN, Rebecca; EARHART, Gammon. "Effects of tango on functional mobility in Parkinson's disease: a preliminary study". *Journal of Neurologic Physical Therapy* 31, pp. 173-79, 2007.

HALBERSTAM, David. *The coldest winter: America and the Korean War.* Nova York, Hyperion, 2007.

HALLETT, Mark. "The neurophysiology of dystonia". *Archives of Neurology* 55, pp. 601-3, 1998.

HALPERN, A. R.; ZATORRE, R. J. "When that tune runs through your head: a PET investigation of auditory imagery for familiar melodies". *Cerebral Cortex* 9, pp. 697-704, 1999.

HAMILTON, R. H.; PASCUAL-LEONE, A.; SCHLAUG, G. "Absolute pitch in blind musicians". *NeuroReport* 15, nº 5, pp. 803-6, 2004.

HAMZEI, F.; LIEPERT, J.; DETTMERS, C.; ADLER, T.; KIEBEL, S.; RIJNTJES, M.; WEILLER, C. "Structural and functional cortical abnormalities after upper limb amputation during childhood". *NeuroReport* 12, nº 5, pp. 957-62, 2001.

HANNON, Erin E.; TREHUB, Sandra E. "Tuning in to musical rhythms: infants learn more readily than adults". *Proceedings of the National Academy of Sciences* 102, pp. 12639-43, 2005.

HARRISON, John E. *Synaesthesia: the strangest thing.* Nova York, Oxford University Press, 2001.

HART, Mickey; LIEBERMAN, Frederic. *Planet Drum.* San Francisco, HarperCollins, 1991.

HART, Mickey; STEVENS, Jay. *Drumming at the edge of magic.* San Francisco, HarperCollins, 1990.

HARVEY, William. *De Motu Locali Animalium.* Londres, Cambridge University Press, 1960 [1627].

HÉCAEN, Henri; ALBERT, Martin L. *Human neuropsychology.* Nova York, John Wiley & Sons, 1978.

HENAHAN, Donal. "Did Shostakovich have a secret?" *New York Times*, seção 2, p. 21, 10 de julho de 1983.

HERMELIN, Beate; O'CONNOR, N.; LEE, S. "Musical inventiveness of five idiot savants". *Psychological Medicine* 17, pp. 685-94, 1987.

HERMESH, H.; KONAS, S.; SHILOH, R.; DAR, R.; MAROM, S.; WEIZMAN, A.; GROSSIS-SEROFF, R. "Musical hallucinations: prevalence in psychotic and nonpsy-

FRY, Hunter; HALLETT, Mark. "Focal dystonia (occupational cramp) masquerading as nerve entrapment or hysteria". *Plastic and Reconstructive Surgery* 82, pp. 908-10, 1988.

FUJIOKA, Takako; ROSS, Bernhard; KAGIKI, Ryusuke; PANTEV, Christo; TRAINOR, Laurel J. "One year of musical training affects development of auditory cortical-evoked fields in young childrren". *Brain* 129, pp. 2593-608, 2006.

GAAB, N.; SCHULZE, K.; OZDEMIR, E.; SCHLAUG, E. "Extensive activation of occipital and parietal cortex in a blind absolute pitch musician". Poster, Eleventh Annual Meeting of the Cognitive Neuroscience Society, San Francisco, 2004.

GALTON, Francis. *Inquiries into human faculty and its development.* Londres, J. M. Dent, 1883.

GARDNER, Howard. *Frames of mind: the theory of multiple intelligences.* Nova York, Basic Books, 1983.

GARRAUX, G.; BAUER, A.; HANAKAWA, T.; WU, T.; KANSAKU, K.; HALLETT, M. "Changes in brain anatomy in focal hand dystonia". *Annals of Neurology* 55, nº 5, pp. 736-9.

GASER, Christian; SCHLAUG, Gottfried. "Brain structures differ between musicians and non-musicians". *Journal of Neuroscience* 23, nº 27, pp. 9240-5, 2003.

GEIST, Mary Ellen. *Measure of the heart: a father's Alzheimer's, a daughter's return.* Nova York, Springboard Press, 2008.

GEROLDI, C.; METITIERI, T.; BINETTI, G.; ZANETTI, O.; TRABUCCHI, M.; FRISONI, G. B. "Pop music in frontotemporal dementia". *Neurology* 55, pp. 1935-6, 2000.

GESCHWIND, Norman; GALABURDA, A. M. *Cerebral lateralization: biological mechanisms, associations, and pathology.* Cambridge, MIT Press, 1987.

GOODY, William. *Time and the nervous system.* Nova York, Praeger, 1988.

GOSSELIN, N.; SAMSON, S.; ADOLPHS, R.; NOULHIANE, M.; HASBOUN, D.; BAULAC, M.; PERETZ, I. "Emotional responses to unpleasant music correlates with damage to the parahipocampal cortex". *Brain* 129, pp. 2585-92, 2006.

GOUGOUX, F.; LEPORE, F.; LASSONDE, M.; VOSS, P.; ZATORRE, R. J.; BELIN, P. "Pitch discrimination in the early blind". *Nature* 430, p. 309, 2004.

GOULD, S. J.; VRBA, E. S. "Exaptation: a missing term in the science of form". *Paleobiology* 8, nº 4, pp. 4-15, 1982.

GOWERS, William R. *Manual: diseases of the nervous system.* 2 v. Filadélfia, P. Blakinston, 1886-88.

_____. *The borderland of epilepsy: faints, vagal attacks, vertigo, migraine, sleep symptoms, and their treatment.* Londres, Churchill, 1907.

GRIFFITHS, T. D. "Musical hallucinosis in acquired deafness: phenomenology and substrate". *Brain* 123, pp. 2065-76, 2000.

GRIFFITHS, T. D.; JENNINGS, A. R.; WARREN, J. D. "Dystimbria: a distinct musical syndrome?" Apresentado à Nona Conferência Internacional sobre Percepção Musical e Cognição, Bolonha, 22-26 de agosto de 2006.

DAVIS, John; BARON, M. Grace. "Blind Tom: a celebrated slave pianist coping with the stress of autism". Em: BARON, M. G.; GRODEN, J.; GRODEN, G.; LIPSITT, L. P. (eds.). *Stress and coping in autism.* Oxford, Oxford University Press, 2006.

DEUTSCH, Diana; HENTHORN, Trevor; DOLSON, M. "Absolute pitch, speech, and tone language: some experiments and a proposed framework. *Music Perception* 21, pp. 339-56, 2004.

DEUTSCH, Diana; HENTHORN, Trevor; MARVIN, Elizabeth; XU, Hong Shuai. "Absolute pitch among American and Chinese conservatory students: prevalence differences, and evidence for a speech-related critical period (L)". *Journal of the Acoustical Society of America* 119, nº 2, pp. 719-22, 2006.

DEVINSKY, O.; FELDMANN, E.; BURROWES, K.; BROMFIELD, E. "Autoscopic phenomena with seizures". *Archives of Neurology* 46, pp. 1080-8, 1989.

DONALD, Merlin. *Origens do pensamento moderno.*Lisboa, Fundação Calouste Gulbenkian, 1999.

DOWN, J. Langdon. *On some mental affections of childhood and youth.* Londres, Churchill, 1887.

DUNNING, Jennifer. "When a pianist's fingers fail to obey". *New York Times,* seção 2, p. 1, 14 de junho de 1981.

ECO, Humberto. *A misteriosa chama da rainha Loana.* São Paulo, Record, 2005.

EDELMAN, Gerald M. *The remembered present: a biological theory of consciousness.* Nova York, Basic Books, 1989.

_____. *Second nature: brain science and human knowledge.* New Haven, Yale University Press, 2006.

ELLIS, Havelock. *The dance of life.* Nova York, Modern Library, 1923.

FORNAZZARI; L., CASTLE, T.; NADKARNI, S.; AMBROSE, M.; MIRANDA, D.; APANASIEWICZ, N.; PHILLIPS, F. "Preservation of episodic musical memory in a pianist with Alzheimer disease. *Neurology* 66, p. 610, 2006.

FREEDMAN, Lawrence R. "Cerebral concussion". Em: KAPUR, Narinder (ed.). *Injured brains of medical minds: views from within,* pp. 307-11. Oxford, Oxford University Press, 1997.

FREUD, Harry. "My Uncle Sigmund". Em: RUITENBERG, H. M. (ed.). *Freud as we knew him.* Detroit, Wayne State University Press, 1956.

FREUD, Sigmund. "The Moses of Michelangelo". Em: GAY, Peter (ed.). *The Freud reader.* Nova York, W. W. Norton, 1989 [1914].

FRUCHT, Steven J. "Focal task-specific dystonia in musicians". Em: FAHN, S.; HALLETT, M.; DELONG, M. R. (eds.). *Advances in Neurology.* v. 94. Filadélfia, Lippincott Williams & Wilkins, 2004.

FRUCHT, S. J.; FAHN, S.; GREENE, P. E.; O'BRIEN, C.; GELB, M.; TRUONG, D. D.; WELSH, J.; FACTOR, S.; FORD, B. "The natural history of embouchure dystonia". *Movement disorders* 16, nº 5, pp. 899-906, 2001.

_____. "My bionic quest for *Boléro*". *Wired* 13, nº 11 (novembro), pp. 144-59, 2005.

CLAPARÈDE, Edouard. "Recognition et moité". *Archives de Psychologie (Genève)* 11, pp. 79-90, 1911.

CLARKE, Arthur. *O fim da infância*. Rio de Janeiro, Nova Fronteira, 1979.

COHEN, Donna; EISDORFER, Carl. *The loss of self: a family resource for the care of Alzheimer's disease and related disorders*. Nova York, W. W. Norton, 1986.

COHEN, Jon. "The world through a chimp's eyes". *Science* 316, pp. 44-5, 2007.

COHEN, Neal J. "Preserved learning capacity in amnesia: evidence for multiple memory systems". Em: SQUIRE, Larry R.; BUTTERS, Nelson (eds.). *Neuropsychology of memory*. Nova York, Guilford Press, 1984.

COLEMAN, Nick. "Life in mono". *Guardian*, 19 de fevereiro de 2008.

COLMAN, W. S. "Hallucinations in the sane, associated with local organic disease of the sensory organs, etc." *British Medical Journal*, 12 de maio de 1894, pp. 1015-7.

COWLES, A.; BEATTY, W. W.; NIXON, S. J.; LUTZ, L. J.; PAULK, J.; ROSS, E. D. "Musical skill in dementia: a violinist presumed to have Alzheimer's disease learns to play a new song". *Neurocase* 9, nº 6, pp. 493-503, 2003.

CRANSTON, Maurice. *Jean-Jacques*. Londres, Allen Lane, pp. 289-90, 1983.

CRITCHLEY, Macdonald. "Musicogenic epilepsy". *Brain* 60, p. 13, 1937.

CRITCHLEY, Macdonald; HENSON, R. A. *Music and the brain: studies in the neurology of music*. Londres, William Heinemann Medical, 1977.

CRYSTAL, H. A.; GROBER, E.; MASUR, D. "Preservation of musical memory in Alzheimer's disease". *Journal of Neurology, Neurosurgery, and Psychiatry* 52, nº 12, pp. 1415-6, 1989.

CUDDY, Lola L.; DUFFIN, Jacalyn. "Music, memory and Alzheimer's disease". *Medical Hypotheses* 64, pp. 229-35, 2005.

CYTOWIC, Richard. *Synesthesia: a union of the senses*. Nova York, Springer, 1989.

_____. *The man who tasted shapes*. Nova York, G. P. Putnam's Sons, 1993.

CYTOWICK, Richard; EAGLEMAN, David. *Hearing colors, tasting sounds: the kaleidoscopic brain of synesthesia*. Cambridge, MIT Press [no prelo].

DARWIN, Charles. *The descent of man, and selection in relation to sex*. Nova York, Appleton, 1871.

_____. *The autobiography of Charles Darwin, 1809-1882*. Nova York, W. W. Norton, 1993 [1887].

DARWIN, Francis (ed.). *The autobiography of Charles Darwin and selected letters*. Nova York, Dover Publications, 1892/1958.

DAVID, R. R.; FERNANDEZ, H. H. "Quetiapine for hypnogogic musical release hallucination". *Journal of Geriatric Psychiatry and Neurology* 13, nº 4, pp. 210-1.

DAVIS, John. "Blind Tom". Em: GATES JR., Henry Louis, HIGGINBOTHAM, Evelyn Brooks (eds.). *African American lives*. Oxford, Oxford University Press, 2004.

BELL, Charles. *The nervous system of the human body.* Londres, Taylor and Francis, 1833.

BELLUGI, Ursula; LICHTENBERGER, Liz; MILLS, Debra; GALABURDA, Albert; KORENBERG, Julie R. "Bridging cognition, the brain and molecular genetics: evidence from Williams syndrome". *Trends in Neuroscience* 22, pp. 197-207, 1999.

BERLIOZ, Hector. *The memoirs of Hector Berlioz.* Tradução de David Cairns. Nova York, Everyman's Library, 2002 [1865].

BERRIOS, G. E. "Musical hallucinations: a historical and clinical study". *British Journal of Psychiatry* 156, pp. 188-94, 1990.

_____. "Musical hallucinations: a statistical analysis of 46 cases". *Psychopatology* 24, pp. 356-60, 1991.

BLAKE, D. T.; BYL, N. N.; CHEUNG, S.; BEDENBAUGH, P.; NAGARAJAN, S.; LAMB, M.; MERZENICH, M. "Sensory representation abnormalities that parallel focal hand dystonia in a primate model". *Somatosensory and Motor Research* 19, nº 4, pp. 347-57, 2002.

BLANKE, Olaf; LANDIS, Theodor; SPINELLI, Laurent; SEECK, Margitta. "Out-of-body experience and autoscopy of neurological origin". *Brain* 127, pp. 243-58, 2004.

BLOOD, Anne J.; ZATORRE, Robert J. "Intensely pleasurable responses to music correlate with activity in brain regions implicated in reward and emotion". *Proceedings of the National Academy of Sciences USA* 98, pp. 11818-23, 2001.

BOEVE, B. F.; GEDA, Y. E. "Polka music and semantic dementia". *Neurology* 57, p. 1485, 2001.

BOSSOMAIER, Terry; SNYDER, Allan. "Absolute pitch accessible to everyone by turning off part of the brain?" *Organised Sound* 9, nº 2, pp. 181-89, 2004.

BROWNE, Janet. *Charles Darwin: the power of place.* Nova York, Alfred A. Knopf, 2002.

BRUST, John C. "Music and the neurologist: an historical perspective". *Annals of the New York Academy of Sciences* 930, pp. 143-52, 2001.

BURTON, Robert. *The anatomy of melancholy.* Nova York, NYRB Classics, 2001 [1621].

CANDIA, Victor; WIENBRUCH, Christian; ELBERT, Thomas; ROCKSTROH, Brigitte; RAY, William. "Effective behavioral treatment of focal hand dystonia in musicians alters somatosensory cortical organization". *Proceedings of the National Academy of Sciences USA* 100, nº 13, pp. 7942-6, 2003.

CHEN, J. L.; ZATORRE, R. J.; PENHUNE, V. B. "Interactions between auditory and dorsal premotor cortex during synchronization to musical rhythms". *Neuroimage* 32, pp. 1771-81, 2006.

CHOROST, Michael. *Rebuilt: how becoming part computer made me more human.* Nova York, Houghton Mifflin, 2005.

BIBLIOGRAFIA

ALAJOUANINE, Théophile. "The aphasie and artistic realisation". *Brain* 71, pp. 229-41, 1948.

ALBERT, Martin L.; SPARKS, R.; HELM, N. "Melodic intonation therapy for aphasia". *Archives of Neurology* 29, pp. 130-1, 1973.

ALDRIDGE, David. "Rhythm man". Em: SELIGMAN, Adam; HILKEVICH, John (eds.). *Don't think about monkeys*, pp. 173-82. Duarte, CA, Hope Press, 1992.

ALLEN, D. A.; RAPIN, I. "Autistic children are also dysphasic". Em: NARUSE, H.; ORNITZ, E. M. (eds.). *Neurobiology of infantile autism*, pp. 157-68. Amsterdam, Elsevier, 1992.

ALLEN, Grant. "Note-Deafness". *Mind* 3, nº 10, pp. 157-67, 1878.

AMEDI, Amir; MERABET, Lofti B.; BERMPOHL, Felix; PASCUAL-LEONE, Alvaro. "The occipital cortex in the blind: lessons about plasticity and vision". *Current Directions in Psychological Science* 14, nº 6, pp. 306-11, 2005.

AYOTTE, Julia; PERETZ, Isabelle; HYDE, Krista. "Congenital amusia: a group study of adults afflicted with a music-specific disorder". *Brain* 125, pp. 238-51, 2002.

BAROH-COHEN, Simon; HARRISON, John. *Synaesthesia: classic and contemporary reading.* Oxford, Blackwell, 1997.

BAUBY, Jean-Dominique. *O escafandro e a borboleta.* São Paulo, Martins Fontes, 2007.

BAYLEY, John. *Elegy for Iris.* Nova York, St. Martin's Press, 1999.

BEAR, David. "Temporal-lobe epilepsy: a syndrome of sensory-limbic hyperconnection". *Cortex* 15, pp. 357-84, 1979.

BEELI, G.; ESSLEN, M.; JÄNCKE, L. "When coloured sounds taste sweet". *Nature* 434, p. 38, 2005.

BELIN, P.; VAN EECKHOUT, P.; ZILBOVICIUS, P.; REMY, P.; FRANÇOIS, C.; GUILLAUME, S.; CHAIN, F.; RANCUREL, G.; SAMSON, Y. "Recovery from nonfluent aphasia after melodic intonation therapy: a PET study". *Neurology* 47, nº 6, pp. 1504-11, 1996.

BELIN, P.; ZATORRE, R. J.; LAFAILLE, P.; AHAD, P.; PIKE, B. "Voice-selective areas in human auditory cortex". *Nature* 403, pp. 309-10, 2000.

cérebro e da mente humana. Efetivamente, esses correspondentes constituem uma admirável e empolgante extensão do meu trabalho clínico, dizendo-me coisas que eu, de outro modo, nunca encontraria. Este livro, especialmente, é muito mais rico graças à contribuição dessas pessoas.

Pós-escrito

Fiz várias correções, revisões e acréscimos para esta edição de 2008 de *Alucinações musicais* e incluí dezenas de notas de rodapé e longos pós-escritos a vários capítulos. Novamente devo muito a amigos e colegas por suas proveitosas críticas e às milhares de pessoas que me escreveram depois da primeira publicação do livro, com fascinantes comentários ou descrições de suas experiências musicais. Seria impossível agradecer individualmente a cada um desses correspondentes, mas devo mencionar com destaque Liz Adams, Caroline Agarwala, Kyle Bartlett, Kjersti Beth, Eliza Bussey, Nick Coleman, Sean Cortwright, David Drachman, Bob Daroff, Sara Bell Drescher, Gammon Earhart, Mildred Forman, Cindy Foster, Susan Foster-Cohen, Carleen Franz, Alan Geist, Dorothy Goldberg, Stan Gould, Matthew Goulish, Vladimir Hachinski, Patricia Hackbarth, Madeleine Hackney, Matthew H., Abigail Herres, Kentrell Herress, Paul Herruer, Arlyn Kantz, Philip Kassen, Jeff Kennedy, Ken Kessel, Tracy King, Nora Klein, Louis Klonsky, Jennifer e Karianne Koski, Kathryn Genovese Koubek, Jessica Krash, Nina Kraus, Steven L., Renee Lorraine, Grace M., J. M., Kathleen Mast, Melanie Mirvis, Rebecca Moulds, A. O., Danielle Ofri, John Purser, Gena Raps, Paul Raskin, Annie R., Gary Robertson, Steven L. Rosenhaus, Steve Salemson, Jeremy Scratcherd, Rolf Silber, Bob Silverman, Peter Smail, David Weich da Powell's Books, Ethan Weker, Christina Whittle, David Wise e Hailey Wojcik.

Wendy Lesser, Rodolfo Llinás, Dwight e Ursula Mamlok, Robert Marion, Eric Markowitz, Gerry Marks, Michael Merzenich, Jonathan Miller, Marvin Misnky, Bill Morgan, Nicholas Naylor-Leland, Adam Ockelford, David Oppenheim, Tom Oppenheim, Erna Oteen, Alvaro Pascual-Leone, Charlotte Pharr, Tobias Picker, Emilio Presedo, Maria Ralescu, V. S. Ramachandran, Leo Rangell, Isabelle Rapin, Harold Robinson, Paul Rodriguez, Bob Ruben, Yolanda Rueda, Jonathan Sacks, Gottfried Schlaug, Gretta Sculthorp, Peter Selgin, Leonard Shengold, David Shire, Bob Silvers, Allan Snyder, Elizabeth Socolow, Steven Sparr, Larry Squire, Alexander Stein, Daniel Stern, Doug Stern, Dan Sullivan, Michael Sundue, Michael Thaut, Michael Torke, Darold Treffert, Nick van Bloss, Erica vanderLinde Feidner, Indre Viskontas, Nick Warner, Jason Warren, Bob e Claudia Wasserman, Deborah e Clive Wearing, Ed Weinberger, Larry Weiskrantz, Ren Weschler, E. O. Wilson, Frank Wilson, Stephen Wiltshire, Rosalie Winard, Michael Wolff, Caroline Yahne, Nich Younes e Carol Zitzer-Comfort.

Este livro não teria sido concluído sem o apoio financeiro de muitas universidades e organizações que me acolheram ao longo dos anos. Destacadamente, agradeço à Fundação Alfred P. Sloan e, nesta, a Doron Weber, que concederam generosa subvenção ao meu projeto.

Pelo apoio e assessoria editorial, sou grato a Dan Frank, Fran Bigman, Lydia Buechler, Bonnie Thompson e muitos outros da editora Alfred A. Knopf, e também a Sarah Chalfant, Edward Orloff, Andrew Wyllie e a toda a Wyllie Agency. Sobretudo, sou grato a Kate Edgar, que passou milhares de horas colaborando comigo nas pesquisas, redação e preparação deste livro — e em muito mais.

Gostaria, por fim, de agradecer aos meus correspondentes, às milhares de pessoas que me escreveram de todas as partes do mundo, contando-me sua vida e especialmente suas experiências neurológicas. Eu não poderia esperar encontrar, em minha limitada prática clínica, nem mesmo uma fração do que ouvi e aprendi com meus correspondentes. Muitos deles escrevem em busca de informação; porém, o mais das vezes, apenas desejam encontrar alguém que os compreenda ou partilhar uma visão interessante do

Penhune, Isabelle Peretz e Robert Zatorre. Cada um deles pôs à minha disposição seus profundos conhecimentos e experiência sobre música e o cérebro, leu e releu rascunhos deste livro, sugeriu recursos e fez inestimáveis críticas, correções e acréscimos. Tive o prazer de conhecer Anthony Storr e corresponder-me com ele por anos. Conversamos muito sobre música, e quando ele publicou *Music and the mind* em 1992, achei que era o melhor livro que eu já lera sobre o tema. Mantendo essa opinião, sem acanhamento pus-me a escrever meu próprio livro. Até preciso, mais uma vez, recorrer a Storr e citar o que ele escreveu em seus agradecimentos: "Os velhos esquecem, e pode haver outras pessoas a quem não me lembrei de agradecer. A elas, só me resta pedir desculpas".

Embora inevitavelmente eu venha a omitir muitos outros que deveriam ser mencionados, gostaria de expressar minha gratidão especial a D. L., Frank V., G. G., Gordon B., Jacob L., John C., John S., Jon S., Joseph D., June B., Louis F. e esposa., Michael B. e seus pais, os pacientes e a equipe médica da Clínica de Síndrome de Williams do Hospital Infantil de Montefiore, Rachael Y., Salimah M., Samuel S., Sheryl C., Silvia N., Solomon R., Steven, Meghan, Christian e Anne, Sue B., Sydney A., Jean Aberlin, Victor Aziz, Andrea Bandel, Simon Baroh-Cohen, Sue Barry, Caroline Bearsted, Caroline Bearsted, Howard Brandston, Jerome Bruner, David Caldwell, Todd Capp, John Carlson, Sheryl Carter, Melanie Challenger, Elizabeth Chase, Mike Chorost, Tony Cicoria, Jennifer e John Clay, Jonathan Cole, Heidi Confort, Richard Cytowick, Mark Damashek, Merlin Donald, Gerald Edelman, Patrick Ehlen, Tom Eisner, Glen Estrin, Leon Fleisher, Cornelia e Lucas Floss, Lawrence Freedman, Allen Furbeck, Richard Garrison, Mary Ellen Geist, Rosemary e Woody Geist, Matt Giordano, Harvey e Louise Glatt, John Goberman, Elkhonon Goldberg, Jane Goodall, Temple Grandin, T. D. Griffiths, Mark Hallett, Arlan Harris, John Harrison, Mickey Hart, Roald Hoffmann, Mark Homonoff, Anna e Joe Horovitz, Krista Hyde, John Iversen, Jorgen Jorgensen, Eric Kandel, Malonnie Kinnison, Jan Koltun, Eric Korn, Carol Krumhansl, Jaron Lanier, Margaret Lawrence, Christine Leahy, Gloria Lenhoff, Howard Lenhoff,

AGRADECIMENTOS

Dedico este livro a três grandes amigos e colegas que tiveram, cada qual, um papel essencial na gênese e evolução da obra. Sem nossas conversas sobre música e muito mais ao longo de anos, escrever este livro teria sido impossível.

Orrin Devinsky, meu colega médico e neurologista da New York University Medical School (onde foi fundador do Comprehensive Epilepsy Center), há anos, com uma generosidade sem limites, apresenta-me a pacientes seus e compartilha comigo seu grande conhecimento clínico e suas descobertas.

Ralph M. Siegel, professor de neurociência na Rutgers University, tem trabalhado comigo em estreita colaboração em vários casos, vinculados ou não à sua área de pesquisa específica, a visão, e sempre me forçou a levar em consideração a base fisiológica de cada um desses casos.

Connie Tomaino vem sendo minha colaboradora e assessora em todas as questões musicais há mais de 25 anos. Ela chegou ao Hospital Beth Abraham na época em que eu estava trabalhando ali com os pacientes descritos em meu livro *Tempo de despertar*. Tornou-se presidente da American Association of Music Therapists e depois fundou no Beth Abraham o Institute for Music and Neurologic Function.

Muitos outros cientistas, médicos, terapeutas, pacientes, amigos, colegas e correspondentes partilharam generosamente comigo suas experiências, ideias, conhecimentos e, em alguns casos, seus pacientes. Entre eles, tenho de agradecer especialmente a Patrick Baron, Ursula Bellugi, Diana Deutsch, Steve Frucht, Daniel Levitin, Bruce Miller, Aniruddh Patel, Virginia

alicerçam a inteligência e a sensibilidade musicais, e pode haver formas de amusia quando ocorrem danos a essas áreas. Mas a resposta emocional à música, ao que parece, é muito disseminada e provavelmente não apenas cortical, mas também subcortical, de modo que mesmo em uma doença cortical difusa como o Alzheimer a música ainda pode ser percebida, desfrutada e gerar respostas. Não é preciso possuir conhecimentos formais de música — na verdade, nem sequer é preciso ser particularmente "musical — para apreciá-la e responder a ela nos níveis mais profundos. A música é parte do homem, e não existe cultura humana na qual ela não seja altamente desenvolvida e valorizada. Sua própria ubiquidade pode banalizá-la no cotidiano: ligamos e desligamos o rádio, cantarolamos uma melodia, acompanhamos o ritmo com o pé, vasculhamos nossa mente procurando a letra de uma velha canção e não damos a menor importância a tudo isso. Mas para quem está perdido na demência, a situação é diferente. A música não é um luxo para essas pessoas, é uma necessidade, e pode ter um poder superior a qualquer outra coisa para devolvê-las a si mesmas, e aos outros, pelo menos por algum tempo.

conhecemos. Esse fato evidencia-se em uma carta de Kathryn Koubek:

Muitas vezes li que a música é uma outra realidade. Só nos últimos dias de vida de meu pai, quando ela se tornou sua *única* realidade, comecei a entender o que isso significa. Com quase cem anos, meu pai começou a perder a noção dessa realidade. Sua fala tornou-se desconexa, seus pensamentos dispersavam-se e sua memória tornou-se fragmentada e confusa. Fiz um pequeno investimento em um tocador de CD portátil. Quando ele começava a falar coisas sem nexo eu simplesmente punha o CD de alguma música clássica que ele adorava, apertava o "play" e assistia à transformação. O mundo de meu pai tornava-se lógico e claro. Ele podia acompanhar cada nota. [...] Não havia confusão, deslizes, ele não se perdia e, o mais espantoso, ele não esquecia. Aquele era um território familiar. Era o lar, mais do que todos os lares em que ele já vivera. [...] Aquela era a realidade.
Às vezes, meu pai reagia à beleza da música simplesmente chorando. Como aquela música emocionava quando tudo o que o emocionara fora esquecido — minha mãe, jovem, com um lindo rosto, minha irmã e eu quando crianças (seus amores), as alegrias do trabalho, das comidas, das viagens, da família? O que aquela música tocava? Onde ficava aquela paisagem na qual não existia o esquecimento? Como ela liberava outro tipo de memória, uma memória do coração não acorrentada a tempo, lugar, eventos e até a entes queridos?

A percepção da música e as emoções que ela pode despertar não dependem exclusivamente da memória, e a música não tem de ser conhecida para exercer poder emocional. Já vi pacientes com demência profunda chorar ou estremecer ao ouvir música que nunca tinham ouvido. Acho que eles podem vivenciar toda a gama de sentimentos ao alcance do resto de nós e que a demência, pelo menos nessas ocasiões, não é obstáculo para a profundidade das emoções. Quem presencia tais respostas percebe que ainda existe um *self* que pode ser convocado, mesmo que só a música possa ser capaz de fazê-lo.
Existem, indubitavelmente, áreas específicas do córtex que

pouco. Durante o dia, não se levantava do sofá para a higiene pessoal nem para as refeições com a família.

Após aquela troca de canal, ela mostrou uma grande mudança de comportamento: pediu para ir tomar o café da manhã, no outro dia não quis assistir à sua costumeira programação de tevê, e na tarde seguinte pegou seu bordado, abandonado havia muito tempo. Nas seis semanas subsequentes, além de comunicar-se com a família e se interessar mais pelo que a cercava, ela principalmente ouviu música (sobretudo *Country and Western*, que ela adorava). Seis semanas depois, morreu tranquila.

A doença de Alzheimer às vezes provoca alucinações e delírios, e nesses casos a música também pode dar uma solução a um problema que pode ser intratável por outros meios. Bob Silverman, sociólogo, escreveu-me sobre sua mãe, que, aos 91 anos, sofre há catorze anos da doença de Alzheimer. Ela vivia em uma casa para idosos quando começou a ter alucinações:

Ela contava histórias e as encenava. Parecia pensar que aquelas coisas estavam realmente acontecendo com ela. Os nomes das pessoas nas histórias eram reais, mas a ação era fictícia. Ao contar muitas daquelas histórias, ela praguejava e se zangava, coisa que jamais fizera antes da doença. As histórias geralmente continham uma pitada de verdade. Ficava muito claro para mim que havia algumas aversões e ressentimentos muito arraigados, afrontas percebidas, que estavam sendo encenados. [...] Fosse como fosse, ela estava exaurindo a si mesma e a todos que a cercavam.

Mas um dia ele comprou para a mãe um tocador de mp3 com capacidade para umas setenta músicas que eram constantemente renovadas. Eram todas músicas familiares, que ela reconhecia do tempo de sua juventude. Agora, ele escreveu, "ela ouve com fones de ouvido e ninguém é perturbado. *As histórias cessam*, e toda vez que uma nova música começa, ela faz algum comentário do tipo: 'Que beleza!', anima-se e às vezes canta junto".

A música também pode evocar mundos muito diferentes dos mundos pessoais e lembrados de eventos, pessoas e lugares que

nossas vozes. "O corpo é uma unidade de ações", escreveu Luria, e se não houver unidade, nenhum processo ativo ou interativo, até a nossa noção de possuir um corpo pode ser prejudicada. Mas segurar alguém, fazer com outra pessoa os movimentos de uma dança, pode iniciar uma resposta dançante (talvez, em parte, pela ativação de neurônios-espelho). Desse modo, pacientes que são inacessíveis por outros meios podem ser animados, capacitados a mover-se e recobrar, ao menos temporariamente, uma noção de identidade física e consciência — uma forma de consciência que talvez seja a mais profunda de todas.

Os círculos de percussão constituem outra forma de musico-terpia que pode ser inestimável para pessoas com demência, pois, como a dança, a percussão comunica-se com níveis muito funda-mentais, subcorticais, do cérebro. A música nesse nível, um nível inferior ao pessoal e ao mental, um nível puramente físico ou corporal, dispensa a melodia e o conteúdo específico, ou afeto, da canção — mas requer, indispensavelmente, o ritmo. O ritmo pode restaurar nossa noção de habitar um corpo e um senso primordial de movimento e vida.

Em um distúrbio do movimento como a doença de Parkinson não existe um efeito residual significativo com o poder da música. O paciente pode recobrar um fluxo motor desimpedido com a música, mas assim que ela para, o fluxo também se interrompe. Para pessoas com demência, porém, a música pode ter efeitos mais duradouros — melhora do humor, do comportamento e até da função cognitiva, que persistem por horas ou dias depois de terem sido desencadeados pela música. Comprovo isso quase diariamente na clínica, e muitos me enviam descrições de tais efeitos. Jan Koltun, coordenador de cuidados com idosos, escre-veu-me contando a seguinte história:

Uma de nossas cuidadoras [...] foi para casa e fez a simples inter-venção de mudar para o canal de música clássica na televisão defronte ao sofá onde sua sogra, durante os três anos anteriores, passara a maior parte do tempo assistindo a "programas". A sogra, diagnosticada como demente, mantinha a casa acordada à noite quando os cuidadores desligavam a tevê para poderem dormir um

por algum tempo, de reconhecer outras pessoas e formar um vínculo com elas. Recebo muitas cartas de musicoterapeutas e outros que tocam ou cantam para pessoas com demência relatando tais efeitos. Uma musicoterapeuta australiana, Gretta Sculthorp, depois de trabalhar durante dez anos em asilos e hospitais, expressou isso eloquentemente:

De início eu achava que estava proporcionando entretenimento, mas hoje sei que o que faço é agir como um abridor de lata para a memória das pessoas. Não posso predizer qual será o gatilho para um indivíduo, mas em geral existe algo para cada um, e uma parte do meu cérebro "observa" assombrada o que está acontecendo. [...] Uma das mais belas consequências do meu trabalho é que, de repente, a equipe médica pode ver seus pacientes sob uma luz inteiramente nova, como pessoas que tiveram um passado, e não só um passado, mas uma vida anterior com momentos de alegria e prazer.

Há ouvintes que se aproximam, ficam ao meu lado ou à minha frente e me tocam o tempo todo. Sempre há alguns que choram. Há gente que dança, gente que canta junto — de operetas a canções de Sinatra (e *Lieder*, em alemão!). Há pessoas perturbadas que se acalmam, pessoas emudecidas que ganham voz, pessoas paralisadas que acompanham o ritmo. Há os que não sabem onde estão, mas que imediatamente me reconhecem como "a Moça que Canta".

A musicoterapia para pacientes com demência tradicionalmente assume a forma de tocar para eles músicas antigas que, com suas melodias, conteúdos e emoções específicos, evocam memórias e respostas pessoais e convidam à participação. Essas memórias e respostas podem tornar-se menos disponíveis quando a demência se aprofunda. No entanto, alguns tipos de memória e resposta quase sempre sobrevivem, sobretudo o tipo de memória e resposta motoras que acompanham a dança.

São muitos os níveis em que a música pode mexer com as pessoas, penetrar nelas, alterá-las — e isso vale tanto para pacientes com demência como para o resto de nós. Ligamo-nos quando cantamos juntos, partilhando os afetos e conexões específicos de uma música; mas a ligação é mais profunda, mais primordial, quando dançamos juntos, coordenando nossos corpos e não só

Woody, obviamente, sempre possuíra talento musical, e os conservou apesar da demência grave. A maioria dos pacientes com demência não tem dons musicais extraordinários, e no entanto — notavelmente, quase sem exceção — conserva suas habilidades e preferências musicais mesmo quando a maioria das outras capacidades mentais estão severamente comprometidas. Eles são capazes de reconhecer música e reagir emocionalmente a ela até quando quase mais nada pode atingi-los. Isso evidencia a importância da música, quer ela provenha de concertos, gravações ou musicoterapia formal.

Às vezes a musicoterapia é em grupo, às vezes individual. É assombroso ver indivíduos mudos, isolados, confusos, animarem-se com a música, reconhecê-la como familiar e começar a cantar, começar a formar um vínculo com o terapeuta. É ainda mais assombroso ver uma dúzia de pessoas com demência — cada uma delas em um mundo ou não mundo próprio, aparentemente incapaz de qualquer reação coerente, que dirá de interações — reagirem à presença de um musicoterapeuta que começa a tocar música na presença delas. Prestam uma súbita atenção: doze pares de olhos distraídos cravam-se no músico. Pacientes entorpecidos tornam-se alertas e perceptivos, os agitados acalmam-se. É extraordinário que seja possível ganhar a atenção de tais pacientes e mantê-la por minutos a fio. Além disso, costuma ocorrer um envolvimento específico com o que está sendo tocado (é comum, nesses grupos, tocar músicas antigas que todos de uma mesma faixa etária e de origem semelhante possam ter conhecido).

A música familiar age como uma espécie de mnemônica proustiana, faz aflorar emoções e associações esquecidas há tempos, reabre aos pacientes o acesso a estados de espírito e memórias, a pensamentos e mundos que pareciam ter sido totalmente perdidos. O rosto ganha expressão conforme cada um vai reconhecendo a velha música e sentindo seu poder emocional. Uma ou duas pessoas talvez comecem a cantar junto, outras passam a acompanhar, e logo todo o grupo — muitos deles praticamente mudos até então — está cantando, como suas capacidades permitem.

"Junto" é um termo crucial, pois instala-se um sentimento de comunidade, e esses pacientes que pareciam incorrigivelmente isolados por sua doença e demência tornam-se capazes, ao menos

e procedimento para a memória explícita ou o conhecimento aproveitável.

Muito embora, pelo menos em alguém tão amnésico como Greg ou Woody, não seja possível usar o canto como uma espécie de porta dos fundos para a memória explícita, o ato de cantar, em si, ainda é importante. Descobrir, relembrar que ele *pode* cantar é imensamente tranquilizador para Woody, tanto quanto seria o exercício de qualquer habilidade ou competência. O canto, e mais nada, é capaz de estimular seus sentimentos, imaginação, senso de humor e criatividade, além do senso de identidade. Pode animá-lo, acalmá-lo, dar-lhe um foco e interessá-lo. Pode devolvê-lo a si mesmo e, não menos importante, cativa as outras pessoas, desperta-lhes a surpresa e a admiração — reações cada vez mais necessárias para alguém que, em seus momentos de lucidez, tem dolorosa noção de sua trágica doença e às vezes diz que se sente "despedaçado por dentro".

O estado de espírito engendrado pelo canto pode durar algum tempo, às vezes até mais do que a memória de ter cantado, que talvez seja perdida dali a alguns minutos. Recordei meu paciente, dr. P., o homem que confundiu sua mulher com um chapéu, e quanto cantar era vital para ele. Lembrei de minha "receita" para o dr. P.: levar uma vida que consistisse inteiramente em música e canto.

Talvez Woody, embora não possa expressar isso em palavras, saiba que isso se aplica a ele, pois há mais ou menos um ano ele deu de assobiar. Durante toda a tarde que passamos juntos ele assobiou baixinho "Somewhere over the rainbow". Hoje em dia, contaram-me Mary Ellen e Rosemary, sempre que não está ativamente ocupado em cantar ou fazer alguma outra coisa, ele assobia. E não só quando está acordado; dormindo também ele assobia, e às vezes canta — portanto, pelo menos nesse sentido, Woody tem a companhia da música, recorre a ela, 24 horas por dia.[5]

---

[5] Mary Ellen Geist, em seu relato biográfico *Measure of the heart: a father Alzheimer's, a daughter's return* [A medida do coração: Alzheimer do pai, retorno da filha], faz uma tocante descrição da demência de seu pai, abordando a música e outros aspectos e relatando como a família adaptou-se aos desafios da doença.

cimento de que havia cantado (ou de que podia cantar) quase sempre era um choque. Pensando na poderosa memória musical de seu pai, Mary Ellen perguntou: "Não poderíamos usar isso como uma abertura [...], embutir nas canções listas de compra, informações sobre ele mesmo?". Infelizmente, eu achava que isso não daria certo, respondi. Na verdade, Mary Ellen já constatara isso. "Por que não cantamos para ele a história de sua vida?", ela escrevera em seu diário em 2005. "Ou o caminho de um cômodo a outro? Tentei — e não funcionou." Também eu tivera essa ideia com Greg, um paciente inteligente e muito musical com profunda amnésia que eu atendera anos antes. Escrevendo sobre ele na *New York Review of Books* em 1992, observei:

> É fácil mostrar que informações simples podem ser embutidas em canções; desse modo conseguimos dar a Greg a data diariamente, na forma de um *jingle*, e ele é capaz de isolá-la de imediato e dizê-la quando lhe perguntam — ou seja, dizê-la sem o *jingle*. Mas o que significa dizer "hoje é 19 de dezembro de 1991" quando se está imerso numa profunda amnésia, quando se perdeu a noção de tempo e de história, quando se está existindo de momento a momento em um limbo sem sequência? "Saber a data" não significa coisa alguma nessas circunstâncias. Seria possível, porém, por meio da capacidade evocativa e do poder da música, talvez usando canções com uma letra escrita especialmente — canções relacionadas a algo valioso sobre ele mesmo ou sobre o mundo atual —, conseguir algo mais duradouro, mais profundo? Dar a Greg não apenas "fatos", mas uma noção de tempo e história, de relacionamento entre os eventos (e não meramente a existência deles), toda uma estrutura (ainda que sintética) de pensamento? Isso é algo que Connie Tomaino e eu estamos tentando fazer agora. Esperamos ter uma resposta dentro de um ano.

Mas em 1995, quando "O último hippie" foi republicado como um capítulo do livro *Um antropólogo em Marte*, já tínhamos a resposta: uma retumbante negativa. Não havia, e talvez nunca poderia haver, nenhum transporte da memória de execução

"O modo como ele sonda o rosto de minha mãe para descobrir como ela está", ela escreveu, "o modo como procura interpretar o estado de espírito dela, como tenta entender as pessoas em situações sociais e então age de acordo [...] está além da imitação." Cansado de fazer perguntas às quais Woody não conseguia dar uma resposta (como "o senhor consegue ler isto?" ou "onde nasceu?"), pedi-lhe que cantasse. Mary Ellen contara-me que, pelo que ela se lembrava, toda a família — Woody, Rosemary e as três filhas — sempre cantara junto, e o canto, para eles, sempre fora uma parte fundamental da vida familiar. Woody, ao entrar, viera assobiando "Somewhere over the rainbow", por isso pedi a ele para cantar essa canção. Rosemary e Mary Ellen acompanharam-no, e os três juntos, cada um em um tom harmônico diferente, interpretaram com grande beleza a música. Quando Woody cantava, mostrava todas as expressões, emoções e posturas apropriadas à canção e ao canto em grupo: voltar-se para os outros, esperar suas deixas etc. Assim ele fez com todas as músicas que cantaram, fossem elas efusivas, animadas, líricas e românticas, engraçadas ou tristes.

Mary Ellen trouxera um CD que Woody gravara anos antes com seu grupo de canto *a capella*, os Grunyons, e quando o pôs para tocar, Woody cantou junto, esplendidamente. Sua musicalidade, ou pelo menos a musicalidade ligada à execução musical, assim como sua civilidade e serenidade, estava completamente intacta — porém, mais uma vez, me perguntei se aquilo não seria apenas uma imitação, apenas uma *performance*, representando sentimentos e sentidos que ele já não possuía. Sem dúvida Woody *parecia* mais "presente" quando cantava do que em qualquer outro momento. Perguntei a Rosemary se achava que o homem que ela conhecera e amara por 55 anos estava presente por inteiro ao cantar. "Acho que provavelmente está", ela respondeu. Rosemary parecia fatigada, esgotada pelos cuidados quase incessantes com o marido e por aquele caminho palmo a palmo para a viuvez, à medida que ele ia perdendo cada vez mais o que outrora constituíra seu *self*. Mas ela ficava menos triste, menos viúva, quando todos cantavam juntos. Woody parecia tão presente nesses momentos que a ausência dele alguns minutos depois, seu esque-

Algumas semanas depois, tive o prazer de conhecer o sr. Geist, sua filha e sua mulher, Rosemary. O sr. Geist trazia consigo um jornal, um exemplar caprichosamente enrolado do *New York Times* — embora ele ignorasse que se tratava do *New York Times*, e, aparentemente, não soubesse o que era um "jornal".[3] Estava asseado e alinhado, embora para isso, como me disse sua filha depois, ele houvesse precisado de supervisão, pois se deixado por conta própria ele podia vestir as calças ao contrário, não reconhecer os seus sapatos, barbear-se com creme dental etc. Quando perguntei ao sr. Geist como ele passava, ele respondeu, jovialmente: "Acho que estou com boa saúde". Isso me lembrou o caso de Ralph Waldo Emerson, que, sofrendo de demência grave, respondia a perguntas desse tipo dizendo: "Muito bem; perdi minhas faculdades mentais, mas estou perfeitamente bem".[4]

De fato, Woody (como ele imediatamente se apresentou) revelava brandura, sensatez e serenidade emersonianas — ele estava com demência grave, sem dúvida, mas preservara seu caráter, sua cortesia, sua ponderação. Apesar dos flagrantes danos do Alzheimer — a perda da memória de eventos e dos conhecimentos gerais, a desorientação, as deficiências cognitivas —, os comportamentos da civilidade, ao que parecia, estavam arraigados, talvez em um nível muito mais profundo e antigo. Eu me perguntei se eles seriam meros hábitos, imitações, resíduos de um comportamento outrora significativo mas agora vazio de sentimento e de sentido. Porém Mary Ellen nunca pensara assim. Achava que a civilidade e a cortesia de seu pai, seu comportamento sensível e respeitoso, eram "quase telepáticos".

---

[3] Além de cantar, Woody conserva alguns outros tipos de memória procedural. Se lhe mostrarem uma raquete de tênis, talvez ele não a reconheça, embora tenha sido um bom tenista amador. Mas se lhe puserem a raquete na mão numa quadra de tênis, ele saberá usá-la — e poderá até jogar uma partida razoável. Ele não sabe o que *é* uma raquete, mas sabe como empregá-la.

[4] Emerson passou a sofrer de demência, provavelmente decorrente de doença de Alzheimer, no começo da casa dos sessenta. A demência agravou-se com o passar dos anos, mas ele conservou o senso de humor e a perspicácia irônica quase até o fim. David Shenk, em seu notável livro *The forgetting: Alzheimer's: Portrait of an epidemic* [O esquecimento: Alzheimer, retrato de uma epidemia], narra com grande sensibilidade a trajetória da doença de Emerson.

Embora a linguagem tenha começado a faltar-lhe, adoro suas interpretações e concepções recentes, ainda mais do que as gravações anteriores.

É especialmente comovente, neste caso, não apenas a preservação, mas a evidente intensificação das faculdades e sensibilidade musicais à medida que outras capacidades vão enfraquecendo. Meu correspondente conclui: "Os extremos da realização musical e da doença estão claramente evidentes no caso dele; uma visita faz milagres, pois ele transcende a doença com música".

Mary Ellen Geist, escritora, entrou em contato comigo faz alguns meses a respeito de seu pai, Woody, que treze anos atrás, aos 67 anos, começou a apresentar sinais da doença de Alzheimer. Agora, ela disse,

A placa parece ter invadido uma grande porção do seu cérebro, e ele não consegue lembrar-se direito de coisa alguma de sua vida. No entanto, lembra-se da parte do barítono de quase toda música que já cantou. Ele participou de um grupo masculino de canto *a capella* por quase quarenta anos. [...] A música é uma das únicas coisas que o mantêm ancorado neste mundo.

Ele não tem ideia do que fazia para ganhar a vida, de onde está vivendo agora ou do que fez dez minutos antes. Quase toda a memória desapareceu. Exceto para a música. Ele até fez a abertura para as Rockettes no Radio City Music Hall em Detroit em novembro passado. [...] Na noite em que se apresentou, não sabia dar o nó na gravata [...] perdeu-se no caminho para o palco. Mas a apresentação? Perfeita. [...] Ele cantou magnificamente e se lembrou de todas as partes e de toda a letra.[2]

---

[2] Coisa semelhante ocorreu com o grande pianista Artur Balsam, segundo me informou Gena Raps. Ele se tornou tão amnésico com a doença de Alzheimer que perdeu totalmente a memória dos principais acontecimentos de sua vida e confundia a identidade de amigos de décadas. Em seu último concerto no Carnegie Hall, era difícil dizer se ele ao menos sabia que estava lá para apresentar-se, e havia outro pianista nos bastidores pronto para entrar em seu lugar. Mas ele tocou magnificamente, como sempre, e a crítica aplaudiu de pé.

terem desaparecido.[1] Música do tipo certo pode servir para orientar e ancorar um paciente quando quase mais nada é capaz de fazê-lo.

Constato isso continuamente com meus pacientes, e vejo testemunhos disso nas cartas que recebo. Um homem escreveu-me sobre sua mulher:

Embora minha esposa tenha doença de Alzheimer — diagnosticada há pelo menos sete anos —, a pessoa essencial, milagrosamente, permanece. [...] Ela toca piano várias horas por dia, e muito bem. Sua atual ambição é memorizar o *Concerto para piano em lá menor* de Schumann.

No entanto, ela é uma mulher que, na maioria das outras esferas da vida, está gravemente desmemoriada e incapacitada. (Nietzsche também continuou a improvisar ao piano muito tempo depois de a neurossífilis torná-lo mudo, demente e parcialmente paralisado.)

Essa extraordinária robustez da música também é corroborada pela seguinte carta que recebi, falando sobre um renomado pianista:

[Ele] tem agora 88 anos e perdeu a linguagem [...] mas toca todos os dias. Quando fazemos a leitura de uma partitura de Mozart, ele aponta as repetições, começo e fim, bem antes de elas aparecerem. Dois anos atrás gravamos o repertório completo para quatro mãos de Mozart que ele havia gravado [...] nos anos 1950.

---

[1] Elliott Ross e seus colegas em Oklahoma publicaram um estudo de caso sobre seu paciente S. L. (ver Cowles *et al.*, 2003). Apesar da demência, provavelmente decorrente de doença de Alzheimer, S. L. ainda podia recordar e tocar habilmente um vasto repertório musical do passado, embora apresentasse "profunda dificuldade para recordar e reconhecer em outros testes de memória anterógrada", testes como lembrar listas de palavras ou o som de instrumentos musicais. Ele também apresentava "acentuada deficiência nas avaliações de memória remota" (rostos famosos, memória autobiográfica). Ainda mais notável era o fato de que esse homem demente e amnésico era capaz de aprender a tocar uma nova música no violino, apesar de praticamente não possuir memória episódica — uma situação que tinha certa semelhança com a de Clive Wearing (capítulo 15).

Existem estudos formais sobre a persistência de capacidades musicais na demência avançada, entre eles os de Cuddy e Duffin, 2005; Fornazzari, Castle *et al.*, 2006; Crystal, Grober e Masur, 1989.

refletindo sobre as sete idades do homem, vê a última delas como "sem tudo". Entretanto, ainda que a pessoa possa estar profundamente limitada e incapacitada, nunca estará sem tudo, nunca será uma *tábula rasa*. Uma pessoa com Alzheimer pode sofrer uma regressão a uma "segunda infância", mas aspectos de seu caráter essencial, de sua personalidade e individualidade, do *self*, sobreviverão — juntamente com certas formas de memória quase indestrutíveis — mesmo na demência muito avançada. É como se a identidade possuísse uma base neural tão robusta e disseminada, como se o estilo pessoal fosse tão profundamente arraigado no sistema nervoso que nunca se perdesse por completo, pelo menos enquanto ainda existe alguma vida mental presente. (De fato, é isso que se poderia esperar se percepções e ações, sentimentos e pensamentos, moldaram a estrutura do cérebro desde o princípio.) Isso fica dolorosamente claro em relatos biográficos como *Elegy for Iris* [Elegia a Íris], de John Bayley.

A resposta à música, em especial, é preservada, mesmo quando a demência está muito avançada. Mas o papel terapêutico da música na demência é bem diferente daquele para os pacientes com distúrbios do movimento ou da fala. A música que ajuda pacientes parkinsonianos, por exemplo, tem de possuir um caráter rítmico firme, mas não precisa ser familiar ou evocativa. Para os afásicos, é crucial que haja canções com letra ou frases e entonação, além de interação com o terapeuta. O objetivo da musicoterapia para as pessoas com demência é bem mais amplo: atingir as emoções, as faculdades cognitivas, os pensamentos e memórias, o *self* sobrevivente desse indivíduo, para estimulá-los e fazê-los aflorar. A intenção é enriquecer e ampliar a existência, dar liberdade, estabilidade, organização e foco.

Talvez pareça uma tarefa hercúlea — quase impossível, poderíamos pensar, ao ver pacientes com demência avançada sentados num torpor vazio, numa aparente estupidez, ou gritando agitados em incomunicável sofrimento. Mas a musicoterapia com esses pacientes é possível porque a percepção, a sensibilidade, a emoção e a memória para a música podem sobreviver até muito tempo depois de todas as outras formas de memória

29
MÚSICA E IDENTIDADE:
DEMÊNCIA E MUSICOTERAPIA

Dos cerca de quinhentos pacientes neurológicos em meu hospital, aproximadamente metade sofre de demência, por causas variadas: múltiplos derrames, hipoxia cerebral, anormalidades tóxicas ou metabólicas, lesões ou infecções no cérebro, degeneração frontotemporal ou, mais comumente, doença de Alzheimer. Alguns anos atrás, minha colega Donna Cohen, depois de estudar nossa numerosa população de pacientes com Alzheimer, escreveu em coautoria um livro intitulado *The loss of self* [A perda do *self*]. Lamentei esse título, por várias razões (embora o livro seja excelente como recurso para as famílias e os cuidadores), e me empenhei em contradizê-lo, fazendo conferências em vários lugares sobre "A doença de Alzheimer e a preservação do *self*". Apesar disso, não tenho certeza de que realmente estejamos em desacordo.

Sem dúvida uma pessoa com Alzheimer perde muitas de suas capacidades ou faculdades conforme a doença avança (embora o processo possa levar anos). Com frequência a perda de certas formas de memória é um dos primeiros indicadores do Alzheimer, e pode progredir até a amnésia profunda. Posteriormente pode ocorrer a deterioração da linguagem e, com o envolvimento dos lobos frontais, a perda de capacidades mais refinadas e profundas, como as de avaliar, prever e planejar. Por último, a pessoa com Alzheimer pode perder alguns aspectos fundamentais da autopercepção, em especial a percepção de suas incapacidades. Mas será que a perda dessa autopercepção, ou de alguns aspectos da mente, constitui uma perda do *self*?

Em *As you like it* [Como quiseres], de Shakespeare, Jacques,

Heidi estava então com dezenove anos e, apesar de várias cirurgias para tratar o aumento da pressão no cérebro (procedimentos que ocasionalmente são necessários para alguns portadores da síndrome), ela estava planejando sair de casa em breve e participar de um programa de residência universitária no qual faria cursos acadêmicos, treinamento profissional e se prepararia para uma vida independente. Ela queria aprender os segredos da confeitaria profissional — adora ver pessoas decorando bolos e fazendo sobremesas. Mas alguns meses atrás, recebi outra carta de sua mãe, contando-me que Heidi começara em um novo emprego — e talvez ela tenha encontrado outra vocação:

Ela está trabalhando em uma casa para convalescentes, e está adorando. Os pacientes dizem que o radiante sorriso de Heidi os alegra e os faz sentir-se melhor. Heidi gosta tanto desse convívio que pediu para visitá-los nos fins de semana. Ela joga bingo, faz a manicure, traz-lhes café e, obviamente, fala e ouve. Esse trabalho foi feito sob medida para ela.

amizade com meia dúzia de balconistas e aprendeu o nome de todos. A certa altura, fascinada com o preparo dos sanduíches, ela se debruçou tanto no balcão que quase caiu em cima do atum. Sua mãe, Carol Zitzer-Comfort, disse-me que certa vez aconselhara a menina a não falar com estranhos, ao que Heidi replicou: "Não existem estranhos, só amigos".

Heidi era eloquente e engraçada, e adorava passar horas ouvindo música e tocando piano; aos oito anos de idade, já compunha pequenas canções. Tinha toda a energia, a impulsividade, a verbosidade e a simpatia característicos dos portadores da síndrome de Williams, e também muitos dos problemas. Não conseguia construir uma forma geométrica simples com blocos de madeira, como a maioria das crianças consegue fazer na escola maternal. Tinha grande dificuldade para arrumar na ordem certa um conjunto de copos que se encaixavam uns nos outros por ordem de tamanho. Fomos ao aquário e vimos um polvo gigante. Perguntei-lhe quanto ela achava que ele pesava. Catorze mil quilos, ela respondeu. Mais tarde, ela estimou que a criatura era "grande como um prédio". Suas deficiências cognitivas, pensei, talvez fossem muito incapacitantes, tanto na escola como no mundo. E eu não podia evitar a sensação de que talvez houvesse algo de formularizado em sua sociabilidade, certa automaticidade. Para mim, era difícil vê-la, aos oito anos, como um indivíduo separado das qualidades superficiais da síndrome de Williams.

Mas dez anos depois recebi uma carta de sua mãe. "Heidi acaba de fazer dezoito anos", Carol escreveu. "Estou mandando uma foto dela com o namorado no baile da escola. Ela está no último ano do ensino médio e decididamente assumiu as rédeas de sua vida como uma jovem mulher. Doutor Sacks, o senhor tinha razão quando predisse que o 'quem' emergiria através do 'o que' da síndrome de Williams."[5]

---

[5] A dra. Carol Zitzer-Comfort, que escreveu sua dissertação sobre a síndrome de Williams, está escrevendo (com a ajuda de Heidi) um livro sobre o tema, analisando as singulares forças e fraquezas da síndrome e como elas se manifestam em casa e na escola. Zitzer-Comfort também é coautora, com Bellugi e outros, de um estudo sobre como as diferenças culturais entre Japão e Estados Unidos influenciam a hipersociabilidade dos portadores de síndrome de Williams.

Estudos mais recentes indicaram uma diferenciação dentro desse agrupamento de genes, mas a parte mais tantalizante do quebra-cabeça ainda nos foge. Julgamos saber quais são os genes responsáveis por alguns dos déficits cognitivos da síndrome de Williams (como a deficiência do sentido visuoespacial), mas não sabemos como essa deleção de genes pode originar os dons especiais dos portadores da síndrome. Nem sequer temos certeza de que esses dons têm uma base genética direta; é possível, por exemplo, que alguns deles simplesmente não sejam afetados pelas ocorrências do desenvolvimento cerebral na síndrome de Williams, ou talvez surjam como uma espécie de compensação pela relativa deficiência de outras funções. "Anatomia é destino", Freud escreveu. Hoje tendemos a achar que o destino está escrito em nossos genes. Certamente a síndrome de Williams nos dá uma ideia extraordinariamente rica e precisa de como determinada dotação genética pode moldar a anatomia do cérebro e como este, por sua vez, moldará forças e fraquezas cognitivas específicas, traços de personalidade e talvez até mesmo a criatividade. E no entanto, sob as semelhanças superficiais que vemos entre as pessoas com síndrome de Williams, existe uma individualidade que, como ocorre com todos nós, é em grande medida determinada pela experiência.

Em 1994 visitei Heidi Comfort, uma menina com síndrome de Williams, em sua casa no sul da Califórnia. Com oito anos, muito segura de si, ela imediatamente detectou minha timidez e disse para me encorajar: "Não se acanhe, senhor Sacks". Assim que cheguei, ela me ofereceu alguns *muffins* recém-saídos do forno. Em dado momento, cobri a bandeja de *muffins* e lhe perguntei quantos havia lá. Três, ela estimou. Descobri a bandeja e a convidei a contá-los. Ela foi apontando os *muffins*, um a um, e chegou ao total de oito; na verdade, eram treze. Como faria qualquer menina de oito anos, ela me mostrou seu quarto e suas coisas favoritas.

Um mês depois, tornamos a nos encontrar, dessa vez no laboratório de Ursula Bellugi. Depois saímos para um passeio a pé. Vimos pipas e asas-deltas sobrevoando os rochedos de La Jolla; na cidade, olhamos a vitrine de uma confeitaria, depois paramos para almoçar numa lanchonete, onde Heidi instantaneamente fez

Finalmente, Levitin, Bellugi e outros passaram a estudar os correlatos funcionais da musicalidade na síndrome de Williams.

Queriam saber se a musicalidade e a resposta emocional à música nos portadores da síndrome serviam-se do mesmo tipo de arquitetura neurofuncional que o de pessoas normais ou dos músicos profissionais. Os pesquisadores deram aos três grupos uma variedade de músicas para ouvir, de cantatas de Bach a valsas de Strauss; exames de imagem do cérebro evidenciaram, então, que, em comparação com os outros dois grupos, as pessoas com síndrome de Williams processavam a música de modo muito diferente. Empregavam um conjunto bem mais amplo de estruturas neurais para perceber a música e responder a ela, um conjunto que incluía regiões do cerebelo, tronco cerebral e amígdala raramente ativado nos participantes normais do experimento. Essa ativação cerebral muito extensa, particularmente da amígdala, parecia condizer com a quase indefesa atração dos portadores da síndrome de Williams pela música e suas reações emocionais, às vezes avassaladoras, a ela.

Todos esses estudos, na opinião de Bellugi, indicam que "o cérebro dos indivíduos com síndrome de Williams é organizado de modo diferente do das pessoas normais, tanto no nível macro como no micro". As características mentais e emocionais muito distintas das pessoas com síndrome de Williams refletem-se com grande precisão e beleza nas singularidades de seu cérebro. Embora esse estudo das bases neurais da síndrome de Williams esteja longe de ser completo, ele possibilitou fazer a mais extensa correlação já vista entre numerosas características mentais e comportamentais e sua base cerebral.

Hoje sabemos que, nos portadores dessa síndrome, ocorre uma "microdeleção" de quinze a 25 genes em um cromossomo. A deleção desse minúsculo agrupamento de genes (menos da milésima parte dos cerca de 25 mil genes no genoma humano) é responsável por todas as características da síndrome de Williams: as anormalidades do coração e vasos sanguíneos (que têm elastina insuficiente), a conformação facial e óssea incomum e, destacadamente, o desenvolvimento peculiar do cérebro — tão bem desenvolvido em alguns aspectos, tão subdesenvolvido em outros — que fundamenta o perfil cognitivo e a personalidade únicos dos portadores da síndrome.

populações normais. [...] Raramente encontramos esse tipo de imersão total, mesmo entre músicos profissionais.

As três inclinações tão pronunciadas nas pessoas com síndrome de Williams — a musical, a narrativa e a social — parecem andar juntas, ser elementos distintos mas intimamente associados do arrebatador impulso expressivo e comunicativo que é absolutamente fundamental nessa síndrome.

Diante de tão extraordinária constelação de talentos e deficiências cognitivas, Bellugi e outros começaram a procurar a base cerebral dessa combinação de características. Exames de imagem do cérebro, juntamente com laudos de autópsia, estes mais raros, revelaram notáveis divergências com relação ao normal. Os cérebros de portadores de síndrome de Williams eram, em média, 20% menores do que os normais, e possuíam uma forma bastante incomum, pois a diminuição de tamanho e peso parecia localizar-se exclusivamente na parte posterior, nos lobos occipitais e parietais, ao passo que os lobos temporais tinham tamanho normal e, em alguns casos, supernormal. Isso condizia com o que estava tão evidente na disparidade das habilidades cognitivas dos portadores da síndrome: as devastadoras deficiências no sentido visuoespacial podiam ser atribuídas ao subdesenvolvimento de áreas parietais e occipitais, enquanto as acentuadas habilidades auditivas, verbais e musicais podiam, em termos gerais, ser explicadas pelo tamanho avantajado e pelas ricas redes neurais dos lobos temporais. O córtex auditivo primário era maior nas pessoas com síndrome de Williams, e parecia haver significativas mudanças no plano temporal — uma estrutura que se sabe ser crucial para a percepção da fala e da música e também para o ouvido absoluto.[4]

---

[4] Quando visitei o acampamento de música em 1995, surpreendi-me ao saber que muitas das crianças tinham ouvido absoluto; algum tempo antes, naquele mesmo ano, eu lera um artigo de Gottfried Schlaug *et al.* relatando que músicos profissionais, especialmente os que possuíam ouvido absoluto, apresentavam um aumento do plano temporal no lado esquerdo. Por isso, sugeri que Bellugi examinasse essa área do cérebro em indivíduos com síndrome de Williams: também neles foi encontrado um aumento semelhante. (Estudos subsequentes indicaram mudanças mais complexas e variáveis nessas estruturas.)

mais velho — tais relatos requerem verificação experimental controlada, mas as semelhanças entre eles — e mesmo seu número, pura e simplesmente — levam-nos a crer que os indivíduos com síndrome de Williams realmente apresentam um grau muito mais elevado de "musicalidade" e envolvimento com a música do que as pessoas normais.

O fato de que toda a panóplia de talentos musicais podia ser tão extraordinariamente desenvolvida em pessoas com deficiências (algumas graves) na inteligência geral mostrou, tanto quanto as capacidades musicais isoladas dos *savants* musicais, que de fato se podia falar em uma "inteligência musical" específica, como postulara Howard Gardner em sua teoria das inteligências múltiplas.

Entretanto, os talentos musicais das pessoas com síndrome de Williams diferem dos vistos em *savants* musicais, pois nestes, em muitos casos, os talentos parecem emergir já completos, parecem possuir certa qualidade mecânica, requerer pouco esforço de aprendizado ou prática e ser, em grande medida, independentes da influência de terceiros. Em contraste, nas crianças com síndrome de Williams sempre existe um forte desejo de tocar música com e para outros. Isso ficou muito claro em vários jovens que observei, entre eles Meghan, quando a vi em uma aula de música. Ela claramente era muito afeiçoada a seu professor, ouvia-o com toda atenção e se empenhava assiduamente em seguir as sugestões que ele lhe dera.

Esse envolvimento manifesta-se de muitos modos, como descobriram Bellugi e Levitin ao visitar o acampamento de música:

> Os indivíduos com síndrome de Williams mostravam um grau incomumente elevado de envolvimento com a música. Esta parecia ser não só uma parte muito profunda e rica de sua vida, mas um elemento onipresente; a maioria deles passava boa parcela do dia cantando para si mesma ou tocando instrumentos, inclusive a caminho do refeitório. [...] Quando um campista encontrava uma pessoa ou um grupo de campistas ocupados em uma atividade musical [...] o recém-chegado juntava-se a eles na mesma hora ou começava a balançar o corpo apreciativamente no ritmo da música. [...] Esse envolvimento absorvente com a música é incomum em

síndrome de Williams e formaram o conjunto The Williams Five. Estrearam em Los Angeles, e o evento foi matéria do jornal *Los Angeles Times* e assunto do programa *All Things Considered*, da rádio americana NPR.

Embora tudo isso alegrasse Howard Lenhoff, também lhe causava certa insatisfação. Ele era bioquímico, um cientista — e o que a ciência tinha a dizer sobre os dons musicais de sua filha e de outros como ela? As paixões musicais e os talentos dos portadores da síndrome de Williams não haviam sido tema de estudos científicos. Ursula Bellugi era sobretudo uma linguista e, embora se surpreendesse com a musicalidade dos portadores da síndrome, não realizara um estudo sistemático do assunto. Lenhoff insistiu para que ela e outros pesquisadores investigassem esse aspecto.

Nem todas as pessoas com síndrome de Williams possuem um talento musical tão extraordinário como Gloria — e poucos indivíduos "normais" têm talento equivalente. Mas praticamente todas compartilham a paixão por música e são excepcionalmente responsivas à música em um nível emocional. Por isso, Lenhoff julgou que era preciso criar um espaço apropriado, um espaço musical, onde portadores dessa síndrome pudessem encontrar-se e interagir. Ele foi um dos principais responsáveis pela criação, em 1994, do acampamento em Massachusetts onde essas pessoas podem conviver e fazer música juntas, além de receber ensino musical formal. Em 1995, Ursula Bellugi passou uma semana no acampamento. Retornou no ano seguinte, acompanhada pelo neurocientista e músico profissional Daniel Levitin. Bellugi e Levitin puderam, assim, efetuar e publicar o primeiro estudo sobre o ritmo em uma comunidade musical desse tipo, no qual escreveram:

As pessoas com síndrome de Williams [...] mostravam uma boa compreensão, embora implícita, do ritmo e de seu papel na gramática e na forma musical. Não só o ritmo, mas todos os aspectos da inteligência musical pareciam desenvolvidos em alto grau e em vários casos precocemente nas pessoas com síndrome de Williams. [...] Ouvimos muitas histórias sobre bebês (doze meses) capazes de acertar no tom com um dos pais tocando piano, ou de pequenos (24 meses) que podiam sentar-se ao piano e tocar as lições do irmão

No terceiro ano de vida, Gloria era capaz de cantar uma melodia no tom certo, e no quarto, Sforza salientou, ela se mostrava "faminta por linguagem [...] aprendia avidamente bocadinhos de iídiche, polonês, italiano, o que quer que ouvisse [...] absorveu-os como uma esponja, e começou a cantar pequenas canções em outras línguas". Ela não conhecia essas línguas, mas ouvindo discos aprendera sua prosódia, suas entonações e ênfases, e podia reproduzi-las fluentemente. Assim, já aos quatro anos havia em Gloria algo extraordinário, prefigurando a cantora de ópera que ela viria a ser. Em 1992, quando Gloria estava com 38 anos, Howard escreveu-me:

Minha filha Gloria possui uma melodiosa voz de soprano e pode tocar no acordeão quase toda música que ouve. Tem um repertório de aproximadamente 2 mil músicas. [...] Mas, como a maioria dos indivíduos com síndrome de Williams, ela não é capaz de somar cinco e três, nem de cuidar independentemente de suas necessidades básicas.

Conheci Gloria no começo de 1993 e acompanhei-a ao piano enquanto ela cantava, com brilhantismo e ouvido impecável como sempre, algumas passagens de *Turandot*. Apesar das deficiências decorrentes da síndrome de Williams, Gloria é uma profissional dedicada que emprega a maior parte do seu tempo aperfeiçoando e expandindo seu repertório. "Sabemos que ela é mentalmente retardada", diz seu pai, "mas em comparação com ela e com outros portadores da síndrome de Williams, não será a maioria de nós 'retardada' quando se trata de aprender e memorizar músicas complexas?"

Os talentos de Gloria são extraordinários, mas não únicos. Mais ou menos na mesma época em que seus dons afloravam, outro jovem excepcional, Tim Baley, revelou um quadro semelhante de notáveis habilidades musicais e fluência verbal combinadas a graves deficiências intelectuais em muitos outros aspectos. Como ocorreu com Gloria, a musicalidade de Tim, aliada ao apoio de seus pais e professores, permitiu-lhe tornar-se músico profissional (pianista). Em 1994 Gloria e Tim juntaram-se a três outras pessoas de grande talento musical também portadoras da

filho, ainda bebê, ouvir música com grande atenção e começar a reproduzir melodias com precisão, cantando ou cantarolando, antes mesmo de saber falar.

Alguns pais observavam que o filho ficava tão absorto na música que era incapaz de prestar atenção a qualquer outra coisa; outras crianças eram extremamente sensíveis às emoções expressas na música e podiam desatar no choro com uma canção triste. Algumas tocavam um instrumento durante horas todos os dias, ou aprendiam canções em três ou quatro línguas estrangeiras quando gostavam da melodia e do ritmo.

Foi assim com Gloria Lenhoff, uma jovem com síndrome de Williams que aprendeu a cantar árias de ópera em mais de trinta línguas. Em 1988 a televisão pública apresentou um documentário, *Bravo, Gloria*, sobre as extraordinárias habilidades musicais de Gloria. Pouco depois, os pais da moça, Howard e Sylvia Lenhoff, foram surpreendidos por um telefonema de alguém que assistira ao documentário. A pessoa comentou algo como: "Foi um filme maravilhoso — mas por que vocês não mencionaram que Gloria tem síndrome de Williams?". Esse telespectador, pai de um portador da síndrome, identificara-a em Gloria imediatamente por suas características faciais e comportamentos típicos. Essa foi a primeira vez que os Lenhoff ouviram falar da síndrome de Williams. Sua filha estava com 33 anos.

Desde então, Howard e Sylvia Lenhoff têm contribuído para divulgar informações sobre a síndrome. Em 2006 colaboraram com a escritora Teri Sforza no relato *The strangest song* [A canção mais estranha], um livro sobre a extraordinária vida de Gloria. No livro, Howard descreveu a precocidade musical da filha. Com um ano de idade, ele disse: "Gloria ouvia 'The owl and the pussycat' e 'Ba Ba black sheep' vezes sem conta — o ritmo e a rima encantavam-na". No segundo ano de vida ela começou a ter capacidade para responder ao ritmo.

"Quando Howard e Sylvia punham discos para tocar", escreveu Sforza, "Gloria prestava atenção imediatamente; excitada, erguia-se no berço segurando nas grades e pulava [...] acompanhando o ritmo." Howard e Sylvia incentivaram a paixão de Gloria pelo ritmo. Deram-lhe pandeiros, tambores e um xilofone, que ela tocava e preferia a todos os outros brinquedos.

como as coisas eram organizadas em casa. (Isso contrastava gritantemente com crianças autistas, que podiam fixar-se em objetos inanimados e pareciam indiferentes às emoções dos outros. Em alguns aspectos, a síndrome de Williams parecia ser exatamente o oposto do autismo.) Algumas crianças com síndrome de Williams eram totalmente incapazes de juntar blocos simples de Lego — brinquedos que crianças com síndrome de Down de QI equivalente conseguiam juntar com facilidade. E muitas crianças com síndrome de Williams não conseguiam desenhar nem sequer uma forma geométrica simples.

Bellugi contou-me que Crystal, apesar de seu QI 49, dera-lhe uma vívida e espirituosa descrição de um elefante, mas o desenho de um elefante que a mesma Crystal fizera alguns minutos antes não tinha a menor semelhança com esse animal nem com coisa alguma; nenhuma das características que ela descrevera pormenorizadamente manifestara-se no desenho.[3]

Muitos pais observadores notavam, intrigados, os problemas e dificuldades dos filhos, mas também reparavam que eles eram incomumente sociáveis e cordiais, que procuravam contato com os outros. Muitos se surpreendiam com o fato de o

---

[3] "O que um elefante é, é um dos animais. E o que um elefante faz, ele vive na floresta. Também pode viver no zoológico. E o que ele tem, ele tem orelhas compridas e pardas, orelhas de abano, orelhas que podem balançar com o vento. Ele tem uma tromba comprida que pode pegar capim ou pegar feno. Se eles estiverem de mau humor, podem ser terríveis. Se o elefante ficar bravo, pode pisotear, pode arremeter. Às vezes os elefantes arremetem. Eles têm presas grandes, compridas. Podem destruir um carro. Poderia ser um perigo. Quando eles estão em apuros, quando estão de mau humor, pode ser terrível. Ninguém vai querer um elefante como animal de estimação. Todo mundo quer um gato, um cachorro ou um passarinho."

Copyright da ilustração © by Ursula Bellugi, The Salk Institute for Biological Studies, reproduzido com permissão.

fascinou-se pela síndrome de Williams. Em 1983 ela conhecera Crystal, uma garota de catorze anos portadora da síndrome, e ficara intrigada e encantada com a menina, sobretudo por suas prontas improvisações de músicas e letras. Bellugi providenciou um encontro semanal com Crystal por um ano. Foi o início de uma enorme empreitada.

Bellugi é linguista, mas interessa-se pelas capacidades emocionais da fala e todos os usos poéticos da linguagem tanto quanto pelo seu caráter linguístico formal. Deslumbrou-se com o vasto vocabulário e as palavras incomuns empregadas por jovens com síndrome de Williams, apesar do baixo QI: palavras como "canino", "aborto", "abrasivo", "evacuar" e "solene". Quando pediu a uma criança para dizer o nome do maior número de animais possível, as primeiras respostas foram: "tritão, tigre-dentes-de-sabre, cabrito montês, antílope".[2] E não era só o vocabulário rico e incomum; era também a capacidade comunicativa, que parecia ser muito desenvolvida nessas crianças, especialmente em contraste com jovens portadores de síndrome de Down com QI equivalente. Os pequenos com síndrome de Williams demonstravam particularmente o gosto pela narrativa. Usavam vívidos efeitos sonoros e outros expedientes para transmitir sentimento e intensificar o impacto do que diziam, recursos que Bellugi chamou de "fisgadores do público" — locuções como "De repente", "Vejam só!" e "Adivinhem o que aconteceu então?". Ficou cada vez mais claro para Bellugi que essa habilidade narrativa acompanhava a hipersociabilidade dessas pessoas — seu desejo de fazer contato e criar laços com outros. Demonstravam atenção minuciosa para os detalhes pessoais. Pareciam estudar o rosto das pessoas com extraordinária atenção, e mostravam grande sensibilidade para ler as emoções e o estado de espírito dos outros.

Entretanto, pareciam estranhamente indiferentes a tudo o que não fosse humano em seu ambiente. Indiferentes e ineptas, algumas crianças com síndrome de Williams eram incapazes de amarrar os sapatos, avaliar obstáculos e degraus, "entender"

---

[2] Doris Allende e Isabelle Rapin observaram estilo de fala semelhante, com vasto vocabulário e maneiras "pseudossociais", em algumas crianças com síndrome de Asperger.

literatura médica em 1961, quando J. C. P. Williams, cardiologista neozelandês, publicou um artigo sobre essa condição; no ano seguinte, foi descrita independentemente na Europa por J. Beuren e seus colegas. (Por isso, na Europa a tendência é usar o termo síndrome de Williams-Beuren, mas nos Estados Unidos geralmente se diz síndrome de Williams.) Cada um desses estudiosos descreveu uma síndrome caracterizada por defeitos no coração e nos grandes vasos, conformações faciais singulares e retardamento.

O termo "retardamento" sugere uma deficiência intelectual geral ou global, que prejudica a habilidade de linguagem juntamente com todas as outras capacidades cognitivas. Mas em 1964, G. von Arnim e P. Engel, que notaram os elevados níveis de cálcio que pareciam acompanhar a síndrome de Williams, também observaram um perfil curiosamente desigual de habilidades e incapacidades. Discorreram sobre as "personalidades cordiais e loquazes" das crianças e "seu domínio incomum da linguagem" — a última coisa que se esperaria encontrar em uma criança "retardada". (Também mencionaram, embora apenas brevemente, que essas crianças pareciam ter grande predileção por música.)

Individualmente, os pais de muitas dessas crianças também se admiravam com a incomum constelação de forças e fraquezas intelectuais demonstradas por seus filhos e tinham grande dificuldade para encontrar-lhes ambientes e escolas apropriadas, já que não eram "retardadas" no sentido usual. No começo da década de 1980, na Califórnia, pais de crianças com essa síndrome descobriram uns aos outros, uniram-se e formaram um núcleo que se tornaria depois a Williams Syndrome Association.[1]

Nessa mesma época, Ursula Bellugi, neurocientista cognitiva pioneira em pesquisas sobre surdez e linguagem de sinais,

---

[1] Existem aqui notáveis analogias com o que ocorre em outros distúrbios. Em 1971 meia dúzia de famílias com filhos que tinham síndrome de Tourette uniram-se em um grupo de apoio informal, que logo cresceu e se tornou uma organização de alcance nacional e depois mundial, a Tourette Syndrome Association. Com o autismo e muitos outros distúrbios ocorreu coisa semelhante. Esses grupos têm sido fundamentais não só para dar apoio às famílias, mas também para chamar a atenção do público e dos profissionais, financiar pesquisas e incentivar nova legislação e políticas educacionais.

tantaneamente — era capaz até de batucar um ritmo diferente em cada mão. Previa frases rítmicas e sabia improvisar com facilidade. A certa altura, a exuberância da batucada dominou-o a tal ponto que ele jogou no chão as baquetas e se pôs a dançar. Quando lhe perguntei o nome de diferentes tipos de tambor, enumerou velozmente vinte tipos diferentes de tambores do mundo inteiro. Charlotte achava que, com instrução, ele sem dúvida se tornaria baterista profissional quando crescesse.

Pamela, de 48 anos, era, como Anne no acampamento, a mais velha. Expressava-se extraordinariamente bem, e às vezes dizia coisas de cortar o coração. Em dado momento falou, lamentosa, sobre o lar onde vivia com outras pessoas "deficientes". "Eles me chamam de tudo que é nome para me magoar", ela contou. Não a compreendiam; não conseguiam compreender, disse, como ela, tão bem-falante, podia ser tão incapacitada em outros aspectos. Ela ansiava por um amigo, alguém com síndrome de Williams também, com quem ela pudesse sentir-se à vontade, conversar e fazer música. "Mas não existem muitos de nós", disse ela, "por isso eu sou a única Williams da casa." Tive a impressão, como tivera com Anne, de que a idade dera à Pamela uma dolorosa sabedoria, uma perspectiva mais ampla.

A mãe de Pamela mencionou que ela gostava dos Beatles, por isso comecei a cantar "Yellow submarine", e Pamela se pôs a cantar junto, alto, alegremente, com um sorriso de orelha a orelha. "Ela se anima com música", sua mãe comentou. Pamela tinha um repertório enorme, de canções folclóricas em iídiche a hinos de Natal, e quando começava não parava mais. Cantava com sensibilidade, sempre demonstrando consciência da emoção, e no entanto — coisa que me surpreendeu — desafinava com frequência, e às vezes não encontrava um centro tonal claro. Charlotte também observara isso, e tinha dificuldade para acompanhar Pamela ao violão. "Todas as pessoas com síndrome de Williams adoram música", ela disse; "emocionam-se profundamente com ela, mas nem todas são gênios, nem todas têm talento musical."

A síndrome de Williams é raríssima. Afeta talvez uma criança a cada 10 mil, e só veio a ser formalmente descrita na

Desde pequeninas as crianças com síndrome de Williams são extraordinariamente responsivas à música, como eu mais tarde constataria em uma clínica para portadores dessa síndrome no Hospital Infantil de Montefiore, no Bronx. Pessoas de todas as idades vão à clínica para submeter-se a exames periódicos, mas também para se encontrar e fazer música com uma talentosa musicoterapeuta, Charlotte Pharr, que elas parecem adorar. Majestic, um menino miúdo de três anos, era retraído e não respondia a nenhuma pessoa ou coisa em seu ambiente. Estava produzindo sons curiosos de todo tipo, mas quando Charlotte começou a imitá-los, imediatamente chamou a atenção do garoto. Os dois passaram a trocar uma saraivada de ruídos, que logo se transformaram em padrões rítmicos, depois em tons musicais e em breves melodias improvisadas. Com isso, Majestic transformou-se de um modo notável — foi cativado, e até se apoderou do violão (maior do que ele) que estava nas mãos de Charlotte e dedilhou as cordas uma a uma. Seus olhos estavam fixos no rosto dela, extraindo incentivo, apoio e orientação. Mas quando a sessão terminou e ela se foi, Majestic logo reverteu ao estado irresponsivo de antes.

Deborah, uma simpática menina de sete anos, foi diagnosticada como portadora da síndrome de Williams antes de completar um ano. Contar histórias e encenar peças, para ela, era tão importante quanto a música. Queria sempre um acompanhamento dramático para as palavras e ações, em vez de música "pura". Sabia de cor todas as músicas da sinagoga, mas quando sua mãe começou a demonstrar que também sabia, inadvertidamente cantou uma canção de sua própria infância. "Não!", disse a menina. "Eu quero a música da *minha* sinagoga!" E cantou-a. (Essas músicas, obviamente, são ricas em significado e narrativa, o drama do ritual e da liturgia — não é por coincidência que alguns de seus solistas, como Richard Tucker, tornaram-se cantores de ópera, passando do drama da sinagoga para o dos palcos.)

Tomer, de seis anos, era um menino de constituição forte e vigorosa, combinada a um jeito de ser extrovertido e valentão. Adorava batucar e parecia inebriado por ritmos. Quando Charlotte demonstrou vários ritmos complexos, ele os aprendeu ins-

uma grande tenda, puxando-me junto com eles, empolgados com a ideia de uma noite de sábado musical. Quase todos eles iriam apresentar-se, representando, tocando ou dançando. Steven, um atarracado garoto de quinze anos, estava praticando em seu trombone. Ficava muito claro que os sons puros, firmes e metálicos do instrumento davam-lhe imensa satisfação. Meghan, romântica e extrovertida, cantava baladas suaves acompanhando-se ao violão. Christian, de boina, rapaz alto e magricela, tinha excelente ouvido e era capaz de reproduzir no piano músicas que ouvia pela primeira vez. (Não era só à música que os hóspedes do acampamento eram tão sensíveis; parecia haver uma extraordinária sensibilidade ou, pelo menos, atenção a todo tipo de som. Tênues ruídos de fundo que o resto de nós não ouvia ou do qual não se dava conta eram imediatamente captados e frequentemente imitados por eles. Um garoto conseguiu identificar a marca de um carro que se aproximava pelo som de seu motor. Quando fiz uma caminhada pelo bosque com outro garoto no dia seguinte, deparamos com uma colmeia, e ele se encantou com ela. Começou a emitir seu próprio zumbido, que durou o resto do dia. Essa sensibilidade para sons é acentuadamente individual e pode variar de um momento para outro. Uma criança no acampamento pode fascinar-se com o ruído de determinado aspirador de pó, enquanto outra talvez não o suporte.)

Anne, a mais velha, de 46 anos, passara por muitas cirurgias para tratar os problemas físicos decorrentes da síndrome de Williams. Parecia ter bem mais idade, porém, como os demais, transmitia uma ideia de sabedoria e perspicácia, e muitos dos outros pareciam considerá-la uma espécie de conselheira e venerável anciã. Gostava de Bach, e tocou alguns dos 48 Prelúdios e Fugas para mim ao piano. Anne vivia com certa autonomia, precisava apenas de alguma ajuda. Tinha seu próprio apartamento e telefone — mas, ela me disse, por causa da síndrome de Williams, falava tanto que suas contas telefônicas costumavam ser astronômicas. Importantíssima para Anne era sua relação com a professora de música, que parecia ter grande sensibilidade para ajudá-la a encontrar expressão musical para seus sentimentos, além de auxiliá-la nos desafios de tocar piano, exacerbados por seus problemas de saúde.

28

UMA ESPÉCIE HIPERMUSICAL: A SÍNDROME DE WILLIAMS

Em 1955 visitei um acampamento de verão especial em Lenox, Massachusetts, para passar alguns dias com um notável grupo de pessoas. Eram todas portadoras de um distúrbio congênito chamado síndrome de Williams, que produz uma estranha mistura de capacidades e deficiências intelectuais (a maioria possui QI inferior a sessenta). Todas pareciam extraordinariamente sociáveis e indagadoras, e embora eu nunca houvesse encontrado nenhum dos ocupantes do acampamento, o modo como me receberam não poderia ter sido mais caloroso e familiar, como se eu fosse um velho amigo ou um tio, e não um estranho. Eram efusivos, loquazes, perguntaram sobre minha viagem até o acampamento, se eu tinha filhos, quais eram minhas cores e músicas preferidas. Nenhum ficou acanhado. Até os mais novos, numa idade em que a maioria das crianças são tímidas ou ressabiadas com estranhos, sentiram-se livres para se aproximar, pegar-me pela mão, olhar bem nos meus olhos e conversar comigo com uma desenvoltura surpreendente nessa idade.

A maioria era de adolescentes ou jovens na casa dos vinte, mas também havia algumas crianças e uma mulher de 46 anos. No entanto, idade e sexo faziam relativamente pouca diferença em sua aparência: todos tinham a boca larga, o nariz arrebitado, o queixo pequeno e os olhos arredondados, brilhantes e curiosos. Apesar de sua individualidade, davam a impressão de ser membros de uma única tribo marcada por extraordinária loquacidade, animação, gosto por contar histórias e procurar contato com os outros, destemor a estranhos e, sobretudo, amor pela música.

Pouco depois da minha chegada, os campistas foram para

Finalmente, o fenômeno "Grandma Moses"* — o aparecimento inesperado e às vezes súbito de dons artísticos ou mentais na ausência de uma patologia clara — também dá o que pensar. Talvez devêssemos falar em "saúde" e não em "patologia" nos casos desse tipo, pois pode haver, mesmo em idade avançada, um abrandamento ou liberação de inibições presentes a vida toda. Seja essa liberação principalmente psicológica, social ou neurológica, ela pode desencadear uma torrente de criatividade tão surpreendente para a própria pessoa como para os outros.

---

* Anna Mary Moses (1860-1961), famosa pintora americana cujo talento emergiu quando era septuagenária. (N. T.)

— a capacidade de distinguir os diferentes grupos de instrumentos ou os instrumentos solo e discernir exatamente o que cada um deles fazia ao mesmo tempo. Isso ocorria tanto com música clássica como com música etno/pop. Por duas a quatro semanas, senti que possuía a capacidade de ouvir música que eu sempre suspeitara que os músicos possuíam. E que eu sempre invejara.

Essa notável habilidade musical, ele continuou, desapareceu quando seus poderes de linguagem retornaram. Isso o deixou "rangendo os dentes" por algum tempo, mas, percebendo que a intensificação ou liberação de poderes musicais podia estar relacionada à sua perda da linguagem, ele aceitou o equilíbrio dinâmico, o toma lá dá cá do cérebro, e se deu por muito feliz em sair daquele episódio com suas faculdades originais totalmente recuperadas.

Há muitas outras histórias, tanto na literatura médica como na imprensa leiga, de pessoas que adquiriram talento artístico após derrame no hemisfério esquerdo, ou cuja arte mudou de caráter em razão de um derrame nessa área. O mais das vezes, essas pessoas tornaram-se formalmente menos reprimidas e emocionalmente mais livres. Esses surgimentos ou mudanças costumam ser muito súbitos.

Os talentos musicais ou artísticos que podem ser liberados na demência frontotemporal ou em outras formas de danos cerebrais não surgem do nada; eles são, temos de presumir, potenciais ou propensões que já estão presentes, mas inibidos — e subdesenvolvidos. Uma vez liberados por um dano a esses fatores inibitórios, potencialmente os dons musicais ou artísticos podem então ser desenvolvidos, cultivados e explorados para produzir uma obra de real valor artístico — pelo menos enquanto a função do lobo frontal, com seus poderes de execução e planejamento, estiver intacta. Isso pode, então, proporcionar um breve, brilhante interlúdio no caso de demência frontotemporal, enquanto a doença avança. Infelizmente, o processo degenerativo nesse caso não cessa, e mais cedo ou mais tarde tudo isso é perdido — mas por um breve período, para algumas pessoas, pelo menos, pode haver música e arte, com alguma parcela da realização, do prazer e da alegria ímpares que elas podem proporcionar.

o córtex parietal direito da paciente é "supranormal" durante seu pico de criatividade.

Também clinicamente se caminha para a confirmação dessa hipótese, com base em casos nos quais ocorreu o surgimento de talento artístico ou musical após derrames ou outras formas de lesão no hemisfério esquerdo. Isso parece aplicar-se a um paciente descrito por Daniel E. Jacome em 1984. O paciente de Jacome sofreu um acidente vascular pós-cirúrgico que acarretou uma grande lesão no hemisfério esquerdo dominante—especialmente nas áreas frontotemporais anteriores. Isso gerou não só grandes dificuldades com a linguagem expressiva (afasia), mas também um estranho acesso de musicalidade: o paciente passou a assobiar e cantar incessantemente e adquiriu um interesse apaixonado por música. Foi uma mudança radical, já que antes do derrame, segundo Jacome, o paciente era um homem "musicalmente ingênuo".

Entretanto, essa estranha mudança não durou; foi diminuindo, escreveu Jacome, "paralelamente à excelente recuperação das habilidades verbais". Esses dados, a seu ver, "parecem corroborar o maior papel do hemisfério não dominante na música, que normalmente, por alguma razão, jaz dormente e é 'liberado' pela lesão no hemisfério dominante".

Um correspondente, Rolf Silber, descreveu o que lhe ocorreu depois de sofrer uma hemorragia cerebral que causou uma lesão em seu hemisfério esquerdo (dominante). Ao recobrar a consciência, ele estava paralisado do lado direito e incapaz de proferir e entender palavras. Enquanto se recuperava, ele escreveu depois,

minha mulher trouxe para o hospital meu mais recente aparelho eletrônico, um pequeno CD player, e eu ouvia música como se minha vida dependesse disso (tenho um gosto musical muito, muito eclético [...]). Ainda bastante incapacitado do lado direito e quase incapaz de formar uma sentença inteligível, passei por uma fase na qual minha capacidade de "processar" ou analisar, ou — ainda mais basicamente — de entender música ficou por algumas semanas muito intensificada. [...] Isso não só em termos técnicos de "alta fidelidade", mas muito mais no [...] sentido de ter — por um breve período

res, enquanto em *Bolero*, poderíamos dizer, existe o padrão reiterativo e mais nada.

Para Hughlings Jackson, 150 anos atrás, o cérebro não era um mosaico estático de representações ou pontos fixos. Incessantemente ativo e dinâmico, possuía certos potenciais que eram ativamente suprimidos ou inibidos — potenciais que podiam ser "liberados" se essa inibição fosse removida. Essa musicalidade, aventou Jackson já em 1871, quando escreveu sobre o canto em crianças afásicas, podia não só ser poupada mas também intensificada por um dano nas funções de linguagem do hemisfério esquerdo. Para ele, esse era um exemplo, dentre muitos, de funções cerebrais normalmente suprimidas que eram liberadas por dano a outras. (Essas explicações dinâmicas também parecem muito plausíveis no contexto de outras estranhas emergências e excessos: as alucinações musicais às vezes "liberadas" pela surdez, a sinestesia às vezes "liberada" pela cegueira, e as funções de *savant* às vezes "liberadas" por dano no hemisfério esquerdo.)

Normalmente em cada indivíduo existe um equilíbrio entre forças excitativas e inibitórias. Mas se houver lesão no hemisfério dominante na região do lobo temporal anterior, que é de evolução mais recente, esse equilíbrio pode ser perturbado, e pode ocorrer uma desinibição ou liberação de capacidades perceptuais associadas às áreas temporais e parietais posteriores do hemisfério não dominante.[5] Essa, pelo menos, é a hipótese de Miller e outros, uma hipótese que hoje vem sendo corroborada por estudos fisiológicos e anatômicos. A equipe de Miller recentemente descreveu uma paciente que passou a apresentar afasia progressiva e uma simultânea intensificação da criatividade visual (ver Seeley *et al.*) Isso envolvia não só uma facilitação funcional de áreas posteriores do hemisfério direito, mas verdadeiras mudanças anatômicas, com aumento de volume de matéria cinzenta nos córtices parietais, temporais e occipitais. Os autores afirmam que

---

[5] Essa "facilitação funcional paradoxal" foi um conceito induzido por Narinder Kapur em 1996 em um contexto mais geral.

Sua mente, Miller escreveu, era "tomada" durante a composição, e suas produções eram de qualidade (várias foram tocadas em público). Ele continuou a compor mesmo quando sua perda da linguagem e de outras habilidades cognitivas tornaram-se graves.

(Tal concentração criativa não seria possível para Vera ou Louis, pois eles tiveram grave lesão no lobo frontal logo no começo da doença e, portanto, foram privados das faculdades de integração e execução necessárias para refletir sobre os padrões musicais que lhes passavam velozmente pela cabeça.)

O compositor Maurice Ravel, nos últimos anos de vida, sofreu de um mal que alguns indentificaram como doença de Pick, e que hoje provavelmente seria diagnosticado como uma forma de demência frontotemporal. Ele passou a apresentar afasia semântica, uma incapacidade para lidar com representações e símbolos, conceitos abstratos ou categorias. Mas sua mente criativa, porém, permaneceu povoada de padrões musicais e melodias — padrões e melodias que ele não sabia mais como anotar ou pôr no papel. Théophile Alajouanine, o médico de Ravel, logo percebeu que seu ilustre paciente perdera a linguagem musical mas não sua inventividade no campo da música. Realmente, até se poderia cogitar a possibilidade de Ravel estar no auge da demência quando compôs seu *Bolero*, uma obra caracterizada pela incansável repetição de uma única frase musical dezenas de vezes, que se vai intensificando em altura e orquestração mas não tem desenvolvimento. Embora esse tipo de repetição sempre fizesse parte do estilo de Ravel, em suas obras de fases anteriores ela era uma parte integrante de estruturas musicais muito maio-

---

visuais ou musicais, mas pouco desenvolvimento do pensamento verbal e abstrato. Talvez haja um *continuum* entre a patologia óbvia, como no autismo ou na demência frontotemporal, e a expressão de um "estilo" normal. No caso de um compositor como Tchaikovsky, por exemplo, a composição emergia de melodias — incontáveis delas passavam-lhe incessantemente pela cabeça; isso parece muito diferente das grandiosas ideias musicais, das estruturas arquitetônicas típicas das composições de Beethoven.

"Nunca trabalho no abstrato", escreveu Tchaikovsky, "o pensamento musical jamais aparece senão em uma forma externa adequada." O resultado, comentou Robert Jourdain, era "música com esplêndida textura na superfície, mas com estrutura vazia".

As preferências musicais também podem ser afetadas. C. Geroldi *et al.* descreveram dois pacientes cujo gosto musical de toda uma vida mudou com o início da demência frontotemporal. Um deles, advogado idoso com forte predileção por música clássica e aversão por música pop (que considerava "mero barulho"), adquiriu paixão pelo que antes abominava, e passou a ouvir música pop italiana no máximo volume durante muitas horas por dia. B. F. Boeve e Y. E. Geda descreveram outro paciente com demência frontotemporal que passou a sentir uma paixão arrebatadora por polcas.[3]

Em um nível muito mais profundo, um nível além da ação, improvisação e execução, Miller e seus colegas descreveram (em um artigo para o *British Journal of Psychiatry* em 2000) um homem idoso com pouquíssima formação ou treinamento musical que, aos 68 anos, começou a compor música clássica. Miller salientou que o que ocorria a esse paciente, de modo súbito e espontâneo, não eram ideias musicais, mas padrões musicais — e era a partir destes, por elaboração e permutação, que ele construía suas composições.[4]

Minha irmã tem sessenta anos [...] e alguns anos atrás diagnosticou-se que ela estava com a doença de Pick. O curso da doença vem sendo como o previsto, e ela agora em geral limita-se a falar uma ou duas frases. Recentemente, ela e eu fomos ao enterro da nossa mãe, e depois [...] comecei a tocar piano, e Annette passou a assobiar junto o que eu estava tocando. Ela nunca ouvira aquela música antes, mas demonstrou um talento absolutamente extraordinário. Emitia trinados como um pássaro e acompanhava a melodia e as mudanças de acorde com facilidade. Mencionei isso ao marido dela, e ele comentou: "pois é, até dois anos atrás ela não era capaz de assobiar assim".

[3] Desde a primeira publicação de *Alucinações musicais*, recebi várias cartas relatando mudanças semelhantes de preferências musicais, embora nem sempre fique claro se o problema básico é a demência frontotemporal ou algum outro. Uma mulher, pianista clássica, escreveu sobre sua mãe, de 86 anos, que sofria de doença de Parkinson, epilepsia e algum grau de demência:

Minha mãe adorava música clássica, mas nestes últimos meses alguma coisa aconteceu com ela: agora ama jazz, e parece precisar ouvir esse gênero em volume máximo o dia todo, junto com o noticiário 24 horas da TV a cabo. [...] A importância do jazz em sua vida atualmente parece estranha e até meio cômica, pois quando ela estava "normal", odiava esse tipo de música.

[4] Allan Snyder argumentou que um processo semelhante, "de baixo para cima", e não algum esquema geral ou organizador, é típico da criatividade autista, na qual, como ocorre na demência frontotemporal, pode haver extraordinária facilidade com padrões

acordo à noite", ela disse, "e o vejo ali, mas ele não está realmente ali, não está realmente presente. [...] Quando ele morrer, sentirei muita saudade, mas, em certo sentido, ele já não está mais aqui — não é mais a pessoa vibrante que conheci. É um luto demorado, do começo ao fim." Ela também receia que, com esse comportamento impulsivo e inquieto, ele mais cedo ou mais tarde acabe sofrendo um acidente. É difícil saber o que o próprio Louis sente a essa altura. Louis nunca teve nenhum tipo de educação musical formal nem de treino vocal, embora ocasionalmente cantasse em coros. Mas agora a música e o canto dominam sua vida. Ele canta com tamanha energia e animação que fica evidente o prazer que isso lhe dá. E entre uma música e outra, gosta de inventar pequenos *jingles*, como o da canção do "café". Quando a boca está ocupada comendo, seus dedos buscam ritmos, improvisam batuques. Não são apenas os sentimentos, a emoção das canções — que, tenho certeza, ele "percebe", apesar da demência —, mas também os padrões musicais que o excitam e o encantam, e talvez o impeçam de desmanchar-se. A sra. F. disse que, quando os dois jogam cartas à noite, "ele adora ouvir música, canta ou acompanha o ritmo com os dedos ou o pé enquanto planeja a próxima jogada. [...] Ele gosta de música *country* e de sucessos antigos".

Talvez Bruce Miller tenha escolhido Louis para eu conhecer porque eu lhe falara sobre Vera, sua desinibição, sua tagarelice e cantoria incessantes. Mas a musicalidade, disse Miller, podia surgir de muitos outros modos e dominar a vida da pessoa durante a evolução da demência frontotemporal. Ele escrevera sobre vários pacientes desse tipo.

Miller descrevera um homem que fora acometido de demência frontotemporal ao entrar na casa dos quarenta (o início dessa doença costuma ocorrer mais cedo que o da doença de Alzheimer). Ele assobiava constantemente, e se tornou conhecido no trabalho como "o Assobiador". Dominava uma vasta gama de músicas clássicas e populares, inventava e cantava toadas sobre seu passarinho de estimação.[2]

---

[2] Em 1995 recebi uma carta de Gaylord Ellison, da Universidade da Califórnia em Los Angeles, relatando:

Essa perda de conhecimento, de categorias, é característica da demência "semântica" que acomete pacientes como ele. Quando dei a deixa para ele cantar "Rudolph, the red-nosed reindeer", ele continuou a canção perfeitamente. Mas não foi capaz de dizer o que era *reindeer* (rena) nem de reconhecer o desenho desse animal. Portanto, não só a representação verbal ou visual das renas estava prejudicada, mas também a *ideia* de uma rena. Ele não soube dizer, quando lhe perguntei, o que era "Christmas" (Natal), mas instantaneamente voltou a cantar "We wish you a merry Christmas". Pareceu-me, pois, que em certo sentido Louis existia apenas no presente, no ato de cantar, falar ou representar. E, talvez por causa desse abismo de não ser que se escancarava sob ele, Louis falava, cantava e se movia sem parar.

Muitos pacientes como Louis parecem bem inteligentes e intelectualmente intactos, ao contrário dos pacientes com doença de Alzheimer em estágio comparavelmente avançado. De fato, em testes mentais formais, eles podem obter resultados normais ou superiores, pelo menos quando estão nas fases iniciais da doença. Portanto, não é realmente demência que esses pacientes têm, mas amnésia, uma perda de conhecimento de fatos, como o conhecimento do que é uma rena, o Natal ou o oceano. Esse esquecimento de fatos — uma amnésia "semântica" — contrasta notavelmente com a vívida memória dos eventos e experiências de sua própria vida, como observou Andrew Kertesz. É o inverso, de certo modo, do que vemos na maioria dos pacientes com amnésia, que retêm o conhecimento dos fatos mas perdem memórias autobiográficas.

Miller escreveu sobre a "fala vazia" no contexto de pacientes com demência frontotemporal, e a maior parte do que Louis dizia era repetitiva, fragmentada e estereotipada. "Cada frase que ele diz, eu já ouvi", comentou sua mulher. No entanto, havia ilhas de sentido, momentos de lucidez, como quando ele falou sobre não trabalhar, não lembrar e não fazer nada — o que sem dúvida era real e muito triste, embora o momento durasse apenas um ou dois segundos antes de ser esquecido, varrido pela torrente de sua distração.

A esposa de Louis, que vira essa deterioração abater-se sobre o marido ao longo do ano que se passara, parecia frágil e exausta. "Eu

moedas ou objetos brilhantes na rua e pegava minúsculas miga-
lhas no chão.) Além de comer e procurar o prato de biscoitos,
Louis movia-se pela sala sem parar e falava ou cantava o tempo
todo. Era quase impossível interromper sua fala para conversar
ou conseguir que ele se concentrasse em qualquer tarefa cognitiva — embora em dado momento ele tenha copiado uma complexa figura geométrica e feito um cálculo aritmético de um tipo
que teria sido impossível para alguém em estágio avançado da
doença de Alzheimer.
Louis trabalha duas vezes por semana em um centro para idosos,
regendo em sessões de canto. Adora fazê-lo; sua mulher acha que
talvez isso seja a única coisa que lhe dá algum prazer agora. Ele está
apenas na cada dos sessenta, e não ignora o que perdeu. "Não lembro
mais aquelas coisas, não trabalho mais, não faço mais nada — é por
isso que ajudo os idosos", ele comentou, mas disse isso sem grande
expressão emocional no rosto ou na voz.
Em geral, se o deixarem fazer o que quiser, ele canta músicas
alegres com grande entusiasmo. Achei que ele cantou uma variedade de canções desse tipo com discernimento e sensibilidade,
mas Miller alertou-me para não exagerar nas suposições. Pois,
embora Louis cantasse "My Bonnie lies over the ocean" com
grande convicção, não soube dizer, quando perguntei, o que era
ocean (oceano). Indre Viskontas, neurocientista cognitivo que
trabalha com Miller, demonstrou a indiferença de Louis ao significado das palavras dando-lhe para cantar uma versão sem sentido, mas semelhante na fonêmica e no ritmo:

My bonnie lies over the ocean,
My bonnie lies under the tree,
My bonnie lies table and then some,
Oh, bring tact my bonnie to he. *

Louis cantou essa invenção com a mesma animação, a mesma
emoção e convicção com que cantara a letra original.

---

* A letra real é: "*My bonnie lies over the ocean/ My bonnie lies over the sea/ My
bonnie lies over the ocean/ Oh, bring back my bonnie to me*". (N. T.)

mento: desinibições de um tipo ou de outro. Talvez seja por isso que às vezes os familiares e os médicos demoram a detectar o problema. Para confundir, não existe um quadro clínico constante, mas uma variedade de sintomas, dependendo do lado do cérebro mais afetado e de se o dano se localiza principalmente nos lobos frontais ou temporais. Os aparecimentos de talentos artísticos e musicais que Miller e outros observaram ocorrem apenas em pacientes com lesão sobretudo no lobo temporal esquerdo. Miller providenciou para que eu conhecesse um de seus pacientes, Louis F., cuja história tinha notável semelhança com a de Vera B. Mesmo antes de vê-lo, já ouvi Louis cantando no corredor, do mesmo modo como, anos antes, ouvira Vera cantar do lado de fora do meu consultório. Quando ele entrou na sala com sua esposa, quase não houve chance para cumprimentos e apertos de mão, pois ele desembestou a falar. "Perto da minha casa há sete igrejas", ele começou. "Vou a três igrejas aos domingos." Em seguida, presumivelmente impelido pela associação com "igreja", ele desatou a cantar "*We wish you a merry Christmas, we wish you a merry Christmas...*". Ao ver que eu tomava uma xícara de café, ele me incentivou: "Isso mesmo, beba! Quando ficar velho não vai poder tomar café", e isso levou a uma melopeia: "Uma xícara de café, café para mim; uma xícara de café, café para mim". (Não sei se isso era uma canção "real" ou apenas a ideia imediata do café transformada num *jingle* repetitivo.)

Um prato com biscoitos atraiu sua atenção. Ele pegou um e comeu vorazmente, depois outro, e mais outro. "Se o senhor não tirar o prato", disse a esposa, "ele vai comer tudo. Dirá que está satisfeito, mas continuará a comer. [...] Engordou nove quilos." Às vezes ele põe coisas não comestíveis na boca, ela acrescentou: "Tínhamos alguns sais de banho em formato de balas, ele pegou um, mas teve de cuspir".

Não era fácil tirar os biscoitos dele. Mudei o prato de lugar, continuei mudando para lugares mais inacessíveis, mas Louis, parecendo não prestar atenção nenhuma a isso, observava todos os meus movimentos e infalivelmente atacava o prato — debaixo da mesa, ao lado dos meus pés, numa gaveta. (Ele tinha muita facilidade para encontrar coisas, sua esposa me disse; avistava

vívidos relatos de caso, intitulado "Functional correlates of musical and visual ability in frontotemporal dementia" [Correlatos funcionais de habilidade musical e visual na demência frontotemporal]. Miller *et al.* descreveram vários pacientes que demonstravam acentuação de talentos musicais ou, em alguns casos, o surpreendente surgimento de inclinação e talentos musicais em pessoas antes "não musicais". Pacientes desse tipo já haviam sido descritos em relatos de caso, mas ninguém antes examinara e acompanhara tantos deles ou estudara suas experiências com tanta profundidade e tão detalhadamente. Eu quis conhecer o dr. Miller e, se possível, alguns de seus pacientes.

Quando nos encontramos, Miller falou primeiro em termos gerais sobre a demência frontotemporal, como seus sintomas e as mudanças cerebrais básicas que os causaram haviam sido descritas em 1892 por Arnold Pick, mesmo antes de Alois Alzheimer ter descrito a mais conhecida síndrome que hoje leva seu nome. Por algum tempo, a "doença de Pick" foi considerada relativamente rara, mas agora está claro, Miller ressaltou, que ela já não é mais incomum. De fato, apenas cerca de dois terços dos pacientes que Miller atende em sua clínica de demência têm doença de Alzheimer; a terça parte restante é portadora de várias outras doenças, das quais a demência frontotemporal talvez seja a mais frequente.[1]

Em contraste com a doença de Alzheimer, que geralmente se manifesta com perda de memória ou cognitiva, a demência frontotemporal com frequência se inicia com alterações de comporta-

---

[1] Alois Alzheimer (que era muito mais neuropatologista do que Pick) mostrou que vários dos pacientes de Pick submetidos à autópsia apresentavam singulares estruturas microscópicas no cérebro. Estas passaram a ser conhecidas como corpos de Pick, e a doença propriamente dita, como doença de Pick. Às vezes o termo "doença de Pick" é restrito aos pacientes que têm corpos de Pick no cérebro, mas, como salientou Andrew Kertesz, essa diferenciação não tem muito valor: pode haver degeneração frontotemporal essencialmente semelhante mesmo na ausência de corpos de Pick.

Kertesz também descreveu famílias numerosas com alta incidência não só de degeneração frontotemporal, mas também de outras condições neurodegenerativas, como degeneração corticobasal, paralisia supranuclear progressiva e talvez algumas formas de parkinsonismo ou esclerose lateral amiotrófica com demência. Todas essas doenças, a seu ver, podem ser aparentadas; ele sugere, assim, que sejam classificadas sob o termo "complexo de Pick".

uma idosa num hospital, conhecia Connie ("uma jovem *maideleh* [mocinha] — esqueci o nome dela"); podia escrever e desenhou um relógio. Eu não sabia como definir exatamente sua condição. "Uma forma singular de demência", anotei. "A desinibição cerebral ocorreu a passo acelerado. Isso pode decorrer de um processo semelhante ao da doença de Alzheimer (porém, sem dúvida com Alzheimer ela estaria mais incapacitada e confusa). Mas é impossível não cogitar em outras entidades, mais raras." Eu pensava, em especial, na possibilidade de Vera ter alguma lesão nos lobos frontais do cérebro. Uma lesão nas porções laterais dos lobos frontais pode acarretar inércia e indiferença, como ocorria com Harry S. Mas lesões em áreas mediais ou orbitofrontais têm um efeito bem diferente: privam a pessoa de discernimento e de freios, abrindo caminho para uma série incessante de impulsos e associações. As pessoas com esse tipo de síndrome do lobo frontal podem ser pianistas e impulsivas como Vera. Mas nunca ouvi falar de excessiva musicalidade como um dos sintomas dessa síndrome.

Quando Vera morreu, alguns meses depois, em decorrência de um fulminante ataque cardíaco, tentei conseguir uma autópsia, curioso para saber o que o cérebro mostraria. Mas as autópsias haviam se tornado raras, difíceis de obter, e não tive êxito.

Logo outros assuntos ocuparam minha atenção, e não pensei mais no intrigante caso de Vera, com sua estranha e, de certo modo, criativa desinibição, a desenfreada cantoria e os trocadilhos que caracterizaram seus derradeiros anos. Só em 1998, quando li um artigo de Bruce Miller e seus colegas de San Francisco, "Emergence of artistic talent in frontotemporal dementia" [Aparecimento de talento artístico na demência frontotemporal], voltei subitamente a pensar em Vera. Percebi então que provavelmente era esse tipo de demência que a afetava — embora o "aparecimento", em seu caso, fosse mais musical do que visual. Mas se era possível brotarem talentos artísticos visuais, por que não musicais? De fato, em 2000 Miller *et al.* publicaram um breve ensaio sobre o surgimento de gostos musicais sem precedentes em alguns de seus pacientes na unidade de demência da Universidade da Califórnia, em San Francisco, além de um artigo mais longo e abrangente, com

27
IRREPRIMÍVEL: A MÚSICA E OS LOBOS TEMPORAIS

Em 1984 conheci Vera B., uma senhora que acabara de ser internada em um lar para idosos com problemas de saúde (entre eles, artrite grave e falta de ar) que lhe estavam dificultando cada vez mais uma vida independente. Não encontrei nela problemas neurológicos, mas surpreendi-me com o fato de Vera ser animadíssima: tagarela, trocista e dada ao flerte. Na época não supus que isso tivesse alguma importância neurológica; pensei que fosse apenas uma expressão de sua personalidade.

Quando tornei a examiná-la, quatro anos depois, observei em minhas anotações: "Ela mostra impulsos de cantar antigas canções em iídiche e às vezes um atrevimento quase irreprimível. Parece-me, agora, que está perdendo suas inibições".

Em 1992 esse quadro de desinibição era gritante. Sentada do lado de fora da clínica, esperando por mim, Vera estava cantando "A bicycle built for two" [Uma bicicleta para dois] em altos brados, entremeando a letra com palavras inventadas por ela. Em minha sala, ela continuou a cantar: canções em inglês, iídiche, espanhol, italiano e em uma mistura poliglota que eu desconfiava ser composta de todas essas línguas e mais alguma coisa de sua língua nativa, o letão. Por telefone, Connie Tomaino, nossa musicoterapeuta, disse-me que Vera agora tendia a cantar sem parar o dia inteiro. Antes ela não era exageradamente musical, Connie comentou, "mas *agora* é".

Ter uma conversa com Vera não era nada fácil. Ela se impacientava com perguntas e costumava interromper as respostas para cantar. Fiz os testes mentais que pude, e ficou óbvio que Vera era basicamente alerta e orientada em seu ambiente. Sabia que era

lhante mas em certo sentido superficial ou artificial. Tive dúvidas semelhantes quando examinei Stephen Wiltshire, o autista *savant* que descrevi em *Um antropólogo em Marte*. Stephen falava pouquíssimo e normalmente quase não demonstrava emoção, mesmo quando estava produzindo seus extraordinários desenhos. Mas às vezes podia (ou assim me parecia) ser transformado por música. Uma ocasião, quando estávamos juntos na Rússia, ouvimos o coro do Mosteiro Alexander Nevsky, e Stephen pareceu comover-se profundamente (foi o que pensei, embora Margaret Hewson, que o conhecia bem por muitos anos, achasse que em um nível mais profundo ele era indiferente ao canto). Três anos depois, na adolescência, Stephen começou a cantar. Ele cantava "It's not unusual", de Tom Jones, com grande entusiasmo, rebolando, dançando e gesticulando. Parecia possuído pela música, e não se via nada da rigidez, dos tiques e da aversão ao olhar que ele normalmente apresentava. Espantei-me com essa transformação e anotei "AUTISMO DESAPARECE" em meu caderno. Só que, assim que a música desapareceu, Stephen tornou a parecer autista.

um "psicopata" que ela observara atentamente por cinco anos, e sua relação com a música:

Como você sabe, [psicopatas] são homens sedutores e trapaceiros cuja característica mais destacada é a ausência de emoção. Eles estudam as pessoas normais e são capazes de produzir uma simulação exata de emoção a fim de sobreviverem em nosso meio, mas o sentimento não existe. Não há lealdade, não há amor, empatia, medo [...] nada dessas coisas intangíveis que compõem nosso mundo interior. [...] Meu psicopata era também um compositor e músico talentoso. Não tinha instrução formal, mas era capaz de pegar qualquer instrumento e tocá-lo, dominá-lo em um ou dois anos. Dei-lhe um estúdio musical eletrônico para que ele pudesse compor. Ele rapidamente aprendeu a lidar com o equipamento e passou a produzir gravações de suas composições. [...] A música parecia jorrar dele todo. [...] Depois de ouvir a primeira fita, escrevi: "original e viva, transbordando de pura energia; doce, intensa e arrebatada; intelectual e no entanto mística; cheia de surpresas". [...] Depois que ele saiu da sala, ocorreu-me a possibilidade de que ele houvesse simulado as emoções em sua música [...] embora intuitivamente eu tivesse uma sensação de que a música era genuína [...] de que a música era o único modo de que ele dispunha para expressar emoção e que sua música continha toda a pureza e profundidade de emoção tão absolutamente ausente em todo o resto de sua pessoa. [...]
Ele comprou um saxofone [e] em um ano estava tocando profissionalmente em clubes da cidade; depois desistiu e partiu para sua adorada Europa para ganhar alguns trocados tocando enquanto aplicava golpes em pessoas ingênuas e confiantes. Em algum lugar, em alguma esquina escura de Praga, Zurique, Atenas ou Amsterdam, multidões passam por um solitário saxofonista tocando apaixonadamente, sem jamais desconfiarem que ele é o homem que chamo de "o maior compositor vivo da América" e também um perigoso psicopata.

Fica-se pensando se, em casos desse tipo, a música permitiria o acesso a emoções que, em todos os outros momentos, estão bloqueadas ou separadas da consciência ou da expressão — ou se estamos observando um tipo de representação, uma atuação bri-

ções que víamos em Harry fossem simuladas — mas talvez isso seja testemunho do poder da música para o ouvinte.

Em 1996, a última vez que vi Harry, trinta anos depois de seu acidente, ele estava com hidrocefalia, tinha grandes cistos nos lobos frontais, e estava doente e frágil demais para ser submetido a qualquer intervenção cirúrgica. Mas, debilitado ao extremo como estava, ele reuniu seus últimos vestígios de animação e cantou para mim — "Down in the valley" e "Goodnight Irene" — com toda a delicadeza e ternura de outrora. Foi seu canto do cisne; uma semana depois, estava morto.

Hester, uma de minhas pacientes pós-encefalíticas, depois de ter sido "despertada" pela levodopa e reaver temporariamente os movimentos e sentimentos normais, escreveu em seu diário: "Eu gostaria de expressar plenamente meus sentimentos. Fazia muito tempo que *eu não tinha* sentimentos". Magda, outra paciente pós-encefalítica, escreveu sobre a apatia e a indiferença que vivenciara nas décadas em que estivera praticamente imóvel: "Deixei de ter qualquer tipo de estado de espírito. Deixei de me importar com o que quer que fosse. Nada me *comovia* — nem mesmo a morte de meus pais. Esqueci como era ser feliz ou infeliz. Era bom ou mau? Nem uma coisa, nem outra. Não era nada". Essa incapacidade para ter emoções — apatia, no sentido estrito — ocorre apenas quando há grave comprometimento dos sistemas dos lobos frontais (como no caso de Harry) ou dos sistemas subcorticais (como em Hester e Magda) que servem às emoções.

Afora a total apatia, porém, existem outras condições neurológicas nas quais ocorre o comprometimento da capacidade para a genuína emoção. Exemplos disso são algumas formas de autismo, o "afeto apático" de alguns esquizofrênicos e a "frieza" ou "desumanidade" mostrada por muitos psicopatas (ou, para usar o termo hoje preferido, sociopatas). Mas em muitos desses casos, como acontecia com Harry, a música pode atravessar a barreira, ainda que de um modo limitado ou por um período breve, e liberar emoções aparentemente normais.

Em 1995 uma psicoterapeuta escreveu-me sobre um paciente,

fascínio — e o "fascínio" havia sido uma constante em sua vida anterior, ele comentou. Ele lia escrupulosamente os jornais diários, absorvia tudo, mas com desinteresse, indiferença. Cercado por todas as emoções, os dramas dos outros no hospital — pessoas agitadas, atormentadas, com dor ou (mais raramente) rindo, alegres —, cercado pelos desejos, temores, esperanças, aspirações, acidentes, tragédias e ocasionais júbilos daquelas pessoas, ele próprio permanecia totalmente frio, parecendo incapaz de ter sentimentos. Conservava ainda as formalidades de sua civilidade de outrora, sua cortesia, mas tínhamos a impressão de que elas já não eram animadas por nenhum sentimento real. Porém tudo isso mudava subitamente quando Harry cantava. Ele tinha uma bela voz de tenor e adorava canções irlandesas. Ao cantar, mostrava a emoção apropriada a cada música — o jovial, o melancólico, o trágico, o sublime. Era assombroso, pois não víamos o menor indício disso em nenhum outro momento, e poderíamos julgar que sua capacidade emocional estava totalmente destruída.

Era como se a música, sua intencionalidade e sentimento, fosse capaz de "destrancá-lo", ou de servir como uma espécie de substituto ou prótese para seus lobos frontais e fornecer os mecanismos emocionais que ele aparentemente não possuía. Parecia transformar-se quando cantava, mas assim que a música terminava ele recaía, em segundos, no vazio, na indiferença, na inércia.

Pelo menos, era o que pensava a maioria de nós no hospital. No entanto alguns tinham dúvidas. Meu colega Elkhonon Goldberg, neuropsicólogo especialmente interessado em síndromes do lobo frontal, não estava convencido. Goldberg afirmou que pacientes nessas condições podem, involuntariamente, reproduzir gestos, ações ou falas de outras pessoas e tendem a apresentar uma espécie de simulação ou imitação involuntária.

O canto de Harry seria, então, nada mais que um tipo elaborado e automático de imitação, ou será que a música, de algum modo, permitia-lhe sentir emoções às quais ele normalmente não tinha acesso? Goldberg não sabia. Para mim, assim como para muitos outros no hospital, era difícil acreditar que aquelas emo-

26
O CASO DE HARRY S.:
A MÚSICA E A EMOÇÃO

Talvez não seja bom ter predileção por certos pacientes, ou pacientes que nos cortam o coração, mas eu tenho. Um deles era Harry S. Ele foi o primeiro paciente que atendi quando comecei a trabalhar no Hospital Beth Abraham em 1966, e o vi com frequência até ele morrer, trinta anos depois.

Quando o conheci, Harry estava quase chegando à casa dos quarenta. Era um brilhante engenheiro mecânico, formado pelo MIT. Sofrera uma súbita ruptura de um aneurisma cerebral quando subia uma encosta de bicicleta. Tivera grave hemorragia em ambos os lobos frontais; o direito estava gravemente danificado, e o esquerdo, menos. Ficou em coma por várias semanas e depois disso permaneceu, pensávamos, irreparavelmente inválido por meses — meses nos quais sua mulher, perdendo a esperança, divorciou-se dele. Quando por fim ele deixou a unidade de neurocirurgia e foi para o Beth Abraham, um hospital para doentes crônicos, havia perdido o emprego, a mulher, o uso das pernas e uma grande porção de sua mente e personalidade. E, embora começasse aos poucos a recobrar a maioria de suas antigas capacidades intelectuais, na esfera emocional ele permaneceu gravemente deficiente: inerte, desanimado e indiferente. Fazia muito pouco por si mesmo, ou para si mesmo, e dependia dos outros para incentivo e impulso.

Por hábito, ele continuava assinando a *Scientific American* e lia cada número da revista de ponta a ponta, como costumava fazer antes do acidente. Mas embora entendesse tudo que lia, agora nenhum dos artigos, ele admitiu, despertava-lhe interesse,

Ulrich *et al.*) que a musicoterapia pode ser particularmente útil, contribuindo de um modo humano e não coercivo para que pessoas isoladas e associais saiam do casulo.

Em alguns casos, a música também pode contrabalançar os sintomas positivos. Por exemplo, em seu livro *Memórias de um doente dos nervos*, Daniel Paul Schreber, eminente jurista alemão que por muitos anos viveu imerso em profunda psicose esquizofrênica, escreveu: "Quando toco piano, a tagarelice sem sentido das vozes que falam comigo é abafada. [...] Qualquer tentativa de me 'representar' pela 'criação de um sentimento falso' e coisas do gênero está fadada a fracassar por causa do sentimento real que consigo expressar tocando piano".

Há músicos profissionais que são profundamente esquizofrênicos e no entanto podem apresentar-se no mais alto nível, e nessas apresentações não se vê indício algum de seus perturbados estados mentais. Tom Harrell, aclamado trompetista de jazz e compositor, é considerado um dos mais destacados trompetistas de sua geração e mantém seu nível artístico há décadas apesar de viver com esquizofrenia e alucinações praticamente constantes desde a adolescência. Quase todas as ocasiões em que ele não está dominado pela psicose acontecem quando ele está tocando ou, como ele diz, "quando a música está me tocando".

E há o caso do talentoso violinista Nathaniel Ayers que, depois de um brilhante começo como estudante da Juilliard School, mergulhou em profunda esquizofrenia e acabou como morador de rua no centro de Los Angeles, onde de vez em quando ele toca maravilhosamente em um decrépito violino com duas cordas faltando. Steve Lopez, em *The soloist*, faz um relato comovente sobre Ayers.

Assim como a música parece resistir ou sobreviver à distorção nos sonhos ou no parkinsonismo, às perdas da amnésia e do Alzheimer, também pode resistir às distorções da psicose e ser capaz de penetrar nos mais profundos estados de melancolia ou loucura, às vezes quando nada mais pode fazê-lo.

passavam-se meses durante os quais ele quase não saía nem falava com ninguém, e havia episódios de mania que se manifestavam na forma de "gastar quantias estarrecedoras de dinheiro, ficar acordado à noite resolvendo problemas de matemática ou compondo música e socializando sem parar". Ele me escreveu como descobriu, quando estava na casa dos vinte, que tocar piano podia produzir um efeito extraordinário sobre seu estado de espírito:

Se me sentasse ao piano, podia começar a tocar, a improvisar e a me sintonizar com meu estado de espírito. Se estivesse eufórico, conseguia equiparar esse estado com a música, e depois de algum tempo tocando, quase em transe, eu conseguia fazer baixar a euforia e voltar a um estado mais normal. Analogamente, se estivesse deprimido, eu conseguia elevar o moral. É como se eu fosse capaz de usar a música do mesmo modo que alguns usam terapias ou medicações para estabilizar seus estados de espírito. [...] Já ouvir música não tem para mim esse efeito. O essencial é a produção e o modo como sou capaz de controlar cada aspecto da música — estilo, tessitura, andamento e dinâmica.

Nos muitos anos de trabalho em hospitais de doenças mentais, vi inúmeros casos de pacientes esquizofrênicos com profunda regressão que passaram a maior parte da vida adulta internados, mas podiam apresentar respostas "normais" à música, para grande espanto da equipe médica e às vezes deles próprios.[2] Os psiquiatras dizem que os esquizofrênicos têm sintomas "negativos" (dificuldades para fazer contato com pessoas, desmotivação e, sobretudo, afeto apático) e "positivos" (alucinações, delírios). É possível atenuar os sintomas positivos com medicação, mas raramente ela tem efeito sobre os negativos, que muitas vezes são mais incapacitantes — e é nesses casos (como demonstraram

---

[2] Um relato sobre um desses casos encontra-se no "Registro de lunáticos" do Hospital Real de Sunnyside, na Escócia, com data de 1º de junho de 1828. A anotação informa que uma paciente internada, Martha Wallace, embora "de idade muito avançada [...] e há 44 anos no manicômio, sem variação alguma de seu estado de espírito durante todo esse período [...], evidenciou suscetibilidade à música quando, no sábado[...], levantou-se da cadeira e com semblante alegre dançou em passos vacilantes o quanto lhe permitiram as forças, a música animada chamada 'Neil Gow' tocada por um violinista".

de combate e o grito das sirenes, para os meus pacientes e para a respiração da minha mulher à noite.

Só depois de vários meses, ele escreveu, a música voltou a fazer parte de sua vida e a existir dentro dele. A primeira obra que ele ouviu internamente foi *Variações Goldberg* de Bach.

Recentemente, no quinto aniversário do ataque terrorista de 11 de setembro em Nova York, eu fazia meu percurso matinal de bicicleta pelo Battery Park, quando ouvi música ao me aproximar do extremo de Manhattan. Fui juntar-me à silenciosa multidão que avistei sentada contemplando o mar e ouvindo um jovem violinista que tocava a *Chacona em ré*, de Bach. Depois que ele terminou de tocar e a multidão se dispersou calmamente, ficou claro que a música trouxera àquelas pessoas um profundo consolo, algo que palavras não poderiam ter feito.

A música, dentre as artes, é a única ao mesmo tempo completamente abstrata e profundamente emocional. Não tem o poder de representar nada que seja específico ou externo, mas tem o poder exclusivo de expressar estados íntimos ou sentimentos. A música pode penetrar direto no coração; não precisa de mediação. Ninguém tem de saber coisa alguma sobre Dido e Enéas para comover-se com o lamento dela por ele; quem já perdeu um ente querido sabe o que Dido está expressando. E existe, por fim, um profundo e misterioso paradoxo nisso, pois embora esse tipo de música nos faça vivenciar a dor e o luto mais intensamente, ao mesmo tempo nos traz consolo e alívio.[1]

Recebi recentemente uma carta de um moço de trinta e poucos anos, contando que sofria de distúrbio bipolar, diagnosticado aos dezenove anos. Seus episódios eram claramente severos;

---

[1] Nem sempre, porém. Uma correspondente, quando se viu em um estado de profunda angústia, sentiu que ele era exacerbado por música:

Descobri que não podia ouvir a música clássica que sempre adorei. [...] Aparentemente, não importava muito qual fosse a música; ouvir tornara-se impossível [...] A música induzia sentimentos de terror e tristeza, a tal ponto que eu precisava desligá-la, chorando, e continuava a chorar por mais algum tempo.

Só depois de um ano de luto e psicoterapia ela pôde voltar a apreciar música.

barrar sentimentos que ameaçavam dominar-me; talvez, mais simplesmente, eu estivesse exigindo que a música funcionasse, embora a experiência houvesse provado que essa exigência nunca é satisfeita.

O poder da música, para trazer alegria ou catarse, tem de insinuar-se na pessoa sem ser percebido, chegar espontaneamente como uma bênção ou uma graça—como aconteceu quando a música saiu inesperada daquela janela no subsolo, ou quando, indefeso, fui invadido pela tocante sequência das *Lamentações* de Zelenka. ("As artes não são drogas", escreveu E. M. Forster. "Não há garantia de que atuem quando usadas. Algo tão misterioso e caprichoso como o impulso criativo tem de ser liberado antes de poder agir.")

John Stuart Mill gostava de música alegre, que parecia agir como um tônico para ele, enquanto Lesser e eu, lidando com a perda de um ente querido, tínhamos necessidades muito diferentes e uma experiência bem diversa com música. Não é por coincidência que a música que liberou nosso pesar e permitiu que a emoção voltasse a fluir fosse um réquiem, no caso de Lesser, e uma lamentação, no meu caso. São músicas concebidas para ocasiões de perda e luto. Na verdade, a música pode ter um poder sem igual para falar à nossa condição quando estamos face a face com a morte.

O psiquiatra Alexander Stein descreveu sua experiência durante o ataque terrorista de 11 de setembro a Nova York. Ele morava defronte ao World Trade Center e viu quando os aviões atingiram as torres, viu-as desmoronar e, na rua, sem saber se sua mulher estava viva ou morta, foi engolfado pela aterrorizada multidão em fuga. Nos três meses seguintes, o casal, sem poder voltar para casa, viveu como os refugiados. Nesse período, ele escreveu:

Meu mundo interior foi dominado por uma mortalha densa e silenciosa, como se todo um modo de existência estivesse no vácuo. A música, inclusive a habitual audição interior de composições preferidas, esteve emudecida. Paradoxalmente, em outros aspectos a vida na esfera auditiva foi imensuravelmente mais intensa, porém calibrada, ao que parecia, para um estreito espectro de sons: meus ouvidos agora estavam sintonizados mais para o rugido dos jatos

música, embora fosse uma música tão tênue que podia ter sido nada mais do que uma imagem ou memória. Conforme continuei a andar, a música foi ficando mais alta, até que por fim cheguei à sua fonte: um rádio que despejava Schubert por uma janela aberta no subsolo. A música perfurou-me, liberou uma cascata de imagens e sentimentos — memórias da infância, de férias de verão juntos e do pendor de minha mãe por Schubert (ela costumava cantar sua *Nachtgesang* com voz um tantinho desafinada). Peguei-me não só sorrindo pela primeira vez em semanas, mas rindo alto — e vivo novamente. Eu queria demorar-me perto daquela janela — Schubert, e somente Schubert, eu sentia, era vida. Apenas sua música tinha o segredo de me manter vivo. Mas eu tinha um trem para pegar, e continuei andando. E recaí na depressão.

Alguns dias depois, por acaso, fiquei sabendo que o grande barítono Dietrich Fischer-Dieskau apresentaria as canções *Winterreise* [Jornada de inverno], de Schubert, no Carnegie Hall. Os ingressos estavam esgotados, mas juntei-me a uma multidão do lado de fora na esperança de poder entrar, e consegui comprar um ingresso por cem dólares. Essa, em 1973, era uma quantia vultosa, e eu ganhava pouco, mas pareceu-me um preço pequeno a pagar (assim eu disse a mim mesmo) pela minha vida. Mas quando Fischer-Dieskau abriu a boca para cantar as primeiras notas, percebi que algo estava terrivelmente errado. Ele estava, como sempre, tecnicamente impecável, mas seu canto, não sei por quê, me parecia absolutamente sem graça, horrível e destituído de vida. À minha volta, todo mundo parecia arrebatado pela atenção, ouvindo com expressão profunda e insondável. Estavam incentivando, deduzi — fingindo polidamente que estavam comovidos, quando na verdade sabiam tão bem quanto eu que Fischer-Dieskau perdera a maravilhosa vivacidade e a sensibilidade que antes permeavam sua voz. Eu estava totalmente equivocado, é claro, como acabei percebendo depois. A crítica, no dia seguinte, foi unânime: Fischer--Dieskau nunca estivera melhor. Era eu quem voltara ao estado sem vida, encasulado, congelado — e desta vez tão congelado que nem Schubert conseguiu me afetar.

Talvez eu estivesse me defendendo, emparedando-me para

querida. Se o que liberou em mim a emoção, o catártico, foram as *Lamentações* de Zelenka, para Lesser foi o *Requiem* de Brahms:

Aquela apresentação do *Requiem* de Brahms teve sobre mim um poderoso efeito. Fui para Berlim pensando que ali escreveria sobre David Hume [...] mas [...] quando as ondas de música se derramaram sobre mim — ouvidas com todo o meu corpo, pareceu-me, e não apenas com os ouvidos — percebi que era sobre Lenny que eu teria de escrever.

Eu, até então, vinha carregando a morte de Lenny em um pacote fechado, um pacote fechado e congelado ao qual eu não tinha acesso mas que também não conseguia jogar fora. [...] Não era só Lenny que estivera congelada; eu também. Porém, ali sentada na sala da Filarmônica de Berlim, ouvindo as vozes do coral que cantavam aquelas palavras incompreensíveis, algo dentro de mim aqueceu-se e me amoleceu. Tornei-me, pela primeira vez em meses, capaz de sentir novamente.

Quando recebi a notícia da morte de minha mãe, peguei o primeiro avião para Londres e fui para a casa de meus pais, onde, por uma semana, guardamos o *shivah* por ela. Meu pai, meus três irmãos e eu, junto com os irmãos e irmãs da minha mãe ainda vivos, sentamo-nos em cadeiras baixas e nos nutrimos emocional e fisicamente com a contínua sucessão de parentes e amigos que nos traziam comida e lembranças. Comovemo-nos com os numerosos pacientes e alunos de minha mãe que vieram prestar-lhe homenagem. Por toda parte havia carinho, atenção, amor, apoio, sentimentos expressos e compartilhados. Mas depois dessa semana, quando voltei para meu apartamento vazio e gelado em Nova York, meus sentimentos "congelaram" e eu caí no que inadequadamente se chama depressão.

Por semanas eu me levantava, vestia-me, dirigia até o trabalho, atendia os pacientes, tentava apresentar uma aparência normal. Mas por dentro estava morto, sem vida, como um zumbi. Um belo dia, eu caminhava pela Bronx Park East e senti um súbito clarão, uma ativação do humor, um súbito sussurro ou insinuação de vida, de alegria. Só então me dei conta de que estava ouvindo

outro lado da parede, cantando em súbito crescendo uma passagem da *Rapsódia para contralto* de Brahms.

Esse som, para o qual, como para todas as músicas — e mesmo todos os prazeres — por meses eu estivera embotado, indiferente, perfurou meu coração como uma adaga e, numa torrente de rápidas recordações, pensei em todas as alegrias que a casa conhecera: as crianças que haviam corrido por seus cômodos, as festas, o amor e o trabalho [...].

Também tive algumas experiências parecidas, nas quais a música "perfurou meu coração", como disse Styron, quando nada mais podia fazê-lo. Eu era extremamente afeiçoado a uma tia, Len, irmã de minha mãe. Pensava com frequência em como ela salvara minha sanidade mental, e talvez até minha vida, quando em menino fui mandado para longe de casa, na evacuação de Londres durante a guerra. Sua morte deixou um súbito e imenso vazio em minha vida, mas, não sei por quê, tive dificuldade em pranteá-la. Continuei a trabalhar, a viver meu cotidiano, funcionando mecanicamente, mas por dentro estava em um estado de anedonia, embotado, indiferente a todos os prazeres — e também à tristeza. Certa noite, fui a um concerto, esperando ardentemente que a música pudesse reviver-me, mas não estava funcionando. O concerto entediava-me — até que a última música foi tocada. Era uma composição que eu nunca ouvira, de um compositor que eu desconhecia: *As lamentações de Jeremiah*, de Jan Dismus Zelenka (vim depois a saber que era tcheco, um contemporâneo de Bach não muito conhecido). De repente, ouvindo aquela música, senti os olhos marejados. Minhas emoções, congeladas havia semanas, estavam novamente fluindo. As *Lamentações* de Zelenka romperam o dique, liberando a torrente de sentimentos que estava obstruída, imobilizada dentro de mim.

Wendy Lesser descreveu uma reação semelhante à música em seu livro *Room for doubt* [Margem para dúvida]. Ela também perdera uma Lenny, que em vez de uma tia amada era uma amiga

25

LAMENTAÇÕES:
MÚSICA, LOUCURA E
MELANCOLIA

Robert Burton, em *The anatomy of melancholy* [Anatomia da melancolia], analisou a fundo o poder da música, e John Stuart Mill constatou que em sua juventude, quando ele caía em estado de melancolia ou anedonia, a música, e nada mais, tinha o poder de penetrar nesse estado e dar-lhe, ao menos temporariamente, uma sensação de prazer e de estar vivo. Supõe-se que a depressão de Mill tenha derivado do implacável regime imposto por seu pai, que lhe exigiu trabalho intelectual incessante desde que John Stuart tinha três anos, sem fazer coisa alguma para satisfazer ou mesmo reconhecer as necessidades emocionais do filho. Não surpreende que o jovem prodígio tenha tido uma crise ao chegar à fase adulta, entrando num estado no qual nada lhe dava prazer, com exceção da música. Mill não era difícil de contentar em matéria de música; Mozart, Haydn e Rossini estavam no mesmo nível em suas preferências. Seu único medo era um dia esgotar o repertório musical e não ter mais nada a que recorrer.

A necessidade contínua e geral de música que Mill descreveu é distinta do efeito crucial que determinadas composições musicais podem produzir em momentos específicos. William Styron, em seu relato biográfico *Perto das trevas*, descreveu uma experiência desse tipo, quando ele se viu à beira do suicídio:

> Minha mulher fora dormir, e eu me forcei a assistir a um filme gravado. [...] A certa altura da história, que se passava em Boston no fim do século xix, os personagens seguem pelo corredor de um conservatório de música, e se ouve uma voz de contralto vinda do

essa música é tão poderosa, o narrador acaba acreditando, que pode mudar o coração de uma mulher e levá-la à infidelidade. A história termina com o marido ultrajado assassinando a esposa — embora o verdadeiro inimigo, ele sente, o inimigo que ele não pode matar, seja a música.[5]

---

[5] O tema da música sedutora mas perigosa sempre despertou a imaginação. Na mitologia grega, a cativante música das sereias atraía os navegantes para a destruição. Em *The coldest winter*, David Halberstam faz uma vívida descrição do uso de música sinistra e ominosa durante a Guerra da Coreia:

Ouviram instrumentos musicais, pareciam estranhas gaitas de fole asiáticas. Alguns dos oficiais pensaram, por um momento, que alguma brigada britânica estivesse chegando para ajudá-los. Mas não eram gaitas de fole; era um som misterioso, exótico, talvez cornetas e flautas, um som que muitos deles recordariam pelo resto da vida. Era o som que eles passariam a reconhecer como o de chineses prestes a entrar em batalha, sinalizando uns aos outros com instrumentos musicais o que estavam fazendo e ao mesmo tempo deliberadamente incutindo medo no inimigo.

Em um irônico conto de E. B. White de 1933, "The supremacy of Uruguay" [A supremacia do Uruguai], esse país consegue o domínio do mundo enviando aviões sem piloto equipados com alto-falantes que transmitem uma frase musical hipnótica que se repete incessantemente. "Esse som intolerável", ele escreveu, "[tocado] sobre territórios estrangeiros imediatamente reduzia o povo à insanidade. E assim o Uruguai, sem percalços, podia mandar seus exércitos, subjugar os idiotas e anexar a terra." Temas semelhantes foram usados em vários filmes, entre eles a paródia *Marte ataca!*, de Tim Burton, na qual os marcianos invasores são finalmente derrotados por uma música particularmente insidiosa ("Indian love call") que faz suas cabeças explodir. Assim, essa música salva a humanidade, como fez uma simples bactéria terrestre em *A guerra dos mundos*.

em duas ocasiões ele *vira* Freud apreciar música, *vira-o* ser afetado por música.[4] Portanto, não se tratava de indiferença, supôs Reik, mas

de alhear-se [...] [um] ato voluntário no interesse da autodefesa [...] e quanto mais vigorosa e violenta a música, mais seus seus efeitos emocionais lhe pareciam indesejáveis. Ele se tornou cada vez mais convicto de que precisava manter sua razão desanuviada e suas emoções sob controle. Adquiriu uma relutância cada vez maior a render-se ao misterioso poder da música. Esse evitamento do efeito emocional das melodias pode ser visto em algumas pessoas que se sentem ameaçadas pela intensidade de seus sentimentos.

Para muitos de nós, as emoções induzidas pela música podem, de fato, ser avassaladoras. Vários amigos meus são tão sensíveis à música que não podem ouvi-la ao fundo enquanto trabalham; ou eles prestam atenção total à música ou precisam desligá-la completamente, pois ela é poderosa demais para permitir-lhes concentrar-se em outras atividades mentais. Estados de êxtase e arrebatamento podem apoderar-se de nós se nos entregarmos totalmente à música; uma cena comum na década de 1950 era ver plateias inteiras desmaiando por causa de Frank Sinatra ou Elvis Presley — arrebatadas por uma excitação emocional e talvez erótica tão intensa que induzia ao desmaio. Wagner também era mestre na manipulação de emoções, e essa talvez seja uma razão por que sua música é tão inebriante para alguns e tão detestável para outros.

Tolstói era acentuadamente ambivalente com relação à música porque, a seu ver, ela podia induzi-lo a estados mentais "fictícios", a emoções e imagens que não eram dele e não estavam sob seu controle. Ele adorava a música de Tchaikovsky, mas com frequência se recusava a ouvi-la. E em sua novela *Sonata a Kreutzer* ele descreveu a sedução da mulher do narrador por um violinista e sua música — os dois tocam juntos a sonata *Kreutzer* de Beethoven, e

---

[4] Aparentemente, também (disse-me Danielle Ofri), Freud tocou duetos de piano com pelo menos uma talentosa pianista vienense, Anna Hillsberg.

Mozart), e quando ia, usava a ocasião para refletir sobre seus pacientes ou suas teorias. O sobrinho de Freud, Harry (em um relato biográfico não totalmente confiável, *My uncle Sigmund* [Meu tio Sigmund]), escreveu que Freud "desprezava" música e que toda a família Freud era "acentuadamente amusical" — mas nenhuma dessas afirmações parece ser verdadeira. Um comentário bem mais delicado e matizado foi feito pelo próprio Freud, na única ocasião em que escreveu sobre o assunto, na introdução a "Moisés de Michelangelo":

> Não sou um *connaisseur* de arte [...] não obstante, obras de arte exercem sobre mim um forte efeito, especialmente as de literatura ou escultura, e a pintura com menos frequência. [...] Passo longo tempo diante delas tentando apreendê-las a meu modo, isto é, explicar a mim mesmo a que se deve seu efeito. Sempre que não consigo fazer isso, como no caso da música, sou quase incapaz de obter qualquer prazer. Alguma veia racionalista, ou talvez analítica, rebela-se contra ser comovida por uma coisa sem saber por que sou afetado desse modo e o que é que me afeta.

Para mim, esse comentário é ao mesmo tempo intrigante e muito confrangedor. Que bom seria se Freud conseguisse, de vez em quando, abandonar-se a algo tão misterioso, prazeroso e (poderíamos pensar) inofensivo como a música. Teria ele apreciado música, respondido a ela na infância, quando ainda não estava empenhado em explicar e teorizar? Sabemos apenas que lhe foi negado o prazer da música na vida adulta.

Talvez "indiferença" não seja a palavra mais apropriada aqui, e o termo freudiano "resistência" seja mais próximo do correto — uma resitência ao poder sedutor e enigmático da música. Theodor Reik, que conheceu bem Freud, inicia seu livro *The haunting melody* com uma análise da aparente indiferença de Freud à música. "É certo", escreve, "que Freud ouviu pouquíssima música nos quatro primeiros anos que passou na cidadezinha de Freiburg, na Morávia, [e] sabemos que as impressões desses anos iniciais são essenciais para o desenvolvimento da sensibilidade e dos interesses musicais." Contudo, Reik prossegue, no mínimo

Em um aspecto minha mente mudou nos últimos vinte ou trinta anos. [...] Antigamente, a pintura dava-me considerável prazer, e a música, um prazer intenso. Mas agora [...] perdi quase todo o gosto por pintura ou música. [...] Minha mente parece ter se tornado uma espécie de máquina para extrair leis gerais de grandes coleções de fatos. [...] A perda desses gostos, essa curiosa e lamentável perda dos gostos estéticos superiores, é uma perda de felicidade, e pode talvez ser danosa ao intelecto, e mais provavelmente ao caráter moral, por enfraquecer a parte emocional da nossa natureza.[3]

E pisamos em terreno muito mais complexo quando se trata de Freud. Pelo que podemos depreender dos seus relatos, ele nunca ouvia música voluntariamente ou por prazer e nunca escreveu sobre música, apesar de viver em Viena, uma cidade intensamente musical. Raras vezes ele se permitia, relutante, ser arrastado para assistir a uma ópera (e mesmo assim, só se fosse de

---

[3] Esse parágrafo, escreveu Janet Browne em sua biografia de Darwin,

Incomodou o resto da família. Era como se Darwin negasse sua sensibilidade à natureza e quase desse as costas aos seus dons especiais. Depois que ele morreu, os membros da geração seguinte, um por um, apontaram contraexemplos nos quais Darwin apreciara uma bela paisagem ou uma noite musical. [...] Unanimemente, os filhos rejeitaram a autoimagem do pai como um homem embotado, insensível.

Um dos filhos de Darwin, Francis, em *The autobiography of Charles Darwin*, descreve:

à noite — isto é, depois de ter lido tanto quanto suas forças lhe permitiam e antes de começar a leitura em voz alta — muitas vezes ele se deitava no sofá e ouvia minha mãe tocar piano. [Erik Korn, especialista em Darwin, disse-me que Emma fora aluna nada menos do que de Moscheles e Chopin]. Ele não tinha bom ouvido, mas apesar disso sentia verdadeiro amor pela boa música. Lamentava que seu prazer com a música se houvesse embotado com a idade, mas pelo que eu me lembre seu amor por uma boa música era grande. [...] Por não ter bom ouvido, ele era incapaz de reconhecer uma melodia quando tornava a ouvi-la, mas permanecia constante em suas preferências e costumava dizer, quando tocavam uma de suas favoritas, "Que beleza, que música é essa?". Apreciava especialmente partes das sinfonias de Beethoven e trechos de Handel. Ele era sensível a diferenças de estilo. [...] Gostava de bons cantos e se comovia quase até as lágrimas com músicas arrebatadoras ou patéticas. [...] Era humilde ao extremo com respeito ao seu próprio gosto, e sentia-se correspondentemente satisfeito quando outros concordavam com ele.

jovens que tinham autismo grave. Só com música eu conseguia estabelecer algum contato com os mais inacessíveis deles, tanto assim que levei meu próprio piano (um velho piano de armário, de segunda mão, que eu tinha na época) para o hospital onde eu trabalhava. Ele parecia funcionar como uma espécie de ímã para alguns daqueles jovens não verbais.[2]

Pisamos em terreno mais incerto no caso de certas figuras históricas que, por sua própria descrição e por relato de terceiros, foram indiferentes (ou até avessas) à música. É possível que tenham sido profundamente amúsicos — não temos dados para comprovar nem para refutar essa possibilidade. É difícil, por exemplo, explicar a singular omissão de referências à música na obra dos irmãos James. Nas cerca de 1400 páginas dos *Princípios de psicologia* de William James, que aborda praticamente todos os outros aspectos da percepção e do pensamento humanos, existe apenas uma sentença dedicada à música. E não encontrei referência alguma à música nas biografias dele. Ned Rorem, em seu diário *Facing the night* [Enfrentando a noite], observa a mesma notável ausência em Henry James: em nenhum de seus romances e em nenhuma das biografias há menção à música. Talvez os irmãos tenham crescido em uma família sem música. Não ser exposto à música na infância poderia causar algum tipo de amusia, do mesmo modo que não ser exposto à linguagem no período crítico pode prejudicar a competência linguística pelo resto da vida?

Um fenômeno diferente e bem triste, a perda do sentimento pela música e por muito mais, foi expresso na autobiografia de Darwin:

---

[2] No começo da década de 1980, assisti a *The music child* [A criança musical], um notável filme da BBC sobre o trabalho de Paul Nordoff e Clive Robbins, pioneiros no uso da musicoterapia com crianças profundamente autistas (e também com crianças portadoras de outros distúrbios de comunicação). Desde os primeiros projetos-piloto de Nordoff e Robbins no começo dos anos 1960, o uso da musicoterapia no autismo desenvolveu-se substancialmente. Hoje ela é usada para reduzir o estresse, a agitação e os movimentos estereotipados (balançar-se, bater os braços etc.) e para facilitar o relacionamento com autistas que são inacessíveis por outros meios.

enquanto eles experimentam intensa excitação emocional ouvindo música — este tem sido o enfoque do trabalho de Robert Zatorre e seu laboratório (ver, por exemplo, o artigo de 2001 de Blood e Zatorre). Ambas as linhas de pesquisa permitiram identificar uma vastíssima rede envolvendo regiões corticais e subcorticais como a base das respostas emocionais à música. E o fato de que é possível alguém ter não só uma perda seletiva de emoção musical mas uma súbita musicofilia igualmente seletiva (como descrito nos capítulos 1 e 27) implica que a resposta emocional à música pode ter uma base fisiológica própria muito específica, a qual é distinta da base fisiológica das respostas emocionais em geral.

A indiferença ao poder emocional da música pode ocorrer em pessoas com síndrome de Asperger. Temple Grandin, a brilhante cientista autista que descrevi em *Um antropólogo em Marte*, é fascinada pela forma musical e particularmente atraída pela música de Bach. Ela certa vez me disse que fora a um concerto e ouvira as *Invenções em duas e três partes* de Bach. Perguntei se ela havia gostado. "Eram muito engenhosas", ela respondeu, acrescentando que ficara curiosa em saber se Bach chegara a compor invenções em quatro e cinco partes. "Mas você *gostou?*", tornei a perguntar, e ela me deu a mesma resposta: sentira prazer intelectual ouvindo Bach, e mais nada. A música não a "comovia"; não a afetava profundamente como parecia afetar outras pessoas, ela disse. Com efeito, existem indícios de que as partes mediais do cérebro que nos permitem sentir emoções profundas — especialmente a amígdala — podem ser pouco desenvolvidas nos portadores da síndrome de Asperger. (Não era só a música que não comovia Temple; nenhum tipo de emoção profunda parecia brotar nela. Certa vez, quando estávamos viajando juntos de carro, comentei com deslumbramento e assombro sobre as montanhas que atravessávamos, mas Temple disse que não sabia o que eu queria dizer. "As montanhas são bonitas", ela disse, "mas não produzem em mim nenhum sentimento especial.")

Embora Temple parecesse indiferente à música, isso não ocorre com todos os autistas. Na verdade, fiquei com a impressão oposta na década de 1970, quando trabalhei com um grupo de

Albinoni (de suaprópriacoleção de discos) primeiro afirmou nunca ter ouvido aquela música, depois comentou: "Ela me faz sentir tristeza, e esse sentimento me leva a pensar no 'Adagio' de Albinoni". Outra paciente de Peretz, I. R., de 42 anos, tinha aneurismas "em espelho" em ambas as artérias cerebrais médias. Na cirurgia, a clipagem das artérias causou infartos em vasta área de ambos os lobos temporais. Depois disso, a paciente perdeu a capacidade de reconhecer melodias antes familiares, e até de discriminar sequências musicais. "Apesar dessas graves deficiências", escreveram Peretz e Gagnon em 1999, "I. R. afirmava ainda gostar de música." Testes minuciosos confirmaram sua declaração.

Darwin também poderia ter sido um bom caso para esses experimentos, pois escreveu em sua autobiografia:

Adquiri imenso gosto por música, e muitas vezes escolhia o horário de minhas caminhadas de modo que me permitisse ouvir nos dias de semana o hino na capela do King's College. Sentia intenso prazer e até alguns arrepios na espinha. [...] E no entanto não tenho ouvido nenhum para música e sou incapaz de perceber uma dissonância, acompanhar um ritmo e cantar uma melodia corretamente; é um mistério que eu possa obter prazer da música.

Meus amigos musicais não tardaram a perceber essa minha condição, e uma de suas diversões era aplicar-me um exame que consistia em computar quantas músicas eu era capaz de reconhecer quando eles a tocavam em ritmo mais rápido ou mais lento que o usual. "God Save the King" [o hino da Inglaterra], quando era tocado dessa maneira, tornava-se um enigma aflitivo.

Peretz supõe que exista "uma arquitetura funcional específica que fundamenta a interpretação emocional da música", uma arquitetura que poderia ser poupada mesmo na presença de amusia. Os detalhes dessa arquitetura funcional estão sendo descobertos lentamente, graças ao estudo de pacientes que sofreram derrames, lesões cerebrais ou remoção cirúrgica de partes dos lobos temporais, e graças também ao exame de imagens funcionais de pacientes

sensação desagradável, às vezes tão intensa a ponto de gerar raiva, nojo ou simplesmente aversão. Uma correspondente, Maria Ralescu, descreveu-me isso em uma carta:

Minha mãe recobrou-se de um coma de seis dias após um trauma na cabeça do lado direito do cérebro e começou o processo de reaprendizado com entusiasmo. [...] Quando foi transferida da UTI para o quarto do hospital, levei para lá um pequeno rádio, pois ela sempre tivera paixão por ouvir música. [...] No entanto, depois do acidente, enquanto estava hospitalizada, ela não quis de modo nenhum que se tocasse música ali. Parecia incomodá-la. [...] Foi preciso alguns meses para que ela finalmente voltasse a gostar e usufruir da música.

Há pouquíssimos estudos detalhados sobre pacientes desse tipo, mas Timothy Griffiths, Jason Warren *et al.* descreveram um homem de 52 anos, locutor de rádio, que sofreu um derrame no hemisfério dominante (com afasia e hemiplegia transitórias) e ficou com "uma persistente alteração na experiência auditiva".

Ele anteriormente cultivara o hábito de ouvir música clássica, e sentia especial prazer com os prelúdios de Rachmaninov. Quando os ouvia, vivenciava um estado intenso e alterado de "transformação". Essa resposta emocional à música foi perdida depois do derrame e permaneceu ausente durante o período de testes, entre doze e dezoito meses seguintes ao derrame. Durante esse período ele pôde usufruir dos outros aspectos da vida e não informou nenhuma característica (biológica) de depressão. Não notara mudança em sua audição e continuava capaz de identificar corretamente a fala, a música e os sons ambientais.

Isabelle Peretz e seus colegas deram especial atenção à amusia, a perda (ou ausência congênita) da capacidade de compreender estruturalmente a música. Surpreenderam-se ao descobrir, no início dos anos 1990, que alguns dos pacientes por eles estudados, que se haviam tornado praticamente amúsicos por causa de lesões no cérebro, ainda podiam apreciar música e fazer julgamentos emocionais sobre ela. Uma dessas pacientes, ao ouvir o "Adagio" de

Essa extinção temporária da resposta à música pode ocorrer após uma concussão. O médico Lawrence R. Freedman contou-me que ficou confuso e desorientado por seis dias após um acidente de bicicleta, e em seguida surgiu-lhe uma indiferença específica à música. Em um artigo que escreveu depois, ele observou:

Uma coisa que notei nos primeiros dias em casa preocupou-me imensamente. Eu não me interessava mais por ouvir música. Escutava música, sabia que era música e também sabia que costumava gostar muitíssimo de ouvi-la. Ela sempre fora a principal e infalível fonte para nutrir meu espírito. Agora simplesmente não *significava* nada. Eu estava indiferente a ela. Sabia que algo estava muito errado.

Essa perda da reação emocional à música era bem específica. O dr. Freedman salientou que não sentira diminuir sua paixão pelas artes visuais depois da concussão. Acrescentou que, desde que escrevera sobre sua experiência, falara com duas outras pessoas, dois músicos, que haviam passado por experiência igual depois de um trauma na cabeça.

Os que vivenciam essa singular indiferença à música não estão em estado de depressão ou fadiga. Não têm anedonia generalizada. Respondem normalmente a tudo, *exceto* à música, e em geral sua sensibilidade musical retorna depois de dias ou semanas. É difícil saber exatamente o que está sendo afetado nessas síndromes pós-concussão, pois pode haver mudanças difusas, ainda que temporárias, na função cerebral, afetando muitas partes diferentes do cérebro.

Há vários relatos sobre pessoas que, depois de um derrame, perderam o interesse pela música, passando a achá-la emocionalmente monótona, embora aparentemente conservassem todas as suas percepções e habilidades musicais. (Aventou-se que essas perdas ou distorções da emoção musical seriam mais comuns quando há lesão no hemisfério direito do cérebro.) Em alguns casos, ocorre não uma perda completa da emoção musical, mas uma mudança em sua atratividade ou direção, de modo que a música que antes deleitava o indivíduo passa a provocar nele uma

na grande variedade de respostas (e mesmo de "dissociações") das pessoas à música.[1] Há os que adoram música mas carecem das habilidades perceptuais ou cognitivas para apreciá-la; esses desandam numa cantoria desafinada e chocante que lhes dá imenso prazer (e a quem ouve pode dar engulhos). Em outras pessoas, a balança pende para o lado oposto: têm bom ouvido, sensibilidade refinada para as nuances formais da música, e apesar disso não são grandes apreciadoras de música nem a consideram parte significativa de sua vida. É espantoso que possa haver pessoas muito "musicais" e mesmo assim quase indiferentes à música, ou pessoas quase surdas para tons mas apaixonadamente sensíveis a ela.

Embora a musicalidade, como uma habilidade perceptiva, provavelmente tenha um considerável componente inato, a suscetibilidade emocional à música é mais complexa, pois pode ser bastante influenciada por fatores pessoais tanto quanto neurológicos. Quando uma pessoa está deprimida, a música pode "perder a graça", mas isso em geral é parte de um embotamento ou retraimento da emoção em geral. Uma ocorrência clara e impressionante, embora felizmente rara, é a perda súbita e isolada da capacidade de responder emocionalmente à música enquanto se reage normalmente a tudo o mais, inclusive à estrutura musical formal.

---

[1] Anthony Storr dá um bom exemplo dessa dissociação em seu livro *Music and the mind*:

Muitos anos atrás, servi de "cobaia" para um colega que estava estudando os efeitos da droga mescalina. Enquanto ainda estava sob a influência da droga, ouvi música no rádio. O efeito foi a intensificação de minhas respostas emocionais simultaneamente à abolição de minha percepção da forma. A mescalina fez um quarteto de cordas de Mozart parecer tão romântico quanto Tchaikovsky. Eu estava cônscio da qualidade palpitante, vibrante dos sons que me chegavam, da mordida do arco na corda, do apelo direto às minhas emoções. Em contraste, a apreciação da forma ficou muito prejudicada. Cada vez que um tema se repetia, era uma surpresa. Os temas podiam ser individualmente arrebatadores, mas sua relação uns com os outros desaparecera. Sobrou apenas uma série de melodias sem ligações: uma experiência prazerosa, mas que também se revelou decepcionante.
Minha reação à mescalina convenceu-me de que, no meu caso, a parte do cérebro ligada a respostas emocionais é diferente da parte que percebe a estrutura. Os dados indicam que isso ocorre com toda pessoa.

24
SEDUÇÃO E INDIFERENÇA

Na filosofia existe a tendência a separar a mente, as operações intelectuais, das paixões, as emoções. Essa tendência passa para a psicologia, e daí para a neurociência. A neurociência da música, em especial, concentra-se quase exclusivamente nos mecanismos neurais pelos quais percebemos a altura, os intervalos tonais, a melodia, o ritmo etc., e até bem recentemente dedicava pouca atenção aos aspectos afetivos de apreciar música. No entanto, a música apela para ambas as partes da nossa natureza — é essencialmente emocional tanto quanto essencialmente intelectual. Quando ouvimos música, muitas vezes estamos conscientes de ambas: podemos nos comover até a alma ao mesmo tempo que apreciamos a estrutura formal de uma composição.

É claro que podemos nos inclinar para um lado ou para o outro, dependendo da música, do nosso estado de espírito e das circunstâncias. O "Lamento de Dido", da ópera de Purcell *Dido e Enéas*, é extremamente tocante, a emoção da ternura encarnada; já *A arte da fuga* exige extrema atenção intelectual — tem uma beleza mais grave, talvez mais impessoal. Os músicos profissionais, ou qualquer um que pratique uma composição, às vezes podem ter de ouvir com uma postura desapaixonada, crítica, para assegurar que todas as minúcias da execução sejam tecnicamente corretas. Mas a correção técnica sozinha não basta; uma vez obtida, a emoção tem de retornar, senão corre-se o risco de ficar apenas com um árido virtuosismo. O que é preciso, sempre, é um equilíbrio, uma reunião.

A prova de que possuímos mecanismos separados e distintos para apreciar os aspectos estruturais e emocionais da música está

a música é diferente? Por que os sonhos musicais são tão exatos, tão fiéis à realidade? Será porque a música possui "um contorno formal e um ímpeto interno — um propósito próprio"? Ou será porque a música possui uma organização cerebral só dela, é "servida por [...] processos diferentes dos associados à imagem, linguagem e narrativa, e por isso não pode estar sujeita às mesmas forças amnésticas que estas?" Está claro, como destaca Massey, que "o sonho musical não é meramente uma curiosidade, e sim uma potencial fonte de valiosas informações" sobre as mais profundas questões acerca da natureza da arte e do cérebro.

os elementos visuais e a linguagem podem ser modificados ou distorcidos nos sonhos". Mais especificamente, ele escreve, "a música nos sonhos não se torna fragmentada, caótica ou incoerente, e também não decai tão depressa quanto os demais componentes dos sonhos quando despertamos". Por isso Berlioz, ao acordar, pôde recordar quase todo o primeiro movimento de sua sinfonia sonhada, e sentir que ela era tão agradável na forma e no caráter quanto fora em seu sonho.

Há muitas histórias, algumas verdadeiras, algumas apócrifas, de teorias matemáticas, lampejos científicos, ideias para romances ou pinturas ocorridos em sonhos e lembrados ao despertar. "O que distingue a música de sonho dessas outras realizações", ressalta Massey, "é que ela é consistentemente normal, enquanto em outras áreas a função normal ou superior é excepcional ou, no mínimo, intermitente". (Um tanto surpreso com essas afirmações, e notando que muitos dos sonhadores a quem Massey faz referência são músicos profissionais, decidi fazer uma amostragem informal de uma população não selecionada composta por estudantes de graduação da Universidade Columbia; pedi aos que tinham sonhos musicais que os descrevessem. Suas respostas pareceram corroborar a afirmação de Massey de que a música de sonho, quando ocorre, é percebida ou "tocada" com acurácia pela mente sonhadora e prontamente recordada ao despertar.)

Massey conclui: "A música no sonho, portanto, é igual à música em nossa vida na vigília. [...] Pode-se dizer que a música nunca dorme. [...] É como se ela fosse um sistema autônomo, indiferente a estarmos ou não em estado consciente". Sua conclusão também parece ser corroborada pela acurácia e aparentemente indelével qualidade da memória musical que se manifesta na imaginação musical, em *brainworms* e, notavelmente, nas alucinações musicais — e também na aparente imperviedade da música às devastações da amnésia ou demência.

Massey indaga por que os sonhos musicais são imunes às distorções e (se Freud estiver certo) aos disfarces que caracterizam quase todos os outros elementos dos sonhos e que geram a necessidade (e em geral a dificuldade) de interpretá-los. Por que

composto. Pensei: "Não, nunca antes compus nada parecido". Mas
eu tinha a canção, e ela era simplesmente mágica!

Mas não há exemplo mais pungente que o deixado por Berlioz
em suas memórias:

Dois anos atrás, numa época em que o estado de saúde de minha
esposa fazia-me incorrer em muitas despesas, mas ainda havia
alguma esperança de melhora, sonhei, uma noite, que estava compondo uma sinfonia, e no sonho eu a ouvi. Ao acordar na manhã
seguinte, pude lembrar todo o primeiro movimento, que era um *allegro* em lá menor em compasso dois por quatro [...]. Ia sentar-me à
mesa para escrevê-lo quando pensei: "Se eu for, serei levado a compor todo o resto. Minhas ideias sempre tendem a expandir-se hoje em
dia, e essa sinfonia pode muito bem ser numa escala enorme. Passa-
rei talvez três ou quatro meses nesse trabalho (levei sete para escrever *Romeu e Julieta*), e durante esse tempo não farei nenhum artigo,
ou no máximo uns poucos, e minha renda consequentemente diminuirá. Quando a sinfonia estiver escrita, estarei fraco o suficiente
para ser persuadido pelo meu copista a mandá-la copiar, e com isso
imediatamente entrarei numa dívida de mil ou 1200 francos. Assim
que tiver as partituras, serei atormentado pela tentação de ouvir a
obra tocada. Darei um concerto, cuja receita mal cobrirá metade dos
custos — isso é inevitável hoje em dia. Perderei o que não tenho e
ficarei sem dinheiro para cuidar da pobre doente, não poderei mais
pagar minhas despesas pessoais nem a estada do meu filho no navio
no qual ele em breve embarcará". Estremeci com tais ideias, larguei
a pena e pensei: "E daí? Amanhã já terei esquecido!". Naquela noite
a sinfonia tornou a aparecer-me e ressoou obstinadamente em minha
cabeça. Ouvi o *allegro* em lá menor distintamente. E mais: pareci
vê-lo escrito. Acordei num estado de excitação febril. Cantei o tema
para mim mesmo; sua forma e caráter agradaram-me imensamente.
Eu estava a ponto de me levantar. Mas os pensamentos que tivera
antes voltaram e me seguraram. Quedei-me ali, empedernindo-me
contra a tentação, agarrado à esperança de esquecer. Por fim, adormeci; e quando tornei a acordar, a lembrança da música desaparecera
para sempre.

Irving J. Massey salienta que a "música é a única faculdade
não alterada pelo ambiente do sonho, enquanto a ação, o caráter,

tipo. Ele contou como a introdução orquestral de *Das Rheingold* surgiu-lhe, depois de uma longa espera, quando ele se encontrava num estranho estado crepuscular semialucinatório:

> Depois de passar uma noite insone e febril, forcei-me no dia seguinte a fazer uma longa caminhada pelo campo montanhoso, coberto de pinheirais. Tudo era lúgubre e desolado, e eu não conseguia imaginar o que devia fazer ali. Voltei à tarde e, caindo de cansaço, me esparramei num sofá duro, aguardando a tão desejada hora de sono. Ela não veio; caí, porém, numa espécie de estado de sonolência no qual subitamente tive a sensação de estar afundando numa correnteza veloz. O som da água corrente formou no meu cérebro um som musical, o acorde do mi bemol maior, que continuou a ecoar em formas fragmentadas; estas pareciam ser passagens melódicas de movimento crescente, mas a tríade pura do mi bemol maior nunca mudava; parecia, por sua continuidade, conferir uma infinita significância ao elemento no qual eu estava afundando. Acordei do meu cochilo em súbito terror, com a sensação de que as ondas se precipitavam sobre minha cabeça. De imediato reconheci que a abertura orquestral do *Rheingold*, que sem dúvida estivera por muito tempo latente dentro de mim só que incapaz de encontrar uma forma definitiva, finalmente me fora revelada. E então logo percebi minha própria natureza; a corrente da vida não devia fluir para mim de fora, mas de dentro.

Ravel comentou que as mais adoráveis melodias vinham-lhe em sonhos, e Stravinsky disse coisa bem parecida. Aliás, muitos dos grandes compositores clássicos mencionaram sonhos musicais e com frequência encontraram inspiração em sonhos — uma breve lista inclui Handel, Mozart, Chopin e Brahms. E há o célebre caso relatado por Paul McCartney no livro de Barry Miles:

> Acordei com uma música deliciosa na cabeça. Pensei: "Que linda, de quem será?". Eu tinha um piano de armário logo à direita da cama, ao lado da janela. Eu me levantei, me sentei ao piano, encontrei sol, encontrei fá sustenido menor com sétima — e isso vai mostrando o caminho, depois do si até o mi menor, e finalmente de volta ao mi. A coisa avança de um jeito lógico. Adorei a melodia, mas como tinha sonhado com ela, não podia acreditar que a tinha

nagógicos ou hipnopômpicos, e nunca mais voltei a ter. Desconfio que o ocorrido deveu-se a uma combinação de acontecimentos que me inclinaram a "ouvir" música dessa maneira: a exposição quase ininterrupta a Mendelssohn, que saturou meu cérebro, *mais* o estado hipnopômpico.

Mas depois de conversar com vários músicos profissionais sobre isso, descobri que não é incomum, em tais estados, música aparecer em imagens mentais intensamente vívidas ou em semialucinações. Melanie Challenger, poeta que escreve libretos de óperas, disse-me que às vezes, quando ela acorda de sua sesta e está em um estado *borderline* (fronteiriço), também tem a sensação de ouvir música orquestral muito alta e vívida. "É como ter uma orquestra no quarto", ela disse. Nesses momentos ela está perfeitamente ciente de que se encontra deitada em sua cama, no seu quarto, e de que não há orquestra, mas pode ouvir todos os instrumentos individualmente e suas combinações com uma riqueza e sensação de realidade que não ocorrem com sua imaginação musical comum. Afirma que nunca é uma única música que ela ouve, e sim uma colcha de retalhos de fragmentos e recursos musicais "costurados", uma espécie de caleidoscópio tocador de música. No entanto, alguns desses fragmentos hipnopômpicos podem permanecer em sua mente e ter papel importante em suas composições subsequentes.[4]

Para alguns músicos, porém, em especial quando há uma longa e intensiva incubação de uma nova composição, essas experiências podem ser coerentes e cheias de significado, e até mesmo fornecer partes de uma grande composição que eles vinham procurando fazia tempo. Wagner descreveu uma experiência desse

---

[4] Temos poucos estudos sistemáticos sobre a música em sonhos, mas um deles, de Valeria Uga e seus colegas da Universidade de Florença em 2006, comparou as anotações sobre sonhos feitas por 35 músicos profissionais e trinta indivíduos que não são músicos. Os pesquisadores concluíram que "músicos sonham com música com mais que o dobro da frequência dos não músicos, [e] a frequência dos sonhos com música está relacionada à idade em que começou sua instrução musical, mas não à carga diária de atividade musical. Quase metade da música lembrada era atípica, um indício de que é possível criar música original em sonhos". Embora haja muitos relatos sobre compositores que criaram peças originais em sonhos, esse é o primeiro estudo sistemático que corrobora a ideia.

crianças." Espantei-me, pois não gosto nada da música de Mahler e normalmente tenho muita dificuldade para lembrar em detalhes, que dirá para cantar, qualquer um dos seus *Kindertotenlieder.* Mas eis que minha mente, em sonhos, com precisão infalível, produzira um símbolo bem apropriado aos eventos da véspera. E no momento em que Orlan interpretou o sonho, a música desapareceu. Nunca mais voltou, e já se passaram trinta anos.

Nos curiosos estados intermediários entre a vigília e o sono — o estado "hipnagógico" que pode preceder o sono ou o estado "hipnopômpico" que pode seguir-se ao despertar — é particularmente comum ocorrerem, sem uma base explicável, devaneios e visões alucinatórias ou semelhantes às dos sonhos. Tendem a ser acentuadamente visuais, caleidoscópicos, difíceis de definir e de lembrar. Às vezes, porém, podem assumir a forma de alucinações musicais coerentes. Posteriormente, ainda em 1974, sofri um acidente e precisei de uma cirurgia na perna. Fiquei hospitalizado por várias semanas num quarto minúsculo sem janelas onde não eram recebidos sinais de rádio.[3] Um amigo trouxe-me um gravador e uma única fita, do *Concerto para violino* de Mendelssohn. Eu a ouvia constantemente, dezenas de vezes por dia, e certa manhã, no delicioso estado hipnopômpico que se segue ao sono, ouvi a música de Mendelssohn tocando. Não estava sonhando, tinha plena consciência de que me encontrava numa cama de hospital e de que meu toca-fitas estava bem ao lado. Pensei que alguma enfermeira o tivesse ligado, inventado um novo jeito de me acordar. Fui ficando mais desperto, e aquela música prosseguia, até que, ainda sonolento, pude estender a mão para desligar o gravador. Percebi então que ele já *estava* desligado. No momento em que me dei conta disso e, com a surpresa, acabei de acordar de uma vez, a música de Mendelssohn cessou abruptamente.

Nunca eu tivera uma experiência com música coerente, contínua e semelhante à da percepção da música real em estados hip-

---

[3] Ver p. 244. Também descrevi esse episódio com mais detalhes em *Com uma perna só.*

Nesse mesmo período, tive outro sonho musical, que também continuou durante a vigília. Mas neste, em contraste com o sonho de Mozart, a música era muito perturbadora e desagradável, e desejei ardentemente que parasse. Tomei banho, bebi um café, saí para andar, sacudi a cabeça, toquei uma mazurca no piano — e nada. A abominável música alucinatória prosseguiu, irredutível. Por fim, telefonei a um amigo, Orlan Fox, e disse que estava ouvindo músicas e que não conseguia detê-las, músicas que me pareciam intensamente melancólicas e medonhas. E o pior, acrescentei, era que elas eram em alemão, uma língua que não conheço.[2] Orlando pediu-me que cantarolasse algumas delas. Cantei, e fez-se uma longa pausa.

"Você abandonou algum de seus jovens pacientes?", ele indagou. "Ou destruiu alguma de suas crias literárias?"

"As duas coisas", respondi. "Ontem. Pedi demissão da unidade infantil do hospital onde trabalho e queimei um livro de ensaios que tinha acabado de escrever. [...] Como foi que você adivinhou?"

"Sua mente está tocando os *Kindertotenlieder* de Mahler", ele disse, "músicas que ele compôs para o luto pela morte de

---

Foi depois que comecei a usar gabapentina que passei a ter sonhos intensos dos quais não é muito fácil despertar, associados à música sinfônica alta e dramática. Já cheguei a retardar o momento de acordar só para "concluir" essas obras orquestrais. A música quase nunca intervém nas horas em que estou acordado, mas as noites para mim são muito prazerosas porque a música é extremamente agradável, estranha e relaxante, apesar de ser bem complexa e em geral bem alta. Nunca "ouvi" essa música "em público", e sei que ela é "minha". Sou o produtor da música — a música está em mim.

[2] Um correspondente, Philip Kassen, escreveu-me sobre seu pai, que é psicanalista:

Mais ou menos um ano antes de morrer, meu pai vivenciou um episódio no qual por duas semanas ouviu alguém cantando em espanhol; ninguém mais ouviu. Ele não falava espanhol. Moramos em um bairro com grande proporção de hispânicos, e ele passava horas olhando pela janela à procura da pessoa que cantava.

Não é preciso conhecer uma língua para lembrá-la, cantá-la, recitá-la ou ter alucinações com ela. Posso recitar de cor muitas coisas da liturgia hebraica para o Sabá e os Grandes Feriados Judaicos (cresci em uma família ortodoxa), mas não conheço o hebraico e não tenho ideia do que as palavras significam. Gloria Lenhoff (que descrevo no capítulo 28) canta em dezenas de línguas sem saber realmente o significado das canções.

23

NO SONO E NA VIGÍLIA: SONHOS MUSICAIS

Como a maioria das pessoas, eu de vez em quando sonho com música. Alguns são sonhos em que, apavorado, tenho de executar em público algo que nunca toquei na vida, mas o mais comum é sonhar que estou ouvindo ou tocando alguma composição que conheço bem. E embora eu possa ser profundamente afetado pela música enquanto estou sonhando, às vezes, ao acordar, tenho apenas a lembrança de que sonhei com uma música ou a sensação que a acompanha, mas não consigo dizer que música era. Em duas ocasiões em 1974, porém, foi diferente. Eu estava com uma insônia grave e vinha tomando doses elevadas de hidrato de cloral, um hipnótico usado antigamente. Isso me predispôs a sonhos vívidos demais, que às vezes podiam continuar como uma espécie de semialucinação mesmo depois de acordado. Em uma dessas ocasiões, sonhei com o *Quinteto para trompa* de Mozart, e ele prosseguiu, deliciosamente, quando me levantei. Eu ouvia cada instrumento com muita clareza, de um modo que nunca ocorre normalmente na minha imaginação musical. A música desenrolava-se em minha mente, tocava sem pressa, em seu tempo próprio. E então, de súbito, enquanto eu tomava uma xícara de chá, ela parou, desapareceu como uma bolha que se rompe.[1]

---

[1] Muitas outras drogas podem favorecer estranhos estados oníricos. Um correspondente, Stan Gould, relatou que, por volta dos quarenta anos, foi medicado com gabapentina para tratar uma enxaqueca severa. "Isso mudou totalmente minha vida", ele escreveu, "as crises de enxaqueca desapareceram quase por completo, praticamente da noite para o dia." Mas houve um singular efeito colateral:

Parte 4
EMOÇÃO, IDENTIDADE E MÚSICA

ele diz: modifica o dedilhado, passando para a mão esquerda o que poderia exigir demais da direita.

No final da nossa visita, Fleisher concordou em tocar alguma coisa no meu piano, um belo e antigo piano de cauda Bechstein, de 1894, que fora do meu pai e que me acompanha desde menino. Fleisher sentou-se ao piano e, com muito cuidado e carinho, alongou os dedos um a um. E então, com braços e mãos quase nivelados, começou a tocar. Tocou uma transcrição para piano da cantata de Bach *Schafe können sicher weiden* [Possam os cordeiros pastar em segurança] com arranjo de Egon Petri. Nunca, nos seus 112 anos, pensei comigo, meu piano foi tocado por um mestre desse quilate. Tive a sensação de que em segundos Fleisher avaliara o caráter do piano, e talvez suas idiossincrasias, e adaptara sua execução ao instrumento para extrair dele seu máximo potencial, sua singularidade. Fleisher parecia destilar a beleza, gota a gota, como um alquimista, em notas fluidas de um encanto quase perturbador — e, depois disso, nada mais houve para dizer.

"De repente, percebi que a coisa mais importante na minha vida não era tocar com as duas mãos. Era a *música*. [...] Para ser capaz de seguir em frente ao longo destes últimos trinta ou quarenta anos, precisei dar um jeito de diminuir a importância do número de mãos ou do número de dedos e voltar ao conceito de música como música. A instrumentação torna-se secundária, e a substância e o conteúdo ganham prioridade."

Mesmo assim, no decorrer daquelas décadas, ele nunca aceitou totalmente que sua perda do uso de uma mão era irrevogável. "Quem sabe o modo como isso me veio não será o modo como me deixará?", ele pensou. Toda manhã, por trinta e tantos anos, ele testou sua mão, sempre com esperança.

Embora Fleisher houvesse conhecido Mark Hallett e tentado tratamentos com Botox em fins dos anos 1980, parecia que ele precisava de um modo adicional de tratamento, no método Rolfing, para descontrair os músculos distônicos do braço e da mão — sua mão estava tão cerrada que ele não conseguia abri-la, e o braço, "duro como madeira petrificada". A combinação de Rolfing e Botox foi revolucionária para Fleisher, e ele conseguiu, tocando com as duas mãos, apresentar-se com a Orquestra de Cleveland em 1996 e ser o solista de um recital no Carnegie Hall em 2003. Sua primeira gravação com as duas mãos em quarenta anos intitulou-se, simplesmente, *Two hands* [Duas mãos].

Nem sempre os tratamentos com Botox funcionam. A dose tem de ser calibrada com extrema precisão para que não acabe enfraquecendo demais os músculos, e deve ser repetida em intervalos de poucos meses. Mas Fleisher tem sido um dos afortunados, e com delicadeza, humildade, gratidão e cautela voltou a tocar com as duas mãos, sem esquecer por um só momento, como ele afirmou, que "uma vez distônico, sempre distônico".

Hoje Fleisher faz novamente apresentações pelo mundo todo, e fala de seu retorno como um renascimento, "um estado de graça, de êxtase". Mas sua situação é delicada. Ele ainda se submete com regularidade à terapia Rolfing e tem o cuidado de alongar cada dedo antes de tocar. Cauteloso, evita música provocativa ("cheia de escalas"), que pode desencadear sua distonia. Também, ocasionalmente, "redistribui um pouco o material", como

durante alguns dias. Depois disso, quando voltou ao teclado, ele reparou que o quarto e o quinto dedos daquela mão começavam a curvar-se. Sua reação, ele disse, foi continuar trabalhando, como fazem os atletas, que costumam continuar treinando mesmo com dor. "Mas os pianistas não devem trabalhar com dor ou outros sintomas", ele disse. "Dou esse alerta a outros músicos. Aconselho-os a tratar-se como atletas de pequenos músculos. Eles exigem demais dos pequenos músculos das mãos e dedos."

Em 1963, porém, quando seu problema começou, Fleisher não tinha quem o aconselhasse e não tinha ideia do que estava acontecendo com sua mão. Forçou-se a trabalhar ainda mais, e cada vez mais esforço foi sendo necessário à medida que outros músculos passavam a ser usados. Mas com o aumento do empenho, o problema foi piorando, até que por fim, depois de um ano, ele desistiu da luta. "Quando os deuses querem nos atingir", ele comentou, "sabem exatamente onde golpear."

Ele atravessou um período de profunda depressão e desespero, achando que sua carreira nos palcos estava liquidada. Mas sempre gostara de ensinar, e também passou a reger. Na década de 1970, fez uma descoberta, e hoje se surpreende por não tê-la feito antes. Paul Wittgenstein, o pianista vienense de imenso talento (e riqueza comensurável) que perdera o braço direito na Primeira Guerra Mundial, encomendara a grandes compositores do mundo — Prokofiev, Hindemith, Ravel, Strauss, Korngold, Britten e outros — solos e concertos para piano para a mão esquerda. E esse foi o tesouro que Fleisher descobriu, permitindo-lhe retomar a carreira de intérprete, só que agora, como Wittgenstein e Graffman, tocando com apenas uma das mãos.

De início, tocar só com a esquerda pareceu a Fleisher uma grande perda, uma redução de possibilidades. Mas gradualmente ele foi se dando conta de que estivera agindo "no automático", seguindo um curso brilhante, mas (em certo sentido) unidirecional. "O sujeito toca seus concertos, toca com orquestras, grava discos... até que um belo dia tem um ataque cardíaco no palco e morre." Mas agora ele começava a achar que sua perda poderia ser uma "experiência de crescimento".

relaxamento muscular que não desencadeia o caótico *feedback*, os aberrantes programas motores da distonia focal. Essas injeções — embora sem sempre eficazes — têm permitido a alguns músicos voltar a tocar.

O Botox não elimina a predisposição neural e talvez genética à distonia, e pode ser desaconselhável ou provocativo tentar voltar a tocar. Esse foi o caso, por exemplo, de Glen Estrin, um talentoso trompetista francês acometido por uma distonia de embocadura que afetou os músculos da mandíbula, da língua e da parte inferior da face. Enquanto as distonias da mão geralmente ocorrem no ato específico de fazer música (por isso são chamadas "distonia de tarefa específica"), as distonias da mandíbula e da parte inferior da face podem ser diferentes. Steven Frucht e seus colegas, em um estudo pioneiro de 26 instrumentistas de sopro afetados por esse tipo de distúrbio, observaram que em mais de um quarto deles a distonia estendeu-se a outras atividades. Isso ocorreu com Estrin, que passou a sofrer de incapacitantes movimentos da boca não só ao tocar a trompa, mas também ao comer e falar, o que lhe dificultava imensamente o dia a dia.

Estrin tem sido tratado com Botox, mas parou de tocar por causa do perigo de recorrência e da natureza incapacitante dos seus sintomas. Passou então a dedicar-se ao grupo Músicos com Distonia, que ele e Frucht fundaram em 2000 para divulgar a doença e ajudar os músicos portadores. Há algum tempo, músicos como Fleisher e Graffman, ou o violinista italiano que me escreveu em 1997, podiam passar anos sem diagnóstico ou tratamento adequado, mas hoje a situação é outra. Os neurologistas e os próprios músicos têm muito mais conhecimento sobre a distonia que afeta essa categoria profissional.

Recentemente, Leon Fleisher veio visitar-me por uns dias antes de se apresentar no Carnegie Hall. Ele me contou como começara a sofrer de distonia: "Eu me lembro da música que a trouxe à tona", ele começou. Explicou que vinha praticando a fantasia *O caminhante*, de Schubert, oito ou nove horas por dia. Precisou, então, de um descanso forçado, quando sofreu um pequeno acidente, machucou o polegar direito e não pôde tocar

poderiam ter um papel em determinar se ele teria ou não distonia após anos de intensas práticas e apresentações.[5]

O fato de que anormalidades corticais semelhantes podem ser induzidas experimentalmente em macacos permitiu a Michael Merzenich e seus colegas em San Francisco explorar um modelo animal de distonia focal e demonstrar os *feedbacks* anormais no *loop* sensitivo e as falhas motoras que, uma vez iniciadas, pioravam inexoravelmente.[6]

A plasticidade cortical que permite o surgimento da distonia focal também poderia ser usada para revertê-la? Victor Candia e seus colegas na Alemanha usaram o retreinamento sensitivo para rediferenciar as representações dos dedos degradadas. Embora o investimento de tempo e esforço seja considerável e o êxito não seja garantido, em alguns casos, pelo menos, os pesquisadores mostraram que a "ressintonização" sensitivo-motora pode restaurar uma relativa normalidade na movimentação dos dedos e em sua representação no córtex.

Uma espécie de aprendizado perverso está envolvida na gênese da distonia focal, e depois de o mapeamento no córtex sensitivo ter desandado é necessário um imenso esforço de desaprendizado para que venha a ocorrer um reaprendizado mais sadio. E desaprender, como todos os professores e treinadores bem sabem, é dificílimo, às vezes impossível.

Um tratamento totalmente diferente foi introduzido em fins da década de 1980. Uma forma de toxina botulínica, que em doses grandes causa paralisia, fora usada em doses minúsculas para controlar várias condições em que os músculos estão de tal modo tensos, ou com tanto espasmo, que mal podem ser movidos. Mark Hallett e seu grupo foram pioneiros no uso experimental do Botox para tratar distonia de músicos, e descobriram que injeções pequenas e criteriosamente localizadas podem permitir um nível de

---

[5] O trabalho de Wilson, que ele resumiu em um artigo em 2000, foi feito conjuntamente com Christoph Wagner no Musikphysiologische Institute em Hanover. Ver também a monografia de Wagner, publicada em 2005.

[6] Ver, por exemplo, Blake, Byl *et al.*, 2002.

mentou, envolvendo a coordenação de muitas estruturas cerebrais (córtex sensitivo-motor, núcleos do tálamo, gânglios basais, cerebelo), operaria com sua total capacidade funcional ou próximo dela. "O músico em sua plenitude", ele escreveu em 1988, "é um milagre operacional, mas um milagre com vulnerabilidades singulares e às vezes imprevisíveis."

Nos anos 1990 já havia ferramentas para uma minuciosa investigação dessa questão, e a primeira surpresa, considerando que a distonia focal parecia ser um problema motor, foi a descoberta de que distúrbios corticais no sistema *sensitivo* tinham, de fato, uma importância crucial. A equipe de Hallett constatou que havia uma desorganização funcional e anatômica no mapeamento de mãos distônicas no córtex. Essas mudanças no mapeamento eram maiores para os dedos que estavam mais afetados. Com o início da distonia, as representações sensoriais dos dedos afetados começavam a aumentar excessivamente até sobrepor-se e fundir-se, "desdiferenciar-se". Isso levava à deterioração da discriminação sensitiva e a uma potencial perda do controle — contra a qual o músico em geral lutava praticando e se concentrando mais, ou tocando com mais força. Surgia um círculo vicioso, com o *input* sensitivo e o *output* motor, ambos anormais, exacerbando-se mutuamente.

Outros pesquisadores constataram mudanças nos gânglios basais (os quais, com o córtex sensitivo e motor, formam um circuito essencial para o controle do movimento). Essas mudanças seriam causadas pela distonia ou, na verdade, seriam primárias, predispondo certos indivíduos suscetíveis ao problema? O fato de que o córtex sensitivo-motor de pacientes distônicos também apresentava mudanças do lado "normal" indicava que essas mudanças eram mesmo primárias e que provavelmente existia uma predisposição genética à distonia, que talvez só se evidenciasse após anos de movimentos rápidos e repetitivos em grupos de músculos adjacentes.

Além de vulnerabilidades genéticas, pode haver, como salientou Wilson, importantes aspectos biomecânicos: a forma das mãos do pianista e o modo como ele as sustenta, por exemplo,

ciam quando ele tocava piano, e raríssimos médicos têm um piano no consultório.

A divulgação do problema de Fleisher ocorreu logo depois de Graffman admitir o seu em 1981, e isso encorajou outros músicos a confessar que também estavam sofrendo dificuldades semelhantes. Além disso, estimulou a primeira atenção médica e científica para o problema em quase um século.

Em 1982 David Marsden, um pioneiro no estudo dos distúrbios do movimento, aventou que a cãibra do escritor era expressão de um distúrbio de função nos gânglios basais — e que esse distúrbio assemelhava-se à distonia.[3] (O termo "distonia" vinha sendo usado, havia um bom tempo, para designar certas torções e espasmos posturais dos músculos, como o torcicolo. É característica das distonias, assim como do parkinsonismo, a perda do balanço recíproco entre músculos agonistas e antagonistas, os quais, em vez de trabalharem juntos, como deveriam — um conjunto relaxa enquanto outro se contrai —, contraem-se juntos, produzindo crispação ou espasmo.)

A hipótese de Marsden foi adotada por outros pesquisadores, com destaque para Hunter Fry e Mark Hallett, dos National Institutes of Health, que iniciaram um amplo estudo sobre distonias focais específicas de certas ocupações, como a cãibra do escritor e a distonia do músico. Mas em vez de analisar o problema da perspectiva puramente motora, eles pensaram na possibilidade de que movimentos rápidos e repetitivos pudessem causar uma sobrecarga sensitiva que, por sua vez, acarretaria a distonia.[4]

Na mesma época, Frank Wilson, que de longa data era fascinado pela agilidade e habilidade das mãos dos pianistas e pelos problemas "distônicos" que podiam afetá-los, estava investigando globalmente o tipo de sistemas de controle que teriam de fundamentar a execução "automática" repetida de sequências intricadas e muito velozes de movimentos pequenos e precisos dos dedos, com a atividade de músculos agonistas e antagonistas em perfeito equilíbrio recíproco. Um sistema assim, ele argu-

---

[3] Ver Sheehy e Marsden, 1982.
[4] Ver Fry e Hallett, 1988; Hallett, 1998; Garraux *et al.*, 2004.

como distúrbios do controle motor no cérebro, distúrbios que, a seu ver, podiam envolver o córtex motor (as funções dos gânglios basais eram desconhecidas na época).

Uma vez acometido de "neurose ocupacional", o indivíduo tinha pouca chance de continuar na mesma atividade ou profissão. Mas apesar da natureza misteriosa e das consequências incapacitantes dessa doença, ela recebeu notavelmente pouca atenção da classe médica por quase um século.

Embora nos círculos de músicos profissionais ninguém ignorasse que esse temido problema podia acometer qualquer um — talvez um a cada cem músicos seria afetado, em algum momento da carreira —, prevalecia naturalmente a reserva, até mesmo o segredo. Admitir uma cãibra ocupacional quase equivalia ao suicídio profissional: todos compreenderiam que aquele músico precisaria parar de tocar e se tornaria professor, regente, talvez compositor.[2]

Só na década de 1980 finalmente o véu do segredo foi rasgado, com grande coragem, por dois virtuoses do piano, Gary Graffman e Leon Fleisher. Suas histórias eram notavelmente semelhantes. Fleisher, como Graffman, fora uma criança-prodígio, e já na adolescência figurava entre os maiores pianistas do mundo. Em 1963, aos 36 anos, ele descobriu que seus quarto e quinto dedos da mão direita começavam a enrolar-se na palma da mão quando ele tocava. Fleisher lutou contra isso, continuou a tocar, mas quanto mais lutava, pior ficava o espasmo. Um ano depois, viu-se forçado a parar de tocar em público. Em 1981, em entrevista para Jennifer Dunning, do *New York Times*, Fleisher fez uma descrição precisa e muito vívida dos problemas que o haviam alijado da carreira de intérprete musical, mencionando os anos de diagnósticos errados e alguns maus-tratos que recebera. Um dos sérios problemas que ele tivera de enfrentar na busca por tratamento fora não ser levado a sério, pois seus sintomas só apare-

---

[2] Segundo Richard J. Lederman, da Clínica Cleveland, pode ter sido isso que aconteceu com Schumann. O compositor passou a sofrer de um estranho problema na mão em seus tempos de pianista e, em desespero, tentou tratar-se (talvez tornando o problema irreparável) com o uso de um dispositivo para manter o dedo esticado.

proporção desmedida. Isso sem dúvida se deve ao estilo em geral comprimido em que escrevem. Por outro lado, a cãibra do escritor é praticamente desconhecida entre os que escrevem mais, e sob maior pressão, do que qualquer outra classe: os estenógrafos." Gowers atribuiu isso ao fato de os estenógrafos usarem "um estilo de escrever muito livre, geralmente partindo do ombro, estilo esse que também adotam quando escrevem por extenso".[1]

Gowers discorreu sobre a suscetibilidade dos pianistas e violinistas às suas próprias "neuroses ocupacionais"; entre outras ocupações suscetíveis estavam "os pintores, harpistas, confeccionadores de flores artificiais, torneiros, relojoeiros, tricoteiros, gravadores [...] pedreiros [...] linotipistas [...] esmaltadores, cigarreiros, sapateiros, ordenhadores, contadores de dinheiro [...] e tocadores de cítara" — um verdadeiro levantamento das ocupações vitorianas.

Para Gowers, esses problemas ocupacionais específicos não eram benignos: "A doença, quando bem avançada, é de prognóstico incerto e com frequência desfavorável". É interessante notar que, numa época em que tais sintomas eram atribuídos a problemas periféricos em músculos, tendões ou nervos ou então considerados histéricos ou "mentais", Gowers não se satisfez com nenhuma dessas explicações (embora julgasse que tais fatores podiam ter um papel subsidiário). Ele asseverou que, na verdade, essas "neuroses" ocupacionais tinham origem no cérebro.

Uma razão para essa ideia era o fato de que, embora diferentes partes do corpo pudessem ser afetadas, todas as ocupações suscetíveis requeriam movimentos rápidos e repetitivos dos pequenos músculos. Outra era a conjunção de características inibidoras, como a ausência de resposta ou "paralisia" com características excitadoras — movimentos anormais ou espasmos, que aumentavam quanto mais se lutava contra a inibição. Essas considerações inclinaram Gowers a ver as "neuroses ocupacionais"

---

[1] O próprio Gowers foi um ardoroso proponente da estenografia e inventou um sistema que competia com o de Pitman. Achava que todos os médicos deviam aprender esse método, pois lhes permitiria anotar literalmente e na íntegra as palavras dos pacientes.

vão. Agora, aos 31 anos, ele achava que não podia mais ter esperança alguma de retomar sua carreira. Sentia-se também muito confuso. Achava que seu problema era orgânico, que de algum modo provinha do cérebro, e que, se houvesse algum fator periférico, como uma lesão nos nervos, este teria tido, no máximo, um papel secundário. Escreveu que ouvira falar de outros músicos com problemas semelhantes. Para quase todos eles, um problema que parecia trivial se agravara progressivamente, resistira a todo tipo de tratamento e acabara com a carreira de músico.

Ao longo dos anos eu recebera várias cartas parecidas e sempre encaminhara meus correspondentes a um colega neurologista, Frank Wilson, que em 1989 escrevera um artigo importante, "Acquisition and loss of skilled movement in musicians" [Aquisição e perda de movimentos especializados em músicos]. Por isso, Wilson e eu vínhamos trocando correspondência sobre "distonia focal" em músicos já fazia tempo.

Os problemas descritos pelo meu correspondente italiano não eram nenhuma novidade. Há séculos se observam transtornos desse tipo, não só em instrumentistas, mas em várias outras ocupações que exigem movimentos rápidos e contínuos das mãos (ou outras partes do corpo) por longos períodos. Em 1833 sir Charles Bell, o famoso anatomista, fez uma descrição minuciosa dos males que podiam afetar as mãos de pessoas que escreviam incessantemente, como os escriturários de repartições públicas. Mais tarde ele deu ao distúrbio o nome de "paralisia do escrevente", embora os escritores também o conhecessem muito bem e o chamassem de "cãibra do escritor". Gowers, em seu *Manual* de 1888 sobre doenças do sistema nervoso, dedicou vinte densas páginas à análise da cãibra do escritor e outras "neuroses ocupacionais", termo genérico que ele adotou para "um grupo de doenças nas quais certos sintomas são provocados pela tentativa de executar uma ação muscular frequentemente repetida, em geral relacionada à ocupação do paciente".

"Entre os escreventes que sofrem" de cãibra do escritor, disse Gowers, "os escriturários de advogados constituem uma

22
ATLETAS DOS PEQUENOS MÚSCULOS: DISTONIA DO MÚSICO

Em 1997 recebi uma carta de um jovem violinista italiano. Ele me contou que começara a tocar violino aos seis anos, estudara em conservatório e depois iniciara a carreira de violinista de concerto. Mas aos 23 anos começou a ter estranhos problemas na mão esquerda — problemas que interromperam sua carreira e sua vida, ele escreveu.

"Quando tocava músicas de certo grau de dificuldade", escreveu, "percebia que o dedo médio não respondia aos meus comandos e imperceptivelmente tendia a sair da posição onde eu queria colocá-lo na corda, afetando o tom."

Ele consultou um médico — um dos muitos que viria a consultar nos anos seguintes — e ouviu que tinha "uma inflamação dos nervos" causada por excesso de esforço da mão. O médico aconselhou-o a repousar e desistir de tocar por três meses. Mas isso, ele descobriu, não adiantou. Na verdade, quando ele voltou a tocar, o problema estava pior, e a estranha dificuldade para controlar o movimento do dedo alastrara-se para o quarto e o quinto dedos. Agora apenas o indicador estava normal. Era só quando tocava violino que seus dedos o "desobedeciam", ele frisou. Em todas as outras atividades, funcionavam normalmente.

Descreveu-me então uma odisseia de oito anos por toda a Europa, consultando médicos e psiquiatras, fazendo fisioterapias, terapias e tentando todo tipo de cura. Muitos foram os diagnósticos: sobrecarga muscular, inflamação nos tendões, nervos "presos". Submetera-se a uma cirurgia de túnel do carpo, à faradização de nervos, a mielogramas, exames de ressonância magnética e a muita fisioterapia e psicoterapia intensivas — tudo em

pertinentes ao fenômeno de Wittgenstein. E os engenheiros estão desenvolvendo membros artificiais altamente refinados, com delicados "músculos", amplificação de impulsos nervosos, servomecanismos etc. que podem ser ligados com a porção ainda intacta do membro e, assim, permitir que movimentos fantasmas sejam transformados em movimentos reais. A presença de fortes sensações fantasmas e de movimentos fantasmas ordenados é realmente essencial para o êxito desses membros biônicos.

Portanto, parece possível que, num futuro não tão distante, um membro artificial desse tipo possa ser acoplado em um pianista sem braço e permitir-lhe voltar a tocar piano. O que será que Paul Wittgenstein ou seu irmão achariam de um avanço como esse?[2] O último livro de Ludwig Wittgenstein diz que nossa primeira certeza, nossa certeza fundamental, é a do corpo; de fato, sua proposição inicial é: "Se você sabe, de fato, que aqui está uma mão, nós admitiremos tudo o mais". Embora se saiba muito bem que *Da certeza*, o livro de Wittgenstein, foi escrito em resposta às ideias do filósofo analítico G. E. Moore, não podemos deixar de nos perguntar se o estranho caso da mão de seu irmão — um fantasma, é verdade, mas real, efetivo e indiscutível — não teria também feito sua parte para incitar o pensamento de Wittgenstein.

---

[2] Ludwig Wittgenstein também era intensamente musical e impressionava seus amigos assobiando sinfonias ou concertos inteiros, da primeira à última nota.

nervos sensitivos e motores do membro — e que suas sensações e "movimentos" eram acompanhadas por excitação em todas essas áreas. (Para ele, a prova de que essa excitação ocorria durante o movimento fantasma era o fato de ela "transbordar" para movimentos do coto.) Recentemente, a neurofisiologia confirmou a hipótese de Weir Mitchell de que toda a unidade sensitiva-ideacional-motora é ativada em movimentos fantasmas. Farsin Hamzei *et al.*, na Alemanha, descreveram em 2001 a notável reorganização funcional que pode ocorrer no córtex após a amputação de um braço — em especial, a "desinibição cortical e ampliação da área excitável do coto". Sabemos que os movimentos e sensações continuam a ser representados no córtex quando o membro foi fisicamente perdido, e as conclusões de Hamzei *et al.* indicam que a representação do membro perdido pode ser conservada e concentrada na agora ampliada e hiperexcitável área do córtex relacionada ao coto. Isso poderia explicar por que, como observou Otten, o coto de Wittgenstein se movia "de um jeito agitado" quando ele "tocava" com seu braço fantasma.[1]

Nas duas últimas décadas ocorreram grandes avanços na neurociência e na engenharia biomecânica, avanços particularmente

---

[1] Meu colega Jonathan Cole descreveu-me as sensações e os movimentos "fantasmas" de um músico paralisado por esclerose lateral amiotrófica. (Esse músico, Michael, foi filmado para um projeto artístico-científico do Welcome Trust intitulado *The process of portrayal* [O processo de retratar], com Andrew Dawson, Chris Rawlence e Lucia Walker.) De início, Michael, impossibilitado de praticar como fizera a vida toda, não suportava ouvir música nenhuma. Mas depois, como escreveu Cole,

Mais para o fim da vida ele recomeçou a ouvir música quando paralisado. Perguntei-lhe o que sentia e qual a diferença, agora que ele não podia mover-se. [...] A princípio fora insuportável, mas por fim ele alcançou a paz e podia gracejar sobre os prazeres de não precisar mais praticar. Mas ele também disse que quando ouvia música via a notação musical como se ela pairasse acima de sua cabeça. Quando ouvia um violoncelo, por exemplo, ele também sentia que suas mãos e dedos se moviam. Estava imaginando a execução da música e vendo sua notação enquanto a ouvia. Nós o filmamos com um violoncelista enquanto movíamos sua mão e braços toscamente, tentando fechar o círculo para ele. Ocorreu-me que ficar com uma sensibilidade inteiramente normal mas ser incapaz de mover-se talvez provocasse sensações horríveis do corpo, piores talvez do que a perda sensitiva e a paralisia. E que, para um músico, ser privado de movimento devia ser uma tortura incomparável. Seu cérebro motor/musical parecia querer continuar a tocar de algum modo.

ocorria para todos os pacientes que haviam sofrido uma amputação, e deduziu que se tratava de uma espécie de imagem ou memória do membro perdido, uma persistente representação neural do membro no cérebro. Mitchell descreveu o fenômeno pela primeira vez em 1866, no conto "The case of George Dedlow" [O caso de George Dedlow], publicado na revista *Atlantic Monthly*. Só anos depois, em seu livro *The injuries of nerves and their consequences* [As lesões nos nervos e suas consequências], de 1872, ele falou a seus colegas médicos sobre o assunto:

> [A maioria dos amputados] é capaz de ordenar um movimento e executá-lo de um modo que eles próprios percebem ser mais ou menos eficaz. [...] A certeza com que esses pacientes descrevem seus [movimentos fantasmas] e sua confiança quanto ao lugar assumido pelas partes movidas é de fato impressionante [...] o efeito tende a excitar contrações no coto. [...] Em alguns casos, os músculos que atuam na mão estão totalmente ausentes, e mesmo assim existe uma consciência tão clara e definida do movimento e das mudanças de posição dos dedos como nos casos [em que os músculos da mão estão parcialmente preservados].

Essas memórias e imagens fantasmas ocorrem, em certa medida, para quase todos os amputados, e podem durar décadas. Embora os fantasmas possam ser intrusivos e até mesmo dolorosos (em especial quando o membro estava dolorido imediatamente antes da amputação), eles podem também ser muito úteis para o amputado, permitindo-lhe aprender como mover uma prótese ou, no caso de Wittgenstein, determinar o dedilhado de uma composição para piano.

Antes do relato de Weir Mitchell, pensava-se que os membros fantasmas eram puramente alucinações psíquicas conjuradas pela perda, pesar ou anseio — alucinações comparáveis à aparição do ente querido que uma pessoa enlutada pode vivenciar por algumas semanas depois da perda. Weir Mitchell foi o primeiro a mostrar que os membros fantasmas eram "reais" — construtos neurológicos dependentes da integridade do cérebro, da medula espinal e das porções proximais remanescentes dos

21

DEDOS FANTASMAS:
O CASO DO PIANISTA SEM BRAÇO

Alguns anos atrás, recebi uma carta de Erna Otten, uma estudante de piano que fora aluna do pianista vienense Paul Wittgenstein. Este, ela comentou,

perdera o braço direito na Primeira Guerra Mundial. Tive muitas oportunidades de ver quanto seu coto direito se envolvia sempre que estudávamos o dedilhado de uma nova composição. Ele me disse várias vezes que eu devia confiar em sua escolha do dedilhado porque ele sentia cada dedo de sua mão direita. Às vezes eu tinha de me sentar muito quieta enquanto ele fechava os olhos e seu coto movia-se constantemente de um jeito agitado. Isso foi muitos anos depois de ele ter perdido o braço.

Em um pós-escrito, ela acrescentou: "Sua escolha do dedilhado era sempre a melhor!".

O variado fenômeno dos membros fantasmas foi pela primeira vez estudado em detalhes pelo médico Silas Weir Mitchell durante a Guerra de Secessão americana (1861-5), quando numerosos veteranos foram internados nos vários hospitais criados para tratar seus ferimentos, entre eles o que ficou conhecido como hospital dos "cotos", na Filadélfia. Weir Mitchell, que era escritor além de neurologista, fascinou-se com as descrições que ouviu desses soldados, e foi o primeiro a levar a sério o fenômeno dos membros fantasmas. (Até então, haviam sido considerados "coisas da mente", aparições conjuradas pela perda e consternação, como a aparição de filhos recém-falecidos para seus pais.) Weir Mitchell mostrou que o surgimento de um membro fantasma

ções em *The will to power* [Vontade de poder] só foram ganhar vida para mim quando cheguei ao Beth Abraham e vi os extraordinários poderes da música sobre nossos pacientes pós-encefalíticos — seu poder de "despertá-los" em todos os níveis: torná-los alertas quando estavam letárgicos, dar-lhes movimentos normais quando estavam congelados e, incrivelmente, proporcionar-lhes vívidas emoções e memórias, fantasias, identidades completas — coisas que, em grande medida, eram inacessíveis para eles. A música fazia tudo que a levodopa, futuramente, viria a fazer, e mais — porém só pelo breve período em que durava, e talvez alguns minutos depois. Metaforicamente, era como uma dopamina auditiva, uma "prótese" para os gânglios basais danificados.

É de música que o parkinsoniano precisa, pois só a música, que é rigorosa mas espaçosa, sinuosa e viva, pode evocar respostas com essas mesmas características. E ele precisa não só da estrutura métrica do ritmo e dos movimentos livres da melodia — seus contornos e trajetórias, subidas e descidas, tensões e relaxamentos —, mas da "vontade" e intencionalidade da música, para permitir-lhe reaver a liberdade de sua própria melodia cinética.

no lugar, incapaz de mover-se, repetindo a mesma frase vezes sem conta. Apesar disso, ele é capaz de jogar tênis, e isso lhe dá fluidez, livra-o dos "circuitos comportamentais" enquanto dura o jogo.

Pacientes com vários outros tipos de distúrbio do movimento também podem ser capazes de acompanhar o movimento rítmico ou melodia cinética de um animal; a terapia equestre, por exemplo, pode ter efeitos notáveis para portadores de parkinsonismo, síndrome de Tourette, coreia ou distonia.

Nietzsche interessou-se a vida inteira pela relação entra a arte, especialmente a música, e a fisiologia. Discorreu sobre o efeito "tônico" da arte — seu poder de estimular o sistema nervoso de um modo geral, especialmente durante estados de depressão fisiológica e psicológica (ele próprio com frequência sentia-se deprimido, de corpo e alma, por causa de severas enxaquecas).

Falou também dos poderes propulsores "dinâmicos" da música — sua capacidade para evocar, impulsionar e regular o movimento. O ritmo, achava Nietzsche, podia impelir e articular o fluxo de movimentos (e o das emoções e pensamentos, o qual, para ele, era tão dinâmico ou motor como o fluxo puramente muscular). E a vitalidade e exuberância rítmica, a seu ver, expressavam-se com a máxima naturalidade na dança. Nietzsche dizia que quando filosofava estava executando uma "dança encadeada" para a qual, segundo ele, a música acentuadamente rítmica de Bizet era a mais apropriada. Costumava levar seu caderno de anotações a concertos de Bizet, e escreveu: "Bizet faz de mim um filósofo melhor".[9]

Quando estudante, muitos anos atrás, li os comentários de Nietzsche sobre fisiologia, mas suas concisas e brilhantes formula-

---

[9] Nietzsche, em seu ensaio "Nietzsche contra Wagner", afirma que a música da última fase de Wagner exemplifica "o patológico na música", marcado por "uma degeneração do senso de ritmo" e uma tendência à "interminável melodia [...] o pólipo na música". A carência de organização rítmica na fase final de Wagner torna-a quase inútil para os parkinsonianos; isso também se aplica à música predominantemente monofônica como o canto gregoriano e as várias formas de cânticos que, como salientam Jackendorff e Lerdahl, "possuem organização e agrupamento de tons, mas não uma organização métrica significativa".

pelo parceiro, já que é aceitável mover-se vigorosamente ou fazer uma pausa durante uma batida do compasso. O casal, livre para improvisar constantemente e criar ritmos únicos para cada momento da dança, baila em sincronia com o ritmo da música. Raramente se pode "errar" dançando um tango argentino. [...]
Como a atenção do dançarino precisa dividir-se entre orientação e equilíbrio, o tango argentino ajuda a desenvolver habilidades cognitivas como realizar duas tarefas. Exercícios destinados a melhorar o equilíbrio engendram a mobilidade funcional. Essas tarefas podem ser andar em linha reta, praticar várias tipos de viradas, atentar para a colocação dos pés e para a postura durante o deslocamento. [...] O toque de outra pessoa, o ritmo da música e a novidade da experiência contribuem, todos, para os efeitos benéficos.

A dança é uma parte essencial do programa de musicoterapia no Hospital Beth Abraham, e lá testemunhei seus efeitos, notavelmente em meus pacientes pós-encefalíticos e parkinsonianos. A dança foi eficaz para muitos desses pacientes não só antes de serem medicados com levodopa (quando eles estavam, se não efetivamente paralisados, pelo menos com grande dificuldade para dar passos, virar-se e equilibrar-se), mas também depois, quando alguns passaram a apresentar coreia — movimentos súbitos, irregulares e incontroláveis afetando o tronco, os membros e o rosto — como efeito colateral do tratamento com levodopa. O poder da dança para controlar ou facilitar os movimentos para esses pacientes foi notavelmente demonstrado em um documentário de 1974 (série Discovery, *Awakenings* Yorkshire Television).

Os portadores da doença de Huntington, que cedo ou tarde passam a sofrer de problemas intelectuais e comportamentais em adição à coreia, também podem beneficiar-se da dança e, aliás, de qualquer atividade ou esporte com um ritmo regular ou "melodia cinética". Um correspondente escreveu-me dizendo que seu cunhado, que tem doença de Huntington, "parece ficar preso em circuitos comportamentais repetitivos, como se não conseguisse parar de ter um pensamento, e em consequência ele fica grudado

música com o gravador preso no cinto e fones de ouvido. Isso parecia ajudá-la bastante a se locomover pela casa."

Embora a música, sozinha, possa desentravar pessoas com parkinsonismo e qualquer tipo de movimento ou exercício também seja benéfico, uma combinação ideal de música e movimento é dada pela dança (e dançar com um parceiro, ou em um contexto social, põe em ação outras dimensões terapêuticas). Madeleine Hackney e Gammon Earhart, da St. Louis School of Medicine na Universidade de Washington, publicaram estudos minuciosos não apenas sobre os efeitos imediatos da dança, mas também sobre a melhora na mobilidade funcional e na confiança decorrente de um regime terapêutico de dança. Eles usam o tango argentino para a terapia, e enumeram suas vantagens:

O tango argentino é uma dança que se executa em um abraço, uma moldura, em contraste com o suingue ou a salsa. Esse aspecto é particularmente útil para indivíduos com problemas de equilíbrio, pois o parceiro pode fornecer informações sensoriais proveitosas e um apoio estabilizador que conduzem à melhora do equilíbrio e da postura. Os próprios "passos" do tango argentino compõem-se de exercícios de equilíbrio: dar passos em todas as direções, com os pés alinhados um na frente do outro, transferir o apoio dos pés do calcanhar para a ponta dos dedos ou vice-versa, inclinar-se em direção ao parceiro ou afastando-se dele, além de obter equilíbrios dinâmicos em posturas isoladas. A técnica do tango desenvolve a concentração e a atenção na tarefa enquanto o dançarino executa os movimentos, sejam eles de virar-se, andar, equilibrar-se ou uma combinação dos três. [...] O tango argentino permite a ambos os parceiros uma enorme flexibilidade e escolha de movimentos. Ao contrário da valsa ou do foxtrote, não há uma sequência obrigatória de passos. O líder pode escolher virar-se sem sair do lugar, andar em qualquer direção ou permanecer imóvel enquanto desfruta a música. Também a interpretação do andamento e o ritmo ficam por conta de quem lidera e são elegantemente acompanhados

cia enquanto a *Fantasia em fá menor* tocava em sua mente. Seu EEG também se tornava normal nesses momentos.[8]

Quando cheguei ao Beth Abraham em 1966, a música era fornecida principalmente pela incansável Kitty Styles, que passava dezenas de horas por semana no hospital. Às vezes tocava-se música em um toca-discos ou no rádio, mas Kitty parecia possuir um poder estimulante próprio. Naquela época, a música gravada não era portátil; os rádios e gravadores a pilha eram grandes e pesados. Hoje, obviamente, tudo mudou, e podemos ter centenas de músicas num iPod tão leve e diminuto como uma caixa de fósforos. Embora a extrema disponibilidade de música possa ter seus perigos (eu me pergunto se os *brainworms* e as alucinações musicais não serão mais comuns atualmente), essa disponibilidade é pura dádiva para os parkinsonianos. Embora a maioria dos pacientes que atendo seja de pessoas gravemente incapacitadas, internadas em hospitais para doenças crônicas e em asilos para idosos, recebo cartas de muitos parkinsonianos que ainda são relativamente independentes e moram em sua própria casa, talvez com alguma ajuda de terceiros. Carolina Yahne, psicóloga de Albuquerque, recentemente escreveu-me para contar sobre sua mãe, que por causa da doença de Parkinson tinha grande dificuldade para andar. "Eu inventei uma música bobinha chamada 'Mamãe andando'", escreveu Carolina, "que incluía um acompanhamento com estalar de dedos. Minha voz é um horror, mas ela gostava de ouvir. Ela tocava a

---

[8] Se Rosalie conseguia imaginar música tão eficazmente a ponto de normalizar seu EEG, por que não fazia isso sempre? Por que permanecia incapacitada e paralisada a maior parte do tempo? O que lhe faltava, como falta em certo grau a todo parkinsoniano, não era o poder da imaginação, mas a capacidade de *iniciar* uma ação mental ou física. Por isso, quando dizíamos "Opus 49", iniciávamos um processo, e ela só precisava responder. Mas sem essa deixa ou estímulo, nada ocorreria.

Ivan Vaughan, psicólogo de Cambridge que se tornou parkinsoniano, escreveu um relato biográfico sobre a vida com essa doença, e com base nessa obra Jonatham Miller dirigiu um documentário para a BBC em 1984 (*Ivan*, apresentado como parte da série Horizon). Tanto no livro como no filme, Ivan descreve vários estratagemas indiretos muito engenhosos para pôr-se em movimento, coisa que não conseguia fazer pelo poder da vontade pura e simples. Por exemplo, ao acordar ele permitia que seu olhar vagueasse até avistar uma árvore pintada na parede ao lado de sua cama. Isso funcionava como um estímulo, como se a árvore lhe dissesse "Suba em mim". Ivan então se imaginava subindo na árvore e assim conseguia sair da cama — um ato simples que ele era incapaz de executar diretamente.

soniano está, por assim dizer, preso numa caixa subcortical, da qual só pode sair (como salientou Luria) com a ajuda de um estímulo externo.[7] Assim, às vezes um paciente parkinsoniano pode ser posto em ação por algo tão simples quanto jogar-lhe uma bola (mas tão logo pega a bola ou a joga de volta, ele congela novamente). Para desfrutar alguma sensação de liberdade genuína, uma libertação mais prolongada, o paciente precisa de algo capaz de durar mais tempo, e a mais poderosa chave para destrancá-lo é a música.

Isso ficou bem claro com Rosalie B., uma senhora pós-encefalítica sujeita a permanecer paralisada diariamente durante horas, totalmente imóvel, congelada — em geral com um dedo "grudado" nos óculos. Se alguém a conduzisse andando pelo corredor, ela andava de um jeito passivo, dura como uma boneca, ainda com o dedo grudado nos óculos. Mas ela era muito musical e adorava tocar piano. Assim que se sentava ao piano, a mão que estava grudada descia até o teclado e ela tocava com facilidade e desenvoltura. Seu rosto (em geral congelado numa inexpressiva "máscara" parkinsoniana) se animava com expressão e sentimento. A música libertava-a temporariamente do parkinsonismo — e não só quando ela tocava, mas também quando *imaginava* uma música. Rosalie sabia de cor todas as obras de Chopin, e só precisávamos dizer "Opus 49" para operar uma transformação em todo o seu corpo, postura e expressão. O parkinsonismo desapare-

---

vascular profundo na linha média do cérebro.) Esses pacientes preservam a consciência e a intencionalidade normais, e se for possível estabelecer algum tipo de código de comunicação (piscando os olhos, por exemplo) eles conseguem comunicar pensamentos e palavras, embora com uma lentidão torturante. Um livro extraordinário, *O escafandro e a borboleta*, foi "ditado" dessa maneira pelo jornalista francês Jean-Dominique Bauby, que sofria de síndrome trancada.

[7] O uso de deixas externas e autoestimulação no parkinsonismo foi estudado por A. R. Luria nos anos 1920, e depois descrito em seu livro *The nature of human conflicts* [A natureza dos conflitos humanos]. Para Luria, todos os fenômenos do parkinsonismo podiam ser vistos como "automatismos subcorticais". Mas o córtex sadio, ele escreveu, "permite [ao parkinsoniano] usar estímulos externos e construir uma atividade compensatória para os automatismos subcorticais. [...] O que era impossível fazer pela vontade de vontade direta torna-se acessível quando a ação é incluída em outro sistema complexo".

esse fato recentemente em um recital do eminente compositor e regente Lukas Foss, hoje parkinsoniano. Ele embarafustou pelo palco numa disparada quase incontrolável, mas assim que se sentou ao piano, pôs-se a tocar um noturno de Chopin com primoroso controle, *timing* e graça — e recaiu na festinação assim que a música terminou.

Esse poder da música foi inestimável para outro extraordinário paciente pós-encefalítico, Ed M., cujos movimentos eram rápidos demais do lado direito do corpo e lentos demais do lado esquerdo. Não conseguimos descobrir nenhum modo adequado de medicá-lo, pois tudo o que melhorava um lado piorava o outro. Mas ele adorava música, e tinha um pequeno órgão em seu quarto. Com isso — e só com isso —, quando ele se sentava e tocava, conseguia usar as duas mãos harmonicamente e em sincronia.

Um problema fundamental do parkinsonismo é a incapacidade de iniciar espontaneamente o movimento; pacientes parkinsonianos estão sempre "emperrando" ou "congelando". Em condições normais, existe uma comensurabilidade quase instantânea entre nossas intenções e o equipamento subcortical (especialmente os gânglios basais) que permite convertê-las automaticamente em ação. (Em *The remembered present* [O presente lembrado], Gerald Edelman refere-se aos gânglios basais, juntamente com o cerebelo e o hipocampo, como "órgãos de sucessão"). Mas são especialmente os gânglios basais que sofrem danos no parkinsonismo. Se o dano for muito grave, o parkinsoniano pode ser reduzido praticamente à imobilidade e ao silêncio — ele não fica paralisado, mas, em certo sentido, "trancado", incapaz de iniciar por conta própria qualquer movimento, e no entanto é perfeitamente capaz de responder a certos estímulos.[6] O parkin-

---

clara. Michael Thaut e seus colegas na Universidade do Estado do Colorado foram pioneiros no uso de estimulação auditiva rítmica para facilitar o andar de pacientes com doença de Parkinson (e também de pacientes que ficaram paralisados, hemiparéticos de um lado após um derrame cerebral).

[6] Usei o termo "trancado" metaforicamente. Os neurologistas também usam o termo "síndrome trancada" para denotar um estado no qual o paciente fica privado da fala e de praticamente todos os movimentos voluntários, com exceção, talvez, da capacidade de piscar ou mover os olhos para cima e para baixo. (Isso em geral resulta de um acidente

com liberdade e graça: "Era como de repente me lembrar de mim mesma, da minha música de viver". Porém, do mesmo modo súbito, a música interior cessava e ela recaía no abismo do parkinsonismo. Igualmente notável, e talvez de certo modo análoga, era a capacidade de Edith para usar, para partilhar as habilidades ambulatórias de outras pessoas. Ela podia andar com facilidade junto com alguém, automaticamente, entrando no ritmo, na cadência do outro, compartilhando sua melodia cinética, mas assim que a pessoa parava, Edith estacava.

Vários movimentos de pacientes parkinsonianos são demasiado rápidos ou demasiado lentos, embora essas pessoas nem sempre o percebam. Algumas só conseguem deduzir isso quando se comparam a um relógio ou a outras pessoas. O neurologista William Gooddy descreveu essa situação no livro *Time and the nervous system* [O tempo e o sistema nervoso]: "Um observador pode notar que os movimentos de um parkinsoniano são morosos, mas o paciente dirá: 'Meus movimentos parecem-me normais, a menos que eu veja quanto demoram olhando no relógio. O relógio na parede da enfermaria parece andar depressa demais'". Gooddy escreveu sobre as disparidades às vezes enormes que tais pacientes podem apresentar entre o "tempo pessoal" e o "tempo do relógio".[4]

Mas se a música estiver presente, seu andamento, seu tempo, prevalece sobre o parkinsonismo e permite ao parkinsoniano, enquanto durar a música, retornar ao seu próprio ritmo de movimentação, aquele que lhe era natural antes de adoecer.

A música, aliás, resiste a todas as tentativas de aceleração ou desaceleração: ela impõe seu próprio andamento.[5] Testemunhei

---

[4] Analisei esse e outros distúrbios em meu ensaio "Speed" [Velocidade], de 2004.

[5] Muitos músicos incomodaram-se quando o amigo de Beethoven, Johann Mälzel, inventou um metrônomo portátil e Beethoven começou a usar indicações de metrônomo em suas sonatas para piano. Receava-se que isso pudesse acarretar uma execução rígida, metronômica, impossibilitando a flexibilidade, a liberdade exigida por uma execução criativa ao piano.

Analogamente, embora o som do metrônomo possa ser usado para "arrastar" pacientes parkinsonianos, permitindo-lhes andar passo a passo ou impelindo-os a isso, o resultado será uma locomoção desprovida da automaticidade, da fluidez do verdadeiro andar. Não é de uma série de estímulos descontínuos que um parkinsoniano precisa, mas de um fluxo ou encadeamento contínuo de estimulação, com uma organização rítmica

tado, mas também o fluxo da percepção, do pensamento e do sentimento. O distúrbio de fluxo pode assumir muitas formas; às vezes, como implica o termo "gagueira cinética", não há um fluxo regular de movimento, e sim movimentos entrecortados, espasmódicos, arranques e paradas. A gagueira parkinsoniana (como a verbal) pode responder muito bem ao ritmo e fluxo da música, contanto que seja música do tipo "certo" — e o tipo certo é único para cada paciente. Para uma de minhas pacientes pós--encefalíticas, Frances D., a música era tão poderosa quanto qualquer droga. Num momento, eu a via retesada, hirta e bloqueada, ou então tomada por espasmos, tiques e tagarelice — parecia uma bomba-relógio humana. No instante seguinte, se tocássemos música para ela, todos esses fenômenos explosivo-obstrutivos desapareciam e eram substituídos por uma extasiante facilidade e fluidez de movimento, e a sra. D., subitamente livre de seus automatismos, "regia" sorridente a música, ou então se levantava e dançava. Mas para ela era necessário que a música fosse *legato*; música percussiva, *staccato*, podia ter efeito contrário, bizarro, e fazê-la pular e sacudir-se forçadamente com o ritmo, como uma boneca mecânica ou uma marionete. Em geral, a música certa para pacientes parkinsonianos não só é *legato*, mas tem um ritmo bem definido. Se, por outro lado, o ritmo for demasiado alto, dominante ou intrusivo, os pacientes podem acabar sendo irresistivelmente impelidos ou arrastados por ele. No entanto, o poder da música no parkinsonismo independe de familiaridade ou mesmo de gosto, embora de modo geral a música tenha mais êxito se for bem conhecida e apreciada.

Outra paciente, Edith T., ex-professora de música, falou sobre sua necessidade de música. Disse que se tornara "desengonçada" desde o início de seu parkinsonismo, que seus movimentos haviam se tornado "rijos, mecânicos — como um robô ou uma boneca". Ela perdera a naturalidade e a musicalidade dos movimentos; em suma, declarou, fora "desmusicada" pela doença. Mas quando se via emperrada ou paralisada, até mesmo *imaginar* música podia restaurar-lhe a capacidade de ação. Agora, em suas palavras, ela podia "sair dançando da moldura", da paisagem monótona e congelada na qual ficava presa, e mover-se

Kitty Stiles, nossa musicoterapeuta no Beth Abraham, tinha algum treinamento formal ou licença para exercer a musicoterapia, mas sei que possuía um imenso talento intuitivo para adivinhar o que podia pôr seus pacientes em movimento, por maior que parecesse sua regressão ou invalidez. Trabalhar com os pacientes individualmente requer tanta empatia e interação pessoal quanto qualquer terapia formal, e Kitty era extremamente habilidosa nesse campo. Além disso, tinha grande audácia para improvisar e era muito brincalhona, no teclado e na vida; sem isso, desconfio, muitos dos seus esforços teriam sido infrutíferos.[3]

Uma ocasião, convidei o poeta W. H. Auden para uma das sessões de Kitty, e ele se assombrou com as transformações instantâneas que a música podia produzir. Lembraram-lhe um aforismo de Novalis, escritor alemão romântico: "Toda doença é um problema musical; toda cura é uma solução musical". Isso parecia aplicar-se quase exatamente àqueles pacientes com parkinsonismo severo.

O parkinsonismo costuma ser chamado de "distúrbio do movimento", mas nos casos graves não só o movimento é afe-

---

[3] Kitty se aposentou em 1979, e o Beth Abraham contratou para substituí-la uma musicoterapeuta licenciada, Concetta Tomaino (que depois presidiria a Associação Americana de Musicoterapia, fundada em 1971, e seria uma das primeiras doutorandas em musicoterapia).

Connie, que trabalhava no hospital em período integral, pôde formalizar e ampliar todo um conjunto de programas de musicoterapia. Em especial, criou programas para a grande população de pacientes afásicos e portadores de outros distúrbios da fala e da linguagem no hospital. Também instituiu programas para pacientes com doença de Alzheimer e outras formas de demência. Connie e eu, assim como muitos outros, trabalhamos em colaboração nesses projetos e demos continuidade ao programa para pacientes parkinsonianos iniciado por Kitty Stiles. Tentamos introduzir não só testes objetivos para as funções de movimento, linguagem e cognição, mas também testes fisiológicos — especialmente EEGs feitos antes, durante e depois de sessões de musicoterapia. Em 1993 Connie entrou em contato com outros representantes desse campo em crescimento e organizou uma conferência sobre "Aplicações clínicas da música em reabilitação neurológica"; dois anos depois ela fundou no Beth Abraham o Instituto para Música e Função Neurológica, com o objetivo de aumentar a percepção da importância da musicoterapia não só no contexto clínico, mas como tema de pesquisas em laboratório. Nossos esforços nas décadas de 1980 e 1990 foram paralelos a uma onda de outros esforços semelhantes no país, cada vez mais, no mundo todo.

causa de sua vitalidade, igual à de pessoas muito mais jovens, só quando ela morreu, quase centenária, é que fui me dar conta de que ela já devia ter mais de oitenta anos na época em que a conheci).

Kitty tinha um carinho especial pelos nossos pacientes pós- -encefalíticos, e nas décadas anteriores ao advento da levodopa, só Kitty e sua música podiam trazê-los à vida. Quando fomos ao hospital para filmar um documentário sobre aqueles pacientes em 1973, o diretor do filme, Duncan Dallas, imediatamente me perguntou: "Posso ver a musicoterapeuta? Ela parece ser a pessoa mais importante por aqui". Era mesmo. Foi assim nos dias pré- -levodopa, e continuou a ser quando, para muitos pacientes, os efeitos da levodopa tornaram-se erráticos e instáveis.

Embora o poder da música seja conhecido há milênios, a ideia da musicoterapia formal só foi surgir no final dos anos 1940, quando numerosos soldados retornaram dos campos de batalha da Segunda Guerra Mundial com ferimentos na cabeça e lesões traumáticas no cérebro (ou "neurose de guerra", como se dizia após a Primeira Guerra Mundial, um distúrbio hoje categorizado como "distúrbio do estresse pós-traumático").[2] Descobriu-se que as dores e angústias de muito desses soldados, e até, aparentemente, algumas de suas respostas fisiológicas (pulsação, pressão arterial etc.), podiam melhorar com música. Médicos e enfermeiras, em muitos hospitais para veteranos, começaram a convidar músicos para tocar para seus pacientes, e aqueles artistas sentiam-se satisfeitos por levar música às medonhas enfermarias de feridos. Mas logo ficou claro que entusiasmo e generosidade não bastavam — também era preciso um treinamento profissional.

O primeiro programa formal de musicoterapia foi criado em 1944 na Michigan State University, e em 1950 foi fundada a National Association for Music Therapy [Associação Nacional de Musicoterapia]. Contudo, durante o quarto de século seguinte a musicoterapia continuou pouquíssimo reconhecida. Não sei se

---

[2] O excelente e abrangente livro *Music and medicine*, de 1948, organizado por Dorothy M. Schullian e Max Schoen, discorre sobre a música e a medicina em vários contextos históricos e culturais e contém capítulos importantes sobre os usos da música em hospitais militares e em outras aplicações mais gerais.

lado desde quando tinham sido internados, havia quarenta ou mais anos.

Em 1966 não havia medicação que pudesse ajudar aqueles pacientes — pelo menos, nenhuma medicação para sua paralisia, sua imobilidade parkinsoniana. Entretanto, as enfermeiras e o pessoal do hospital sabiam que aqueles pacientes *podiam* mover-se ocasionalmente, com uma facilidade e uma graça que pareciam negar seu parkinsonismo — e que o mais potente gerador daqueles movimentos era a música.

Caracteristicamente, aqueles pacientes pós-encefalíticos, como ocorre na doença de Parkinson comum, não podiam iniciar coisa alguma com facilidade, mas muitos podiam *responder*. Conseguiam apanhar uma bola que lhes fosse jogada, e quase todos tendiam a responder, de algum modo, à música. Alguns eram incapazes de tomar a iniciativa para dar um passo, mas podiam ser levados a dançar, e então faziam-no com desenvoltura. Alguns mal conseguiam proferir uma sílaba; quando falavam, era com uma voz quase espectral, carente de tom e de força. Mas às vezes aqueles pacientes conseguiam cantar, alto e claro, com plena força vocal e em uma faixa normal de expressividade e tom. Outros podiam andar e falar, mas só de um modo espasmódico, entrecortado, sem um ritmo constante, e às vezes com acelerações incontinentes — para esses, a música podia modular o fluxo do movimento ou da fala, e dar-lhes a estabilidade e o controle de que tanto necessitavam.[1]

Embora a "musicoterapia" não fosse bem uma carreira na década de 1960, o Hospital Beth Abraham destacava-se por ter sua própria musicoterapeuta, um dínamo chamado Kitty Stiles (por

---

[1] De um modo mais ou menos análogo, a música pode restaurar temporariamente certo grau de controle motor em pessoas que perderam a coordenação por ingestão de álcool. Um colega, dr. Richard Garrison, descreveu-me um grupo de idosos numa festa:

Eles beberam bastante e, quando o relógio se aproximava da meia-noite, foram ficando progressivamente atáxicos entre uma música e outra. Tornavam-se cada vez mais ébrios, cambaleando entre cada [música], mas sua dança não parecia ser afetada. [...] Um senhor pulava da cadeira toda vez que começávamos a tocar, e desabava quando parávamos. Ele parecia incapaz de andar até a pista de dança, mas dançando podia ir aonde quisesse.

20

A MELODIA CINÉTICA: DOENÇA DE PARKINSON E MUSICOTERAPIA

William Harvey, escrevendo sobre o movimento animal em 1628, chamou-o de "a silenciosa música do corpo". Metáforas semelhantes são usadas por muitos neurologistas, para quem o movimento normal possui naturalidade e fluência, uma "melodia cinética". Esse fluxo desimpedido e gracioso de movimento é comprometido no parkinsonismo e em outras doenças, e nesses casos os neurologistas falam em "gagueira cinética" Quando andamos, nossos passos surgem em um fluxo rítmico, um encadeamento que é automático e auto-organizador. No parkinsonismo, esse automatismo normal, propício, desaparece.

Embora eu tenha nascido em uma família musical e a música tenha sido importante para mim pessoalmente desde bem pequeno, só fui realmente encontrar a música em um contexto clínico em 1966, quando comecei a trabalhar no Beth Abraham, um hospital para doentes crônicos no Bronx. Ali minha atenção foi atraída de imediato para um grupo de pacientes estranhamente imóveis, que às vezes me pareciam estar em transe: os sobreviventes pós-encefalíticos sobre quem eu viria a escrever mais tarde em *Tempo de despertar*. Na época havia quase oitenta deles. Eu os via no saguão, nos corredores e nas enfermarias, às vezes em posturas esquisitas, absolutamente imóveis, congelados em um estado semelhante ao transe. (Alguns desses pacientes, ao invés de paralisados, estavam no estado oposto: uma atividade impulsiva quase contínua, todos os movimentos acelerados, excessivos e explosivos.) Todos eles, como descobri, eram vítimas da encefalite letárgica, a epidemia de doença do sono que assolou o mundo logo após a Primeira Guerra Mundial, e alguns estavam naquele estado conge-

ção": o processo pelo qual diferentes percepções ou aspectos da percepção são ligados e unificados. O que nos permite, por exemplo, ligar a visão, o som, o cheiro e as emoções suscitados pelo avistamento de uma onça? Essa ligação no sistema nervoso é feita pelo disparo rápido e sincronizado de células nervosas em diferentes partes do cérebro. Assim como rápidas oscilações neuronais ligam diferentes partes funcionais no cérebro e no sistema nervoso, também o ritmo liga os sistemas nervosos dos indivíduos de uma comunidade humana.

da agricultura, quando arar o solo, capinar e malhar grãos requeriam os esforços combinados e sincronizados de um grupo de pessoas. O ritmo e seu arrasto do movimento (e frequentemente da emoção), seu poder de mover e comover as pessoas, pode muito bem ter tido uma função cultural e econômica crucial na evolução humana, unindo as pessoas, gerando um sentimento de coletividade e comunidade.

Isso, de fato, é essencial para a visão da evolução cultural apresentada por Merlin Donald em seu impressionante livro *Origins of the modern mind* [*Origens do pensamento moderno*, em tradução de Portugal], de 1991, e em muitos artigos subsequentes. Uma característica básica da visão de Donald é sua ideia de que a evolução humana passou da vida "episódica" de grandes primatas para uma cultura "mimética" — e que esta floresceu e durou dezenas, ou talvez centenas de milhares de anos antes que evoluíssem a linguagem e o pensamento conceitual. Donald aventa que a mímica — o poder de representar emoções, eventos externos ou histórias apenas com gestos e posturas, movimentos e sons, mas sem usar linguagem — ainda hoje é o alicerce da cultura humana. Para ele, o ritmo tem um papel ímpar em relação à mímica:

> O ritmo é uma habilidade integrativa-mimética, relacionada à mímica vocal e visuomotora. [...] A habilidade rítmica é supramodal, isto é, assim que um ritmo é estabelecido, pode ser executado com qualquer modalidade motora, com as mãos, os pés, a boca ou todo o corpo. Ela aparentemente se autorreforça do mesmo modo que a exploração perceptual e a execução motora se autorreforçam. O ritmo é, em certo sentido, a quintessência da habilidade mimética. [...] Jogos rítmicos são generalizados entre as crianças humanas, e poucas culturas humanas, ou talvez nenhuma, não terão empregado o ritmo como um recurso de expressão.

Donald vai além e vê a habilidade rítmica como um pré-requisito não só para a música, mas para todo tipo de atividade não verbal, dos mais simples padrões rítmicos da vida agrícola aos mais complexos comportamentos sociais e rituais.

Alguns neurocientistas mencionam o "problema da liga-

sico e inerte, quase não respondia a nada, exceto à música. Mas foi contagiado e animado pela animação pulsante da multidão à sua volta, pelo canto e pelas palmas ritmadas, e logo ele também se pôs a gritar o nome de uma de suas músicas favoritas, "Tobacco road", "Tobacco road!". Eu disse que "observei" tudo isso, mas o fato é que me vi incapaz de permanecer um observador isento. Percebi que também eu estava me movendo, batendo os pés e as mãos com a música. Não demorei a perder meu acanhamento e inibição costumeiros e me juntei à multidão na dança comunal.

Santo Agostinho, nas *Confissões*, conta que em uma ocasião foi a uma exibição gladiatória com um moço muito altivo que dizia abominar e desprezar as cenas que estava presenciando. Mas quando a multidão ficou excitada e prorrompeu num rugido e bater de pés ritmados, o jovem não pôde mais resistir e se juntou ao clima orgiástico geral. Tive experiências semelhantes em contextos religiosos, apesar de não ser muito bem provido de fé ou sentimento religioso. Quando menino, eu adorava a Simchat Torá, ou Alegria da Torá, que era celebrada, mesmo na nossa normalmente circunspecta congregação ortodoxa, com extáticos cânticos e danças em volta da sinagoga.

Hoje, em muitos casos a prática religiosa tende a ser um tanto decorosa e desapaixonada, mas há indícios de que as práticas religiosas começaram com cantos e danças comunitários, muitos de um tipo extático e não raro culminando em estados de transe.[6]

O poder quase irresistível do ritmo evidencia-se em muitos outros contextos: nas marchas, serve para impulsionar e coordenar o movimento e para estimular uma excitação coletiva e talvez marcial. Isso ocorre não só com músicas militares e tambores de guerra, mas também com o lento e solene ritmo de uma marcha fúnebre. Também vemos isso em todo tipo de canção de trabalho — músicas rítmicas que provavelmente surgiram nos primórdios

---

[6] Essas práticas foram analisadas em profundidade e minuciosamente pelo etnomusicólogo Gilbert Rouget, no livro *Music and trance* [Música e transe]; um estudo mais lírico é o de Havelock Ellis, em *The dance of life* [A dança da vida]; e uma abordagem com incomparável percepção pessoal é a de Mickey Hart, baterista e etnomusicólogo, em seus livros *Planet Drum* [Planeta Bateria] e *Drumming at the edge of magic* [Tamborilando no limiar da magia].

corpo levavam-no a salmodiar. A mente desses pacientes conferia "sentido" ao que, de outro modo, seriam sons ou movimentos sem significado.

Anthony Storr, em seu excelente livro *Music and the mind*, ressalta que em todas as sociedades a música tem uma função coletiva e comunitária essencial: reunir as pessoas e criar laços entre elas. As pessoas cantam e dançam juntas em todas as culturas, e podemos imaginar os humanos, há 100 mil anos, fazendo isso ao redor das primeiras fogueiras. Esse papel primordial da música hoje se perdeu, em certa medida, pois temos uma classe especial, a dos compositores e intérpretes, enquanto o resto de nós quase sempre se vê reduzido à audição passiva. Temos de ir a um concerto, igreja ou festival de música para voltar a experimentar a música como uma atividade social, para recapturar a emoção coletiva e a ligação proporcionada pela música. Em situações assim, a música é uma experiência coletiva, e parece haver, em certo sentido, uma verdadeira ligação, ou "casamento", de sistemas nervosos, uma "neurogamia" (para usar um termo ao gosto dos primeiros mesmeristas).

A ligação é obtida graças ao ritmo — não só ouvido mas internalizado, de modo idêntico, em todos os presentes. O ritmo transforma os ouvintes em participantes, torna a audição ativa e motora e sincroniza os cérebros e mentes (e, como a emoção está sempre interligada à música, também os "corações") de todos os participantes. É dificílimo permanecer alheio, resistir a ser arrastado para o ritmo do canto e da dança.

Observei isso quando levei meu paciente Greg F. a um show do Grateful Dead no Madison Square Garden em 1991.[5] A música, o ritmo, arrebatou todo mundo em segundos. Vi toda aquela imensa plateia mover-se com a música, 18 mil pessoas dançando, extasiadas, cada sistema nervoso ali presente sincronizado com a música. Greg tivera um grande tumor que aniquilara sua memória e boa parte de sua espontaneidade. Por muitos anos, fora amné-

---

[5] A história de Greg é relatada no capítulo "O último hippie", de *Um antropólogo em Marte*.

vezes em grupos de quatro ou cinco.[4] É como se o cérebro precisasse impor um padrão próprio, mesmo na ausência de um padrão objetivo. Isso pode ocorrer não só com padrões no tempo, mas também com padrões tonais. Todos nós tendemos a acrescentar uma espécie de melodia ao som de um trem (um fascinante exemplo disso, elevado ao nível da arte, é o poema sinfônico *Pacífico 231*, de Arthur Honegger) ou a ouvir melodias em outros ruídos mecânicos. Uma amiga minha acha que o zumbido de sua geladeira "lembra o estilo de Haydn". E para algumas pessoas com alucinações musicais, estas podem parecer, a princípio, uma elaboração de algum ruído mecânico (como nos casos de Dwight Mamlock e Michael Sundue); Leo Rangell, outro homem com alucinações musicais, comentou que, no caso dele, sons rítmicos elementares tornavam-se canções ou *jingles*. E para Solomon R. (ver capítulo 17), movimentos rítmicos do

---

[4] Iversen, Patel e Ohgushi encontraram acentuadas diferenças culturais nesses agrupamentos rítmicos. Em um experimento, expuseram falantes nativos do inglês americano e do japonês a sequências de tons de durações alternadamente longa e curta. Constataram que os falantes do japonês preferiam agrupar os tons com base na análise conhecida como *long-short parsing* (ou seja, segundo a tendência de a duração do primeiro som ser ligeiramente maior que a do segundo), enquanto os falantes do inglês preferiam a análise do tipo *short-long*, na qual o primeiro som é mais curto que o segundo. Iversen *et al.* supõem que a "experiência com a língua nativa cria gabaritos rítmicos que influenciam o processamento dos padrões de som não linguísticos". Isso suscita uma questão: existem correspondências entre os padrões da fala e a música instrumental de cada cultura? Há tempos os musicólogos têm a impressão de que essa correspondência de fato existe, e agora a questão foi formalmente analisada por um estudo quantitativo de Patel, Iversen e seus colegas do Neurosciences Institute. "O que torna a música de sir Edward Elgar tão distintivamente inglesa?", indagaram os pesquisadores. "O que torna a música de Debussy tão distintivamente francesa?" Patel *et al.* compararam o ritmo e a melodia da fala e da música no inglês britânico com os da fala e música francesas, investigando a música de doze compositores diferentes. Com uma representação gráfica de ritmo e melodia juntos, constataram que "emerge um padrão notável, sugerindo que a língua de um país exerce uma 'atração gravitacional' sobre a estrutura de sua música".

O compositor tcheco Leos Janáček também se intrigava com as semelhanças entre a fala e a música. Durante mais de trinta anos, frequentou cafés e outros lugares públicos, onde anotava as melodias e os ritmos da fala das pessoas, convencido de que eles refletiam, inconscientemente, as intenções emocionais e estados de espírito dos falantes. Tentou incorporar esses ritmos da fala à sua música — ou melhor, encontrar "equivalentes" para eles na estrutura de tons e intervalos da música clássica. Muitas pessoas, falantes ou não do tcheco, acharam que havia uma assombrosa correspondência entre a música de Janáček e os padrões sonoros da fala tcheca.

Strauss, e isso sincroniza todos os meus movimentos, fornecendo um automatismo e uma precisão superiores a tudo o que sou capaz de conseguir com a contagem consciente. Leibniz dizia que música é contar, mas contar inconscientemente, e é justo isso que ocorre quando nado ao ritmo de Strauss.

O fato de que o "ritmo" — nesse sentido especial de combinar movimento e som — aparece espontaneamente em crianças humanas e não em outros primatas força-nos a refletir sobre suas origens filogenéticas. Muitos já aventaram que a música não evoluiu sozinha, mas emergiu como um subproduto de outras capacidades que têm importância adaptativa mais óbvia, como a fala. Será que o canto precedeu a fala (como pensava Darwin)? Será que a fala realmente precedeu a música (como acreditava seu contemporâneo Herbert Spencer)? Ou será que ambas se desenvolveram simultaneamente (como propôs Mithen)? "Como essa disputa pode ser resolvida?", perguntou Patel em seu artigo de 2006. "Uma solução é determinar se existem aspectos fundamentais da cognição musical que [...] não podem ser explicados como subprodutos ou usos secundários de habilidades mais claramente adaptativas." O ritmo musical, com sua pulsação regular, ressalta Patel, é bem dessemelhante às sílabas irregularmente enfatizadas da fala; a percepção e a sincronização das batidas, na opinião de Patel, são "um aspecto do ritmo que parece ser exclusivo da música [...] e não pode ser explicado como subproduto do ritmo linguístico". Parece provável, ele conclui, que o ritmo musical tenha evoluído independentemente da fala.

Decerto existe uma propensão universal e inconsciente a impor um ritmo mesmo quando ouvimos uma série de sons idênticos a intervalos constantes. John Iversen, neurocientista e baterista fanático, defendeu esse argumento. Tendemos a ouvir o som de um relógio digital, por exemplo, como "tic-tac, tic-tac", quando, na verdade, ele faz "tic-tic-tic-tic". Quem já ficou exposto às monótonas saraivadas de ruídos dos campos magnéticos oscilatórios que bombardeiam o paciente submetido a um exame de ressonância magnética provavelmente teve experiência semelhante. Às vezes os barulhos ensurdecedores da máquina parecem organizar-se em grupos de três e em ritmo de valsa, outras

Essas ativações sensitivas e motoras são, crucialmente, integradas entre si com precisão.

O ritmo nesse sentido, como integração de som e movimento, pode ter um papel essencial para coordenar e envigorar movimentos locomotores básicos. Constatei isso quando estava "remando" montanha abaixo ao ritmo da "Canção dos barqueiros do Volga" e quando a música de Mendelssohn me permitiu voltar a andar. Analogamente, o ritmo musical pode ser valioso para atletas, como comentou comigo o médico Malonnie Kinnison, que é ciclista e triatleta:

> Faz alguns anos que pratico ciclismo competitivo, e sempre me interessei pelas provas contra o relógio, um evento em que o atleta compete apenas contra o tempo. O esforço necessário para destacar-se nessa prova é doloroso. Costumo ouvir música enquanto treino, e desde o início notei que algumas músicas eram particularmente motivadoras e me inspiravam a um nível alto de esforço. Um dia, nas primeiras etapas de uma importante prova contra o relógio, alguns compassos da abertura de *Orfeu no inferno*, de Offenbach, começaram a tocar na minha cabeça. Isso foi maravilhoso: estimulou meu desempenho, estabeleceu a cadência no tempo ideal e sincronizou meus esforços físicos com a respiração. O tempo desmoronou. Entrei num barato e, pela primeira vez na vida, senti muito ver a linha de chegada. Foi o meu melhor tempo.

Agora todas as competições de ciclismo de Kinnison são acompanhadas por estimulantes imagens mentais musicais (em geral de aberturas de óperas). Muitos atletas tiveram experiências semelhantes.

Encontrei nisso certa semelhança com a natação. No nado em estilo livre, geralmente damos as batidas de perna em grupos de três, com uma pernada forte para cada braçada, seguida por duas pernadas mais leves. Às vezes faço essa contagem para mim mesmo enquanto nado — *um*, dois, três, *um*, dois, três —, mas essa contagem consciente acaba dando lugar a músicas que tenham uma cadência semelhante. Quando estou nadando por longo tempo, sem pressa, minha mente tende a imaginar valsas de

O termo acentuadamente mecânico *entrainment* [arrasto] às vezes é usado para referir-se à tendência humana de acompanhar o ritmo, de dar respostas motoras ao ritmo. Mas estudos agora mostraram que as chamadas respostas ao ritmo na verdade *precedem* as batidas de compasso externas. Nós antecipamos as batidas, absorvemos os padrões rítmicos assim que os ouvimos e estabelecemos modelos ou gabaritos internos desses padrões. Esses gabaritos internos são assombrosamente precisos e estáveis; como mostraram Daniel Levitin e Perry Cook, os humanos têm memória muito precisa para o andamento e o ritmo.[3]

Chen, Zatorre e Penhune, em Montreal, estudaram a capacidade dos humanos para marcar o tempo, acompanhar um ritmo. Usaram imagens funcionais para visualizar como isso se reflete no cérebro. Como se poderia esperar, eles constataram que houve ativação do córtex motor e de sistemas subcorticais nos gânglios basais e no cerebelo quando as pessoas examinadas batucavam ou faziam outros movimentos em resposta à música.

O mais notável foi sua descoberta de que ouvir música ou imaginá-la, mesmo sem nenhum movimento flagrante ou sem acompanhar o ritmo, também ativa o córtex motor e sistemas motores subcorticais. Portanto, imaginar música ou ritmo pode ser neuralmente tão potente quanto ouvi-los de verdade.

Acompanhar ritmos depende, física e mentalmente, como descobriram Chen e seus colegas, de interações entre o córtex auditivo e o córtex pré-motor dorsal — e é só no cérebro humano que existe uma relação funcional entre essas duas áreas corticais.

---

terças de sextas e descia do teto até o piano sempre que ele tocava estudos de Chopin em terças, mas "levantava acampamento" ("às vezes", escreveu ele, "bem furiosa, como me parecia") quando ele mudava para estudos em sexta.

Como me escreveu um correspondente: "Nada [disso] chega ao nível de uma comprovação científica, evidentemente, mas eu, que há muitos anos convivo com animais, [...] acredito firmemente que subestimamos as capacidades emocionais e analíticas de vertebrados não humanos, em especial mamíferos e aves". Respondi que concordava com ele e suspeitava que também subestimamos as capacidades de invertebrados.

[3] Galileu nos deixou um célebre exemplo desse fato com seus experimentos para marcar o tempo da descida de objetos enquanto rolavam por um plano inclinado. Como não dispunha de relógios precisos, Galileu cronometrou cada tentativa cantando, o que lhe permitiu obter resultados com uma precisão bem superior à dos relógios de sua época.

recentemente salientou que "em toda cultura existe alguma forma de música com um ritmo regular, um pulso periódico que permite a coordenação temporal entre os executantes e evoca respostas motoras sincronizadas dos ouvintes". Essa ligação dos sistemas auditivo e motor parece ser universal nos humanos, e se revela espontaneamente no começo da vida, como escreveu Patel.[2]

---

[2] Os seres humanos, ao que parece, são os únicos primatas com tamanha conjugação dos sistemas motor e auditivo no cérebro — os outros grandes primatas não dançam, e embora às vezes produzam sons por percussão, não preveem um ritmo e se sincronizam com ele como fazem os humanos. Os indícios de habilidades musicais em outras espécies são inconcludentes. Na Tailândia, elefantes foram treinados para baterem em instrumentos de percussão e "tocarem juntos" por conta própria. Fascinados com os relatos sobre a Orquestra Tailandesa de Elefantes, Aniruddh Patel e John Iversen efetuaram minuciosas mensurações e gravações em vídeo das apresentações dos paquidermes. Constataram que um dos elefantes podia "tocar um instrumento de percussão (um tambor grande) em um ritmo acentuadamente estável" — aliás, um ritmo mais estável do que a maioria dos humanos é capaz de alcançar. Mas os outros elefantes da "orquestra" percutiam seus instrumentos (pratos, gongos etc.) aparentemente sem levar os demais em consideração, sem nenhum indício de sincronização com a batida auditiva do elefante que tocava o tambor.

No entanto, algumas espécies de aves são conhecidas pela habilidade de cantar em dueto ou coro, e algumas realmente acompanham o ritmo de músicas humanas. Patel, Iversen e colegas estudaram Snowball, uma cacatua branca de crista amarela que ficou famosa no YouTube dançando ao som dos Backstrett Boys. Patel *et al.* encontraram indícios de verdadeira sincronização com um ritmo musical em Snowball, que balança a cabeça e bate os pés acompanhando o ritmo da música. Como relataram esses pesquisadores em um artigo de 2008, "quando o andamento da música é acelerado ou desacelerado em um período limitado, Snowball ajusta seus movimentos em conformidade e se mantém sincronizada com a música".

Muitos animais, dos cavalos Lipizzaner da Escola Espanhola de Equitação em Viena aos elefantes, cães e ursos de circo, já foram treinados para "dançar" ao ritmo de música. Nem sempre está claro se esses animais estão respondendo a sutis deixas visuais ou táteis dadas por humanos nas proximidades, mas é difícil resistir à impressão de que, em algum nível, esses animais gostam da música e respondem a ela de um modo rítmico.

Muitas pessoas afirmam que seus animais de estimação reagem ou prestam atenção quando ouvem músicas específicas, ou que "cantam junto" ou "dançam" alguma música. Há relatos bem antigos desse gênero. Um fascinante livro de 1804 intitulado *The power of music, which is shown by a variety of pleasing and instructive anecdotes, the effect it has on Man and Animals* [O poder da música: onde se mostra com vários relatos divertidos e instrutivos, os efeitos que ela produz sobre humanos e animais] inclui casos de cobras, lagartos, aranhas, camundongos, coelhos, bois e outros animais que responderam à música de diversos modos. Ignacy Paderewsky, o pianista e compositor polonês, faz em suas memórias um relato minucioso sobre uma aranha que parecia distinguir

cantou para mim, de memória, partes inteiras das minhas aulas (e cantou bonito, ainda por cima). Fiquei pasmo.

Embora essa estudante tenha, como Toch, um dom extraordinário, todos nós usamos o poder da música dessa maneira, e pôr palavras em música, especialmente nas culturas pré-letradas, tem um papel fundamental nas tradições orais da poesia, do contar histórias, da liturgia e da oração. Livros inteiros podem ser memorizados — a *Ilíada* e a *Odisseia* são célebres exemplos disso. Podiam ser recitadas na íntegra porque, como as baladas, tinham ritmo e rima. Quanto essa recitação depende de ritmo musical e quanto puramente de rima linguística é difícil dizer, mas sem dúvida ambas as coisas estão relacionadas: tanto "rima" como "ritmo" derivam do grego e contêm significados combinados de medida, movimento e sucessão. Uma sucessão articulada, uma melodia ou prosódia, é necessária para conduzir a pessoa, e isso é algo que une a linguagem e a música, e pode ter sido o alicerce de suas origens talvez comuns.

Os poderes da reprodução e da recitação podem ser obtidos mesmo sem termos muita ideia sobre o significado. Não podemos deixar de nos perguntar quanto Martin, meu paciente *savant* com retardo mental, compreendia das 2 mil cantatas e óperas que ele sabia de cor, ou quanto Gloria Lenhoff, que tinha síndrome de Williams e QI inferior a sessenta, realmente entendia das milhares de árias em 35 idiomas que ela sabia cantar de memória.

Embutir palavras, habilidades ou sequências em melodia e métrica é uma exclusividade humana. A utilidade dessa capacidade para ajudar a lembrar grandes quantidades de informação, especialmente em uma cultura pré-letrada, decerto é uma razão de as habilidades musicais terem florescido em nossa espécie.

A relação entre os sistemas auditivo e motor tem sido estudada pedindo a pessoas para tamborilar acompanhando um ritmo ou, quando os comandos não podem ser dados verbalmente (caso dos bebês e animais), observando se ocorre alguma sincronização espontânea de movimentos com uma cadência musical externa. Aniruddh Patel, do Neurosciences Institute,

com indivíduos gravemente retardados, que podem ser incapazes de executar sequências razoavelmente simples envolvendo talvez quatro ou cinco movimentos ou procedimentos, mas conseguem realizá-las perfeitamente acompanhando uma música. A música tem o poder de embutir sequências, e de fazê-lo quando outras formas de organização (inclusive formas verbais) não têm êxito. Toda cultura possui canções e rimas para ajudar as crianças a aprender o alfabeto, os números e outras listas. Mesmo quando adultos, somos limitados em nossa capacidade para memorizar séries ou retê-la na mente se não usarmos recursos ou padrões mnemônicos — e os mais poderosos desses recursos são a rima, a métrica e o canto. Podemos ter de cantar a canção do "ABC" internamente para lembrar o alfabeto, ou, no caso dos americanos, imaginar a canção que Tom Lehrer compôs em 1959 para ajudar a lembrar o nome dos elementos químicos. Para quem tem dotes musicais, uma quantidade imensa de informações pode ser retida dessa maneira, consciente ou inconscientemente. O compositor Ernst Toch (disse-me seu neto Lawrence Weschler) era capaz de reter na mente com grande rapidez uma série muito longa de números depois de ouvi-la uma única vez. Fazia isso convertendo a série de números em música (uma melodia que ele moldava "em correspondência" com os números).

Um professor de neurobiologia contou-me a história de uma extraordinária aluna, J., cujas respostas em um exame despertaram suspeitas por parecerem muito familiares. O professor escreveu:

Algumas sentenças depois, pensei: "Não admira que eu goste das respostas dela. Ela está citando minhas aulas palavra por palavra!". Também havia uma questão no exame que ela respondeu com uma citação direta do livro didático. No dia seguinte, chamei J. à minha sala para ter com ela uma conversa sobre cola e plágio, mas alguma coisa estava errada. J. não parecia ser do tipo de aluno que cola. Não parecia ter malícia. Por isso, quando ela entrou na minha sala, o que me veio à cabeça e à boca foi a pergunta: "J., você tem memória fotográfica?". Ela respondeu empolgada: "Sim, algo parecido com isso. Posso me lembrar de qualquer coisa se a puser em música". Ela então

partida em um sistema motor lesado ou inibido para que ele entre novamente em ação.

Quando cantei uma simples canção de remador na montanha e quando imaginei vividamente o *Concerto para violino* de Mendelssohn no hospital, o ritmo ou a batida da música foi crucial para mim, assim como foi vital para minha paciente com o quadril fraturado. O importante seria apenas o ritmo ou a batida da música, ou também a melodia, com *seu* movimento, seu ímpeto?

Além dos movimentos repetitivos de andar e dançar, a música pode permitir a habilidade de organizar, de seguir sequências complexas ou de manter na mente um grande volume de informações — é o poder narrativo ou mnemônico da música. Isso ficou bem evidente com meu paciente, dr. P., que perdera a capacidade de reconhecer ou identificar até mesmo objetos comuns, embora os visse perfeitamente. (Ele talvez sofresse de uma forma inicial e principalmente visual da doença de Alzheimer.) O dr. P. não conseguiu reconhecer a luva e a flor que lhe entreguei, e em dado momento confundiu sua mulher com um chapéu. Sua condição era quase totalmente incapacitante — mas ele descobriu que podia realizar as tarefas do dia a dia se elas fossem organizadas em música. Sua mulher explicou-me:

> Eu deixo fora suas roupas de costume, em todos os lugares de costume, e ele se veste sem dificuldade, cantando para si mesmo. Faz tudo cantando para si mesmo. Mas, se for interrompido, ele perde o fio da meada, para completamente, não reconhece suas roupas — nem seu corpo. Ele canta o tempo todo — canções de comer, canções de vestir, canções de banho, de tudo. Não consegue fazer uma coisa se não a transformar em canção.

Pacientes com lesão no lobo frontal também podem perder a capacidade de executar um encadeamento complexo de ações, como vestir-se, por exemplo. Nesses casos, a música pode ser muito útil como recurso mnemônico ou narrativo: na prática, ela fornece uma série de comandos ou deixas na forma de rimas ou de canção, como na cantiga infantil "This old man" [Este homem velho]. Ocorre coisa semelhante com algumas pessoas autistas e

um concerto de Natal. Isso bastou; indicava que, independentemente do que estava acontecendo, ou não acontecendo, no sistema nervoso da paciente, a música podia agir como um ativador, um desinibidor. Nós a bombardeamos com músicas dançantes, especialmente gigas irlandesas, e vimos como a perna reagia. Demorou vários meses, pois a perna ficara muito atrofiada, mas, com a música, a paciente não só pôde encantar-se com suas respostas motoras semiautomáticas — que logo incluíram andar —, mas também extrair delas a habilidade para fazer quaisquer movimentos voluntários distintos que ela desejasse. Ela recuperara totalmente sua perna, seu sistema sensitivo-motor.

Hipócrates, há mais de 2 mil anos, escreveu sobre pessoas que fraturavam o quadril numa queda e, naqueles tempos pré--cirurgia, precisavam passar meses enfaixadas e imobilizadas para que os ossos se soldassem. Em tais casos, ele escreveu, "a imaginação é tolhida, e o paciente não consegue lembrar como é ficar em pé e andar". Com o advento das técnicas de imageamento funcional do cérebro, a base neural desse "tolhimento" foi esclarecida.[1] Pode haver inibição ou desativação não só perifericamente, nos elementos nervosos dos tendões e músculos lesados, e talvez na medula espinhal, mas também centralmente, na "imagem corporal", o mapeamento ou representação do corpo no cérebro. A. R. Luria, em uma carta que me escreveu, referiu-se a isso como "as ressonâncias centrais de uma lesão periférica". O membro afetado pode perder seu lugar na imagem corporal, enquanto o resto da representação do corpo expande-se para preencher o que ficou vago. Se isso ocorrer, o membro não só deixa de funcionar, mas também parece não mais pertencer ao indivíduo — mover um membro nessas condições equivale a mover um objeto inanimado. É preciso recorrer a um outro sistema, e está claro que a música, mais do que tudo, pode dar a

---

[1] Em seu livro *Beyond pain* [Além da dor], Angela Mailis-Gagnon, especialista em dor, mostra como se pode usar a ressonância magnética funcional para mostrar os efeitos neurológicos funcionais do trauma.

julgou seguro que eu pusesse meu peso sobre a perna, descobri que, estranhamente, eu tinha "esquecido" como se fazia para andar. O máximo que eu conseguia era uma espécie de pseudo andar: consciente, cauteloso, irreal, passo a passo. Dava passos grandes ou pequenos demais e em duas ocasiões até cruzei a perna esquerda na frente da direita e quase tropecei nela. A espontaneidade natural, impensada, a automaticidade do andar fugiu-me por completo até que, subitamente, a música veio em meu socorro. Eu ganhara uma fita cassete do *Concerto para violino em mi menor* de Mendelssohn. Como era a única música à minha disposição, eu a ouvia sem parar já fazia quase duas semanas. Um belo dia, eu estava em pé quando, de súbito, o concerto começou a tocar muito vívido em minha mente. Nesse momento, o ritmo e a melodia naturais do andar voltaram-me e, junto com eles, a sensação de que minha perna estava viva, de que voltara a ser parte de mim. De repente, me "lembrei" de como era andar.

Os sistemas neurais que alicerçavam minha recém-redescoberta habilidade de andar ainda estavam frágeis e se cansavam com facilidade, e por isso, depois de mais ou menos meio minuto de um andar desenvolto, a música interna, o concerto para violino vividamente imaginado, parou de chofre, como se alguém tivesse tirado a agulha do disco. Nesse instante, o andar também parou. Depois de eu ter descansado por algum tempo, a música e o movimento voltaram-me, novamente combinados.

Após esse acidente, me perguntei se aquele tipo de experiência também ocorreria com outras pessoas. E mal se passara um mês quando atendi uma paciente em uma casa para idosos — uma senhora com a perna esquerda aparentemente paralisada e inútil. Ela sofrera uma complexa fratura no quadril, fora submetida a cirurgia e ficara imobilizada com gesso por muitas semanas. A cirurgia fora bem-sucedida, mas a perna permanecia estranhamente inerte e inútil. Embora não houvesse nenhuma razão anatômica ou neurológica clara para isso, a paciente me disse que não conseguia imaginar como mover a perna. Perguntei-lhe se a perna *alguma vez* fora capaz de mover-se depois da lesão. Ela pensou um pouco e respondeu que sim: uma vez, a perna, "por conta própria", marcara o ritmo de uma giga irlandesa tocada durante

19

NO COMPASSO:
RITMO E MOVIMENTO

O ano de 1974 foi memorável para mim em vários aspectos, pois foi o ano em que tive alucinações musicais por duas vezes, ataques de amusia, também duas vezes, além das complexas ocorrências músico-motoras que depois eu descreveria no livro *Com uma perna só*. Sofri um grave acidente quando subia uma montanha na Noruega, com grave ruptura do tendão e lesão no nervo do quadríceps da perna esquerda. Sem poder mover a perna, tive de encontrar um modo de descer a montanha antes de cair a noite. Logo descobri que a melhor estratégia era descer "remando", mais ou menos como fazem os paraplégicos na cadeira de rodas. De início foi difícil e desajeitado, mas logo entrei num ritmo, acompanhado por canções "de remador" (entre elas "A canção dos barqueiros do Volga"), dando um forte impulso a cada batida do compasso. Antes disso eu avançara impelido pelos músculos; agora, com as batidas, era impelido pela música. Sem essa sincronização da música com o movimento, do auditivo com o motor, eu não teria conseguido descer aquela montanha. E, não sei como, mas com aquele ritmo e música internos, o esforço pareceu-me muito menos penoso e angustiante.

Fui encontrado no meio da montanha e levado para o hospital, onde engessaram e radiografaram minha perna. Voltei de avião para a Inglaterra e ali, 48 horas depois da lesão, fui submetido a uma cirurgia para reparar o tendão. A lesão no nervo e em outros tecidos teve de esperar pela cura da natureza, obviamente, e assim, por um período de catorze dias, não pude usar a perna. Aliás, ela me parecia dormente e paralisada; dava a impressão de ser uma coisa que não era parte de mim. No 15º dia, quando se

tiques podem ter desaparecido, mas isso não significa que a síndrome de Tourette também sumiu. Ao contrário: Picker supõe que a síndrome de Tourette entra em sua imaginação criativa, contribui para sua música, mas também é por ela moldada e modulada. "Vivo a minha vida controlado pela síndrome de Tourette", ele me disse, "mas uso a música para controlá-la. Aproveitei sua energia — eu toco com ela, eu a manipulo, engano-a, imito-a, zombo dela, investigo-a, exploro-a de todos os modos possíveis." Seu mais recente concerto para piano, em algumas seções, é repleto de turbilhões agitados. Mas Picker escreve em todos os modos — do sonhador e tranquilo ao violento e tempestuoso — e passa de um para outro com perfeita desenvoltura.

A síndrome de Tourette põe em evidência, notavelmente, questões sobre a vontade e a determinação: quem manda em quem, quem oprime quem. Em que medida os portadores da síndrome de Tourette são controlados por um "eu" soberano, um *self* complexo, autoconsciente e intencional, ou por impulsos e sentimentos em níveis inferiores do cérebro/mente? Questões semelhantes são suscitadas pelas alucinações musicais, pelos *brainworms* e por diversas formas de ecos e imitações semiautomáticas. Normalmente não nos damos conta do que se passa em nosso cérebro, das inúmeras influências e forças dentro de nós que estão fora ou abaixo do nível da experiência consciente — e talvez isso seja bom. A vida torna-se mais complicada, às vezes em um grau insuportável, para as pessoas que têm tiques violentos, obsessões ou alucinações e são forçadas a um contato diário, incessante com mecanismos autônomos e rebeldes em seu próprio cérebro. Essas pessoas enfrentam um desafio especial; mas também podem, se os tiques ou as alucinações não as dominarem por completo, alcançar um tipo de autoconhecimento ou ajuste capaz de enriquecê-las significativamente em sua estranha luta na dupla vida que levam.

Van Bloss apresentou seus primeiros sintomas, muito explosivos, provocando selvagem zombaria e maus-tratos dos colegas de escola. Seus tiques foram ininterruptos até que sua família conseguiu um piano. Isso transformou sua vida. "De repente, eu tinha um piano", ele escreveu em seu relato biográfico, *Busy body* [Corpo atarefado], "e, como se me houvesse sido dado de mão beijada, encontrei meu amor. [...] Quando eu tocava, meus tiques pareciam quase sumir. Era como um milagre. O dia todo na escola eu tinha tiques, girava e tinha explosões verbais, chegava em casa exausto daquilo tudo e corria para o piano, para tocar até não poder mais, não só porque eu amava os sons que estava produzindo, mas principalmente porque quando eu tocava não havia tiques. Eu descansava da normalidade com tiques em que tinha me transformado."

Quando conversei sobre isso com Bloss, ele se expressou, em parte, falando sobre "energia". Em sua opinião, sua síndrome de Tourette não desaparecera, mas agora estava sendo "aproveitada e focalizada". Especificamente, pensava, suas compulsões de tocar agora podiam ser consumadas tocando as teclas do piano. "Eu estava simultaneamente alimentando e abastecendo minha síndrome de Tourette dando-lhe o que ela tanto queria: toque", ele escreveu. "O piano atraía meus dedos [...] fornecia-me um paraíso de toques: 88 teclas ali sentadas, à espera dos meus dedinhos necessitados."

Van Bloss acha que seu repertório de tiques estava totalmente desenvolvido aos dezesseis anos e que pouco mudou desde então. Mas hoje ele os aceita muito mais, pois reconhece que, paradoxalmente, a síndrome de Tourette tem papel essencial em seu modo de tocar piano.

Para mim, foi especialmente fascinante presenciar uma conversa entre Nick van Bloss e Tobias Picker, eminente compositor que também tem síndrome de Tourette — ouvi-los trocar ideias sobre o papel que a síndrome de Tourette desempenha em sua vida de músicos. Picker também tem muitos tiques, mas quando está compondo, tocando piano ou regendo, os tiques desaparecem. Observei-o enquanto ele se sentava quase imóvel por horas, orquestrando um de seus estudos para piano no computador. Os

muitos dos portadores dessa síndrome, a música era inseparavelmente ligada ao movimento e a todo tipo de sensações.

A comunidade dos portadores da síndrome de Tourette conhece bem as atrações, as alegrias e os poderes terapêuticos da percussão e dos círculos de percussão. Na cidade de Nova York, Matt Giordano, talentoso baterista com síndrome de Tourette severa, recentemente organizou um círculo de percussão. Quando não está concentrado e ocupado, Matt apresenta constantemente os movimentos característicos da síndrome. Aliás, naquele dia todo mundo na sala parecia estar com tiques, cada um em seu ritmo. Vi erupções, contágios de tiques propagarem-se em ondas pelos trinta e tantos portadores da síndrome ali presentes. Mas assim que o grupo deu início ao círculo de percussão, com Matt na liderança, todos os tiques desapareceram em segundos. Subitamente, houve uma sincronização, e eles passaram a atuar em conjunto, "impelidos pelo ritmo", como Matt descreveu, com toda a sua energia tourettiana, sua exuberância motora, brejeirice e inventividade aproveitadas criativamente para dar expressão à música. Nesses casos, a música tem duplo poder: primeiro, reconfigura a atividade cerebral e traz calma e concentração a pessoas que às vezes são distraídas ou absorvidas por tiques e impulsos incessantes; segundo, promove um vínculo musical e social com outros, e assim o que começou como uma miscelânea de indivíduos isolados, muitos deles aflitos ou constrangidos, quase instantaneamente tornou-se um grupo coeso com um único objetivo — uma verdadeira orquestra de percussão sob a batuta de Matt.

Nick van Bloss, jovem músico inglês, tem síndrome de Tourette muito grave. Ele calcula ter quase 40 mil tiques por dia, contando-se suas obsessões, imitações, compulsões de contar, compulsões de tocar etc. Mas, quando está ao piano, quase não mostra nada disso. Pedi-lhe que tocasse algo de Bach (Bach é seu compositor favorito, e Glenn Gould, seu herói), e ele o fez sem interrupções. Os únicos tiques que ele apresentou, leves caretas, eram bem menos perturbadores, pensei, do que o célebre costume que Gould tinha de cantarolar enquanto tocava. Aos sete anos,

arrebatados solos, muitos dos quais eram provocados por um convulsivo tique de batucar — mas o tique podia desencadear uma cascata de velozes invenções e elaborações percussivas.[2] O jazz ou o rock, com sua percussão acentuada e sua liberdade para improvisar, podem ser especialmente atrativos para uma pessoa musical que tenha síndrome de Tourette. Conheço vários músicos brilhantes com essa síndrome que são artistas do jazz (mas também conheço outros portadores dessa síndrome que se sentem mais atraídos pela estrutura e pelo rigor da música clássica). David Aldridge, baterista profissional de jazz, explorou esses temas em um relato biográfico intitulado "Rhythm man" [Homem do ritmo]:

> Batuco no painel do carro desde os seis anos de idade, acompanhando o ritmo e fluindo junto até ele transbordar dos meus ouvidos. [...] O ritmo e a síndrome de Tourette têm andado entrelaçados desde o primeiro dia em que descobri que tamborilar na mesa podia mascarar meus convulsivos movimentos das mãos, pernas e pescoço. [...] Esse mascaramento recém-descoberto efetivamente aproveitou minha energia incontrolada, dirigindo-a por um fluxo ordenado. [...] Essa "permissão para explodir" deu-me a chance de explorar vastas reservas de sons e de sensações físicas, e percebi que meu destino estava bem claro diante de mim: eu me tornaria um homem do ritmo.

Aldridge recorria à música frequentemente, tanto para mascarar seus tiques como para canalizar sua energia explosiva: "Aprendi a aproveitar a enorme energia da síndrome de Tourette e controlá-la como uma mangueira de incêndio de alta pressão". Aproveitar a síndrome de Tourette e expressar-se em criativas e imprevisíveis improvisações musicais eram coisas que pareciam estar fortemente entrelaçadas: "O ímpeto de tocar e o desejo de liberar a interminável tensão da síndrome alimentavam-se um do outro como o combustível e o fogo". Para Aldridge, e talvez para

---

[2] Há uma descrição mais completa de Ray no capítulo "Witti Ticcy Ray" de *O homem que confundiu sua mulher com um chapéu*.

ções inesperadas e às vezes surreais que ela produz. As pessoas com essa forma bizarra e mais rara da síndrome de Tourette podem apresentar reações muito mais complexas à música.[1] Um homem com as condições acima descritas, Sydney A., às vezes tinha reações estapafúrdias à música, como a que lhe ocorreu certo dia ao ouvir uma música em estilo sertanejo no rádio: dava guinadas com o corpo, jogava-se para a frente, contraía-se espasmodicamente, fazia caretas e gestos exuberantes — e, sobretudo, imitava e fazia mímica. A música parecia desencadear uma cascata de desenfreadas representações do tom, do teor, da paisagem musical, junto com todas as imagens e reações emocionais que essas coisas provocavam nele enquanto a ouvia. Não se tratava apenas de uma exacerbação de tiques, mas de uma extraordinária representação tourettiana da música, uma expressão muito pessoal da sensibilidade e da imaginação desse indivíduo, porém dominada pelo exagero, paródia e impulsividade característicos dessa síndrome. Lembrou-me a descrição feita por Henri Meige e E. Feindel em seu livro *Tics and their treatment* [Tiques e seu tratamento], publicado em 1902, de um homem com síndrome de Tourette que ocasionalmente apresentava "uma verdadeira orgia de absurdas gesticulações, um tumultuoso carnaval muscular". Às vezes eu pensava em Sydney como um virtuose da mímica, mas esta não estava sob seu controle e, apesar de todo o brilhantismo, sempre tinha um quê de convulsivo e excessivo.

Entretanto, em outra ocasião, quando Sydney pegou seu violão e cantou uma balada antiga, não teve tique nenhum; imergiu totalmente na canção e em seu clima, identificou-se com ela.

Interações criativas extraordinárias podem ocorrer quando alguém com síndrome de Tourette apresenta-se como músico. Ray G. era um homem que gostava muito de jazz e tocava bateria numa banda nos fins de semana. Era célebre por seus súbitos e

---

[1] Portadores da forma bizarra da síndrome de Tourette também podem ter uma criatividade exuberante e quase irreprimível, se conseguirem controlá-la e aproveitá-la. Benjamin Simkin e outros aventaram que Mozart, famoso pela impulsividade, obscenidades e blasfêmias, talvez tivesse síndrome de Tourette. Mas seus argumentos não me pareceram totalmente convincentes, como expliquei em um artigo de 1992 para o *British Medical Journal*.

18
EM SINCRONIA: A MÚSICA E A SÍNDROME DE TOURETTE

John S., um jovem com síndrome de Tourette, escreveu-me recentemente descrevendo o efeito da música sobre seus tiques:

A música é uma parte imensa da minha vida. Pode ser tanto uma bênção como uma maldição para os tiques. Pode pôr-me em um estado no qual me esqueço completamente da síndrome de Tourette ou provocar um surto de tiques difícil de controlar ou de suportar.

Ele acrescentou que seus tiques eram impelidos especialmente por "certos tipos de música de ritmo muito marcado", e que a frequência e a intensidade deles podiam ser determinadas pela música: eles se aceleravam ou desaceleravam conforme o andamento musical.

Reações como essa assemelham-se muito às de pacientes parkinsonianos, que podem esquecer seu parkinsonismo e desfrutar de uma deliciosa liberdade motora com certos tipos de música, mas também ser impelidos ou arrastados por outros tipos. Embora a síndrome de Tourette possa ser, como o parkinsonismo, considerada um distúrbio do movimento (só que de um tipo explosivo, e não obstrutivo), é muito mais do que isso. É voluntariosa. A síndrome de Tourette é impulsiva, produtiva, ao contrário do parkinsonismo. Às vezes essa produtividade fica mais ou menos restrita à produção de tiques simples ou de movimentos repetitivos, fixos. Esse parece ser o caso de John S. Para algumas pessoas, porém, ela pode assumir uma forma elaborada, bizarra, notável pelas imitações, momices, troças, invenções e associa-

Eu: "Ovos e panquecas, torradas e batata, mingau de aveia e creme de trigo."

David: "Quero ovos."

Eu: "Como os prefere?"

David: "Quais as opções?"

Eu: "Mexidos ou fritos."

David: "Prefiro mexidos."

Eu: "Quer torradas?"

David: "Quero."

Eu: "De que tipo?"

David: "Quais as opções?"

Eu: "Brancas ou de centeio."

David: "Quero brancas."

Eu: "Café ou chá?"

David: "Quero café."

Eu: "Puro ou com leite?"

David: "Puro."

Eu: "Com ou sem açúcar?"

David: "Sem açúcar."

Eu: "o.k., obrigado. Volto logo."

E lá fui eu buscar o café da manhã, pensando comigo "David está curado!" Voltei triunfante com a refeição dele e disse: "David, aqui está seu café!"

E ele respondeu: "Oy, vey. Oy vey vey."

fundo do corredor. Ou pelo menos foi o que pensei: quando entrei no quarto, encontrei um serviço de sabá em andamento. A salmodia não provinha do meu paciente, mas do próprio rabino que fazia o *davening*. Com o rabino, presumivelmente, a ênfase rítmica da oração levara a um ritmo simpático do corpo — mas com o sr. R. ocorrera o inverso. Ele, que antes não sentia atração por salmodias ou preces, agora fora arrastado para elas pelo acidente fisiológico da discinesia.

Pós-escrito

Um automatismo como o do sr. R., que monopoliza a pessoa, pode, às vezes, ser combinado ou usado para comunicação, como me descreveu Ken Kessel, um assistente social clínico. Ele trabalhou em um lar para idosos com um homem idoso chamado David, portador de demência:

David [...] fora um ferrenho judeu ortodoxo. Passava os dias salmodiando e entoando, mas em vez de repetir preces hebraicas, balançava-se constantemente e entoava: "Oy, vey. Oy vey vey. Vey ist mir, mir ist vey, oy ist vey, vey ist mir. Oy vey. Oy vey vey ...". Repetia isso incessantemente, o dia todo. Essa melodia engastou-se em minha memória; se algum dia nos encontrarmos, terei prazer em cantá-la para você.

Eu era incumbido de levar o café da manhã para ele. Achava que devia perguntar-lhe o que ele queria, mas qualquer tentativa de indagação recebia a resposta "Oy vey. Oy vey vey. [...]". Isso me incomodava, porque eu queria levar o que ele desejasse, mas parecia não haver um modo de descobrir o que era.

Sentei-me ao lado de David e comecei a me balançar, sem ter certeza do que estava fazendo e sem saber o que aconteceria em seguida. Seguiu-se esta conversa, toda no tom e no ritmo de sua entoação; no texto não parece nada de extraordinário, mas na execução ela foi operística. Interpole alguma melodia de sua escolha:

Eu: "David, o que quer de café da manhã?"
David: "Não sei. O que tem?"

17

DAVENING *ACIDENTAL:*
DISCINESIA E SALMODIA

Solomon R. era um homem inteligente de meia-idade que
sofria de discinesia, um incomum distúrbio do movimento. Em
seu caso, o distúrbio assumia a forma de pulsões rítmicas variadas: expulsões forçadas do ar dos pulmões, acompanhadas por
fonações altas ("oughhh, oughhh...") e uma contração sincrônica
de músculos do abdome e do tronco, com a qual seu corpo curva-
va-se ou sacudia-se a cada expiração.

Ao longo das três semanas em que o atendi, ocorreu uma estranha elaboração desse quadro. O "ritmo" expiratório-fonatório
começou a adquirir uma espécie de melodia, uma melopeia repetitiva que o acompanhava, e a esta, por sua vez, adicionou-se uma
qualidade murmurante, semiarticulada, como a prosódia de uma
linguagem suave e ininteligível. Com isso, e com o seu agora crescente movimento de curvar-se, o sr. R. parecia estar salmodiando,
orando — lembrava um *"davening"*, como os judeus religiosos
denominam esse tipo de prece murmurante e ritmicamente motora.
De fato, duas semanas depois pude discernir algumas palavras em
hebraico, o que pareceu confirmar minha impressão. Mas quando
perguntei ao sr. R., ele me disse que, embora realmente fossem
palavras hebraicas, elas não tinham sentido — eram "pegas no ar",
ele disse, como se fossem destinadas a atender à demanda prosó-
dica e melódica de sua discinesia. Por mais aleatórias que as palavras parecessem ser, aquela estranha atividade dava imensa satisfação ao sr. R. e lhe permitia sentir que estava "fazendo alguma
coisa" e não apenas sendo vítima de um automatismo físico.

Para documentar essa extraordinária cena, um dia levei meu
gravador de fita para o hospital. Assim que entrei, ouvi o sr. R. no

sões de terapia intensiva). Todos esses pacientes, informaram Schlaug *et al.*, "apresentaram mudanças significativas nas mensurações de produção da fala e em uma rede frontotemporal do hemisfério direito enquanto repetiam a palavra ou frases simples monitorados por imagens de ressonância magnética". Schlaug mostrou-me alguns vídeos desses pacientes, e a mudança em sua capacidade para falar realmente era notável. De início, muitos eram incapazes até de responder claramente à pergunta "Qual o seu endereço?". Depois da terapia de entoação melódica, eles conseguiram responder às perguntas com muito mais facilidade e chegaram a dar mais detalhes sem ser solicitados. Claramente, haviam obtido pelo menos algum grau de fala proposicional. Essas mudanças, tanto comportamentais como anatômicas, conservavam-se mesmo vários meses depois de o tratamento haver terminado.

Como salientou Schlaug, "os processos neurais que fundamentam a recuperação da linguagem após um derrame permanecem, em grande medida, desconhecidos, e por isso não foram especificamente abordados pela maioria das terapias para afasia". Mas ao menos demonstrou-se que a terapia da entoação melódica é "idealmente adequada para facilitar a recuperação da linguagem em pacientes afásicos não fluentes, em especial para os que têm uma grande lesão no hemisfério esquerdo e portanto cuja única rota para a recuperação talvez seja o uso de regiões da linguagem no hemisfério direito".

Acostumamo-nos, há cerca de vinte anos, a dramáticas revelações sobre a plasticidade cortical. Mostrou-se que o córtex auditivo pode ser realocado para o processamento visual em surdos congênitos e que o córtex visual em cegos pode ser recrutado para funções auditivas e táteis. Mas talvez ainda mais notável seja saber que o hemisfério direito, que em circunstâncias normais só possui as mais rudimentares capacidades linguísticas, pode ser transformado em um eficiente órgão linguístico com menos de três meses de treinamento — e que a música é a chave para essa transformação.

Na década de 1970 não era possível obter imagens detalhadas de pacientes submetidos à terapia da entoação melódica, e em 1996 um estudo de Pascal Belin *et al.*, baseado em tomografias por emissão de pósitrons, pareceu mostrar que não ocorria ativação no hemisfério direito desses pacientes. Além disso, esses pesquisadores informaram que nos pacientes afásicos ocorria não só uma inibição da área de Broca, mas também uma hiperatividade de uma área homóloga no hemisfério direito (a qual, por conveniência, poderíamos chamar de "área de Broca direita"). Essa hiperatividade sustentada do lado direito exerce uma ação inibidora ativa sobre a área de Broca "boa", a qual, em seu estado enfraquecido, não pode resistir. Portanto, o desafio é não só estimular a área de Broca normal, esquerda, mas também encontrar um modo de refrear a "área de Broca direita" com sua hiperatividade maligna. O canto e a entoação melódica parecem fazer exatamente isso: ocupando os circuitos do hemisfério direito com atividade normal, desvencilham-nos de sua atividade patológica. Esse processo tem certo ímpeto próprio, autossustentado, pois quando a área de Broca esquerda é liberada da inibição, pode exercer uma ação supressora sobre a "área de Broca direita". Em suma: um círculo vicioso é substituído por um terapêutico.[6]

Por várias razões, pouco se pesquisou sobre a terapia da entoação melódica nas décadas de 1980 e 1990 para o caso de pessoas com afasia de Broca severa e não fluente, e também não se deu atenção aos mecanismos pelos quais essa terapia poderia funcionar. Os musicoterapeutas, porém, continuaram a relatar que, em muitos casos, ela podia permitir melhoras muito significativas.

O trabalho recente de Gottfried Schlaug e seus colegas documenta minuciosamente a atividade cerebral de oito pacientes submetidos a terapia de entoação melódica (que envolve 75 ses-

---

[6] Existem alguns indícios preliminares de que o mesmo efeito pode ser obtido usando pulsos de estimulação magnética transcraniana repetitiva aplicados à "área de Broca direita" para suprimir sua hiperatividade. Paula Martin e seus colegas tentaram recentemente usar essa técnica com quatro pacientes que sofriam de afasia intratável havia mais de cinco anos. Embora ainda precisem de confirmação, os resultados de Martin *et al.* são promissores e podem levar, segundo os pesquisadores, a "um novo tratamento complementar para a afasia".

das. Mas elas sem dúvida representam um avanço radical em relação à fala puramente automática, e podem ter um efeito colossal sobre a realidade diária da vida de uma pessoa afásica, permitindo que um indivíduo antes mudo e isolado entre de novo no mundo verbal, um mundo que ele parecia ter perdido para sempre.

Em 1973 Martin Albert e seus colegas em Boston descreveram uma forma de musicoterapia que denominaram "terapia da entoação melódica". Ensinavam os pacientes a cantar ou entoar frases curtas, do tipo "Como vai você?". Em seguida, os elementos musicais dessas breves frases eram lentamente removidos até que (em certos casos) o paciente recuperava alguma capacidade de falar sem precisar da entoação. Um homem de 67 anos, afásico por dezoito meses — só conseguia emitir grunhidos sem sentido, e fora submetido em vão a três meses de fonoterapia —, começou a dizer palavras dois dias depois de ter iniciado a terapia da entoação melódica. Em duas semanas, estava em posse de um vocabulário efetivo de cem palavras, e em seis semanas conseguia manter "breves conversas significativas".

O que está acontecendo no cérebro quando a entoação melódica, ou qualquer tipo de musicoterapia, "funciona"? Albert *et al.* originalmente supuseram que ela servia para ativar áreas do hemisfério direito homólogas à área de Broca. Norman Geschwind, colega de Albert, fascinara-se com o fato de crianças poderem recuperar a fala e a linguagem após a remoção de todo o hemisfério esquerdo do cérebro (isso às vezes era feito com crianças que sofriam convulsões incontroláveis). Essa recuperação ou reaquisição da linguagem levou Geschwind a pensar que, embora a habilidade linguística geralmente fosse associada ao hemisfério esquerdo, o direito também possuía potencial linguístico e era capaz de assumir quase completamente as funções da linguagem, pelo menos em crianças. Por isso, Albert e seus colegas supuseram, sem uma comprovação clara, que isso poderia ocorrer, ao menos em certo grau, mesmo em adultos afásicos, e pensaram que a terapia da entoação melódica, como empregava as habilidades musicais do hemisfério direito, poderia desenvolver esse potencial.

mente, que a afasia do paciente decorre de uma lesão anatômica permanente e, portanto, é irreversível. Mas a musicoterapia, para alguns desses pacientes, pode ser bem-sucedida onde a fonoterapia convencional fracassou, como ocorreu com Samuel S. Em alguns casos, áreas corticais previamente inibidas mas não destruídas podem ser desinibidas, impelidas à ação, por uma reativação da linguagem, mesmo que seja apenas uma linguagem de tipo automático, embutida em música.

Um aspecto muito crucial da fonoterapia ou da musicoterapia para o paciente afásico é sua relação com o terapeuta. Luria salientou que a origem da fala é social tanto quanto neurológica — requer a interação de mãe e filho. Provavelmente o mesmo se pode dizer quanto ao canto, e, nesse sentido, a musicoterapia para pacientes com afasia é profundamente diferente da musicoterapia para um distúrbio do movimento como o parkinsonismo. Neste, é o sistema motor que está sendo ativado pela música, quase automaticamente — e uma fita gravada ou um CD, neste sentido limitado, pode obter o mesmo resultado de um terapeuta. Mas com distúrbios da fala como a afasia, o terapeuta e sua relação com o paciente — uma relação que envolve não só a interação vocal e musical, mas contato físico, gestos, imitação de movimentos e prosódia — é uma parte essencial da terapia. Esse íntimo trabalho lado a lado depende de neurônios-espelho por todo o cérebro, que permitem ao paciente não só imitar, mas também incorporar as ações ou habilidade de outros, como estudado por Rizzoletti *et al.*

O terapeuta não entra apenas com o apoio e com sua presença encorajadora, mas também conduz o paciente a formas cada vez mais complexas de fala. Com Samel S., isso envolveu puxar a linguagem para fora até ele ser capaz de cantar todas as palavras da canção "O'man river", e depois levá-lo a cantar todo um conjunto de velhas canções, e então, com o tipo certo de perguntas, conduzi-lo no caminho de emitir breves frases responsivas. Ainda não se sabe se existe uma chance de ir além disso, ir além de restaurar a narrativa fluente ou a fala proposicional de pacientes com afasia de longa duração. Dizer "foi ótimo" e "vi meus filhos" talvez seja o maior progresso que Samuel S. é capaz de realizar. Podemos achar que tais respostas verbais são modestas, limitadas e formulariza-

podia ser preservada na afasia, às vezes em um grau assombroso, mesmo quando a primeira estava gravemente prejudicada. Praguejar é citado com frequência como uma forma impressionante de fala automática, mas cantar letras de músicas conhecidas pode ser considerado igualmente automático; certos afásicos conseguem cantar, praguejar ou recitar um poema, mas não emitir uma frase proposicional.

A questão de se o canto tem alguma utilidade na recuperação da fala pode, então, ser formulada de outro modo: seria possível "liberar" a linguagem embutida no automatismo inconsciente para uso consciente, proposicional?

Durante a Segunda Guerra Mundial, A. R. Luria começou a estudar as bases neurais da fala e da linguagem, de diferentes formas de afasia e dos métodos para restaurar a fala. (Seu trabalho foi publicado em russo em uma extensa monografia, *Afasia traumática*, em 1947, e em um pequeno e surpreendente livro, *Restauração da função após lesão cerebral*, em 1948, mas nenhum dos dois foi traduzido nem conhecido no Ocidente antes de se passarem várias décadas.) Luria ressaltou que, em todos os casos de lesão aguda no cérebro como as que viu nos pacientes com derrame ou nos soldados feridos que ele estudou, foram constatados dois níveis de distúrbio. Havia, primeiro, um "núcleo" de destruição de tecido, que era irreversível; segundo, uma vasta área circundante, ou "penumbra", de função deprimida ou inibida que, sob certas condições podia, em sua opinião, ser reversível.

Quando vemos um paciente imediatamente após um derrame ou traumatismo na cabeça, vemos apenas os efeitos totais do dano: paralisia, afasia ou outras incapacidades. É difícil distinguir as deficiências produzidas por dano anatômico das que decorrem da inibição do tecido neural circundante. O tempo mostrará a diferença na maioria dos pacientes, pois a inibição tende a desaparecer espontaneamente, em geral em questão de semanas. Mas em alguns pacientes, por motivos ainda ignorados, isso não ocorre. Nesse ponto (se não antes) é crucial iniciar a terapia, a fim de promover o que Luria chamava de "desinibição.

A terapia da fala pode levar à desinibição, mas às vezes pode fracassar; se ela não tiver êxito, poderíamos supor, equivocada-

·231·

ças que é afetada, mas a iniciação da fala. Os pacientes com afasia dinâmica podem falar bem pouco, mas produzir sentenças sintaticamente corretas nas raras ocasiões em que falam. Jason Warren *et al.* descreveram um homem idoso com leve degeneração do lobo frontal e afasia dinâmica extrema que, apesar disso, não tinha dificuldades com a iniciativa musical. Ele tocava piano, sabia ler e escrever música e participava semanalmente de um grupo de canto. Também conseguia recitar, como escreveram Warren *et al.*: "Ele podia ler uma passagem escolhida ao acaso da Torá usando a entonação alteada (distinta do canto e da leitura ordinária) reservada para ler em voz alta".

Muitos pacientes afásicos não só podem dizer as palavras das canções, mas conseguem aprender a repetir sequências ou séries — dias da semana, meses do ano, numerais etc. Talvez sejam capazes de fazer isso *como uma série*, mas não de desengatar da série um elemento específico. Por exemplo: um de meus pacientes consegue recitar todos os meses do ano em ordem (janeiro, fevereiro, março, abril, maio...); ele sabe o mês em que estamos, mas, quando lhe pergunto, não consegue responder simplesmente "abril". De fato, alguns afásicos são capazes de reproduzir sequências familiares muito mais elaboradas — uma prece, versos de Shakespeare, todo um poema —, porém somente como sequências automatizadas.[5] Estas, uma vez começadas, desenrolam-se de modo muito parecido com o desenvolvimento de uma música.

Hughlings Jackson distinguiu, faz muito tempo, a fala "proposicional" do que ele chamava, alternativamente, de fala "emocional", "ejaculada" ou "automática". Salientou que esta última

---

[5] Em *Admirável mundo novo*, Aldous Huxley descreve como a hipnopedia, ou aprendizagem durante o sono, é usada para inserir informações no cérebro de crianças adormecidas. Seus poderes são notáveis, mas o mesmo vale para suas limitações. Por exemplo, uma criança pode dizer, em uma única recitação ininterrupta, os nomes de todos os maiores rios do mundo e a extensão de cada um. Mas quando lhe perguntam: "Qual é a extensão do Amazonas?", ela não consegue trazer esse fato ao seu conhecimento consciente, explícito, não é capaz de desengatá-lo da sequência automatizada.

Em restaurantes é comum ocorrer coisa parecida. Certa vez, depois que um garçom recitou a lista de pratos do dia, pedi-lhe para repetir o que vinha depois do atum. Ele não conseguiu extrair esse item isolado da sequência que tinha na memória e precisou recitar a lista inteira de novo.

complexas, segmentadas e em rápida mudança. Entretanto, existem diferenças fundamentais (e algumas sobreposições) na representação da fala e do canto no cérebro.[3] Os pacientes com a chamada afasia não fluente não só apresentam uma deficiência de vocabulário e gramática, mas também "esqueceram" ou perderam a noção dos ritmos e inflexões da fala. Isso explica, quando eles ainda têm palavras disponíveis, seu estilo de falar entrecortado, não musical, telegráfico. Via de regra, são esses pacientes que obtêm melhores resultados com a musicoterapia e que mais se animam quando conseguem cantar uma música com letra — pois, ao fazê-lo, descobrem não só que as palavras ainda estão ao seu alcance, mas que o fluxo da fala também é acessível (embora aparentemente esteja vinculado ao fluxo da canção).[4]

Isso também pode ocorrer em uma forma diferente de afasia, a chamada afasia dinâmica, na qual não é a estrutura das senten-

---

[3] Seria de esperar que houvesse algum tipo de conjugação ou correlação de habilidades musicais e linguísticas, especialmente no que tange ao aprendizado dos sotaques, inflexões e prosódia de uma nova língua. Isso ocorre com frequência, porém não invariavelmente. Por exemplo, Steve Salemson, ex-trompista, escreveu-me contrastando sua excepcional capacidade para reconhecer sotaques linguísticos e suas "medíocres" habilidades musicais e ausência de ouvido absoluto:

Posso distinguir prontamente uma escala maior de uma escala menor, mas não tenho noção de nenhum tom específico sem algum ponto de referência. Conheço os tons da maioria das obras sinfônicas, mas se você tocar para mim uma gravação da *Segunda Sinfonia* de Brahms [a "azul", em ré maior] que tiver sido transposta para mi bemol ou dó sustenido maior, duvido que eu consiga notar. Já tentei forçar-me a distinguir a diferença de tons, mas infelizmente não tive êxito. [Entretanto] sou um linguista competente, 100% bilíngue em francês e inglês, além de falar o hebraico fluentemente; o alemão e o macedônio (há tempos aprecio a dança folclórica dos Bálcãs e os ritmos irregulares balcânicos). Sempre tive ótimo ouvido para sotaques, e por isso devo supor que essa habilidade reside em alguma outra parte do cérebro que não a do reconhecimento de tons.

No entanto, *existem* coincidências, e até profundas semelhanças entre o processamento cerebral da linguagem e da música (incluindo a gramática de ambas), e elas são especialmente o assunto do livro *Music, language and the brain*, de Aniruddh D. Patel.

[4] O mais comum distúrbio da fala é a gagueira. Como bem sabiam os gregos e os romanos, até pessoas que gaguejam a ponto de serem quase incompreensíveis podem, quase sempre, cantar livremente e com fluência; cantando ou adotando um modo de falar cantado, muitos conseguem superar ou contornar a gagueira.

mente perdidas, que as palavras ainda estão "neles", em algum lugar, embora seja preciso música para fazê-las aflorar. Sempre que atendo pacientes afásicos, canto para eles o "Parabéns a você". Praticamente todos (muitos com grande surpresa) começam a cantarolar junto a melodia, e cerca de metade deles também consegue catar palavras.[2] A própria fala não é só uma sucessão de palavras na ordem apropriada. Ela tem inflexões, entonações, andamento, ritmo e "melodia". Linguagem e música dependem de mecanismos fonadores e articulatórios que em outros primatas são rudimentares, e ambas, para serem avaliadas, dependem de mecanismos cerebrais distintamente humanos dedicados à análise de séries de sons

---

[2] Crianças autistas podem ter dificuldes específicas na fala e no reconhecimento de palavras faladas (um problema que Isabelle Rapin chama de agnosia auditiva). Mas podem ser capazes de cantar ou compreender a fala quando ela é posta em música. Recebi muitas cartas de pais de crianças autistas comentando sobre isso. Arlyn Kantz, que é misicista, escreveu:

Quando foi diagnosticado o autismo de meu filho, uma das primeiras coisas que notei, quando ele estava na pré-escola, foi que ele podia cantar temas musicais inteiros, mas não era capaz de responder a perguntas sociais simples, como "Qual é o seu nome?". Ele repetia a pergunta ou simplesmente ignorava o interlocutor. Quando pus essa lição de fala em forma de música, deixando espaços para ele preencher, ele logo passou a responder corretamente. E quando eu retirei gradualmente a música, suas respostas corretas continuaram. Isso me levou a aumentar seus exercícios para o desenvolvimento da fala em forma de música, com os mesmos resultados.

Kantz desenvolveu, então, um programa de estudos para crianças com deficiências de linguagem, o qual hoje é usado em várias instituições.

Nessa mesma linha, a britânica Melanie Mirvis, terapeuta da fala e linguagem, escreveu:

Trabalhei com um menino autista muito musical que apresentava as típicas dificuldades de linguagem; especificamente, ele demorava muito para "processar" a linguagem, e por isso geralmente era preciso repetir várias vezes uma pergunta antes de ele produzir uma resposta verbal. Mas notei que quando lhe fazia uma pergunta cantando, ele podia responder de imediato, também cantando.

Outra mãe, Tracy King, escreveu sobre seu filho Sean (hoje com 21 anos), portador da síndrome de Asperger: "A 'terapia' mais profundamente útil em sua vida é a música. Ela lhe deu objetivos e muitas vezes lhe permite transpor as barreiras sociais que são para ele tão difíceis de vencer. Ele usa o violão e o canto para se comunicar com os outros".

degenerativa, seja por derrame ou traumatismo cerebral, pode produzir afasia de expressão, a perda da linguagem falada. Em 1873 Carl Wernicke descrevera outra área da fala no lobo temporal esquerdo — uma lesão nessa área tendia a acarretar dificuldade para compreender a fala, uma afasia "receptiva". Também se reconheceu, mais ou menos nessa época, que uma lesão no cérebro podia causar distúrbios de expressão ou apreciação musical — amusias — e que, embora alguns pacientes pudessem sofrer de afasia e amusia ao mesmo tempo, outros podiam apresentar afasia sem amusia.[1]

Somos uma espécie linguística. Recorremos à linguagem para expressar o que quer que estejamos pensando, e em geral ela está à nossa disposição para ser usada instantaneamente. Mas para os portadores de afasia, a incapacidade de comunicar-se verbalmente pode ser quase insuportável por causa da frustração e do isolamento decorrentes. Para piorar, essas pessoas muitas vezes são tratadas como idiotas, quase como não pessoas, porque não conseguem falar. Boa parte disso pode mudar com a descoberta de que esses pacientes são capazes de *cantar* — cantar não só as melodias, mas também a letra de óperas, hinos ou canções. Subitamente, sua incapacidade, seu isolamento parecem reduzir-se muito — e, embora cantar não seja uma comunicação proposital, é uma comunicação existencial muito básica. Cantar não só diz: "Estou vivo, estou aqui", mas pode expressar pensamentos e sentimentos que em dado momento não têm possibilidade de ser expressos pela fala. Ser capaz de cantar palavras pode ser muito tranquilizador para tais pacientes, pois mostra-lhes que suas habilidades de linguagem não estão irrecuperavel-

---

[1] John C. Brust, em sua vasta análise da literatura sobre música e o cérebro, salientou que já em 1745 fora registrado um caso desse tipo — o paciente apresentava afasia grave, e sua fala limitava-se à palavra "sim". No entanto, ele era capaz de cantar hinos se alguém cantasse junto.

Da mesma forma, o eminente compositor russo Vissarion Shebalin sofreu uma série de derrames que causaram profunda afasia receptiva. Mas, como descreveram Luria *et al.*, ele pôde continuar a compor no mesmo nível de antes. (Shostakovich elogiou a *Quinta Sinfonia* de Shebalin, composta depois do derrame, como "uma obra brilhante, criativa, cheia de vida e transbordante de emoção [e] otimismo".)

16

FALA E CANTO:
AFASIA E MUSICOTERAPIA

Samuel S. passou a ter uma grave afasia de expressão após sofrer um derrame quando beirava a casa dos setenta. Dois anos depois continuava totalmente sem fala, incapaz de recuperar palavra alguma, apesar de intensivamente submetido a fonoterapia. A reviravolta para ele veio quando Connie Tomaino, a musicoterapeuta do nosso hospital, um belo dia ouviu-o cantar do lado de fora da sua sala: ele cantava "O'man river" [O rio do velho] muito afinado, com grande sentimento, mas dizendo apenas duas ou três palavras da letra. Embora houvessem desistido da terapia da fala para Samuel, àquela altura considerado "sem esperança", Connie achou que talvez a musicoterapia pudesse ser útil. Começou um tratamento que consistia em três sessões semanais de meia hora nas quais cantava com ele ou o acompanhava ao acordeão. O sr. S. em pouco tempo conseguiu, cantando junto com Connie, pronunciar todas as palavras da letra de "O'man river", e depois as de muitas outras baladas e canções que ele aprendera na juventude, nos anos 1940. E, à medida que isso ocorria, ele começou a apresentar os rudimentos da fala. Em dois meses, estava dando respostas breves mas apropriadas a determinadas perguntas. Por exemplo: se um de nós indagava sobre o fim de semana que ele passara em casa, ele podia responder: "Foi ótimo", ou "Vi meus filhos".

Os neurologistas fazem muitas referências a uma "área da fala" na zona pré-motora do lobo frontal predominante no cérebro (geralmente o esquerdo). Uma lesão numa parte específica dessa área — que foi identificada pela primeira vez em 1862 pelo neurologista francês Paul Broca —, seja ela causada por doença

no Prelúdio de Bach que ele tocou para você, talvez você se lembre de que ele "aproximou" a escala muito toscamente, tocando um punhado de notas. Ele sempre faz isso, e sempre pela mesma razão, que é consistente com suas prioridades de execução: percebendo que será incapaz de executar a escala muito depressa como exigido, ele sacrifica a acurácia numa louca rajada de notas para não perder o andamento. Para um maestro, o andamento é tudo. Ele também exagera a rajada de notas erradas para que, mesmo não sendo exato, pelo menos fique engraçado.

O contexto de tudo isso é que as execuções de Clive, de qualquer modo, não se parecem com o padrão de execução anterior à sua doença. Como é principalmente um maestro, ele nunca foi um pianista de concerto — suas habilidades de tecladista eram mais triviais, para acompanhar cantores ou ler partituras, experimentar uma obra escrita para forças maiores. Houve uma época em que [havia entre o pessoal da equipe uma assistente que era] uma musicista habilidosa, e ela praticava com Clive quase diariamente. Nesse período, a qualidade da execução de Clive melhorou muito. [...] É interessante que a prática disciplinada, a interação com outro músico, levava-o a "aprender" uma composição mesmo quando ele ignorava se a tocara antes. Analogamente, quando o deixam sozinho, sem ter outra pessoa para desacelerar uma música a fim de aprender a tocá-la, a qualidade da execução de Clive não melhora, o que não é de surpreender.

O que notei ultimamente é que, quando canto com Clive, ele me corrige, apontando onde não pronuncio as consoantes com clareza, interrompendo-me para dizer "Não, não, é um si bemol aqui — volte ao compasso 11", com uma nova autoridade que eu não via desde que ele adoeceu.

mente, e Clive abriu a porta junto com a assistente social que permanecera com ele todo o tempo. Clive disse "Bem-vinda de volta!", perfeitamente ciente de que eu tinha estado lá antes. A assistente comentou sobre essa mudança. A equipe médica também relatou que, um dia, uma das assistentes perdeu o isqueiro. Dez ou vinte minutos depois de ouvir isso, Clive foi até a moça e entregou-lhe o isqueiro perdido, perguntando: "Este isqueiro é seu?". Os funcionários não podiam explicar como foi que ele lembrou quem perdeu o isqueiro, ou que ela havia perdido aquele objeto. [...]

Daqui a duas semanas, assistiremos ao ensaio das Vésperas de Monteverdi. Toda vez que as assistentes mencionam isso, Clive claramente exulta e diz que é uma de suas obras favoritas. Quando ouve uma composição que no passado conhecia bem, ele canta nas partes apropriadas da música.

Clive não "pensa" sobre uma composição musical no sentido em que os músicos profissionais podem refletir acerca de como executá-la; um encontro com qualquer composição será como uma "leitura à primeira vista". Mas Clive dá a perceber quando lembra ou não a música. Por exemplo, se demoro a virar a página, ou ele para porque não sabe o que vem a seguir, ou então pode começar a tocar a página seguinte da música antes de vê-la.

Eu concordo com sua impressão de que as execuções instrumentais de Clive não são fixas no tempo, fraseado etc. Mas, como ele é um bom músico, segue consistentemente a dinâmica e os andamentos — e até as marcas de metrônomo (sem recorrer a um) na página. Quando não existe marca de metrônomo, seu andamento em geral é o que ele determinara antes de sua doença — e provavelmente informado pela memória de longo prazo de uma composição ou da prática de executar músicas desse estilo/era.

As execuções de Clive são mecânicas? Não; são reflexivas em sua noção de estilo de execução, humor e uma *joie de vivre* geral, exuberante. Mas porque Clive é a mesma pessoa, pode muito bem responder consistentemente a uma música. Qualquer músico tem sua interpretação do fraseado ou "cor" de uma composição (tenha sido ou não prescrita pelo compositor). Mas onde a amnésia de Clive se revela é na repetição de "gracejos" musicais semelhantes — chistes improvisatórios. Qualquer músico, ao improvisar, pode recorrer a um repertório de possíveis fórmulas e tende a mostrar ideias semelhantes. Clive não tem reações fixas a uma mesma composição musical — em uma cadência cheia de semicolcheias

momento preencha *inteiramente* nossa consciência, que *nada* seja lembrado, que nada exceto ela ou o que está junto dela esteja presente em nossa consciência. [...] Ouvir uma melodia é ouvir, ter ouvido e estar prestes a ouvir, tudo ao mesmo tempo. Toda melodia nos declara que o passado pode estar aqui sem ser lembrado, e o futuro sem ser previsto.

Faz vinte anos que Clive teve a encefalite e, para ele, nada avançou. Pode-se dizer que ele ainda está em 1985 ou, considerando sua amnésia retrógrada, em 1965. Em alguns aspectos, ele não está em lugar algum; saiu totalmente do espaço e do tempo. Ele não tem mais nenhuma narrativa interna, não leva uma vida no sentido em que o resto de nós o faz. E no entanto só precisamos vê-lo ao teclado com Deborah para sentir que, nesses momentos, ele volta a ser ele mesmo e está plenamente vivo. Não é pela lembrança das coisas que passaram, pelo "outrora", que Clive anseia, e não é isso que ele poderá algum dia reaver. É a posse, o preenchimento do presente, do agora, e isso só é possível quando ele está totalmente imerso nos sucessivos momentos de um ato. É o "agora" que faz a ponte sobre o abismo.

Deborah recentemente escreveu: "É na familiaridade de Clive com a música e com seu amor por mim que ele transcende sua amnésia e encontra continuidade — não a fusão linear de momento após momento, não uma continuidade baseada em alguma estrutura ou informação autobiográfica, mas é onde Clive, como qualquer um de nós, está finalmente, onde ele é quem é".

Pós-escrito

Em meados de 2008, Deborah atualizou-me sobre a condição de Clive. Mais de vinte anos depois do início de sua doença, ela escreveu,

Clive continua a nos surpreender. Recentemente olhou meu celular e perguntou: "Ele tira foto?" (não tira), demonstrando nova memória semântica. No começo deste mês fui visitá-lo, em seguida saí por uns dez minutos. Toquei a campainha para entrar nova-

Quando "lembramos" uma melodia, ela toca em nossa mente, revive.[13] Não ocorre um processo de evocar, imaginar, montar, recategorizar, recriar, como quando tentamos reconstruir ou lembrar um evento ou cena do passado. Lembramos uma nota por vez, e cada nota preenche totalmente a nossa consciência, mas ao mesmo tempo se relaciona com o todo. É semelhante ao que ocorre quando andamos, corremos ou nadamos: damos um passo ou uma braçada de cada vez, e no entanto cada passo ou braçada é parte indissociável do todo, da melodia cinética de correr ou nadar. Tanto assim que, se nos pusermos a pensar muito conscientemente sobre cada passo ou braçada, poderemos perder o encadeamento, a melodia motora.

Talvez Clive, incapaz de lembrar ou predizer eventos por causa da amnésia, seja capaz de cantar, tocar e reger música porque lembrar-se de música não é lembrar no sentido usual do termo. Lembrar-se de uma música, ouvi-la ou tocá-la é algo que ocorre inteiramente no presente.

Victor Zuckerkandl, filósofo da música, analisa primorosamente esse paradoxo em seu livro *Sound and symbol*:

> Ouvir uma melodia é ouvir *com* a melodia. [...] É até mesmo uma condição da audição de uma melodia que a nota presente naquele

---

em sua época, também tenha sido vaiado, e algumas de suas músicas tenham sido inicialmente consideradas ininteligíveis, mero barulho).

[13] Por isso é possível ouvirmos repetidamente a gravação de uma música que conhecemos bem e ela ainda assim nos parecer tão nova quanto da primeira vez em que a ouvimos — ou talvez mais. Zuckerkandl discorreu sobre esse "paradoxo" em *Sound and symbol* [Som e símbolo]:

> O tempo é sempre novo; não pode ser nada além de novo. Ouvida como uma sucessão de eventos acústicos, a música logo se torna maçante; ouvida como uma manifestação do desenrolar do tempo, nunca poderá causar tédio. O paradoxo revela-se com mais intensidade na realização de um músico profissional, que atinge o ápice se for bem-sucedido em executar uma obra com a qual tem total familiaridade como se ela fosse a criação do momento presente.

Pablo Casals, além de ser excelente pianista, foi um violoncelista talentoso. Durante uma entrevista, nonagenário, ele comentou que tocara um dos 48 Prelúdios e fugas de Bach toda manhã nos últimos 85 anos. O entrevistador perguntou se ele não se cansara disso. Não era maçante? Não, Casals respondeu; cada execução, para ele, era um ato de descoberta, uma nova experiência.

em cada compasso e em cada frase.[11] Marvin Misky compara uma sonata a um professor ou uma lição:

> Ninguém se lembra, palavra por palavra, de tudo que foi dito em uma aula ou tocado em uma música. Mas uma vez que tenhamos compreendido o que foi dito ou tocado, passamos a possuir nossas próprias redes de conhecimento sobre cada tema e como ele muda e se relaciona com outros. Por exemplo: ninguém poderia recordar a *Quinta sinfonia* de Beethoven inteira depois de uma única audição. Mas também ninguém jamais poderá ouvir de novo aquelas quatro primeiras notas como se fossem quatro notas quaisquer! O que antes era um minúsculo fragmento de som agora é uma Coisa Conhecida — um local na rede de todas as outras coisas que conhecemos, cujos significados e significâncias dependem uns dos outros.

Uma música chama nossa atenção, ensina-nos sobre sua estrutura e seus segredos, independentemente de a ouvirmos de modo consciente ou não. Isso ocorre mesmo se nunca tivermos ouvido determinada música. Ouvir música não é um processo passivo, e sim intensamente ativo, que envolve uma série de inferências, hipóteses, expectativas e antevisões (como analisaram David Huron e outros). Podemos entender uma nova música — como ela é construída, aonde está indo, o que virá em seguida — com tanta precisão que mesmo depois de apenas alguns compassos poderemos ser capazes de cantarolar ou cantar junto com ela.[12]

---

[11] Schopenhauer escreveu que a melodia tem "uma ligação significante e intencional do começo ao fim" e é "um pensamento do começo ao fim".

[12] Essa antecipação, esse cantar junto, é possível porque possuímos conhecimento, em grande medida implícito, de "regras" musicais (por exemplo, como deve ser a resolução de uma cadência), e familiaridade com determinadas convenções musicais (a forma de uma sonata, a repetição de um tema). Mas a antecipação não é possível com música de uma cultura ou tradição muito diferente — ou se as convenções musicais forem deliberadamente desrespeitadas. Jonah Lerner, em seu livro *Proust was a neuroscientist* [Proust foi um neuroscientista], analisa como Stravinsky celebremente transgrediu as convenções em *Sagração da primavera*, cuja primeira apresentação, em 1913, provocou um tumulto que exigiu intervenção policial. A plateia, que esperava um balé clássico tradicional, enfureceu-se com a violação das regras por Stravinsky. Mas com o tempo e a repetição, o estranho tornou-se familiar, e hoje a *Sagração da primavera* é uma música de concerto muito apreciada, tão "domesticada" quanto um minueto de Beethoven (embora Beethoven,

cem, tão vívido e completo quanto era antes da doença. Esse modo de ser, esse *self*, aparentemente não foi afetado pela amnésia, muito embora seu *self* autobiográfico, que depende de memórias explícitas, episódicas, esteja praticamente perdido. A corda mandada do céu para Clive não vem com a recordação do passado, como ocorria para Proust, mas com a execução musical — e se mantém somente enquanto a execução dura. Sem esta, parte-se o fio e ele é jogado de volta no abismo.[10] Deborah fala sobre o "ímpeto" da música em sua própria estrutura. Uma composição musical não é mera sequência de notas; é um todo orgânico organizado e coeso. Cada compasso, cada frase emerge organicamente do que veio antes e indica o que virá a seguir. O dinamismo está embutido na natureza da melodia. E acima de tudo isso estão a intencionalidade do compositor, o estilo, a ordem e a lógica que o compositor criou para expressar suas ideias e sentimentos musicais. Estes também estão presentes

---

[10] Coisa muito parecida ocorria com o narrador amnésico do livro *A misteriosa chama da rainha Loana*, de Umberto Eco:

> Eu começava a cantarolar uma música. Era automático, como escovar os dentes [...] mas assim que passava a pensar nela, a música não vinha mais espontaneamente, e eu parava numa única nota. Eu a mantinha por longo tempo, no mínimo cinco segundos, como se fosse um alarme ou uma elegia. Eu já não sabia como avançar, e não sabia como avançar porque perdera o que vinha antes. [...] Enquanto eu estava cantando sem pensar, era realmente eu mesmo enquanto durava minha memória, que neste caso era o que poderíamos chamar de memória de garganta, com os antes e os depois ligados uns aos outros, e eu era a música completa, e toda vez que eu começava minhas cordas vocais já estavam preparadas para vibrar os sons seguintes. Acho que um pianista também funciona assim: no momento mesmo em que toca uma nota ele já está preparando seus dedos para tocar as teclas que vêm a seguir. Sem as primeiras notas não chegaremos às últimas, acabaremos desafinando, e só conseguiremos ir do começo ao fim se, de algum modo, contivermos a música inteira dentro de nós. Não sei mais a música inteira. Sou como [...] uma tora queimando. A tora queima, mas não tem noção de que já foi parte de um tronco inteiro, nem tem como descobrir que o foi, e tampouco pode saber quando foi que se incendiou. Por isso, consome-se toda e acabou-se. Estou vivendo em pura perda.

O narrador de Eco pode usar o termo "pura perda", mas o espantoso, na verdade, é que se trata de puro *ganho*. Pode-se ganhar a música inteira sem nenhuma memória explícita, qualquer memória no sentido usual. A música cria a si mesma quase milagrosamente, nota por nota, vinda de lugar nenhum — e no entanto, "de algum modo", como diz Eco, temos em nós a música toda.

titura na frente, que o ponha em ação e assegure que ele aprenda e pratique novas músicas.

Qual é a relação entre os padrões de ação e memórias procedurais, que são associados a porções relativamente primitivas do sistema nervoso, e a consciência e a sensibilidade, que dependem do córtex cerebral? A prática envolve a aplicação consciente do indivíduo, monitorando o que está fazendo, recorrendo a toda a sua inteligência, sensibilidade e valores — muito embora o que ele adquire com tanto trabalho consciente possa tornar-se automático, codificado em padrões motores no nível subcortical. Cada vez que Clive canta, toca piano ou rege um coro, o automatismo vem em seu socorro. Mas o que aparece em uma apresentação artística ou criativa, embora dependa de automatismos, nada tem de automático. A execução reanima-o, motiva-o como uma pessoa criativa; torna-se nova e viva, e talvez contenha novas improvisações ou inovações. Assim que Clive começa a tocar, escreveu Deborah, seu "ímpeto" dá continuidade a ele próprio e à música. Deborah, que também é musicista, expressa esse fato com precisão:[9]

O ímpeto da música levava Clive de compasso em compasso. Ele era mantido dentro da estrutura da peça, como se a pauta fosse uma linha de trem e só houvesse um caminho a seguir. Ele sabia exatamente onde estava porque em cada frase existe um contexto implícito no ritmo, no tom, na melodia. Era maravilhoso estar livre. Quando a música parava, Clive tornava a cair em seu lugar perdido. Mas durante aqueles momentos em que estava tocando, ele parecia normal.

O *self* intérprete de música de Clive parece, aos que o conhe-

---

[9] A capacidade de reter e ampliar o repertório artístico, mesmo na presença de amnésia, também se evidencia notavelmente em um renomado ator que passou a ter amnésia depois de uma cirurgia cardíaca de peito aberto. Apesar da perda de memória de eventos, seu enorme repertório, de Marlowe a Beckett, e seu esplêndido talento cênico nunca foram afetados, e ele continua capaz de representar no mais alto nível profissional. Sua capacidade de aprender novos papéis também está bastante intacta — pois aprender um papel, entrar nele, assimilá-lo, é muito diferente de adquirir novas "informações" e tem um caráter essencialmente procedural. Ele acha que não dispor de memória explícita de suas atuações anteriores pode até ser vantajoso, pois permite-lhe confrontar-se toda noite no palco com algo novo e único, ao qual ele responde de modo intenso e inesperado.

Em relação às execuções imensamente complexas e criativas de um músico profissional, o conceito de padrões fixos de ação será mais esclarecedor que o de memórias procedurais? Llinás escreveu em seu livro *The I of the vortex*:

Quando um solista como [Jascha] Heifetz toca acompanhado por uma orquestra sinfônica, por convenção o concerto é tocado puramente de memória. Uma execução como essa implica que seu padrão motor altamente específico é armazenado em algum lugar e em seguida liberado no momento em que o pano sobe.

Mas para o músico, escreve Llinás, não basta possuir apenas a memória implícita; ele precisa ter também memória explícita:[8]

Sem a memória explícita intacta, Jascha Heifetz não se lembraria de um dia para o outro de qual música escolheu para ensaiar, ou mesmo de que algum dia já ensaiou tal música. Também não recordaria o progresso feito no dia anterior ou, pela análise de experiências passadas, que problemas específicos de execução deveriam ser o alvo da prática do dia. Na verdade, nem sequer lhe ocorreria ensaiar; sem uma orientação frequente de outra pessoa ele seria efetivamente incapaz de levar a cabo o processo de aprender qualquer música nova, independentemente de suas consideráveis habilidades técnicas.

Isso também se aplica em grande medida a Clive, que, apesar de todas as suas capacidades musicais, precisa de "orientação frequente" de outros. Ele precisa de alguém que lhe ponha a par-

---

[8] Não existe somente um modo de memorizar uma composição musical. Cada músico tem sua maneira ou combinação de maneiras: percepções auditivas, cinestésicas, visuais, juntamente com percepções de ordem superior das regras, gramática, sentimento e intencionalidade da música. Sabemos disso não apenas graças a relatos pessoais sobre memória musical e estudos experimentais desse tipo de memória, mas também pela observação das muitas regiões cerebrais que (com ressonância magnética funcional) são visivelmente ativadas no aprendizado de uma nova música.

Porém, uma vez que uma música é aprendida, analisada, estudada, ponderada, praticada e incorporada ao repertório — a memória procedural do músico —, ela pode ser tocada ou "tocar-se" automaticamente, sem esforço, deliberação ou pensamento consciente.

"procedimentos" o que Clive faz quando canta e toca tão bem, rege ou improvisa como um mestre? Afinal, quando ele toca, é com inteligência, sentimento e sensibilidade, sintonizado com a estrutura musical, o estilo e a intenção do compositor. Uma execução artística ou criativa desse calibre pode ser adequadamente explicada pela "memória procedural"? Sabemos que a memória episódica ou explícita desenvolve-se relativamente tarde na infância e que depende de um complexo sistema cerebral envolvendo estruturas do hipocampo e do lobo temporal — o sistema que é comprometido nos pacientes com amnésia grave e que foi praticamente obliterado em Clive. A base da memória procedural ou implícita é menos fácil de definir, mas com certeza envolve partes maiores e mais primitivas do cérebro — estruturas subcorticais como os gânglios basais e o cerebelo e suas numerosas conexões entre si e com o córtex cerebral. O tamanho e a variedade desses sistemas garantem a robustez da memória procedural e também assegura que esta, ao contrário da memória episódica, pode manter-se intacta em grande medida, mesmo quando ocorre um vasto dano nos hipocampos e córtex cerebral.

A memória episódica depende da percepção de eventos específicos, muitos deles únicos, e as memórias que o indivíduo tem de tais eventos, assim como sua percepção original deles, não só são acentuadamente individuais (coloridas por seus interesses, preocupações e valores), mas também tendem a ser reformuladas ou recategorizadas a cada vez que forem recordadas. Isso contrasta fundamentalmente com a memória procedural, pois nesta é essencial que a recordação seja literal, exata e reproduzível. Na memória procedural, a repetição e o ensaio, a coordenação e a sequência são essenciais. O neurofisiologista Rodolfo Llinás usa o termo "padrões fixos de ação" (PFA) para designar essas memórias procedurais. Alguns deles podem estar presentes mesmo antes do nascimento (fetos de cavalo, por exemplo, podem galopar no útero). Boa parte do desenvolvimento motor inicial da criança depende do aprendizado e refinamento desses procedimentos por meio de brincadeiras, imitação, tentativa e erro e incessantes ensaios. Tudo isso começa a desenvolver-se antes que a criança possa evocar memórias explícitas ou episódicas.

sequência ou um padrão de ações, ele executa com fluência e sem hesitar.[7]

Mas será apropriado caracterizar como "habilidades" ou

---

[7] Uma condição notável, mas não rara, reconhecida pela primeira vez nos anos 1960, é a amnésia global transitória, ou AGT. É uma amnésia que dura apenas algumas horas, mas pode ser muito severa. Nunca se descobriu o que causa a AGT, porém ela é mais comum em pacientes de meia-idade ou idosos, e às vezes ocorre durante uma enxaqueca; em geral uma única vez na vida. Essa amnésia transitória pode chegar a qualquer momento, com efeitos que podem ser cômicos ou assustadores. Minha sobrinha Caroline Bearsted, médica na Inglaterra, contou-me sobre um de seus pacientes, um pescador fanático que durante anos ansiou por pegar uma truta gigante num rio próximo. Por uma bizarra coincidência, esse homem sofreu um ataque de AGT numa ocasião em que estava pescando. Isso não prejudicou em nada sua habilidade de pescar, e ele pegou a cobiçada truta — só que a façanha, o auge absoluto da sua vida de pescador, não deixou vestígios em sua mente, e ele nunca recuperou a memória do feito. Quando lhe mostram fotografias dele próprio segurando o peixe premiado, não sabe se ri ou se chora.

Uma história mais alarmante me foi contada pelo neurologista Harold Klawans. Um colega seu, cirurgião-geral, ficou amnésico quando estava terminando de fazer uma operação de vesícula. Confuso, em dúvida, ele perguntava repetidamente: "Eu removi a vesícula? O que estou fazendo? Onde estou?". A enfermeira que o auxiliava pensou que ele poderia estar tendo um derrame, mas, vendo que sua habilidade de cirurgião estava intacta apesar da profunda deficiência de memória, manteve-o em ação entregando-lhe as suturas uma a uma. E assim, com a ajuda da enfermeira, ele fechou corretamente o abdome. Embora tenha voltado ao normal em poucas horas, nunca recuperou memória alguma da operação que realizou. Posteriormente Klawans publicou uma descrição desse incidente e do exame minucioso que fez no cirurgião enquanto ele ainda estava amnésico.

A causa mais comum de uma amnésia global breve é um "blecaute", como o que pode ocorrer a quem bebe em excesso. Nesse tipo de amnésia, é típico, como nos ataques de AGT, que a pessoa consiga — como o pescador ou o cirurgião — manter funções de nível superior; a memória de eventos pode ser nocauteada, mas a memória procedural pode sustentar as ações do indivíduo. Um correspondente, Matthew H., relatou a seguinte história:

Toquei teclado em uma banda de rock por muitos anos, e em meu 22º aniversário estávamos tocando num barzinho de uma cidade pequena [felizmente com poucos clientes]. Jovem e irresponsável que eu era, bebi demais no intervalo. E então parece que tive um blecaute e "voltei a mim" no palco, tocando uma música dos Rolling Stones. Eu estava tão embriagado que, recordo, me espantei por meus dedos serem capazes de tocar aquela música; eu estava totalmente dissociado dela, ficava ali apenas assistindo enquanto eles se moviam e tocavam as notas e os acordes certos com o resto da banda. Quando tentei interferir e "tocar junto" com a música, não consegui me lembrar como se tocava coisa alguma, e interrompi totalmente o fluxo da minha execução. Por sorte, parece que tive então outro blecaute em seguida, pois isso é tudo que lembro. Curiosamente, quando perguntei aos meus companheiros da banda no dia seguinte, eles disseram que eu os acompanhei em cada música direitinho (com exceção do breve interlúdio durante aquela música dos Stones), e que eles não sabiam que eu estava tão bêbado.

centes dos lobos temporais mediais. (Na época isso foi considerado o melhor tratamento para suas convulsões intratáveis; ainda não se sabia que a memória autobiográfica e a capacidade de formar novas memórias de eventos dependiam dessas estruturas.) Mas H. M., mesmo tendo perdido muitas memórias de sua vida anterior, não perdera nenhuma das habilidades que adquirira, e era até capaz de aprender e aperfeiçoar *novas* habilidades com treinamento e execução, embora não retivesse memórias das sessões de prática.

Larry Squire, neurocientista que passou toda a vida estudando os mecanismos da memória e da amnésia, salienta que não há dois casos iguais de amnésia. Ele me escreveu: "Se o dano for limitado ao lobo temporal medial, espera-se uma deficiência como a que H. M. tinha. Havendo uma lesão um pouco mais extensa no lobo temporal medial, podemos esperar algo mais grave, como no caso de E. P. [um paciente que Squire e seus colegas estudaram minuciosamente]. Com adição de lesão frontal, talvez possamos começar a entender a deficiência de Clive. Ou talvez seja preciso também uma lesão temporal lateral, ou quem sabe uma lesão no prosencéfalo basal. O caso de Clive é único, diferente do de H. M. ou do da paciente de Claparède, porque ocorreu um padrão específico de dano anatômico. Não podemos escrever sobre amnésia como se ela fosse uma só entidade, como a caxumba ou o sarampo".

No entanto, o caso de H. M. deixou claro que podiam existir dois tipos bem diferentes de memória: uma consciente, de eventos (memória episódica), e uma inconsciente, para procedimentos — e que essa memória procedural não era afetada na amnésia.

Isso também se evidencia notavelmente em Clive, pois ele movimenta-se com segurança, gosta de dançar e pode barbear-se, tomar banho, cuidar de sua higiene pessoal e vestir-se com elegância, bom gosto e estilo. Ele fala com fluência e loquacidade, usando um vasto vocabulário, e pode ler e escrever em várias línguas. É bom em cálculos. É capaz de dar telefonemas, de encontrar os utensílios e ingredientes do café e de se orientar em casa. Se lhe perguntarem como é que são feitas essas coisas ele não saberá responder, mas as faz. Tudo que envolve uma

e as segurei abertas para Clive ver. Comecei a cantar um dos versos. Ele viu os versos do tenor e cantou comigo. Tínhamos cantado mais ou menos um compasso quando de repente me dei conta do que estava acontecendo. Ele ainda era capaz de ler música. Ele estava cantando. Sua conversa podia ser uma confusão que ninguém conseguia entender, mas seu cérebro ainda tinha capacidade para a música. [...] fiquei ansiosa para dar a notícia à equipe médica. Quando ele chegou ao fim do verso eu o abracei e cobri seu rosto de beijos. [...]

Clive podia sentar-se ao órgão e tocar com as duas mãos no teclado, mudar os registros, e isso com os pés no pedal, como se fosse mais fácil do que andar de bicicleta. Subitamente, tínhamos um lugar para estar juntos, onde podíamos criar nosso próprio mundo fora daquele hospital. Nossos amigos vinham para cantar. Deixei uma pilha de partituras perto da cama, e os visitantes traziam outras músicas.

O filme de Miller mostrou de modo dramático a preservação praticamente perfeita das capacidades e memória musical de Clive. Nas cenas filmadas no período de mais ou menos um ano em seguida à sua doença, seu rosto frequentemente aparece crispado de tormento e perplexidade. Mas ao reger seu antigo coro ele surgia na tela com grande sensibilidade e graça, acompanhando as melodias com movimentos da boca, virando-se para os vários cantores e sessões do coro, dando as deixas, encorajando-os para realçar a parte de cada um. Fica evidente que Clive não só conhecia a música perfeitamente, sabia como todas as partes contribuíam para a revelação do pensamento musical, mas também que ele retinha todas as habilidades especiais da regência, sua *persona* profissional e seu estilo próprio.

Clive não consegue reter nenhuma memória de eventos e experiências passadas. Além disso, perdeu a maioria das memórias de eventos e experiências *anteriores* à sua encefalite. Então como é que ele retém seus notáveis conhecimentos musicais, sua capacidade de ler à primeira vista, tocar piano e órgão, cantar, reger um coro, com a mesma maestria do período anterior à doença?

H. M., um famoso e desafortunado paciente descrito por Scoville e Milner em 1957, ficou amnésico com a remoção cirúrgica dos dois hipocampos juntamente com estruturas adja-

mão", e por fim "Às vezes existem alfinetes escondidos nas mãos".
Portanto, a paciente aprendeu a reação apropriada com base em experiência prévia, mas nunca pareceu atribuir seu comportamento à memória pessoal de algum evento vivenciado antes.

Para a paciente de Claparède persistiu algum tipo de memória da dor, uma memória implícita e emocional. Do mesmo modo, parece indiscutível que, nos primeiros dois anos de vida, embora o indivíduo não retenha memórias explícitas (fato que Freud chamou de amnésia infantil), ainda assim profundas memórias ou associações emocionais são produzidas no sistema límbico e em outras regiões do cérebro onde as emoções são representadas — e essas memórias emocionais podem determinar o comportamento da pessoa por toda a vida. Um artigo recente de Oliver Turnbull *et al.* mostrou que pacientes com amnésia podem estabelecer transferências emocionais para um analista, muito embora não retenham memória explícita do analista ou de suas sessões anteriores. Mesmo assim, começa a desenvolver-se uma forte ligação emocional.

Clive e Deborah eram recém-casados na época em que ele teve a encefalite, e tinham estado intensamente apaixonados por anos antes da doença. A longa e apaixonada relação de Clive com Deborah, uma relação que começou muito antes de ele ser acometido pela encefalite e que, em parte, girou em torno do amor comum dos dois pela música, ficou gravada nele — em áreas do seu cérebro não afetadas pela encefalite — tão profundamente que sua amnésia, a mais severa já registrada, não pôde erradicá-la.

Apesar disso, por muitos anos ele não reconhecia Deborah quando ela passava por ele inesperadamente, e até hoje não consegue descrevê-la, a menos que a esteja vendo. A aparência de Deborah, sua voz, seu cheiro, o modo como os dois se comportam em relação um ao outro e a intensidade de suas emoções e interações, tudo isso confirma para Clive a identidade de Deborah e a dele próprio.

O outro milagre foi a descoberta feita por Deborah tempos antes, quando Clive ainda estava no hospital, desesperadamente confuso e desorientado: as capacidades musicais dele estavam intactas. "Peguei algumas partituras", Deborah escreveu,

Clive sempre reconhecesse seus filhos, Deborah me disse, "ele se surpreendia por estarem altos e ficava assombrado ao ouvir que era avô. Ele perguntou ao caçula quais seriam as matérias de seu exame no fim do ensino médio em 2005, mais de vinte anos depois de Edmund estar formado". No entanto, não sei como, ele sempre reconhecia Deborah como sua mulher quando ela o visitava; sentia-se ancorado na presença dela e à deriva na sua ausência. Clive corria para a porta quando ouvia a voz de Deborah, abraçava-a com um fervor arrebatado, desesperado. Como não tinha ideia do tempo em que ela estivera ausente — já que tudo que estava fora de seu campo imediato de percepção e atenção era perdido, esquecido em segundos —, ele parecia sentir que também ela estivera perdida no abismo do tempo, e por isso via esse "retorno" do abismo como nada menos do que um milagre.

"Clive vivia constantemente em meio a desconhecidos em um lugar desconhecido", escreveu Deborah,

> sem saber onde estava ou o que tinha acontecido com ele. Avistar-me era sempre um alívio imenso — saber que não estava sozinho, que eu ainda me preocupava com ele, que o amava, que eu estava ali. Ele vivia aterrorizado. Mas eu era sua vida, eu era a sua linha da vida. Sempre que me via ele corria para mim, agarrava-me, soluçando, e não queria me largar.

Como, por que, se não reconhecia consistentemente nenhuma outra pessoa, Clive reconhecia Deborah? É óbvio que existem muitos tipos de memória, e a memória emocional é uma das mais profundas e uma das menos compreendidas.

Neal J. Cohen escreveu sobre o famoso experimento do médico suíço Édouard Claparède em 1911:

> Ao cumprimentar com um aperto de mão uma paciente com síndrome de Korsakoff [a doença que causou amnésia severa em meu paciente Jimmie], Claparède picou-lhe a mão com um alfinete que segurava escondido. Depois disso, sempre que ele tentava novamente cumprimentar desse modo a paciente, ela de pronto retraía a mão. Quando ele lhe perguntou sobre esse comportamento, ela replicou: "Não é permitido retirar a mão?" e "Talvez haja um alfinete escondido aí na sua

rame o tenha deixado amnésico, ele retém na memória os poemas que leu, as muitas línguas que conhece, sua memória enciclopédica para fatos. Apesar disso, é um homem incapaz e desorientado (e só se recupera disso porque os efeitos do derrame são transitórios). Coisa parecida ocorre com Clive, de certa forma. Sua memória semântica, apesar de ser de pouca ajuda para organizar sua vida, tem ainda um papel social crucial: permite-lhe conversar (embora às vezes seja mais um monólogo do que uma conversa). Assim, escreveu Deborah, "ele ia encadeando todos os seus assuntos, e seu interlocutor só precisava assentir com um murmúrio ou um gesto de cabeça". Passando depressa de um pensamento a outro, Clive conseguia garantir uma espécie de continuidade, manter intacto o fio da consciência e da atenção — mesmo que precariamente, pois os pensamentos eram costurados, de modo geral, por associações superficiais. A verborragia de Clive tornava-o meio esquisito, meio cansativo às vezes, mas era altamente adaptativa, pois lhe permitia reentrar no mundo do discurso humano.

No filme da BBC de 1986 Deborah citou a descrição de Proust em que Swann entra num aposento estranho e de início não sabe onde está, quem ele é, quem ele foi. Tem apenas "a mais rudimentar sensação de existência, como a que talvez espreite bruxuleante nas profundezas da consciência de um animal", até que a memória volta-lhe, "como uma corda mandada do céu para puxar-me do abismo do não ser, do qual eu nunca poderia ter escapado por mim mesmo" — isso lhe devolve sua consciência e identidade pessoal. Nenhuma corda será mandada do céu, nenhuma memória autobiográfica jamais virá para Clive desse modo.

Desde o princípio houve, para Clive, duas realidades de imensa importância. A primeira delas é Deborah, cuja presença e amor por ele têm feito a vida tolerável, ao menos intermitentemente, nos vinte ou mais anos desde sua doença.

A amnésia de Clive não só destruiu sua capacidade de reter novas memórias, mas também apagou quase todas as anteriores, inclusive as dos anos em que ele conheceu Deborah e se apaixonou por ela. Quando esta lhe perguntou se ele já ouvira falar em John Lennon ou John F. Kennedy, ele respondeu que não. Embora

mas quase foram nulas. Comecei a achar que, em certo sentido, eu me deixara enganar pela conversa fluente, fácil e despreocupada de Clive, que me levara a achar que ele ainda tinha acesso a muitos conhecimentos gerais apesar da perda de memória para os eventos. Diante de sua inteligência, engenho e humor, era fácil pensar desse modo ao vê-lo pela primeira vez. Mas repetidas conversas rapidamente revelaram os limites de seus conhecimentos. Como Deborah escreveu em seu livro, "Clive atinha-se a temas sobre os quais conhecia alguma coisa" e usava essas ilhas de informação como "degraus" em sua conversa. O conhecimento geral de Clive, ou memória semântica, também estava gravemente afetado — embora não tão catastroficamente como sua memória episódica.[6]

Esse tipo de memória semântica, no entanto, mesmo se estivesse completamente intacto, não tem grande utilidade na ausência da memória explícita, episódica. Clive está seguro o bastante nos limites de sua casa, por exemplo, mas ficaria irremediavelmente perdido se saísse sozinho. Lawrence Weiskrant comenta sobre a necessidade dos dois tipos de memória em seu livro *Consciousness lost and found* [A consciência perdida e encontrada]:

O paciente amnésico pode pensar sobre elementos do presente imediato [...] também pode pensar sobre itens existentes em sua memória semântica, seus conhecimentos gerais. [...] No entanto, pensar, para uma adaptação bem-sucedida ao cotidiano, requer não apenas conhecimentos factuais, mas também a capacidade de lembrar-se deles na ocasião certa, relacioná-los a outras ocasiões; efetivamente, a capacidade de recordar.

Essa inutilidade da memória semântica quando desacompanhada da memória episódica também foi ressaltada por Umberto Eco em seu romance *A misteriosa chama da rainha Loana*, em que o narrador, um livreiro antiquário e polímata, é um homem com inteligência e erudição semelhantes às do próprio Eco. Embora um der-

---

[6] Essa erosão da memória semântica de Clive foi salientada em 1995 em um artigo de Barbara Wilson, A. D. Baddeley e Narinder Kapur, e também em um capítulo escrito em 1995 por Barbara Wilson e Deborah Wearing.

Ele bateu os olhos no livro sobre as catedrais e falou sobre os sinos desses templos — por acaso eu sabia quantas combinações podem ser feitas com oito sinos? "Oito vezes sete vezes seis vezes cinco vezes quatro vezes três vezes dois vezes um", ele recitou. "Fatorial de oito" — e sem pausa: "São 40 mil!" (Fiz os cálculos, laboriosamente: 40 320.) Fiz perguntas sobre primeiros-ministros. Toni Blair? Nunca tinha ouvido falar. John Major? Não. Margaret Thatcher? Vagamente familiar. Harold Macmillan, Harold Wilson: idem. (Mas antes, naquele dia, ele vira um carro com placa JMV e instantaneamente dissera: "John Major Vehicle" — mostrando ter uma memória *implícita* do nome de Major. Deborah escreveu que ele não conseguia lembrar-se do nome *dela*, "mas um dia perguntaram a Clive como ele se chamava, e ele respondeu: 'Clive David Deborah Wearing — nome engraçado esse. Não sei por que meus pais me chamaram assim'". Ele também adquiriu outras memórias implícitas, foi lentamente ganhando novos conhecimentos, como a disposição dos cômodos de sua casa, por exemplo. Agora pode ir sozinho ao banheiro, à sala de jantar, à cozinha — mas, se parar pelo caminho, perde-se. Embora Clive não conseguisse descrever sua residência, Deborah me disse que ele solta o cinto de segurança quando se aproximam do local e se oferece para descer e abrir o portão. Mais tarde, quando faz café para ela, Clive sabe onde estão guardados as xícaras, o leite e o açúcar. (Não sabe *dizer* onde estão, mas pode ir até eles; tem ações, mas poucos fatos, à sua disposição.)

Decidi ampliar o teste e pedi que Clive me dissesse os nomes de todos os compositores que ele conhecia. Ele respondeu: "Handel, Bach, Beethoven, Berg, Mozart, Lassus". E só. Deborah disse-me que, no começo, quando lhe faziam essa pergunta, ele omitia Lassus, seu compositor favorito. Isso era consternador, para quem fora não só músico, mas também um musicólogo de conhecimentos enciclopédicos. Talvez refletisse a brevidade de sua atenção e de sua memória imediata recente — talvez ele pensasse que, na verdade, já dissera dezenas de nomes. Por isso, fiz outras perguntas sobre diversos assuntos que lhe teriam sido conhecidos no passado. Novamente, suas respostas foram marcadas pela pobreza de informações, e algu-

que o pessoal da casa onde ele está internado chama esses monólogos de Clive de seus "mortos". Anotam quantos ele tem por dia ou semana e por esses números avaliam seu estado de espírito. Deborah supõe que a repetição tenha amortecido um pouco a dor muito real que acompanha essa queixa torturante mas estereotipada. Mesmo assim, quando ele diz coisas desse tipo, ela o distrai imediatamente. Assim que ela consegue, parece não restar vestígio daquele estado de espírito—uma vantagem da amnésia. E, de fato, quando voltamos para o carro, Clive já estava a todo vapor batizando suas placas de carro.

Quando retornamos ao quarto de Clive, avistei os dois volumes dos Prelúdios e Fugas de Bach sobre o piano, e lhe pedi que tocasse uma daquelas músicas. Clive disse que nunca tocara nenhuma delas, mas logo a seguir tocou o *Prelúdio 9 em mi maior* e comentou, enquanto tocava: "Eu me lembro desta". Clive não se lembra de quase nada, a não ser que esteja realmente fazendo. Aí sim, ele talvez se recorde. Ele inseriu uma pequena e encantadora improvisação em certo trecho, e concluiu com uma espécie de finalização *à la* Chico Marx, tocando uma enorme escala decrescente. Com sua grande musicalidade e espírito brincalhão, ele pode improvisar facilmente, gracejar, brincar com qualquer música.[5]

---

[5] Alguns leitores disseram-se surpresos com o fato de alguém com uma amnésia tão densa como Clive ser capaz de fazer graça e improvisar. A execução por um amnésico não seria fixa no tempo, na dinâmica, no fraseado etc.? Acontece que a espontaneidade, a improvisação, a experimentação e a exploração são inatas no cérebro de qualquer músico criativo (Mozart, disseram, dificilmente podia tocar qualquer música, dele ou de outros, *sem* improvisar, sem mexer nela um pouco), e essas qualidades evidenciam-se até nas alucinações musicais que Clive tem há anos.

Deborah escreveu sobre isso em um artigo de 1995 em coautoria com a psicóloga Barbara Wilson:

Ele ouve o que pensa ser uma gravação em fita de si mesmo tocando a distância. Refere-se a isso em seus diários como uma "fita mestra" […] Se lhe pedirem para cantar o que ouve—um som que ele sempre ouve a distância—ele pega a melodia no meio e fica perplexo porque ninguém mais a ouve. Meia hora depois, se lhe pedirem para cantar o que está ouvindo, geralmente é a mesma melodia, porém às vezes cantada em um estilo diferente, como se estivesse sendo reproduzida em variações.

E não se move. Nós nos movemos ao redor do sol. Como é que ele pode se manter inflamado por milhões de anos? E a Terra se mantém na mesma temperatura. É um equilíbrio extremamente delicado."

"Dizem que ela está esquentando, amor. Chamam de aquecimento global."

"Não diga! Por quê?"

"Por causa da poluição. Dos gases que emitimos na atmosfera. Eles fazem um buraco na camada de ozônio."

"OH, NÃO!! Isso seria desastroso!"

"Já estão aparecendo mais casos de câncer."

"Ah, mas como são estúpidas as pessoas. Você sabia que o QI médio é apenas cem? Terrivelmente baixo, não é? Cem. Não admira que o mundo esteja nesse estado."

"Inteligência não é tudo..."

"Bom, isso é verdade..."

"É melhor ter bom coração do que ser inteligente."

"Sim, você tem razão."

"E não é preciso ser inteligente para ser sábio."

"Sim, está certo."

As falas de Clive repetiam-se com grande frequência, podiam chegar a três ou quatro vezes num único telefonema. Ele se mantinha em assuntos sobre os quais pensava ter algum conhecimento, onde ele estaria em terreno seguro, mesmo que algo apócrifo se insinuasse furtivamente em certos momentos. [...] Essas pequenas áreas de respostas prontas serviam de degrau para que ele pudesse chegar ao presente. Permitiam-lhe entabular uma conversa.

Eu seria ainda mais incisivo e usaria uma frase que Deborah empregou com relação a um outro assunto, quando escreveu que Clive se encontrava "numa minúscula plataforma [...] sobre o abismo". A loquacidade de Clive, sua necessidade quase compulsiva de falar e manter as conversas incessantemente, servia para manter uma precária plataforma, e quando ele chegava a um ponto final, lá estava o abismo, pronto para engoli-lo. De fato, foi isso que aconteceu quando fomos a um supermercado e ele se separou de Deborah por alguns momentos. Subitamente, ele exclamou: "Estou consciente agora... não via um ser humano... fazia trinta anos... é como a morte!". Ele parecia muito bravo e aflito. Deborah disse

nho, o King's, por causa de seu famoso coro. Contou que, logo depois de Cambridge, em 1968, ele entrou para a London Sinfonietta, que tocava música moderna, muito embora ele já estivesse interessado na Renascença e em Lassus. Ali foi mestre do coral, e recordou que os cantores não podiam falar durante os intervalos para o café; tinham de poupar a voz. ("Muitos instrumentistas não compreendiam isso e nos achavam antipáticos".) Tudo isso parecia ser memórias genuínas. Mas podia igualmente refletir seu conhecimento *sobre* esses eventos, e não verdadeiras recordações deles — expressões de memória "semântica", e não da memória de "eventos" ou "episódica".

Falou depois sobre a Segunda Guerra Mundial (ele nasceu em 1938), contou que as pessoas iam para os abrigos antiaéreos e ficavam jogando xadrez ou cartas. Disse que se lembrava das bombas voadoras: "Em Birmingham houve mais bombas do que em Londres". Seriam memórias genuínas? Ele teria no máximo seis ou sete anos quando aquilo aconteceu. Ou ele estaria confabulando? Ou, simplesmente, como todos nós fazemos, repetindo histórias que ouvira quando criança?

Em dado momento ele se pôs a falar sobre poluição e sobre a sujeira que os motores a gasolina produziam. Quando eu lhe disse que eu tinha um híbrido de motor elétrico e a combustão, ele ficou assombrado, como se algo que ele houvesse lido como uma possibilidade teórica houvesse se tornado realidade muito mais cedo do que ele imaginara.

Em seu extraordinário livro, tão terno e no entanto tão determinado e realista, Deborah escreveu sobre a mudança que me assombrara: declarou que Clive agora era "loquaz e extrovertido [...] falava pelos cotovelos". Ele tendia a ater-se a certos temas, Deborah afirmou, assuntos favoritos (eletricidade, o metrô, estrelas e planetas, a rainha Vitória, palavras e etimologias) que eram trazidos para a conversa vezes sem conta:

"Já descobriram vida em Marte?"

"Não, querido, mas acham que pode ter havido água..."

"É mesmo? Não é espantoso que o sol continue a queimar? Onde ele vai buscar todo esse combustível? Ele não diminui de tamanho.

tassem de um enfraquecimento das habituais inibições sociais comandadas pelo lobo frontal. Ele se animou com a ideia de ir almoçar fora, almoçar com Deborah. "Ela não é uma mulher maravilhosa?", perguntava-me a todo momento. "Ela não tem beijos maravilhosos?" Respondi que sim, sem dúvida devia ter.

A caminho do restaurante, Clive foi inventando com enorme rapidez e fluência expressões para as letras das placas dos carros que passavam: JCK virou "Japanese Clever Kid" (garoto japonês inteligente); NKR, "New King of Russia" (novo rei da Rússia) e BDH (o carro de Deborah) primeiro foi "British Daft Hospital" (Hospital Britânico para Patetas) e depois "Blessed Dutch Hospital" (Bendito Hospital Holandês). O livro de Deborah, *Forever today,* imediatamente virou "Three-Ever Today", "Two-Ever Today", "One-Ever Today".* Esses trocadilhos, rimas e jogos incontinentes com o som das palavras eram praticamente instantâneos, ocorriam a uma velocidade que não estava ao alcance de nenhuma pessoa normal. Lembravam a rapidez dos portadores das síndromes de Tourette ou de *savant,* a velocidade do pré--consciente, que não é retardado pela reflexão.

Quando chegamos ao restaurante, Clive batizou todas as placas dos carros no estacionamento e então, com uma mesura e um floreio caprichados, deixou Deborah entrar: "Primeiro as damas!". Olhou para mim meio em dúvida quando os segui até a mesa: "Você está vindo conosco?".

Quando lhe ofereci a lista dos vinhos, ele a examinou e exclamou: "Deus do céu! Vinho australiano! Vinho neozelandês! As colônias estão produzindo algo original — que esplêndido!". Isso indicava, em parte, sua amnésia retrógrada — ele ainda está nos anos 1960 (se é que está em algum período), quando quase não se ouvia falar de vinhos australianos e neozelandeses na Inglaterra. "As colônias", porém, eram parte de suas brincadeiras e paródias compulsivas.

Durante o almoço ele falou sobre Cambridge. Clive estudara no Clare College, mas fora frequentador assíduo do *college* vizi-

---

* Trocadilho com a pronúncia de "forever", semelhante à de "four-ever". (N. T.)

um belíssimo livro, *The 100 most beautiful cathedrals in the world* [As 100 mais belas catedrais do mundo]. Na parede, vi uma gravura com uma reprodução de Canaletto. Perguntei a Clive se ele já fora a Veneza. Não, ele disse (mas Deborah contou-me que eles haviam estado lá várias vezes antes de ele adoecer). Olhando a gravura, Clive apontou para o domo de uma igreja: "Olhe", ele disse, "veja que alta — como um anjo no céu!".

Quando perguntei a Deborah se Clive sabia sobre as memórias que ela escrevera, ela respondeu que as mostrara para ele duas vezes, mas ele esquecera instantaneamente. Eu trazia comigo o meu exemplar, cheio de anotações, e pedi a Deborah que tornasse a mostrá-lo a Clive.

"Você escreveu um livro!", ele exclamou surpreso. "Muito bem! Parabéns!" Deu uma olhada na capa. "Tudo sobre você? Deus do céu!" Empolgado, ele pulou de alegria. Deborah mostrou-lhe a dedicatória [Para meu Clive]. Dedicado a mim? Abraçou-a. Essa cena repetiu-se várias vezes em poucos minutos, quase com o mesmo espanto, as mesmas expressões de encanto e alegria a cada vez.

Clive e Deborah continuam muito apaixonados um pelo outro, apesar da amnésia (aliás, o subtítulo do livro de Deborah é *A memoir of love and amnesia* [Memórias de amor e amnésia]. Ele a saudou várias vezes como se ela houvesse acabado de chegar. Deve ser uma situação extraordinária, pensei comigo, ao mesmo tempo enlouquecedora e lisonjeira, ser sempre visto como novo, como uma dádiva, uma bênção.

Clive, nesse meio-tempo, tratara-me por "Sua alteza" e perguntara, em intervalos: "Tem ido ao palácio de Buckingham?... O senhor é o primeiro-ministro?... O senhor é das Nações Unidas?". Achou graça quando respondi: "Não, só dos Estados Unidos". Esse tipo de gracejo batido e estereotipado era extraordinariamente repetitivo. Clive não tinha ideia de quem eu era, mas a bonomia permitia-lhe fazer contato, manter uma conversa. Eu desconfiava de que ele tivesse também alguma lesão nos lobos frontais, pois essas pilhérias incessantes (os neurologistas referem-se a isso como *Witzelsucht*, doença do gracejo), assim como a impulsividade e a tagarelice incontinente de Clive, talvez resul-

a um imenso empenho de Deborah, Clive foi transferido para uma pequena residência na zona rural destinada a portadores de lesão cerebral. Era um lugar muito mais agradável do que um hospital. Ali havia poucos pacientes, e eles tinham contato constante com profissionais delicados que os tratavam como indivíduos e respeitavam sua inteligência e seus talentos. Foi retirada a maioria dos fortes tranquilizantes que lhe eram ministrados, e ele parecia gostar da vastidão do espaço, dos alimentos frescos, das caminhadas que fazia pelo povoado e pelos jardins próximos da casa.

Durante os primeiros oito ou nove anos nessa nova casa, Deborah contou-me, "Clive esteve mais calmo e às vezes alegre, um pouco mais satisfeito, mas com frequência ainda tinha surtos de raiva, era imprevisível, reservado e passava a maior parte do tempo sozinho no quarto". Mas gradualmente, nos últimos seis ou sete anos, ele foi se tornando mais sociável e conversador. A conversa (embora de um tipo "roteirizado") veio preencher o que antes haviam sido dias vazios, solitários e sem esperança.

Embora eu me correspondesse com Deborah desde que Clive adoecera inicialmente, só vinte anos depois fui conhecê-lo em pessoalmente. E ele estava tão diferente do homem acossado e atormentado que eu vira no filme de Miller em 1986 que eu não estava preparado para aquela figura vivaz e esfuziante que abriu a porta quando Deborah e eu fomos fazer-lhe uma visita no verão de 2005. Clive fora lembrado de que estávamos chegando momentos antes de aparecermos, e correu a abraçar Deborah assim que ela entrou. Deborah me apresentou: "Este é o doutor Sacks". Clive imediatamente comentou: "Vocês, médicos, trabalham vinte e quatro horas por dia, hein? Estão sempre sendo chamados". Subimos até seu quarto, que continha um consolo de órgão elétrico e um piano com uma pilha de partituras. Notei que algumas eram transcrições de Orlandus Lassus, o compositor renascentista cujas músicas Clive editara. Vi o diário de Clive ao lado da pia — ele agora tem dezenas de volumes escritos, e o atual é sempre mantido exatamente nesse lugar. Ao lado do diário havia um dicionário etimológico com dúzias de marcadores multicoloridos entre as páginas e

"É o mesmo chocolate", eu disse com delicadeza.

"Não... olhe! Mudou. Não era assim antes..." Ele cobria e descobria o chocolate a cada poucos segundos, erguia-o e olhava.

"Veja! É diferente de novo! Como eles fazem isso?"

Dali a meses a confusão deu lugar à agonia e ao desespero que ficam tão claros no filme de Miller. E isso, por sua vez, foi seguido por uma profunda depressão, quando ele se dava conta — mesmo que em momentos súbitos, intensos e imediatamente esquecidos — de que sua vida anterior se acabara, de que ele estava incorrigivelmente incapacitado e passaria internado o resto de seus dias.

Meses se foram sem que houvesse melhora efetiva alguma, e a esperança de uma recuperação significativa tornou-se cada vez mais tênue. No final de 1985 Clive foi transferido para um quarto em um centro para pacientes psiquiátricos crônicos. Esse quarto ele ocuparia pelos seis anos e meio seguintes, mas nunca o reconheceria como seu. Um jovem psicólogo atendeu Clive por algum tempo em 1990 e anotou palavra por palavra do que ele disse, captando assim o estado de espírito sombrio que o dominara. Clive comentou certa vez: "Você consegue imaginar uma noite com cinco anos de duração? Sem sonhar, sem acordar, sem tocar, sem sentir gosto, sem sentir cheiro, sem ver, sem som, sem ouvir, sem absolutamente nada. É como estar morto. Cheguei à conclusão de que eu estava morto". A única ocasião em que ele se sentia vivo era quando Deborah o visitava. Mas no momento em que ela ia embora, ele recaía no desespero, e quando ela chegava em casa, dez ou quinze minutos depois, encontrava repetidas mensagens de Clive na secretária eletrônica: "Querida, por favor, venha me visitar, faz séculos que não a vejo. Por favor, voe para cá na velocidade da luz".

Imaginar o futuro era tão impossível para Clive quanto lembrar o passado — ambos eram engolfados pela avassaladora amnésia. Em algum nível, Clive não podia deixar de perceber o tipo de lugar em que ele estava, assim como a probabilidade de que passaria o resto de sua vida, a interminável noite, em um lugar como aquele.

Mas aconteceu que, sete anos depois de sua doença, graças

Pelo que ele soubesse, estava tudo normal. Com toda confiança, ele me identificava ou me confundia com um amigo seu, um freguês de sua mercearia, um açougueiro kosher, outro médico — uma dúzia de pessoas diferentes no decorrer de uns poucos minutos. Esse tipo de confabulação não era uma invenção consciente. Era, antes, uma estratégia, uma tentativa desesperada, inconsciente e quase automática de fornecer uma espécie de continuidade, uma continuidade narrativa, quando sua memória, e portanto sua experiência, era-lhe roubada a cada instante.

Embora não seja possível a uma pessoa ter conhecimento direto de sua amnésia, pode haver modos de inferi-la: pela expressão dos outros quando já repetiu algo meia dúzia de vezes, quando ela olha para a xícara de café e descobre que está vazia, quando olha para o próprio diário e vê anotações na própria letra. Como não dispõem da memória, como lhes falta o conhecimento direto da experiência, os amnésicos têm de fazer hipóteses e inferências, e geralmente eles as fazem plausíveis. Podem inferir que estiveram fazendo *alguma coisa*, estiveram *em algum lugar*, embora não consigam lembrar o que e onde. Clive, porém, em vez de fazer suposições plausíveis, sempre chegava à conclusão de que acabara de ser "despertado", de que estivera "morto". Isso me parecia um reflexo da obliteração quase instantânea da sua percepção — o próprio pensamento era quase impossível naquela minúscula janela de tempo. De fato, certa vez Clive comentou com Deborah: "Sou completamente incapaz de pensar".

No início de sua doença, Clive às vezes sentia-se confuso com as coisas bizarras que vivenciava. Deborah escreveu o que viu certo dia, ao chegar:

Ele segurava algo na palma da mão. Com a outra mão, cobria e descobria aquilo repetidamente, como se fosse um mágico praticando um truque para fazer sumir o objeto. Era um chocolate. Ele podia sentir o chocolate imóvel na mão esquerda, e no entanto toda vez que tirava a outra mão de cima, via um chocolate totalmente novo.

"Olhe!", ele disse. "É novo!" Ele não conseguia tirar os olhos do chocolate.

na mente de que alguma vez já estivera acordado. [...] "Não ouvi nada, não vi nada, não toquei em nada, não senti cheiro de nada", ele dizia. "É como estar morto."

Desesperado para agarrar-se a alguma coisa, para conseguir algum ponto de apoio, Clive começou a escrever um diário, primeiro em pedaços soltos de papel, depois num caderno. Mas suas anotações consistiam, essencialmente, em declarações como: "Estou acordado" ou "estou consciente", feitas repetidamente a cada poucos minutos. Ele escrevia: "14h10: desta vez estou acordado mesmo. [...] 14h14: desta vez, finalmente acordado. [...] 14h35: desta vez, completamente acordado", juntamente com negações dessas afirmações: "Às 21h40 acordei pela primeira vez, apesar das minhas afirmações anteriores". Isso também era depois riscado e seguido por "Eu estava totalmente consciente às 22h35, e desperto pela primeira vez em muitas, muitas semanas". O que era então cancelado pela anotação seguinte.[3]

Esse diário angustiante, vazio de qualquer outra coisa além dessas veementes declarações e negações destinadas a afirmar a existência e a continuidade, mas contradizendo-as sempre, tornava a ser preenchido a cada novo dia, e logo acumulou centenas de páginas quase idênticas. Era um aterrador e pungente testamento do estado mental de Clive, de sua desorientação nos anos que se seguiram à sua amnésia — um estado que Deborah, no filme de Miller, chamou "uma agonia sem fim".

O sr. Thompson, outro paciente com amnésia profunda que conheci, lidava com seus abismos de amnésia recorrendo a fluentes confabulações.[4] Ele vivia totalmente imerso em suas invenções instantâneas e não se dava conta do que estava acontecendo.

---

[3] Sugeri a meu paciente Jimmy fazer um diário, mas suas tentativas foram frustradas, inicialmente, porque ele vivia perdendo o caderno. Mesmo quando conseguimos organizar para ele um modo de encontrar seu caderno todo dia, mantendo-o sempre ao lado da cama, também isso falhou, pois ele escrevia devidamente no diário, mas não se lembrava de ter feito as anotações anteriores. Reconhecia sua própria caligrafia e sempre se espantava de ter escrito algo na véspera.

[4] Descrevi pela primeira vez o sr. Thompson em "Uma questão de identidade", publicado em *O homem que confundiu sua mulher com um chapéu*.

segundos. Os novos acontecimentos e experiências eram apagados quase instantaneamente, como escreveu Deborah:

Sua capacidade de perceber o que via e ouvia estava intacta. Mas ele parecia incapaz de reter qualquer impressão sobre qualquer coisa por tempo maior que o de um piscar de olhos.[2] De fato, quando ele piscava seus olhos se abriam para revelar uma nova cena. O que ele vira antes de ter piscado era totalmente esquecido. Cada vez que ele piscava, que relanceava os olhos para outro lado, surgia-lhe uma visão inteiramente nova. Eu tentava imaginar como seria aquilo para ele. [...] Algo parecido com um filme de má continuidade, o copo quase vazio, em seguida cheio, o cigarro de repente mais longo, o cabelo do ator ora desgrenhado, ora bem penteado. Mas aquilo era a vida real, uma sala que mudava de modos fisicamente impossíveis.

Além dessa incapacidade de preservar novas memórias, Clive sofria de uma devastadora amnésia retrógrada que apagava praticamente todo o seu passado.

Quando foi filmado em 1986 para o extraordinário documentário de Jonathan Miller para a BBC, *Prisoner of consciousness* [Prisioneiro da consciência], Clive parecia desesperadamente solitário, atemorizado e confuso. Vivia com a intensa, contínua e torturante noção de que havia algum problema bizarro, algo terrível. Mas sua queixa constantemente repetida não era de falta de memória, e sim de ser privado, de algum modo esquisito e terrível, de toda experiência, privado da consciência e da própria vida. Deborah escreveu:

Era como se cada momento em que ele estava acordado fosse o primeiro do seu despertar. Clive vivia sob a constante impressão de que acabara de emergir da inconsciência porque não tinha indícios

---

[2] Nesse período inicial da doença, Clive tinha muita dificuldade para fixar a mente em qualquer coisa — sua atenção era volátil e mudava de foco o tempo todo. Agora que seu estado está mais estabilizado, Clive consegue mais facilmente manter uma conversa, lembrar-se de uma série numérica ou de uma ou duas sentenças que lê. Por isso, o título de um documentário feito em 2005 sobre ele, *The man with the seven second memory* [O homem com memória de sete segundos], da Granada Television, provavelmente é mais apropriado.

15
AQUI-AGORA:
A MÚSICA E A AMNÉSIA

Você é a música
enquanto a música dura

T.S. Eliot, *Quatro quartetos*

Em janeiro de 1985, escreveu a esposa de Clive Wearing, eminente músico e musicologista inglês de quarenta e poucos anos, ele estava lendo meu ensaio "O marinheiro perdido", sobre um paciente com amnésia severa. Meu paciente, Jimmie, escrevi, estava "isolado em um único momento da existência, com um fosso ou lacuna de esquecimento em toda a sua volta [...] é um homem sem passado (ou futuro), preso em um momento que não tem sentido e muda constantemente".[1]

"Clive e eu não conseguimos tirar essa história da cabeça, e conversamos a respeito dela por dias", contou Deborah em seu relato biográfico *Forever today* [Eternamente hoje]. Eles não podiam saber que estavam, nas palavras de Deborah, "olhando no espelho do nosso próprio futuro".

Dois meses depois, Clive foi acometido por uma devastadora infecção no cérebro, uma encefalite herpética. A doença afetou especialmente as partes do cérebro relacionadas à memória, e ele ficou em um estado muito pior que o do paciente descrito em meu livro. Jimmie tinha uma duração de memória de aproximadamente meio minuto, enquanto a de Clive era de poucos

---

[1] A história de Jimmy, "O marinheiro perdido", foi publicada em *O homem que confundiu sua mulher com um chapéu*.

Parte 3
MEMÓRIA, MOVIMENTO E MÚSICA

apreciar a música. Mas isso não ocorre com quem já nasce com esse tipo de sinestesia.

Variam bastante as atitudes das pessoas quanto à sinestesia congênita, à importância que essa condição pode ter e ao papel que ela pode desempenhar na vida de cada indivíduo portador. Isso se evidencia até mesmo na pequena amostra de pessoas que descrevi. Michael Torke, embora tenha sinestesia musical muito intensa e específica, que em dado período influenciou suas habilidades musicais e suas composições, com o tempo passou a achar que ela "não é grande coisa". David Caldwell e Patrick Ehlen, ao contrário, acham que sua sinestesia continua a ser fundamental para sua identidade musical e que ela tem papel muito ativo no processo de compor. Mas para todos eles a sinestesia é natural, quase um sentido adicional. Tanto assim que questões do tipo "Como você se sente tendo isso?" ou "O que ela significa para você?" são tão irrespondíveis quanto "Como é estar vivo? Como é ser *você*?".

sentir o hálito da noite. [...] Eu *via* a música a tal ponto que era incapaz de falar sua linguagem.[15]

Um caso semelhante foi descrito por V. S. Ramachandran em *A brief tour of human consciousness* [Breve excursão pela consciência humana]: um paciente sentiu-se "invadido" por uma intrusa sinestesia após ficar cego aos quarenta anos. Quando esse paciente tocava em objetos ou lia em braille, escreveu Ramachandran, "sua mente conjurava vívidas imagens visuais que incluíam clarões, alucinações pulsantes ou, às vezes, a forma real do objeto que ele estava tocando". Muitas dessas sensações desnorteantes eram "irrelevantes, e sempre irrevogáveis e intrusivas [...] um estorvo espúrio e perturbador" que interferia imensamente em todos os aspectos da vida.[16]

Obviamente há uma diferença imensa entre adquirir uma anormalidade logo no início da vida e ter nascido com ela. Para Lusseyran, que a adquiriu no meio da infância, a sinestesia de cores e música, embora fosse bela, era intrusiva e o impedia de

---

[15] Complexas reações neurológicas à cegueira, entre elas as de Lusseyran, são analisadas mais pormenorizadamente em meu artigo "The mind's eye" [O olho da mente], de 2003.

[16] Mesmo indivíduos com sinestesia congênita podem, ocasionalmente, ficar sem ela. Isso foi trazido à luz por Kjerti Beth, uma jovem com ouvido absoluto e sinestesia de tons e cores. Há ocasiões, porém, em que ela deseja apenas ouvir música, sem quaisquer sensações visuais associadas, e isso é possível quando ela vai a shows de rock: "A distorção do *heavy metal* incapacita essencialmente o meu ouvido absoluto. [...] vou a um show de *metal* [...] e aprecio a música porque não a 'vejo'".

Outra correspondente, Liz Adams, relata uma ampla série de experiências sinestésicas, nas quais palavras ou nomes combinam-se a imagens envolvendo cor, textura e às vezes movimento. Ela vivencia um "gosto físico de certas cores, o amargo para o roxo, e um formigamento insuportável para certas nuances de amarelo tendendo para o ácido". Como os pacientes de Ramachandran, ela vivencia "cores fora do espectro visível". E, acrescenta:

imagens visuais criam barulho para mim. É literalmente ensurdecedor estar no meio de uma bagunça, como estar no meio de uma banda de metais. Não consigo ouvir uma conversa nessas circunstâncias, e preciso de superfícies livres para poder trabalhar direito. Eu trabalhava em colaboração com outro artista, e o estúdio dele, um amontoado de objetos, era barulho para mim. Eu precisava escapar a intervalos regulares para recobrar o equilíbrio, perturbada pela miscelânea de materiais e a barulhada que ele criava.

talvez equivocadamente alta demais. Mas diversos estudos recentes concordam que a sinestesia é muito mais comum na infância e tende a desaparecer na adolescência. Não se sabe se isso acompanha as mudanças hormonais ou reorganizações cerebrais que ocorrem nesse período ou se é concomitante à passagem para formas de raciocínio mais abstratas.

Embora geralmente a sinestesia apareça no início da vida, existem raras situações que podem provocar seu surgimento mais tarde; por exemplo, ela pode ocorrer transitoriamente durante convulsões do lobo temporal ou sob a influência de alucinógenos. Mas a única causa significativa de sinestesia adquirida permanente é a cegueira. A perda da visão, especialmente no começo da vida, pode, paradoxalmente, levar a imagens mentais visuais intensificadas e a todo tipo de conexões intersensoriais e sinestesias. A rapidez com que a sinestesia pode surgir em seguida à cegueira dificilmente permitiria a formação de novas conexões anatômicas no cérebro. Isso sugere que, em vez de novas conexões, o que ocorre é um fenômeno de liberação: a remoção de uma inibição normalmente imposta pelo sistema visual quando este funciona plenamente. Desse modo, a sinestesia decorrente da cegueira seria análoga às alucinações visuais (síndrome de Charles Bonnet), frequentemente associadas ao aumento de deficiência visual, ou às alucinações musicais às vezes associadas à surdez progressiva.

Semanas depois de perder a visão, Jacques Lusseyran adquiriu uma sinestesia tão intensa que substituiu sua percepção real da música e, por isso, impediu-o de se tornar músico, como ele pretendia:

> Eu mal produzia um som na corda lá, ou ré, ou sol, ou dó, e deixava de ouvi-lo. Eu o via. Notas, acordes, melodias, ritmos, tudo era imediatamente transformado em imagens, curvas, linhas, formas, paisagens e sobretudo cores. [...] Para mim, nos concertos, a orquestra era como um pintor. Inundava-me com todas as cores do arco-íris. Se o violino tocasse sozinho, eu era subitamente preenchido com ouro e fogo, e com um vermelho de uma intensidade que eu não me lembrava de ter visto em nenhum objeto. Ao chegar a vez do oboé, um verde-claro me percorria, tão frio que eu parecia

nos sinestetas, ocorre ativação de áreas visuais (especialmente áreas de processamento das cores) quando eles "veem" cores em resposta à fala ou a música.[14] Já não há margem para dúvida quanto à realidade fisiológica, tanto quanto psicológica, da sinestesia.

Aparentemente a sinestesia acompanha um grau incomum de ativação cruzada entre áreas do córtex sensitivo que, na maioria de nós, são funcionalmente independentes. Essa ativação cruzada poderia basear-se em um excesso anatômico de conexões neurais entre diferentes áreas do cérebro. Há indícios de que tal "hiperconectividade" realmente está presente em primatas e outros mamíferos durante o desenvolvimento fetal e a lactância, mas se reduz ou é "podada" em poucas semanas ou meses após o nascimento. Não foram feitos estudos anatômicos equivalentes com bebês humanos, mas segundo Daphne Maurer, da McMaster University, observações comportamentais de lactantes sugerem que "os sentidos do recém-nascido não são bem diferenciados, e sim entremesclados em uma confusão sinestética".

Baroh-Cohen e Harrison aventaram: "Talvez sejamos todos sinestetas de sons e cores até perdermos as conexões entre essas duas áreas, por volta dos três meses de vida". Segundo essa teoria, no desenvolvimento normal uma "confusão" sinestética dá lugar, após alguns meses, com a maturação cortical, a uma distinção mais clara e à segregação dos sentidos. Isso, por sua vez, possibilita a combinação apropriada das diversas percepções, uma combinação necessária para o pleno reconhecimento do mundo externo e seu conteúdo — o tipo de combinação essencial para que a aparência, a sensação tátil, o gosto e a sensação crocante de uma maçã façam sentido juntos. Nos portadores de sinestesia, supõe-se, uma anormalidade genética impede a eliminação completa desse tipo de hiperconectividade do início da vida, e assim um vestígio dela, maior ou menor, permanece na vida adulta.

A sinestesia parece ser mais comum em crianças. Já em 1883, o mesmo ano da publicação do livro de Galton, o eminente psicólogo Stanley Hall relatou a ocorrência de sinestesia de cores e música em 40% das crianças entrevistadas — uma porcentagem

---

[14] Ver, por exemplo, Paulescu, Harrison *et al.*

quando ganhou uma caixa de letras coloridas e viu que quase todas eram da cor "errada". Sua mãe, também sinesteta, concordou que as cores estavam erradas, mas sua opinião sobre a cor certa para cada letra não coincidia com a do filho. (A esposa de Nabokov também foi sinesteta, assim como o filho do casal.) Pensava-se que a sinestesia fosse muito rara, afetando talvez uma em cada 2 mil pessoas, e que sua incidência fosse bem maior no sexo feminino (na razão de seis mulheres para cada homem). Mas um estudo recente de Julia Simner, Jamie Ward e colegas questionou essas duas suposições. Analisando uma população aleatória de quase 1700 pessoas e fazendo testes objetivos para separar a sinestesia genuína da pseudossinestesia, esses pesquisadores constataram que uma pessoa em cada 23 tinha algum tipo de sinestesia — mais comumente para dias coloridos — e que não havia diferença significativa entre os sexos.[13]

Antes de 1999 não existiam testes psicológicos objetivos para diagnosticar a sinestesia. Mas nestes últimos anos V. S. Ramachandran e E. M. Hubbard elaboraram recursos engenhosos para detectá-la. Criaram, por exemplo, testes nos quais só um genuíno sinesteta consegue "passar", a fim de poderem distinguir entre a sinestesia verdadeira da pseudossinestesia. Um desses testes (descrito em seu artigo de 2001 para o *Journal of Consciousness Studies*) apresenta a uma pessoa uma miscelânea de imagens dos números dois e cinco, todas muito semelhantes e impressas em preto. A pessoa comum tem grande dificuldade para distingui-las de relance, mas um sinesteta de cores e números pode distingui-las facilmente por suas "cores" diferentes.

O imageamento funcional do cérebro agora confirmou que,

---

[13] A definição estrita de sinestesia é "fusão de sentidos". Classicamente, ela é definida como um fenômeno apenas sensorial. Mas está ficando claro que também existem formas de sinestesia puramente conceituais. Para Michael Torke, a *ideia* de sete é dourada, seja o algarismo arábico 7 ou o romano VII. Algumas pessoas têm uma conjugação instantânea e automática de outras características categóricas — por exemplo, veem certos dias da semana como masculinos ou femininos, ou certos numerais como "perversos" ou "bondosos". Isso constitui uma espécie de sinestesia "superior", uma união de ideias e não de sensações. Para esses sinestetas, não se trata de caprichos ou fantasias, mas de correspondências fixas, irresistíveis e vitalícias. Essas formas conceituais de sinestesia estão sendo estudadas especialmente por Julia Simner e seus colegas, e por V. S. Ramachandran.

século XIX, com Rimbaud e os poetas simbolistas, a noção de sinestesia tornou a parecer um conceito poético e deixou de ser considerada tema de investigação científica.[12] Novamente a situação mudou no último terço do século XX, como relatou em detalhes John Harrison no excelente livro *Synaesthesia: the strangest thing* [Sinestesia: coisa muito estranha]. Nos anos 1980, Richard Cytowic fez os primeiros estudos neurofisiológicos de pessoas com sinestesia. Esses estudos, apesar de todas as suas limitações técnicas, pareciam indicar uma genuína ativação de diferentes áreas sensitivas no cérebro (isto é, auditivas e visuais) coincidente com experiências sinestéticas. Em 1989 esse mesmo autor publicou um texto pioneiro, *Synestesia: a union of the senses* [Sinestesia: uma união dos sentidos], seguido em 1993 por um livro de divulgação científica sobre o tema, *The man who tasted shapes* [O homem que sentia o gosto das formas]. Hoje as técnicas de imageamento funcional do cérebro nos dão provas inequívocas da ativação simultânea ou coativação de duas ou mais áreas sensoriais no córtex cerebral nos sinestetas, justamente como o trabalho de Cytowic havia predito.

Enquanto Cytowic estudava a sinestesia nos Estados Unidos, Simon Baron-Cohen e John Harrison estavam desenvolvendo o tema na Inglaterra, e em 1997 publicaram uma coletânea de resenhas, *Synaesthesia: classical and contemporary readings* [Sinestesia: textos clássicos e contemporâneos].

Galton supôs que a sinestesia era acentuadamente hereditária, e Harrison e Baron-Cohen salientaram que um terço dos sinestetas que eles estudaram tinha parentes próximos com a mesma capacidade. Nabokov, em sua autobiografia *A pessoa em questão*, escreveu que na infância ele via cada uma das letras do alfabeto em uma cor distinta, por isso ficou muito perturbado

---

[12] Uma notável exceção foi *The mind of a mnemonist* [A mente de um mnemonista], de A. R. Luria, estudo sobre um memorizador sinestético, publicado em 1968. Para o paciente de Luria, Shereshevsky, "não havia uma linha distinta, como existe para nós outros, que separasse a visão da audição, ou esta do sentido do tato ou paladar". Cada palavra ou imagem que Shereshevsky ouvia ou via, cada percepção, gerava instantaneamente uma explosão de equivalências sinestéticas, as quais eram mantidas na mente, precisas, indeléveis e incessantes, pelo resto de sua vida.

uma parte integrante dela. Patrick gostaria que as outras pessoas pudessem partilhar dessa totalidade, e diz que tenta sugeri-la o máximo possível em suas composições.

Sue B., outra sinesteta, parece ter sinestesia musical não tanto com cores, mas com luz, forma e posição. Ela descreve assim o que sente:

Sempre vejo imagens quando ouço música, mas não associo cores específicas a determinados tons ou intervalos musicais. Eu gostaria de poder dizer que uma terça menor sempre é verde-azulada, mas não distingo os intervalos tão bem. Minhas habilidades musicais são muito modestas. Quando ouço música, vejo pequenos círculos ou barras verticais de luz que se tornam mais brilhantes, mais brancos ou mais prateados conforme os sons ficam mais agudos; nos sons mais graves, adquirem um lindo tom castanho-escuro. Uma subida na escala produzirá uma série de pontos progressivamente mais brilhantes ou de barras verticais movendo-se para cima, enquanto um trino, como numa sonata para piano de Mozart, produzirá um bruxuleio. Notas altas distintas de violino evocam nítidas linhas brilhantes, enquanto as notas tocadas em *vibrato* parecem tremeluzir. Vários instrumentos de corda tocando juntos evocam sobreposição, barras paralelas ou, dependendo da melodia, espirais de luz de diferentes matizes bruxuleando juntas. Sons produzidos por instrumentos de metal geram uma imagem em forma de leque. Notas altas posicionam-se ligeiramente em frente ao meu corpo, no nível da cabeça e voltadas para a direita, enquanto notas baixas localizam-se bem no centro do meu abdome. Um acorde me envolve.

A história do interesse científico pela sinestesia foi cheia de altos e baixos. No começo do século XIX, quando Keats, Shelley e outros poetas usavam mirabolantes imagens e metáforas intersensoriais, parecia que a sinestesia era apenas um arroubo poético ou imaginativo. Nas décadas de 1860 e 1870 surgiu uma série de meticulosos estudos psicológicos que, em 1883, culminaram com o livro de Galton, *Inquiries into human faculty and its development*. Essas obras serviram para legitimar o fenômeno e logo foram seguidas pela introdução do termo "sinestesia". Em fins do

Algumas das suas correspondências sinestésicas são para ele uma ajuda mnemônica (por exemplo: quando alguém lhe disse que 11 de setembro foi segunda-feira, ele pôde contestar instantaneamente e com certeza absoluta, pois terça-feira era amarelo para ele, e 11 de setembro, também).[11] Mas é a sinestesia musical que tem papel vital em sua sensibilidade e em sua vida criativa.

Para Patrick não existe, como para Michael Torke, uma relação fixa entre cores e tons (essa parece ser uma forma relativamente rara de sinestesia musical, talvez porque também exija o ouvido absoluto). A sinestesia, para Patrick, é evocada por praticamente todos os outros aspectos da música: o ritmo e o tempo, a forma das melodias, a modulação em diferentes tons, a riqueza das harmonias, o timbre dos diversos instrumentos e, especialmente, o caráter e o modo geral do que ele está ouvindo. Para ele, o ato de ouvir música é imensamente intensificado — nunca obstruído ou perturbado — pelo rico fluxo de sensações visuais que o acompanham.

Mas é sobretudo ao compor que ele valoriza sua sinestesia. Patrick tem músicas, fragmentos de músicas e ideias para composições passando continuamente pela sua cabeça, e a sinestesia é crucial para que ele os concretize, é uma parte indissociável do processo criativo. O próprio conceito de música, para ele, é impregnado com o visual. A cor não é "adicionada" à música, é

---

[11] Muitos sinestetas julgam que a capacidade de sua memória é mais confiável quando combinada à sinestesia. Ocasionalmente, porém, pode ocorrer o inverso, como me explicou Susan Foster-Cohen em um e-mail que ela intitulou "A traição da sinestesia":

Muitas vezes confundo datas porque minha sinestesia me trai. O 1 é branco, o 2 é verde, o 3 é amarelo, o 7 é azul e assim por diante. A sexta-feira é uma espécie de marrom acastanhado, a quarta-feira é amarelo-ovo mexido (um pouco mais escuro do que o 3, mas não muito), e a terça-feira é um azul bem parecido com o do 7. E aí é que está o problema: quarta-feira dia 3 é fácil: dois amarelos. Quarta-feira dia 7 é mais difícil, pois é um amarelo e um azul, e o mesmo acontece com a terça-feira dia 3. E agora, meu compromisso era na quarta-feira dia 7 ou na terça-feira dia 3?

E quando há combinação de números, é a mesma coisa. O 17 é feito de branco, do 1, e azul, do 7. O 71 tem a mesma combinação de cores. Alguém me diz 648 e eu me recordo, ou melhor, evoco, 486. Porque as cores são as mesmas: laranja, verde e vermelho. Sou obrigada a usar habilidades funcionais muito distintas para determinar se é mais provavel que seja quatrocentos e alguma coisa do que seiscentos e alguma coisa.

ocorre porque quando ela era muito pequena aprendeu o alfabeto por meio de letras coloridas que eram ímãs de geladeira. Elas eram organizadas em grupos de sete (A a G, H a N etc.), e suas cores correspondiam às sete cores do arco-íris, mas obviamente não havia nada que correspondesse a sustenidos ou bemóis naquelas letras.[10]

Christine considera sua sinestesia musical uma intensificação ou enriquecimento da música, embora a origem dessa sinestesia talvez tenha sido linguística e não musical. Horrorizou-se quando lhe contei a história do pintor daltônico que perdera sua sinestesia musical ao tornar-se daltônico. Christine disse que isso, para ela, seria "terrível" — equivalente a "perder um sentido".

Patrick Ehlen, psicólogo e compositor, tem sinestesia muito abrangente, não só para música, mas para todo tipo de som: instrumentos musicais, buzinas de carro, vozes, ruídos de animais, trovão etc. Para ele, o mundo dos sons é continuamente transformado em um mundo mutável de cores e formas. Ele também tem sinestesia de cores e letras, números e dias da semana. Lembra-se de que sua professora da primeira série, ao vê-lo fitando o espaço, perguntou o que ele estava olhando. Ele respondeu que estava "contando as cores até sexta-feira". A classe inteira caiu na gargalhada, e dali por diante ele guardou para si as suas impressões.

Só aos dezoito anos aconteceu-lhe de, em conversa com um colega, ouvir o termo "sinestesia" e perceber que o que ele sempre tivera e sempre achara muito normal era, na verdade, uma "anormalidade". Despertada sua curiosidade, começou a ler sobre sinestesia e pensou em fazer dela o tema de sua dissertação. Ele acha que sua sinestesia impeliu-o a tornar-se psicólogo, embora seu trabalho profissional seja nas áreas da fala, discurso e linguística, e não da sinestesia.

---

[10] Quando perguntei a Christine como aquela sinestesia afetava sua leitura e escrita, a resposta foi que, embora ela se considerasse uma leitora lenta, talvez por causa das diversas cores das letras e palavras, isso lhe permitia "saborear" as palavras de um modo especial, um modo que não estava ao alcance das pessoas comuns. Christine gosta de certas palavras em razão da cor à qual se associam (azuis e verdes são favoritas), e ela acha que isso pode torná-la propensa, subconscientemente, a usá-las quando escreve.

falar de violinistas que recorrem à sinestesia para afinar seus instrumentos e de afinadores de piano que se servem da sinestesia em seu trabalho.

Christine Leahy, escritora, artista visual e violonista, tem acentuada sinestesia de letras, números e dias da semana, além de marcante, embora menos específica, sinestesia de cores e música. Sua cromestesia para as letras é especialmente pronunciada, e se uma palavra começar com uma letra "vermelha", por exemplo, o vermelho pode alastrar-se e envolver a palavra inteira.[9] Christine não tem ouvido absoluto e não é capaz de perceber nenhuma diferença intrínseca entre diferentes tons. Mas os concomitantes cromáticos das letras também se aplicam às letras da escala musical, de modo que, se ela souber que determinada nota é um D (ré), esta provocará a sensação do verde tão vívida quanto a gerada pela letra D. Essa sinestesia também se aplica ao som da nota. Christine descreveu as seguintes sensações quando, ao afinar seu violão, ela baixa uma corda de E (azul) para D (verde): "Azul vivo, saturado [...] azul esmaecendo, parece mais granulado [...] um verde texturizado e não saturado [...] um verde homogêneo, puro, intenso".

Perguntei o que acontecia, visualmente, com o semitom, o E bemol entre o E e o D, e ela disse: "Nada. É um vazio". Nenhum dos sustenidos e bemóis tem concomitantes de cor para Christine, embora os perceba e os toque sem dificuldade. Quando ela toca uma escala diatônica — a escala do dó maior —, vê um "arco-íris" com as cores na ordem espectral, cada uma "dissolvendo-se" na seguinte. Mas, quando toca uma escala cromática, as cores são interrompidas por uma série de "vazios". Para Christine, isso

---

[9] Assim, quando ela olha uma página num livro, tende a vê-la como um mosaico policrômico, com as peças coloridas maiores formadas por palavras e as menores por letras individuais. Essa cromestesia não tem relação com o significado das palavras ou com a capacidade de Christine para entendê-las, mas depende de as letras serem conhecidas. Ela viu uma página em alemão em uma profusão de cores, embora não saiba alemão. Mas quando lhe mostrei uma página em coreano, ela não viu cores enquanto algumas das letras coreanas, em sua mente, não assumiram uma ligeira similaridade com as letras do inglês; quando isso ocorreu, apareceram pontos de cor isolados na página.

atingindo seu objetivo, quando as cores sinestéticas lhe parecem certas. A cor traz tempero, riqueza e principalmente clareza ao seu pensamento musical. Mas é difícil apontar com precisão ou sistematizar suas correspondências. Quando lhe pedi para fazer uma tabela de suas cores sinestéticas, ele pensou por alguns dias e me escreveu:

Quanto mais tentei preencher os claros da minha tabela, mais tênues as associações me pareceram. As associações de Michael são muito fixas e não parecem envolver considerações intelectuais ou emocionais. Já as minhas têm forte relação com como eu me *sinto* a respeito dos tons e como os uso para compor e tocar música.

Gian Beeli, Michaela Esslen e Lutz Jäncke, pesquisadores em Zurique, relataram o caso de uma mulher, musicista profissional, com sinestesia de música e cores e de música e paladar: "Toda vez que ela ouve um intervalo musical específico, automaticamente sente na língua um gosto que sempre é associado àquele intervalo musical". Em um artigo na revista *Nature* em 2005, eles detalharam as associações dessa mulher:

Segunda menor	Azedo
Segunda maior	Amargo
Terça menor	Salgado
Terça maior	Doce
Quarta	(Grama cortada)
Trítono	(Nojo)
Quinta	Água pura
Sexta menor	Nata
Sexta maior	Nata com baixo teor de gordura
Sétima menor	Amargo
Sétima maior	Azedo
Oitava	Nenhum gosto

Qualquer incerteza auditiva quanto ao intervalo musical que ela está ouvindo é imediatamente compensada pelo "gosto" desse intervalo, pois para ela os seus gostos musicais sinestéticos são instantâneos, automáticos e sempre corretos. Também já ouvi

David Caldwell, outro compositor, também tem sinestesia musical, mas de um tipo bem diferente. Quando mencionei que Michael associava o amarelo ao sol maior, David exclamou: "Para mim isso parece errado!". Disse o mesmo para o verde associado ao mi maior de Michael, e também para a maioria das cores deste (embora afirmasse ver a "lógica" de algumas dessas associações). Cada sinesteta tem suas próprias correspondências de cor.[8]

A associação de cores e tons para David ocorre em mão dupla: quando viu um pedaço de vidro transparente amarelo dourado no peitoril da minha janela, surgiu-lhe na mente o si bemol maior. ("Esse tom tem algo de claro e dourado", ele disse. Talvez, especulou, fosse a cor dos instrumentos de metal da orquestra. As trompas, para ele, são instrumentos si bemol, e muitas composições para os metais são escritas nesse tom.) Ele não sabe muito bem o que determina as cores específicas em sua sinestesia. Terão surgido de experiência? De associações convencionais? Serão arbitrárias? Têm algum "significado"?

Embora David não tenha ouvido absoluto, possui excelente ouvido relativo. Lembra com precisão o tom de muitas músicas e de muitos instrumentos, e com isso pode inferir imediatamente em que tom qualquer música está sendo tocada. Cada tom, ele diz, "tem sua qualidade específica", assim como sua cor individual.

David acha que a cor da música é essencial para sua sensibilidade e pensamento musical, pois para ele não são apenas os tons que possuem cores distintas; temas, padrões, ideias e modos musicais também têm cores, assim como os instrumentos específicos e as partes de cada um. Cores sinestéticas acompanham cada etapa de seu pensamento musical; quando ele tateia em busca da "estrutura básica das coisas", é ajudado pelas cores, e sabe que está no caminho, que está

---

[8] A sensação de "erro" pode ser tão intensa que produz sintomas físicos. Escreveu um correspondente:

Estou lendo seu livro, e comecei pelo capítulo sobre sinestesia, mas não consegui passar da terceira página, pois a pessoa citada no texto define o ré maior como azul. Impressionei-me com minha reação por saber que alguém não sente a mesma cor que eu para o ré maior (vermelho escarlate): fiquei tonto, tive náuseas. Nunca discuti com outros sinestetas sobre as percepções deles, por isso fiquei assombrado com minha reação.

Michael não tem associações de cores com padrões musicais nem com tessituras, ritmos, instrumentos, compositores, modos ou emoções — apenas com tons. Mas tem outros tipos de sinestesia não musical. Para ele, letras, números e dias da semana têm, cada qual, sua cor específica e também uma topografia ou paisagem singular.[6] Perguntei a Michael se a sinestesia musical tinha algum papel em sua vida criativa, se levava seu pensamento e imaginação por direções inesperadas.[7] Ele respondeu que houve uma ligação explícita entre cor e tom musical na primeira música orquestral que compôs, uma série de cinco peças intituladas *Música colorida*, cada qual explorando as possibilidades musicais de um único tom e, portanto, de uma única cor. A primeira delas chamou-se "Laranja extático"; as outras eram: "Música azul luminoso", "Verde", "Púrpura" e "Cinza". Mas, com exceção dessas primeiras composições, Michael nunca mais fez uso explícito da sinestesia de tons em sua obra — um notável e sempre crescente conjunto de músicas que hoje inclui óperas, balés e peças sinfônicas. Muitos lhe perguntam se a sinestesia fez grande diferença em sua vida, em especial como músico. Ele responde: "Para mim, pelo menos, não é grande coisa". Para ele é normal, não tem nada de notável.

---

[6] A segunda-feira é verde, a terça é branco-amarelada, e nelas, Michael explica, o "terreno" sobe e faz uma volta para a direita. A quarta-feira é magenta, "quase da cor de tijolo velho". A quinta-feira é um azul-escuro, quase índigo, a sexta, quase o ponto mais alto do terreno, é cor de bétula, o sábado "cai para um marrom-escuro, denso". O domingo é preto.

Os números também têm sua paisagem. "No vinte dão uma guinada para a direita, no cem, para a esquerda." Para Michael, a ideia dos números é tão importante quanto a forma deles. Por exemplo, segundo ele, "um VII romano será tão dourado quanto um 7 arábico [...] ou talvez um pouquinho menos". Muitas das unidades, dezena e centenas têm cores semelhantes, de modo que, se o quatro é "verde-escuro", a dezena do quarenta é "verde-floresta", a centena do quatrocentos é um verde um pouco mais claro e assim por diante.

Assim que ocorre qualquer referência à data, seu correlato de cor/topografia aparece de chofre na mente de Michael. Por exemplo: domingo, 9 de julho de 1933, instantaneamente gera o equivalente cromático do dia, data, mês e ano espacialmente coordenado. Esse tipo de sinestesia, a seu ver, tem sua utilidade como recurso mnemônico.

[7] Alguns compositores clássicos, entre eles Scriabin, Messaien e Rimsky-Korsakov, fizeram uso explícito da sinestesia em suas composições. O *Oxford companion to music* contém uma tabela que contrasta as "cores" de Rimsky-Korsakov e Scriabin. Mas elas talvez representem um simbolismo consciente, e não uma sinestesia real.

Quando perguntei a Michael em que sentido "via" suas cores, ele falou na luminosidade. As cores tinham uma espécie de brilho transparente, luminoso, disse, como se houvesse "uma tela" diante dele que, no entanto, não obstruía nem alterava sua visão normal. Perguntei o que aconteceria se ele visse um "azul" de ré maior enquanto olhasse para uma parede amarela. Veria verde? Não, ele respondeu. Suas cores sinestéticas eram totalmente internas e nunca se confundiam com as cores externas. Mas subjetivamente eram muito intensas e "reais".

As cores que ele vê com tons musicais têm sido absolutamente fixas e consistentes por quarenta anos ou mais, e ele se pergunta se elas já estariam presentes quando ele nasceu ou se teriam sido determinadas logo depois do nascimento. Outros especialistas testaram a exatidão e a consistência de suas associações de cores e tons ao longo do tempo, e elas não mudaram.

Michael não vê cores associadas a notas isoladas ou a diferentes alturas de som. Também não vê cores se, digamos, for tocada uma quinta — pois uma quinta, em si, é ambígua, não está associada a nenhum tom específico. É preciso que haja uma tríade maior ou menor, ou uma sucessão de notas suficiente para indicar a armadura de clave básica. "Tudo remonta à tônica", ele diz. Mas o contexto também é importante. Por exemplo, a *Segunda sinfonia* de Brahms é em ré menor (azul), mas um movimento é em sol menor (ocre). Esse movimento ainda será azul se for tocado no contexto de toda a sinfonia, mas pode ser ocre se for lido, tocado ou imaginado separadamente.

Michael gostava em especial de Mozart e Vivaldi quando menino, sobretudo pelo uso que esses compositores faziam dos tons, os quais, ele diz, eram "puros, restritos [...] eles usavam uma paleta mais simples". Depois, na adolescência, ele se apaixonou por Chopin, Schumann, os compositores românticos — muito embora, com suas modulações convolutas, eles impusessem demandas especiais sobre sua sinestesia.

---

mum ('marciano') às cores evocadas. Isso [...] sugere que as *qualia* — as experiências subjetivas das sensações de cor — dependem não meramente das fases finais do processamento, mas do padrão total da atividade neural, incluindo as fases iniciais".

isso já torna os tons musicais absolutamente distintos para ele: o sol sustenido menor, por exemplo, tem um "sabor" diferente do sol menor, ele disse, assim como para o resto de nós os tons maiores e menores têm diferentes qualidades. Michael afirmou não conseguir imaginar como seria ter sinestesia de tons sem possuir ouvido absoluto. Para ele, cada tom, cada modo, tem uma *aparência* tão distinta (e tão "característica") quanto seu som. Desde que ele era pequeno, as cores têm sido constantes e fixas, e aparecem espontaneamente. Nenhum esforço da vontade ou da imaginação pode mudá-las. Parecem-lhe completamente naturais e preordenadas. E são muito específicas. O sol menor, por exemplo, não é simplesmente "amarelo", mas "amarelo ocre". O ré menor é "como sílex, grafite", o fá menor é "cor de terra acinzentada". Ele se esforça para encontrar o termo certo, assim como faria para encontrar a tinta ou o creiom correspondente.

As cores dos tons maiores e menores sempre são relacionadas (por exemplo, o sol menor é um amarelo ocre mais suave; o sol maior, um amarelo vivo), mas fora isso Michael tem dificuldade para identificar algum sistema ou regra que permita predizer as cores de determinados tons. Ele chegou a cogitar a possibilidade de as cores terem sido sugeridas por associações fortuitas quando ele era muito pequeno — um piano de brinquedo, talvez, com cada tecla numa cor diferente — mas não tem nenhuma lembrança inequívoca de um fato assim. De qualquer modo, acha que as associações de cores são numerosas demais (para começar, 24 com os tons maiores e menores e outra meia dúzia com os modos) para que tal explicação seja provável. Além disso, alguns tons parecem possuir matizes estranhos que ele mal consegue descrever e que quase nunca viu no mundo que o cerca.[5]

---

[5] V. S. Ramachandran e E. M. Hubbard (em seu artigo de 2001 para a *Proceedings of the Royal Society of London*) descreveram um homem com daltonismo parcial e sinestesia de letras e cores. O paciente disse que quando ocorria uma estimulação sinestética, ele via cores que nunca vira com seus olhos. Chamava-as de "cores marcianas". Ramachandran e Hubbard descobriram depois que o "efeito das cores marcianas" também podia ocorrer com sinestetas não daltônicos. Escreveram em um artigo de 2003: "Atribuímos isso ao fato de que as cores evocadas por ativação cruzada no [giro] fusiforme 'desviam' de fases anteriores do processamento das cores e, assim, podem conferir um matiz inco-

lidade de que a percebam. Muitas das pessoas que recentemente me contaram sobre sua sinestesia musical são músicos.[4]

O eminente compositor contemporâneo Michael Torke foi profundamente influenciado por experiências com música colorida. Torke mostrou notáveis dons musicais desde bem pequeno, e aos cinco anos ganhou um piano e aulas com uma professora. "Eu já era compositor aos cinco anos", ele disse. A professora dividia uma música em sessões e Michael as rearranjava em ordens diferentes enquanto tocava.

Um dia ele comentou com a professora: "Adoro essa música azul".

A professora pensou ter ouvido errado. "Azul?"

"Sim", disse Michael. "Essa em ré maior... o ré maior é azul."

"Para mim, não", replicou a professora. Ela ficou intrigada, e Michael também, pois ele supunha que todo mundo via cores associadas a notas musicais. Quando começou a perceber que nem todo mundo tinha essa sinestesia, não conseguiu imaginar como seria não a ter. Imaginou que talvez fosse como "uma espécie de cegueira".

Michael, pelo que ele se lembra, sempre teve esse tipo de sinestesia de tons — ver cores fixas associadas à execução de música, escalas, arpejos, qualquer coisa com uma armadura de clave. E também se lembra de sempre ter tido ouvido absoluto. Só

---

[4] Existem muitas outras formas de sinestesia que podem incluir música ou não. Uma correspondente fez uma fascinante descrição da sinestesia de sua filha:

Descobri recentemente que minha filha de dezesseis anos tem sinestesia. [As citações a seguir são dela]. Letras, números e palavras têm cores, textura e gênero, e em alguns casos até personalidades: "P. é um preto escuríssimo com um laivo de roxo, manchado, e às vezes parece um nariz entupido. Homem".

"O número 4 é amarelo-ácido vivo, e o 5 é azul-creiom. Juntos, eles deveriam somar 8, que é verde vivo, mas na verdade somam 9, que é marrom-terra molhada. Nunca entendi isso. A álgebra é que faz o X ficar marrom também. As letras principalmente nunca deveriam entrar nessa confusão."

Música e sons em geral evocam cores e formas. "Um lamento agudo é como se alguém pegasse uma agulha mergulhada em tinta de realce amarelo e arranhasse uma linha acima de mim."

Às vezes há sabores envolvidos: "O nome Samantha tem gosto de chiclete".

neurologista. Há estimativas de que a incidência de sinestesia seja de aproximadamente um caso em cada 2 mil indivíduos, mas ela talvez seja consideravelmente mais comum, pois a maioria das pessoas que a possui não a considera uma "anormalidade". Elas sempre foram assim, e supõem, até serem informadas do contrário, que sua experiência é perfeitamente normal e corriqueira, que para todo mundo também ocorrem fusões de diferentes sentidos. Tanto é assim que recentemente descobri, apenas perguntando, que vários pacientes que eu atendia por outros problemas, alguns durante anos, também são sinestetas. Acontece que nunca lhes ocorrera mencionar-me o fato, e eu nunca lhes perguntara.

Durante muitos anos, o único paciente que eu sabia ser sinesteta era um pintor que, depois de um traumatismo na cabeça, ficou totalmente daltônico.[3] Ele perdeu de súbito não só a capacidade de perceber e até de imaginar as cores, mas também de automaticamente ver cores junto com música, uma capacidade que ele tivera toda a vida. Embora em certo sentido essa fosse a menor das perdas para ele, ainda assim era significativa, pois a música sempre fora "enriquecida", como ele disse, pelas cores que a acompanhavam.

Isso me convenceu de que a sinestesia era um fenômeno fisiológico, dependente da integridade de certas áreas do córtex e das conexões entre elas — neste caso, entre partes de áreas específicas do córtex visual necessárias para construir a percepção ou as imagens mentais das cores. A destruição dessas áreas nesse homem deixou-o incapaz de vivenciar *qualquer* cor, inclusive a música "colorida".

De todas as formas de sinestesia, a musical — especialmente os efeitos de cor experimentados quando se ouve música ou se pensa em música — é uma das mais comuns, e talvez a mais impressionante. Não sabemos se é mais comum nos músicos ou nas pessoas musicais, mas é claro que para os músicos é maior a probabi-

---

[3] Descrevi esse caso em *Um antropólogo em Marte*, no capítulo "O caso do pintor daltônico".

seu clássico livro *Inquiries into human faculty and its development* [Investigações sobre a capacidade humana e seu desenvolvimento], publicado em 1883. É um livro excêntrico e abrangente no qual o autor discorre sobre sua descoberta da individualidade das impressões digitais, seu uso da fotografia composta e um tema mais malvisto: suas ideias sobre a eugenia.[2] Os estudos de Galton sobre as "imagens mentais" começaram com uma investigação sobre a capacidade das pessoas para visualizar cenas, rostos etc. em detalhes vívidos e verídicos, após o que ele estudou suas imagens mentais de números. Alguns dos indivíduos estudados por Galton afirmaram, para o espanto do pesquisador, que invariavelmente "viam" determinados números em uma dada cor, sempre a mesma, independentemente de estarem olhando para os números ou imaginando-os. Embora a princípio Galton considerasse isso não mais do que uma "associação", logo se convenceu de que se tratava de um fenômeno fisiológico, uma faculdade específica e inata da mente. Supôs que ela tinha algum parentesco com as imagens mentais, porém sendo de natureza mais fixa, mais estereotipada e mais automática e, em contraste com outras formas de imagens mentais, praticamente impossível de influenciar pela consciência ou pela vontade.

Até pouco tempo atrás eu raramente tivera oportunidade, como neurologista, de atender um paciente com sinestesia, já que essa ocorrência não costuma levar alguém a procurar um

---

[2] A sinestesia estreou na literatura muito antes, quando o compositor e escritor do romantismo alemão E. T. A. Hoffmann descreveu um de seus heróis, Johannes Kreisler, como "o homenzinho de paletó cor de dó sustenido menor com um colarinho cor de mi maior". Isso parece específico demais para ser uma metáfora e leva a crer que o próprio Hoffmann tinha sinestesia de cores e música ou que conhecia muito bem esse fenômeno. Paul Herruer, um correspondente de Groningen, menciona outra possibilidade:

Nos séculos XVIII e XIX tendia-se a associar os vários tons com certas características. [...] O mi maior era considerado uma tonalidade cintilante ou mesmo chamejante. Em contraste, o dó sustenido menor era descrito como melancólico, meio triste. Portanto, Hoffmann poderia também ter usado uma espécie de combinação de metáforas exclusivas de músicos para evocar um paletó pardacento com um colarinho contrastante (aprumado?).

14

O TOM DO VERDE-CLARO: A SINESTESIA E A MÚSICA

Há séculos os humanos procuram uma relação entre música e cor. Newton supôs que o espectro tinha sete cores distintas que correspondiam, de algum modo ignorado mas simples, às sete notas da escala diatônica. "Órgãos de cores" e instrumentos semelhantes, nos quais cada nota era acompanhada por uma cor específica, remontam ao início do século XVIII. E no *Oxford companion to music* encontramos nada menos que dezoito densas colunas dedicadas ao verbete "Cor e música". Para a maioria de nós, a associação de cores à música é apenas metafórica. "Como" e "parece" são as marcas registradas dessas metáforas. Mas, para algumas pessoas, uma experiência sensorial pode provocar outra de modo instantâneo e automático. Para um verdadeiro sinesteta, não existe o "como", e sim simplesmente uma conjugação instantânea de sensações. Isso pode envolver qualquer um dos sentidos. Por exemplo, uma pessoa pode perceber letras individuais ou dias da semana como dotados de cores específicas; outra pode sentir que cada cor tem seu odor próprio, ou que cada intervalo musical tem seu gosto peculiar.[1]

Um dos primeiros relatos sistemáticos sobre sinestesia (termo cunhado nos anos 1890) provém de Francis Galton em

---

[1] No fim do século XIX o escritor Joris-Karl Huysmans escreveu que cada licor "corresponde", no sabor, a um instrumento musical — o curaçau seco ao clarinete, o *kummel* ao oboé, o creme de menta à flauta etc. —, mas fez questão de ressaltar, depois, que se tratava apenas de analogias. Uma metáfora pseudossinestésica semelhante foi usada por Evelyn Waugh em *Memórias de Brideshead*, quando Anthony Blanche louva "um *chartreuse* genuinamente verde [...] há cinco gostos distintos conforme ele escorre pela língua. É como engolir um espectro".

com visão normal usados como controle na tarefa de julgar a direção da mudança de tom entre sons, mesmo quando a velocidade das mudanças é dez vezes maior que o percebido pelos indivíduos de controle — mas isso só se aplica às pessoas que ficaram cegas em tenra idade". Uma diferença de dez vezes, nesse caso, é extraordinária: não costumamos encontrar diferenças dessa magnitude em se tratando de uma capacidade perceptiva básica.

Ainda não foram totalmente identificados os correlatos neurais exatos que fundamentam as habilidades musicais nos cegos, mas o tema está sendo intensivamente estudado em Montreal e em outros lugares. Enquanto isso, temos para nos guiar apenas a imagem icônica do músico cego, os numerosos músicos cegos do mundo, os relatos biográficos e as descrições da frequente musicalidade das crianças cegas. Dos relatos biográficos, um dos mais belos é o de Jacques Lusseyran, escritor e herói da Resistência francesa que foi músico talentoso e tocou violoncelo quando menino, mesmo antes de ficar cego aos sete anos. Em seu livro, *Memórias de vida e luz*, Lusseyran ressaltou a imensa importância que a música assumiu para ele ao perder a visão:

A primeira sala de concerto em que entrei, aos oito anos, significou mais para mim no espaço de um minuto do que todos os reinos encantados. [...] Entrar naquela sala foi o primeiro passo de uma história de amor. A afinação dos instrumentos cativou-me [...] eu chorava de gratidão toda vez que a orquestra começava a cantar. Um mundo de sons para um cego, que súbita graça! [...] Para um cego, a música nutre. [...] Ele precisa recebê-la, servida em intervalos, como alimento. [...] A música foi feita para os cegos.

mal. Portanto, não foi a DSO em si, mas o grau de cegueira, o fato de não dispor de um mundo visual significativo, que desempenhou o papel crucial de estimular as inclinações e habilidades das crianças cegas.

Em vários outros estudos, Ockelford constatou que 40% a 60% das crianças cegas que ele ensinava tinham ouvido absoluto, e um estudo recente de Hamilton, Pascual-Leone e Schlaug também determinou que 60% dos músicos cegos tinham ouvido absoluto, em comparação com talvez 10% dos músicos que veem. Nos músicos com visão normal, o ensino musical em tenra idade (antes dos seis ou oito anos) é crucial para o desenvolvimento ou manutenção do ouvido absoluto — mas nesses músicos cegos, o ouvido absoluto era comum mesmo quando o ensino musical começara relativamente tarde, às vezes na adolescência.

Um terço ou mais do córtex humano ocupa-se da visão, e se subitamente o *input* visual é perdido, podem ocorrer reorganizações e remapeamentos muito extensos no córtex cerebral, às vezes com o desenvolvimento de todo tipo de sensações intermodais. Há muitas evidências, do trabalho de Pascual-Leone e seus colegas, bem como de outros trabalhos,[2] mostrando que nas pessoas que nascem cegas ou ficam cegas em tenra idade o extenso córtex visual, longe de permanecer sem função, é realocado para outros *inputs* sensitivos, especialmente da audição e do tato, e se torna especializado no processamento desses *inputs*.[3] Mas mesmo quando a cegueira surge mais tarde na vida, pode ocorrer essa realocação. Nadine Gaab *et al.* em um estudo sobre um músico com ouvido absoluto que ficou cego em idade mais avançada, mostraram que ocorria extensa ativação em ambas as áreas de associação visual quando esse indivíduo ouvia música.

Fréderic Gougoux, Robert Zatorre e outros, em Montreal, mostraram que "pessoas cegas saem-se melhor do que indivíduos

---

[2] Ver, por exemplo, Amedi, Merabet, Bermpohl e Pascual-Leone, 2005.

[3] Algumas pessoas com cegueira congênita ou adquirida são capazes de formar mapas auditivos precisos e detalhados de seu ambiente imediato. John Hull descreve elegantemente a aquisição dessa capacidade em seu livro *Touching the rock.*

ria verbal incomum; muitas delas também são atraídas pela música e motivadas a torná-la central em sua vida. Crianças destituídas de um mundo visual naturalmente descobrirão ou criarão um rico mundo de toques e sons.[1] Pelo menos existem muitos relatos que corroboram essa ideia. Mas além dessas observações feitas sem método, nos últimos vinte anos houve estudos sistemáticos elaborados por Adam Ockelford. Ele foi professor de música em uma escola para cegos e hoje é diretor de educação do Royal National Institute for the Blind em Londres. Interessa-se especialmente por uma rara condição congênita, a displasia septo-óptica (DSO), que causa deficiência visual, às vezes relativamente branda, mas quase sempre grave. Com a colaboração de Linda Pring, Graham Welch e Darold Treffert, Ockelford comparou 32 famílias de crianças portadoras dessa condição com o mesmo número de famílias de controle. Metade das crianças com DSO não tinha visão ou só podia perceber luz ou movimento (foram classificadas como "cegas"), e a outra metade possuía "visão parcial". Ockelford *et al.* constataram que havia muito mais interesse por música entre o grupo de cegos e indivíduos com visão parcial do que no grupo com visão plena. Uma mãe declarou sobre sua filha cega de sete anos: "Ela está sempre com sua música. Quando não há música tocando, ela está cantando. Ouve música no carro, ao adormecer, e adora tocar piano ou qualquer outro instrumento".

Embora as crianças com visão parcial também demonstrassem interesse mais acentuado por música, habilidades musicais excepcionais foram observadas apenas nas crianças cegas — habilidades que emergiram espontaneamente, sem ensino for-

---

[1] Uma amiga de Mozart [que ele admirava muito, e a quem dedicou um concerto de piano], a pianista e compositora Maria Theresia von Paradis, nasceu cega. Sintonizada com o mundo auditivo e especialmente o musical, ela era famosa por seu ouvido e memória musicais quase mozartianos. Aos dezoito anos, ela ganhou um diminuto grau de visão durante um período de tratamento pelo célebre Franz Anton Mesmer. Isso, porém, acarretou um drástico declínio em sua percepção musical, memória e talento pianístico. Os tratamentos de Mesmer terminaram quando ele partiu de Paris, e com isso os rudimentos de visão de Von Paradis declinaram gradativamente até desaparecer. Ela não lamentou totalmente, pois pôde desfrutar o retorno ao mundo de sons e música e a retomada de uma brilhante carreira.

cego na primeira infância, antes de usar óculos. Isso teria tido alguma influência para torná-lo um *savant* musical?

A imagem dos músicos e poetas cegos tem uma ressonância quase mítica, como se os deuses houvessem concedido os dons da poesia e da música para compensar o sentido que lhes tiraram. Músicos e bardos cegos têm desempenhado um papel especial em muitas culturas como menestréis ambulantes, artistas da corte, cantores religiosos. "Na cultura gaélica", disse-me John Purser, "um número considerável de harpistas e flautistas foram descritos como cegos — '*dall*' — e a causa frequente era a varíola". Entre esses músicos estavam Ruairidh Dall O'Cathan, Ruairidh Dall Morrison, o Cego Denis Hempson e muitos outros. Purser ressalta:

> A cegueira desses homens não é apresentada com nenhuma sugestão de deficiência, inferioridade ou mesmo dependência. Eles não são mostrados com um menino servo carregando a harpa nas costas (embora muitos dependessem de um servo), não são retratados tateando seu caminho no mundo com uma bengala, nem são mostrados como mendigos pedindo esmola; ao contrário, são figuras representadas com dignidade e até com a insinuação de que possuem uma visão interior apropriada a seu status de músicos bárdicos.

Por séculos vigorou na Europa a tradição dos organistas de igreja cegos. Existem muitos músicos cegos, em especial (mas não exclusivamente) no mundo da música gospel, do blues e do jazz: Stevie Wonder, Ray Charles, Art Tatum, José Feliciano, Rahsaan Roland Kirk e Doc Watson são apenas alguns exemplos. Muitos desses artistas, de fato, têm o adjetivo *blind* (cego) acrescentado ao nome quase como uma honraria: Blind Lemon Jefferson, Blind Boys of Alabama, Blind Willie McTell, Blind Willie Johnson.

Em parte, a canalização de cegos para a vida de músico é um fenômeno social, pois costuma-se achar que eles não têm acesso a muitas outras ocupações. No entanto, nesse caso as forças sociais combinam-se a poderosas forças internas. Muitas crianças cegas são precocemente verbais e desenvolvem uma memó-

13

UM MUNDO AUDITIVO:
A MÚSICA E A CEGUEIRA

Quando menino, na Londres dos anos 1930, eu adorava as visitas de Enrico, o afinador de piano que vinha a cada poucos meses afinar os nossos instrumentos. Tínhamos um piano de armário e um de cauda e, como todos os membros da família tocavam, eles estavam sempre desafinando. Uma ocasião, Enrico adoeceu e em seu lugar veio um substituto — um afinador que, para minha surpresa, andava sem uma bengala branca e parecia enxergar normalmente. Até então, eu supunha que todos os afinadores de piano fossem cegos, como Enrico. Refleti sobre isso anos depois quando pensei em meu amigo Jerome Bruner. Além de seus muitos outros talentos, ele tem imensa sensibilidade para a música e possui extraordinárias capacidades de memória e imaginação musical. Quando lhe perguntei sobre o assunto, disse que não provinha de uma família musical, mas que nascera com catarata congênita, a qual fora operada só quando ele tinha dois anos. Fora funcionalmente cego nos dois primeiros anos de vida. Antes de a catarata ser removida, ele só podia ver luz, sombra e alguns movimentos. E isso, a seu ver, forçara-o a se concentrar nos sons de todos os tipos, especialmente vozes e música. Essa sensibilidade especial ao mundo auditivo ele conservou por toda a vida.

Era um caso semelhante ao de meu paciente Martin, o *savant* musical, que usava óculos com grossas lentes de cristal como Jerry Bruner; Martin nascera com severa hipermetropia, de mais de vinte dioptrias, que só foi diagnosticada e corrigida quando ele já tinha quase três anos. Também deve ter sido funcionalmente

Darold Treffert, que estudou dezenas de pessoas com capacidades de *savant* congênitas ou adquiridas, salienta que não existem *savants* "instantâneos" e que não há um caminho fácil para o savantismo. Mecanismos especiais, sejam ele universais ou não, podem ser necessários para o savantismo, porém não são suficientes. Todos os *savants* passam anos desenvolvendo e aperfeiçoando suas habilidades, às vezes obsessivamente, alguns movidos pelo prazer de exercitar uma habilidade especial — um prazer talvez intensificado pelo contraste com as deficiências intelectuais globais desses indivíduos — ou pelo reconhecimento e as recompensas que suas capacidades podem gerar. Ser um *savant* é um modo de vida, é toda uma organização da personalidade, muito embora ela possa ser construída com base em um único mecanismo ou habilidade.

---

maioria dos humanos adultos. O pesquisador aventou: "Nossos ancestrais comuns podem ter possuído memória imediata, mas, no decorrer da evolução, talvez a tenham perdido e adquirido habilidades semelhantes às da linguagem". (Ver Kawai e Matsuzawa, 2000, e um boletim sobre o simpósio em *Science*, por Jon Cohen.)

Robyn Young e seus colegas usaram técnicas semelhantes e constataram, em um estudo, que era possível duplicar o efeito de liberação, mas apenas em cinco dos dezessete indivíduos estudados. Concluíram que "esses mecanismos *não* estão disponíveis a todas as pessoas, e além disso os indivíduos podem diferir em sua capacidade de acessá-los". Seja como for, certamente parece possível que uma minoria considerável, talvez 30% dos adultos "normais", tenha potenciais de *savant* latentes ou suprimidos que podem ser, em certa medida, liberados por técnicas como a EMT. Isso não é de todo surpreendente, uma vez que várias condições patológicas — demência frontotemporal, derrames no hemisfério dominante, certos traumatismos na cabeça e infecções — podem ocasionalmente ensejar o aparecimento de habilidades semelhantes às de *savant*.

Não há como não inferir que existem, pelo menos em muitos indivíduos, capacidades eidéticas e mnemônicas concretas que normalmente ficam ocultas, mas que podem aflorar ou ser liberadas em condições excepcionais. A existência desses potenciais só é inteligível, da perspectiva da evolução e do desenvolvimento, como formas primordiais de percepção e cognição que no passado tiveram valor adaptativo mas agora foram suprimidas e desbancadas por outras formas.[8]

---

do olfato, em um capítulo de *O homem que confundiu sua mulher com um chapéu* intitulado "O cão sob a pele".)

Eu não só podia identificar todas as pessoas minhas conhecidas pelo cheiro, mas também manter imagens visuais muito precisas e estáveis em minha mente e desenhá-las no papel, como se usasse uma câmara clara. Minhas capacidades de memória e transcrição musical intensificaram-se acentuadamente, e eu conseguia reproduzir melodias complexas no piano depois de ouvi-las uma única vez. Mas meu deleite com esses recém-encontrados poderes e com o mundo de sensações muito intensificadas arrefeceu quando constatei que o pensamento abstrato estava extremamente comprometido. Décadas depois, ao ler sobre os pacientes de Bruce Miller e os experimentos de Allan Snyder, desconfiei que as anfetaminas pudessem ter causado uma desinibição transitória do lobo temporal e uma liberação de habilidades de "*savant*".

[8] O trabalho que vem sendo realizado por Tetsuro Matsuzawa e seus colegas em Kyoto sobre o alcance da memória numérica em chimpanzés pode nos dar um exemplo de uma habilidade "primitiva" desse tipo. Em um artigo escrito em coautoria com Nobuyuki Kawai, Matsuzawa mostrou que Ai, um chimpanzé jovem, podia lembrar uma sequência de no mínimo cinco números, mais do que uma criança em idade pré-escolar; e em um simpósio recente em Chicago sobre a mente do chimpanzé, Matsuzawa revelou que Ai, com mais treinamento, adquiriu capacidades de memória de trabalho superiores às da

desse tipo depois de lesão cerebral, derrame, tumor e demência frontotemporal, em especial se o dano limitar-se, inicialmente, ao lobo temporal esquerdo. Clive Wearing, descrito no capítulo 15, contraiu encefalite herpética que afetou especialmente suas regiões frontais e temporais esquerdas. Além de uma devastadora amnésia, ele passou a apresentar habilidade de *savant* para fazer cálculos e trocadilhos com grande presteza.

A rapidez com que os talentos de *savant* podem surgir nessas circunstâncias indica uma desinibição ou liberação de funções do hemisfério direito que normalmente são inibidas ou suprimidas pelo lobo temporal esquerdo. Em 1999, Allan Snyder e D. J. Mitchell inverteram a questão usual. Em vez de buscar a razão de os talentos de *savant* ser tão raros, decidiram investigar por que *todos nós* não temos talentos de *savant*. Aventaram que o mecanismo para essas habilidades talvez exista em todos nós no princípio da vida, mas, à medida que o cérebro amadurece, eles são inibidos, pelo menos da percepção consciente. Supuseram que talvez os *savants* tenham "acesso privilegiado a níveis inferiores de informação, inacessíveis por meio da introspecção". Em seguida, começaram a testar experimentalmente sua teoria usando a estimulação magnética transcraniana (EMT), técnica que hoje permite inibir, por breve período e de modo praticamente instantâneo, funções fisiológicas em diferentes partes do cérebro. Os pesquisadores aplicaram EMT por alguns minutos no lobo temporal esquerdo em voluntários normais, uma estimulação destinada a inibir o pensamento abstrato e conceitual governado por essa parte do cérebro. Eles esperavam, com isso, permitir a liberação transitória de funções perceptuais no hemisfério direito. Esses experimentos produziram resultados modestos mas sugestivos; aparentemente, melhoraram por alguns minutos habilidades como desenhar, calcular e corrigir um texto. Atualmente, Snyder e Bossomaier estão investigando se o ouvido absoluto pode ser liberado pela EMT.[7]

---

[7] Ocorreu-me algo talvez análogo em 1965. Na época, assim como certo número de estudantes de medicina e residentes, eu vinha tomando grandes doses de anfetaminas. Por duas semanas, me vi de posse de várias habilidades extraordinárias, que normalmente eu não possuía. (Publiquei um relato sobre esse episódio, concentrando-me na intensificação

A imaturidade funcional (e talvez imunológica) do hemisfério esquerdo no útero e durante a lactância torna-o singularmente suscetível a lesões, e se elas ocorrerem, como supuseram Geschwind e Galaburda, pode haver um hiperdesenvolvimento compensatório do hemisfério direito, um aumento real, possibilitado pela migração neuronal. Isso pode reverter o curso normal dos eventos e produzir uma anômala dominância do hemisfério direito em vez da usual dominância do hemisfério esquerdo.[6]

Também depois do nascimento, pelo menos nos cinco primeiros anos de vida, pode ocorrer a mudança de dominância para o hemisfério direito se o hemisfério esquerdo sofrer lesão. (O interesse de Geschwind por esse fenômeno foi despertado, em parte, pelo surpreendente fato de a hemisferectomia do hemisfério esquerdo — a remoção de todo esse hemisfério, um procedimento drástico adotado em alguns casos para a epilepsia intratável — não deixar uma criança pequena permanentemente destituída da linguagem, pois em seguida ao procedimento desenvolvem-se funções de linguagem no hemisfério direito.) Parece perfeitamente possível que algo assim tenha acontecido com Martin aos três anos, depois da meningite. Essas mudanças hemisféricas também podem ocorrer, em menor grau, em adultos que sofrem lesão permanente no lado esquerdo do cérebro.

Talentos do tipo *savant* podem, em alguns casos, aparecer em fases posteriores da vida. Há vários relatos sobre ocorrências

---

[6] Além dos traumas e lesões que podem prejudicar o hemisfério esquerdo no útero, no parto ou na primeira infância, existe um correlato fisiológico de assimetria hemisférica precoce com a exposição à testosterona no útero. A testosterona retarda o desenvolvimento intrauterino do hemisfério esquerdo e, embora tanto os fetos masculinos como os femininos sejam expostos a isso, os masculinos o são em quantidades bem maiores. De fato, existe uma notável preponderância masculina em muitas síndromes congênitas, entre elas autismo, síndrome de *savant*, síndrome de Tourette e dislexia. Isso, supôs Geschwind, pode refletir o efeito da testosterona.

No entanto, como alerta Leon Miller, "a maioria dos *savants* musicais é do sexo masculino, tem deficiência visual e um histórico de distúrbio da linguagem, porém tal combinação de fatores não assegura o surgimento de habilidades de *savant*. [...] Essas características podem estar presentes em alguém que não seja excepcional em área alguma". (Miller prossegue analisando outros fatores: tendências obsessivas, oportunidades especiais, predisposição genética, dominância do hemisfério direito etc., mas conclui que nenhum fator isolado é adequado para explicar ou predizer o surgimento de habilidades de *savant*.)

passividade e da atenção que as pessoas prestavam aos seus talentos visuais, isso passou despercebido. Talvez, também, a adolescência tenha influenciado, pois nessa fase Stephen de súbito adquiriu fixação por Stevie Wonder e Tom Jones, e adorava imitar os movimentos e maneirismos dos dois artistas juntamente com sua música.

Uma característica — na verdade, a característica definidora — das síndromes de *savant* é a intensificação de certas capacidades juntamente com uma deficiência ou subdesenvolvimento de outras.[5] As capacidades que são intensificadas nos *savants* são sempre de tipo concreto, ao passo que as deficientes são abstratas e com frequência linguísticas. Muito já se especulou sobre como pode ocorrer tal conjunção de forças e fraquezas.

Há um século e meio sabemos que existe uma especialização relativa (mas não absoluta) das funções dos dois lados do cérebro. O desenvolvimento das habilidades abstratas e verbais associa-se especialmente ao hemisfério esquerdo ou dominante, e as habilidades perceptuais ao direito. Essa assimetria hemisférica é muito pronunciada nos humanos (e está presente em menor grau nos primatas e em alguns outros mamíferos), sendo observável inclusive no útero. No feto, e talvez na criança muito pequena, a situação é invertida, pois o hemisfério direito desenvolve-se mais cedo e mais rapidamente do que o esquerdo, permitindo assim que funções perceptuais estabeleçam-se nos primeiros dias e semanas de vida. O hemisfério esquerdo demora mais para desenvolver-se, mas continua a mudar de modo fundamental após o nascimento. E, à medida que se desenvolve e adquire suas próprias habilidades (sobretudo conceituais e linguísticas), começa a suprimir ou inibir algumas das funções (perceptuais) do hemisfério direto.

---

[5] Embora o termo "síndrome de *savant*" seja usado para referir-se a indivíduos que apresentam talentos de *savant* em um contexto de retardamento mental ou autismo de baixo funcionamento, habilidades de *savant*, especialmente para cálculos, podem ser encontradas também em pessoas de inteligência geral elevada. (Steven B. Smith analisa esse assunto em seu livro *The great mental calculators* [Os grandes calculadores mentais].) Alguns grandes matemáticos possuem capacidades de *savant* para efetuar cálculos — Gauss foi um exemplo famoso —, mas muitos não as possuem. Nesse aspecto, a habilidade para fazer cálculos tem certa semelhança com o ouvido absoluto, que pode estar presente como parte de uma "síndrome", mas também ser encontrado em pessoas com inteligência normal.

Um professor escreveu-me sobre um aluno com leve retardo mental, hidrocefalia e convulsões, além de autismo:

Ele é incapaz de amarrar os sapatos, não sabe somar três e dois, mas pode tocar um movimento de uma sinfonia de Beethoven e transpô-lo para qualquer tom. Parece possuir profunda compreensão da "gramática" da harmonia convencional. Dei-lhe para ouvir harmonias mais complexas (por exemplo, Debussy, a sonata para piano de Berg, a abertura de *Tristão* e os estudos para piano de Ligati), e agora ele sabe improvisar usando qualquer uma dessas "linguagens" harmônicas. [...] Ele tem imenso amor pela música [...] e quando está tocando bem (o que nem sempre acontece), sua execução é extraordinariamente bela e tocante.

O inglês Stephen Wiltshire, um prodígio autista, é muito conhecido como um *savant* visual, capaz de desenhar com detalhes assombrosos prédios complexos e até paisagens urbanas inteiras, às vezes depois de um único relance.[4] Ele consegue reter essas imagens na mente durante anos, com poucas perdas ou distorções. Quando Stephen entrou na escola, aos seis anos, sua professora comentou sobre os desenhos do menino: "São os desenhos menos infantis que já vi".

Stephen também é um *savant* musical. As habilidades dos *savants* em geral se evidenciam antes dos dez anos de idade, especialmente as relacionadas à música. No entanto, quando a mentora de Stephen, Margaret Hewson, telefonou-me dizendo "brotaram capacidades musicais em Stephen — capacidades *imensas!*", ele já estava com dezesseis anos. Assim como Martin, Stephen tinha ouvido absoluto e podia reproduzir instantaneamente acordes complexos, tocar melodias depois de ouvi-las pela primeira vez, mesmo que durassem vários minutos, e transpô-las com facilidade para outros tons. Tinha também capacidades de improvisação. Não se sabe por que os dons musicais de Stephen parecem ter surgido relativamente tarde. É provável que ele tenha possuído um grande potencial musical desde bem pequeno, mas, talvez por causa de sua

---

[4] Descrevi em detalhes as habilidades visuais e musicais de Stephen em *Um antropólogo em Marte*, no capítulo intitulado "Prodígios".

retardo mental profundo que possuíam "faculdades" especiais e às vezes impressionantes. Entre essas faculdades estavam uma habilidade excepcional para cálculos ou desenho, aptidões mecânicas e, sobretudo, a capacidade de lembrar, tocar e por vezes compor música. A musicalidade, de fato, é a mais comum e talvez a mais chamativa forma de talento *savant*, pois logo é notada e atrai atenção. O caso do Cego Tom, um escravo americano que desde bem pequeno mostrou possuir prodigiosa habilidade musical atraiu a atenção do mundo nos 1860.[2] Darold Treffert dedicou grande parte de seu livro *Extraordinary people* aos *savants* musicais, e Leon K. Miller escreveu todo um livro sobre um único *savant* musical, Eddie.[3] Beate Hermelin e outros, em Londres, realizaram estudos pormenorizados sobre talentos de *savants* e especialmente habilidades de *savants* musicais. Confirmaram que, como ocorre com as habilidades musicais normais, essas habilidades de *savant* dependem do reconhecimento (que pode ser implícito e inconsciente) das estruturas e regras essenciais da música. A anomalia não está na habilidade em si, mas no seu isolamento — em seu desenvolvimento incomum e às vezes prodigioso em uma mente que, em outros aspectos, pode ser acentuadamente subdesenvolvida na esfera do pensamento verbal e abstrato.

---

[2] Os *savants* não são "idiotas" nem necessariamente apresentam qualquer grau de retardo mental; no então, quase todos são autistas. O autismo só foi reconhecido como entidade na década de 1940, e hoje percebemos que a maioria dos *savants* é autista. Estima-se que mais de 10% dos portadores de autismo clássico têm talentos de *savant*. Os relatos contemporâneos sobre o Cego Tom (incluindo o do médico francês Édouard Séguin, que assistiu a um concerto do Cego Tom) indicam substancialmente que ele tinha muitos dos maneirismos e estereotipias comuns aos autistas.

O pianista John Davis gravou em CD boa parte da música do Cego Tom em 1999. Em seguida, escreveu vários artigos sobre a fascinante história desse cativo, e atualmente está trabalhando em um livro sobre o Cego Tom e sua época.

[3] O livro de Miller, *Musical savants: exceptional skils in the mentally retarded* [*Savants* musicais: habilidade excepcional nos mentalmente retardados], requer comparação com *The psychology of a musical prodigy* [Psicologia de um prodígio musical], o clássico estudo de Geza Révész sobre o prodígio musical húngaro Erwin Nyiregyházy. Este, ao contrário de Eddie, não era um *savant*, pois possuía uma inteligência excepcionalmente abrangente e articulada, mas no que diz respeito à música os dois talentosos meninos eram muito comparáveis.

Adam Ockelford escreveu um estudo sobre um *savant* musical cego, publicado em forma de livro com o título *In the key of genius* [No tom do gênio].

mas não como solista, por causa de sua voz rouca e espástica. Aos 61 anos de idade, porém, suas crescentes incapacidades físicas, entre elas artrite e doença cardíaca, levaram-no para o asilo.

Quando o conheci, em 1984, ele me contou que sabia mais de 2 mil óperas, além do *Messias*, do *Oratório de Natal* e todas as cantatas de Bach. Levei partituras de algumas daquelas composições e o testei o melhor que pude: não consegui descobrir nenhum erro. E não era só das melodias que ele se lembrava. Ouvindo as músicas, ele aprendera o que cada instrumento tocava, o que cada voz cantava. Quando toquei para ele uma música de Debussy que ele nunca ouvira, foi capaz de repeti-la ao piano quase sem erros. Depois fez a transposição para outros tons e improvisou um pouco à maneira de Debussy. Martin era capaz de absorver as regras, as convenções de qualquer música que ouvia, mesmo que ela não fosse de um gênero com que ele tivesse familiaridade ou que não fosse do seu gosto. Era uma habilidade musical do mais alto quilate em um homem tão mentalmente deficiente em outros aspectos.

Qual a origem das capacidades musicais de Martin? Ele tinha um pai muito musical, e esse tipo de habilidade frequentemente é herdada, como ocorreu nas seis gerações da família Bach. Martin nasceu e cresceu em um lar musical. Seria isso suficiente, ou suas faculdades auditivas e potencialmente musicais também adquiriram força por causa de sua deficiência visual? (Darold Treffert, em seu notável livro sobre o savantismo, *Extraordinary people* [Pessoas extraordinárias], observou que mais de um terço dos *savants* musicais são cegos ou têm visão muito deficiente.) Martin nasceu com problemas visuais gravíssimos, mas isso não foi percebido nem corrigido antes de ele já estar com quase três anos de idade, por isso nesses primeiros tempos ele sem dúvida foi quase cego e dependeu da audição para orientar-se e interpretar o mundo. Ou teria sido a meningite que, enquanto o privava de alguns de seus controles corticais e das faculdades superiores, também estimulou ou liberou habilidades de *savant* até então ignoradas?

O termo *idiot savant* [idiota sábio] foi cunhado em 1887 pelo médico londrino Langdon Down para referir-se a crianças com

12
DUAS MIL ÓPERAS: SAVANTS MUSICAIS

O primeiro *savant* musical adulto que conheci foi um homem com retardo mental que estava internado em um asilo onde eu trabalhava.[1] Martin nascera normal, mas aos três anos contraíra meningite, que lhe causou convulsões e fraqueza espástica nos membros e na voz. A doença afetou também sua inteligência e sua personalidade, e ele se tornou impulsivo, "esquisito" e incapaz de acompanhar os colegas na escola. Junto com esses problemas, porém, ganhou faculdades curiosas. Fascinou-se por música, e cantava as melodias assim que acabava de ouvi-las ou as tocava no piano o melhor que podia com seus membros e sua voz espásticos. Seu pai, que era cantor de ópera profissional, incentivou-o nessas atividades.

Junto com suas habilidades musicais, Martin adquiriu uma prodigiosa capacidade de decorar. Assim que passou a usar óculos para amenizar os graves problemas visuais congênitos, tornou-se um leitor ávido, que retinha na memória (embora com frequência sem entender) tudo o que lia. E esse conteúdo, assim como o de sua memória musical, era auditivo: tudo o que ele lia, ouvia mentalmente, às vezes na voz de seu pai. Assim como podemos dizer que há pessoas com memória "fotográfica", Martin tinha memória fonográfica.

Homem de hábitos solitários, Martin era capaz de viver com autonomia e de executar trabalhos simples, não especializados. Seu único prazer, aparentemente, era cantar em coros de igreja,

---

[1] Minha primeira descrição de Martin encontra-se em *O homem que confundiu sua mulher com um chapéu,* no capítulo "O dicionário de música ambulante".

de equilíbrio ou vestibular, a música, ele escreveu, "ainda é percebida de maneira plana em uma lasca de espaço". Ele aprendeu a "lê-la" com muita dificuldade, de um novo modo, e com isso sente-se capaz de analisá-la e fazer avaliações estéticas, embora não continue a sentir "grande coisa" no nível emocional. Mas ainda é cedo, e Coleman espera fervorosamente que um dia a música volte de súbito ao espaço tridimensional e lhe devolva a arquitetura musical. Encorajado pela experiência do dr. Jorgensen, Coleman obriga-se a ouvir música todos os dias, esforçando-se para ouvi-la do modo como fazia antes. Ele ainda possui a memória, a imaginação de como era ouvir com os dois ouvidos.

musical haviam mudado drasticamente desde a súbita perda de audição em um ouvido que ele sofrera alguns meses antes. A música fora fundamental na vida de Coleman, e agora, com a perda da estereofonia, ele se via privado não só da plenitude e do caráter espacial da música, mas também da ressonância emocional que dela deriva. Subsequentemente, Coleman escreveu ao *Guardian* contando em detalhes sua experiência:

Imagino que alguém que aprecie música possui na cabeça algum tipo de terceira dimensão, uma dimensão que sugere volume além de superfície, profundidade de campo e textura. No meu caso, eu ouvia "construções" sempre que escutava música — formas tridimensionais de substância e tensão arquitetônicas. Não "via" essas construções do clássico modo sinestésico; eu as sentia em meu sensório. Essas formas possuíam "pisos", "paredes", "telhados", "porões". Expressavam volume. Eram construídas com superfícies interligadas que dependiam umas das outras para ter coerência. A música, para mim, sempre fora um belo recipiente tridimensional, um vaso, tão real, ao seu modo, como uma tenda de escoteiro, uma catedral ou um navio, com um lado de dentro, um lado de fora e espaços internos subdivididos. Tenho certeza absoluta de que essa "arquitetura" explica por que a música sempre exerceu tamanho poder emocional sobre mim. [...]
Sempre me calei sobre essa ideia da arquitetura, em parte [...] porque nunca senti plena confiança de que "arquitetura" era realmente o que eu queria dizer. Talvez "ouvir música arquitetonicamente" fosse apenas fruto da minha incapacidade de me expressar.
Mas agora estou confiante. "Arquitetonicamente" era o termo exato. O que ouço hoje ao escutar música é uma representação plana, bidimensional: plana mesmo, como uma folha de papel com linhas. Quando antes eu tinha construções, agora tenho apenas desenhos arquitetônicos. Posso interpretar o que os desenhos mostram, mas não tenho a estrutura real: não consigo entrar na música, nem perceber seus espaços interiores. Nunca senti nenhum impacto emocional com desenhos técnicos. Isso é o que dói de verdade: já não reajo emocionalmente à música.

Seis meses depois de perder a audição, embora Coleman houvesse alcançado alguma adaptação ou recuperação na função

vesse escaneando a cena com movimentos laterais da cabeça e um ligeiro movimento ondulatório de cima para baixo. Depois de um bom tempo comecei a sentir-me confortável o bastante para voltar a me dedicar a caçadas perigosas. Agora eu estava procurando sons que me eram familiares."[2]

Na sala de concertos, Howard aprendeu a virar levemente a cabeça como se "estivesse olhando para os instrumentos que eram tocados no momento — à esquerda para os violinos e um pouco à direita para o baixo e a percussão". O sentido do tato, assim como o da visão, foi crucial para ajudar Howard a reconstruir uma noção de espaço musical. Ele fez uma experiência usando isoladamente o *subwoofer* de seu estéreo, e disse: "[isso] aumentou minha atenção para a natureza física tátil dos sons que eu estava ouvindo". Em sua sala de troféus, que ele projetara como um ambiente perfeito para ouvir seu refinado sistema de som, ele usava o poder do *subwoofer* para ajudá-lo a "reunir" memórias e imagens de sons e espaços. Talvez todos nós, inconscientemente, usemos pistas visuais e táteis junto com pistas auditivas para criar a totalidade da percepção musical. Com essas e sem dúvida muitas outras adaptações, conscientes e inconscientes, Howard hoje obtém um efeito pseudoestéreo, como o dr. Jorgensen, e voltou a apreciar música.

Pós-escrito

Em novembro de 2007 fui procurado por Nick Coleman, um crítico musical inglês, que lera meu relato sobre o dr. Jorgensen. Ele me contou que sua audição e especialmente sua percepção

---

[2] Jaron Lanier, compositor, etnomusicólogo e pioneiro da realidade virtual, dedica-se a projetar realidade virtual com a maior fidelidade visual e auditiva possível. Ele salienta que micromovimentos da cabeça (movimentos de alguns milímetros, ou minúsculas rotações), executados de modo automático e inconsciente em frações de segundos, ocorrem mesmo para quem possui audição binaural perfeita e sã, inclusive, necessários para a localização precisa dos sons. Os movimentos de cabeça que Brandston disse fazer para mapear os sons (e que são adquiridos pela maioria das pessoas que perdem um olho ou um ouvido) parecem ser, ao menos em parte, uma amplificação desses normalmente minúsculos micromovimentos da cabeça.

perdido agora está de novo disponível para ele. Embora tenha demorado alguns meses, ele conseguiu, de maneira surpreendente, recuperar boa parte do que considera mais importante: a riqueza, a ressonância e o poder emocional da música.

O relato do dr. Jorgensen foi o primeiro que recebi sobre os efeitos da surdez súbita em um lado, mas depois que ele me escreveu descobri que sua experiência não era nada rara. Um amigo meu, Howard Brandston, contou-me que, vinte anos atrás, sofreu uma súbita vertigem, seguida pela perda quase total da audição no ouvido direito. "Eu ainda podia ouvir sons daquele lado", ele disse, "mas não conseguia desembaralhar as palavras nem distinguir diferenças tonais." E continuou:

Eu tinha ingressos para um concerto na semana seguinte, mas a música pareceu-me monótona, sem vida e sem a qualidade harmoniosa que eu adorava. Era possível reconhecer a música, sim, mas em vez da estimulante experiência emocional que eu estava esperando, me senti tão deprimido que meus olhos ficaram marejados.

E houve outros problemas. Howard era um aficionado por caça, e em sua primeira viagem para abater veados após ter sofrido a perda de audição, ele descobriu que sua habilidade para localizar sons estava gravemente prejudicada:

Quando eu ficava totalmente imóvel, podia ouvir as tâmias correndo, os esquilos procurando comida, mas perdera minha antiga habilidade para localizar esses sons. Comecei a perceber que, se eu quisesse ser um caçador bem-sucedido, teria de aprender a compensar a deficiência sensitiva.

Depois de vários meses, Howard descobriu muitos modos de compensar a perda de audição de um ouvido. Ele alternava as análises visual e auditiva de uma cena, tentando fundir as duas entradas de informações perceptuais. "Depois de algum tempo", ele disse, "eu não precisava mais fechar os olhos se me manti-

O dr. Jorgensen disse que, em sua opinião, seu ouvido bom "está melhor do que se poderia esperar de um septuagenário". O ouvido de uma pessoa, sua cóclea, não pode melhorar conforme ela avança em idade, mas, como Jacob L. demonstrou claramente, o próprio cérebro pode melhorar sua habilidade de fazer uso de qualquer informação auditiva ao seu alcance. Esse é o poder da plasticidade cerebral. É questionável que "fibras auditivas talvez tenham atravessado o corpo caloso" até o outro ouvido, como aventou Jorgensen, mas sem dúvida houve mudanças significativas em seu cérebro conforme ele foi se adaptando à vida com um só ouvido. Novas conexões têm de ter sido formadas, novas áreas recrutadas (e uma técnica de imageamento do cérebro suficientemente refinada poderia ser capaz de demonstrar essas mudanças). Também parece provável — pois em geral a visão e a audição complementam-se e, quando uma é prejudicada, tende a ser compensada pela outra — que o dr. Jorgensen, consciente ou inconscientemente, esteja usando a visão e dados visuais para mapear a posição dos instrumentos na orquestra e as dimensões, o espaço e os contornos da sala de espetáculo, para com isso reforçar sua noção do espaço auditivo.

A percepção nunca está puramente no presente, pois tem de recorrer à experiência do passado. É por isso que Gerald M. Edelman fala em "presente lembrado". Todos temos memórias detalhadas da aparência e dos sons das coisas que vimos e ouvimos, e essas memórias são evocadas ou reforçadas a cada nova percepção. Tais percepções devem ser especialmente poderosas em uma pessoa acentuadamente musical e assídua frequentadora de concertos como o dr. Jorgensen, e decerto suas imagens mentais são recrutadas para complementar sua percepção, em especial se o *input* perceptivo for limitado. "Cada ato de percepção", escreveu Edelman, "é, em certa medida, um ato de criação, e cada ato de memória é, em certa medida, um ato de imaginação." Desse modo são invocados tanto a experiência e o conhecimento do cérebro como sua adaptabilidade e resiliência. O que é admirável, pelo menos no caso do dr. Jorgensen, é que, depois de uma perda tão grave, sem possibilidade de restauração da função no sentido usual, tenha havido, ainda assim, uma significativa *reconstrução* dela, de maneira que boa parte do que parecia irrecuperavelmente

só para a audição. A difusão do som com a distância pode ser percebida de modo monoaural e binaural, e o formato do ouvido externo, o pavilhão da orelha, fornece valiosas indicações sobre a direção e as assimetrias do som que chega até ele.

A pessoa que perdeu a estereoscopia ou a estereofonia precisa, efetivamente, recalibrar seu ambiente, seu mundo espacial — e nesse caso o movimento é especialmente importante, até mesmo os movimentos da cabeça relativamente pequenos, mas muito informativos. Edward O. Wilson conta em sua autobiografia, *Naturalista*, que perdeu um olho quando criança, mas apesar disso é capaz de avaliar distâncias e profundidades com grande precisão. Quando o conheci, surpreendeu-me um curioso meneio que ele fazia com a cabeça. Pensei que fosse algum hábito ou tique. Mas ele explicou que não era nada disso, e sim uma estratégia para dar ao seu olho remanescente perspectivas alternativas (como as que normalmente os dois olhos receberiam), o que, em sua opinião, combinado às suas memórias da verdadeira estereopsia, podia proporcionar-lhe uma espécie de simulacro de visão em estéreo. Ele contou que adotou esses movimentos de cabeça depois de observar movimentos semelhantes em animais (como aves e répteis, por exemplo) cujos campos visuais têm pouca sobreposição. O dr. Jorgenson não mencionou fazer nenhum movimento de cabeça comparável — não ficariam bem numa sala de espetáculo —, mas movimentos assim poderiam muito bem ajudar a pessoa a construir uma paisagem sonora mais rica e diversificada.

Outras pistas provêm da natureza complexa dos sons e das ocorrências com as ondas sonoras à medida elas ricocheteiam pelos objetos e superfícies ao redor de uma pessoa. Essas reverberações podem fornecer uma quantidade imensa de informações até mesmo para um único ouvido, e isso, ressaltou Daniel Levitin, tem papel essencial para comunicar emoção e prazer. É por essa razão que a engenharia acústica é uma ciência e uma arte da maior importância. Uma sala de espetáculo ou de conferência mal projetada pode "matar" os sons — as vozes e a música parecerão "mortas". Ao longo de séculos de experiência, os construtores de igrejas e auditórios adquiriram uma habilidade notável para fazer seus edifícios cantar.

adaptação análoga à descrita pelo dr. Jorgensen: o desenvolvimento de um efeito pseudoestéreo.

É importante enfatizar o termo "pseudoestéreo". A genuína percepção em estéreo, seja ela visual ou auditiva, depende da capacidade do cérebro para inferir a profundidade e a distância (além de qualidades como rotundidade, amplitude e volume) com base nas disparidades entre o que está sendo transmitido pelos dois olhos ou ouvidos individualmente — uma disparidade espacial no caso dos olhos, e temporal no dos ouvidos. São minúsculas as diferenças envolvidas: disparidades espaciais de alguns arcsegundos para a visão, ou de microssegundos para a audição. Isso permite a alguns animais, especialmente predadores noturnos como as corujas, construir um verdadeiro mapa sonoro do ambiente. Nós, humanos, não estamos à altura desse padrão, mas ainda assim usamos disparidades biaurais, tanto quanto indicações visuais, para nos orientar, para julgar ou formar impressões sobre o que nos rodeia. É a estereofonia que permite aos espectadores de um concerto deleitar-se com toda a complexidade e o esplendor acústico de uma orquestra ou de um coro que se apresenta em uma sala de espetáculo projetada para que a audição seja o mais rica, refinada e tridimensional possível — uma experiência que tentamos recriar, da melhor forma, com dois fones de ouvido, alto-falantes estéreo ou som *surround*. Em geral não damos o devido valor ao nosso mundo estereofônico, e é preciso um infortúnio como o do dr. Jorgensen para que uma pessoa se dê conta, de maneira chocante e súbita, da imensa mas quase sempre subestimada importância de possuirmos dois ouvidos.

A genuína percepção em estéreo é impossível para quem perdeu um olho ou um ouvido. Mas, como observou o dr. Jorgensen, pode ocorrer um notável grau de ajuste ou adaptação, dependendo de vários fatores. Um deles é o aumento da habilidade de fazer avaliações usando um único olho ou ouvido, um uso intensificado das pistas monoculares ou monoaurais. Entre as pistas monoculares estão a perspectiva, a oclusão e a paralaxe de movimento (as mudanças da aparência do mundo visual conforme nos deslocamos por ele). As pistas monoaurais talvez sejam análogas às monoculares, embora também existam mecanismos especiais

Quando ouvimos música, como escreveu Daniel Levintin, "estamos efetivamente percebendo múltiplos atributos ou 'dimensões'". Entre eles Levintin inclui as notas musicais, o tom, o timbre, a altura, o tempo, o ritmo e o contorno (a forma geral, o sobe e desce das melodias). Fala-se em amusia quando a percepção de algumas ou de todas essas qualidades está prejudicada. Mas o dr. Jorgensen não era amúsico nesse sentido. Sua percepção no ouvido não afetado era normal.

Levintin fala ainda sobre duas dimensões. A localização espacial, ele escreveu, é "a percepção da distância em que a fonte se encontra em relação a nós, em combinação com o tamanho da sala ou salão em que a música está sendo tocada [...] ela distingue a qualidade espacial de cantar em uma vasta sala de concerto da de cantar no chuveiro". E a reverberação, continuou, "tem um papel não devidamente apreciado na comunicação da emoção e na criação de um som que agrade em todos os aspectos".

Foram precisamente essas qualidades que o dr. Jorgensen perdeu junto com sua capacidade de ouvir em estéreo. Ele descobriu que, quando ia a um concerto, faltava a sensação de espaço, volume, riqueza, ressonância, e por isso a música parecia-lhe "completamente monótona e sem vida".

Ocorreu-me, então, uma analogia com o que sentem as pessoas que perdem a visão de um olho e, com isso, a faculdade de ver em profundidade estereoscopicamente.[1] As repercussões da perda da estereoscopia podem ser inesperadamente abrangentes; incluem não só a dificuldade de avaliar a profundidade e a distância, mas também um "aplainamento" de todo o mundo visual, tanto na esfera perceptual como na emocional. As pessoas que têm esse problema dizem que se sentem "desconectadas" e que têm dificuldade para relacionar-se não só espacialmente, mas também emocionalmente com o que veem. Por isso, quando porventura ocorre o retorno da visão binocular, elas sentem um prazer e um alívio imensos, como se o mundo voltasse a parecer visual e emocionalmente rico. Mas ainda que não ocorra a restauração da visão binocular, pode haver uma lenta mudança, uma

---

[1] Descrevi um caso desse tipo em meu ensaio "Stereo Sue".

11
EM ESTÉREO AO VIVO: POR QUE TEMOS DOIS OUVIDOS

Em 1996 comecei a corresponder-me com um médico norueguês, dr. Jorgen Jorgensen. Ele me escrevera dizendo que sua apreciação da música sofrera uma alteração súbita e radical quando ele perdeu totalmente a audição no ouvido direito após a remoção de um neuroma acústico no nervo sensitivo. "A percepção das qualidades específicas da música — o tom, o timbre — não mudou", ele escreveu. "Mas a minha recepção emocional da música ficou prejudicada. Tornou-se curiosamente monótona e unidimensional." A música de Mahler, em especial, tinha antes um efeito "demolidor" sobre ele. Porém, quando ele foi a um concerto pouco depois da cirurgia e ouviu a *Sétima sinfonia* de Mahler, ela lhe soou "irremediavelmente monótona e sem vida".

Depois de seis meses ou mais, ele começou a adaptar-se:

> Ganhei um efeito pseudoestéreo que, embora não me permitisse voltar a ser como antes, foi bem compensador. A música não era estéreo, mas ainda assim era abrangente e rica. Por exemplo, na marcha funeral que abre a *Quinta sinfonia* de Mahler, depois que a trombeta anuncia a soturna profundidade de um séquito funerário, o fortíssimo de toda a orquestra quase me arrancou da poltrona.

"Isso talvez seja meu ajuste psicológico à perda", acrescentou o dr. Jorgensen, [mas] nosso cérebro é um instrumento prodigioso. Talvez fibras auditivas tenham atravessado o corpo caloso para receber *input* do meu ouvido esquerdo funcional. [...] Além disso, acho que meu ouvido esquerdo está melhor do que se deveria esperar de um septuagenário."

de um período de atividade muito intensa e variada como compositor.[5]

Jacob obviamente está exultante com a mudança, que promete reabrir-lhe uma porta antes fechada, expandir sua vida musical e devolver-lhe todo o prazer da música. E eu, como neurologista, fico assombrado com o fato de a ressintonização do seu cérebro de músico ter sido capaz de contrabalançar o fragmentado e inconstante *output* das cócleas envelhecidas, assombrado ao ver que com a atividade musical intensa, a atenção e a vontade o cérebro de Jacob realmente remodelou-se.[6]

---

[5] O que Jacob constatou em si mesmo tem semelhanças com um fenômeno relatado em animais de laboratório por Arnaud Noreña e Jos Eggermont em 2005. Esses pesquisadores descobriram que gatos expostos a "trauma de ruído" e depois mantidos por algumas semanas em um ambiente silencioso passavam a apresentar perda auditiva e mapas tonotópicos distorcidos no córtex auditivo primário. (Se pudessem, esses gatos se queixariam de distorção de tom.) Se, porém, os gatos fossem expostos a um ambiente acústico rico em estímulos por várias semanas após a exposição ao trauma de ruído, sua perda auditiva era menos severa, e não ocorriam distorções no mapeamento de seu córtex auditivo.

[6] Após a publicação original da história de Jacob, recebi carta de um violinista que, como Jacob, sofria distorção de tom avançada nos dois ouvidos. Além disso, tinha diplacusia, um intolerável conflito entre entradas de informações auditivas no qual cada ouvido percebe um tom diferente — o equivalente auditivo da dupla visão. (Dada a discrepância entre seus dois ouvidos, é surpreendente que Jacob, ao que parece, não exibisse esse sintoma específico.) Conforme se agravou o problema do violinista, tocar foi ficando cada vez mais difícil, e ouvir música, cada vez mais penoso. Mas, como Jacob, eis que ele começou a ter uma resolução espontânea de seus problemas:

> Talvez tenha sido há dez ou doze anos que notei pela primeira vez que alguma coisa andava muito errada. Quase toda a vida toquei música de câmara ou música de câmara orquestral, especialmente quartetos de cordas. Eu tinha o hábito de afinar o instrumento segurando o diapasão junto ao ouvido esquerdo. Um dia, sem motivo especial, levei o diapasão também ao ouvido direito, e o resultado foi espantoso: esquerdo, lá, direito, si bemol. Por um momento, o cérebro pareceu dar um jeito [curiosamente], mas por fim a afinação tornou-se um problema real [...]
>
> Pensei que, lamentavelmente, meu mal fosse irreversível [...] mas, agora, já há algum tempo, tenho observado [incrédulo] uma reversão progressiva. Consigo ouvir música diatônica pura — Mozart, Beethoven, composições orquestrais e até música de câmara — muito confortavelmente no tom, embora as transições ainda sejam confusas. Quase consigo cantar no tom e ousei até juntar-me a alguns amigos pacientíssimos executando música de câmara (não muito difícil). E o mais convincente é que agora os dois ouvidos ouvem o diapasão no mesmo tom. Reconheço que ainda há muita margem para melhora, mas você compreenderá, decerto, quanto isso vem elevando o meu moral.

Fui contratado, há alguns meses, para compor uma peça para uma grande orquestra de cordas e vários instrumentos solo, que requeria, em grande medida, técnicas dodecafônicas semidissonantes e o uso de todos os registros da orquestra. [...] em suma, o tipo mais difícil de música para alguém como eu compor, sofrendo como estou de amusia coclear. Mas fui em frente [...]. Até consegui reger com competência as sessões de gravação, com meu velho produtor musical na cabine, verificando possíveis problemas de afinação, notas erradas, cuidando da equalização etc. Durante as sessões eu tive, sim, os esperados problemas para ouvir acuradamente as passagens agudas, mas quando elas me soavam "estranhas" eu sabia que meu produtor as estava ouvindo corretamente e verificando tudo. [...] Enfim, a partitura estreou esplendidamente.

E eu, incrédulo, nas semanas que se seguiram a isso, comecei a notar, ao trabalhar no piano ou no sintetizador, que minha amusia estava melhorando. Não consistentemente, pois em certos dias ela voltava a piorar, em outros dias diminuía, algumas áreas tonais melhoravam mais do que outras, e então, no dia seguinte, ou até no momento seguinte, aparecia um conjunto diferente de anomalias — porém, de modo geral, melhorava. Às vezes a primeira coisa que eu fazia de manhã era ir verificar como ela estava, e a princípio ela estava quase normal, mas em poucos segundos voltava rápido para a norma aberrante. Mas eu tentava "corrigi-la" com um esforço da vontade e/ou tocando a mesma nota uma ou duas oitavas mais abaixo para ajudar a recolocá-la no lugar exato, e descobri que podia conseguir isso cada vez mais frequentemente. Esse processo de melhora, apesar de não linear, tem continuado já faz quase dois meses.

Pareceu-me que essa melhora começou logo depois que passei a compor, produzir, reger e tentar ouvir — com os ouvidos externos e os internos — músicas de harmonias e tessituras complexas com uma variação tonal extremamente ampla. Talvez fosse como fazer muita ginástica músico-neurológica, e eu estava gradualmente fortalecendo qualquer mecanismo da vontade porventura existente na velha matéria cinzenta que pudesse ser focalizado nesse problema. [...] Talvez valha a pena mencionar que durante esses quatro ou cinco meses tenho andado ocupadíssimo também com outros projetos musicais. [...] A primeira vez que notei as distorções foi durante e depois de um período em que eu estava compondo relativamente pouco; e agora elas se atenuaram depois

orquestra moderna. Ele destacou um trecho da matéria que lhe chamara a atenção:

O problema da perda de audição, causado tanto pelo instrumento do próprio músico como pelos instrumentos dos demais, é uma realidade entre os músicos clássicos em todo o mundo. A perda de audição pode manifestar-se como uma menor capacidade para perceber altas frequências ou ligeiras mudanças de tom. [...] Porém, por mais disseminada que possa ser a perda de audição, ela raramente é debatida. Os músicos relutam em mencioná-la, assim como qualquer outro distúrbio relacionado ao seu trabalho, por medo de perder sua posição no ramo ou sua empregabilidade.

"Eis, pois", concluiu Jacob, "uma confirmação tanto da distorção de tom como de um sintoma que acompanha a perda de audição, e também da nossa suspeita de que o problema é em geral um segredo guardado. [...] Obviamente, continuarei a aceitar e a me ajustar, como tenho feito há muitos meses [...] mas é um considerável consolo intelectual e psicológico saber [...] que, no que diz respeito a esse problema específico, eu realmente faço parte de um clube numeroso."

Fiquei comovido com a atitude filosófica de Jacob, com sua aceitação da crescente perda de uma capacidade tão crucial para sua vida e sua arte. Também me fascinou sua capacidade de às vezes retificar os tons que ouvia, brevemente, recorrendo à atenção ou à vontade, a um rico contexto musical e, em termos mais gerais, à *atividade* musical. Com esses recursos ele podia lutar contra as distorções, usando o poder e a plasticidade do cérebro para compensar suas cócleas lesadas — até certo ponto. Mas grande foi a minha surpresa quando, três anos depois da primeira consulta, Jacob enviou-me a seguinte carta:

Quero partilhar com você uma notícia maravilhosa, que não lhe dei antes porque queria ter certeza de que estava realmente acontecendo, que não se tratava de uma quimera ou de algo temporário que logo reverteria ao estado anterior. Meu problema melhorou significativamente, a ponto de, em alguns dias, meu estado ser próximo do normal! Serei mais específico.

celo, por exemplo, que se mantêm em um registro mais grave. De modo geral, estava constatando que "a música não soa tão deliciosa como antes", e que lhe faltava "a gloriosa, ressonância no espaço" que tinha antigamente. O pai de Jacob, também músico, fora gravemente surdo na velhice. Será que Jacob acabaria como Beethoven, incapaz de ouvir música a não ser em sua mente?

Uma das preocupações expressas por Jacob em sua primeira consulta comigo era nunca ter encontrado nem ouvido falar de alguém com um problema igual ao seu. E aparentemente nenhum dos otologistas ou audiologistas que ele consultara também jamais tivera pacientes com essa condição. Não era possível, pensou, que seu caso fosse "único". Isso nos levou, a ele e a mim, a indagar se de fato as distorções de tom não poderiam ser relativamente comuns em pessoas com perda auditiva avançada.[4]

Essas mudanças podem passar despercebidas a quem não é músico, e os músicos profissionais talvez detestem admitir, ao menos publicamente, que sua audição está "estragada". No início de 2004 Jacob enviou-me um recorte do *New York Times*, "The shushing of the symphony" [O silenciar da sinfonia], escrito por James Oestereich. O artigo detalhava os problemas auditivos em músicos causados pelo nível sempre crescente de decibéis da

---

[4] Poucos meses depois eu ficaria sabendo que tais distorções às vezes surgiam *temporariamente* e que não eram incomuns. Meu amigo Patrick Baron, o afinador de piano, contou-me que em uma ocasião sofrera surdez temporária, mais severa de um lado, após ter sido exposto a um barulho muito alto. Descobriu, disse ele, que era

difícil, se não impossível, afinar os dois dós sustenidos mais altos no piano. Eles pareciam não ter um centro para o tom. [...] Parecia haver um buraco em meu aparato auditivo naquele tom específico (família de tons, isto é, duas frequências separadas por uma oitava). Foram seis meses, ou talvez até um ano, durante os quais me vi forçado a usar um afinador eletrônico especificamente para aqueles dois dós sustenidos. Houve ocasiões em que minha incapacidade pareceu resvalar para notas adjacentes — inflar-se, digamos assim, para incluir uma área maior de dois ou três semitons, mas em geral eram apenas os dós sustenidos.

O caso de Baron parece indicar que podem ocorrer dessintonizações muito específicas das células ciliadas, ou em breves trechos do órgão espiral, as quais podem surgir e desaparecer em algumas semanas ou meses.

com atividades musicais. Ela é particularmente acentuada nos músicos, como demonstraram Christophe Micheyl *et al.* No caso de Jacob, obviamente, essa capacidade está constantemente em treinamento, pois ele precisa confrontar e controlar suas distorções de tom todos os dias.

Descobrir que tinha ao menos algum controle voluntário permitiu a Jacob sentir-se menos impotente, menos vítima de uma inexplicável deterioração e mais esperançoso.

Ele poderia ter esperança de uma melhora mais duradoura? Seu cérebro de músico, com sua vívida e acurada memória dos tons, seu conhecimento exato e detalhado de como as coisas devem soar — esse cérebro musical não poderia compensar e transcender as aberrações da cóclea lesada?

Um ano depois, porém, ele informou que suas distorções estavam "piores, mais erráticas [...] algumas notas têm uma grande alteração de tom, às vezes até em uma terça menor ou mais". Ele disse que, se tocasse uma nota repetidamente ela podia mudar de tom, mas se ela começasse fora do tom ele às vezes conseguia "afiná-la", ao menos por algum tempo. Usou o termo "áudio-ilusão" para as duas notas, a "verdadeira" e a "fantasma" ou distorcida, e contou como elas podiam entrelaçar-se e alternar-se como um padrão *moiré* ou como os dois aspectos de uma figura ambígua. Essa mudança ou alternância estava muito mais óbvia agora que as disparidades tonais haviam aumentado de um quarto de tom para um tom ou mais. A faixa de distorção também estava "baixando lentamente". "As duas oitavas mais altas", ele disse, "estão cada vez mais inúteis para mim."

A função coclear de Jacob claramente ainda estava se deteriorando, mas ele continuava a compor e a tocar em um registro mais baixo: "Cada um trabalha com os ouvidos que tem, e não com os que deseja ter", ele filosofou com amargura. Embora Jacob fosse um homem afável, percebia-se que o ano que se passara fora difícil para ele. Tinha dificuldade para ensaiar suas próprias composições, as quais não conseguia ouvir na realidade com a mesma clareza com que as ouvia no ouvido da mente. Ele não podia ouvir música sem distorções nos registros mais agudos, embora ainda pudesse apreciar as sonatas de Bach para violon-

um som ou nos concentramos nele, isso também amplia temporariamente sua representação cortical, e ele se torna mais nítido e mais intenso, pelo menos por um ou dois segundos. Essa concentração ou focalização poderia permitir a Jacob corrigir sua percepção deturpada dos tons? Ele refletiu sobre isso, e veio me dizer depois que, quando estava cônscio das distorções, realmente podia diminuí-las por força de vontade. O perigo, disse ele, era que nem sempre estava cônscio delas. Comparou esse tipo de alteração voluntária com o modo como podemos nos "obrigar" a ver um aspecto específico de uma ilusão visual, como a célebre ilusão da figura da face-vaso.

Seria possível explicar isso totalmente com base no mapeamento dinâmico dos tons no córtex e na capacidade de ampliá-los ou transferi-los conforme as circunstâncias? Jacob sentia que sua percepção mudava quando ele tentava "afinar" uma nota e quando ela tornava a escapar-lhe. Ele poderia estar efetivamente ressintonizando sua cóclea, mesmo que por um ou dois segundos?

O que poderia parecer uma ideia absurda ganhou respaldo com um trabalho recente no qual ficou demonstrado que existem numerosas conexões eferentes (os feixes olivococleares) que vão do cérebro à cóclea e, portanto, às células ciliadas externas. Estas últimas servem, entre outras coisas, para calibrar ou "sintonizar" as células ciliadas internas, e contam com um exclusivo suprimento nervoso eferente; elas não transmitem impulsos nervosos *para* o cérebro — recebem ordens *do* cérebro. Portanto, temos de ver o cérebro e o ouvido como um único sistema funcional, um sistema de mão dupla, com a capacidade não só de modificar a representação dos sons no córtex, mas também de modular as informações saídas da própria cóclea. O poder da atenção — identificar um ínfimo mas significativo som em nosso ambiente, de atentar para uma única voz vindo de alguém que está falando baixo em meio à barulheira de um restaurante lotado — é impressionante e parece depender dessa capacidade de modular a função coclear, bem como de mecanismos puramente cerebrais.

A capacidade da mente e do cérebro para exercer controle eferente sobre a cóclea pode ser intensificada com treinamento e

cem intoleráveis, distorcem as coisas, mas em poucos dias ou horas nosso cérebro adapta-se a eles e então podemos fazer pleno uso dos nossos sentidos agora óptica ou acusticamente melhorados. Ocorre coisa semelhante com o mapeamento da imagem corporal no cérebro, que se adapta com grande rapidez se houver mudanças na entrada de estímulos sensoriais ou no uso do corpo. Por exemplo, se um dedo for imobilizado ou perdido, sua representação cortical diminuirá ou desaparecerá totalmente; as representações de outras partes da mão se expandirão e tomarão seu lugar. Se, inversamente, o dedo for muito usado, sua representação cortical aumentará, como ocorre com o dedo indicador de um cego que o usa para ler em braille, ou com os dedos da mão esquerda de quem toca um instrumento de corda.

Seria de esperar que algo parecido se desse com o mapeamento dos tons de uma cóclea com lesão. Se as notas de alta frequência não são mais transmitidas com clareza, suas representações no córtex encolherão, se tornarão estreitas e comprimidas. Mas tais mudanças não são fixas nem estáticas, e uma rica e variada entrada de informações tonais pode servir para reexpandir as representações, pelo menos enquanto durar o estímulo, como o próprio Jacob descobriu.[3] E, quando prestamos atenção a

---

[3] O poder do contexto é igualmente claro na esfera visual. A retina, como a cóclea, é sistematicamente mapeada no córtex cerebral, e uma lesão na retina (ou um edema sob ela) pode causar estranhas distorções da visão, às vezes uma deformação de linhas verticais e horizontais, como quem olha através de uma lente olho de peixe. Essas distorções podem ser muito perceptíveis quando olhamos para objetos isolados: uma moldura retangular pode ser vista como curva e trapezoidal, por exemplo, ou uma xícara pode parecer deformada de um jeito bizarro. Mas essas distorções diminuem ou desaparecem quando olhamos uma paisagem ou uma cena visual elaborada, pois o contexto ajuda o córtex a normalizar seus mapeamentos retinianos.

Em tal situação, também pode ser possível obter alguma retificação com o uso de outros sentidos. Um parapeito de janela de bordas retas, por exemplo, pode parecer ondulado por causa da deformação retiniana, mas se a pessoa deslizar um dedo pelo parapeito, as distorções visuais desaparecerão quando o dedo informar ao cérebro que a borda é reta — só que as distorções reaparecerão atrás do dedo depois que ele passar. A concentração visual isoladamente é muito menos eficaz. Ao ver um triângulo ficar abaulado de um modo não euclidiano, como se estivesse inserido em uma superfície curva, a pessoa não pode forçá-lo, usando seu conhecimento ou força de vontade, a reassumir a forma apropriada. Fragmentos de imagem retiniana, ao que parece, não podem ser ressintonizados tão facilmente quanto as distorções de tom causadas por lesão na cóclea.

de nós tinha certeza sobre a lógica disso, e não sabíamos se tal expediente o ajudaria a compor ou se só exacerbaria o problema.) Também me ocorreu que seu aparelho auditivo talvez pudesse ser propositalmente dessintonizado, mas ele já conversara sobre isso com o audiologista, e este achava que, dado o caráter errático e imprevisível de suas distorções, a iniciativa seria infrutífera.

Quando sofrera a perda auditiva para os agudos, Jacob conseguira sair-se bem, compensando a deficiência com aparelhos auditivos mais fortes. Mas ao começarem suas distorções ele se preocupou, temeu que aquilo viesse a impedi-lo de reger, para não falar no fim do prazer de simplesmente ouvir música. Porém três meses depois do início das distorções ele já conseguira fazer algumas adaptações. Por exemplo, criava as passagens altas no teclado abaixo da faixa de distorção e depois anotava a música na faixa correta. Isso lhe permitia continuar a compor eficazmente.

Jacob podia fazer isso porque sua imaginação e sua memória musicais estavam intactas. Ele sabia como a música — a sua e a de outros — *deveria* soar. Era apenas a sua *percepção* da música que estava distorcida.[2] Eram os seus ouvidos, e não o seu cérebro, que haviam sofrido a lesão. Mas o que, exatamente, estava acontecendo no cérebro de Jacob?

Costuma-se comparar a cóclea, o órgão espiral, com um instrumento de corda, diferencialmente sintonizado com a frequência das notas; mas essas metáforas precisam ser estendidas também ao cérebro, pois é nele que as informações enviadas da cóclea, todas as oito ou dez oitavas de som audível, são mapeadas no córtex auditivo. Os mapeamentos corticais são dinâmicos e podem mudar com a alteração das circunstâncias. Muitos de nós já vivenciamos isso ao experimentar óculos novos ou um novo aparelho auditivo. No começo, os óculos ou o aparelho auditivo novo pare-

---

[2] Nesse aspecto ele diferia radicalmente do sr. I., o pintor que perdeu totalmente a capacidade de ver as cores por causa de uma lesão nas áreas de construção da cor em seu córtex visual. O sr. I. não só perdeu a capacidade de ver as cores, mas também se tornou incapaz de imaginá-las ou visualizá-las na mente. Se a lesão do sr. I. houvesse sido nas células sensíveis às cores na retina, em vez de nas áreas visuais de seu cérebro, ele ainda teria sido capaz de imaginar as cores e lembrar-se delas. A história do sr. I., "O caso do pintor daltônico", foi publicada em *Um antropólogo em Marte*.

esquerdo distorcia mais o som do que o direito (a diferença era de quase uma terça maior no extremo mais alto do teclado do piano). Essa distorção, disse Jacob, não era "estritamente linear". Algumas notas ficavam apenas ligeiramente mais altas, enquanto as notas ao lado delas ficavam muito mais altas. Além disso, ocorriam variações de um dia para outro. Havia ainda outra estranha anormalidade: o mi natural dez notas acima do dó médio, fora da faixa auditiva que estava prejudicada, era ouvido mais baixo em quase um quarto de tom, mas não ocorria distorção parecida com as notas de ambos os lados desse mi.

Embora houvesse certa consistência, certa lógica na distorção para cima das notas na faixa auditiva afetada, Jacob estava muito intrigado com a desafinação isolada do mi que era ouvido mais baixo. "Isso mostra quanto o órgão espiral é bem sintonizado", ele comentou. "Algumas células ciliadas fora de combate, as células ciliadas dos dois lados em bom estado, e você ouve uma nota abaixo do tom em meio à normalidade — como uma corda defeituosa no piano."

Ele também tinha consciência do que chamava "correção contextual", um curioso fenômeno que o levava a pensar na possibilidade de seu problema estar, na verdade, situado no cérebro, e não nos ouvidos. Se, digamos, houvesse apenas uma flauta ou um flautim acima de um baixo, o som parecia-lhe gritantemente desafinado. Quando havia riqueza orquestral, um contínuo de notas e tons, a distorção mal era notada. Mas, se fosse apenas questão de algumas células ciliares, por que ocorreria tal distorção? Será que havia algo errado com ele neurologicamente também?

Para Jacob essas distorções eram muito preocupantes, além de incapacitantes. Naquelas circunstâncias ficava difícil reger sua própria música, pois ele achava que alguns instrumentos estavam desafinados ou que os músicos estavam tocando notas erradas, quando de fato não estavam. Tampouco estava sendo fácil compor, como costumava fazer em seu piano. Sugeri, meio na brincadeira, que ele mandasse desafinar seu piano e seu sintetizador exatamente no grau necessário para contrabalançar suas distorções perceptuais. Assim o instrumento lhe soaria normal, mesmo que para todos os demais parecesse desafinado. (Nenhum

Ao contrário do olho, o órgão espiral é bem protegido contra lesões acidentais, pois situa-se profundamente na cabeça, envolvido pelo osso petroso, o mais denso do corpo, e flutua em líquido para absorver vibrações eventuais. Entretanto, por mais bem protegido que esteja de grandes traumatismos, o órgão espiral, com suas delicadas células ciliadas, é muito vulnerável de outros modos; para começar, é prejudicado por ruídos altos (cada sirene de ambulância ou caminhão de lixo cobra seu preço, para não falar do efeito dos aviões, concertos de rock, iPods no último volume e coisas do gênero). As células ciliadas também são vulneráveis aos efeitos da idade ou da surdez coclear hereditária.[1]

Jacob L., eminente compositor beirando a casa dos setenta, veio consultar-se comigo em 2003. Disse que seus problemas haviam começado uns três meses antes. "Fazia um mês que eu não tocava nem compunha muito", ele relatou, "e de repente notei que o registro agudo do piano em que eu estava tocando estava bem fora do tom. Terrivelmente alto... desafinado." Em especial, subjetivamente aquelas notas estavam mais altas em cerca de um quarto de tom para a primeira oitava e um semitom a partir da oitava acima. Quando Jacob reclamou, seu anfitrião, dono do piano, ficou surpreso, disse que o piano acabara de ser afinado e que todos os demais o haviam achado bom. Jacob voltou para casa perplexo e foi testar sua audição no sintetizador eletrônico, que está sempre afinado com precisão. Consternado, sentiu ali a mesma desafinação das oitavas mais altas.

Marcou uma consulta com o audiologista que o atendia havia seis ou sete anos (por causa de uma perda de audição nas faixas mais altas). O audiologista espantou-se, como o próprio Jacob, com a correspondência entre sua perda de audição e sua distorção auditiva, que começavam, ambas, por volta dos 2 mil hertz (quase três oitavas acima do dó médio), e com o fato de que o ouvido

---

[1] Prevê-se um crescimento exponencial desses problemas para as pessoas que ouvem iPods ou outras fontes de música em níveis muito altos. Afirma-se que hoje mais de 15% dos jovens sofrem de deficiências auditivas significativas. Ouvir música em um ambiente já barulhento, usando-a para abafar os outros sons, é quase uma garantia de que ela destruirá células ciliadas.

10

OUVIDO IMPERFEITO: AMUSIA COCLEAR

*"Desafina essa corda/ E ouve, que discórdia
sobrevém!"*

Shakespeare, *Troilus e Créssida*

Darwin considerava o olho um milagre da evolução. O ouvido, a seu modo, é igualmente complexo e belo. O trajeto percorrido pelas vibrações sonoras, desde sua entrada nos canais externos do ouvido, passando pelas membranas timpânicas dos dois lados dos minúsculos ossículos no ouvido médio até a cóclea em forma de caracol, foi descoberto no século XVII. Aventou-se, então, que os sons eram transmitidos pelo ouvido, tornando-se amplificados na cóclea "como em um instrumento musical". Um século depois, descobriu-se que a forma adelgaçada da espiral coclear era diferencialmente sintonizada com a gama das freqüências audíveis, receptiva aos sons graves na sua base larga e aos sons agudos no seu ápice. Por volta de 1700 percebeu-se que a cóclea era cheia de fluido e revestida por uma membrana que, imaginou-se, era composta de uma série de cordas que vibravam, um ressoador. Em 1851, Alfonso Corti, fisiologista italiano, descobriu a complexa estrutura sensitiva que hoje chamamos órgão espiral, ou órgão de Corti, situada na membrana basilar da cóclea e que contém 3500 células ciliadas internas, os receptores auditivos finais. Um ouvido jovem pode ouvir dez oitavas de som, abrangendo uma gama de aproximadamente trinta a 12 mil vibrações por segundo. O ouvido da pessoa média pode distinguir sons distantes 1/17 de tom entre si. De ponta a ponta, ouvimos cerca de 1400 tons discrimináveis.

que o Hmmm permitia [...] o cérebro dos bebês e crianças teria se desenvolvido de um novo modo, e uma consequência disso teria sido a perda do ouvido absoluto na maioria dos indivíduos e a diminuição de habilidades musicais". Não temos, até agora, indícios que comprovem essa hipótese audaciosa, mas ela é fascinante.

Contaram-me certa vez sobre um vale isolado no Pacífico onde todos os habitantes possuem ouvido absoluto. Gosto de imaginar que esse lugar é habitado por uma tribo antiga que permaneceu no estado dos homens de Neandertal de Mithen, com um conjunto de primorosas habilidades miméticas, comunicando-se em uma protolinguagem tão musical quanto léxica. Mas desconfio que a Ilha do Ouvido Absoluto não existe, exceto como uma deliciosa metáfora edênica, ou talvez como uma espécie de memória coletiva de um passado mais musical.

rentes ou que as palavras faladas em diferentes frequências fundamentais são as mesmas." Em particular, argumentam, o desenvolvimento da linguagem requer a inibição do ouvido absoluto, e só condições incomuns permitem conservá-lo. (A aquisição de uma língua tonal pode ser uma das "condições incomuns" que levam à retenção e talvez à intensificação do ouvido absoluto.)

Deutsch e seus colegas, no artigo de 2006, afirmaram que seu trabalho não só tem "implicações para as questões da modularidade no processamento da fala e da música [...] [mas também para as questões] da origem evolucionária" de ambas. Em particular, eles julgam que o ouvido absoluto, sejam quais forem suas desvantagens subsequentes, foi crucial para as origens tanto da fala como da música. No livro *The singing Neanderthals: the origins of music, language, mind and body* [Os homens de Neandertal cantores: as origens da música, linguagem, mente e corpo], Steven Mithen leva além essa ideia: supõe que a música e a linguagem tiveram origem comum e que uma espécie de combinação de protomúsica e protolinguagem caracterizou a mente do homem de Neandertal.[5] Esse tipo de linguagem de significados cantada, sem palavras individuais como as entendemos, Mithen denomina Hmmm (de "holística-mimética-musical-multimodal"), e supõe que ele dependia de um conglomerado de habilidades isoladas, entre elas habilidades miméticas e ouvido absoluto.

Com o desenvolvimento de "uma linguagem compositiva e regras sintáticas", escreve Mithen, "permitindo dizer um número infinito de coisas, em contraste com o número limitado de frases

---

[5] Essa ideia, embora tenha sido elaborada de modo fascinante por Mithen, não é nova. Jean-Jacques Rousseau (que além de filósofo era compositor) sugeriu em seu *Ensaio sobre a origem das línguas* que, na sociedade primitiva, a fala e o canto não se distinguiam um do outro. Para Rousseau, as línguas primitivas eram "melódicas e poéticas, e não práticas e prosaicas", como escreveu Maurice Cranston, e eram emitidas mais em tom de canto ou recitação. Proust expressou uma ideia um pouco diferente em *Em busca do tempo perdido*. Swann, sentado em um salão de música, é arrebatado por uma frase musical e, irritado com a "tagarelice insignificante à sua volta", conjetura:

Quem sabe a música não será o exemplo único do que poderia ter sido — não fosse pela interferência da invenção da linguagem, formação de palavras e análise de ideias — o meio de comunicação entre as almas. É como uma possibilidade que não deu em nada; a humanidade desenvolveu-se em outras linhas.

O ouvido absoluto não é só uma questão de percepção de tons. As pessoas que o possuem têm de ser capazes não só de perceber com precisão as diferenças entre os tons, mas também de nomeá-los, relacioná-los com as notas ou nomes de uma escala musical. Foi essa habilidade que Frank V. perdeu quando sofreu a lesão no lobo frontal causada pela ruptura do aneurisma cerebral. Os mecanismos cerebrais adicionais necessários para correlacionar tom e nome encontram-se nos lobos frontais, o que também pode ser visto em estudos de ressonância magnética funcional. Por exemplo, se pedirmos a uma pessoa com ouvido absoluto para dizer o nome de tons ou intervalos, a ressonância magnética mostrará ativação focal em certas áreas associativas do córtex frontal. Nos dotados de ouvido relativo, essa região é ativada apenas quando nomeiam intervalos.

Embora essa rotulagem categórica seja aprendida por todos os dotados de ouvido absoluto, não se sabe ao certo se isso exclui uma percepção *categórica* prévia dos tons, uma percepção que independa de associação e aprendizado. E a insistência de muitos possuidores de ouvido absoluto em dizer que cada tom tem qualidades perceptuais únicas — sua "cor" ou "croma" — indica que, antes do aprendizado dos rótulos categorizadores, pode ocorrer uma categorização puramente perceptual.

Jenny Safran e Gregory Griepentrog, da Universidade de Wisconsin, compararam bebês de oito meses com adultos que tiveram educação musical e adultos que não a tiveram. Fizeram com essas pessoas um teste de aprendizado de sequências de tons. Constataram que os bebês basearam-se muito mais acentuadamente em indicações do ouvido absoluto; os adultos, em indicações do ouvido relativo. Isso levou os pesquisadores a supor que o ouvido absoluto pode ser universal e altamente adaptável na primeira infância, mas depois se torna mal adaptável e, portanto, é perdido. "Os infantes limitados a agrupar melodias pelo ouvido absoluto", salientam os pesquisadores, "nunca descobrirão que as músicas que ouvem são as mesmas quando cantadas em tons dife-

---

cérebro, com partes do córtex visual sendo recrutadas para a detecção dos tons e de várias outras percepções auditivas e táteis.

·139·

no critério, enquanto nenhum dos falantes de língua não tonal dos Estados Unidos se enquadraram". Não houve diferenças de gênero nos dois grupos, acrescentaram os pesquisadores. Essa impressionante discrepância levou Deutsch *et al.* a conjeturar que "se lhes for dada a oportunidade, as crianças pequenas podem adquirir o ouvido absoluto como uma característica da fala, a qual podem então transferir para a música". Para falantes de uma língua não tonal como o inglês, a suposição dos pesquisadores é: "a aquisição do ouvido absoluto durante a educação musical é análoga ao aprendizado dos tons de uma segunda língua". Deutsch *et al.* observaram que há um período crítico para o desenvolvimento do ouvido absoluto, por volta dos oito anos de idade, que é aproximadamente a mesma época em que as crianças passam a ter muito mais dificuldade para aprender os fonemas de outra língua (e, portanto, a falar uma segunda língua com pronúncia nativa). Deutsch *et al.* supuseram, portanto, que todas as crianças pequenas podem ter o potencial para adquirir o ouvido absoluto, o que talvez pudesse ser "obtido capacitando as crianças a associar tons com rótulos verbais durante o período crítico" para a aquisição da linguagem. (Entretanto, eles não excluíram a possibilidade de que as diferenças genéticas também sejam importantes.)

Adquirimos uma ideia mais clara dos correlatos neurais do ouvido absoluto graças a uma comparação do cérebro de músicos dotados e não dotados dessa faculdade. Para isso, foram usados uma forma refinada de imageamento cerebral estrutural (morfometria por ressonância magnética) e exames de imagens funcionais do cérebro de pessoas enquanto elas identificavam tons e intervalos musicais. Em um artigo de 1995, Gottfried Schlaug e colegas mostraram que nos músicos com ouvido absoluto (mas não nos músicos que não o têm) havia uma assimetria exagerada entre os volumes do plano temporal esquerdo e direito, estruturas cerebrais importantes para a percepção da fala e da música. Assimetrias semelhantes no tamanho e na atividade do plano temporal foram encontradas em outras pessoas com ouvido absoluto.[4]

---

[4] É interessante notar que tais assimetrias não foram encontradas em pacientes cegos com ouvido absoluto; pode ter havido, nesses casos, reorganizações radicais do

pouca conexão inerente com a musicalidade ou com qualquer outra coisa, e além disso nos mostra como os genes e a experiência podem interagir em sua produção.

Há muito tempo os relatos deixaram claro que o ouvido absoluto é mais comum em músicos do que entre as pessoas em geral, e esse fato foi confirmado por estudos em grande escala. O ouvido absoluto é mais comum em músicos que receberam educação musical desde tenra idade. Mas a correlação não é absoluta. Muitos músicos talentosos não adquirem ouvido absoluto apesar de intenso treinamento desde cedo. Essa faculdade é mais comum em certas famílias — mas será por causa de um componente genético ou porque algumas famílias proporcionam um ambiente musical mais rico? Existe uma notável associação de ouvido absoluto com cegueira em tenra idade (alguns estudos estimaram que cerca de 50% das crianças que nascem cegas ou ficaram cegas na infância têm ouvido absoluto).

Uma das mais fascinantes correlações é a encontrada entre o ouvido absoluto e a formação linguística. Nestes últimos anos, Diana Deutsch e seus colegas vêm estudando minuciosamente tais correlações, e observaram, em um ensaio de 2006, que "falantes nativos do vietnamita e do mandarim apresentam ouvido absoluto muito preciso ao lerem listas de palavras"; a maioria das pessoas estudadas mostrou variações de um quarto de tom ou menos. Deutsch *et al.* também demonstraram diferenças gritantes na incidência de ouvido absoluto em duas populações de estudantes primeiranistas de música, uma da Eastman School of Music em Rochester, Nova York, a outra do conservatório Central de Música em Pequim. "Para os estudantes que haviam começado sua educação musical entre os quatro e cinco anos de idade", escreveram Deutsch *et al.*, "aproximadamente 60% dos estudantes chineses enquadraram-se no critério do ouvido absoluto, em comparação com apenas 14% dos falantes de língua não tonal nos Estados Unidos." Para os que haviam iniciado o treinamento musical aos seis ou sete anos, os números em ambos os grupos eram mais baixos: respectivamente cerca de 55% e 6%. E para os que haviam começado ainda mais tarde o treinamento musical, aos oito ou nove anos, "aproximadamente 42% dos estudantes chineses enquadraram-se

ciá-las a seus rótulos verbais." Deutsch também está falando com base em sua experiência pessoal. Como ela me escreveu em uma carta recente:

A descoberta de que eu tinha ouvido absoluto — e de que isso era incomum — foi para mim uma grande surpresa, quando constatei, aos quatro anos de idade, que as outras pessoas tinham dificuldade para dizer o nome das notas fora do contexto. Ainda recordo vividamente meu choque ao descobrir que, quando eu tocava uma nota no piano, os outros tinham de ver a tecla que estava sendo tocada para dizer o nome da nota. [...]
Para dar-lhe uma ideia de como a ausência de ouvido absoluto parece estranha a quem o tem, façamos uma analogia com a nomeação das cores. Suponha que você mostre a alguém um objeto vermelho e lhe peça para dizer o nome da cor. E suponha que a pessoa responda: "Posso reconhecer essa cor e distingui-la das outras cores, mas não sei dizer o nome dela". Então você põe ao lado um objeto azul, diz o nome desta cor, e a pessoa responde: "Bem, já que a segunda cor é azul, a primeira tem de ser vermelha". Acho que a maioria das pessoas acharia esse processo tremendamente bizarro. No entanto, da perspectiva de quem tem ouvido absoluto, é exatamente assim que a maior parte das pessoas nomeia os tons musicais — elas avaliam a relação entre o tom a ser nomeado e um outro tom cujo nome já sabem. [...] Quando ouço uma nota musical e identifico-lhe o tom, muito mais ocorre do que simplesmente situar esse tom em um ponto (ou em uma região) ao longo de um contínuo. Suponha que ouço um fá sustenido tocado ao piano. Vem-me um forte senso de familiaridade com as "qualidades do fá sustenido" — como o que temos quando reconhecemos um rosto muito conhecido. O tom é empacotado junto com outros atributos da nota — seu timbre (muito importante), sua altura etc. Creio que, ao menos para algumas pessoas com ouvido absoluto, as notas são percebidas e lembradas de um modo muito mais concreto do que ocorre para quem não possui essa faculdade.

O ouvido absoluto é especialmente interessante porque representa uma outra esfera, muito diferente, de percepção, de *qualia*, algo que a maioria de nós nem sequer é capaz de imaginar. Também é interessante por ser uma habilidade isolada que tem

com seu ouvido absoluto "instantâneo" de outrora, fosse um processo mais lento.

Além disso, subjetivamente era muito diferente, pois antes cada nota e cada tom tinham para ele uma qualidade diferente, um caráter único. Agora tudo isso perdera-se, e já não havia nenhuma diferença real entre um tom e outro.[3]

De certo modo, parece curioso que o ouvido absoluto seja tão raro (algumas estimativas apontam que menos de uma em cada 10 mil pessoas o possuem). Por que todos nós não distinguimos a qualidade do sol sustenido do mesmo modo que distinguimos a cor azul ou o aroma da rosa? "A verdadeira questão no que respeita ao ouvido absoluto", escreveram Diana Deutsch *et al.* em 2004, "[...] não é por que algumas pessoas o possuem, e sim por que ele não é universal. É como se a maioria das pessoas tivesse uma síndrome relacionada à nomeação dos tons equivalente à anomia para as cores, na qual o paciente pode reconhecer as cores e discriminá-las, mas não consegue asso-

---

[3] O ouvido absoluto pode mudar com a idade, o que tem sido um problema para muitos músicos e afinadores mais velhos. Marc Damashek, afinador de piano, escreveu-me sobre esse problema:

Quando eu tinha quatro anos, minha irmã mais velha descobriu que eu tinha ouvido absoluto. Eu podia identificar instantaneamente qualquer nota no teclado, sem olhar. [...] Fiquei surpreso (e perturbado) ao descobrir que minha percepção dos tons de piano mudara talvez uns 150 cents para cima [um semitom e meio]. [...] Agora, quando ouço uma música gravada ou uma apresentação ao vivo, minha melhor suposição para a nota que está sendo tocada é sempre absurdamente alta.

Ele não consegue compensar esse problema facilmente, como explica: "Estou sempre firmemente convencido de que a nota que estou ouvindo é a que sempre classifiquei pelo nome correto: ela ainda soa como um fá, caramba! Só que é um mi bemol".

Em geral, escreveu-me Patrick Baron, músico e afinador de piano, "afinadores de piano mais velhos tendem a afinar as oitavas mais agudas muito alto, e as últimas três ou quatro notas incrivelmente alto (às vezes mais de um semitom). [...] Talvez seja algum tipo de atrofia da membrana basilar ou um enrijecimento das células ciliadas que cause isso, em vez de uma mudança de padrão".

Outros distúrbios podem causar mudança temporária ou permanente do ouvido absoluto, entre eles: derrames, traumatismos cranianos e infecções cerebrais. Um correspondente contou-me que seu ouvido absoluto mudou em um semitom durante uma crise de esclerose múltipla e dali por diante permaneceu ligeiramente fora do seu padrão normal.

·135·

vas do dó e das características distintivas do fá sustenido que não repara que eles formam um trítono, uma dissonância que causa arrepio à maioria das pessoas.[2] O ouvido absoluto não é necessariamente fundamental nem sequer para os músicos — Mozart o possuía, mas Wagner e Schumann, não. Entretanto, a perda do ouvido absoluto, para quem o tem, pode ser sentida como um dano grave. Esse sentimento de perda foi expresso com toda clareza por um de meus pacientes, Frank V., um compositor que sofreu lesão cerebral com a ruptura de um aneurisma da artéria comunicante anterior. Frank era musicalmente muito talentoso, e recebera educação musical desde os quatro anos de idade. Sempre tivera ouvido absoluto, pelo que se lembrasse, mas agora, disse, ele "desapareceu, ou com certeza desgastou-se". O ouvido absoluto era uma vantagem para ele como músico, portanto Frank sentia imensamente aquele "desgaste". Antes, ele disse, percebia os tons instantaneamente e de modo absoluto, como percebia as cores. Nenhum "processo mental" estava envolvido, nenhuma inferência, nem referência a outros tons, intervalos ou escalas. Essa forma de ouvido absoluto desaparecera completamente. Equivalia a ter ficado "daltônico", ele comparou. Porém, com a convalescença após sua lesão cerebral, ele descobriu que ainda possuía memórias confiáveis dos tons de certas músicas e de certos instrumentos, e podia usar esses pontos de referência para inferir outros tons, embora isso, em comparação

---

[2] O trítono — uma quarta aumentada (ou, no jargão do jazz, uma quinta rebaixada) — é um intervalo difícil de cantar, e muitos já o consideraram feio, esquisito e até diabólico. Seu uso foi proibido na música eclesiástica antiga, e os primeiros teóricos chamavam-no *diabolus in musico* [o diabo na música]. Mas foi justamente por essa razão que Tartini o usou na sonata para violino *The Devil's thrill* [O trinado do diabo]. (E, como me lembrou Steve Salemson, "Leonard Bernstein usou o diabo na música repetidamente e com grande eficácia em sua música 'Maria', do filme *Amor, sublime amor*".)
Embora o som do trítono bruto seja tão desagradável, é fácil completá-lo com outro trítono para formar uma sétima diminuída. E esta, ressalta o *Oxford companion to music*, "tem um efeito exuberante. [...] o acorde é realmente o mais versátil de toda a harmonia. Na Inglaterra apelidaram-no de 'Entroncamento Clapham da harmonia' — uma referência à estação ferroviária londrina de Clapham, onde tantas linhas se juntam que a partir dali se pode pegar um trem para praticamente qualquer outro lugar".

segundo dos pianos modernos, ele imediatamente comentou que o instrumento estava um terço de tom abaixo da afinação. Uma pessoa sem ouvido absoluto não notaria essa discrepância geral na afinação, mas ela pode ser irritante e até incapacitante para quem o possui. Novamente o *Oxford companion to music* fornece muitos exemplos, entre eles o de um eminente pianista que, quando tocou a *Sonata ao luar* (música que "toda estudante toca"), só conseguiu executá-la "com imensa dificuldade" porque o piano estava afinado em um tom ao qual ele não estava acostumado, e ele "sentiu a aflição de tocar uma música num tom e ouvi-la em outro".

Muitas pessoas com ouvido absoluto, escreveram Daniel Levitin e Susan Rogers, quando "ouvem uma música conhecida tocada no tom errado ficam agitadas ou perturbadas. [...] Para ter uma ideia do que isso representa, imagine que você vai ao mercado e descobre que, devido a um distúrbio temporário do seu processamento visual, as bananas parecem alaranjadas, as alfaces, amarelas, e as maçãs, roxas".

Transpor música de um tom para outro é uma tarefa que para alguns músicos não requer esforço, enquanto para outros é difícil. Mas, para a pessoa com ouvido absoluto pode ser dificílimo, cada tom possui caráter único, e o tom em que ela sempre ouviu uma música tende a ser sentido como se fosse o único correto. Para essas pessoas, transpor uma música pode ser análogo a pintar um quadro com todas as cores erradas.[1]

Vim a saber sobre outra dificuldade por intermédio do neurologista e músico Steven Frucht, que tem ouvido absoluto. Ele às vezes não consegue ouvir intervalos ou harmonias porque está demasiado cônscio do croma das notas que os compõem. Se, por exemplo, alguém toca um dó no piano e um fá sustenido logo acima, Frucht pode estar tão cônscio das características distinti-

---

[1] Para Mozart, portanto, uma composição escrita em um tom específico teria um caráter único e seria praticamente outra obra se fosse transposta para outro tom. E, como pergunta um correspondente, Steve Salemson:

E quanto ao fato de que o lá = 440 das orquestras atuais é aproximadamente meio tom mais alto do que o lá da orquestra de Mozart? Isso significa que a *Sinfonia nº 40* em sol menor, de Mozart, é hoje ouvida no que teria sido para Mozart o sol sustenido menor?

exato parece assombrosa, quase como um sentido adicional, um sentido que nunca poderemos ter esperança de possuir, como uma visão em infravermelho ou de raio X. Mas, para quem nasce com ouvido absoluto, ele parece muito normal.

O entomologista finlandês Olavi Sotavalta, especialista em sons de voo de insetos, beneficiou-se imensamente de seu ouvido absoluto em seus estudos, pois o tom do som produzido pelo voo de um inseto é gerado pela frequência das batidas de suas asas. Não se contentando com a notação musical, Sotavalta era capaz de estimar de ouvido as frequências exatas. O tom do som produzido pela mariposa *Plusia gama* aproxima-se de um fá sustenido grave, mas Sotavalta podia estimá-lo com mais precisão, identificando sua frequência em 46 ciclos por segundo. Tal habilidade obviamente requer não só um ouvido excepcional, mas o conhecimento das escalas e frequências com as quais os tons podem ser correlacionados.

Porém essa correlação, por mais impressionante que seja, desvia a atenção do verdadeiro prodígio do ouvido absoluto: para as pessoas dele dotadas, cada nota, cada tom, parecem qualitativamente diferentes, cada qual possui seu "sabor" ou "toque", seu próprio caráter. Muitas pessoas com ouvido absoluto fazem comparação com cores: "ouvem" um sol sustenido do mesmo modo instantâneo e automático como "vemos" o azul. (De fato, o termo "croma" às vezes é usado em teoria musical.)

Embora o ouvido absoluto possa parecer um delicioso sentido extra, que permite ao seu possuidor cantar ou anotar imediatamente qualquer música no tom correto, ele também pode causar problemas. Um deles ocorre por causa da afinação inconstante dos instrumentos musicais. Por exemplo, Mozart, aos sete anos, comparando seu pequeno violino com o de seu amigo Schactner, disse: "Se você não alterou a afinação do seu violino desde a última vez que toquei nele, ele está metade de um quarto de tom abaixo do meu". (Esse relato consta no *The Oxford companion to music*; há muitas outras histórias a respeito do ouvido de Mozart, algumas sem dúvida apócrifas.) Quando o compositor Michael Torke conheceu meu piano antigo, que por ainda possuir suas cordas originais do século XIX não é afinado no padrão de 440 ciclos por

9
O PAPA ASSOA O NARIZ EM SOL:
O OUVIDO ABSOLUTO

As pessoas com ouvido absoluto podem distinguir imediatamente o tom de qualquer nota; não precisam pensar nem comparar com um padrão externo. São capazes de fazer isso não só com qualquer nota que ouvem, mas com qualquer nota que imaginem ou ouçam em sua cabeça. Gordon B., por exemplo, um violinista profissional que me escreveu sobre seu zumbido ou tinido nos ouvidos, comentou com toda naturalidade que seu tinido era "um fá natural agudo". Não se dava conta, creio, de que dizer isso era insólito; mas dos milhões de pessoas com zumbido no ouvido, provavelmente nem sequer uma em 10 mil é capaz de dizer em que tom ouve o seu zumbido.

A precisão do ouvido absoluto varia, mas estima-se que a maioria de seus portadores pode identificar mais de setenta tons na região média da faixa de audibilidade, e cada um desses setenta tons possui, para esses indivíduos, uma qualidade exclusiva e característica que o distingue de qualquer outra nota.

O dicionário de música *The Oxford Companion to Music* foi uma espécie de *Mil e uma noites* para mim quando menino, uma fonte inesgotável de histórias musicais. Nele encontramos muitos exemplos fascinantes de ouvido absoluto. Sir Frederick Ouseley, ex-professor de música em Oxford, por exemplo, "toda a vida destacou-se por seu ouvido absoluto. Aos cinco anos, já podia comentar: 'Vejam só, o papa assoa o nariz em sol'. Ele dizia que trovejava em sol ou que o vento estava assobiando em ré, ou que o relógio (com repique em duas notas) tocava em si menor, e quando se testavam suas afirmações, invariavelmente elas estavam corretas". Para a maioria de nós, essa capacidade de reconhecer um tom

tando e tocando vários instrumentos (sua mesa de trabalho, quando a visitei, continha uma flauta doce, uma flauta de jade chinesa, uma flauta síria, canos de cobre, sinos e tambores e diversos instrumentos rítmicos de madeira). O som, a música, será entremeado com projeções de formas e padrões visuais provenientes de fotografias que ela tirou.

Ela tocou para mim no computador uma pequena amostra da obra acabada, que começa com "Respirando... trevas". Embora ela concorde com Stravinsky que a música não representa coisa alguma além de si mesma, quando compôs essa abertura sua mente estava ocupada com a ideia de coma e quase morte, uma época em que, por dias, o som de sua própria respiração, amplificado pelo respirador, foi quase o único som que ela ouviu. Essa passagem de abertura é seguida por "fragmentos incoerentes, um mundo despedaçado", como ela explica, representando sua percepção fragmentada em uma fase na qual "nada fazia sentido". Nesse trecho há *pizzicatos* agitados, bastante rítmicos, e sons inesperados de todo tipo. A seguir vem uma passagem intensamente melódica, seu mundo sendo recomposto, e por fim as trevas e a respiração outra vez — mas uma "respiração livre", ela diz, representando "reconciliação, aceitação".

Rachael considera essa nova composição mais ou menos autobiográfica, uma "redescoberta da identidade". E quando a obra for executada no próximo mês, será o seu *début*, seu primeiro retorno ao mundo da composição e execução musical, o mundo público, depois de treze anos.

transformavam em uma vantagem: desmontar o mundo visual e remontá-lo de novos modos.

Embora seu apartamento agora esteja abarrotado com suas muitas pinturas e colagens, Rachael não consegue compor música desde seu acidente em 1993. A principal razão disso é outro tipo de amusia, a ausência de imagens mentais musicais. Antes do acidente, ela costumava compor mentalmente, sem o piano, direto no papel pautado. Mas agora, ela diz, não consegue "ouvir" o que está escrevendo. Ela fora dotada da mais vívida imaginação musical. Assim que batia os olhos numa partitura, sua ou de outro compositor, podia ouvir a música em sua mente, com toda a complexidade orquestral ou coral. Essas imagens mentais musicais foram praticamente extintas por sua lesão, e isso dificulta-lhe transcrever o que ela acabou de improvisar, pois assim que vai pegar o papel pautado, nos segundos que ela leva para empunhar a caneta, a música que ela acabou de tocar evapora-lhe da mente. Com essa dificuldade para as imagens mentais vem uma dificuldade com a memória de trabalho, e isso lhe impossibilita reter o que acabou de compor. "Essa é a principal perda", ela me disse, "preciso de um mediador entre mim e a página." Assim, um avanço crucial ocorreu para ela em 2006, quando encontrou um jovem colaborador e com ele aprendeu a usar um computador que processa música. O computador pode guardar na memória o que ela não consegue guardar na dela, e agora Rachael consegue explorar os temas que criou ao piano e transformá-los em notação ou nas vozes de diferentes instrumentos. Ela pode obter a continuidade com suas próprias composições e orquestrá-las ou desenvolvê-las com a ajuda de seu colaborador e do computador.

Rachael lançou-se então à sua primeira composição em grande escala desde o acidente há treze anos. Decidiu modificar um quarteto de cordas, uma das últimas obras que compusera antes do acidente; irá desmontá-lo e remontá-lo de um novo modo, como ela diz, "cortá-lo ao vento, recolher as partes e montá-lo de outra maneira". Ela quer incorporar os sons do ambiente, dos quais ela agora se apercebe, para "entrelaçar sons que não se destinam a ser musicais" e compor um novo tipo de música.

Tendo isso como fundo, ela irá improvisar, respirando, can-

do-a pela primeira vez depois do acidente como harmonia, integração. Depois de alguns minutos, porém, começou a sentir dificuldade: "Era um grande esforço cognitivo manter os fios juntos". E então a música desintegrou-se toda, tornou-se um caos de diferentes vozes:

No começo eu gostei muito, mas depois fiquei presa em um ambiente musical fragmentado. [...] Tornou-se um desafio, e gradualmente uma tortura [...] e Monteverdi é um bom exemplo, pois é contrapontisticamente muito complicado, porém ao mesmo tempo usa uma orquestra bem pequena, com não mais de três partes vocais simultâneas.

Lembrei-me então de meu paciente Virgil, que fora praticamente cego a vida toda até que, aos cinquenta anos, passara a enxergar depois de uma cirurgia de olhos.[13] No entanto, sua nova visão era muito limitada e frágil (em boa medida porque, dada a sua limitadíssima visão prévia, seu cérebro nunca desenvolvera sistemas cognitivos visuais robustos). Por isso, a visão cansava-o; por exemplo, quando se barbeava, de início ele podia ver e reconhecer seu rosto no espelho, mas depois de alguns minutos precisava esforçar-se para permanecer em um mundo visual reconhecível. Ele acabava desistindo e se barbeando pelo tato, pois a imagem visual de seu rosto decompunha-se em fragmentos irreconhecíveis.

Rachael também passara a apresentar alguns problemas visuais depois do acidente, problemas singulares de síntese visual, embora, engenhosa como era, ela conseguisse dar-lhes um uso criativo. Ela tinha, em certo grau, dificuldade para sintetizar em um relance os elementos de toda uma cena, uma dificuldade visual análoga à auditiva. Notava uma coisa, depois outra, e depois ainda outra; sua atenção era absorvida sucessivamente por diferentes elementos, e ela só conseguia juntar toda a cena lentamente e com dificuldade, de um modo intelectual em vez de perceptual. Suas pinturas e colagens valiam-se dessa deficiência, e na verdade até a

---

[13] Virgil é descrito no capítulo "Ver e não ver" de *Um antropólogo em Marte*.

ela tinha de construir um quadro de seu ambiente auditivo item por item, de um modo muito mais consciente e deliberado do que o resto de nós. No entanto, paradoxalmente, isso lhe dava algumas vantagens, pois a forçava a prestar muito mais atenção a sons que antes eram negligenciados.

Tocar piano fora impossível nos meses seguintes ao seu acidente, quando sua mão direita ainda estava quase paralisada. Mas ela aprendeu, nesses meses, a usar a mão esquerda para escrever e para tudo o mais. Notavelmente, também começou a pintar nesse período, com a mão esquerda. "Eu nunca havia pintado antes do acidente", ela me disse:

Quando eu ainda estava em cadeira de rodas, com a mão direita imobilizada, aprendi a escrever com a mão esquerda, a bordar. [...] Não queria que as lesões ditassem meu modo de vida. Eu estava morrendo de vontade de tocar, de fazer música [...] Comprei um piano e tive o maior choque da vida. Mas a arrebatadora ânsia de criar não cessou, e eu me voltei para a pintura. [...] Precisava abrir os tubos de tinta usando os dentes e a mão esquerda, e minha primeira pintura, uma tela de sessenta por noventa centímetros, foi feita só com a mão esquerda.

Com o tempo e a fisioterapia, sua mão direita fortaleceu-se, e Rachael lentamente foi adquirindo capacidade para voltar a tocar piano com ambas as mãos. Quando a visitei alguns meses após nosso primeiro encontro, encontrei-a trabalhando em uma bagatela de Beethoven, uma sonata de Mozart, as *Cenas da floresta* de Schumann, uma invenção em três partes de Bach e as *Danças eslavas para quatro mãos* de Dvořák (estas últimas ela tocava com seu professor de piano, a quem visitava toda semana). Rachael contou-me que sentira uma nítida melhora em sua capacidade de integrar os "horizontais" da música. Recentemente fora assistir a uma apresentação de três óperas breves de Monteverdi. De início, ela disse, deleitou-se com a música, vivencian-

---

uma surpresa. Os temas podiam ser individualmente arrebatadores, mas a relação de uns com os outros desaparecera.

Rachael descobriu que, quando ela olhava para uma partitura, esta podia ao menos proporcionar-lhe uma representação visual e conceitual da harmonia, embora isso, em si, não lhe pudesse dar a percepção perdida, "do mesmo modo que um cardápio não pode fornecer uma refeição", comparou. Mas isso servia para "emoldurar" a música, impedir que "se espalhasse por toda parte". Ela descobriu ainda que tocar piano, e não apenas ouvir, também ajudava a "integrar as informações musicais [...] requer compreensão tátil e intelectual [...] contribui para a habilidade de mudar rapidamente a atenção entre os diversos elementos musicais, e assim ajuda a integrá-los em uma obra musical". Mas essa "integração formal", como ela a chamava, continuava a ser bastante limitada.

Existem no cérebro muitos níveis nos quais as percepções da música são integradas, e portanto muitos níveis nos quais a integração pode falhar ou ser comprometida. Além de suas dificuldades com a integração musical, Rachael tinha, em certa medida, problemas semelhantes com outros sons. Seu ambiente auditivo às vezes se dividia em elementos distintos e desvinculados: sons da rua, sons domésticos ou sons de animais, por exemplo, podiam subitamente destacar-se e monopolizar sua atenção porque estavam isolados, não integrados ao contexto ou paisagem auditiva normal. Os neurologistas chamam essa condição de simultanagnosia, e ela ocorre mais frequentemente com a visão do que com a audição.[12] Para Rachael, essa simultanagnosia significava que

---

rocha], descreve como ele perdeu a visão na meia-idade e, com ela, suas antes vívidas imagens visuais. Ele não podia mais visualizar o número 3, a menos que o traçasse no ar com o dedo. Precisava recorrer à memória do ato ou do procedimento no lugar da memória icônica que perdera.

[12] Algo análogo a uma simultanagnosia transitória pode ocorrer quando há intoxicação por maconha ou alucinógenos. A pessoa pode vivenciar um caleidoscópio de sensações intensas, com cores, formas, odores, sons, texturas e gostos isolados que se destacam com espantosa nitidez, enquanto as conexões de uns com os outros são diminuídas ou perdidas. Anthony Storr, em *Music and the mind*, descreve sua experiência de ouvir Mozart depois de uma dose de mescalina:

Eu estava cônscio da qualidade palpitante, vibrante dos sons que me chegavam, da mordida do arco na corda, de um apelo direto às minhas emoções. Em contraste, a apreciação da forma ficou muito prejudicada. Cada vez que um tema se repetia, era

Simbolicamente, a primeira música que ansiei por ouvir após recobrar suficientemente o discernimento foi *Opus 131* de Beethoven. Um quarteto de cordas complexo, de quatro vozes, muito sentimental e abstrato. Não é uma música fácil de ouvir nem de analisar. Não tenho ideia de como sequer me lembrei de que tal música existia, num período em que eu mal lembrava meu nome. Quando a música chegou, ouvi a primeira frase solo do primeiro violino inúmeras vezes, sem realmente ser capaz de ligar suas duas partes. Quando ouvi o resto do movimento, escutei quatro vozes separadas, quatro delgados e nítidos feixes de laser, irradiando em quatro direções diferentes.

Hoje, passados quase oito anos do acidente, ainda ouço os quatro feixes de laser igualmente [...] quatro vozes intensas. E, quando ouço uma orquestra, ouço vinte vozes de laser intensas. É dificílimo integrar todas essas vozes diferentes em uma entidade que faça sentido.

O médico de Rachael descreveu-me em sua carta de encaminhamento a "agonizante experiência de ouvir todo tipo de música como linhas descontínuas, contrapontísticas, sendo incapaz de acompanhar o senso harmônico das passagens de acordes. Assim, quando antes ouvir era ao mesmo tempo linear, vertical e horizontal, agora era apenas horizontal". A principal queixa de Rachael, quando veio consultar-se comigo pela primeira vez, era sobre essa desarmonia, essa incapacidade de integrar diferentes vozes e instrumentos.

Mas Rachael também tinha outros problemas. A lesão deixara-a surda do ouvido direito; ela de início não percebeu o problema, mas depois pensou na possibilidade de isso ter alguma influência em suas percepções alteradas da música. E, embora notasse imediatamente o desaparecimento do ouvido absoluto, ela estava ainda mais incapacitada, pois perdera a noção da *relação* entre os tons, sua representação do espaço tonal. Agora ela precisava, literalmente, representar: "Só consigo me lembrar de um tom porque me lembro de como era a sensação de cantá-lo. Basta começar o processo de cantar, e lá está ele".[11]

---

[11] Isso me fez lembrar de John Hull, cujo livro, *Touching the rock* [Tocando a

precisão. Seu problema era apenas de processamento auditivo, uma incapacidade de manter na memória uma sequência auditiva de notas.

Embora houvesse muitos relatos sobre essa surdez para melodias surgida após traumatismos na cabeça ou derrames, eu nunca ouvira falar em surdez para harmonia — até conhecer Rachael Y.

Rachael Y. era uma talentosa compositora e intérprete de quarenta e poucos anos quando veio consultar-se comigo, alguns anos atrás. Contou-me que estava no banco de passageiro em um carro que derrapou na estrada e colidiu com uma árvore, e ela sofrera graves lesões na cabeça e na espinha e ficara com as pernas e o braço direito paralisados. Passou alguns dias em coma, seguidos por várias semanas em estado crepuscular até finalmente recobrar a consciência. Descobriu, então, que apesar de sua inteligência e capacidade de linguagem estarem intactas, algo extraordinário acontecera com sua percepção da música. Ela descreveu em uma carta:

> Existe o "antes" e o "depois" do acidente. Tantas coisas mudaram, tantas coisas estão diferentes. Algumas mudanças são mais fáceis de aceitar do que outras. A mais difícil é a enorme mudança em minhas habilidades musicais e na percepção da música.
>
> Não consigo lembrar-me de todas as minhas habilidades musicais, mas me recordo sem dúvida da fluência e facilidade, da sensação de "não esforço" em qualquer coisa que eu tentasse fazer musicalmente.
>
> Ouvir música era um processo complexo de rápida análise da forma, harmonia, melodia, tom, período histórico, instrumentação. [...] Ouvir era ao mesmo tempo linear e horizontal. [...] Tudo estava na ponta dos meus dedos, na ponta dos meus ouvidos.
>
> Veio então a pancada na cabeça que mudou tudo. O ouvido absoluto desapareceu. Ainda ouço e diferencio tons, mas não sou mais capaz de reconhecê-los com nome e lugar no espaço musical. Ouço, sim, mas de um modo excessivo. Absorvo tudo igualmente, em um grau que às vezes se torna uma verdadeira tortura. Como é que se pode ouvir sem um sistema de filtragem?

ou uma sinfonia. Embora na infância eu tenha tido anos de aulas de música, não sou capaz de cantar no tom e em geral não consigo distinguir se um tom é mais grave ou mais agudo do que outro. Nunca entendi por que as pessoas compram discos ou vão a concertos. Embora eu regularmente vá a concertos nos quais meu marido ou minha filha se apresentam, isso não tem nenhuma relação com desejo de ouvir música. A associação entre música e emoção é um mistério para mim. Nunca me dei conta de que a música pode fazer as pessoas terem sensações diferentes — pensava que uma música fosse descrita como alegre ou triste por causa do ritmo ou do título. Ler seu livro me fez perceber pela primeira vez que talvez eu esteja perdendo alguma coisa.

Alguns anos atrás, meu colega Steven Sparr contou-me sobre um paciente seu, professor B. Músico de grande talento, ele tocara contrabaixo na Filarmônica de Nova York sob a direção de Toscanini, era grande amigo de Arnold Schoenberg e escrevera um importante livro de introdução à música. "Hoje com 91 anos", escreveu Sparr, o professor B., "ainda bem-falante, vibrante e intelectualmente muito vivo, sofreu um derrame que de súbito o deixou incapaz de discernir até uma melodia simples como a do 'Parabéns a você'." Sua percepção de tom e ritmo estava intacta; apenas a síntese destes em melodia perdera-se.

Mas o professor B., com fraqueza do lado esquerdo, foi hospitalizado e no terceiro dia de internação sofreu alucinações de um coral cantando. Não conseguiu identificar o *Messias* de Handel (tocado no canal de música ambiente) nem o "Parabéns a você" (cantarolado pelo dr. Sparr). O professor B. não reconheceu nenhuma dessas duas músicas, mas não achou que houvesse algum problema. Garantiu que suas dificuldades tinham sido causadas pela "má qualidade do equipamento de gravação", e pela "pseudovocalização" do dr. Sparr quando cantarolou o "Parabéns a você".

O professor B. conseguia compreender de imediato uma melodia lendo sua notação. Suas imagens mentais musicais estavam intactas, e ele podia cantarolar uma melodia com grande

das sentenças, embora as palavras em si estejam intactas. Uma pessoa com esse problema ouve uma sequência de notas, mas a sequência lhe parece arbitrária, sem lógica ou propósito, sem sentido musical. "O que esses amúsicos parecem não ter", escreveram Ayotte *et al.*, "é o conhecimento e os procedimentos requeridos para mapear as notas e as escalas musicais."

Em uma carta recente, meu amigo Lawrence Weschler escreveu:

Tenho um excelente senso rítmico, mas sou totalmente amusical em outro sentido. O elemento que me falta é a capacidade de ouvir as relações entre as notas e, por isso, de apreciar auditivamente suas interações e entrelaçamentos. Se você tocar no piano duas notas relativamente próximas, digamos, dentro de uma mesma oitava, eu provavelmente não serei capaz de dizer se uma delas é mais aguda do que a outra — ou se, por exemplo, em uma dada sequência de notas você primeiro subiu, depois desceu e em seguida tornou a subir... ou vice-versa.

Curiosamente, meu senso melódico, ou melhor, minha memória melódica, é relativamente boa, pois sou capaz, como um gravador, de reproduzir cantarolando uma melodia que acabei de ouvir, ou até de assobiar ou cantarolar com relativa fidelidade a melodia dias depois de ter sido exposto a ela. Mas nem mesmo nesses casos em que eu estou cantarolando eu sou capaz de dizer se um trinado melódico está subindo ou descendo. Sempre fui assim.

Uma descrição mais ou menos semelhante foi feita por uma correspondente, Carleen Franz:

Quando ouço música em um registro mais alto, em especial uma voz de soprano ou um violino, sinto dor. Ocorre uma série de ruídos crepitantes em meus ouvidos que abafam todos os outros sons, e isso é muito incômodo. Tenho essa mesma sensação ao ouvir choro de bebê. Música em geral me deixa irritada e me faz lembrar ruídos ásperos. Ocasionalmente ouço uma única linha melódica na cabeça, mas não tenho ideia do que você quer dizer com ouvir uma orquestra

cionais; por exemplo, alguns indivíduos são capazes de apreciar o ritmo mas não a métrica, outros têm o problema inverso.

Existem ainda outras formas de amusia, cada qual, provavelmente, com bases neurais específicas. Pode haver deficiência na capacidade de reconhecer dissonâncias (o som discordante produzido por uma segunda maior, por exemplo), algo que até os bebês normalmente reconhecem, e ao qual reagem. Gosselin, Samson e outros do laboratório de Peretz relataram que pode ocorrer a perda dessa habilidade (e nada mais) com determinados tipos de lesão neurológica. Eles testaram vários pacientes na discriminação de música dissonante e não dissonante, e constataram essa deficiência apenas naqueles que tinham extensa lesão em uma área envolvida nos julgamentos emocionais, o córtex paraipocampal. Esses pacientes eram capazes de avaliar a música consonante como agradável e de julgar se uma música era alegre ou triste, mas não apresentavam a resposta normal à música dissonante, que avaliavam como "ligeiramente agradável".

(Em uma categoria bem diferente, que não tem nenhuma relação com os aspectos cognitivos da apreciação da música, pode haver uma perda parcial ou total dos sentimentos ou emoções normalmente evocados por música, embora a percepção da música permaneça intacta. Também essa ocorrência tem sua base neural específica, analisada mais a fundo no capítulo 24, "Sedução e indiferença".)

Na maioria dos casos, a incapacidade de ouvir melodias é consequência de péssima discriminação de tons e de uma percepção distorcida das notas musicais. Mas algumas pessoas podem perder a capacidade de reconhecer melodias mesmo se forem capazes de ouvir e discriminar perfeitamente as notas componentes. Esse é um problema de ordem superior — uma "surdez para melodias" ou "amelodia" — análogo, talvez, à perda da estrutura ou significado

---

ou à plasticidade cerebral. Russell e Golfinos ressaltam que não foram encontradas amusias comparáveis em pacientes com tumores no giro de Heschl esquerdo.

Recentemente comprovou-se que os pacientes com amusia congênita têm uma área na matéria branca do giro frontal inferior direito que é pouco desenvolvida. Sabe-se que essa área participa da codificação de tons musicais e da memória de tons melódicos. (Ver Hyde; Zatorre *et al.*, 2006.)

ciente", nem acha que está perdendo alguma parte essencial da vida. Ela simplesmente é como é, e como sempre foi.[9]

Isabelle Peretz e seus colegas em Montreal elaboraram uma bateria especial de testes em 1990 para avaliar a amusia, e conseguiram, em muitos casos, identificar os amplos correlatos neurais de certos tipos de amusia. Eles supõem que existem duas categorias básicas de percepção musical, uma envolvendo o reconhecimento de melodias, e a outra, a percepção de ritmo ou intervalos de tempo. As deficiências na percepção de melodia em geral estão associadas a lesões no hemisfério direito, mas a representação do ritmo é muito mais disseminada e robusta, e envolve não só o hemisfério esquerdo, mas muitos sistemas subcorticais nos gânglios basais, cerebelo e outras áreas.[10] Há diversas distinções adi-

---

[9] Posteriormente, ao refletir sobre isso, a sra. L. trouxe-me uma passagem que lhe chamou a atenção em meu livro *A ilha dos daltônicos*. Nela eu descrevia um amigo com daltonismo total congênito, que me dissera: "Quando criança eu pensava que seria bom ver as cores. [...] acho que poderia descortinar um mundo novo, como se alguém com surdez para tons de repente começasse a ouvir melodias. Provavelmente seria muito interessante, mas também desconcertante".

A sra. L., curiosa com essa ideia, perguntou-se: "Se por algum milagre eu começasse a ouvir melodias, também ficaria desconcertada? Teria de aprender primeiro o que *é* melodia? Como eu saberia o que estou ouvindo?".

Nunca ter sido capaz de "entender" música é uma coisa, mas perder a capacidade de ouvi-la pode afetar acentuadamente uma pessoa, sobretudo se a música tiver sido muito importante em sua vida. Isso foi expresso por uma correspondente, Sara Bell Drescher. "A música era minha vida, minha alegria, minha *raison d'être*", ela escreveu; mas na casa dos cinquenta ela perdeu quase toda a audição devido à doença de Ménière. Isso foi, ela escreveu,

O começo do fim da minha vida como eu a conhecia. Em seis meses eu perdi muitos decibéis, e, em um ano, já não podia ouvir música. [...] Conseguia discriminar a fala somente com potentes aparelhos auditivos e ainda assim de modo imperfeito, mas a variação musical estava totalmente fora do meu alcance. [...] Embora a grave perda de audição me impedisse de participar de muitas outras atividades, foi a perda da música que deixou um colossal buraco em minha vida. [...] Nada, nada mais substitui a alegria de viver com música.

[10] Os neurocirurgiões Stephen Russell e John Golfinos escreveram sobre vários de seus pacientes, entre eles uma jovem cantora profissional que tinha um glioma no córtex auditivo primário (giro de Heschl), do lado direito. A cirurgia para removê-lo resultou em uma dificuldade tão profunda de discriminar tons que a paciente se viu impossibilitada de cantar ou reconhecer qualquer melodia, inclusive o "Parabéns a você". Mas essas dificuldades foram transitórias, e em três semanas ela recuperou sua capacidade anterior para cantar e reconhecer música. Não se sabe se ela se recobrou graças à recuperação de tecidos

linguagem das cores é frequentemente aplicada ao timbre, que às vezes é descrito como "cor do som" ou "cor do tom".)

Tive impressão semelhante ao ler o relato de caso de Hécaen e Albert sobre um homem para quem a música transformava-se no "som de uma freada brusca de carro", e também com minha própria experiência de ouvir a balada de Chopin como se ela estivesse sendo martelada numa chapa de aço. E Robert Silvers escreveu-me contando sobre o jornalista Joseph Alsop: "Ele me dizia que, para ele, a música que eu admirava, aliás, qualquer música, soava mais ou menos como uma carruagem puxada por cavalos passando por uma rua de paralelepípedos". Esses casos, tal como o de D. L., são um tanto diferentes dos casos de amusia para tons pura descritos por Ayiotte *et al.* em 2002.

O termo "distimbria" está começando a ser usado para denotar experiências desse tipo, reconhecidas agora como uma forma distinta de amusia que pode coexistir com a deficiência na discriminação de tons ou ocorrer isoladamente. Timothy Griffiths, A. R. Jennings e Jason Warren relataram, recentemente, o impressionante caso de um homem de 42 anos que, após sofrer um derrame no hemisfério direito do cérebro, passou a apresentar distimbria sem nenhuma alteração na percepção de tom. A sra. L., ao que parece, sofre tanto de distimbria congênita como de deficiência na percepção dos tons.

Poderíamos pensar, também, que uma acentuada distimbria para notas musicais faria o som da fala ser percebido de um modo muito diferente, talvez ininteligível. Mas isso não ocorria com a sra. L. (De fato, Belin, Zatorre e seus colegas encontraram no córtex auditivo áreas "seletivas para vozes" que são anatomicamente separadas das áreas envolvidas na percepção do timbre musical.)

Perguntei à sra. L. como ela se sentia quanto a não ser capaz de "perceber" música. Tinha curiosidade ou desejo de saber o que os outros estavam sentindo? Ela respondeu que sentira curiosidade quando criança. "Se tive algum desejo, foi o de ouvir música como os outros ouviam." Mas hoje não pensa muito nisso. Ela não consegue perceber ou imaginar o que os outros tanto apreciam, mas tem muitos outros interesses e não se considera "defi-

cos não pode haver a noção de centro tonal e de tonalidade, nenhum senso de escala, melodia ou harmonia, do mesmo modo que, em uma língua falada, não podemos ter palavras sem sílabas.[8]

Intrigou-me que a sra. L. comparasse o som da música ao de pratos e panelas jogados no chão da cozinha, pois eu julgava que a discriminação de tons, isoladamente, por mais deficiente que fosse, não produzisse tal experiência. Era como se todo o caráter, o timbre das notas musicais estivesse sendo radicalmente prejudicado.

(Timbre é a qualidade específica ou riqueza acústica de um som produzido por um instrumento ou voz, independentemente de seu tom ou altura; é o que distingue um dó médio tocado num piano dessa mesma nota tocada em um saxofone. O timbre de um som é influenciado pelos mais diversos fatores, entre eles as frequências dos sons harmônicos ou concomitantes e o início, subida e descida das formas de ondas acústicas. A capacidade de manter a noção de constância do timbre é um processo de múltiplos níveis e extremamente complexo no cérebro auditivo, um processo que pode ter algumas analogias com o da constância das cores — de fato, a

---

[8] Os pacientes com implantes cocleares, um recurso capaz apenas de reproduzir uma gama limitada de tons, têm amusia tecnologicamente induzida, enquanto a sra. L. tinha amusia de base neurológica. Os implantes cocleares substituem as 3500 células ciliadas de um ouvido normal por apenas dezesseis ou 24 eletrodos. Embora seja possível compreender a fala com essa baixa resolução de frequência, a música é prejudicada. Em 1995, com seus implantes cocleares, Michael Chorost comparou sua experiência de música com "andar daltônico por um museu de arte". É difícil acrescentar muitos eletrodos, pois eles provocam curto-circuito uns nos outros se forem postos muito próximos no meio úmido do corpo. No entanto, pode-se usar um software para criar eletrodos *virtuais* entre os eletrodos físicos, dando a um implante de dezesseis eletrodos o equivalente a 121. Chorost, que antes podia distinguir entre tons separados por setenta hertz — equivalentes a três ou quatro semitons na faixa média de frequência — com o novo software passou a poder distinguir tons separados por trinta hertz. Embora isso ainda não se compare à resolução de um ouvido normal, melhorou significativamente para Chorost a capacidade de apreciar música. Portanto, a amusia tecnológica pode ser tratada por recursos unicamente tecnológicos. (Ver o fascinante relato biográfico de Chorost, *Rebuilt: how becoming part computer made me more human*, e um artigo que ele escreveu para a revista *Wired,* "My bionic quest for *Boléro*" [Minha busca biônica pelo *Bolero*].)

tico de amusia tenha sido feito quando ela tinha setenta anos, e não sete, pois poderia ter se poupado de toda uma vida de tédio ou tormento indo a concertos apenas por educação.)[7] Em 2002, Ayotte, Peretz e Hyde publicaram na revista *Brain* um artigo baseado no estudo de onze pacientes, intitulado "Congenital amusia: a group study of adults afflicted with a music-specific disorder" [Amusia congênita: estudo de um grupo de adultos afetados por um distúrbio musical específico]. A maioria dessas pessoas tinha percepção normal da fala e dos sons do ambiente, mas muitas eram profundamente deficientes no reconhecimento de melodias e discriminação de tons, incapazes de distinguir entre tons adjacentes e semitons. Sem esses elementos bási-

---

[7] A primeira descrição ampla sobre a amusia na literatura médica encontra-se em um artigo de 1878 escrito por Grant Allen na revista *Mind*:

Não são poucos os homens e mulheres incapazes de distinguir conscientemente entre os sons de quaisquer duas melodias situadas no limite de aproximadamente meia oitava (ou até mais) uma da outra. A essa anormalidade aventurei-me a dar o nome de Surdez para Notas.

O extenso artigo de Allen inclui um esplêndido estudo de caso sobre um jovem que Allen teve "amplas oportunidades de observar e submeter à experimentação" — o tipo de estudo de caso minucioso que estabeleceu a neurologia e a psicologia experimentais no final do século XIX.

Mas antes disso Charles Lamb já fizera uma descrição literária da amusia em "A chapter on ears", em seus *Essays of Elia* de 1823:

Até acho que, sentimentalmente, inclino-me à harmonia. Mas *organicamente* sou incapaz de uma melodia. Tenho praticado "God Save the King" toda a minha vida; assobio e cantarolo essa música para mim mesmo em recantos solitários, e ainda estou, dizem-me, a muitas oitavas longe dela. [...] Cientificamente jamais conseguiram me fazer compreender (embora eu tenha me esforçado) o que é uma nota musical, ou como uma nota pode diferir de outra. Muito menos nas vozes sou capaz de distinguir soprano de tenor. [...] Para a música [o ouvido] não pode ser passivo. Ele se empenha — pelo menos o meu o faz — a despeito de sua inépcia, a percorrer o labirinto,como um olho mal habilitado quando fita hieróglifos. Assisti a uma ópera italiana, até que, de pura dor, e inexplicável angústia, corri para os lugares mais barulhentos das ruas apinhadas. Amarrei-me em sons que eu não era obrigado a acompanhar [...]. Refugio-me no despretensioso conjunto de honestos sons da vida comum — e o purgatório do Músico Enraivecido torna-se meu paraíso. [...]. Mais do que tudo, esses insuportáveis concertos, e composições musicais, como são chamados, atormentam e amarguram meu entendimento. — Palavras são alguma coisa, mas ser exposto a uma interminável bateria de meros sons [...].

orquestra tocando ao fundo, isso me enlouquecia, parecia que os sons vinham de todas as direções, um barulho esmagador".

Muitos perguntam à sra. L. o que ela ouve quando há música tocando, e ela responde: "Imagine que você está na cozinha e alguém joga todos os pratos e panelas no chão. É isso que eu ouço!". Mais tarde ela disse que era "muito sensível a notas agudas" e que, se fosse a uma ópera, aquilo tudo lhe "parecia uma gritaria só".

"Eu não reconhecia o hino nacional americano", disse a sra. L., "tinha de esperar que os outros se levantassem." Também não reconhecia o "Parabéns a você", nem mesmo quando se tornou professora e tocava uma gravação dessa música "pelo menos trinta vezes por ano, quando algum dos meus alunos fazia aniversário".

Na universidade, um professor fez testes de audição com todos os seus alunos, e disse à sra. L. que ela tivera "resultados impossíveis". Ele se perguntava se ela efetivamente era capaz de perceber música. Nesse período ela começou a sair com namorados. "Eu ia a todos os musicais", ela me contou, "até fui ver *Oklahoma!* (meu pai conseguiu arranjar um ingresso de noventa centavos)." Ela tolerava assistir aos musicais — não eram muito ruins, ela disse, quando só uma pessoa cantava, contanto que não fosse muito alto.

Ela mencionou que quando sua mãe teve um derrame e foi internada em uma casa para idosos, deleitava-se e se acalmava com todo tipo de atividades, especialmente a música. Mas a sra. L. comentou que, se estivesse na mesma situação, a música agravaria seu estado e a levaria à loucura.

Há sete ou oito anos, a sra. L. leu no *New York Times* um artigo sobre o trabalho de Isabelle Peretz sobre amusia, e disse ao marido: "É isso que eu tenho!". Embora nunca houvesse considerado seu problema como um distúrbio "psicológico" ou "emocional", como sua mãe parecia pensar, também não o julgara explicitamente "neurológico". Animada, escreveu a Peretz, e em seu encontro subsequente com ela e Krista Hyde tranquilizou-se ao saber que sua condição era "real", e não imaginada, e que outros também a tinham. Ela entrou em contato com outras pessoas amúsicas, e hoje acha que, sendo a sua deficiência "legítima", pode abster-se de ir a eventos musicais. (Lamenta que o diagnós-

xões e entonações para dramatizar sua leitura. Esse aparentemente foi um esforço bem-sucedido, pois não detectei nada de anormal em sua fala. Na verdade, ela até falou com apreço de Byron e Sir Walter Scott, e quando pedi ela recitou "The lay of the last minstrel" com expressão e sentimento. Ela gostava de ler poesia e de ir ao teatro. Não tinha dificuldade para reconhecer a voz das pessoas, nem para reconhecer todos os tipos de som à sua volta: água correndo, o vento, buzinas, latidos.[6] D. L. foi fã de sapateado quando menina. Muito habilidosa, conseguia sapatear até de patins. Disse que foi uma "*street kid*" e que gostava de se apresentar com outros garotos na rua. Portanto, parece ter possuído um bom senso de ritmo no corpo (hoje ela gosta de ginástica aeróbica rítmica). Mas quando havia algum acompanhamento musical, isso a perturbava e interferia em sua dança. Quando batuquei um ritmo simples com o lápis, como a abertura da *Quinta sinfonia* de Beethoven ou algo em código Morse, a sra. L. conseguiu imitar com facilidade. Mas se o ritmo estivesse incorporado a uma melodia complexa, ela tinha muito mais dificuldade, e o ritmo tendia a perder-se na confusão geral de barulhos que ela ouvia.

No começo da adolescência, D. L. adquiriu o gosto por canções de guerra (isso foi em meados dos anos 1940). "Eu as reconhecia pela letra", ela explicou. "Eu me saio bem com qualquer coisa que tiver palavras." Seu pai voltou a ter esperança e lhe comprou discos de canções de guerra. Mas, como ela recordou, "quando havia uma

---

[6] É muito surpreendente o fato de a maioria das pessoas com amusia congênita serem praticamente normais em suas percepções e padrões da fala ao mesmo tempo que têm profunda deficiência na percepção musical. A fala e a música podem ser tonalmente diferentes? Ayotte *et al.* supuseram, a princípio, que a capacidade das pessoas amúsicas para perceber as entonações da fala talvez fosse explicada pelo fato de esta ser menos exigente do que a música em seus requisitos para a discriminação precisa de tons. Mas Patel, Foxton e Griffiths demonstraram que quando os contornos da entonação são extraídos da fala, os indivíduos amúsicos têm grande dificuldade para discriminá-los. Claro está, pois, que outros fatores, como o reconhecimento de palavras, sílabas e estrutura das sentenças deve ter papel crucial em permitir a pessoas com grave surdez para os tons falar e compreender as nuances da fala quase normalmente. Peretz e seus colegas estão começando a estudar se isso também se aplica aos falantes de línguas mais tonalmente dependentes, como a chinesa.

como ele descobrira sua amusia, e que efeito ela tivera sobre sua vida, se é que tivera algum. Mas só pudemos conversar por alguns minutos, e tratamos de outros assuntos. Eu não viria a conhecer nenhuma outra pessoa com amusia total congênita por outros vinte anos, e mesmo assim graças à gentileza de minha colega Isabelle Peretz, pioneira no estudo da neurociência e música.

Em fins de 2006, Peretz apresentou-me a D. L., uma mulher inteligente e jovial de 76 anos que nunca "ouviu" música, embora pareça não ter dificuldade para ouvir, reconhecer, recordar e apreciar outros sons e a fala. A sra. L. lembrava-se de que, quando estava no jardim de infância, a professora pedia às crianças que cantassem seus nomes, por exemplo: "Meu nome é Mary Adams". Ela não conseguia fazer isso, e não sabia o que queriam dizer com "cantar". Também não conseguia perceber o que as outras crianças estavam fazendo. No segundo ou terceiro ano, ela disse, assistiu a uma aula de iniciação musical na qual foram tocadas cinco músicas, entre elas a abertura de *Guilherme Tell*. "Eu não conseguia dizer que música estava sendo tocada", ela contou. Quando seu pai ficou sabendo disso, trouxe para casa uma vitrola e discos das cinco músicas. "Ele as tocou inúmeras vezes, mas foi em vão", ela disse. Ele também lhe comprou um piano de brinquedo ou xilofone que podia ser tocado por números, e desse modo ela aprendeu a tocar "Mary had a little lamb" e "Frère Jacques", porém sem ter ideia de que estava produzindo qualquer coisa além de "barulho". Quando outros tocavam essas músicas, ela não sabia dizer se cometiam erros, mas quando ela própria errava, conseguia *sentir* — "nos dedos, mas não ouvindo", afirmou.

Ela vinha de uma família muito musical, na qual todos tocavam um instrumento, e sua mãe sempre lhe perguntava: "Por que você não gosta de música como as outras meninas?". Um amigo da família, especialista em aprendizado, testou sua percepção dos tons. Pediu a D. L. para ficar em pé quando uma nota fosse mais aguda do que outra e sentar-se quando fosse mais grave. Isso também fracassou. "Eu não conseguia saber se uma nota era mais aguda do que outra", ela contou.

Quando menina, D. L. foi informada de que sua voz era monótona ao recitar, e uma professora resolveu ensinar-lhe infle-

música, e não a fala ou os sons em geral, estava sendo afetada daquele modo tão estranho.[3] Essa minha experiência, assim como a maioria das descritas na literatura neurológica, foi de amusia *adquirida* — espantosa e assustadora para mim, mas também fascinante. Fiquei pensando: haveria pessoas com amusia congênita em um grau igualmente extremo? Surpreendi-me ao encontrar a seguinte passagem na autobiografia de Nabokov, *A pessoa em questão*:

Digo com pesar que a música afeta-me meramente como uma sucessão arbitrária de sons mais ou menos irritantes. [...] O piano de cauda e todos os instrumentos de sopro em pequenas doses entediam-me e, em grandes doses, flagelam-me.

Não sei como interpretar isso, pois Nabokov era tão dado à pilhéria e à ironia que é difícil decidir quando levá-lo a sério. Mas é concebível, pelo menos, que a caixa de Pandora dos seus numerosos dons contivesse também uma profunda amusia.[4]

Eu conhecera o neurologista francês François Lhermitte, e certa vez ele comentara comigo que, quando ouvia música, só era capaz de dizer se era *A Marselhesa* ou não. Sua habilidade para reconhecer melodias terminava ali.[5] Não parecia incomodado com isso, tampouco tivera alguma vez o impulso de investigar a base neural do fenômeno. Simplesmente era assim que ele era, e que sempre fora. Eu devia ter-lhe perguntado *como* ele reconhecia *A Marselhesa* — seria pelo ritmo ou pelo som de algum instrumento específico? Pelo comportamento ou atenção das pessoas à sua volta? E como ela realmente lhe soava? Fiquei curioso em saber quando e

---

[3] Em 2000, Piccirilli, Sciarma e Luzzi descreveram o súbito aparecimento de amusia em um jovem músico que sofrera um derrame. "Não posso ouvir nenhuma musicalidade", ele se queixou. "Todas as notas soam iguais." A fala, em contraste, soava-lhe normal; seu senso de ritmo também estava intacto.

[4] Disseram-me, de fato, que o filho de Nabokov comentou que seu pai não era capaz de reconhecer música alguma. (Ele também escreveu sobre a sinestesia tanto de seu pai como de sua mãe na introdução a um livro de Richard Cytowic e David Eagleman, que será publicado em breve.)

[5] Daniel Levitin salientou que Ulysses S. Grant, segundo se dizia, "era surdo para tons e afirmava conhecer apenas duas músicas: 'Uma é 'Yankee Doodle', e a outra não'".

tons não são reconhecidos como tais, e a música, portanto, não é vivenciada como música. Alguns dos casos clássicos na literatura neurológica descrevem essa condição. Henry Hécaen e Martin L. Albert observaram que, para essas pessoas, "as melodias perdem sua qualidade musical e podem adquirir um caráter desagradável, não musical". Hécaen e Albert descreveram um ex-cantor que "queixava-se de ouvir um 'carro guinchando' toda vez que ouvia música".

Descrições desse tipo foram quase inimagináveis para mim até o dia em que eu mesmo tive amusia em duas ocasiões, ambas em 1974. Na primeira, eu estava dirigindo pela Bronk River Parkway, ouvindo uma balada de Chopin no rádio, quando ocorreu uma estranha alteração da música. As belas notas do piano começaram a perder o tom e o caráter e em poucos minutos reduziram-se a uma espécie de marteladas sem tom com uma desagradável reverberação metálica, como se a balada estivesse sendo tocada com um martelo numa folha de metal. Embora eu houvesse perdido todo o senso de melodia, meu senso rítmico estava intacto, e eu ainda podia reconhecer a balada por sua estrutura rítmica. Poucos minutos depois, justamente quando aquela música estava terminando, a tonalidade normal retornou. Muito intrigado, telefonei para a emissora de rádio assim que entrei em casa e perguntei se aquilo fora algum tipo de experimento ou piada. Disseram que não, claro que não. E me sugeriram mandar o rádio para o conserto.

Poucas semanas depois, um episódio semelhante ocorreu quando eu tocava uma mazurca de Chopin ao piano. Novamente houve profunda perda dos tons, e a música pareceu decompor-se em uma barulheira desconcertante, junto com uma desagradável reverberação metálica. Só que, dessa vez, isso veio acompanhado por uma expansão brilhante, cintilante e em zigue-zague de metade do meu campo visual. Tais zigue-zagues eu já experimentara muitas vezes durante crises de enxaqueca. Agora era evidente que eu estava sofrendo de amusia como parte de uma aura de enxaqueca. Mesmo assim, quando desci para falar com meu senhorio, constatei que minha voz e a dele soavam perfeitamente normais. Só a

verdadeira surdez para tons está presente em talvez 5% da população, e os indivíduos com essa amusia podem desafinar e não perceber ou ser incapazes de reconhecer quando outros saem do tom. Alguns casos de surdez para tons são muito flagrantes. Em um pequeno templo que eu frequentava, havia um solista que às vezes emitia notas irritantemente erradas, às vezes um terço de oitava distantes da nota certa. Mas ele se tinha em alta conta como recitador religioso. Lançava-se em elaboradas excursões tonais de um tipo que exige ótimo ouvido, porém perdia-se pelo caminho. No dia em que eu, discretamente, me queixei ao rabino sobre a desafinação do homem, ouvi a réplica de que ele era um homem de exemplar devoção e que estava dando o melhor de si. Retruquei que não duvidava disso, mas que não se pode ter um cantor surdo para tons, pois isso, para qualquer pessoa musical, equivalia a estar nas mãos de um cirurgião desastrado.[2]

Pessoas com acentuada surdez para tons ainda assim podem apreciar música e gostar de cantar. Já a amusia em seu sentido absoluto — amusia total — é outra questão, pois nesse caso os

---

rias muito mais antigas do que a língua falada", ele escreveu em um cativante e franco artigo na revista *New Scientist* em 2008. "E no entanto, eu mesmo era incapaz de cantar no tom ou de acompanhar um ritmo." Descreveu como fora tão "humilhado" ao ser forçado a cantar diante de sua classe na escola, e depois disso evitara durante mais de 35 anos participar de qualquer coisa que envolvesse música. Decidiu verificar se, com um ano de aulas de canto, ele poderia melhorar seu tom, altura e ritmo, e documentar esse processo com a ressonância magnética funcional.

O canto de Mithen realmente melhorou — não espetacularmente, mas em um grau considerável. E a ressonância magnética mostrou intensificação de atividade no giro frontal inferior e em duas áreas do giro temporal superior (mais do lado direito). Essas mudanças refletiam o aumento da capacidade para controlar a altura, projetar a voz e comunicar o fraseado musical. Ocorreu também uma diminuição de atividade em certas áreas, à medida que aquilo que de início requeria esforço consciente foi se tornando cada vez mais automático.

[2] Florence Foster Jenkins, *coloratura* que em seu tempo lotava a plateia do Carnegie Hall, considerava-se uma grande cantora e tentava cantar as mais difíceis árias operísticas, árias que requeriam ouvido perfeito e extraordinário alcance vocal. Mas ela cantava notas que eram excruciantemente erradas, abaixo do tom, até mesmo esganiçadas, sem (aparentemente) se dar conta disso. Seu senso de ritmo também era um horror — mas o público continuava a afluir aos seus concertos, que eram sempre bastante ricos em belos cenários e tinham muitas trocas de figurino. Não sei se os seus fãs a adoravam apesar de faltar musicalidade ou justamente por causa disso.

Existem formas de surdez para ritmos, ligeira ou profunda, congênita ou adquirida. Che Guevara foi um exemplo famoso: viam-no dançando mambo quando a orquestra estava tocando um tango (ele também tinha considerável surdez para tons). Mas especialmente depois de um derrame no hemisfério esquerdo do cérebro, um paciente pode passar a sofrer de formas profundas de surdez para ritmos *sem* surdez para tons (assim como, após certos derrames no hemisfério direito, um paciente pode passar a apresentar surdez para tons sem surdez para ritmos). Em geral, porém, raramente as formas de surdez para ritmos são totais, pois o ritmo é representado em muitas partes do cérebro.

Existem, ainda, formas culturais de surdez para ritmos. Como relataram Erin Hannon e Sandra Trehub, bebês de seis meses podem detectar prontamente todas as variações rítmicas, mas aos doze meses essa amplitude já se reduziu, embora esteja mais aguçada. Com isso, eles podem detectar mais facilmente os tipos de ritmo aos quais já foram expostos; aprendem e internalizam um conjunto de ritmos para sua cultura. Os adultos têm mais dificuldade para perceber distinções rítmicas "estrangeiras".

Eu, por exemplo, criado como fui no mundo da música clássica ocidental, não tenho dificuldade com seus ritmos e indicações de compasso, que são relativamente simples, mas confundo-me com os ritmos mais complexos dos tangos e mambos, para não falar das síncopes e da polirritmia do jazz ou da música africana. A cultura e a exposição determinam também algumas das sensibilidades tonais. Por isso, alguém como eu pode achar a escala diatônica mais "natural" e norteante do que as escalas de 22 notas da música hindu. Mas não parece haver nenhuma preferência neurológica inata por determinados tipos de música, do mesmo modo que não há para determinadas línguas. Os únicos elementos indispensáveis da música são tons distintos e organização rítmica.

Muitos de nós são incapazes de assobiar ou cantar com afinação, em geral têm plena consciência disso — não têm "amusia".[1] Mas a

---

[1] Steven Mithen investigou se qualquer pessoa é capaz de aprender a cantar, e usou a si mesmo como sujeito do estudo. "Minhas pesquisas haviam me persuadido de que a musicalidade era profundamente arraigada no genoma humano, com raízes evolucioná-

8
DESINTEGRAÇÃO:
AMUSIA E DESARMONIA

Não costumamos apreciar devidamente os nossos sentidos. Achamos, por exemplo, que o mundo visual é um dado, que o recebemos completo, com profundidade, cor, movimento, forma e sentido, tudo em correspondência e sincronia perfeitas. Diante dessa aparente unidade, talvez não nos ocorra que muitos elementos compõem uma única cena visual e que cada um deles tem de ser separadamente analisado para só depois serem todos combinados. Essa natureza composta da percepção visual é mais evidente para um artista ou um fotógrafo. Ou pode *tornar-se* mais perceptível quando, por causa de alguma lesão ou desenvolvimento deficiente, algum elemento for defectivo ou perder-se. A percepção da cor tem sua própria base neural, tanto quanto a percepção de profundidade, de movimento, de forma etc. E mesmo se todas essas percepções preliminares estiverem funcionando, pode haver dificuldade para sintetizá-las em uma cena ou objeto visual que faça sentido. Uma pessoa com um defeito de ordem superior nessa esfera — uma agnosia visual, por exemplo — às vezes é capaz de copiar um desenho ou de pintar uma cena que serão reconhecidos por outras pessoas, mas não por ela própria.

Coisa semelhante ocorre com a audição e com as especiais complexidades da música. Muitos são os elementos envolvidos, todos eles relacionados à percepção, decodificação e síntese de sons e tempo, e por isso existem muitas formas de amusia. A. L. Benton (em seu capítulo sobre as amusias no livro de Critchley e Henson, *Music and the brain*) distingue a amusia "receptiva" da "interpretativa" ou "de execução", e identifica mais de uma dúzia de variações.

mento. George, por outro lado, sem dúvida era bem-dotado nas áreas do cérebro envolvidas na reação emocional à música, mas talvez nele outras áreas não fossem tão bem desenvolvidas.

Os exemplos de George e Cordelia introduzem um tema que repercutirá e será explorado em muitos dos relatos de casos clínicos a seguir: o que se denomina musicalidade abrange uma vasta gama de habilidades e receptividades, das mais elementares percepções de tom e ritmo aos aspectos superiores da inteligência e sensibilidade musical, e todas elas, em princípio, são indissociáveis umas das outras. Na verdade, todos somos mais fortes em alguns aspectos da musicalidade, mais fracos em outros, e por isso temos certa afinidade tanto com Cordelia quanto com George.

vida, isso ocorre em muito menor grau para a música. Não possuir linguagem aos seis ou sete anos é uma catástrofe (só é provável essa ocorrência no caso de crianças surdas que não tiveram acesso efetivo a língua de sinais ou a fala), mas não ter música nessa mesma idade não necessariamente prenuncia um futuro sem música. Meu amigo Gerry Marks cresceu com pouquíssima exposição à música. Seus pais nunca iam a concertos e raramente ouviam música no rádio. Em sua casa não havia instrumentos musicais nem livros sobre música. Gerry ficava intrigado quando seus colegas de escola conversavam sobre música, e se perguntava por que eles se interessavam tanto por aquilo. "Eu tinha péssimo ouvido", ele recorda. "Não era capaz de cantar uma música, não sabia dizer se outra pessoa estava cantando no tom e não conseguia distinguir uma nota da outra." Criança precoce, Gerry era apaixonado por matemática e astronomia, e parecia totalmente encaminhado para uma vida de cientista — sem música.

Mas aos catorze anos ele ficou fascinado pela acústica, especialmente a física da vibração de cordas. Leu sobre o assunto e fez experimentos no laboratório da escola. Além disso, cada vez mais foi sentindo vontade de possuir um instrumento de corda. Seus pais deram-lhe um violão quando ele fez quinze anos, e ele aprendeu a tocar sozinho. Empolgou-se com os sons do violão e a sensação de dedilhar as cordas, e aprendeu depressa — aos dezessete anos ficou em terceiro lugar num concurso para premiar o estudante "mais musical" no último ano da escola (seu colega Stephen Jay Gould, musical desde a infância, ficou em segundo lugar). Gerry foi estudar música na universidade, onde se sustentou ensinando violão e banjo. Desde então a paixão pela música tem sido fundamental em sua vida.

Entretanto, há limites impostos pela natureza. Possuir ouvido absoluto, por exemplo, depende muito de um treinamento musical em tenra idade, mas esse treinamento, isoladamente, não pode garantir que a pessoa terá ouvido absoluto. Tampouco, como demonstra Cordelia, a presença de ouvido absoluto assegura que haverá outros talentos musicais superiores. O plano temporal de Cordelia sem dúvida era bem desenvolvido, mas talvez ela carecesse de maior desenvolvimento no córtex pré-frontal, na capacidade de julga-

que está além de qualquer controvérsia é o efeito do treinamento musical intensivo no plástico cérebro jovem. Takako Fujioka e seus colegas, usando magnetoencefalografia para examinar potenciais auditivos evocados no cérebro, registraram notáveis mudanças no hemisfério esquerdo de crianças que haviam passado por apenas um ano de treinamento musical, comparadas a crianças sem treinamento algum.[5]

A implicação de tudo isso para a educação em tenra idade é clara. Embora uma colherinha de Mozart possa não transformar uma criança num matemático melhor, não há dúvida de que a exposição regular à música, e especialmente a participação ativa em música, pode estimular o desenvolvimento de muitas áreas distintas do cérebro — áreas que precisam trabalhar juntas para ouvir ou executar música. Para a grande maioria dos estudantes, a música pode ser tão importante em matéria de educação quanto ler ou escrever.

A competência musical pode ser vista como um potencial humano universal do mesmo modo que a competência linguística? Em toda família há exposição à linguagem, e praticamente toda criança adquire competência linguística (em um sentido chomskiano) aos quatro ou cinco anos de idade.[6] Isso pode não ocorrer com relação à música, que às vezes é quase totalmente ausente em algumas famílias, e o potencial musical, como qualquer outro, precisa de estimulação para desenvolver-se plenamente. Na ausência de incentivo ou estimulação, talentos musicais podem não se desenvolver jamais. Mas embora exista um período crítico bem definido para a aquisição da linguagem nos primeiros anos de

---

[5] Nem sempre é fácil ou possível proporcionar treinamento musical às crianças, especialmente nos Estados Unidos, onde o ensino da música vem sendo eliminado de muitas escolas públicas. Tod Machover, compositor e renomado criador de novas tecnologias para música, procura lidar com esse problema "democratizando" a música, tornando-a acessível a todos. Machover e seus colegas do Media Lab, no MIT, criaram não só a Brain Opera [Ópera do cérebro], a Toy Symphony [Sinfonia dos brinquedos] e o popular videogame Guitar Hero [Herói guitarrista], mas também sistemas interativos como o Hyperinstruments, Hyperscore e outros, usados pelos mais diversos músicos profissionais, entre eles Joshua Bell, Yo-Yo Ma, Peter Gabriel, o Ying Quartet e a London Sinfonietta.

[6] Há raríssimas exceções — algumas crianças com autismo e algumas com afasia congênita. Mas, em grande medida, até crianças com acentuados problemas neurológicos ou de desenvolvimento adquirem linguagem funcional.

mudanças anatômicas observadas no cérebro dos músicos tinham alta correlação com a idade em que o treinamento musical teve início e com a intensidade da prática e dos ensaios.

Alvaro Pascual-Leone, de Harvard, mostrou que o cérebro responde rapidamente ao treinamento musical. Usando exercícios pianísticos para cinco dedos como teste de treinamento, ele demonstrou que o córtex motor pode apresentar mudanças com minutos de prática dessas sequências. Além disso, mensurações do fluxo sanguíneo regional em diferentes partes do cérebro indicaram aumentos de atividade nos gânglios basais e no cerebelo, bem como em várias áreas do córtex cerebral — não só com a prática física, mas também unicamente com prática mental.

Claramente, é grande a variação em talento musical, mas há muitos indícios de que existe musicalidade inata em praticamente todas as pessoas. Isso foi demonstrado inequivocamente com o uso do método Suzuki para treinar crianças a tocar violino de ouvido e por imitação. Praticamente todas as crianças ouvintes responderam a esse treinamento.[4]

Será que mesmo uma breve exposição à música clássica pode estimular habilidades matemáticas, verbais e visuoespaciais em crianças? No início da década de 1990, Frances Rauscher e seus colegas da Universidade da Califórnia em Irvine desenvolveram uma série de estudos para investigar se ouvir música podia modificar faculdades cognitivas não musicais. Publicaram vários artigos cautelosos, nos quais relataram que ouvir Mozart (comparado a ouvir música "de relaxar" ou ao silêncio) realmente intensificava temporariamente o raciocínio espacial abstrato. O efeito Mozart, como passou a ser chamado, não só suscitou polêmica científica, mas gerou grande atenção jornalística e, talvez inevitavelmente, declarações exageradas que extrapolavam qualquer coisa insinuada nos modestos informes originais dos pesquisadores. A validade de tal efeito Mozart foi contestada por Schellenberg e outros, mas o

---

[4] Até mesmo pessoas com surdez grave podem ter musicalidade inata. Muitos surdos adoram música e são acentuadamente responsivos ao ritmo, que sentem como vibrações, e não como som. A aclamada percussionista Evelyn Glennie tem surdez grave desde os doze anos de idade.

podem ser "congênitas", como afirma Picker, e em que grau resultam de treino — uma questão bastante complicada, pois Picker, como muitos músicos, iniciou seu treinamento musical intensivo ainda muito criança.

Com o advento das técnicas de imageamento cerebral na década de 1990, tornou-se possível visualizar o cérebro de músicos e compará-lo ao de não músicos. Usando a morfometria por ressonância magnética, Gottfried Schlaug e seus colegas de Harvard fizeram minuciosas comparações do tamanho de várias estruturas cerebrais. Em 1995, publicaram um artigo demonstrando que o corpo caloso, a grande comissura que liga os dois hemisférios cerebrais, é maior em músicos profissionais, e que uma parte do córtex auditivo, o plano temporal, apresenta um aumento assimétrico nos músicos dotados de ouvido absoluto. Schlaug *et al.* apontaram também volumes maiores de massa cinzenta nas áreas motoras, auditivas e visuoespaciais do córtex, bem como no cerebelo.[2] Hoje os anatomistas teriam dificuldade para identificar o cérebro de um artista plástico, um escritor ou um matemático, mas poderiam reconhecer sem hesitação o de um músico profissional.[3]

Schlaug especula: quanto essas diferenças serão um reflexo de predisposição inata e quanto de treinamento musical desde tenra idade? Obviamente não sabemos o que distingue o cérebro das crianças de quatro anos com talento musical antes de elas começarem seu treinamento em música. Mas os efeitos desse treinamento são imensos, mostraram Schlaug e seus colegas: as

---

[2] Ver, por exemplo, o artigo de Gaser e Schlaug de 2003 e o de Hutchinson, Lee, Gaab e Schlaug, também de 2003.

[3] Nina Kraus e seus colegas [ver Musacchia *et al.*, 2007], surpresos com essas mudanças nas regiões auditivas, visuais, motoras e cerebelares dos cérebros de músicos, procuraram descobrir se mecanismos sensoriais básicos no nível do tronco cerebral também poderiam ser intensificados nos músicos. Constataram que, de fato, existe uma diferença: "Músicos apresentaram respostas do tronco cerebral mais rápidas e mais intensas do que os controles de não músicos sobre a fala e estímulos musicais [...] evidentes logo em dez milissegundos após o início acústico". Essa intensificação, eles descobriram, é "fortemente correlacionada com a duração da prática musical".

Essas mudanças funcionais no tronco cerebral de músicos podem não parecer tão espetaculares quanto os aumentos muito visíveis do corpo caloso, córtex e cerebelo, mas não são menos dignas de nota, pois dificilmente se imaginaria que a experiência e o treinamento fossem capazes de afetar um mecanismo sensorial tão básico.

partes "musicais" de seu cérebro não estão plenamente a seu serviço, e parecem até possuir vontade própria. É o que ocorre, por exemplo, com as alucinações musicais, que se impõem, não são buscadas por quem as tem, sendo, portanto, bem diferentes das imagens mentais ou imaginação musical, que sentimos ser nossas. No aspecto da execução da música, isso é o que ocorre na distonia musical, quando os dedos recusam-se a obedecer à ordem de seu dono, dobram-se ou mostram "vontade" própria. Nessas circunstâncias, uma parte do cérebro está em desacordo com a intencionalidade, com o *self.*

Mesmo que não haja um desalinhamento gritante, no qual a mente e o cérebro estejam em conflito entre si, a musicalidade, como outros dons, pode criar seus próprios problemas. Isso me lembra o caso do eminente compositor Tobias Picker, a quem aconteceu de também ser portador de síndrome de Tourette. Pouco depois que o conheci, ele me disse que tinha um "distúrbio congênito" que o "perseguia" a vida inteira. Pressupus que se referia à síndrome de Tourette, mas ele contestou — o distúrbio congênito era sua grande musicalidade. Aparentemente, nascera com ela; nos primeiros anos de vida já reconhecia e dedilhava melodias, e começou a tocar piano e a compor aos quatro anos. Com sete era capaz de reproduzir trechos longos e elaborados de música após uma única audição, e se via constantemente "dominado" por emoção musical. Praticamente desde o início, ele disse, pressupôs-se que ele seria músico e que tinha pouquíssimas chances de fazer qualquer outra coisa, pois sua musicalidade o monopolizava. Acho que ele não teria preferido de outro modo, mas às vezes ele sentia que sua musicalidade o controlava, e não vice-versa. Muitos artistas e intérpretes sem dúvida sentem o mesmo de vez em quando. Mas no caso da música (assim como no da matemática), tais habilidades podem ser especialmente precoces e determinar a vida da pessoa em tenra idade.

Quando ouço a música de Picker, ou quando o vejo tocar ou compor, tenho a impressão de que ele possui um cérebro especial, de músico, muito diferente do meu. É um cérebro que funciona de outro modo e que tem conexões, campos inteiros de atividade inexistentes em mim. É difícil saber em que grau tais diferenças

você tem se esforçado muito. Não pense que foi um desperdício. Sempre será para você um prazer poder tocar piano, e isso lhe permitirá apreciar as execuções grandiosas como nenhuma pessoa comum pode ter esperança de fazer.

Mas, ela ressalvou, George não tinha mãos nem ouvidos para tornar-se um excelente pianista, "nem em mil anos". George e Cordelia são, ambos, incuravelmente deficientes em sua musicalidade, embora de modos opostos. George tem fervor, energia, dedicação, é apaixonado por música, mas falta-lhe certa competência neurológica básica: seu "ouvido" é deficiente. Já Cordelia possui um ouvido perfeito, mas dá a impressão de que nunca "entenderá" o fraseado musical, nunca melhorará seu tom "untuoso", nunca será capaz de distinguir a boa música da má, pois é profundamente deficiente (ainda que não se dê conta disso) na sensibilidade e no gosto musical.

Será que a sensibilidade musical — a "musicalidade" no sentido mais geral — também requer um potencial neurológico específico? A maioria de nós pode esperar que haja certa harmonia, algum alinhamento entre nossos desejos e nossas capacidades e oportunidades, mas sempre haverá pessoas como George, cujas habilidades não estão à altura de seus desejos, e como Cordelia, que parece possuir todos os talentos, exceto o mais importante: a capacidade crítica ou gosto. Ninguém possui todos os talentos, quer na esfera cognitiva, quer na emocional. Até Tchaikovsky tinha uma pungente consciência de que sua grande fecundidade para a melodia não era acompanhada por um comparável domínio da estrutura musical. Contudo, ele não desejava ser um grande compositor arquitetônico como Beethoven; contentava-se perfeitamente em ser um grande compositor melódico.[1]

Muitos dos pacientes ou correspondentes que descrevo neste livro estão cônscios de algum tipo de desalinhamento musical. As

---

[1] Poderíamos enfatizar o polo oposto, como fez Stravinsky em *Poética musical em 6 lições*, ao comparar Beethoven e Bellini: "Beethoven acumulou para a música um patrimônio que parece ser unicamente o resultado de um trabalho árduo e obstinado. Bellini herdou a melodia sem ao menos ter de pedir, como se a Providência lhe houvesse dito: 'Dar-te-ei a única coisa que falta a Beethoven'".

Situação oposta é descrita no conto "The alien corn", de Somerset Maugham. Nessa história, o elegante filho de uma família de nobreza emergente, que fora criado para uma vida de *gentleman*, de caçadas e equitação, adquire, para consternação da família, um desejo arrebatador de ser pianista. Fazem, então, um acordo: o moço vai estudar música na Alemanha, com a condição de que volte à Inglaterra dentro de dois anos e se submeta à avaliação de um pianista profissional. Chegado o momento, George, que acaba de retornar de Munique, senta-se ao piano. Lea Makart, famosa pianista, veio especialmente para a ocasião, e toda a família está reunida. George atira-se à música, tocando Chopin "com bastante brio". Mas falta alguma coisa, como observa o narrador:

> Quem me dera conhecer música o bastante para dar uma opinião exata de sua execução. Tinha força, exuberância juvenil, mas achei que lhe faltava o que para mim é o encanto singular de Chopin, a ternura, a melancolia nervosa, a anelante alegria e o romantismo levemente esmaecido que sempre me lembra um mimo dos primeiros tempos vitorianos. E de novo tive a vaga sensação, tão ligeira que quase me escapou, de que as duas mãos não se sincronizavam bem. Olhei para Ferdy e percebi que ele lançou à irmã um olhar meio surpreso. Os olhos de Muriel fitavam o pianista, mas logo ela os baixou, e pelo resto do tempo manteve-os cravados no chão. Seu pai também olhava para ele, com os olhos firmes, mas ou eu muito me engano, ou ele empalideceu, e seu rosto traiu algo como consternação. A música estava no sangue de todos eles, a vida inteira eles ouviram os maiores pianistas do mundo, e julgavam com uma precisão instintiva. A única pessoa cuja face não traía emoção era Lea Makart. Ela escutou muito atentamente. Estava imóvel como uma imagem num nicho.

Por fim, Makart proferiu seu julgamento:

> Se eu achasse que você possui os dons de um artista, não hesitaria em exortá-lo a abrir mão de tudo em nome da arte. A arte é a única coisa que importa. Em comparação com a arte, riqueza, posição social e poder não valem nada. [...] Evidentemente, percebo que

7

RAZÃO E SENSIBILIDADE: A VARIAÇÃO DA MUSICALIDADE

É comum dizer que uma pessoa tem ou não tem "bom ouvido". Possuir bom ouvido significa, para começar, ter uma percepção acurada de tom e ritmo. Sabemos que Mozart tinha um "ouvido" prodigioso e, obviamente, ele foi um artista sublime. Pressupomos que todos os bons músicos sem dúvida são dotados de um "ouvido" satisfatório, mesmo não chegando ao calibre do de Mozart. Mas ter bom ouvido é suficiente?

Essa questão é levantada no romance parcialmente autobiográfico de Rebecca West, *The fountain overflows* [A fonte transborda], a história de uma família musical: a mãe, musicista profissional (como a mãe da própria West), o pai, intelectualmente brilhante mas não musical, e três filhas, duas das quais, como a mãe, são muito musicais. Mas o melhor ouvido é o da filha "não musical", Cordelia. Nas palavras de sua irmã, Cordelia

tinha ouvido acurado, ouvido absoluto, na verdade, coisa que nem mamãe, nem Mary nem eu tínhamos [...] e seus dedos eram flexíveis, ela conseguia dobrá-los para trás até encostá-los no pulso, e sabia ler qualquer coisa à primeira vista. Mas o rosto de mamãe desmoronava, primeiro de raiva e depois, bem a tempo, de pena, toda vez que ela ouvia Cordelia encostar o arco nas cordas. Seu tom era horrivelmente untuoso, e seu fraseado sempre soava como um adulto estúpido explicando alguma coisa a uma criança. Além disso, ela não distinguia a boa música da ruim, como nós fazíamos, como sempre fizéramos.

Não era culpa de Cordelia não ser musical. Mamãe nos explicara isso muitas vezes. [...] [ela] recebera a herança de papai.

Parte 2
A VARIAÇÃO DA MUSICALIDADE

lembranças [...] muitas de minha mulher [...] ela faleceu há sete anos, um ano e meio depois que isto começou. [...] Estruturalmente, são como um sonho. Têm um estímulo que as precipita, relacionam-se a afetos, trazem de volta pensamentos automaticamente, quer eu queira, quer não; são também cognitivas, têm uma subestrutura se eu desejar segui-las. [...] Às vezes, quando a música para, eu me pego cantarolando a melodia que um instante atrás eu estava desejando que cessasse. Descubro que sinto falta dela. [...] Todo psicanalista sabe que em cada sintoma (e isto é um sintoma), por trás de cada defesa, existe um desejo. [...] As músicas que afloram [...] contêm anseios, esperanças, desejos. Desejos românticos, sexuais, morais, agressivos, e também desejos de ação e domínio. Eles são, efetivamente, o que deu [às minhas alucinações musicais] sua forma final, neutralizando e substituindo o ruído de interferência original. Por mais que eu me queixe, a música é bem-vinda, ao menos em parte.

Rangel resumiu suas experiências em um longo artigo publicado on-line no *The Huffington Post*, no qual escreveu:

Considero-me uma espécie de laboratório vivo, um experimento na natureza por um prisma auditivo. [...] Tenho vivido no limite. Mas um limite muito especial, a fronteira entre o cérebro e a mente. Daqui o panorama é amplo, em várias direções. Os campos que essas experiências abrangem estendem-se às esferas neurológica, otológica e psicanalítica, convergindo para uma única combinação sintomática de todas, vivida e vivenciada não em um divã controlado, mas no palco de uma vida em progresso.

melodia igual). Quando ele estava prestes a ter alta e voltar para casa, começou a ouvir "When Johnny comes marching home again",* e em seguida "canções vivazes e alegres como "Alouette, gentille alouette".

"Quando nenhuma canção oficial aparece por conta própria", ele prosseguiu, "minha mente-cérebro inventa uma — os sons rítmicos são transformados em música, muitas vezes com uma letra estapafúrdia — talvez as últimas palavras que alguém disse, ou que eu li ou ouvi, ou nas quais pensei." Esse fenômeno, a seu ver, estava relacionado à criatividade, como os sonhos.

Continuei a corresponder-me com o dr. Rangell, e em 2003 ele escreveu:

> Tenho vivido com isso faz quase oito anos. O sintoma está sempre presente. Dá a impressão de ser incessante [...] [mas] dizer que ele está sempre comigo não significa que estou sempre consciente dele — isso realmente me mandaria para o hospício. Ele é parte de mim no sentido de que está sempre comigo toda vez que penso nele. Ou toda vez que minha mente não está ocupada, ou seja, envolvida com alguma coisa.
>
> Mas posso evocar as melodias com muita facilidade. Basta-me pensar em um compasso de música ou em uma palavra de uma letra, e a obra inteira aparece de supetão e continua tocando. É como um controle remoto altamente sensível. A música, então, permanece o tempo que "ela" desejar — ou enquanto eu permitir [...]
>
> É como um rádio que só tem a tecla de ligar.

Rangell tem vivido com suas alucinações musicais há mais de dez anos, e com o tempo elas vão lhe parecendo menos sem sentido, menos aleatórias. Todas as músicas são de sua juventude, e "podem ser categorizadas", como ele escreveu:

> Elas são românticas, ou pungentes, ou trágicas, ou festivas, falam de amor, ou me fazem chorar — são de toda sorte. Todas trazem

---

* "Quando Johnny voltar marchando para casa", canção patriótica da época da Guerra de Secessão americana. (N. T.)

tempo, especialmente durante as movimentadas rotinas do hospital. Quando tive alta, depois de seis dias, [...] o "rabino" me seguiu. Agora ficava do lado de fora das janelas da minha casa, as que têm vista para as colinas; ou estaria no desfiladeiro? Na primeira viagem de avião que fiz dali a algumas semanas, ele foi junto.

Rangell esperava que aquelas alucinações musicais desapareceessem com o tempo — quem sabe, pensou, não seriam um produto da anestesia ou da morfina administrada após a cirurgia. Disse que lhe ocorreram também "copiosas distorções cognitivas, que tinham acontecido com todos os pacientes de ponte de safena" que ele conhecia, mas essas logo desapareceram.[22]

Passados seis meses, ele receava que elas estivessem se tornando permanentes. Durante o dia ele em geral conseguia deixar a música de lado quando estava entretido com alguma coisa, mas à noite as alucinações musicais o mantinham acordado ("Estou em frangalhos porque não durmo", ele escreveu).

O dr. Rangell tinha significativa perda auditiva. "Há muitos anos que sofro de surdez nervosa, familiar. Suponho que a alucinose musical esteja relacionada à hiperacusia que acompanha a perda auditiva. Os trajetos auditivos internos, centrais, devem sobrecarregar-se e intensificar os sons." Ele aventou que talvez essa hiperatividade dos trajetos auditivos no cérebro fosse inicialmente baseada em ritmos externos do vento, do trânsito, de ronco de motores, ou em ritmos internos da respiração ou dos batimentos cardíacos — e que "a mente então os converte em músicas ou canções, estabelecendo assim o controle sobre eles. A passividade é superada pela atividade".

O dr. Rangell achava que sua música interna refletia seu estado de espírito e as circunstâncias. De início, no hospital, as canções variavam, ora fúnebres, elegíacas, rabínicas, ora animadas e alegres ("U la la, u la la" alternava-se com "oy vey, oy vey, oy vey, vey, vey" — posteriormente ele descobriu que tinham

---

[22] Ele tinha também uma vaga lembrança de que, quinze anos antes, com sua primeira cirurgia de ponte, ouvira "os mesmos cantos e cânticos austeros", mas estes desapareceram. ("Não posso garantir essa lembrança", ele escreveu, "mas ela me deu esperança.")

quando ela está na igreja ou orando, por exemplo, mas não durante as refeições. Ela incorporou suas alucinações musicais a um contexto religioso intensamente vivido. O modelo de Konorski, assim como o de Llinás, permite — ou melhor, requer — essas influências pessoais. Padrões fragmentários de músicas podem ser emitidos ou liberados dos gânglios basais como música "bruta", sem nenhum colorido ou associação emocional — música que, dessa perspectiva, é sem significado. Mas tais fragmentos musicais seguem um caminho até os sistemas talamocorticais que fundamentam a consciência e o *self*, e ali são elaborados e revestidos de significado, sentimento e associações de todo tipo. Quando esses fragmentos chegam à consciência, o significado e o sentimento já foram incorporados.

Talvez a mais intensiva análise das alucinações musicais e sua moldagem pela experiência e sentimentos pessoais, sua contínua interação com a mente e a personalidade, seja a do eminente psicanalista Leo Rangell. Para Rangell, as alucinações musicais vêm sendo tema de um contínuo autoestudo que já dura mais de uma década.

O dr. Rangell escreveu-me pela primeira vez sobre suas alucinações musicais em 1996.[21] Estava com 82 anos e poucos meses antes submetera-se a uma segunda cirurgia de ponte de safena:

> Imediatamente ao acordar na UTI, ouvi um canto, e comentei com meus filhos: "Vejam só, existe uma escola de rabinos aqui". Para mim, aquilo soava como um velho rabino [...] ensinando jovens rabinos, seus pupilos, a cantar e executar seus ritos. Comentei com minha família que aquele rabino devia trabalhar até tarde, inclusive à meia-noite, pois eu ouvia música também naquela hora. Meus filhos se entreolharam e, achando graça, replicaram com paciência: "Aqui não há nenhuma escola de rabinos".
>
> Evidentemente logo comecei a perceber que aquilo vinha de mim. Isso ao mesmo tempo me aliviou e me preocupou. [...] A música deve ter sido contínua, mas não prestei atenção a ela por grandes lapsos de

---

[21] Hoje com 93 anos, Rangell continua ativo como psicanalista e está escrevendo um livro sobre suas alucinações.

gando mesmo a predominar sobre o gosto pessoal — a grande maioria das alucinações tende a assumir a forma de canções populares ou músicas temáticas (e, na geração mais velha, de hinos e músicas patrióticas), mesmo para músicos profissionais ou ouvintes muito refinados.[20] As alucinações musicais tendem a refletir as preferências da época, mais que as do indivíduo. Algumas pessoas — poucas — acabam por gostar de suas alucinações musicais. Muitas são atormentadas por elas, e a maioria, cedo ou tarde, chega a algum tipo de acomodação ou entendimento com elas. Isso pode às vezes assumir a forma de uma interação direta, como no simpático relato de caso publicado por Timothy Miller e T. W. Crosby. Sua paciente, uma senhora idosa e surda, "acordou certa manhã ouvindo um quarteto de música gospel cantando um velho hino dos seus tempos de criança". Quando ela constatou que a música não provinha de nenhum rádio ou televisão, disse: "ela vem de dentro da minha cabeça", e aceitou o fato com a maior calma do mundo. O repertório de hinos do coro aumentou: "A música em geral era agradável, e a paciente muitas vezes se deleitava cantando junto com o quarteto. [...] Ela descobriu, também, que podia ensinar novas músicas ao quarteto pensando em alguns versos, e o quarteto fornecia as palavras ou versos que ela esquecera". Miller e Crosby observaram que um ano depois as alucinações da paciente estavam inalteradas, e acrescentaram que ela "ajustara-se bem às suas alucinações e as considerava uma 'cruz' que tinha de carregar". Contudo, "carregar uma cruz" pode não ter uma conotação totalmente negativa; também pode ser um sinal de favoritismo, de eleição. Recentemente tive a oportunidade de atender uma notável senhora, uma pastora eclesiástica, que passou a ter alucinações musicais, a maioria com hinos, quando sua audição ficou prejudicada. Ela acabou por considerar suas alucinações "um dom", e as "treinou", em grande medida, de modo que elas surgem

---

[20] Há exceções, como o caso de um eminente violoncelista, Daniel Stern. Ele possuía uma memória musical prodigiosa, e sua música alucinatória, conforme sua audição foi ficando cada vez mais deficiente, consistia quase totalmente em concertos para violoncelo ou outras composições para instrumentos de corda que ele tocara profissionalmente, e as ouvia na íntegra. Stern, que também era escritor, escreveu sobre suas alucinações musicais em seu conto "Fabrikant's way".

"Sentiria falta", ela respondeu sem hesitar. "Eu sentiria falta da música. Pois ela agora é parte de mim."

Embora não haja dúvida quanto à base fisiológica das alucinações musicais, temos de indagar em que grau outros fatores (chamemo-los de "psicológicos") podem influir na "seleção" inicial das alucinações e, subsequentemente, em sua evolução e seu papel. Fiz suposições sobre tais fatores em 1985, quando escrevi sobre as sras O'C. e O'M. Wilder Penfield também cogitou a possibilidade de haver algum sentido ou significância nas músicas ou cenas evocadas em "atividades convulsivas experienciais", mas acabou deduzindo que não havia. Ele concluiu que a seleção das músicas alucinatórias era "totalmente aleatória, exceto por haver algum indício de condicionamento cortical". Nessa mesma linha, Rodolfo Llinás escreveu sobre a atividade incessante dos núcleos dos gânglios basais, e de que forma eles "parecem agir como um gerador de ruído de padrão motor contínuo e aleatório". Llinás achava que, quando um padrão ou fragmento eventualmente escapava e introduzia na consciência uma canção ou alguns compassos de música, isso era puramente abstrato e "sem uma aparente contrapartida emocional". Mas uma coisa pode começar aleatoriamente — um tique, por exemplo, irrompendo por causa de uma hiperexcitação dos gânglios basais — e depois *adquirir* associações e significado.

Podemos usar o termo "aleatório" para os efeitos de anomalias nos gânglios basais, na região inferior do cérebro, como por exemplo o que ocorre com os movimentos involuntários da coreia. Nessa síndrome não existe um elemento pessoal; tudo é automatismo. De modo geral ela nem sequer chega à consciência, e pode ser mais visível para os outros do que para o próprio paciente. Mas "aleatório" é um termo que hesitaríamos em empregar para nos referir a *experiências*, sejam elas de percepção, de imaginação ou de alucinação. As alucinações musicais baseiam-se na experiência musical e nas memórias musicais de toda uma vida, e decerto a importância que determinados tipos de música têm para o indivíduo desempenha um papel importante. O próprio peso da exposição à música também pode ter um papel significativo, che-

damente solene de 'Old Macdonald had a farm', seguida por estrondosos aplausos. Naquele momento, decidi que, como eu obviamente estava doida varrida, era melhor marcar uma consulta."

A sra. B. contou que fez exames para detectar doença de Lyme (lera que essa doença podia causar alucinações musicais), audiometria de tronco cerebral, EEG e ressonância magnética. Durante o EEG ela ouviu "The bells of St. Mary's", mas o exame não detectou nada de anormal. Ela não tinha sinais de perda auditiva.

Suas alucinações musicais tendiam a ocorrer em momentos de tranquilidade, especialmente quando ela ia para a cama. "Nunca sou capaz de ligar ou desligar a música, mas de vez em quando consigo mudar a melodia, não só para alguma que eu deseje ouvir, mas para algo que já tenha sido programado. Às vezes as músicas se sobrepõem, não posso suportar nem mais um minuto, e por isso ligo o rádio e adormeço ouvindo música de verdade."[19]

"Tenho muita sorte", concluiu a sra. B., "porque minha música não é assim tão alta. [...] Se fosse, eu enlouqueceria mesmo. Ela aparece em momentos tranquilos. Qualquer distração auditiva — uma conversa, o rádio, a tevê — abafa efetivamente o que quer que eu esteja ouvindo. O senhor comentou que pareço ter uma relação 'amigável' com minha nova aquisição. É verdade, consigo lidar com ela, mas às vezes ela é tremendamente irritante. [...] quando acordo às cinco da manhã e não consigo voltar a dormir, não gosto de ter um coro me lembrando de que 'a velha égua baia não é mais a mesma'.* Isso não é piada. Aconteceu mesmo, e eu podia ter achado graça se não ficasse cantando esse mesmo refrão diversas vezes sem conta."

Uma década depois de sua primeira carta para mim, encontrei a sra. B. Quando nos despedimos, perguntei se, depois de tantos anos, a música de suas alucinações se tornara "importante" em sua vida, sob um aspecto positivo ou negativo. "Se ela desaparecesse", indaguei, "a senhora gostaria, ou sentiria falta dela?"

---

[19] Perguntei-lhe depois se tinha outras alucinações, mais simples. Às vezes, apenas "ding, dong, ding, dong", ela respondeu, sendo o "dong" uma quinta abaixo do "ding", em repetições enlouquecedoras, centenas de vezes.

* Verso da canção infantil "The old gray mare" [A velha égua baia]. (N. T.)

(Em geral não ocorre essa redução de *input* em condições de silêncio ou escuridão porque unidades "*off*" disparam e produzem atividade contínua.)

A teoria de Konorski forneceu uma explicação simples e elegante para o que logo viria a ser conhecido como "*release*" *hallucinations*, ou alucinações de "liberação", associadas a "deaferentação". Hoje essa explicação parece óbvia, quase tautológica, mas propô-la na década de 1960 requereu originalidade e audácia.

Atualmente existem indícios convincentes fornecidos por estudos de neuroimagem para fundamentar a ideia de Konorski. Em 2000, Timothy Griffiths publicou um pioneiro e pormenorizado relatório sobre a base neural das alucinações musicais. Ele conseguiu mostrar, recorrendo à tomografia por emissão de pósitrons, que as alucinações musicais associavam-se à ampla ativação das mesmas redes neurais que normalmente são ativadas durante a percepção de música real.

Em 1995 recebi uma vívida carta de June B., uma simpática e criativa senhora de setenta anos, contando-me sobre suas alucinações musicais:

> Isso começou em novembro passado, uma noite em que fui visitar minha irmã e meu cunhado. Depois de desligar a tevê e me preparar para dormir, comecei a ouvir "Amazing Grace". Era cantado por um coro, repetidamente. Perguntei à minha irmã se eles estavam assistindo a algum serviço religioso na televisão, mas estavam vendo o futebol das noites de segunda, ou algo parecido. Fui, então, ao deque de onde se avista o braço de mar. A música seguiu-me. Passei os olhos pelo tranquilo litoral e pelas poucas casas iluminadas e percebi que a música não podia estar vindo de parte alguma naquela área. Tinha de estar na minha cabeça.

A sra. B. anexou na carta sua "*play list*", que incluía "Amazing Grace", "The battle hymn of the Republic", a "Ode à alegria", de Beethoven, a canção do brinde de *La traviata*, "A tisket, a tasket" e "uma versão muito maçante" de "We three kings of Orient are".

"Uma noite", escreveu a sra. B., "ouvi uma execução esplendi-

nica local nos órgãos dos sentidos etc.", permaneceu por muito tempo a impressão, tanto entre os leigos como entre os médicos, de que "alucinações" significavam psicose, ou grave doença orgânica no cérebro.[18] A relutância, antes dos anos 1970, em observar o fenômeno comum das "alucinações em pessoas sãs" talvez tenha sido influenciada pelo fato de que não existia nenhuma teoria que explicasse como surgiam tais alucinações. Só em 1967 o neurofisiologista polonês Jerzy Konorski dedicou várias páginas de seu livro *Integrative activity of the brain* [Atividade integrativa do cérebro] à "base fisiológica das alucinações". Konorski inverteu a questão "como ocorrem as alucinações?", formulando-a do seguinte modo: "Por que não ocorrem alucinações o tempo todo? O que as impede?". Ele concebeu um sistema dinâmico que "pode gerar percepções, imagens e alucinações [...] o mecanismo que produz alucinações está embutido em nosso cérebro, mas só pode ser posto em funcionamento em condições excepcionais". Konorski reuniu evidências — fracas nos anos 1960, mas inquestionáveis agora — de que não só existem conexões aferentes dos órgãos dos sentidos ao cérebro, mas também conexões "retro" que seguem no sentido oposto. Essas conexões "retro" podem ser esparsas em comparação com as aferentes, e podem não ser ativadas em circunstâncias normais. Mas Konorski supôs que elas forneciam os meios anatômicos e fisiológicos essenciais pelos quais as alucinações podiam ser geradas. Sendo assim, o que normalmente impede que isso ocorra? O fator crucial, Konorski aventou, é o *input* sensitivo dos olhos, ouvidos e outros órgãos dos sentidos, que normalmente inibe qualquer fluxo de atividade originada em partes superiores do córtex de seguir em direção à periferia. Mas se houver uma deficiência crítica de *input* desses órgãos dos sentidos, isso facilitará um fluxo no sentido contrário, produzindo alucinações que são fisiológica e subjetivamente indistinguíveis das percepções.

---

[18] Uma abrangente e rica análise de alucinações auditivas em pessoas sãs e em esquizofrênicos encontra-se no livro *Muses, madmen, and prophets: rethinking the history, science, and meaning of auditory hallucinations* [Musas, loucos e profetas: uma reanálise da história, da ciência e do significado das alucinações auditivas], de Daniel B. Smith.

Michael Sundue, botânico, escreveu-me recentemente sobre sua experiência como marinheiro novato:

Eu tinha 24 anos e trabalhava em uma tripulação que fora contratada para entregar um veleiro. Ficamos no mar por 22 dias. Foi muito tedioso. Após os três primeiros dias, eu já tinha lido todos os livros que levara comigo. Não havia nada com que me entreter, a não ser olhar as nuvens e cochilar. Por dias seguidos não ventou, e por isso simplesmente nos deslocávamos por alguns nós a esmo, com as velas a barlavento. Eu me deitava no convés ou num beliche na cabine e ficava olhando pela janela de acrílico. Foi durante esses longos dias de total inatividade que tive várias alucinações musicais.

Duas das alucinações começaram a partir dos sons monótonos e onipresentes gerados pelo próprio barco: o zumbido do pequeno refrigerador e o silvo do cordame ao vento. Cada um desses sons transformou-se em intermináveis solos musicais. A transformação em música ocorreu de tal modo que o som original e sua fonte foram esquecidos, e eu fiquei em estado letárgico por longos períodos, apenas ouvindo o que me soava como belas e surpreendentes composições. Só depois de apreciar cada uma delas em uma espécie de devaneio decifrei a fonte do ruído. Os sons instrumentais em si eram interessantes, pois não costumo ouvir sons desse tipo para me entreter. O zumbido do refrigerador parecia-me um virtuoso solo de guitarra de *heavy metal*, uma barragem de cordas agudas tocadas velozmente e distorcidas por um amplificador. O silvo do cordame assumiu a forma de gaitas de foles escocesas, com um conjunto de bordões e uma linha melódica. Conheço bem os sons desses dois tipos de música, mas não são coisas que costumo pôr para tocar em minha casa.

Mais ou menos nesse mesmo período também ouvi a voz de meu pai dizendo meu nome. Pelo que eu saiba, nenhum som gerou isso. (Em dado momento, também tive uma alucinação visual: uma nadadeira de tubarão emergindo do mar. Não demorou nada para que meus companheiros contestassem minha afirmação de que eu tinha visto um tubarão. Riram de mim. Pela atitude deles, acho que ver tubarões era uma reação muito comum em marinheiros inexperientes.)

Embora em 1894 Colman tenha escrito especificamente sobre "alucinações em pessoas sãs, associadas à doença orgâ-

cotidiano, mas pode acontecer se a pessoa ficar dias imersa em profunda quietude e silêncio. David Oppenheim era clarinetista profissional e reitor de universidade quando me escreveu em 1988. Tinha 66 anos e leve perda auditiva para os sons de alta frequência. Alguns anos atrás, ele contou, foi passar uma semana em retiro num mosteiro no meio da mata, onde participou de um *sesshin*, uma prática intensa de meditação de nove ou mais horas diárias. Depois de dois ou três dias de prática, ele começou a ouvir música baixinho, e pensou que fossem pessoas cantando ao redor de uma fogueira distante. No ano seguinte ele voltou ao retiro e mais uma vez ouviu o canto longínquo, mas logo a música tornou-se mais alta e mais específica. "No auge, a música é muito alta", ele escreveu. "É repetitiva e de natureza orquestral. Compõe-se inteiramente de passagens lentas de Dvořák e Wagner. [...] A presença dessa trilha sonora musical impossibilita a meditação."

Posso evocar Dvořák, Wagner ou qualquer outro quando não estou meditando, mas não os "ouço". Na versão *sesshin*, eu os *ouço*.
Ocorre uma obsessiva repetição do mesmo material musical, incessantemente, por dias a fio. [...] O músico "interno" não pode ser interrompido ou calado, mas *pode* ser controlado e manipulado. [...] Consegui banir o "coro dos Peregrinos" do *Tannhauser* trocando-o pelo movimento lento da belíssima *Sinfonia 25 em lá maior*, de Mozart, porque ambas começam com os mesmos intervalos.

Nem todas as suas alucinações eram com músicas conhecidas; algumas ele "compunha". No entanto, ele acrescentou: "Nunca em toda a minha vida eu compus. Usei esse termo para indicar que pelo menos uma das músicas que tocou na minha cabeça não era de Dvořák ou Wagner, e sim música inédita que eu, não sei como, estava inventando".
Ouvi relatos semelhantes de amigos meus. Jerome Bruner contou-me que quando velejou sozinho pelo Atlântico, em dias de calmaria quando não havia nada para fazer, ele às vezes "ouvia" música clássica "esgueirando-se pela água".

com sintomas súbitos, e depois o repertório de alucinações expande-se, e elas se tornam mais altas, mais insistentes e mais intrusivas. E podem continuar mesmo se for possível identificar e remover a causa predisponente — elas se tornaram autônomas, auto estimulativas a autoperpetuantes. Nesse estágio é quase impossível interrompê-las ou inibi-las, embora algumas pessoas consigam trocá-las por outra música no "*jukebox*", contanto que esta possua alguma semelhança no ritmo, melodia ou tema. Juntamente com essa persistência ou obstinação, pode desenvolver-se uma extrema suscetibilidade a novas entradas de estímulos musicais, de modo que qualquer música que seja ouvida substitui instantaneamente a alucinação do momento. Esse tipo de reprodução imediata guarda certa semelhança com nossas reações às músicas compostas para serem aprendidas de pronto e não saírem da cabeça, mas a experiência de quem sofre alucinações musicais não se compõe de meras imagens mentais, e sim de música que parece ser "de verdade", entrar pelos ouvidos vindo de fora, e muitas vezes em alto volume.

Essas qualidades de ignição, excitação e autoperpetuação assemelham-se a características da epilepsia (embora qualidades fisiológicas semelhantes também estejam presentes na enxaqueca e na síndrome de Tourette).[17] Elas sugerem alguma forma de excitação elétrica persistente nas redes musicais do cérebro, uma excitação que se propaga e não pode ser inibida. Talvez não seja coincidência que drogas como a gabapentina (originalmente concebida como antiepiléptico) às vezes sejam úteis também nos casos de alucinação musical.

Vários tipos de alucinações, inclusive musicais, também podem ocorrer quando os sentidos e os sistemas perceptuais do cérebro têm pouca estimulação. As circunstâncias precisam ser extremas — tal privação dos sentidos provavelmente não ocorre no

---

misturado com álcool e opiáceos. Quando fazia um cruzeiro para acalmar os nervos, Pinfold sofreu todo tipo de alucinações auditivas: ruídos, vozes e especialmente música.

[17] Os médicos vitorianos usavam o vívido termo "*brainstorms*" ("tempestades cerebrais"), aplicado não só a epilepsias, mas a enxaquecas, alucinações, tiques, pesadelos, manias e excitações de todo tipo. (Gowers dizia que esses e outros estados "hiperfisiológicos" estavam na "fronteira" da epilepsia.)

Derrames, ataques isquêmicos transitórios e aneurismas ou malformações cerebrais podem levar a alucinações musicais, mas estas tendem a desaparecer com o abrandamento ou tratamento da patologia, ao passo que a maioria das alucinações musicais tende a ser muito persistente, embora possa atenuar-se um pouco com o passar dos anos.[15]

Vários tipos de medicação (algumas que afetam o próprio ouvido, como a aspirina e o quinino, outras que afetam o sistema nervoso, como o propanolol e a imipramina) podem causar alucinações musicais transitórias. Estas também podem decorrer de certas anormalidades metabólicas, condições epilépticas ou auras de enxaqueca.[16]

Em geral, as alucinações musicais aparecem pela primeira vez

único momento em cima de um telhado enquanto aviões inimigos sobrevoavam o local; ele estava ocupado, compondo os primeiros movimentos de sua *Sétima Sinfonia*". Espalhar essas invencionices, acrescentou a dra. Klein, era "um passatempo muito ao gosto dos burocratas soviéticos".

[15] Um colega neurologista, dr. John Carlson, descreveu-me o caso de uma paciente sua, P. C., que sofrera vívidas alucinações musicais após um derrame no lobo temporal. A sra. C., agora nonagenária, é uma mulher talentosa e musical que compôs mais de seiscentos poemas e muitos hinos. Ela anota em um diário as suas estranhas experiências. Por mais de duas semanas, esteve certa de que sua vizinha estava tocando música, alta e incessante, dia e noite. Eis como ela começou a perceber que isso não era verdade:

17 de março — Kevin estava no corredor comigo, e eu comentei: "Por que será que Theresa fica tocando sempre essas mesmas músicas? Isso me incomoda. Está me deixando louca".

Kevin disse: "Não estou ouvindo nada". Será que ele está ficando surdo?

19 de março — Finalmente telefonei para Theresa. Ela NÃO está tocando música, e não sei de onde a música vem.

23 de março — Essa música que não paro de ouvir está pouco a pouco me tirando o juízo. [...] Não consegui dormir por horas. [...] Agora estou ouvindo "Silent night", "Away in a manger", "Little brown church" e de novo "Sun of my soul". Natal em março??

Cada canção tem tom e ritmo perfeitos e não para enquanto não é tocada até a última nota. Serão os meus OUVIDOS? Minha MENTE?

Em abril, a sra. C. consultou-se com o dr. Carlson e foi submetida a uma avaliação neurológica que incluiu um exame de ressonância magnética e um EEG. A ressonância indicou que ela sofrera derrames em ambos os lobos temporais (o da direita mais agudo e mais recente). Suas alucinações musicais atenuaram-se consideravelmente depois de três ou quatro meses, embora passados dois anos ela ainda sofresse alguma ocasional.

[16] Em seu romance autobiográfico, *A provação de Gilbert Pinfold*, Evelyn Waugh descreve um delírio tóxico, ou psicose, induzido por doses elevadas de hidrato de cloral

com muita força. Depois de voltar a si, por uns dois minutos ele ouviu "música suave" que parecia vir de fora.

Vários correspondentes relataram-me alucinações musicais que só ocorrem quando eles estão em determinada posição, em geral deitados. Um deles foi um homem de noventa anos, cujo médico o descreveu como uma pessoa sadia e com memória "brilhante". Quando os convidados em sua nonagésima festa de aniversário cantaram o "Parabéns a você" (em inglês, embora tanto ele como os demais fossem alemães), ele continuou a ouvir essa música, mas só quando estava deitado. A música durava três ou quatro minutos, parava por um momento, depois recomeçava. Ele não conseguia fazê-la parar nem provocá-la, e ela nunca surgia quando ele estava sentado ou em pé. Seu médico disse que se surpreendeu com certas alterações em seu EEG na região temporal direita, alterações que só eram vistas quando o paciente estava deitado.

Um homem de 33 anos também só tinha alucinações musicais quando estava deitado: "Só o movimento de me deitar na cama já as desencadeava, e numa fração de segundo a música aparecia. [...] Mas se eu tentasse ficar em pé ou mesmo sentar-me, ou até erguer ligeiramente a cabeça, a música desaparecia". Suas alucinações eram sempre canções, às vezes cantadas por vozes individuais, às vezes por um coro. "Meu radiozinho", assim ele as chamava. Esse correspondente concluiu sua carta dizendo que ouvira falar do caso de Shostakovich, mas que não tinha, como ele, nenhum fragmento de metal na cabeça.[14]

---

[14] Em um artigo no *New York Times* em 1983, Donal Henahan escreveu sobre a lesão cerebral de Shostakovich. Não existem provas, mas, ressaltou Henahan, conta-se que o compositor foi atingido por uma granada alemã durante o cerco de Leningrado, e que alguns anos depois um raio X revelou um fragmento de metal encravado na área auditiva direita de seu cérebro. Henahan relata:

Shostakovich, porém, relutava em permitir a remoção do metal, e não era para menos: afirmou que desde que o fragmento estava lá, cada vez que ele inclinava a cabeça podia ouvir música. Sua cabeça estava povoada de melodias, diferentes a cada vez, das quais ele se servia ao compor. Quando ele endireitava a cabeça, a música parava imediatamente.

Posteriormente, uma estudiosa da história e música de Shostakovich, Nora Klein, comentou comigo: "[a história do fragmento de granada] é uma bobagem que imprimiram em algum lugar durante a guerra. [...] Na verdade, Shostakovich nunca passou um

ele ouviu passagens musicais (que reconheceu como temas de um concerto para violino de Beethoven) repetidas indefinidamente. Nunca ouvia o concerto inteiro, apenas aquela mistura de temas. Joseph não conseguia especificar se ouvia o som de um piano ou de uma orquestra — "é apenas melodia", disse. Não conseguia eliminar aquilo pela força de vontade, mas sua música em geral era bem suave, fácil de desconsiderar ou de ser abafada pelos sons externos. Desaparecia quando ele estava física ou mentalmente ativo.

O dr. D. surpreendia-se porque, embora sua percepção da música real agora fosse distorcida ou enfraquecida por causa da perda de audição, suas alucinações eram nítidas, vívidas e sem distorção (uma vez ele testou isso, cantarolando em um gravador junto com sua alucinação e depois comparando a fita gravada com um disco original: o tom e o ritmo coincidiram exatamente). O próprio ato de cantarolar pode produzir uma espécie de eco, uma repetição em sua mente.

Perguntei-lhe se alguma vez sentira prazer com suas alucinações musicais, e ele respondeu com veemência: "Não!".

Mas o dr. D. estava se habituando às suas alucinações, que felizmente eram brandas. "No começo, pensei que eu fosse desmoronar", disse, "mas agora vejo isso apenas como uma bagagem. Com a idade, acumulamos bagagem." Mesmo assim, era grato por sua bagagem ser apenas aquelas alucinações relativamente brandas.

Alguns anos atrás, quando falei para uma classe de uns vinte alunos de graduação e perguntei se algum deles já tivera alucinações musicais, espantei-me quando três responderam afirmativamente. Dois contaram-me histórias muito parecidas: praticavam diferentes esportes quando foram derrubados, perderam brevemente a consciência e, ao voltar a si, "ouviram música" por um ou dois minutos — achavam que aquela música vinha de uma fonte externa, talvez dos alto-falantes ou do rádio de algum estudante. Um terceiro aluno contou-me que perdera a consciência e tivera uma convulsão durante uma luta de caratê, quando seu oponente imobilizou-o pelo pescoço

fazer uma caminhada silenciosa no bosque, refletir na quietude ou ler um livro sem ter uma banda tocando ao fundo."

Há pouco, porém, ele começou a ser medicado com drogas para reduzir a excitabilidade cortical, especificamente a musical, e começa a apresentar certa resposta à medicação, embora sua música continue avassaladora. Há pouco tempo, sua mãe escreveu-me: "Na noite passada Michael estava felicíssimo, pois sua música parou por cerca de quinze segundos. Isso nunca aconteceu antes".[13]

Além das pessoas que são torturadas por alucinações musicais altas e intrusivas, existem outras cujas alucinações musicais são tão suaves e podem ser tão facilmente desconsideradas que elas podem achar que não vale a pena procurar tratamento. Esse foi o caso de Joseph D., um ortopedista aposentado de 82 anos. Ele tinha surdez moderada e desistira de tocar seu Steinway alguns anos antes, pois o piano tinha som "de lata" quando Joseph estava com seu aparelho auditivo e "desbotado" sem o aparelho. Além disso, por causa da crescente surdez, Joseph estava "martelando" o instrumento. "Minha mulher vivia gritando: 'Você vai quebrar esse piano!'", ele disse. Ele começou a ouvir zumbido ("como vapor saindo de um radiador") dois anos antes de vir me consultar, e depois do zumbido passou a ouvir uma zoada grave ("pensei que fosse o refrigerador ou alguma coisa na cozinha").

Cerca de um ano depois, começou a ouvir "coleções de notas, subindo e descendo escalas, pequenas guinadas de duas e três notas". Surgiam de repente, repetiam-se por horas e desapareciam com a mesma rapidez. Algumas semanas mais tarde,

---

[13] Três anos depois, a mãe de Michael atualizou-me sobre a situação do filho:

Michael, que está com doze anos e na sétima série, continua a ouvir música incessantemente. Ele parece mais capaz de suportá-la, exceto quando está estressado com a escola. Nessas ocasiões ele sofre de enxaqueca, e a música se torna muito alta e confusa, como se alguém estivesse trocando as estações no rádio. Por sorte, tais episódios diminuíram drasticamente este ano. É interessante que, quando Michael ouve música, seu cérebro automaticamente a grava e ele pode recordá-la ou tocá-la mesmo depois de anos, como se houvesse acabado de ouvi-la. Ele adora compor música, e tem ouvido absoluto.

"[elas são] constantes, não param de manhã à noite. [...] Ele ouve uma música após outra. Quando está cansado ou estressado, a música fica mais alta e distorcida". Michael queixou-se pela primeira vez quando tinha sete anos, dizendo: "Estou ouvindo música na cabeça. [...] Preciso ver se o rádio está mesmo ligado". Mas parece provável que o problema seja ainda mais antigo, pois aos cinco anos, quando andava de carro, Michael às vezes gritava, tapava os ouvidos e pedia para desligarem o rádio, que não estava ligado.

Michael não conseguia atenuar nem eliminar suas alucinações musicais, embora fosse capaz de refreá-las ou substituí-las, em certa medida, ouvindo ou tocando músicas conhecidas ou usando um gerador de ruído branco, especialmente à noite. Mas assim que acordava de manhã, ele dizia, a música ligava-se. Ela pode tornar-se insuportavelmente alta quando ele se sente pressionado. Nessas ocasiões ele às vezes grita e parece estar, nas palavras de sua mãe, "em agonia acústica". Ele implora: "Tire isso da minha cabeça. Tire!". (Isso me lembrou uma história relatada por Robert Jourdain sobre Tchaikovsky. Uma ocasião, quando criança, Tchaikovsky foi encontrado chorando na cama. Ele dizia: "Essa música! Está na minha cabeça. Salvem-me dela!".)

Michael nunca tem descanso da música, sua mãe ressalta. "Ele nunca pôde apreciar a beleza de um pôr do sol tranquilo,

---

onde vinha a música, e ela replicou: "Não estou ouvindo nada". Lembro-me de ter dito que eu estava ouvindo, que a música continuava. Não me recordo da reação dela (só posso imaginar como poderia ter sido), embora lembre que ela me disse que eu estava sonhando. Acho que a música parou logo depois disso.

Outro correspondente, Louis Klonsky, escreveu sobre um estranho incidente musical quando ele tinha sete ou oito anos e morava no Bronx. Ele se recorda de que assistira ao filme *A hole in the head*, com Frank Sinatra, e ficara fascinado com a música "High hopes":

Uma noite, logo depois de ver o filme, acordei e não consegui voltar a dormir por um longo tempo; e então, pela única vez em minha vida, ouvi a canção ser "tocada" do lado de fora da janela do apartamento — coisa difícil, já que estávamos no quarto andar. No dia seguinte, perguntei a minha mãe sobre aquilo, e ela obviamente me disse que provavelmente fora um sonho. Até ler este livro eu desconhecia que esse tipo de alucinação pode ocorrer.

é formada por idosos, e estes compõem uma parcela considerável dos que têm problemas de audição. Portanto, embora nem a idade nem a perda auditiva isoladamente sejam suficientes para causar alucinação auditiva, a combinação de um cérebro envelhecido com audição deficiente ou outros fatores pode levar a frágil balança de inibição e excitação a pender para a ativação patológica dos sistemas auditivos e musicais do cérebro.[11]

Alguns de meus correspondentes e pacientes, porém, não são idosos nem têm deficiência auditiva. Um deles era um menino de nove anos.

Poucos são os casos documentados de alucinações musicais em crianças, embora não se saiba se isso reflete uma verdadeira raridade dessas alucinações em crianças ou se estas não querem ou não sabem falar sobre elas. Mas Michael B. tinha alucinações musicais bem definidas.[12] Seus pais relataram:

---

[11] Embora as alucinações musicais associadas a surdez sejam mais comuns em pessoas mais velhas, podem ter início em qualquer idade e durar a vida toda. Isso pode ser inferido da carta de Mildred Forman, hoje idosa, que se tornou surda no começo da idade adulta:

Tenho surdez pós-lingual e vivo há muitos anos com alucinações musicais contínuas. Elas estão presentes quase desde o início da minha perda de audição, há mais de sessenta anos. [...] Só convoco melodias que ouvi na época em que podia ouvir. [...] Meu "iPod" interno nunca toca uma música que eu não possa reconhecer e nomear. [...] Antes de perder a audição, eu tocava piano. Ainda posso ler música, e quando olho para uma partitura posso imaginar em minha mente como as notas soariam. No entanto, as músicas que eu leio mas nunca ouvi não estão armazenadas no banco de dados, e eu as esqueço depois de um breve intervalo. Isso me levou a crer que o que antes viajava para a seção musical do meu banco de dados por via do meu nervo auditivo permanece embutido nele, mas o que entra por via do meu nervo óptico é rapidamente apagado.

[12] A maioria dos meus pacientes é adulta, mas o caso de Michael e várias cartas que recebi desde a primeira publicação de *Alucinações musicais* levam-me a pensar que talvez as alucinações musicais (ou de outros tipos) possam ser mais comuns em crianças do que reconhecemos. Um correspondente, o renomado compositor Steven L. Rosenhaus, escreveu-me contando:

Também tive apenas uma alucinação musical na vida, e só me lembrei dela quando li este capítulo. Eu era pequeno, talvez com quatro ou cinco anos de idade. Já era muito musical; meus pais disseram-me que eu era uma daquelas crianças precoces que já cantam afinadamente antes de aprender a falar (por volta de dois anos). Acordei uma manhã de Natal ouvindo claramente "The little drummer boy" no arranjo original (de Ray Conniff). Chamei minha mãe no quarto para descobrir de

Stelazine, o haviam ajudado. Suas alucinações musicais não o deixavam dormir à noite. Ele me perguntou se eu tinha mais alguma ideia. Sugeri que consultasse seu médico sobre o uso de quetiapina, que ajudara certos pacientes. Alguns dias depois ele me escreveu, animado:

Eu quero que saiba que na quarta noite depois de começar a tomar a medicação, por volta das três da manhã fiquei acordado por duas horas sem música na cabeça! Foi incrível — o primeiro descanso que tive em quatro anos. Embora a música voltasse no dia seguinte, ela tem estado, de modo geral, mais atenuada. Parece promissor.

Um ano depois, Gordon escreveu-me para contar que continuava a tomar uma pequena dose de quetiapina antes de deitar-se, e isso amenizava as alucinações musicais o suficiente para que adormecesse. Durante o dia ele não toma o remédio, que lhe causa muita sonolência. Mas continua a praticar violino enquanto tem alucinações. "Pode-se dizer", ele resumiu, "que a esta altura, eu acho, aprendi a viver com elas."

A maioria dos meus pacientes e correspondentes com alucinações musicais tiveram perda auditiva, em vários casos grave. Muitos, mas não todos, também tiveram algum tipo de "barulho no ouvido" — estrondos, silvos ou outras formas de zumbido, ou, paradoxalmente, "recrutamento", a audição anormalmente alta de certas vozes ou ruídos. Fatores adicionais parecem impelir algumas pessoas a transpor um limite crítico — uma doença, uma cirurgia ou um agravamento adicional da perda auditiva.

Cabe notar que um quinto de meus correspondentes não sofre de perda auditiva significativa, e apenas 2% dos que tinham perda de audição passaram a ter alucinações musicais (mas, considerando o número de idosos com surdez progressiva, isso significa, potencialmente, centenas de milhares de candidatos a sofrer alucinações musicais). A maioria de meus correspondentes

momentos, terei vários temas passando-me pela cabeça até que o novo tema por mim selecionado predomine totalmente.

Ele mencionou ainda, sobre tais concertos alucinatórios: "são sempre perfeitos em acurácia e qualidade tonal, e nunca sofrem a distorção a que meus ouvidos estão sujeitos".[10]

Na tentativa de explicar suas alucinações, Gordon escreveu que antes dos concertos ele se pegava "ensaiando mentalmente" a passagem que acabara de estudar, para ver se conseguia encontrar melhores modos de usar os dedos ou o arco, e que imaginar diferentes maneiras de tocar talvez levasse a música a passar-lhe inúmeras vezes pela cabeça. Ele se perguntava se aquele ensaio mental "obsessivo" o predisporia às alucinações. Mas achava que havia diferenças absolutas entre as imagens mentais dos ensaios e as alucinações musicais involuntárias.

Gordon consultara vários neurologistas. Fizera exames de ressonância magnética e tomografia computadorizada do cérebro, além de monitoração 24 horas por EEG, todos com resultado normal. Aparelhos auditivos não haviam reduzido suas alucinações musicais (embora melhorassem muito sua audição). Tampouco a acupuntura ou várias drogas, entre elas clonazepam, risperidona e

---

[10] Uma de minhas pacientes do asilo para idosos, Margaret H., teve problemas de audição por vários anos — surdez grave no ouvido direito e moderada no esquerdo, ambas crescentes. Suas queixas, porém, não eram tanto sobre a perda de audição, e sim sobre "recrutamento" — uma sensibilidade exagerada ou anormal a sons. Ela se queixava de "uma irritante ênfase que torna certas vozes quase insuportáveis". Um ano depois, ela disse: "Vou à capela, mas o som do órgão e do canto vai aumentando, aumentando, fica na minha cabeça e acaba sendo insuportável". Naquele período ela começou a usar protetores auriculares; recusou aparelhos auditivos, temendo que pudessem acentuar ainda mais as desagradáveis amplificações e distorções de sons que já a incomodavam.

Mas Margaret H. só veio a sofrer alucinações musicais cinco anos depois, quando acordou de manhã e ouviu uma voz cantando "My darling Clementine" sem parar. Contou que isso começava como "uma cativante melodia suave, mas depois ficava mais animada, alta e dançante, barulhenta, nada aprazível. Eu quase gostava, mas em seguida ela se tornava áspera, não melódica". Por uns dois dias ela achou que o padre O'Brien, o paciente do quarto ao lado, estava tocando sem parar um velho disco de Frank Sinatra.

As alucinações da sra. O'Hara tinham as mesmas qualidades de desconforto, distorção e crescente amplificação dos seus fenômenos auditivos anteriores. Nesse aspecto ela se diferenciava de Gordon B. e outros, cujas alucinações musicais não são distorcidas (embora sua audição deficiente da música real possa sê-lo).

toda a gama de modos e emoções [...] os padrões rítmicos dependem do meu estado de ânimo naquele momento. Se estou descontraído [...] [elas são] muito brandas e discretas. [...] Durante o dia as alucinações musicais podem ficar altas, implacáveis e bem violentas, muitas vezes com tímpanos marcando um insistente ritmo ao fundo".

Outros sons, não musicais, podem influenciar as alucinações musicais: "Sempre que aparo a grama, por exemplo, um motivo começa em minha cabeça, e reconheço que ele só ocorre quando o cortador de grama está ligado. [...] É evidente que o som do cortador estimulou meu cérebro a selecionar precisamente aquela composição". Às vezes, ler o título de uma música levava-o a ter alucinação com ela.

Em outra carta, ele comentou: "Meu cérebro inventa padrões que prosseguem incessantemente por horas a fio, mesmo quando estou tocando violino". Esse comentário intrigou-me, pois era um exemplo notável de como dois processos muito distintos podem ocorrer simultaneamente: uma execução musical consciente e uma alucinação musical autônoma e separada. Era um triunfo da vontade e da concentração o fato de Gordon continuar a tocar e até a se apresentar naquelas circunstâncias, e com tanto êxito que, ele escreveu: "minha mulher, que toca violoncelo, não sabia que eu tinha problemas. [...] Talvez minha concentração no que estou tocando no momento emudeça as alucinações musicais". Mas em um contexto menos ativo, como quando ele ia ouvir um concerto em vez de ele próprio tocar, ele constatou: "a música na minha cabeça praticamente igualava os sons que vinham do palco. Isso me fez parar de ir a concertos".

Como várias outras pessoas que sofrem de alucinações, ele descobriu que, embora não pudesse impedir as alucinações musicais, frequentemente podia alterá-las:

Posso mudar a música como bem entender simplesmente pensando no tema de outra composição musical, e com isso, por alguns

horas, o som da locomotiva a diesel desencadeou um horroroso rangido na minha cabeça, que durou algumas horas depois de eu sair do trem. Nas semanas seguintes, ouvi rangidos constantes.[8]

"No dia seguinte", ele escreveu, "o rangido foi substituído pelo som de música, que desde então tem me acompanhado 24 horas por dia, como um interminável CD. [...] Todos os outros sons, o rangido, o zumbido, desapareceram."[9]

Em grande medida, essas alucinações são um "papel de parede musical, frases e padrões musicais sem sentido". Mas às vezes são baseadas na música que ele está estudando no momento, e a partir desta elas se transformam criativamente: um solo para violino de Bach que ele está praticando pode transformar-se em "uma alucinação tocada por uma magnífica orquestra e, quando isso acontece, ela passa a tocar variações dos temas". Suas alucinações musicais, ele ressaltou, "cobrem

---

[8] O zumbido às vezes precede ou acompanha alucinações musicais, mas com frequência ocorre sozinho. Às vezes tem qualidade tonal, como o fá natural alto de Gordon B. Em geral lembra um som de silvo ou campainha. Esses repiques, assobios, silvos ou tinidos, como as alucinações musicais, parecem provir de fora. Quando os zumbidos começaram a me ocorrer, alguns anos atrás, pensei que fosse vapor escapando de um radiador em meu apartamento. Só quando ele me "seguiu" pela rua percebi que o som era gerado por meu cérebro. O zumbido, como as alucinações musicais, às vezes pode ser tão alto que dificulta ouvir a voz das outras pessoas.

[9] Para Gordon, como para Sheryl C., um ruído mecânico foi substituído por música. Seria o cérebro impondo ordem à desordem? Coisa semelhante parece ter ocorrido com Michael Chorost quando, em poucas horas, ele passou de uma grave perda auditiva para a surdez total, e com esta ao início imediato de alucinações musicais. Em seu livro, *Rebuilt*, ele descreve como cada dia passou a começar com ruído e terminar com música:

Grotescamente, não estou vivendo no mundo silencioso que poderia ter previsto. Isso pelo menos teria sido familiar, pois antes eu sempre podia tirar meu aparelho auditivo e vivenciar o silêncio quase total. Agora ouço ora um rio fragoroso, ora um avião a jato ou um restaurante com mil fregueses falando ao mesmo tempo. O som é interminável e esmagador.
[...] Mas há consolos. À noite, os estrondos e os sinos atenuam-se. Tornam-se majestosos, sonoros e profundos. Ouço um grande órgão tocar um hino fúnebre que evolui lentamente sem tempo nem batida. Tem a grandiosidade solene da aurora. [...] condiz com a ocasião, pois meus ouvidos estão morrendo, mas estão tocando magnificamente em seu próprio funeral.

porém se sentem constrangidos em usar o termo "alucinação". Dizem que ficariam muito menos incomodados com suas experiências insólitas e se disporiam mais prontamente a admiti-las se pudessem usar outra palavra para descrevê-las.

Entretanto, ainda que todas as alucinações musicais tenham em comum certas características — a aparente exterioridade, o caráter ininterrupto, fragmentário e repetitivo, a natureza involuntária e intrusiva —, seus detalhes podem variar bastante. Também diversos podem ser seus papéis na vida das pessoas, quer assumam importância ou relevância e se tornem parte de um repertório pessoal, quer permaneçam alheias, fragmentárias e sem sentido. Cada pessoa, consciente ou inconscientemente, encontra seu próprio modo de reagir a essa intrusão mental.

Gordon B., de 79 anos, violinista profissional na Austrália, rompera o tímpano quando criança e posteriormente sofrera perda progressiva da audição, depois de contrair caxumba na idade adulta. Ele me escreveu sobre suas alucinações musicais:

> Por volta de 1980, notei em mim os primeiros sinais de zumbido, que se manifestavam como uma nota alta e constante, um fá natural. O zumbido mudou de tom várias vezes no decorrer dos anos seguintes e se tornou muito incômodo. A essa altura, eu já estava sofrendo de uma substancial perda auditiva e distorção [dos sons] no ouvido direito. Em novembro de 2001, durante uma viagem de trem de duas

---

só que não há disco nenhum." Às vezes havia outros ruídos entremeados à música — o "murmúrio" que ele ouvia no início, barulhos "como de aviões a jato sobrevoando" e "ruídos de fábrica" parecidos com os de máquinas de costura.

Yukio Izumi *et al.*, estudando um paciente com alucinações verbais e musicais, encontraram padrões "claramente distintos" de fluxo regional de sangue no cérebro, "possivelmente refletindo as diferentes causas dos dois tipos de alucinação". Ocasionalmente, porém, os dois tipos podem coalescer ou combinar-se. Para um paciente esquizofrênico, a letra das músicas sofria estranhas transformações, passando a conter comandos psicóticos e vários tipos de mensagens. O paciente sentia que isso lhe chegava de raios vindos do espaço. Outra paciente, com depressão psicótica manifestada após a morte de seu pai por ataque cardíaco, ouvia continuamente uma horrível transformação da letra (mas não da música) de "Brilha, brilha, estrelinha", a qual ela apelidou de "a música do ataque cardíaco".

epilepsia do lobo temporal era apenas uma das muitas causas possíveis de alucinação musical, e na verdade uma causa raríssima.

Embora diversos fatores predisponham a alucinações musicais, os fenômenos e o formato dessas alucinações são notavelmente invariáveis. Quer os fatores causadores sejam periféricos (como a perda auditiva), quer sejam centrais (como convulsões ou derrames), parece haver uma trajetória final comum, um mecanismo cerebral comum a todos. A maioria dos meus pacientes e correspondentes ressalta que a música que eles "ouvem" parece, de início, ter origem externa: um rádio ou televisão próximos, um vizinho ouvindo um disco, uma banda debaixo da janela ou coisas do gênero. Só quando não encontram a tal fonte externa os pacientes são levados a inferir que a música está sendo gerada em seu cérebro. Eles não dizem estar "imaginando" a música. Falam em algum mecanismo estranho e autônomo que se ativa em sua cabeça. Falam em "fitas", "circuitos", "rádios" ou "gravações" em seu cérebro. Um de meus correspondentes dizia ter um "*jukebox* intracraniano".

Algumas alucinações têm grande intensidade ("Esse problema é tão intenso que está arruinando a minha vida", escreveu uma mulher), mas ainda assim muitos de meus correspondentes relutam em falar sobre suas alucinações musicais porque temem ser considerados loucos — "Não posso contar aos outros, pois só Deus sabe o que iriam pensar", escreveu uma pessoa. "Nunca revelei a ninguém", escreveu outra, "tenho medo de ser trancafiado num manicômio."[7] Outros admitem suas experiências,

---

[7] Nos 25 anos em que trabalhei em um hospital psiquiátrico do estado, encontrei muitos pacientes esquizofrênicos que confessaram ouvir vozes, mas pouquíssimos que admitiram ouvir música. Um único paciente, Angel C., ouvia ambas as coisas e claramente as diferenciava. Ele ouvia "vozes" que lhe falavam, acusando, ameaçando, adulando ou comandando, desde seu primeiro surto psicótico aos dezoito anos. Em contraste, só começara a ouvir "música" em meados da casa dos trinta, quando sua audição ficou prejudicada. Ele não temia a música, embora ficasse "intrigado", ao passo que as alucinações de "comando" que ele sofria eram carregadas de terror e ameaça. As alucinações musicais começavam com "um murmúrio confuso", como o produzido por uma multidão, depois se diferenciavam tornando-se música — música de que ele gostava. "Eu costumava ouvir discos espanhóis", ele contou, "e agora é como se eu os estivesse ouvindo de novo,

não psicótica desse tipo de alucinação, e me surpreendi com a avalanche de cartas que logo recebi. Dezenas de pessoas me escreveram, muitas fornecendo descrições minuciosas de suas alucinações musicais. Esse súbito afluxo de relatos levou-me a pensar que a ocorrência devia ser bem mais comum do que eu supunha ou do que a classe médica reconhecia. E, nos vinte anos decorridos desde então, continuei a receber frequentes cartas sobre o assunto e a encontrar essa condição em vários dos meus pacientes.

Em 1894 o médico W. S. Colman já publicara suas observações no *British Medical Journal*, com o título "Hallucinations in the sane, associated with local organic disease of the sensory organs, etc." [Alucinações em pessoas sãs, associadas a doença orgânica local dos órgãos dos sentidos etc.]. Mas, apesar desse e de outros relatos esporádicos, as alucinações musicais eram consideradas raríssimas, e quase não foram alvo de estudo sistemático na literatura médica até por volta de 1975.[6]

Nos anos 1950 e início da década seguinte, Wilder Penfield e seus colegas do Montreal Neurological Institute haviam escrito célebres obras sobre a "atividade convulsiva experiencial", na qual pacientes com epilepsia do lobo temporal ouviam velhas canções ou melodias do passado (embora nesses casos as músicas fossem paroxísmicas, descontínuas e com frequência acompanhadas por alucinações visuais ou outras alucinações). Muitos neurologistas da minha geração foram acentuadamente influenciados pelos relatos de Penfield, e quando escrevi sobre as sras. O'C. e O'M. atribuí sua música fantasma a algum tipo de atividade convulsiva.

Mas em 1986 a torrente de cartas que recebi mostrou-me que a

---

[6] Em 1975, Norman Geshwind e seus colegas publicaram um artigo fundamental no qual alertaram os neurologistas para essa síndrome sub-relatada na literatura médica (ver Ross, Jossman *et al.*). Há mais ou menos uma ou duas décadas as publicações médicas vêm abordando com maior frequência o tema das alucinações musicais. No início dos anos 1990, G. E. Berrios publicou um amplo levantamento da literatura sobre o tema. O mais extenso estudo clínico sobre alucinações musicais em uma única população até o presente é o de Nick Warner e Victor Aziz, que em 2005 publicaram os resultados de um estudo de quinze anos sobre a incidência, a fenomenologia e a ecologia de alucinações musicais em pessoas idosas do sul do País de Gales.

"É assombroso", ela disse. "Não consigo entender. Não ouço essas coisas, nem penso nelas há mais de quarenta anos. Nem sabia que ainda as tinha. Mas agora elas não param de me passar pela cabeça." Rose estava em um estado neurologicamente excitado nesse período, e, quando a dosagem de levodopa foi reduzida, ela instantaneamente "esqueceu" todas aquelas memórias musicais da juventude e nunca mais conseguiu recordar uma única linha das canções que gravara.

Nem Rose nem minha mãe haviam usado o termo "alucinação". Talvez percebessem de imediato que não havia uma fonte externa para sua música; talvez suas experiências não fossem exatamente alucinatórias, e sim imagens mentais musicais muito vívidas e forçadas, sem precedentes e espantosas para elas. E, de qualquer modo, foram ocorrências transitórias.

Alguns anos depois, escrevi sobre duas de minhas pacientes de um lar para idosos, as sras. O'C. e O'M., que tinham surpreendentes alucinações musicais.[5] A sra. O'M. ouvia três músicas em rápida sucessão: "Easter parade", "The battle hymn of the Republic" e "Good night, sweet Jesus".

"Passei a detestá-las", ela disse. "Era como se algum vizinho doido ficasse tocando o mesmo disco sem parar."

A sra. O'C., ligeiramente surda aos 88 anos, certa noite sonhou com músicas irlandesas, acordou e descobriu que as canções continuavam a tocar, tão alto e claro que ela achou que alguém esquecera um rádio ligado. As músicas, praticamente contínuas por 72 horas, depois disso foram se tornando mais tênues e mais fragmentadas. Cessaram por completo depois de algumas semanas.

Meus relatos sobre as sras. O'C. e O'M. parecem ter tido grande repercussão quando foram publicados em 1985, e várias pessoas que o leram escreveram para a famosa coluna "Dear Abby", publicada em uma cadeia de jornais, informando que também elas haviam sofrido tais alucinações. A autora de "Dear Abby", por sua vez, pediu-me que comentasse sobre o problema em sua coluna. Fiz isso em 1986, salientando a natureza benigna e

---

[5] Esse ensaio, "Reminiscência", encontra-se em *O homem que confundiu sua mulher com um chapéu.*

segunda mão do passado em vez de lutar para inventar novas ideias musicais. (Essa interpretação pareceu-me improvável, pois, embora ele houvesse trabalhado criativamente toda a vida, fazia apenas seis ou sete anos que tinha o "iPod".)

É interessante notar que, embora a música de suas alucinações geralmente fosse vocal ou orquestral, era transcrita de modo instantâneo e automático para música de piano, com frequência em um tom diferente. Ele percebia que suas mãos estavam fisicamente "tocando" aquelas transcrições, "quase por conta própria". Em sua opinião, havia dois processos envolvidos nisso: o refluxo de velhas músicas, "informação musical dos bancos de memória", e em seguida um reprocessamento ativo por seu cérebro de compositor (e pianista).

Meu interesse por alucinações musicais começou há mais de três décadas. Em 1970, minha mãe, então com 75 anos, teve uma experiência extraordinária. Ela ainda era uma ativa cirurgiã, não sofria nenhuma perda auditiva ou cognitiva, mas contou-me que, uma noite, começara de súbito a ouvir músicas patrióticas da Guerra dos Bôeres tocando sem parar em sua mente. Espantou-se com isso, pois fazia quase setenta anos que não pensava naquelas músicas, e duvidava que alguma vez houvessem representado para ela algo especial. Ela se assombrou com a exatidão daquela reprodução, pois normalmente mal conseguia imaginar uma melodia. As canções desapareceram gradualmente após duas semanas. Minha mãe, que possuía bons conhecimentos de neurologia, julgou que tinha de haver alguma causa orgânica para aquela erupção de músicas esquecidas havia tanto tempo: talvez algum pequeno acidente vascular sem outros sintomas, ou talvez a reserpina que ela usava para controlar a pressão.

Coisa semelhante ocorreu com Rose R., uma das pacientes pós-encefalíticas que descrevi em *Tempo de despertar*. Essa senhora, que comecei a tratar com levodopa em 1969, quando se reanimou após ter estado décadas em um estado "congelado", imediatamente pediu um gravador e em poucos dias gravou inúmeras canções picantes de sua juventude nos *music halls* dos anos 1920. Ninguém se espantou mais com isso do que a própria Rose.

Passados dois meses, porém, a música começou a escapar ao controle da gabapentina, e as alucinações do sr. Mamlok voltaram a ser intrusivas, embora não tanto quanto antes da medicação. (Ele não tolerava doses maiores de gabapentina porque lhe causavam sedação excessiva.)

Cinco anos depois, o sr. Mamlok ainda ouve música na cabeça, embora tenha aprendido a viver com ela, como ele diz. Sua audição declinou ainda mais, e ele agora usa aparelho auditivo, mas este não fez diferença para as alucinações musicais. Ocasionalmente toma gabapentina quando está em um ambiente demasiado barulhento. Mas descobriu que, no seu caso, o melhor remédio é ouvir música real, pois expulsa suas alucinações — pelo menos por algum tempo.

John C., renomado compositor sexagenário, sem surdez nem problemas de saúde significativos, procurou-me porque, como ele disse, tinha "um iPod na cabeça", que tocava sobretudo músicas populares de sua infância ou adolescência. Ele não gostava daquele tipo de música, mas fora exposto a ela quando garoto. Disse que era intrusiva e irritante. Embora ela fosse inibida quando ele ouvia música, lia ou conversava, tendia a voltar se ele não se ocupasse de algum outro modo. Às vezes ele dizia "pare!" em pensamento (ou mesmo em voz alta), e a música interna cessava por trinta ou quarenta segundos, mas depois recomeçava.

John nunca achou que seu "iPod" fosse algo externo, mas tinha a impressão de que aquilo não se comportava como as imagens mentais normais (voluntárias ou involuntárias) que eram parte notável de sua mente e que se tornavam especialmente ativas quando ele estava compondo. O "iPod" parecia tocar por conta própria — de modo irrelevante, espontâneo, incessante e repetitivo. À noite, podia ser muito incômodo.

As composições de John eram particularmente complexas e intricadas, tanto no aspecto intelectual como no musical, e ele comentou que sempre se esforçava muito para compô-las. Ocorreu-lhe que talvez, com aquele "iPod" no cérebro, ele estivesse "escolhendo o caminho mais fácil", entregando-se a músicas de

variava em altura; era mais alta quando ele estava em um ambiente barulhento, como um trem de metrô. Ele tinha dificuldade para suportar aquela música, pois era incessante, incontrolável e inoportuna, dominava ou interrompia suas atividades durante o dia e o mantinha desperto por horas à noite. Quando ele acordava de um sono profundo, a música surgia em minutos ou segundos. E embora sua música fosse exacerbada por ruídos de fundo, ele descobriu, como Sheryl C., que ela podia ser atenuada, ou até mesmo desaparecer, se ele prestasse atenção a alguma outra coisa — indo a um concerto, vendo televisão, participando de uma conversa animada ou de alguma outra atividade.

Quando perguntei ao sr. Mamlok como era sua música interna, ele bradou, zangado, que ela era "tonal" e "melosa". Achei curiosa essa escolha de adjetivos, e indaguei por que os usara. Explicou que sua mulher era compositora de música atonal e que ele próprio preferia Schoenberg e outros mestres da música atonal, embora também gostasse de música clássica, especialmente música de câmara. Mas a música de suas alucinações não se parecia com nada disso. Ela começou, disse, com uma canção natalina alemã (ele de imediato a cantarolou), depois vieram outras canções de Natal e de ninar, seguidas por marchas, em especial as nazistas, que ele ouvira quando garoto em Hamburgo, nos anos 1930. Estas o perturbaram particularmente, pois ele era judeu e vivera sob o terror da Hitlerjugend, as beligerantes gangues que perambulavam pelas ruas à caça de judeus. As canções de marcha duraram por volta de um mês (assim como as de ninar que as precederam), e então "se dispersaram", ele contou. Depois disso, ele começou a ouvir trechos da *Quinta sinfonia* de Tchaikovsky, que também não o agradava: "Muito barulhenta... exaltada... rapsódica".

Decidimos usar gabapentina. Quando a dose estava em trezentos miligramas três vezes ao dia, o sr. Mamlok informou que suas alucinações musicais haviam diminuído bastante; quase não ocorriam espontaneamente, embora ainda pudessem ser evocadas por um ruído externo, como o matraquear de sua máquina de escrever. Nesse período, ele me escreveu: "o remédio me fez maravilhas. A exasperante 'música' na minha cabeça praticamente desapareceu. [...] Minha vida mudou de modo significativo".

como se eu tivesse um circuito na cabeça. Acho que nunca mais vou me livrar dela."[4]

Embora a sra. C. ainda se referisse à parte alucinatória de si mesma como um mecanismo, uma coisa, já não a via como algo totalmente alheio. Disse que estava tentando chegar a uma relação amigável, a uma reconciliação com aquilo.

Dwight Mamlok era um refinado senhor de 75 anos que sofria de uma leve perda auditiva para sons de alta frequência quando me procurou em 1999. Contou-me que começara a "ouvir música" — muito alta e rica em detalhes — dez anos antes, durante um voo de Nova York para a Califórnia. Aquilo parecia ser estimulado pelo ronco do motor do avião, parecia ser uma elaboração daquele barulho. De fato, a música cessou quando ele desembarcou. Dali por diante, porém, toda viagem de avião que fazia tinha acompanhamento musical semelhante. Ele achou aquilo curioso, um tanto intrigante, às vezes divertido, ocasionalmente irritante, mas não pensou muito no assunto.

O padrão mudou quando ele viajou para a Califórnia no verão de 1999, pois dessa vez a música prosseguiu quando ele deixou o avião. Vinha ocorrendo quase sem parar por três meses quando ele me procurou pela primeira vez. Tendia a começar com um zumbido que depois se "diferenciava", tornando-se música. Esta

---

[4] Para Michael Chorost os resultados de um implante coclear foram bem diferentes, como ele descreveu em seu livro *Rebuilt: how becoming part computer made me more human* [Reconstruído: como tornar-me parcialmente um computador me fez mais humano]:

Uma ou duas semanas depois da ativação, a orquestra maluca demitiu a maioria de seus músicos. O implante mascara as alucinações auditivas do mesmo modo que o sol não nos deixa ver as estrelas. Quando tiro o receptor ainda ouço o rugido baixo de uma multidão distante. Mas já não é um avião a jato, um restaurante com mil comensais ou bateristas de jazz fazendo um solo.

Antes era como se meu córtex auditivo estivesse esbravejando comigo: "Se você não me der sons, vou inventá-los". Coisa que ele passou a fazer, incessantemente, em proporção inversa à perda. Mas agora que ele pode se empanturrar com tudo o que conseguir absorver, está satisfeito de novo e se calou.

Na primeira noite em que percebi tal coisa, tirei a roupa e adormeci em um profundo e abençoado silêncio.

parar, às vezes conseguia, com força de vontade, trocá-la. Não se sentia mais tão impotente, tão passiva, tão oprimida. Tinha uma sensação de maior controle. "Ainda ouço música o dia todo", ela disse, "mas ou ela se tornou mais branda, ou estou lidando melhor com ela. Não tenho ficado tão irritada."

A sra. C. vinha pensando em um implante coclear para sua surdez fazia anos, mas fora postergando a cirurgia até que começaram as alucinações. Descobriu então que em Nova York um cirurgião pusera um implante coclear em um paciente com surdez grave que sofria de alucinações musicais e descobrira que o implante não só permitia uma boa audição, mas também eliminava as alucinações musicais. A sra. C. empolgou-se com essa notícia e decidiu submeter-se à cirurgia.

Após seu implante ter sido inserido e, um mês depois, ativado, telefonei à sra. C. para saber como ela estava passando. Ela estava animadíssima e loquaz ao telefone. "Estou ótima! Ouço cada palavra que você diz! O implante foi a melhor decisão que tomei na vida."

Tornei a ver a sra. C. dois meses depois de o seu implante ser ativado. Sua voz antes era alta e sem modulação, mas, agora que ela podia ouvir o que dizia, falava em uma voz normal e bem modulada, com todos os tons e conotações sutis outrora ausentes. Agora ela podia olhar à sua volta enquanto conversávamos, ver outras coisas, quando antes mantinha o olhar fixo em meu rosto e em meus lábios. Estava visivelmente eletrizada com isso. Quando perguntei como estava passando, ela respondeu: "Bem, muito bem. Posso ouvir os meus netos, posso distinguir vozes femininas e masculinas ao telefone. [...] Fez toda a diferença do mundo".

Infelizmente houve também um lado negativo: ela não conseguia mais apreciar música, que agora lhe soava tosca. Com a relativa insensibilidade de seu implante para os tons, a sra. C. mal podia detectar os intervalos tonais que são os elementos básicos da música.

Também não observou mudança alguma nas alucinações. "Quanto à minha 'música', acho que a crescente estimulação com o implante não fará nenhuma diferença. Ela agora é a *minha*. É

reduziu-se a apenas duas notas.[2] "Quando posso ouvir um verso inteiro, fico feliz da vida", ela disse.

A sra. C. agora estava percebendo que embora certas melodias parecessem repetir-se ao acaso, a sugestão, o ambiente e o contexto tinham um papel cada vez mais importante no estímulo ou na caracterização de suas alucinações. Por exemplo, uma ocasião, quando se aproximou de uma igreja, ela ouviu intensamente o hino religioso "O' come all ye faithful"[Vinde a mim os fiéis], e de início pensou que a música vinha do templo. Um dia depois de fazer um bolo francês de maçã, teve alucinações com trechos de "Frère Jacques".

Havia ainda outra medicação que a meu ver merecia uma tentativa: a quetiapina (Seroquel), que fora usada com êxito para tratar alucinações musicais de um paciente.[3] Embora o relato desse caso fosse o único que conhecíamos, os potenciais efeitos colaterais da quetiapina eram mínimos, e a sra. C. concordou em experimentar uma dose pequena. Mas a droga não produziu nenhum efeito bem definido.

Nesse meio-tempo, a sra. C. tentara ampliar seu repertório de alucinações, supondo que, se não fizesse um esforço consciente, ele acabaria por reduzir-se a três ou quatro músicas repetidas indefinidamente. Uma adição alucinatória foi "Ol' man river", cantada com extrema lentidão, quase uma paródia da canção. A sra. C. achava que nunca tinha ouvido essa música ser tocada de um modo tão "ridículo", portanto não se tratava exatamente de uma "gravação" do passado, mas de uma memória que foi reformada, recategorizada de um jeito cômico. Isso representava, assim, mais um grau de controle: não apenas passar de uma alucinação a outra, mas modificar uma alucinação criativamente, ainda que de modo involuntário. E, embora a sra. C. não fosse capaz de fazer a música

---

[2] Diana Deutsch, da Universidade da Califórnia em San Diego, recebeu cartas de muitas pessoas que sofrem de alucinações musicais e se surpreendeu com a grande frequência com que essas alucinações contraem-se, com o passar do tempo, tornando-se frases musicais cada vez mais curtas, às vezes de uma ou duas notas. Essas experiências talvez tenham analogia com a dos membros fantasmas, que caracteristicamente encolhem ou "encurtam" no decorrer do tempo; por exemplo, um braço fantasma pode reduzir-se a uma mão aparentemente ligada ao ombro, como uma garra.

[3] Esse caso foi relatado por R. R. David e H. H. Fernandez da Brown University.

alucinações musicais, sobretudo memórias musicais de sua juventude. O cérebro precisava manter-se incessantemente ativo e, se não obtivesse sua estimulação usual, auditiva ou visual, criava sua própria estimulação na forma de alucinações. Talvez a prednisona ou o súbito declínio na audição para o qual essa medicação fora prescrita houvesse impelido a sra. C. para além de algum limiar, produzindo subitamente as alucinações de liberação.

Recentemente, acrescentei, técnicas de imageamento do cérebro haviam mostrado que "ouvir" alucinações musicais estava associado à intensa atividade em várias partes do cérebro: os lobos temporais, os lobos frontais, os gânglios basais e o cerebelo — todas partes do cérebro normalmente ativadas na percepção da música "real". Portanto, concluí, nesse sentido suas alucinações não eram imaginárias nem psicóticas, mas reais e fisiológicas.

"Tudo isso é muito interessante", replicou a sra. C., "mas acadêmico demais. O que o senhor pode fazer para *acabar* com as minhas alucinações? Terei de viver com elas para sempre? É um jeito horroroso de viver!"

Respondi que não tínhamos "cura" para alucinações musicais, mas talvez pudéssemos torná-las menos intrusivas. Concordamos em fazer um teste com gabapentina (Neurontin), uma droga desenvolvida como antiepiléptico, mas que às vezes atenuava a atividade cerebral anormal, epiléptica ou não.

Na consulta seguinte, a sra. C. relatou que a gabapentina exacerbara seu problema e acrescentara às alucinações musicais um zumbido alto, um tinido nos ouvidos. Apesar disso, ela estava consideravelmente mais tranquila. Agora sabia que havia uma base fisiológica para suas alucinações e que não estava enlouquecendo. E estava aprendendo a adaptar-se a elas.

O que a incomodava muito era ouvir fragmentos que se repetiam inúmeras vezes. Comentou, por exemplo, que ouviu trechos de "America the beautiful" dez vezes em seis minutos (seu marido cronometrou) e partes de "O' come all ye faithful" dezenove vezes e meia em dez minutos. Uma ocasião, o fragmento iterativo

outro de seus temores era ter uma "alucinação de Ives" (muitas das composições de Ives contêm duas ou mais melodias, de caráter às vezes totalmente diferente, que ocorrem ao mesmo tempo). Ela até então nunca ouvira duas melodias alucinatórias concomitantes, mas começou a ter medo de que isso acontecesse.

A sra. C. não ficava insone por causa de suas alucinações musicais, nem era propensa a ter sonhos musicais. Quando acordava de manhã, havia silêncio interior por alguns segundos, durante os quais ela se perguntava qual seria o *"tune du jour"*.

Quando fiz o exame neurológico da sra. C, não encontrei nenhum problema. Ela fizera EEG e exames de ressonância magnética para descartar epilepsia ou lesões cerebrais, e os resultados haviam sido normais. A única anormalidade era sua voz, muito alta e mal modulada, consequência da surdez e do *feedback* auditivo prejudicado. Ela precisava olhar para mim quando eu falava, para poder fazer leitura labial. Nos aspectos neurológico e psiquiátrico, parecia normal, embora compreensivelmente perturbada pela sensação de que algo fora de seu controle estava ocorrendo dentro de si. Além disso, atormentava-se com a ideia de que suas alucinações pudessem ser um sinal de doença mental.

"Mas por que só música?", a sra. C. me perguntou. "Se isso fosse psicótico, eu também não ouviria vozes?"

Expliquei que suas alucinações não eram psicóticas, mas neurológicas, chamadas alucinações "de liberação" (*"release" hallucinations*). Por causa da surdez, a parte auditiva do cérebro, privada da usual entrada de dados externos, começara a gerar uma atividade espontânea própria, que assumia a forma de

---

mais fascinantes do que jamais se ouviu na Terra". Um dos amigos de Schumann contou que o compositor "desabafou sobre um estranho fenômeno [...] a audição íntima de músicas belíssimas, totalmente formadas e completas! O som é como o de metais distantes, sublinhado pelas mais magníficas harmonias".

Schumann provavelmente foi portador de um distúrbio maníaco-depressivo ou esquizoafetivo e, no fim da vida, também de neurossífilis. Como revelou Peter Ostwald em seu estudo sobre o compositor, *Music and madness* [Música e loucura], no colapso final de Schumann as alucinações que ele, de algum modo, fora capaz de comandar e usar em seus dias criativos acabaram por subjugá-lo, degenerando primeiro em música "angélica", depois em "demoníaca" e finalmente em uma única nota, um terrível "lá" que tocava incessantemente, dia e noite, com uma intensidade insuportável.

tar-se sugeriu tentarem Valium. Nesse ínterim, a audição da sra. C. voltara ao nível anterior, mas nem isso, nem o Valium nem a retirada gradual da prednisona tiveram efeito sobre as alucinações. Sua "música" continuou a ser extremamente alta e intrusiva, só parando quando ela estava "intelectualmente ocupada", como durante uma conversa ou um jogo de bridge. Seu repertório alucinatório cresceu um pouco, mas continuou a ser bem limitado e estereotipado, restrito sobretudo a canções natalinas, temas de musicais e canções patrióticas. Eram todas músicas que ela conhecia bem. A sra. C. tinha talento para a música, era boa pianista, e tocara aquelas músicas muitas vezes em festas e em eventos na universidade.

Perguntei por que ela falava em "alucinação" e não em "imaginação" musical.

"Uma coisa não tem nada a ver com a outra!", exclamou. "São coisas tão diferentes quanto pensar em música e realmente ouvir." Suas alucinações, ela salientou, não se pareciam com nada do que já vivenciara antes. Tendiam a ser fragmentárias — alguns compassos disto, alguns compassos daquilo — e a se permutarem ao acaso, às vezes no meio de um compasso, como se discos quebrados estivessem sendo ligados e desligados em seu cérebro. Tudo isso era muito diferente de suas imagens mentais normais, coerentes e em geral "obedientes" — embora ela admitisse que havia uma ligeira semelhança com aquelas melodias tenazes que ela, como todo mundo, às vezes ouvia na cabeça. Porém, diferentemente das músicas tenazes, e de qualquer uma de suas imagens mentais normais, as alucinações tinham a assombrosa qualidade da percepção real.

A certa altura, farta dos cantos natalinos e canções populares, a sra. C. tentou substituir as alucinações praticando no piano um estudo de Chopin. "*Esse* ficou na minha cabeça por uns dois dias", ela disse. "E uma das notas, o fá agudo, tocou vezes sem conta." Ela começou a recear que todas as suas alucinações passassem a ser assim — duas ou três notas, ou talvez uma única nota, aguda, cortante, insuportavelmente alta, "como o lá agudo que Schumann ouvia no fim da vida".[1] A sra. C. gostava de Charles Ives, e

---

[1] Robert Jourdain, em *Música, cérebro e êxtase*, cita Clara Schumann, que escreveu em seus diários que seu marido ouvia "música tão gloriosa, e com instrumentos de sons

6

ALUCINAÇÕES MUSICAIS

Em dezembro de 2002 veio consultar-se comigo uma inteligente e afável mulher de setenta anos, Sheryl C. Ela sofria de surdez nervosa progressiva fazia mais de quinze anos, e agora estava com grave perda de audição nos dois ouvidos. Até poucos meses antes, ela se arranjara com leitura labial e avançados aparelhos auditivos, mas depois sua audição subitamente deteriorou-se ainda mais. Seu otorrinolaringologista sugeriu medicá-la com prednisona. Durante uma semana a sra. C. tomou doses progressivamente maiores de prednisona e sentiu-se bem. Mas então relatou: "No sétimo ou oitavo dia, quando eu já estava tomando sessenta miligramas, acordei à noite com barulhos medonhos. Terríveis, horrorosos, pareciam estrondos de vagões de trem, badaladas de sinos. Tapei os ouvidos, mas não fez diferença. Era tão alto que eu queria sair correndo de casa". A primeira coisa que lhe veio à mente era que havia um carro de bombeiros parado na frente da sua residência, mas ela olhou pela janela e viu que a rua estava totalmente vazia. Só então percebeu que o barulho estava em sua cabeça, que pela primeira vez na vida ela estava tendo uma alucinação.

Depois de aproximadamente uma hora, aquele clangor foi substituído por música: temas de *A noviça rebelde* e uma parte de "Michael, row your boat ashore" — três ou quatro compassos de uma ou de outra dessas canções, repetindo-se com ensurdecedora intensidade em sua cabeça. "Eu sabia perfeitamente que não havia uma orquestra tocando, que era *eu*", ela ressaltou. "Tive medo de estar enlouquecendo."

O médico da sra. C. prescreveu a retirada gradual da prednisona, e alguns dias depois o neurologista com quem ela foi consul-

pode ser sobrecarregado sem temíveis consequências. Uma delas é a grave perda de audição encontrada em parcelas cada vez maiores da população, mesmo entre os jovens e particularmente entre os músicos. Outra são as irritantes músicas que não saem da cabeça, os *brainworms* que chegam sem ser chamados e só vão embora quando bem entendem. Podem não passar de anúncios de creme dental, mas neurologicamente são irresistíveis.

balança de vez em quando pender muito para o outro lado e nossa sensibilidade musical tornar-se uma vulnerabilidade.

É possível que os *earworms* sejam, em certa medida, um fenômeno moderno, pelo menos um fenômeno não só mais claramente reconhecido, mas extremamente mais comum do que jamais foram? Embora sem dúvida existam *earworms* desde que nossos antepassados pela primeira vez tocaram notas em flautas de osso ou tamborilaram em troncos caídos, é significativo que o termo só tenha entrado para o uso comum em décadas recentes.[6] Quando Mark Twain escrevia nos anos 1870, havia bastante música para se ouvir, mas ela não era onipresente. Era preciso procurar outras pessoas para ouvir cantos (e participar deles): a igreja, as reuniões de família, as festas. Para ouvir música instrumental, quem não possuía piano ou outro instrumento em casa tinha de ir à igreja ou a um concerto. Tudo isso mudou radicalmente com o advento das gravações, das transmissões radiofônicas e dos filmes. De repente, a música passou a estar por toda parte, e a magnitude dessa disponibilidade multiplicou-se muitas vezes nas duas últimas décadas. Hoje estamos cercados por um incessante bombardeio musical, queiramos ou não.

Metade de nós vive plugada em iPods, 24 horas imersa em concertos com repertório da própria escolha, praticamente alheia ao ambiente. E para quem não está plugado há a música incessante, inevitável e muitas vezes ensurdecedora nos restaurantes, bares, lojas e academias. Essa barragem musical gera certa tensão em nosso sistema auditivo primorosamente sensível, o qual não

---

[6] Talvez os *brainworms*, mesmo que sejam inadaptativos em nossa cultura moderna saturada de música, tenham origem em uma adaptação que foi crucial nos tempos da humanidade caçadora-coletora: reproduzir os sons dos animais em movimento ou outros sons significativos, vezes sem conta, até assegurar seu reconhecimento, como me sugeriu um correspondente, Alan Geist:

> Descobri acidentalmente que depois de cinco ou seis dias seguidos na mata sem ouvir nenhum tipo de música, começo espontaneamente a repetir os sons que ouço ao meu redor, sobretudo das aves. A vida selvagem local torna-se "a música que não sai da minha cabeça". [...] [Talvez em tempos mais primitivos] um humano viajante pudesse reconhecer mais facilmente áreas familiares adicionando sua memória de sons às pistas visuais que lhe diziam onde ele estava. [...] E ensaiando esses sons, ele aumentava sua probabilidade de armazená-los em sua memória de longo prazo.

música talvez se deva, em parte, à necessidade que temos de *construir* um mundo visual para nós, daí resultando que um caráter seletivo e pessoal impregna nossas memórias visuais desde o início. As músicas, em contraste, já recebemos construídas. Uma cena visual ou social pode ser construída ou reconstruída de inúmeros modos distintos, mas a recordação de uma música tem de assemelhar-se ao original. É claro que ouvimos seletivamente, com diferentes interpretações e emoções, mas as características musicais básicas de uma composição — o tempo, o ritmo, os contornos melódicos, e até mesmo o timbre e o tom — tendem a ser preservados com notável exatidão.

É essa fidelidade, essa gravação quase irresistível da música no cérebro, que desempenha um papel crucial para nos predispor a certos excessos, ou patologias, com imagens mentais musicais e memória musical, excessos esses que podem ocorrer até com pessoas relativamente não musicais.

Obviamente, na própria música existem tendências inerentes à reiteração. Nossos poemas, baladas e canções são ricos em repetições. Cada obra de música clássica possui suas marcas para indicar as repetições ou variações sobre um tema, e os nossos maiores compositores são mestres da repetição; as rimas infantis e as cantigas que ensinamos às crianças pequenas têm coros e refrões. Somos atraídos pela repetição, mesmo quando adultos; queremos o estímulo e a recompensa várias vezes, e a música nos dá. Portanto, talvez não devamos nos surpreender nem reclamar se a

---

ou imaginam música. Uma de minhas correspondentes, que é trompista, constatou que quando seu cérebro está ocupado por um *brainworm*.

Ler, escrever e executar tarefas espaciais como a aritmética são perturbados por ele. Meu cérebro parece ficar muito ocupado com o processamento [do *brainworm*] de vários modos, principalmente espaciais e cinestéticos: pondero os tamanhos relativos dos intervalos entre as notas, vejo-os dispostos no espaço, analiso a organização da estrutura harmônica da qual fazem parte, sinto os dedilhados na mão e os movimentos musculares necessários para tocá-las, embora não as execute efetivamente. Não é uma atividade particularmente intelectual; é muito descuidada, e não ponho nela nenhum esforço intencional; ela meramente acontece. [...]

Devo mencionar que esses [*brainworms*] não convocados nunca interferem em atividades físicas ou em atividades que não requerem raciocínio visual, como participar de uma conversa normal, por exemplo.

de descobrir um artigo (de David Kempf *et al.*) sobre a intensificação de frases musicais intrusivas e repetitivas (e de frases verbais ou repetições numéricas) associada à lamotrigina, ela interrompeu a medicação (sob supervisão do médico). Seus *earworms* abrandaram-se um pouco, porém permaneceram em um nível muito mais elevado do que antes. Ela não sabe se algum dia retornarão a seu nível moderado original. "Temo que esses trajetos no meu cérebro possam ter se tornado tão potencializados", ela escreveu, "que sofrerei com esses *earworms* pelo resto da vida."

Alguns de meus correspondentes comparam os *brainworms* a pós-imagens visuais, e eu, sendo propenso a ambas as coisas, também vejo tal semelhança. (Estou usando o termo "pós-imagens" aqui em um sentido especial, para denotar um efeito muito mais prolongado do que as fugazes pós-imagens que temos por alguns segundos depois de, por exemplo, ficarmos expostos a uma luz muito forte.) Após examinar EEGs por várias horas, às vezes sou obrigado a parar, pois começo a ver traçados de EEG pelas paredes e pelo teto. Se eu dirigir um dia inteiro, acabo vendo campos, sebes e árvores passando por mim em um fluxo contínuo que me mantém acordado à noite. Quando passo o dia num barco, sinto o balanço por horas depois de voltar a terra firme. E os astronautas, depois de passarem uma semana em condições de gravidade zero no espaço, ao regressar, precisam de vários dias para reaver suas "pernas terrestres". Todos esses são efeitos sensoriais básicos, ativados pela hiperestimulação de sistemas sensoriais de nível inferior. Os *brainworms*, em contraste, são construções perceptuais, criadas em um nível muito superior do cérebro. E, no entanto, ambos refletem o fato de que certos estímulos, como traçados de EEG, música e pensamentos obsessivos, podem desencadear atividades persistentes no cérebro.

Alguns atributos das imagens mentais musicais e da memória musical não têm equivalentes na esfera visual, e esse fato pode nos dar um vislumbre do modo fundamentalmente diferente de como o cérebro trata a música e a visão.[5] Essa singularidade da

---

[5] No entanto, um *earworm* pode, mais raramente, incluir um aspecto visual, sobretudo para os músicos que visualizam de modo automático uma partitura quando ouvem

completo de uma pessoa, também podem desenvolver-se como uma espécie de contração de imagens mentais musicais previamente normais. Nos últimos tempos tenho desfrutado de reproduções mentais dos *Concertos para piano nᵒˢ 3 e 4* de Beethoven na gravação dos anos 1960 de Leon Fleisher. Esses "replays" tendem a durar de dez a quinze minutos, e consistem em movimentos completos. Eles surgem sem ser chamados duas ou três vezes por dia, mas são sempre bem-vindos. Uma noite dessas, porém, quando eu estava tenso e insone, o caráter deles mudou: eu ouvia apenas uma única passagem rápida de piano (próxima do início do *Terceiro concerto para piano*), que durava dez ou quinze segundos e se repetia centenas de vezes. Era como se agora a música estivesse presa a uma espécie de *loop*, um apertado circuito neural do qual ela não podia escapar. Pela manhã, felizmente, o *looping* cessou, e pude apreciar os movimentos completos de novo.[4]

Os *brainworms* costumam ser estereotipados e invariáveis. Tendem a ter certa expectativa de vida, atuando a todo vapor durante horas ou dias e depois desaparecendo, com exceção de alguns "espasmos" residuais. No entanto, mesmo quando parecem ter sumido, tendem a manter-se à espreita: permanece uma sensibilidade exacerbada, de modo que um ruído, uma associação, uma referência a eles pode tornar a desencadeá-los, às vezes anos depois. E são quase sempre fragmentários. Todas essas qualidades são familiares para muitos epileptologistas, pois elas lembram acentuadamente o comportamento de um pequeno foco epileptogênico de início súbito que irrompe, convulsiona-se e por fim se aquieta, mas fica sempre pronto para reanimar-se.

Certas drogas parecem exacerbar *earworms*. Uma compositora e professora de música contou-me que, quando foi medicada com lamotrigina por causa de um leve distúrbio bipolar, ocorreu-lhe um aumento grave, às vezes intolerável, de *earworms*. Depois

---

[4] A duração desses *loops* é geralmente de quinze a vinte segundos, semelhante à duração dos *loops* ou ciclos visuais que ocorrem em um distúrbio raro chamado palinopsia, no qual uma cena breve — uma pessoa atravessando a sala, por exemplo, vista alguns segundos antes — pode repetir-se muitas vezes em um olho interior. O fato de uma periodicidade semelhante de ciclos ocorrer nos reinos visual e auditivo sugere que alguma constante fisiológica, talvez relacionada à memória de trabalho, pode ser subjacente aos dois.

"Povero rigoletto") que se repetiam irresistivelmente em sua cabeça. Ela também comentou que essas notas formavam um "quadrilátero musical", cujos lados ela era forçada a percorrer mentalmente sem parar. Às vezes isso prosseguia durante várias horas, e ocorreu em intervalos durante todos os 43 anos de sua doença, antes de ela ser "despertada" pela levodopa.

Formas mais brandas desse processo podem ocorrer na doença de Parkinson. Uma correspondente relatou que, quando o parkinsonismo se manifestou, ela se tornou sujeita a "pequenas melodias ou ritmos repetitivos, irritantes" na cabeça, e que, acompanhando-os, ela "compulsivamente" movia os dedos das mãos e dos pés. (Felizmente, essa mulher, musicista talentosa com um parkinsonismo relativamente brando, em geral conseguia "transformar essas melodias em Bach e Mozart" e tocá-las mentalmente por inteiro, transformando-as de *brainworms* no tipo de imagens mentais musicais salutares que ela desfrutara antes do parkinsonismo.)

O fenômeno dos *brainworms* também parece semelhante ao modo como as pessoas com autismo da síndrome de Tourette ou de distúrbio obsessivo-compulsivo podem ser fisgadas por um som, uma palavra ou um ruído e repeti-lo, ecoá-lo em voz alta ou para si mesmos por semanas a fio. Isso ocorria notavelmente com Carl Bennet, o cirurgião com síndrome de Tourette que descrevi em *Um antropólogo em Marte*. "Nem sempre se pode encontrar sentido nessas palavras", ele disse. "Em geral é apenas o som que me atrai. Qualquer som estranho, qualquer nome peculiar pode começar a repetir, a me impelir. Fico preso a uma palavra por dois ou três meses. Uma bela manhã, ela some, e aparece outra em seu lugar." Mas enquanto a repetição involuntária de movimentos, sons ou palavras tende a ocorrer em portadores da síndrome de Tourette, de distúrbio obsessivo-compulsivo ou de lesão nos lobos frontais do cérebro, a repetição interna automática ou compulsiva de frases musicais é quase universal — o mais claro sinal da avassaladora e às vezes irresistível sensibilidade do nosso cérebro à música.

Talvez exista, nesse caso, um *continuum* entre o patológico e o normal, pois os *brainworms*, embora possam aparecer de modo súbito, já totalmente desenvolvidos, e se apossar de imediato e por

repetição? Ou será o despertar de ressonâncias ou associações emocionais especiais?

Os meus primeiros *brainworms* podem ser reativados pelo ato de pensar neles, muito embora remontem a mais de sessenta anos. Muitos deles parecem ter uma forma musical bem distinta, uma singularidade tonal ou melódica, e isso pode ter sido importante para imprimi-los na minha mente. E também tiveram significado e emoção, pois em geral eram canções e litanias judaicas associadas ao sentimento de herança e história, a um sentimento de acolhida e união familiar. Uma canção favorita era "Had Gadya" [Uma cabrita, em aramaico], que se cantava na noite do seder após a refeição. Era uma canção repetitiva, com refrão crescente, que sem dúvida foi cantada (em sua versão hebraica) muitas vezes na nossa família ortodoxa. As adições, que se tornavam cada vez mais longas a cada verso, eram cantadas com uma ênfase melancólica que terminava em uma lamentosa quarta. Essa pequena frase de seis notas em tom menor era cantada (eu contei!) 46 vezes no decorrer da canção, e tal repetição martelava-a na minha cabeça. Ela me perseguia e me surgia na mente dezenas de vezes ao dia por todos os oito dias da Páscoa judaica, depois diminuía pouco a pouco até o ano seguinte. As qualidades de repetição e simplicidade, ou aquela estranha e incongruente quarta, agiriam, talvez, como facilitadores neurais, ativando um circuito (pois era essa a impressão) que se reexcitava automaticamente? Ou será que o humor soturno da canção, ou ainda seu contexto litúrgico solene, tinham também um papel significativo?

Ao que parece, porém, não faz diferença se essas músicas tenazes têm letra ou não. Os temas sem letra de *Missão: impossível* e da *Quinta sinfonia* de Beethoven podem ser tão irresistíveis quanto um *jingle* publicitário no qual a letra é quase inseparável da música.

Para portadores de certos distúrbios neurológicos, os *brainworms* ou fenômenos afins — a repetição ecoante, automática ou compulsiva de tons ou palavras — podem adquirir força adicional. Rose R., uma das pacientes parkinsonianas pós-encefalíticas que descrevi em *Tempo de despertar*, contou-me que muitas vezes se viu "confinada em um cercado musical", durante seus estados suspensos: sete pares de notas (as catorze notas de

Ohrwurm), o conceito não tem nada de novo.[3] Já na década de 1920 Nicholas Slonimsky, compositor e musicólogo, estava deliberadamente inventando formas ou frases musicais que pudessem fisgar a mente e forçá-la à imitação e à repetição. E em 1876 Mark Twain escreveu um conto, "A literary nightmare" [Um pesadelo literário], depois reintitulado "Punch, brothers, punch" [Soquem, irmãos, soquem], no qual o narrador se vê indefeso diante de algumas "rimas bem cadenciadas":

> Elas tomaram posse total e instantânea de mim. Durante todo o café da manhã valsaram pelo meu cérebro. [...] Por uma hora, lutei com todas as forças, mas em vão. Minha cabeça não parava de cantarolar. [...] Fui dar uma volta pelo centro da cidade, e logo descobri que meus pés estavam marcando o ritmo daquela melodia implacável. [...] Anoiteceu e eu continuei a cantarolar, fui para a cama, rolei, me revirei e cantarolei noite adentro.

Dois dias depois, o narrador encontra um velho amigo, um pastor, e inadvertidamente o "infecta" com a música; o pastor, por sua vez, inadvertidamente infecta toda a congregação.

O que está acontecendo, nas esferas psicológica e neurológica, quando uma música ou um *jingle* se apossa de alguém dessa maneira? Quais são as características que tornam uma melodia ou canção assim tão "perigosa" ou "infecciosa"? Será alguma singularidade do som ou do timbre, do ritmo ou da melodia? Será a

---

[3] Jeremy Scratcherd, um músico erudito que estudou os gêneros folclóricos de Northumberland e da Escócia, relatou-me:

O exame de antigos manuscritos de música folclórica revela muitos exemplos de várias melodias às quais se atribuiu o título "The piper's maggot" [verme do flautista]. Eram consideradas melodias que entravam na cabeça do músico, irritavam e roíam a vítima — como um verme em uma maçã podre. Uma dessas melodias encontra-se em *Northumbrian Minstrelsy* [1888]. [...] A mais antiga coletânea de música para flauta foi registrada em 1733 por outro northrumbiano, William Dixon, e essa, juntamente com outras coletâneas escocesas, sugere que muito provavelmente o "verme" apareceu no começo do século XVIII. É interessante que, apesar da distância entre as épocas, a metáfora tenha permanecido bem semelhante!

brainworms, ou "vermes de cérebro" (em 1987 uma revista jornalística, para gracejar, definiu-os como "agentes musicais cognitivamente infecciosos").

Um amigo meu, Nick Younes, contou-me como a música "Love and marriage", de James Van Heusen, não lhe saiu da cabeça.[1] Ouvi-la uma única vez, cantada por Frank Sinatra como música-tema do programa de televisão *Married with children* [Um amor de família], já bastou para fisgar Nick. Ele ficou "preso no ritmo da música", e ela tocou em sua mente quase sem parar durante dez dias. Com a repetição incessante, ela logo perdeu o encanto, a animação, a musicalidade e o significado. A música interferia em seu trabalho na escola, em seu pensamento, em sua paz de espírito, em seu sono. Ele tentou interrompê-la de vários modos, porém não conseguiu. "Dei muitos pulos. Contei até cem. Joguei água no rosto. Tentei falar em voz alta comigo mesmo, tapando os ouvidos." Por fim, ela desapareceu aos poucos — mas quando ele me contou essa história, ela voltou a persegui-lo por várias horas.[2]

Embora o termo *earworm* tenha sido usado pela primeira vez na década de 1980 (como uma tradução literal do alemão

---

[1] Os americanos da geração passada decerto se lembram da melodia de "Love and marriage" como a do anúncio da sopa Campbell "Soup and sandwich". Van Heusen foi mestre em criar melodias contagiantes e compôs canções (verdadeiramente) inesquecíveis, entre elas "High hopes", "Only the lonely" e "Come fly with me", para Bing Crosby, Frank Sinatra e outros. Muitas delas foram adaptadas para a televisão ou para anúncios publicitários.

[2] Desde a primeira publicação de *Alucinações musicais*, muitas pessoas escreveram-me sobre modos de lidar com um *brainworm*; por exemplo, cantar ou tocar conscientemente a música até o fim, para que ela deixe de ser um fragmento rodando incessantemente, incapaz de uma resolução, ou desalojar o *brainworm* cantando ou ouvindo outra música (embora isso possa tornar-se outro *brainworm*).

As imagens mentais musicais, especialmente quando são repetitivas e intrusivas, podem ter um componente motor, um "cantarolar" ou cantar subvocal do qual a pessoa talvez não se aperceba, mas que ainda assim pode ser oneroso. "No fim de um dia ruim de música incessante", escreveu um correspondente, "minha garganta me incomoda tanto quanto se eu tivesse cantado o dia todo." David Wise, outro correspondente, descobriu que usar técnicas de relaxamento progressivo para descontrair "os correlatos musculares da audição musical que envolvem a contração e a movimentação do aparelho fonador [...] associado ao pensamento auditivo" era eficaz para deter *brainworms* incômodos. Embora alguns desses métodos pareçam funcionar para algumas pessoas, a maioria das outras, como Nick Younes, não encontraram nenhuma cura.

5
BRAINWORMS:
MÚSICA QUE NÃO SAI DA CABEÇA

> *Music is playing inside my head*
> *Over and over and over again*
> *...There's no end**
>
> Carole King

Às vezes a imaginação musical normal transpõe um limite e se torna, por assim dizer, patológica, como quando determinado fragmento de uma música se repete incessantemente por dias a fio e às vezes nos irrita. Essas repetições, em geral uma frase ou tema breve e bem definido de três ou quatro compassos, tendem a continuar por horas ou dias, circulando na mente, antes de desaparecer pouco a pouco. Essa repetição interminável e o fato de que a música em questão pode ser banal ou sem graça, não nos agradar ou até mesmo ser abominável, indica um processo coercivo: a música entrou e subverteu uma parte do cérebro, forçando-o a disparar de maneira repetitiva e autônoma (como pode ocorrer com um tique ou uma convulsão).

Um *jingle* publicitário ou a música-tema de um filme ou programa de televisão podem desencadear esse processo para muitas pessoas. Isso não é coincidência, pois a indústria da música cria-os justamente para "fisgar" os ouvintes, para "pegar" e "não sair da cabeça", introduzir-se à força pelos ouvidos ou pela mente como uma lacraia. Vem daí o termo em inglês *earworms* (algo como "vermes de ouvido"), se bem que até poderíamos chamá-los de

---

* "Está tocando música na minha cabeça/ De novo, de novo e de novo/ ...Não tem fim." (N. T.)

mente, são tão sensíveis à estimulação de fontes internas — memórias, emoções, associações — quanto à de música externa. Parecem possuir uma tendência, sem paralelos em outros sistemas perceptuais, à atividade espontânea e à repetição. Vejo meu quarto e minha mobília todos os dias, mas eles não me reaparecem como "imagens na mente". Tampouco ouço cães imaginários latindo nem o barulho do trânsito em segundo plano na minha mente, não sinto aromas de comidas imaginárias sendo preparadas, apesar de ficar exposto a tais percepções todos os dias. Tenho fragmentos de poemas e frases que me brotam de súbito na mente, porém nada parecido com a riqueza e a variação das minhas imagens mentais musicais espontâneas. Talvez não seja só o sistema nervoso, mas a própria música que contém algo muito singular — seu ritmo, seus contornos melódicos, tão diferentes dos da fala — e sua ligação singularmente direta às emoções.

É realmente muito curioso que todos nós, em vários graus, tenhamos música na cabeça. Se os Senhores Supremos de Arthur C. Clarke ficaram intrigados quando aterrissaram em nosso planeta e observaram quanta energia nossa espécie usa para fazer e ouvir música, imagine seu espanto se percebessem que, mesmo na ausência de fontes externas, a maioria de nós toca música na cabeça incessantemente.

Os processos neurais que fundamentam o que chamamos de criatividade não têm relação com a racionalidade. Ou seja, se examinarmos como o cérebro gera a criatividade, veremos que não se trata absolutamente de um processo racional; a criatividade não nasce do raciocínio.

Pensemos novamente em nossas fitas motoras nos gânglios basais. Eu gostaria de salientar que esses núcleos *nem sempre* esperam até que uma fita seja convocada para uso pelo sistema talamocortical, o *self*. [...] Na verdade, a atividade nos gânglios basais é ininterrupta, há uma execução contínua de padrões motores e fragmentos de padrões motores, em meio a esses núcleos e entre eles — e por causa da singular conectividade inibitória reentrante em meio a esses núcleos e entre eles, parecem agir como um gerador de ruído de padrão motor aleatório e contínuo. Aqui e ali, um padrão ou parte de um padrão escapa, sem sua aparente contrapartida emocional, e adentra o contexto do sistema talamocortical.

"E de súbito", Llinás conclui, "ouvimos uma música na cabeça ou, aparentemente vindo do nada, surge-nos uma forte vontade de jogar tênis. Isso às vezes simplesmente nos acontece."

O psiquiatra Anthony Storr, em *Music and the mind* [A música e a mente], escreve com eloquência sobre suas próprias imagens mentais musicais e se pergunta: "Qual é o propósito de ter música, talvez indesejada, tocando na cabeça sem ser chamada?". A seu ver, tal música geralmente tem um efeito positivo: "Alivia o tédio, torna [...] os movimentos mais rítmicos e reduz a fadiga". Ela alegra o espírito, é intrinsecamente gratificante. A música extraída da memória, ele acrescenta, "tem muitos dos mesmos efeitos da música real, a que vem do mundo externo". Ela encerra a vantagem adicional de chamar a atenção para pensamentos que de outro modo passariam despercebidos ou seriam reprimidos, e assim pode exercer uma função semelhante à dos sonhos. No todo, ele conclui, as imagens mentais musicais espontâneas são basicamente "benéficas" e "biologicamente adaptativas".

Na verdade, nossa suscetibilidade às imagens mentais musicais requer sistemas extremamente sensíveis e refinados para perceber e lembrar música, muito além do que qualquer coisa existente nos primatas não humanos. Esses sistemas, aparente-

mensagem secreta que transmita, a música incidental que acompanha nosso pensamento consciente nunca é acidental.

E, obviamente, a mais esplêndida análise literária de uma associação musical é a de Proust ao decifrar a "pequena frase" de Vinteuil que permeia toda a estrutura de *Em busca do tempo perdido*.

Mas por que essa busca incessante de significado ou interpretação? Não se pode garantir que toda arte clame por isso, e de todas as artes, a música, sem dúvida, é a que menos o faz. Pois, embora seja a mais intimamente ligada às emoções, ela é totalmente abstrata, não tem nenhum poder formal de representação. Podemos assistir a uma peça de teatro para aprender sobre ciúme, traição, vingança, amor, mas a música, a música instrumental, nada nos pode dizer sobre essas coisas. A música pode ter uma perfeição maravilhosa, formal, quase matemática, e pode ser dotada de comovente ternura, pungência e beleza (Bach obviamente foi um mestre em combinar tudo isso). Mas não *precisa* ter nenhum "significado". Podemos recordar uma música, dar-lhe a vida da imaginação (ou mesmo da alucinação) simplesmente porque gostamos dela. É razão o bastante. Ou talvez não haja razão nenhuma, como salientou Rodolfo Llinás.

Llinás, neurocientista da Universidade de Nova York, tem interesse especial pelas interações do córtex com o tálamo, que a seu ver fundamentam a consciência ou "*self*", e pelas interações dessas áreas com os núcleos motores sob o córtex, especialmente os gânglios basais, que Llinás considera cruciais para a produção de "padrões de ação" (para andar, fazer a barba, tocar violino etc.). Às incorporações neurais desses padrões de ação ele dá o nome de fitas motoras. Llinás concebe todas as atividades mentais — perceber, lembrar e imaginar tanto quanto fazer — como "motoras". Em seu livro, *The I of the vortex* [O eu do vórtice], ele escreve repetidamente sobre música, tratando, sobretudo, da execução musical, mas às vezes também daquela singular forma de imaginação musical que ocorre quando uma canção ou melodia brota de súbito na mente:

músicas. No entanto, como boa parte das pessoas, ele podia fazer associações verbais inconscientes com a letra. "Digamos, por exemplo, que na conversa surgisse um comentário do tipo 'Nossa, tem escurecido bem cedo ultimamente'. Meio minuto depois, ele começava a assobiar 'The old lamplighter' [O velho acendedor de lampiões], uma canção que pouca gente conhece e que ele só ouviu algumas vezes na vida. [...] Obviamente aquela letra está armazenada em seu cérebro e vinculada à música, mas por alguma razão só é recuperável por meio da melodia, sem a letra!"

Recentemente passei várias horas interrogando um compositor a respeito de suas imagens mentais musicais. Ele por fim pediu licença e foi ao banheiro. Quando saiu de lá, disse que ouvira uma música em sua cabeça, uma música que fora bem conhecida quarenta anos atrás mas que, de início, não conseguiu identificar. Depois se lembrou de que o primeiro verso da letra dizia "Só mais cinco minutos...". Aceitei isso como uma indireta do seu inconsciente e dei um jeito de não prolongar mais do que cinco minutos aquela entrevista.

Com frequência existem associações mais profundas, que não consigo explicar. Destas, as mais profundas pareço guardar, como se tivesse algum acordo com meu inconsciente, para as sessões com meu analista, um homem dotado de musicalidade enciclopédica, capaz de identificar instantaneamente os sons com frequência fragmentários e desafinados que às vezes são o máximo que consigo reproduzir.

Em seu livro *The haunting melody: psychoanalytic experiences in life and music*, Theodor Reik escreveu sobre os fragmentos musicais ou melodias que ocorrem no decorrer de uma sessão de análise:

> Melodias que nos passam pela cabeça [...] podem dar ao analista uma pista para a vida secreta de emoções que cada um de nós vivencia. [...] Nesse cantar interior, a voz de um *self* desconhecido comunica não só humores e ímpetos passageiros, mas às vezes também um desejo repudiado ou negado, um anseio e um impulso que não gostamos de admitir para nós mesmos. [...] Seja qual for a

Estou agora escrevendo em Nova York, em meados de dezembro, e a cidade está povoada de árvores de Natal e menorás. Velho judeu e ateu que sou, me sentiria inclinado a dizer que essas coisas nada significam para mim. Mas músicas do *Hanuca* são evocadas em minha mente toda vez que uma imagem de menorá invade minha retina, mesmo quando não a percebo conscientemente. Tem de haver mais emoção, mais significado nisso do que admito, mesmo que seja sobretudo de um tipo sentimental e nostálgico.

Mas este dezembro também vem marcado por uma melodia, ou uma série de melodias, que é mais triste e forma um fundo quase constante para os meus pensamentos. Mesmo quando estou quase inconsciente disso, ela produz uma sensação de dor e pesar. Meu irmão está gravemente doente, e essa música, escolhida dentre 10 mil melodias por meu inconsciente, são as peças de Bach *Por ocasião da partida de um irmão querido*.

Hoje de manhã, enquanto me vestia depois da natação, fui lembrado, agora que estava novamente em terra firme, de meus velhos e doloridos joelhos artríticos. Pensei também em meu amigo Nick, que me faria uma visita logo mais. Com isso, de repente me apareceram na cabeça uns versos para crianças muito conhecidos na minha infância: "This old man" [Este velho]. Provavelmente eu não os ouvia (nem pensava neles) fazia dois terços de século, mas pela minha cabeça ficou passando especialmente seu refrão "*knick--knack, paddy whack, give a dog a bone; this old man came rolling home*" [*knick-knack, paddy whack*, dê um osso ao cão; o velho veio rolando para casa]. Agora eu era um velho, de joelhos doloridos, que gostaria de ir rolando para casa. E Nick (no trocadilho com "*knick-knack*") entrara também no verso.

Muitas de nossas associações musicais são verbais, e às vezes absurdas. Esta semana do Natal, quando comi salmão defumado (que adoro), ouvi na mente o verso "*O come, let us adore Him*" [Ó, vinde, adoremo-Lo, do hino "O' come all ye faithful"]. E agora, para mim, o hino ficou associado ao salmão.

Muitas dessas associações verbais são subconscientes e só se tornam explícitas após o fato. Uma correspondente contou-me que seu marido, embora fosse capaz de lembrar-se bem de melodias, não conseguia lembrar-se conscientemente da letra dessas

uma bela apresentação dirigida por Jonathan Miller. Temas de *Jenufa* passaram-me sem descanso pela mente e até entraram em meus sonhos por dois meses, reforçados pela minha audição dos CDs da ópera, que comprei e ouvia constantemente. Passei em seguida para uma experiência muito diferente depois de conhecer Woody Geist, um paciente que cantou para mim partes da música que ele tocava com seu grupo de jazz *a capella*, os Grunyons. Fascinei-me, apesar de nunca antes haver me interessado por esse tipo de música. Mais uma vez, toquei o CD de Geist constantemente, e *Jenufa* desapareceu da minha sala de concerto mental, substituída pelos Grunyons cantando "Shooby Doin". Mais recentemente, comecei a tocar sem parar as gravações de Leon Fleisher, e suas interpretações de Beethoven, Chopin, Bach, Mozart e Brahms varreram os Grunyons da minha cabeça. Se me perguntarem o que *Jenufa,* "Shooby Doin" e *Fantasia cromática e fuga* de Bach têm em comum, eu teria de dizer que musicalmente nada, e é provável que também nada no aspecto emocional (excetuando-se o prazer que todas me deram em diferentes momentos). O que têm de semelhante é o fato de que bombardeei meus ouvidos e meu cérebro com elas, e os "circuitos" ou redes musicais do meu cérebro ficaram supersaturados, sobrecarregados com elas. Nesse estado, o cérebro dá a impressão de estar pronto para reproduzir a música sem nenhum estímulo externo perceptível. Essas reproduções, curiosamente, parecem ser quase tão satisfatórias quanto ouvir a música real, e tais concertos involuntários raras vezes são intrusivos ou incontroláveis, embora tenham potencial para isso.

Em certo sentido, esse tipo de imagem mental desencadeado por exposição excessiva é a menos pessoal, a menos significativa forma de "música na mente". Estamos em terreno muito mais rico, muito mais misterioso quando consideramos as melodias ou fragmentos musicais que não ouvimos ou nos quais não pensamos talvez há décadas e que, de súbito, nos tocam a mente sem nenhuma razão perceptível. Eles não decorrem de exposição recente nem de repetição, e é quase impossível evitarmos perguntar: "Mas por que essa melodia neste momento? O que a pôs na minha mente?". Às vezes a razão ou associação é óbvia, ou parece ser.

quisadores observaram que tais hiatos "induziram maior ativação das áreas de associação auditiva do que as lacunas silenciosas embutidas em músicas desconhecidas; isso ocorreu tanto em músicas com letra como sem letra".[1]

As imagens mentais propositais, conscientes, voluntárias, envolvem não só os córtices auditivo e motor, mas também regiões do córtex frontal ligadas à escolha e ao planejamento. Essas imagens mentais deliberadas são claramente fundamentais para os músicos profissionais.[2] O resto de nós também recorre com frequência à imaginação musical. No entanto, tenho a impressão de que a maioria das nossas imagens mentais musicais não é voluntariamente comandada ou evocada; elas parecem surgir de forma espontânea. Às vezes brotam de súbito na mente, outras vezes podem estar lá tocando de mansinho, sem nos darmos conta. Embora as imagens mentais musicais voluntárias possam não ser de fácil acesso para pessoas relativamente não musicais, praticamente toda pessoa tem imagens mentais involuntárias. "Cada recordações de minha infância tem uma trilha sonora associada", escreveu-me uma correspondente — e ela fala por muitos de nós.

Um tipo de imagem mental musical involuntária relaciona-se à exposição intensa e repetida a uma composição musical ou estilo de música específico. Sou propenso a me apaixonar por determinado compositor ou artista e tocar sua música vezes sem conta, quase exclusivamente, por semanas ou meses, até que ela seja substituída por alguma outra coisa. Nos últimos seis meses tive três fixações desse tipo, uma após a outra. A primeira foi com a ópera *Jenufa*, de Janáček, que contraí depois de ter assistido a

---

[1] Ver Kramer, David J. M. *et al.*, 2005.

[2] Para um músico profissional, as imagens mentais voluntárias podem dominar boa parte da vida consciente e até da vida inconsciente. Basicamente, qualquer artista está sempre trabalhando, mesmo quando não parece estar. Ned Rorem expressa bem essa ideia em seu livro *Facing the night* [Encarando a noite]: "Nunca estou sem trabalhar. Mesmo aqui sentado, batendo papo sobre Kafka ou uvas-do-monte, sodomia ou *softball*, minha mente também está grudada à composição que estou criando no momento; o ato físico de inserir as notas na pauta é meramente um detalhe necessário". Mas os compositores, como o resto de nós, também podem ter imagens mentais irrelevantes. O compositor Joseph Horowitz contou-me que tem "*muzak* clássica 24 horas por dia na cabeça"; isso lhe dá certo prazer, mas é preciso inibi-la quando ele quer criar suas originalíssimas composições.

envolvidos nas primeiras etapas do aprendizado de habilidades motoras. Essa modulação não só resulta em acentuada melhora na execução, mas também parece deixar o indivíduo em vantagem para aprender a habilidade com menos prática física. A combinação da prática física e mental [ele acrescenta] leva a um aperfeiçoamento da execução mais acentuado do que a prática física sozinha, fenômeno esse para o qual nossas descobertas fornecem uma explicação fisiológica.

A expectativa e a sugestão podem intensificar notavelmente a imaginação musical e até produzir uma experiência quase perceptual. Jerome Bruner, um amigo meu extremamente musical, contou-me que certa vez pôs um de seus discos favoritos de Mozart para tocar, ouviu-o com grande prazer e então foi virar o disco para ouvir o outro lado. Descobriu, naquele momento, que não tinha posto o disco para tocar da primeira vez. Talvez esse seja um exemplo extremo de algo que acontece às vezes com todos nós com músicas bem conhecidas: pensamos estar ouvindo a música baixinho no rádio, mas ele foi desligado ou a música já acabou, e ficamos em dúvida se ela ainda continua a tocar ou se estamos simplesmente a imaginá-la.

Na década de 1960 foram feitos alguns experimentos inconclusivos sobre o que os pesquisadores denominaram de "efeito White Christmas".* Na época, a versão de Bing Crosby para essa música era conhecida por praticamente todo mundo. Alguns indivíduos "ouviam" essa música quando o volume era diminuído até quase zero, ou mesmo quando os experimentadores anunciavam que iriam tocar a canção mas não o faziam. Recentemente, William Kelley e seus colegas de Dartmouth obtiveram a confirmação fisiológica desse "preenchimento" por imagens mentais musicais involuntárias. Eles usaram imagens de ressonância magnética para visualizar o córtex auditivo enquanto os indivíduos do estudo ouviam músicas conhecidas e desconhecidas nas quais breves segmentos haviam sido substituídos por lacunas de silêncio. As lacunas silenciosas embutidas nas músicas conhecidas não eram notadas conscientemente pelas pessoas, mas os pes-

---

* Referência à música-tema do filme *Holiday Inn* [Véspera de Natal]. (N. T.)

determinada mazurca (um "*Opus nº*" já me basta) e ela começa a tocar na minha cabeça. Eu não só "ouço" a música, mas "vejo" minhas mãos no teclado à minha frente e as "sinto" tocar a composição — uma execução virtual que, uma vez começada, parece se desenvolver ou prosseguir por conta própria. Quando eu estava aprendendo as mazurcas, descobri que até podia praticá-las na mente, e muitas vezes "ouvia" frases ou temas específicos das mazurcas tocando por si mesmos. Ainda que seja de um modo involuntário e inconsciente, executar passagens mentalmente dessa maneira é uma ferramenta crucial para toda pessoa que toca um instrumento, e a imaginação de estar tocando pode ser quase tão eficaz quanto a realidade física.

Uma violinista, Cindy Foster, escreveu-me:

> Por muitos anos, em dias de concerto, o programa aparecia em meu ouvido mental sem ser chamado e sem esforço. Isso, descobri, funcionava como um ensaio logo antes de entrar no palco, e era quase tão útil quanto realmente tocar as músicas. Sempre tenho a impressão de que minha mente incumbe-se da tarefa da preparação sem nenhum esforço ou instrução consciente da minha parte.

Desde meados dos anos 1990, estudos realizados por Robert Zatorre e seus colegas usando avançadas técnicas de neuroimagem demonstraram que, de fato, imaginar música pode ativar o córtex auditivo quase com a mesma intensidade da ativação causada por ouvir música. Imaginar música também estimula o córtex motor, e, inversamente, imaginar a ação de tocar música estimula o córtex auditivo. Isso, observaram Zatorre e Halpern em um ensaio de 2005, "corresponde às afirmações de músicos de que são capazes de 'ouvir' seu instrumento durante a prática mental".

Como Alvaro Pascual-Leone observou, estudos sobre o fluxo regional de sangue no cérebro

> [indicam que] a simulação mental de movimentos ativa algumas das mesmas estruturas neurais centrais requeridas para a execução dos movimentos reais. Ao fazê-lo, a prática mental por si só parece ser suficiente para promover a modulação de circuitos neurais

fone, pois era capaz de tocar mentalmente uma partitura quase com a mesma vividez, talvez em diferentes modos ou interpretações, e ocasionalmente com uma improvisação de sua autoria. Sua leitura de cabeceira favorita era um dicionário de temas musicais. Ele folheava algumas páginas, quase ao acaso, saboreando isto ou aquilo, e então, estimulado pela abertura de alguma composição, decidia-se por uma sinfonia ou concerto favorito, a sua própria *kleine Nachtmusik*,* como ele dizia.

Músicos profissionais geralmente possuem o que a maioria de nós consideraria um talento excepcional para as imagens musicais. Tanto assim que muitos compositores começam a compor, ou criam toda uma obra, não com um instrumento, mas na mente. O exemplo mais extraordinário é Beethoven, que continuou a compor (e cujas composições atingiram níveis cada vez mais elevados) anos depois de ter se tornado totalmente surdo. É possível, inclusive, que suas imagens mentais musicais tenham se intensificado com a surdez, pois, com a remoção das entradas de informações auditivas normais, o córtex auditivo pode tornar-se hipersensível, com intensificação da capacidade de formar imagens mentais musicais (e às vezes até com alucinações auditivas). Ocorre um fenômeno análogo com pessoas que perdem a visão; algumas, ao ficarem cegas, paradoxalmente podem apresentar uma intensificação de suas imagens mentais visuais. (Compositores, especialmente os que criam música imensamente complexa, arquitetônica, como a de Beethoven, também precisam empregar formas altamente abstratas de pensamento musical — e poderíamos dizer que é sobretudo essa complexidade intelectual que distingue as obras da última fase de Beethoven.)

Minhas habilidades de imaginar e perceber música são muito mais limitadas. Não sou capaz de ouvir toda uma orquestra na cabeça, pelo menos em circunstâncias normais. O que possuo, em certo grau, são imagens mentais de pianista. Com músicas que conheço bem, como as mazurcas de Chopin, que aprendi a tocar de cor há sessenta anos e continuo a apreciar imensamente até hoje, só preciso relancear os olhos por uma partitura ou pensar em

---

* Pequena serenata. (N. T.)

4

MÚSICA NO CÉREBRO: IMAGENS MENTAIS E IMAGINAÇÃO

A música seduz. Mas ainda é mais cara
*Se não se ouve.**

John Keats, "Ode sobre uma urna grega"

A música, para a maioria de nós, é uma parte significativa e em geral agradável da vida. Não falo só da música externa, a que ouvimos com nossos ouvidos, mas também da música interna, a que toca na nossa cabeça. Quando Galton escreveu sobre "imagens mentais" na década de 1880, referiu-se apenas a imagens visuais, e de modo nenhum a imagens musicais. Mas se fizermos um levantamento entre nossos amigos poderemos perceber que as imagens mentais musicais apresentam-se em uma gama tão variada quanto as visuais. Há pessoas que mal conseguem manter uma melodia na cabeça, enquanto outras podem ouvir sinfonias inteiras na mente, quase tão detalhadas e vívidas quanto as ouvidas por meio da percepção real.

Eu me dei conta dessa imensa variação ainda criança, pois meus pais situavam-se nos extremos opostos do espectro. Minha mãe tinha dificuldade para imaginar voluntariamente qualquer melodia, enquanto meu pai parecia possuir uma orquestra inteira dentro da cabeça, pronta para tocar o que ele mandasse. Ele sempre trazia no bolso duas ou três minipartituras orquestrais, e entre um e outro paciente às vezes pegava uma das partituras e executava um concerto interno. Não precisava pôr um disco no gramo-

---

* Tradução de Augusto de Campos. (N. E.)

passado, mas numa ocasião ela me disse: "Foi o futuro que eu vi... eu estava lá em cima, indo para o céu... minha avó abriu os portões do céu. 'Não está na hora', ela disse, e então voltei a mim".

Embora geralmente a sra. N. conseguisse evitar a música napolitana, começou a sofrer crises sem música, e estas foram se agravando até por fim se tornarem intratáveis. Medicações eram inúteis, ela às vezes tinha muitos ataques em um único dia, e sua vida cotidiana tornou-se praticamente impossível. Exames de ressonância magnética haviam mostrado anormalidades anatô-micas e elétricas em seu lobo temporal esquerdo (provavelmente decorrentes de um traumatismo na cabeça que ela sofrera quando adolescente), associadas a um foco epileptogênico praticamente ininterrupto. Por isso, em 2003 ela foi submetida a uma cirurgia do cérebro, uma lobectomia parcial, para tratar o problema.

A cirurgia eliminou não só a maioria de seus ataques epilépticos espontâneos, mas também sua vulnerabilidade muito específica às músicas napolitanas, como ela descobriu quase por acaso. "Depois da cirurgia eu ainda tinha medo de ouvir o tipo de música que me provocava os ataques, mas um dia fui a uma festa e começaram a tocar o que eu temia. Corri para outra sala e fechei a porta. De repente, alguém abriu a porta... Ouvi a música como se ela estivesse distante. Não me incomodou muito, por isso tentei ouvi-la." A sra. N. se perguntou se finalmente estaria curada de sua vulnerabilidade à música. Foi para casa ("é mais seguro, não estou na frente de quinhentas pessoas") e pôs para tocar algumas canções napolitanas. "Aumentei o volume aos poucos até ficar bem alto, e não me afetou."

E foi assim que a sra. N. perdeu o medo de música e hoje pode ouvir suas músicas napolitanas favoritas sem problemas. Ela também não sofre mais as estranhas crises complexas de reminis-cência. Parece que a cirurgia pôs fim a ambos os tipos de crise — como Macdonald Critchley poderia ter previsto.

A sra. N. está exultante com sua cura, obviamente. Mas de vez em quando sente certa saudade de suas experiências epilépti-cas, como a dos "portões do céu", que pareciam levá-la a um lugar como ela nunca vira antes.

vulsões e perda total da consciência. Outras eram de um tipo mais complexo, e nestas ocorria uma certa duplicação da consciência. Às vezes suas crises pareciam espontâneas, ou uma reação ao estresse. Na maioria das ocasiões, porém, ocorriam em resposta à música. Certo dia, a sra. N. foi encontrada no chão, inconsciente; sofrera uma convulsão. A última coisa de que se recorda antes disso foi estar ouvindo um CD de suas músicas napolitanas favoritas. De início, não atribuiu nenhuma importância a esse fato. Mas quando sofreu um ataque semelhante pouco depois, também enquanto ouvia canções napolitanas, começou a cogitar a possibilidade de haver alguma relação. Ela fez um teste, com cuidado, e descobriu que ouvir tais músicas, ao vivo ou gravadas, agora infalivelmente lhe provocava uma sensação "singular" que logo era seguida por um ataque epiléptico. Mas nenhuma outra música tinha esse efeito.

A sra. N. adorava músicas napolitanas, que lhe recordavam a infância. ("As velhas canções", ela disse, "estavam sempre na família; eles a tocavam sempre.") Eram, para ela, "muito românticas, emotivas... tinham um significado". Mas, agora que desencadeavam seus ataques, a sra. N. começou a temê-las. Passou a recear particularmente as festas de casamento, pois tinha uma família siciliana numerosa que sempre ouvia esse tipo de música nas celebrações e reuniões familiares. "Quando a banda começava a tocar", disse a sra. N., "eu saía correndo... tinha meio minuto ou menos para me safar."

Embora ela às vezes sofresse crises de grande mal como reação a essas músicas, ocorria mais frequentemente apenas uma estranha alteração do tempo e da consciência. Nessas ocasiões ela tinha uma sensação de reminiscência, especificamente a de ser adolescente, ou de reviver cenas nas quais ela era adolescente (algumas pareciam ser recordações, outras claramente fantasias). Comparou-as a sonhos, e contou que "acordava" delas como se despertasse de um sonho, no qual, porém, ela retinha alguma consciência, mas pouco controle. Ela podia, por exemplo, ouvir o que diziam à sua volta, mas não conseguia responder — a duplicação da consciência que Hughlings Jackson denominou "diplopia mental". A maioria de suas crises complexas referia-se ao

as outras pessoas ouvirem. Ele gostava disso, e achava que seu mundo auditivo estava "mais animado, mais vívido". Por outro lado, também se perguntava se isso teria algum papel em sua sensibilidade, agora epiléptica, à música e ao som.

Os ataques de G. G. podem ser provocados por uma grande variedade de músicas, do rock à música clássica (quando o vi pela primeira vez, ele tocou uma ária de Verdi no celular, e depois de aproximadamente meio minuto isso induziu uma crise parcial complexa). Ele diz que o estilo mais provocativo é o "romântico", especialmente as canções de Frank Sinatra. ("Ele me emociona.") Afirma também que a música tem de ser "repleta de emoções, associações, nostalgia" — quase sempre, músicas que ele conheceu na infância ou adolescência. Para provocar um ataque, a música não precisa ser alta; se for suave pode ter os mesmos efeitos. Mas ele sofre particularmente em um ambiente barulhento e permeado de música, tanto que precisa usar protetores auriculares durante a maior parte do tempo.

Seus ataques começam ou são precedidos por um estado especial de atenção ou audição intensa, involuntária, quase forçada. Nesse estado já alterado, a música parece ganhar intensidade, avultar, apossar-se dele. Nessa etapa ele não pode deter o processo, não consegue desligar a música nem se afastar dela. A partir desse ponto não retém a consciência nem a memória, embora sobrevenham vários automatismos e comportamentos automáticos epilépticos, como arquejar e estalar os lábios.

Para G. G., a música não só provoca um ataque, mas também parece ser uma *parte* essencial do ataque, alastrando-se (assim imaginamos) de seu lócus perceptual inicial para outros sistemas do lobo temporal e, ocasionalmente, para o córtex motor, como quando ele sofre convulsões generalizadas. É como se, nessas ocasiões, a própria música provocativa se transformasse, tornando-se primeiro uma experiência psíquica irresistível e em seguida um ataque epiléptico.

Outra paciente, Silvia N., procurou-me em fins de 2005. A sra. N. fora acometida de um distúrbio epiléptico aos trinta e poucos anos. Algumas de suas crises eram de grande mal, com con-

música, mas, quando isso ocorria, essas pessoas imediatamente se afastavam da música, desligavam-na ou tapavam os ouvidos, e por isso não chegavam a sofrer um ataque em todas as suas manifestações. Assim, Critchley cogitou a possibilidade de formas abortivas —*formes frustes*— de epilepsia musical serem relativamente comuns. (Essa com certeza é a impressão que tenho, e a meu ver podem existir também *formes frustes* semelhantes de epilepsia fótica, nos casos em que luzes piscantes ou fluorescentes produzem um estranho incômodo sem gerar um ataque completo.)

Em meu trabalho numa clínica de epilepsia, vi vários pacientes com ataques induzidos por música, e outros que apresentavam auras musicais associadas a ataques epilépticos. Ocasionalmente, também vi pacientes com ambas as manifestações.[4] Os dois tipos de paciente são sujeitos a ataques de epilepsia do lobo temporal, e a maioria deles tem anormalidades no lobo temporal identificáveis por EEG ou exames de neuroimagem.

Entre os pacientes que examinei recentemente está G. G., um jovem que teve boa saúde até junho de 2005, quando sofreu um grave ataque de encefalite herpética que começou com febre alta e convulsões generalizadas, seguidas por coma e amnésia grave. De maneira notável, um ano depois seus problemas amnésicos praticamente haviam desaparecido, mas ele ainda era propenso a sofrer ataques, com ocasionais crises de grande mal e, bem mais comuns, crises parciais complexas. De início, todas essas manifestações foram "espontâneas", mas em poucas semanas começaram a ocorrer quase apenas em resposta a sons: "ruídos súbitos e altos, como sirenes de ambulância", e em especial a música. Ao mesmo tempo, G. G. adquiriu uma notável sensibilidade sonora e se tornou capaz de detectar sons tênues ou distantes demais para

---

[4] Também atendi pacientes cujas convulsões são aliviadas ou prevenidas ouvindo música ou — mais ainda — tocando. Um desses pacientes, que sofre convulsões graves, escreveu-me:

> Aos catorze anos, sofri um ataque de grande mal de origem desconhecida. Seguiram-se anos de convulsões e de uma vida deprimente. O que me salvou foi o piano. Nada podia me fazer ter convulsões quando eu estava tocando. Muito recentemente, meu psicólogo me perguntou se eu alguma vez tivera convulsões enquanto tocava. Eu nunca havia pensando nisso antes, mas, de fato, nunca tivera.

Os tipos de ataque que podiam ser provocados por música também eram muito variados. Alguns pacientes sofriam convulsões maiores, caíam inconscientes, mordiam a língua, tornavam-se incontinentes. Outros podiam ter ataques menores, breves "ausências" mal notadas por seus amigos. Muitos sofriam um tipo complexo de ataque de epilepsia do lobo temporal, como um dos pacientes de Critchley, que comentou: "Tenho a sensação de já ter passado por tudo isso. É como se eu estivesse vivendo uma cena. É a mesma em todas as ocasiões. As pessoas estão lá, dançando, creio que estou em um barco. A cena não tem relação com nenhum lugar ou acontecimento real do qual eu me lembre".

A epilepsia musicogênica em geral é considerada raríssima, mas Critchley conjeturou que talvez ela fosse notavelmente mais comum do que se imaginava.[3] Ele supunha que, para muitas pessoas, tudo podia começar com uma sensação esquisita — perturbadora, talvez atemorizante — assim que ouviam determinada

---

mente detalhada de um homem de 62 anos que repetidamente perdia a consciência quando ouvia o rádio exatamente às 8h59 da noite. Em outras ocasiões, esse homem sofria ataques induzidos pelo som de sinos de igreja. Percebeu-se, depois, que os ataques causados pelo rádio eram provocados pelo som dos sinos da igreja St. Mary-le-Bow, ou Bow Church, que a BBC transmitia na abertura do noticiário das nove da noite. Usando vários estímulos — gravações de diferentes sinos de igreja, gravações de sinos de igreja tocadas de trás para a frente, de música de órgão e piano etc. — Poskanzer *et al.* conseguiram demonstrar que os ataques eram induzidos apenas por tons classificados em determinada faixa de frequências e portadores de um timbre ou qualidade "notavelmente característico dos sinos". E observaram que o impacto da nota do sino perdia-se quando tocada de trás para a frente. O paciente negou qualquer associação emocional com os sinos de Bow Church. Parecia, simplesmente, que essa série de tons, com esse timbre e essa frequência específicos, tocados em sua ordem específica, bastavam para desencadear um ataque. (Poskanzer *et al.* notaram também que esse paciente, depois de ter sofrido um ataque causado pelo sino de Bow Church, durante cerca de uma semana permanecia imune a tais sons.) Aparentemente, muitas pessoas podem aceitar leves distúrbios epilépticos ou de outra natureza e não lhes ocorre mencioná-los a seu médico ou a qualquer outra pessoa. Depois de ler este capítulo, uma correspondente, que é neurocientista, escreveu-me contando ter sofrido "convulsões quando o sino da igreja toca anunciando a consagração na missa". E acrescentou: "Isso não me incomoda nem um pouco, mas agora estou pensando que talvez deva mencionar o fato ao meu médico". (Ela também tem curiosidade em saber se um EEG ou uma ressonância magnética do cérebro poderia detectar o que ocorre com ela nesses momentos.)

[3] Esse foi um tema a que Critchley voltou muitas vezes em sua longa carreira. Em 1977, quarenta anos depois de seu artigo pioneiro sobre epilepsia musicogênica ter sido publicado, ele incluiu dois capítulos sobre o assunto em *Music and the brain* (livro que ele editou com R. A. Henson).

roçada.) Alguns pacientes eram afetados exclusivamente por determinadas melodias ou músicas.

O caso mais impressionante foi o de um eminente crítico musical do século xix, Nikonov, que sofreu seu primeiro ataque durante a apresentação da ópera *O profeta*, de Meyerbeer. Dali por diante ele foi se tornando cada vez mais sensível à música, até que por fim quase toda música, por suave que fosse, causava-lhe convulsões. ("A mais nociva de todas", salientou Critchley, "era o chamado fundo 'musical' de Wagner, que apresentava uma incessante e inescapável procissão sonora.") Nikonov, profundo conhecedor e apaixonado por música, acabou sendo forçado a deixar sua profissão e a evitar qualquer contato com música. Quando ouvia uma banda de metais passar na rua, tapava os ouvidos e corria para a porta ou dobrava a esquina mais próxima. Adquiriu uma verdadeira fobia, um horror por música, e o descreveu em um ensaio intitulado "Medo de música".[1]

Poucos anos antes, Critchley também publicara ensaios sobre convulsões epilépticas induzidas por sons não musicais, em geral sons do tipo monótono, como o de uma chaleira fervendo, um avião voando, máquinas em uma oficina. A seu ver, em alguns casos de epilepsia musicogênica a qualidade específica do som era de máxima importância (como no caso do operador de rádio que não tolerava o metal grave), mas em outros o impacto emocional da música, e talvez suas associações, pareciam mais importantes.[2]

---

[1] As convulsões musicogênicas nem sempre são tão devastadoras quanto eram para Nikonov; algumas podem ser agradáveis e até estimulantes. Um jovem pesquisador descreveu-me em uma carta:

> Às vezes, ouvindo determinados tipos de música, começo a sentir uma aura, que no meu caso pode ser distinguida por uma intensa onda de medo, repugnância ou prazer, e em seguida tenho a convulsão. Eu, particularmente, tenho essa experiência quando ouço a música da Ásia Central, mas já aconteceu também com vários outros tipos de música. Devo dizer que sinto prazer com as convulsões e suas auras agradáveis, e quase sinto falta delas quanto estou tomando medicação, embora sem dúvida gostasse de dispensar aquelas que me fazem sentir medo. Eu também sou músico, e acredito que essas auras agradáveis foram o que me despertou o interesse por estudar música.

[2] A importância de atributos puramente sonoros ou musicais, e não emocionais, foi analisada por David Poskanzer, Arthur Brown e Henry Miller em sua descrição primorosa-

3
MEDO DE MÚSICA:
EPILEPSIA MUSICOGÊNICA

Em 1937, Macdonald Critchley, um excepcional observador de síndromes neurológicas raras, descreveu onze pacientes seus que sofriam ataques epilépticos *induzidos* por música. Além disso, fez um levantamento de casos descritos por outros médicos. Deu ao seu artigo pioneiro o título de "Epilepsia musicogênica" (embora afirmasse preferir um termo mais conciso e mais simpático: "musicolepsia").

Alguns dos pacientes de Critchley eram musicais, outros, não. O tipo de música capaz de provocar os ataques variava muito de um paciente para outro. Um especificou a música clássica, outro as melodias "do passado" ou "reminiscentes", e uma paciente constatou que "um ritmo bem marcado era, para ela, a mais perigosa característica da música". Uma de minhas correspondentes só tinha ataques decorrentes de "música moderna, dissonante", e nunca como reação à música clássica ou romântica (seu marido, infelizmente, gostava de música moderna e dissonante). Critchley observou que alguns pacientes reagiam apenas a determinados instrumentos ou ruídos. Um deles reagia apenas a "notas graves de um instrumento de sopro do naipe dos metais" — o homem era operador de rádio em um transatlântico, mas, sofrendo contínuas convulsões causadas pelo som da orquestra do navio, teve de ser transferido para um navio menor sem orquestra. (Um paciente meu com convulsões musicogênicas relatou que certos tons ou notas podem provocar-lhe ataques. A altura é importante: por exemplo, um sol sustenido provocativo em um registro pode não ser provocativo em um registro mais agudo ou mais grave. Ele também é muito sensível ao timbre — uma corda de violão dedilhada tem maior probabilidade de provocar uma convulsão do que se ela for

de ter sofrido mais de uma dúzia desses ataques, ele é (como o sr. S.) totalmente incapaz de *reconhecer* sua música aural.[1]

Na "confusão estranha, mas familiar" que é parte indissociável do que ele vivencia durante os ataques, Eric tem dificuldade para raciocinar. Sua mulher ou seus amigos, quando estão presentes, podem notar uma "expressão estranha" em seu rosto. Em geral, quando ele sofre um ataque no trabalho, consegue "disfarçar" e não deixar seus alunos perceberem que há algo errado.

Existe uma diferença fundamental entre sua imaginação musical normal e a música que lhe aparece durante as convulsões. Eric explica: "Sou compositor, e por isso estou habituado ao fato de que melodias e palavras parecem surgir do nada... mas isso é *intencional* — eu vou para o sótão, pego o violão e trabalho para completar uma canção. Já os meus ataques estão além de tudo isso".

Comentou, ainda, que sua música epiléptica, aparentemente sem contexto e sem significado, embora obsessivamente familiar, parece exercer sobre ele um fascínio assustador e quase perigoso, atraindo-o cada vez mais intensamente. No entanto, ele também tem tido um estímulo criativo com essas auras musicais, tanto assim que compôs músicas inspirado nelas, tentando incorporar, ou pelo menos sugerir, sua natureza misteriosa e inefável, estranha mas familiar.

---

[1] Embora para alguns a música epiléptica pareça intensamente "familiar", mas inidentificável, para outros ela pode ser instantaneamente reconhecível. Isso ocorria com alguns pacientes que Wilder Penfield e seus colegas estudaram por muitos anos no Instituto Neurológico de Montreal. Penfield deu exemplos detalhados de no mínimo dez pacientes que tiveram convulsões do lobo temporal de um tipo predominantemente musical. A música que "ouviam" durante essas convulsões era conhecida — canções que tinham ouvido muitas vezes no rádio, ou talvez músicas natalinas, hinos ou músicas temáticas. Em cada um desses casos, Penfield conseguiu encontrar pontos corticais específicos em um lobo temporal que, quando estimulados eletricamente, levavam os pacientes a ouvir suas melodias específicas, e quando Penfield pôde fazer a ablação desses pontos, as convulsões — e as músicas alucinatórias — cessaram.

Um pediatra aposentado escreveu-me sobre um menino de nove anos que lhe foi encaminhado com complexas convulsões parciais — no caso dele, um problema hereditário. Durante suas convulsões, o menino ouvia música e, notavelmente, foi sua mãe "a primeira a fazer o diagnóstico, quando viu o filho comportar-se de modo estranho, assobiando e cantando baixinho a canção infantil 'Pop goes the weasel' — essa era, invariavelmente, a aura que ela própria tinha antes de suas convulsões".

podem não ter nenhum conteúdo identificável. Embora algumas pessoas percam a consciência durante um ataque, outras podem manter uma perfeita percepção do que se passa ao seu redor, e ao mesmo tempo vivenciar um curioso estado sobreposto, no qual descrevem estranhos estados de espírito, sentimentos, visões, odores — ou música. Hughlings Jackson referia-se a essa situação como "duplicação da consciência".

Eric Markowitz, jovem músico e professor, teve um astrocitoma no lobo temporal esquerdo, um tumor de relativamente baixa malignidade que foi operado em 1993. Dez anos depois houve recorrência, mas dessa vez o tumor foi considerado inoperável, por causa de sua proximidade com as áreas da fala no lobo temporal. Com o reaparecimento do tumor, Eric tem sofrido repetidas convulsões durante as quais não perde a consciência, mas, como ele me escreveu: "Música explode em minha cabeça por cerca de dois minutos. Adoro música; fiz minha carreira com ela, por isso parece certa ironia que a música também se tenha tornado o meu carrasco". As convulsões de Eric não são desencadeadas por música, ele ressaltou, mas invariavelmente a música faz parte delas. Como no caso de Jon S., a música alucinatória parece-lhe muito real e obsessivamente familiar:

> Não consigo saber exatamente que música ou músicas posso estar ouvindo durante esses ataques aurais, mas sei que me parecem muito conhecidas — tão conhecidas que eu, às vezes, nem sei dizer se elas estão vindo de algum aparelho de som próximo ou se estão no meu cérebro. Assim que me dou conta dessa confusão estranha, mas familiar, e percebo que se trata de uma convulsão, pareço *não tentar* descobrir que música pode ser essa. Na verdade, se eu pudesse estudá-la atentamente, como um poema ou uma composição musical, eu o faria... mas talvez, no subconsciente, receie que, se eu prestar muita atenção a essa música, talvez não consiga escapar dela — como na areia movediça, ou na hipnose.

Embora Eric, ao contrário de Jon S., seja muito musical, com excelente memória musical e ouvido altamente treinado, e apesar

Fizeram-lhe alguns exames e administraram-lhe uma droga antiepiléptica, para protegê-lo de novos ataques. Desde então, ele fez mais exames (nenhum dos quais revelou anormalidades — uma situação nada incomum nas epilepsias do lobo temporal). Embora nenhuma lesão fosse visível nos exames de neuroimagem do cérebro, o sr. S. mencionou que sofrera um traumatismo razoavelmente grave quando tinha quinze anos, uma concussão, no mínimo, e isso pode ter produzido ligeiras cicatrizes nos lobos temporais.

Quando lhe pedi para descrever a música que ouvira imediatamente antes dos ataques, ele tentou cantá-la, mas não conseguiu. Disse que não era capaz de cantar música nenhuma, mesmo as bem conhecidas. E acrescentou que não era realmente uma pessoa muito musical, e que o tipo de música clássica de violino que "ouvira" antes do ataque não era do seu gosto; parecia "lamentosa, como miado de gato". Ele costumava ouvir música pop. Ainda assim, não sabia por quê, aquela lhe parecia familiar. Será que ele a ouvira muito tempo atrás, na infância?

Recomendei que, se ele alguma vez ouvisse aquela música, no rádio, por exemplo, anotasse e me informasse. O sr. S. prometeu ficar de ouvidos atentos, mas comentou que, enquanto estávamos ali conversando, não podia evitar a ideia de que talvez se tratasse apenas de uma *sensação*, uma ilusão de familiaridade ligada à música, em vez de uma recordação real de alguma coisa que já ouvira. Havia algo de evocativo, mas difícil de definir, como na música ouvida em sonhos.

E assim ficamos. Eu me pergunto se algum dia receberei um telefonema do sr. S. dizendo: "Acabei de ouvir a música no rádio! Era uma suíte de Bach para solo de violino". Ou se o que ele ouviu foi uma construção ou alguma combinação com características de sonho que, apesar de toda a "sensação de familiaridade", ele nunca identificará.

Hughlings Jackson escreveu na década de 1870 sobre a sensação de familiaridade que se manifesta com grande frequência na aura que pode preceder uma crise convulsiva do lobo temporal. Ele mencionou, ainda, "estados de sonho", "*déjà-vu*" e "reminiscência". Essas sensações de reminiscência, salientou Jackson,

2

UMA SENSAÇÃO ESTRANHAMENTE FAMILIAR: CONVULSÕES MUSICAIS

Jon S., um homem robusto de 45 anos, gozou de perfeita saúde até janeiro de 2006. Numa manhã de segunda-feira, no escritório, quando sua semana de trabalho apenas começava, ele foi ao closet pegar alguma coisa. Assim que entrou ali, subitamente começou a ouvir música — "clássica, melódica, muito agradável, tranquilizadora... vagamente familiar... Era um instrumento de corda, um solo de violino".

Imediatamente pensou: "Mas de onde será que está saindo essa música?". Havia no closet um velho aparelho eletrônico descartado, que tinha botões, mas não alto-falantes. Confuso, em um estado que mais tarde chamou de "animação suspensa", ele remexeu nos controles para desligar a música. "E, então, apaguei", ele contou. Um colega do escritório que presenciou a cena descreveu o sr. S. no closet como "derreado, insensível", mas não em convulsão.

A recordação seguinte do sr. S. era a de um especialista em emergências médicas debruçado sobre ele, fazendo perguntas. Não conseguia lembrar-se da data, mas lembrava-se do seu nome. Ele foi levado ao pronto-socorro de um hospital da região, onde sofreu outro episódio. "Eu estava deitado, o médico me examinava, minha mulher estava lá... eu recomecei a ouvir música e falei: 'está acontecendo de novo', e então, muito rapidamente, desliguei."

Acordou em outro quarto, percebeu que mordera a língua e as bochechas, e sentia fortes dores nas pernas. "Disseram-me que eu sofrera um ataque epiléptico, com convulsões e tudo... aconteceu muito mais rapidamente do que da primeira vez."

[...] Eu tinha pouquíssimo talento musical. Teria sido o mesmo que sonhar em ser uma supermodelo."

Não lhe ocorre nenhuma razão física que pudesse explicar seu impulso de compor. "Ao contrário do dr. Cicoria", ela escreveu, "não fui atingida por um raio. Não tive lesão na cabeça nem sofri acidente grave. Nunca fiquei doente a ponto de ser hospitalizada. Não acho que eu tenha convulsões do lobo temporal nem demência frontotemporal." Mas ela especula se não poderia ter ocorrido algum ímpeto psicológico, algum tipo de "desbloqueio" durante sua viagem a Israel e Jordânia. Sendo religiosa, a jornada era importante para ela, mas não houve nenhuma epifania ou visões especiais na ocasião. (Ela não acredita que tenha a missão de compartilhar ou difundir sua música; na verdade, é reticente a respeito dela. "Não tenho inclinação para me exibir ou me promover, e me sinto um pouco constrangida com isso tudo", escreveu.)

Outra correspondente, Eliza Bussey, também de cinquenta e poucos anos, escreveu:

Quatro anos atrás, quando eu estava com cinquenta anos, passei por uma loja de música, vi uma harpa folclórica na vitrine e duas horas depois saí da loja com uma harpa de 2 mil dólares. Aquele momento mudou minha vida. Hoje todo o meu mundo gira em torno de música e escrever sobre música. Quatro anos atrás eu não sabia ler uma só nota musical, e agora estou estudando harpa clássica no Conservatório Peabody em Baltimore. Trabalhei em turnos de 36 horas na redação do jornal, troquei as notícias sobre saúde pela cobertura do Iraque para poder ir à escola às quintas e sextas. Pratico de duas a três horas por dia (se pudesse praticaria mais) e não tenho palavras para descrever a alegria e o deslumbramento que sinto por ter encontrado isso a esta altura da vida. Senti, por exemplo, meu cérebro e meus dedos tentarem conectar-se, formar novas sinapses quando [meu professor] deu-me a passacale de Handel para tocar.

"Ando pensando em fazer uma ressonância magnética", ela acrescentou. "Sei que meu cérebro mudou tremendamente."

mudanças, definir a base neurológica de sua musicofilia? Vários exames novos e muito mais refinados da função cerebral foram desenvolvidos desde que Cicoria sofreu o trauma em 1994, e ele concordou que seria interessante investigar mais a fundo a questão. Mas depois reconsiderou e disse que talvez fosse melhor deixar tudo como estava. Ele tivera sorte, e a música, não importava como lhe houvesse chegado, era uma bênção, uma graça — que não devíamos questionar.

Pós-escrito

Depois da primeira publicação da história de Tony Cicoria, recebi muitas cartas de pessoas que *não* foram atingidas por um raio e pareciam não ter problemas físicos ou psicológicos especiais, mas, para grande surpresa de várias delas — pessoas na casa dos quarenta, cinquenta e até oitenta —, surgiram-lhes dons ou paixões súbitos ou inesperados na música ou em outras artes.

Uma correspondente, Grace M., descreveu o aparecimento muito repentino de sua musicalidade aos 55 anos. Pouco depois de voltar de umas férias em Israel e Jordânia, ela começou a ouvir fragmentos de músicas na cabeça. Tentou registrá-los "no papel, traçando linhas", pois desconhecia a notação musical formal. Isso não funcionou, e ela então comprou um gravador e passou a gravar esses trechos musicais. Agora, passados três anos, ela possui mais de 3.300 fragmentos gravados, dos quais emergem cerca de quatro músicas completas por mês. Grace ressaltou que, embora desde que se conheça por gente ela tenha músicas populares tocando na cabeça, foi só depois de sua viagem que começou a ouvir quase exclusivamente suas próprias músicas.

"Nunca tive grande habilidade musical", ela escreveu, "nem bom ouvido." Admira-se de que alguém como ela, aparentemente não muito musical, de repente se veja repleta de canções e fragmentos de canções. Meio timidamente, ela mostrou suas músicas a outras pessoas, inclusive músicos profissionais, e ouviu comentários favoráveis. "Nunca desejei, nem esperei coisa alguma desse tipo", ela disse. "Nunca na vida sonhei em ser compositora.

Franco nunca pensara em ser pintor antes de sofrer uma estranha crise ou doença — talvez uma forma de epilepsia do lobo temporal — quando, aos 31 anos, passou a sonhar todas as noites com Pontito, o pequeno vilarejo toscano onde nascera. Depois que ele acordava, aquelas imagens permaneciam intensamente vívidas, perfeitas em profundidade e realidade ("como hologramas"). Franco foi arrebatado pela necessidade de tornar reais aquelas imagens, pintá-las, e por isso aprendeu sozinho a pintar e dedicava cada minuto de seu tempo livre a produzir centenas de cenas de Pontito.

Os sonhos musicais de Tony Cicoria, suas inspirações musicais, poderiam ter sido de natureza epiléptica? É impossível responder a essa questão com um simples EEG como o que Cicoria fez depois do acidente; seria preciso uma monitoração especial por EEG ao longo de muitos anos.

E por que a musicofilia demorou tanto a se manifestar em Cicoria? O que estava acontecendo nas seis ou sete semanas que se passaram entre sua parada cardíaca e a erupção muito repentina da musicalidade? Sabemos que houve sequelas temporárias da queda do raio: o estado de confusão que durou algumas horas e o distúrbio de memória que permaneceu por duas semanas. Esses efeitos podem ter decorrido apenas da anoxia cerebral, pois seu cérebro sem dúvida ficou sem oxigênio por um minuto ou mais. Entretanto, é impossível não suspeitar que a aparente recuperação do dr. Cicoria duas semanas depois desses eventos não tenha sido completa como parecia. Talvez tenham ocorrido outras formas de dano cerebral que passaram despercebidas, e seu cérebro ainda estivesse reagindo ao trauma original e se reorganizando durante esse período.

O dr. Cicoria sente-se "uma pessoa diferente" agora — em sua vida musical, emocional, psicológica e espiritual. Essa foi também minha impressão ao ouvir sua história e ver algumas das novas paixões que o transformaram. Analisando-o de uma perspectiva neurológica, acho que seu cérebro agora deve ser muito diferente do que era antes de o raio atingi-lo ou em comparação com o que foi nos dias imediatamente seguintes ao incidente, quando os exames neurológicos não detectaram nenhum grande problema. Poderíamos hoje, doze anos depois, definir essas

fabilidade, transitoriedade e uma qualidade noética. A pessoa é totalmente consumida por uma experiência de quase morte, é arrebatada, quase literalmente, por um clarão de luz (ou, às vezes, um túnel ou funil), e arrastada em direção a um Além — além da vida, além do espaço e do tempo. Há uma sensação de última olhada, de uma despedida (muito acelerada) das coisas terrenas, dos lugares, pessoas e eventos da vida, e um sentimento de êxtase ou alegria ao voar para seu destino — um simbolismo arquetípico da morte e da transfiguração. Experiências como essa não são facilmente menosprezadas por quem as vivenciou, e podem, às vezes, levar a uma conversão ou metanoia, uma mudança de mentalidade que altera o rumo e a orientação da vida. Não se pode supor, nem nesses casos nem naqueles de experiências extracorpóreas, que tais eventos sejam pura fantasia, pois características muito semelhantes são ressaltadas em todos os relatos. As experiências de quase morte também devem ter uma base neurológica específica, que altera profundamente a própria consciência.

E quanto ao notável acesso de musicalidade do dr. Cicoria, sua súbita musicofilia? Em alguns pacientes com degeneração das partes frontais do cérebro, a chamada demência frontotemporal, ocorre um surpreendente aparecimento ou liberação de talentos e paixões musicais à medida que tais pessoas vão perdendo a capacidade de abstração e de linguagem. Esse, no entanto, claramente não era o caso do dr. Cicoria, que em todos os aspectos era um homem bem-falante e muito competente. Em 1984 Daniel Jacome descreveu um paciente que sofrera um derrame, com lesão no hemisfério esquerdo do cérebro, e consequentemente adquirira "hipermusia" e "musicofilia", além de afasia e outros problemas. Mas não havia nenhum indício de que Tony Cicoria houvesse sofrido qualquer lesão cerebral significativa; apenas um distúrbio muito transitório de seus sistemas de memória por uma ou duas semanas após ser atingido pelo raio.

Sua situação lembrava-me um pouco o caso de Franco Magnani, o "artista da memória" que descrevi em um de meus livros.[3]

---

[3] A história de Franco foi publicada no capítulo "A paisagem de seus sonhos" de *Um antropólogo em Marte*.

cias de quase morte, assim como em casos de convulsões do lobo temporal. Há alguns indícios de que os aspectos tanto visuoespaciais como vestibulares das experiências extracorpóreas estão relacionados à perturbação da função do córtex cerebral, especialmente na região de ligamento entre os lobos temporais e parietais.[1]

Mas não foi só uma experiência extracorpórea que o dr. Cicoria relatou. Ele viu uma luz branco-azulada, viu seus filhos, reviu sua vida num átimo, teve uma sensação de êxtase e, sobretudo, de algo transcendental e imensamente significativo. Qual poderia ser a base neural disso tudo? Experiências semelhantes de quase morte foram descritas por muitas pessoas que estiveram, ou julgaram estar, em grande perigo, quando sofreram acidentes, foram atingidas por um raio ou, mais comumente, ao serem reanimadas após uma parada cardíaca. Todas essas situações não são apenas aterrorizantes, mas tendem a causar súbita queda da pressão arterial e do fluxo de sangue no cérebro (e, quando ocorre parada cardíaca, privação de oxigênio no cérebro). Provavelmente em tais estados ocorrem uma intensa excitação emocional e um súbito pico de noradrenalina e outros neurotransmissores, quer o sentimento seja de terror, quer de êxtase. Até o presente temos pouquíssima noção sobre os verdadeiros correlatos neurais dessas experiências, mas as alterações de consciência e emoção que ocorrem são muito profundas e decerto envolvem, além do córtex, as partes emocionais do cérebro — amígdala e núcleos do tronco cerebral.[2]

Embora as experiências extracorpóreas tenham o caráter de uma ilusão perceptual (ainda que complexa e singular), as experiências de quase morte têm, todas, as marcas registradas da experiência mística, como William James as define: passividade, ine-

---

[1] Orrin Devinsky *et al.* descreveram "fenômenos autoscópicos com convulsões" em dez de seus pacientes e analisaram casos semelhantes descritos anteriormente na literatura médica, enquanto Olaf Blanke e seus colegas na Suíça puderam monitorar a atividade cerebral de pacientes epilépticos que realmente passaram por experiências extracorpóreas.

[2] Kevin Nelson e seus colegas na Universidade de Kentucky publicaram vários textos de neurologia destacando as semelhanças entre as sensações de dissociação, euforia e sentimentos místicos das experiências de quase morte e as vivenciadas nos estados de sonho, sono REM e alucinações no limiar do sono.

Ele treinou duas músicas para seu concerto: *Scherzo em si bemol menor*, de Chopin, seu primeiro amor, e *Rapsódia, Opus 1*, a primeira música que ele próprio havia composto. Sua apresentação e sua história eletrizaram todos os que estavam no retiro (muitos fizeram votos de também ser atingidos por um raio). Cicoria tocou com "grande paixão, grande vivacidade", disse Erica. E mostrou, ainda que não uma genialidade sobrenatural, ao menos uma habilidade louvável — uma façanha assombrosa para alguém praticamente desprovido de formação musical que aprendera a tocar como autodidata aos 42 anos de idade.

O dr. Cicoria perguntou-me o que, depois de tudo, eu achava de sua história. Já encontrara algum caso parecido? E eu, por minha vez, perguntei o que *ele* achava e como interpretava o que lhe acontecera. Como médico, respondeu, ele era incapaz de explicar aqueles eventos, e agora tinha de pensar neles pelo lado "espiritual". Argumentei que, sem desrespeito pelo espiritual, eu achava que até mesmo os mais exaltados estados mentais, as mais espantosas transformações possuíam sem dúvida alguma base física, ou no mínimo algum correlato fisiológico na atividade neural.

No momento em que o raio o atingiu, o dr. Cicoria teve uma experiência de quase morte e uma experiência extracorpórea. Muitas explicações sobrenaturais ou místicas já foram dadas para as experiências extracorpóreas, mas há um século ou mais esse fenômeno também vem sendo alvo de estudos neurológicos. Tais experiências parecem ocorrer em um formato relativamente estereotipado: a pessoa parece não estar mais em seu corpo, e sim fora dele. Mais comumente, está vendo a si mesma de cima, de uma altura de quase três metros (os neurologistas chamam isso de "autoscopia"). Parece ver claramente o aposento ou o espaço à sua volta e as outras pessoas e objetos próximos, só que de uma perspectiva aérea. Muitos indivíduos que tiveram experiências desse tipo descrevem sensações vestibulares como "flutuar" nos ares ou "voar". As experiências extracorpóreas podem inspirar medo, prazer ou um sentimento de separação, mas em geral são descritas como intensamente "reais" — nada parecido com sonhos ou alucinações. Foram relatadas no contexto de muitos tipos de experiên-

Passadas várias semanas após a primeira dose de LTG, observou-se uma mudança fundamental em sua apreciação da música. Ela procurava programas musicais no rádio e televisão, ouvia estações de música clássica durante muitas horas por dia e exigia ir a concertos. Seu marido descreveu que ela permaneceu "extática, arrebatada" durante toda a apresentação de *La traviata*, e que se aborrecia quando alguém na plateia conversava durante a execução. Agora ela declarava que ouvir música clássica era uma experiência extremamente agradável e emocionante. Ela não cantava nem assobiava, e nenhuma outra mudança foi observada em seu comportamento ou personalidade. Não foram encontrados indícios de distúrbios de pensamento, alucinações ou perturbações de humor.

Embora Rohrer *et al.* não conseguissem identificar com precisão a base da musicofilia de sua paciente, arriscaram supor que, durante os anos em que ela sofrera incorrigível atividade convulsiva, talvez houvesse surgido uma conexão funcional intensificada entre sistemas perceptuais nos lobos temporais e partes do sistema límbico envolvidas na resposta emocional (uma relação que só se evidenciou quando as convulsões foram postas sob controle com medicação). Na década de 1970, David Bear aventou que essa hiperconexão sensório-límbica talvez fosse a base para o surgimento dos inesperados sentimentos artísticos, sexuais, místicos ou religiosos que ocorrem em algumas pessoas com epilepsia do lobo temporal. Algo semelhante poderia ter acontecido com Tony Cicoria?

Na primavera passada, Cicoria participou de um retiro musical que reuniu por dez dias estudantes de música, amadores talentosos e jovens profissionais. O acampamento também servia de showroom para Erica vanderLinde Feidner, pianista e concertista que, além disso, é especialista em encontrar o piano perfeito para cada um de seus clientes. Tony acabara de comprar de Erica um piano de cauda Bösendorfer, um protótipo único feito em Viena. Ela achou que Cicoria possuía um impressionante instinto para escolher um piano do tom exato que ele desejava. Aquele seria um bom momento e um bom lugar para fazer sua estreia como músico, pensou Cicoria.

do trabalho. Um colega que passou por ela na estrada disse que a música que ela escutava no rádio estava "incrivelmente alta" — ele podia ouvi-la a quatrocentos metros de distância. Em seu conversível, Salimah estava "entretendo toda a rodovia".

Assim como Tony Cicoria, Salimah manifestou uma drástica transformação: seu interesse por música, antes apenas vago, tornou-se arrebatador, e a música passou a ser para ela uma necessidade contínua. E em ambos ocorreram também outras mudanças, mais gerais: um afloramento súbito da emotividade, como se emoções de todo tipo estivessem sendo estimuladas ou liberadas. Nas palavras de Salimah: "O que aconteceu depois da cirurgia... eu me senti renascer. Isso mudou meu modo de encarar a vida, e me levou a apreciar cada minuto".

Seria possível alguém adquirir musicofilia "pura", sem nenhuma mudança concomitante de personalidade ou comportamento? Em 2006 Rohrer, Smith e Warren descreveram uma situação como essa em um surpreendente relato do caso de uma sexagenária que sofria de intratável epilepsia do lobo temporal com foco no lado direito. Após sete anos de convulsões, estas foram finalmente controladas com lamotrigina (LTG), uma droga anticonvulsiva. Antes de começar a medicação, escreveram os pesquisadores, essa paciente

> sempre fora indiferente a música, nunca ouvia música por prazer, nem ia a concertos. Seu marido e sua filha, em compensação, tocavam piano e violino [...]. Ela era insensível à música tailandesa tradicional que ouvira em família ou em eventos públicos em Bangkok, e também à música clássica e aos gêneros populares de música ocidental que encontrou depois de mudar-se para o Reino Unido. Ela inclusive continuou a evitar música sempre que possível, e detestava certos timbres musicais (por exemplo, fechava a porta para não ouvir seu marido tocar piano, e achava "irritante" o canto coral).

Essa indiferença à música mudou abruptamente quando a paciente começou a ser tratada com lamotrigina:

episódios. Os médicos achavam que o tumor era maligno (embora provavelmente fosse um oligodendroglioma, de malignidade relativamente baixa) e precisaria ser removido. Salimah receou que aquela pudesse ser sua sentença de morte, e temeu a operação e suas possíveis consequências. Disseram a ela e ao marido que talvez ocorressem algumas "mudanças de personalidade" depois da cirurgia. Mas no final correu tudo bem na operação, o tumor foi removido e após um período de convalescença ela pôde voltar a trabalhar como química.

Ela fora uma mulher muito reservada antes da cirurgia, às vezes se aborrecia ou se preocupava com coisas secundárias, como poeira ou objetos fora do lugar. Seu marido disse que ela às vezes ficava "obcecada" com as tarefas domésticas. Mas agora, depois da cirurgia, Salimah parecia não se incomodar com esses assuntos. Tornara-se, nas idiossincráticas palavras de seu marido, que era estrangeiro, "uma gata feliz". Tinha virado uma "festeirologista", ele declarou.

A nova animação de Salimah foi notada no laboratório. Fazia quinze anos que ela trabalhava ali, e sempre fora admirada por sua inteligência e dedicação. Mas agora, sem ter perdido nada de sua competência profissional, parecia uma pessoa muito mais afável, extremamente solidária, interessada na vida e nos sentimentos dos colegas. Ela que, segundo um funcionário do laboratório, fora "bem mais fechada", agora se transformara em confidente e eixo social de toda a equipe.

Também em casa ela descartou um pouco do seu "lado Marie Curie", da personalidade centrada no trabalho. Agora se concedia um tempo longe de suas equações, e se interessava mais por cinema e festas, por um pouco de diversão. Além disso, um novo amor, uma nova paixão entrou em sua vida. Salimah fora, em suas palavras, uma menina "vagamente musical", que às vezes tocava piano, mas a música nunca tivera um papel muito importante em sua vida. Agora era diferente. Ela ansiava por ouvir música, queria ir a concertos, ouvir música clássica no rádio ou em CD. Músicas que antes não lhe traziam "nenhum sentimento especial" agora podiam deixá-la em êxtase ou em lágrimas. Tornou-se "viciada" em ouvir música no rádio do carro a caminho

biblioteca sobre Tesla"* e sobre tudo que se referisse ao terrível e belo poder da eletricidade de alta voltagem. Ele achava que às vezes podia ver "auras" de luz ou eletricidade em torno do corpo das pessoas. Nunca vira tal coisa antes de o raio atingi-lo.

Passaram-se alguns anos, e a nova vida de Cicoria, sua nova inspiração, não o abandonou nem por um momento. Ele continuava a trabalhar em período integral como cirurgião, mas seu coração e sua mente agora estavam na música. Divorciou-se em 2004, e nesse mesmo ano sofreu um grave acidente de motocicleta. Ele não se recorda, mas sua Harley foi atingida por outro veículo, e ele foi encontrado numa vala, inconsciente e com ferimentos graves, ossos fraturados, ruptura no baço, pulmão perfurado, contusões cardíacas e, mesmo com o capacete, ferimentos na cabeça. Apesar de tudo isso ele se recuperou totalmente e voltou a trabalhar em dois meses. Nem o acidente, nem o traumatismo na cabeça e nem o divórcio pareceram abalar sua paixão por tocar e compor música.

Nunca encontrei outra pessoa com uma história semelhante à de Tony Cicoria, mas alguns dos meus pacientes também relatam um início súbito de interesses musicais e artísticos. Uma delas é Salimah M., pesquisadora química. Aos quarenta e poucos anos, ela começou a vivenciar breves períodos, de um minuto ou menos, durante os quais tinha "uma sensação estranha", às vezes de estar numa praia que já conhecera, ao mesmo tempo que se mantinha perfeitamente consciente do que se passava ao seu redor naquele momento, sendo capaz de continuar uma conversa, dirigir um carro ou fazer qualquer outra coisa na qual estivesse ocupada. Ocasionalmente esses episódios vinham acompanhados por um "gosto azedo" na boca. Ela notou essas estranhas ocorrências, mas não imaginou que tivessem alguma importância neurológica. Só quando sofreu um ataque de epilepsia de grande mal no verão de 2003 ela procurou um neurologista e se submeteu a exames de neuroimagem, que revelaram um grande tumor em seu lobo temporal direito. Essa fora a causa de seus estranhos

---

* Físico e inventor servo-americano que desenvolveu a técnica para uso da corrente alternada no fornecimento de energia elétrica. (N. T.)

pin, mas também a dar forma àquela música que tocava continuamente em sua cabeça, tentar reproduzi-la ao piano, registrá-la no papel. "Era uma luta terrível", disse. "Eu me levantava às quatro da madrugada e tocava até sair para trabalhar, e quando voltava para casa ficava ao piano até a hora de ir dormir. Minha mulher não estava gostando nada. Eu estava possuído."

No terceiro mês depois de ter sido atingido pelo raio, Cicoria, antes um sujeito tranquilo, jovial, apegado à família e quase indiferente à música, estava inspirado, até mesmo possuído pela música, e mal tinha tempo para outra coisa. Começou a ocorrer-lhe que talvez ele houvesse sido "salvo" por uma razão especial. "Acabei achando", comentou, "que a única razão de eu ter tido permissão para sobreviver era a música." Perguntei se ele fora um homem religioso antes do raio. Ele respondeu que havia sido criado como católico, mas nunca fora praticante. Tinha também algumas crenças "não ortodoxas", como a reencarnação.

Acabou acreditando que ele próprio tivera uma espécie de reencarnação, que fora transformado, recebera um dom especial, uma missão: "sintonizar-se" com a música que ele chamava, não de todo metaforicamente, de "música do céu". Ela lhe chegava, em geral, em "uma torrente absoluta" de notas sem interrupções, sem descanso entre si, e ele precisava dar-lhe forma, defini-la. Ao ouvir esse comentário, pensei em Caedmon, poeta anglo-saxão do século VII, um pastor analfabeto que certa noite, diziam, recebera a "arte da canção" em um sonho e passara o resto da vida a entoar hinos e poemas em louvor a Deus e à criação.

Cicoria continuou a dedicar-se ao aprendizado do piano e às suas composições. Adquiriu livros sobre notação musical e logo percebeu que precisava de um professor de música. Viajava para assistir a concertos de seus intérpretes favoritos, mas em sua cidade não tinha amigos nem atividades nos círculos musicais. Aquela era uma busca solitária, só ele e sua musa.

Perguntei se percebera outras mudanças desde que o raio o atingira — algum novo gosto artístico, novas preferências literárias, novas crenças? Cicoria disse que se tornara "muito espiritualizado" desde sua experiência de quase morte. Passara a ler tudo que encontrava sobre o assunto ou sobre queda de raios. Tinha "uma verdadeira

tou que tivera algumas aulas de piano quando menino, mas sem se "interessar de verdade". Em sua casa não havia piano. Quando ele ouvia música, em geral era rock.

Com essa repentina ânsia por música de piano, começou a comprar discos. Apaixonou-se especialmente por uma coletânea de Chopin gravada por Vladimir Ashkenazi: a *Polonesa militar*, o estudo *Vento de inverno*, o estudo *Teclas pretas*, a *Polonesa em lá bemol*, o *Scherzo em si bemol menor*. "Adorei todos eles", disse Tony, "e desejei tocá-los. Encomendei as partituras. Naquele período, a babá dos nossos filhos perguntou se poderíamos guardar seu piano em nossa casa. Veja só, justo quando eu mais suspirava por um piano, apareceu-me um! Era um piano de armário pequeno e jeitoso. Servia-me muito bem. Eu praticamente não sabia ler música, mal sabia tocar, mas comecei a aprender sozinho." Fazia mais de trinta anos que ele, menino ainda, tivera suas aulas de piano, e agora seus dedos estavam rígidos e inábeis.

Logo em seguida a esse súbito desejo por música de piano, Cicoria começou a ouvir música na cabeça. "A primeira vez, foi num sonho", ele contou. "Eu estava de smoking, no palco, tocando alguma coisa de minha autoria. Acordei sobressaltado, com a música ainda na cabeça. Pulei da cama, comecei a tentar anotar tudo o que conseguia lembrar. Mas eu não sabia escrever o que tinha ouvido." Foi um fiasco. Nunca ele tentara compor ou anotar música. Mas toda vez que se sentava ao piano para tocar Chopin, lá vinha a música do sonho. "Ela chegava e se apoderava de mim. Tinha uma presença imperiosa."

Eu não soube como classificar exatamente aquela música peremptória, que se intrometia quase irresistivelmente e se apossava dele. Será que ele estava tendo alucinações musicais? Não, disse o dr. Cicoria, não eram alucinações. "Inspiração" seria um termo mais apropriado. A música estava lá, bem dentro dele, ou em algum lugar, e bastava que ele a deixasse vir. "É como uma frequência, uma faixa radiofônica. Se eu me abrir, ela vem. Quisera dizer que 'ela vem do céu', como Mozart disse."

Sua música é incessante. "Ela nunca se esgota", ele prosseguiu. "No máximo, eu consigo desligá-la."

Agora ele tinha de batalhar para aprender não só a tocar Cho-

ser puxado para cima... com velocidade e direção. E justo quando eu dizia a mim mesmo 'esta é a sensação mais deliciosa que já tive' — BAM! Eu voltei".

O dr. Cicoria sabia que estava de volta ao seu corpo porque sentia dor — a dor das queimaduras no rosto e no pé esquerdo, por onde a carga elétrica entrara e saíra de seu corpo. E "só um corpo pode sentir dor", deduziu. Ele quis voltar, quis dizer àquela mulher que parasse com a reanimação, que o deixasse ir. Mas era tarde demais. Estava firmemente de volta entre os vivos. Depois de um ou dois minutos, quando conseguiu falar, disse: "Está tudo bem. Eu sou médico". "Pois instantes atrás, não era", replicou a mulher (por coincidência, uma enfermeira de UTI).

A polícia chegou. Quiseram chamar uma ambulância, mas Cicoria, delirante, recusou. Levaram-no então para casa ("parece ter demorado horas"), e de lá ele telefonou para seu médico, um cardiologista. Este fez o exame e achou que Cicoria provavelmente sofrera uma breve parada cardíaca, mas nada encontrou de errado no aspecto clínico e no eletrocardiograma. "Desse tipo de coisa, a gente sai vivo ou morto", comentou o cardiologista. E julgou que o dr. Cicoria não sofreria mais nenhuma consequência do acidente bizarro.

Cicoria consultou também um neurologista. Sentia-se lerdo, coisa raríssima nele, e sua memória não estava boa. Ele andava esquecendo o nome de pessoas que conhecia bem. Fez um exame neurológico, um eletroencefalograma e uma ressonância magnética. Novamente, tudo pareceu normal.

Duas semanas depois, quando sua energia retornou, o dr. Cicoria voltou a trabalhar. Persistiam ainda alguns problemas de memória. Ele às vezes esquecia o nome de doenças raras ou de procedimentos cirúrgicos, mas todas as suas habilidades de cirurgião estavam intactas. Decorridas mais duas semanas, seus problemas de memória desapareceram, e a questão estava encerrada, pensou.

O que aconteceu em seguida até hoje deixa pasmo o dr. Cicoria, muito embora já tenham se passado doze anos. Sua vida parecia ter voltado ao normal. "Mas de repente", ele contou, "passei a sentir, por dois ou três dias, um desejo insaciável de ouvir música de piano." Isso não condizia com nada de seu passado. Ele comen-

1
COMO UM RAIO:
MUSICOFILIA SÚBITA

Tony Cicoria tinha 42 anos, era forte e estava em ótima forma. Jogara futebol americano na universidade e se tornara um conceituado cirurgião ortopédico em uma pequena cidade no norte do estado de Nova York. Numa agradável tarde de outono, foi a uma reunião de família, num pavilhão à beira de um lago. Soprava uma brisa, mas ele notou algumas nuvens de tempestade ao longe. Viria chuva, pensou.

Foi até o telefone público próximo do pavilhão fazer uma rápida ligação para sua mãe (era 1994, antes da voga dos celulares). Tony ainda se recorda de cada segundo do que lhe aconteceu em seguida: "Eu estava conversando com minha mãe ao telefone. Chuviscava, ouviam-se trovões ao longe. Minha mãe desligou. O telefone estava a uns trinta centímetros de onde eu me encontrava quando fui atingido. Lembro de um clarão de luz sair do aparelho. Pegou-me no rosto. Minha lembrança seguinte é de estar voando para trás".

Então — ele pareceu hesitar antes de me contar isto — "eu estava voando para a frente. Atordoado. Olhei em volta. Vi meu corpo no chão. Caramba, estou morto, pensei. Vi pessoas convergindo para o corpo. Vi uma mulher — que tinha estado logo atrás de mim, esperando para usar o telefone — debruçar-se sobre o meu corpo e fazer a reanimação cardiorrespiratória. [...] Flutuei para as estrelas. Minha consciência veio comigo; vi meus filhos, tive a percepção de que eles ficariam bem. E então fui envolvido por uma luz branco-azulada... uma sensação intensa de bem-estar e paz. Os melhores e os piores momentos da minha vida passaram velozmente por mim. Nenhuma emoção estava associada a eles... puro pensamento, puro êxtase. Tive a percepção de acelerar, de

Parte 1
PERSEGUIDOS PELA MÚSICA

duas últimas décadas, com novas tecnologias que nos permitem ver o cérebro vivo enquanto pessoas ouvem, imaginam e até compõem música. Hoje temos um enorme e crescente conjunto de obras sobre os alicerces neurais da percepção e da imaginação da música, e nesse conjunto também se incluem trabalhos sobre os complexos e muitas vezes bizarros distúrbios a que essa percepção e imaginação estão sujeitas. Essas novas descobertas da neurociência são tremendamente empolgantes, mas sempre há certo perigo: perder-se a simples arte da observação, tornar-se superficial a descrição clínica e deixar-se passar despercebida a riqueza do contexto humano.

Claramente as duas abordagens são necessárias, e é interessante combinar as "antiquadas" técnicas da observação e descrição com os avanços da tecnologia. Tentei incorporar ambas aqui. Mas procurei, sobretudo, ouvir meus pacientes e os sujeitos das pesquisas, imaginar suas experiências, entrar nelas — são elas que formam o cerne deste livro.

que pode nos afetar a todos. A música pode nos acalmar, animar, consolar, emocionar. Pode nos ajudar a obter organização ou sincronia quando estamos trabalhando ou nos divertindo. Mas para pacientes com várias doenças neurológicas ela pode ser ainda mais poderosa e ter imenso potencial terapêutico. Essas pessoas podem responder intensamente e de maneira específica à música (e, às vezes, a mais nada). Alguns desses pacientes têm problemas corticais difusos, decorrentes de acidentes vasculares, doença de Alzheimer ou outras causas de demência; outros têm síndromes corticais específicas — perda das funções da linguagem ou do movimento, amnésias ou síndromes do lobo frontal. Alguns são retardados, alguns são autistas, outros apresentam síndromes subcorticais, como parkinsonismo, ou diferentes distúrbios do movimento. Todas essas doenças e muitas mais podem responder à música e à musicoterapia.

Meu primeiro estímulo para refletir e escrever sobre música surgiu em 1966, quando vi os intensos efeitos da música sobre os pacientes com parkinsonismo grave que depois descrevi em *Tempo de despertar*. Desde então, de inúmeros modos, muito mais do que eu poderia ter imaginado, a música vem exigindo continuamente minha atenção, mostrando-me seus efeitos sobre quase todos os aspectos do funcionamento cerebral — e da vida.

"Música" é sempre um dos primeiros nomes que procuro no índice remissivo de qualquer livro didático de neurologia ou fisiologia recém-lançado. Mas quase não encontrei menção ao assunto antes da publicação, em 1977, do livro *Music and the brain* [Música e o cérebro], de Macdonald Critchley e R. A. Henson, uma obra rica em exemplos históricos e clínicos. Talvez uma razão para a escassez de relatos de caso sobre música seja a raridade com que médicos perguntam a seus pacientes a respeito de problemas na percepção musical (enquanto um problema linguístico, digamos, logo se evidencia). Outra razão dessa omissão é que os neurologistas, além de descrever, gostam de explicar e encontrar supostos mecanismos, mas a neurociência da música praticamente inexistia antes dos anos 1980. Tudo isso mudou nas

bém pode ocorrer quando a música é "tocada na mente". A imaginação de uma música, mesmo nas pessoas relativamente não musicais, tende a ser notavelmente fiel não só ao tom e ao sentimento do original, mas também à altura e ao ritmo. A base disso é a extraordinária tenacidade da memória musical, graças à qual boa parte do que ouvimos nos primeiros anos de vida pode ficar "gravado" no cérebro pelo resto de nossa existência. O fato é que o nosso sistema auditivo, nosso sistema nervoso, é primorosamente sintonizado para a música. Ainda não sabemos quanto isso se deve às características intrínsecas da música — seus complexos padrões sonoros tecidos no tempo, sua lógica, seu ímpeto, suas sequências indecomponíveis, seus insistentes ritmos e repetições, o modo misterioso como ela incorpora emoção e "vontade" — e quanto às ressonâncias especiais, sincronizações, oscilações, excitações mútuas, *feedbacks* etc. no imensamente complexo conjunto de circuitos neurais multinivelados que fundamenta nossa percepção e reprodução musical.

Mas esse maquinário prodigioso — talvez por ser tão complexo e altamente desenvolvido — é vulnerável a várias distorções, excessos e panes. A capacidade de perceber (ou imaginar) música pode ser prejudicada por algumas lesões cerebrais, e há muitas formas de amusia desse tipo. Por outro lado, a imaginação musical pode tornar-se excessiva e incontrolável, levando a incessantes repetições de músicas que não saem da cabeça, ou até a alucinações musicais. Em algumas pessoas, música pode provocar convulsões. Existem riscos neurológicos especiais, "distúrbios de habilidade", que podem afetar músicos profissionais. A associação normal entre o intelectual e o emocional pode romper-se em certas circunstâncias, e então o indivíduo percebe a música acuradamente, mas permanece indiferente e insensível a ela ou, o inverso, é arrebatado pela música apesar de não conseguir "entender" nada do que está ouvindo. Algumas pessoas — um número surpreendentemente grande — "veem cores", "sentem gostos", "sentem cheiros" ou têm vários tipos de "sensações táteis" quando ouvem música — e muitas encaram essa sinestesia mais como um dom do que como um sintoma.

William James discorreu sobre "suscetibilidade à música",

pelo uso, recrutamento ou cooptação de sistemas cerebrais que já se desenvolveram para outros propósitos. Isso poderia condizer com o fato de que não existe um único "centro musical" no cérebro humano, e sim o envolvimento de uma dúzia de redes dispersas por todo o cérebro. Stephen Jay Gould, o primeiro a enfrentar diretamente a tão debatida questão das mudanças não adaptativas, fala em "exadaptações" nesse sentido, em vez de adaptações — e destaca a música como um exemplo claro de exadaptação. (William James provavelmente pensava em algo semelhante quando escreveu que nossa suscetibilidade à música e outros aspectos de "nossa vida estética, moral e intelectual superior" teriam entrado na mente "pela porta dos fundos".)

Entretanto, independentemente de tudo isso — do grau em que as faculdades e suscetibilidades musicais humanas sejam inatas ou subprodutos de outras faculdades e propensões —, a música permanece fundamental e central em todas as culturas.

Nós, humanos, somos uma espécie musical além de linguística. Isso assume muitas formas. Todos nós (com pouquíssimas exceções) somos capazes de perceber música, tons, timbre, intervalos entre notas, contornos melódicos, harmonia e, talvez no nível mais fundamental, ritmo. Integramos isso tudo e "construímos" a música na mente usando muitas partes do cérebro. E a essa apreciação estrutural, em grande medida inconsciente, adiciona-se uma reação muitas vezes intensa e profundamente emocional. "A inexprimível profundidade da música", escreveu Schopenhauer, "tão fácil de entender e no entanto tão inexplicável, deve-se ao fato de que ela reproduz todas as emoções do mais íntimo do nosso ser, mas sem a realidade e distante da dor. [...] A música expressa apenas a quintessência da vida e dos eventos, nunca a vida e os eventos em si".

Ouvir música não é apenas algo auditivo e emocional, é também motor. "Ouvimos música com nossos músculos", Nietzsche escreveu. Acompanhamos o ritmo da música, involuntariamente, mesmo se não estivermos prestando atenção a ela conscientemente, e nosso rosto e postura espelham a "narrativa" da melodia e os pensamentos e sentimentos que ela provoca.

Boa parte do que ocorre durante a percepção da música tam-

em que vivemos, pelas circunstâncias da vida e pelos talentos ou deficiências espláficos que temos como indivíduos. Mas é tão arraigada na natureza humana que somos tentados a considerá-la inata, tanto quanto E. O. Wilson considerava inata a "biofilia", nosso sentimento pelos seres vivos. (Talvez a musicofilia seja uma forma de biofilia, pois a própria música quase dá a impressão de que é um ser vivo.)

O canto dos pássaros, embora tenha usos adaptativos óbvios (na corte, agressão ou demarcação de território, por exemplo), é relativamente fixo em sua estrutura e, em grande medida, tem uma estrutura inata no sistema nervoso da ave (embora alguns raros pássaros canoros pareçam improvisar ou cantar em dueto). Ja a origem da música humana é menos fácil de compreender. O próprio Darwin mostrou-se perplexo quando escreveu em *A descendência do homem:* "Como nem o deleite nem a capacidade de produzir notas musicais são faculdades que tenham o menor uso para o homem [...] devem ser classificadas entre as mais misteriosas com as quais ele é dotado". Em nossa época, Steven Pinker referiu-se à música como um *"cheesecake* auditivo", e perguntou: "Que benefício poderia haver em desviar tempo e energia para produzir ruídos plangentes? [...] No que diz respeito a causas e efeitos biológicos, a música é inútil. [...] Poderia desaparecer da nossa espécie, e o resto de nosso estilo de vida permaneceria praticamente inalterado". Embora Pinker seja uma pessoa muito musical e decerto sentiria que sua vida ficaria muito mais pobre na ausência da música, não acredita que ela, ou qualquer outra das artes, sejam adaptações evolucionárias diretas. Em um artigo de 2007, ele aventou:

> muitas das artes talvez não tenham nenhuma função adaptativa. Talvez sejam subprodutos de duas outras características: sistemas motivacionais que nos dão prazer quando vivenciamos sinais que se correlacionam com resultados adaptativos (segurança, sexo, estima, meios ricos em informações) e o *know-how* tecnológico para criar doses purificadas e concentradas desses sinais.

Pinker (assim como outros) supõe que nossas faculdades musicais — ou pelo menos algumas delas — são possibilitadas

PREFÁCIO

Que coisa mais estranha é ver toda uma espécie, bilhões de pessoas, ouvindo padrões tonais sem sentido, brincando com eles, absortas, arrebatadas durante boa parte de seu tempo pelo que chamam de "música". Pelo menos essa é uma das características dos seres humanos que intrigaram os Senhores Supremos, os extraterrestres cerebrais da ficção científica *O fim da infância*, de Arthur C. Clarke. Eles descem à Terra curiosos para assistir a um concerto, ouvem educadamente e, no final, cumprimentam o compositor por seu "grande engenho", muito embora aquilo tudo continue ininteligível para eles. Não conseguem conceber o que ocorre com os humanos quando fazem ou ouvem música porque com eles, alienígenas, nada acontece. São uma espécie sem música.

Podemos imaginar os Senhores Supremos de volta às espaçonaves, ainda matutando. Essa tal de "música", teriam de admitir, é de alguma eficácia para os humanos, é fundamental na vida deles. E no entanto não tem conceitos, não faz proposições, carece de imagens, de símbolos, essências da linguagem. Não possui poder de representação. Não tem relação necessária com o mundo.

Existem alguns raros humanos que, assim como os Senhores Supremos, são desprovidos do equipamento neural para apreciar tons ou melodias. Sobre a imensa maioria de nós, porém, a música exerce um grande poder, quer o busquemos, quer não, e isso ocorre inclusive com quem não se considera particularmente "musical". Essa inclinação para a música — essa "musicofilia" — revela-se na primeira infância, é manifesta e essencial em todas as culturas e provavelmente remonta aos primórdios da nossa espécie. Ela pode ser desenvolvida ou moldada pela cultura

17. *Davening* acidental: discinesia e salmodia 237
18. Em sincronia: a música e a síndrome de Tourette 240
19. No compasso: ritmo e movimento 246
20. A melodia cinética: doença de
    Parkinson e musicoterapia 261
21. Dedos fantasmas: o caso do pianista sem braço 274
22. Atletas dos pequenos músculos: distonia do músico 278

Parte 4
EMOÇÃO, IDENTIDADE E MÚSICA

23. No sono e na vigília: sonhos musicais............................ 291
24. Sedução e indiferença.. 299
25. Lamentações: música, loucura e melancolia 310
26. O caso de Harry S.: a música e a emoção 318
27. Irreprimível: a música e os lobos temporais 323
28. Uma espécie hipermusical: a síndrome de Williams........ 336
29. Música e identidade: demência e musicoterapia 352

Agradecimentos 367
Bibliografia 371
Índice remissivo 387

ÍNDICE

Prefácio 9

Parte 1
PERSEGUIDOS PELA MÚSICA

1. Como um raio: musicofilia súbita 17
2. Uma sensação estranhamente familiar:
   convulsões musicais 31
3. Medo de música: epilepsia musicogênica 35
4. Música no cérebro: imagens mentais e imaginação 42
5. *Brainworms:* música que não sai da cabeça 53
6. Alucinações musicais 63

Parte 2
A VARIAÇÃO DA MUSICALIDADE

7. Razão e sensibilidade: a variação da musicalidade 101
8. Desintegração: amusia e desarmonia 110
9. O papa assoa o nariz em sol: o ouvido absoluto 132
10. Ouvido imperfeito: amusia coclear 143
11. Em estéreo ao vivo: por que temos dois ouvidos 154
12. Duas mil óperas: *savants* musicais 163
13. Um mundo auditivo: a música e a cegueira 172
14. O tom do verde-claro: a sinestesia e a música 177

Parte 3
MEMÓRIA, MOVIMENTO E MÚSICA

15. Aqui-agora: a música e a amnésia 199
16. Fala e canto: afasia e musicoterapia 227

Para Orrin Devinsky,
Ralph Siegel
e Connie Tomaino

Copyright © 2007 by Oliver Sacks
Trecho de "Music", letra e música de Carole King,
reproduzido com a permissão de Hal Leonard Corporation.
Copyright © 1971 (renovado em 1999) by Colgens-EMI Music Inc.

Grafia atualizada segundo o Acordo Ortográfico
da Língua Portuguesa de 1990,
que entrou em vigor no Brasil em 2009.

Título original
Musicophilia — Tales of music and the brain

Capa
Hélio de Almeida sobre ilustração de Zaven Paré

Preparação
Lucila Lombardi

Índice remissivo
Luciano Marchiori

Revisão
Ana Maria Barbosa
Marise S. Leal
Otacílio Nunes

Atualização ortográfica
Jane Pessoa

Dados Internacionais de Catalogação na Publicação (CIP)
(Câmara Brasileira do Livro, SP, Brasil)

Sacks, Oliver
    Alucinações musicais : relatos sobre a música e o cérebro /
Oliver Sacks ; tradução Laura Teixeira Motta — São Paulo :
Companhia das Letras, 2007.

    Título original: Musicophilia : Tales of Music and the Brain.
    Bibliografia.
    ISBN 978-85-359-1091-9

    1. Música - Aspectos fisiológicos 2. Música — Aspectos
psicológicos 3. Neurologia 4. Psicologia I. Título.

07-7024   CDD-781.11

Índice para catálogo sistemático:
1. Música : Princípios psicológicos : Artes   781.11

Todos os direitos desta edição reservados à
EDITORA SCHWARCZ S.A.
Rua Bandeira Paulista, 702, cj. 32
04532-002 — São Paulo — SP
Telefone: (11) 3707-3500
www.companhiadasletras.com.br
www.blogdacompanhia.com.br
facebook.com/companhiadasletras
instagram.com/companhiadasletras
twitter.com/cialetras

OLIVER SACKS

ALUCINAÇÕES MUSICAIS

Relatos sobre a música e o cérebro

Tradução:

LAURA TEIXEIRA MOTTA

2ª edição

6ª reimpressão

Edição revista e ampliada

COMPANHIA DAS LETRAS

Obras do autor publicadas pela Companhia das Letras

Um antropólogo em Marte
Enxaqueca
Tempo de despertar
A ilha dos daltônicos
O homem que confundiu sua mulher com um chapéu
Vendo vozes
Tio Tungstênio
Com uma perna só
Alucinações musicais
O olhar da mente
Diário de Oaxaca
A mente assombrada
Sempre em movimento
Gratidão
O rio da consciência
Tudo em seu lugar

ALUCINAÇÕES MUSICAIS